《当代中国人物传记》丛书

书名手迹：彭 真

张云逸传

《张云逸传》编写组 著

当代中国出版社
Contemporary China Publishing House

图书在版编目(CIP)数据

张云逸传/《张云逸传》编写组著. -- 北京：当代中国出版社，2012.6（2024.6 重印）
（当代中国人物传记丛书）
ISBN 978-7-5154-0146-1

Ⅰ.①张… Ⅱ.张… Ⅲ.①张云逸（1892~1974）—传记 Ⅳ.①K825.2

中国版本图书馆CIP数据核字（2012）第126110号

出 版 人	王　茵
责任编辑	姜楷杰　陈　莎　周显亮　张　白
责任校对	康　莹
责任印务	刘艳平
封面制作	古　手
出版发行	当代中国出版社
地　　址	北京市地安门西大街旌勇里8号
网　　址	http://www.ddzg.net
邮政编码	100009
编 辑 部	（010）66572180
市 场 部	（010）66572281　66572157
印　　刷	中国电影出版社印刷厂
开　　本	720毫米×1060毫米　1/16
印　　张	35.25印张　16插页　插图37幅　567千字
版　　次	2012年6月第1版
印　　次	2024年6月第2次印刷
定　　价	138.00元

版权所有，翻版必究；如有印装质量问题，请拨打（010）66572159联系出版部调换。

《张云逸传》编撰领导小组

组　　　长　葛东升
副　组　长　姚有志　齐德学
成　　　员　王江琦　赵一平　温瑞茂

《张云逸传》编写组

主　　　编　温瑞茂
副　主　编　徐金洲
编 写 人 员　温瑞茂　徐金洲　翟清华
　　　　　　潘泽庆　陈传刚

出版说明

1982年,中共中央书记处讨论通过、中共中央宣传部发文布置在全国范围内编写出版《当代中国》丛书。根据编写计划,《当代中国》丛书依内容共分为五类,人物传记是其中之一。由于人物传记涉及方方面面,情况繁杂,且编写时间长,1991年人物传记从《当代中国》丛书中分立出来,确定为《当代中国人物传记》丛书。

《当代中国人物传记》丛书编辑委员会在丛书总序中说:

"二十世纪的中国,是一个风云际会、英杰辈出的时代。正是伟大的时代造就出灿若群星的历史伟人;也正是历史伟人们艰苦卓绝的奋斗历程和忘我建树的光辉业绩,才能充分地体现着潮流之所趋、人心之所向,才最深刻最生动地反映着奔腾前进的伟大时代。他们一生的业绩,恰恰构成了从旧中国到新中国这一旷古未有的历史性大变革的缩影。正因为这样,修撰作为中华人民共和国缔造者的一代杰出历史人物的传记,其意义自是远远超越记述个人身世的范围。这套传记丛书,无疑应当看作是,当代中国千百万爱国志士、革命先驱的杰出代表用毕生的血和汗谱写出的挽救祖国、振兴中华的可歌可泣的历史画卷,它将是永远矗立于世世代代人民心中的革命丰碑。《当代中国人物传记》丛书中的每一部传记,都可读作当代中国的救国史,中华人民共和国的开国史、建国史;每一部传记都可读作结束中国苦难危亡命运的革命史,披荆斩棘建设社会主义的奠基史、创业史。"

"《当代中国人物传记》丛书,首批编撰的是中华人民共和国建国时期的开国元勋和各方面的最杰出人士的传记。这批传记的主人公将包括:党和国家的主要领导人(其中毛泽东、周恩来、刘少奇、朱德、邓小平、陈云的传记,将由中共中央文献研究室编写、出版）、人民军队中功勋卓著的元帅、参与新中国创建大业的各民主党派的领导人和各方面的著名爱国人士、贡献突出的著名科学家、文学家和艺术家，以及为中国民主革命事业和社会主义事业做出重大贡献的国际主义战士，等等。毫无疑问，他们既是当代中国最卓越的代表，同时也是彪炳千秋青史的历史巨人。当然，如同一切历史人物一样，我们时代的杰出代表也不可能不受到历史条件的限制，也必然会具有这样那样的弱点、短处，一生中也不免会发生这样那样的某些过失。但是，所有这些，当如日月之蚀，堂堂正正公之于众亦无损于他们形象的光辉。他们为中华民族创建的功业，他们的革命精神、高尚情操，他们的鸿才睿智、嘉言懿行，无不震古铄今，垂范后世。这是中华民族一份永远值得倍加珍摄的宝贵精神财富。"

"愿人们从这部《当代中国人物传记》丛书中，以这些历史人物的光辉业绩为典范，学习他们的革命献身精神、爱国主义情操和坚定的社会主义信念，为中华民族的历史伟业做出更大的贡献。"

我社有幸承担了《当代中国人物传记》丛书的编辑出版工作，自1991年以来陆续出版了一批中华人民共和国开国元勋的传记，获得很好的社会影响。我们将继续按照丛书的编辑出版方针，把《当代中国人物传记》丛书编辑出版工作做好，以飨读者。

书中图片绝大部分为本书编写组提供，因时间仓促等，有的图片未能注明著作权，特致歉。请相应著作权人知晓后，与当代中国出版社总编室联系（电话：010-66572131），以便我们再版时准确署名及支付稿酬。

当代中国出版社
2021年11月

张云逸

■ 1937年4月，张云逸在延安。 　　　　　　　　■ 1937年，张云逸在延安。

■ 1937年，张云逸（后排中）同红七军部分干部长征到达陕北后在延安合影。

1938年1月,张云逸与陈毅(前左)、项英(前中)、曾山(前右)、温仰春(后左)在南昌。(据张云逸纪念馆编的画册)

1938年1月,张云逸与叶挺(中)、项英(右二)、周子昆(左一)、曾山(右一)在汉口。(据张云逸纪念馆编的画册)

■ 1938年，张云逸（后排左四）在泾县云岭与新四军部分干部合影。

■ 张云逸在1938年。

■ 1939年5月,张云逸与叶挺(左一)、赖传珠(左二)、罗炳辉(右二)在新四军江北指挥部。

■ 1939年5月,张云逸(前排右二)与叶挺(前排右三)、邓子恢(前排右四)等在江北指挥部。

■ 1939年夏,张云逸(右)与赖传珠在新四军江北指挥部。

■ 1939年,张云逸在新四军江北指挥部成立大会上讲话。

■ 1939年，张云逸（右三）与叶挺（右五）、邓子恢（右二）、罗炳辉（右一）、郭述申（右四）等在庐江东汤地新四军江北指挥部。

1941年3月18日，张云逸（前排左三）参加新四军第二师政工会议与主席团成员合影。

1941年11月，张云逸（右三）与陈毅（右五）、彭雪枫（左四）等在淮北泗阳县合影。

1946年1月，张云逸任新四军副军长兼山东军区副司令员。

1949年9月，张云逸（前排左一）在第一届政协会议上，右为古大存。

■ 1949年9月，张云逸在第一届政协会议发言。

■ 张云逸在1949年。

1949年10月1日，中央人民政府委员会第一次会议代表合影。第四排右四为张云逸。

■ 1949年10月,张云逸(左七)在济南火车站与许世友(右四)等告别南下。

■ 1949年冬,张云逸南下途中在南京与陈士榘(右一)、袁仲贤(右三)、周骏鸣(右四)在一起。

南下途中,张云逸(左三)与指战员交谈。

1950年1月,张云逸(立者)在南京设宴欢迎越南民主共和国主席胡志明(左一)。

■ 1950年春,张云逸(右)与黄克诚在汉口合影。

1950年,张云逸在广西第一届各界代表大会上讲话。

1950年,全家福。

1951年11月,刘少奇(左)到上海武康路99号张云逸住所探望时合影。

1953年,张云逸(右)与张鼎丞在青岛。

张云逸在1954年。

■ 1955年，授衔后张云逸与妻子韩碧合影。

■ 1955年，张云逸与次子张光东合影。

■ 1956年,张云逸与长子张远之合影。

■ 1958年3月,张云逸在广西出席广西僮族自治区(1965年10月改名为广西壮族自治区)成立大会。

"文革"初期,张云逸与妻子韩碧合影。

1970年,张云逸(右)与邓子恢在庐山参加九届二中全会时的合影。

■ 1964年，张云逸（左）与邓小平在广州合影。

1962年，张云逸为韦拔群烈士题词

1961年3月,张云逸在西江视察。

1961年清明节期间,张云逸(右三)与妻子韩碧(右四)等为韦拔群烈士扫墓。

1972年初夏,全家福,在前门新大北照相馆。

1974年11月25日下午,张云逸追悼大会,叶剑英(右一)主持,邓小平(左一)致悼词。

张云逸亲属在追悼会现场。

■ 1992年8月，张云逸夫人韩碧、长子张远之、次子张光东参加张云逸纪念馆落成典礼。

目　录

第一章　激进的民主主义者 ································· **001**
　　一、家世 ·· 001
　　二、求学 ·· 003
　　三、反清志士 ·· 006
　　四、从带兵反袁到广东统一 ································· 008
　　五、参加北伐战争 ·· 012

第二章　在历史转折的关头 ································· **016**
　　一、加入中国共产党 ··· 016
　　二、在南昌起义中 ·· 017
　　三、广州起义前后 ·· 019

第三章　参与组织领导百色起义 ·························· **022**
　　一、改造教导总队和警备第四大队 ······················ 022
　　二、移兵百色 ·· 026
　　三、起义前的最后准备 ······································ 028
　　四、出任红七军军长 ··· 030

第四章　创建右江革命根据地的斗争 ··················· **034**
　　一、进攻南宁受挫 ·· 034
　　二、游击桂黔边 ··· 037
　　三、回师百色，发展红七军 ································· 039

第五章　千里转战会合朱毛红军 ·························· **042**
　　一、河池整编 ·· 042
　　二、"进攻碰壁" ··· 044

三、激战梅花 ………………………………………… 047
　　四、北上湘赣苏区 …………………………………… 050
　　五、东渡赣江 ………………………………………… 052

第六章　在中央苏区 ……………………………………… **055**
　　一、第三次反"围剿"前后 …………………………… 055
　　二、在第四次反"围剿"中参与军机 ………………… 059
　　三、进行军事理论研究 ……………………………… 061
　　四、奉命与十九路军谈判 …………………………… 064
　　五、参加第五次反"围剿" …………………………… 067
　　六、在大庾岭坚持斗争 ……………………………… 069

第七章　在长征路上 ……………………………………… **073**
　　一、军委纵队先遣队司令员 ………………………… 073
　　二、领导收容队和筹粮工作 ………………………… 079

第八章　在陕甘宁苏区 …………………………………… **082**
　　一、支援东征 ………………………………………… 082
　　二、从红军西征到西安事变 ………………………… 090
　　三、在西安事变爆发后的日子里 …………………… 093

第九章　从中央代表到新四军参谋长 …………………… **100**
　　一、赴华南开展抗日民族统一战线工作 …………… 100
　　二、福建之行 ………………………………………… 109
　　三、参与组建新四军 ………………………………… 119

第十章　发展皖东敌后游击战争 ………………………… **131**
　　一、初到江北 ………………………………………… 131
　　二、协助叶挺处理江北事务 ………………………… 138
　　三、主持江北指挥部工作 …………………………… 148

第十一章　开辟皖东（淮南）抗日根据地 ……………… **155**
　　一、参与擘画发展华中 ……………………………… 155
　　二、定远、半塔集反顽作战 ………………………… 162
　　三、创建皖东（淮南）抗日根据地 ………………… 173
　　四、营救新四军被捕人员 …………………………… 184

第十二章　巩固淮南抗日根据地 …… 192
　　一、在皖南事变前后 …… 192
　　二、主持新四军第二师的整编 …… 200
　　三、坚持路西，确保路东 …… 209
　　四、加强根据地全面建设 …… 218

第十三章　代理新四军军长（上） …… 228
　　一、初到军部 …… 228
　　二、参加整风运动 …… 234
　　三、在大生产运动和拥政爱民运动中 …… 239
　　四、指导新四军整训 …… 245

第十四章　代理新四军军长（中） …… 251
　　一、巩固华中抗日根据地 …… 251
　　二、恢复豫皖苏边抗日根据地 …… 260
　　三、发展东南 …… 267

第十五章　代理新四军军长（下） …… 282
　　一、指挥新四军全面反攻 …… 282
　　二、参与谋划上海武装起义 …… 290
　　三、打击拒降的日伪军 …… 304

第十六章　落实"向北发展，向南防御" …… 311
　　一、未雨绸缪 …… 311
　　二、指挥新四军北撤 …… 318
　　三、调兵入鲁 …… 323
　　四、"搭台唱戏" …… 330

第十七章　为争取和平民主而战 …… 335
　　一、参与指挥阻顽北上 …… 335
　　二、围绕"停战"的斗争 …… 339
　　三、飞赴延安 …… 343

第十八章　坐镇临沂 …… 349
　　一、指导胶济线作战 …… 349
　　二、料理后方 …… 356
　　三、整理东江纵队 …… 366

- 四、筹建华东军政大学 ... 369
- 五、谋划华东战局 ... 371
- 六、参与组建华东军区和华东野战军 ... 383

第十九章 转战山东 ... 386
- 一、孟良崮战役前后 ... 386
- 二、策应"大举出击" ... 393

第二十章 在华东工委 ... 396
- 一、整理渤海 ... 396
- 二、一项重要建议 ... 405

第二十一章 战略决战前后 ... 410
- 一、全面加强华东建设 ... 410
- 二、活捉王耀武 ... 416
- 三、在淮海决战的日子里 ... 418
- 四、兼任山东军区司令员 ... 425

第二十二章 主政广西（上）... 430
- 一、受命南下 ... 430
- 二、总体工作思路 ... 436
- 三、清剿土匪 ... 441
- 四、开展减租退租运动 ... 446
- 五、解决干部问题 ... 449
- 六、支援越南抗法斗争 ... 451
- 七、省会之争 ... 454
- 八、修筑柳邕铁路 ... 457

第二十三章 主政广西（下）... 461
- 一、整党整风 ... 461
- 二、发动群众 ... 467
- 三、贯彻重点剿匪方针 ... 472
- 四、离开广西 ... 477

第二十四章 人民的代表 ... 483
- 一、带病指导工作 ... 483
- 二、久病难愈 ... 485

三、为广西人民办事 489
   四、人大代表山东行 495
   五、情系海南 500
   六、朴素家风 504

第二十五章 晚年 **514**
   一、出任中央监委副书记 514
   二、在"文化大革命"中 519
   三、最后的日子 525

张云逸生平大事年表 **530**
后　记 **557**

第一章　激进的民主主义者

一、家世

公元1892年8月10日（清光绪十八年闰六月十八日），张云逸出生在广东省文昌县（今海南省文昌市）头苑镇上僚村一个贫苦农民的家庭。

文昌县位于海南岛的东北部，东、南濒临南海，北靠琼州海峡。由于该县除西南部为丘陵地带外，其余大部地区为平原，适合农耕，成为海南岛最早得到开发的地区之一。早在汉武帝元封元年（前110年），文昌就设紫贝县。隋朝时设武德县。唐太宗贞观元年（627年），改名为文昌县，意为"偃武修文"。明、清时期，文昌属琼州府，由广东辖管。虽然经过了不同朝代的更替，但文昌"修文"的风尚一直延续下来，有着深厚的文化底蕴，造就了很多风流人物。明朝的邢宥，是与丘浚、海瑞齐名的清官；近代的陈侠农、赵士槐、徐成章等堪称英雄豪杰，伟大的爱国主义和共产主义战士、杰出的国际社会活动家宋庆龄更是文昌的骄傲。文昌出外做生意和下南洋各国的人很多，是海南著名的侨乡。

上僚村位于文昌县城以北十多里的地方，属海积平原，是个不大的村庄。这里高耸挺拔的椰子树随处可见，一块块农田散落在绿树掩映中，到处藤蔓披挂，鸟语花香，一派风景宜人的热带田园风光。

据张氏资料记载，张云逸的先祖可追溯到南宋宁宗年间（1195—1224年），原籍福建古田的张天宿到琼州任万州司训，离任时留琼，并在此结婚生子。他的三个儿子也都落户其间：大儿子瑞全定居琼山，二儿子瑞伶住文昌北部，三儿子瑞尹定居在头苑镇上僚村。张瑞尹就成为上僚村一带张氏家族的始祖。瑞尹系传到张云逸这一代时，已是第二十一世。

张云逸的祖辈是普通农民。他的曾祖父张在拔"以力耕为业，以不贪为实，不悖己，不欺人"，父子兄弟和睦相处。祖父张锡森"勤俭以成家，坦直以待人"[①]。他有四个儿子，景琚、景东（早逝）、景超、景起。张景琚是张云逸的父亲。

---

① 文昌上僚村：《张氏家谱》卷九，纪要，旦公派，第24、32页。

张云逸故居

张锡森在世时,凭着多年的积蓄,在老房子的西边新盖了一处二进三层(排)、坐北朝南的房子。后来,最北面的一层(排)分给了张景琚。

张景琚生于咸丰九年(1859年)十一月初三,虽不识字,但勤劳能干、耿直厚道。在农忙季节,他常常自愿帮助困难的乡亲收割庄稼,犁田耙地;农闲季节,他不计报酬地帮助人家盖房垒墙。他乐于助人的品格使他赢得了乡亲们的尊敬,村里的人们称他"圣人"。张云逸的母亲邢氏,生于同治六年(1867年)十月初二,文昌县东昌村人。她也没有读过书,但聪明贤惠,勤快泼辣,孝敬公婆,心地善良。她除操持家务外,农忙时还能帮丈夫耕地种田,是勤俭持家的一把好手。她先后生过六个孩子,其中四个孩子长大成人。在四个子女中,长女秀兰,生于1890年;云逸排行第二,为长子;次子运鉴,生于1895年,抗日战争时期在中共驻香港的机关做过联络员,新四军成立后任第二师军需员,1942年因病去世,新中国成立后移葬于广州革命公墓;次女秀英,生于1898年。中华人民共和国成立后,秀兰、秀英两姐妹随张云逸在北京生活多年。

张云逸诞生在祖居的老房子里。作为家里的第一个男丁,他的到来给父母带来了极大的欢乐和希望。根据族谱"景运从新,蔚起文人,家修廷献,为国之桢"[①]的排序,张云逸属运字辈。父母为他起名运镒,字胜之。"镒"为古代的重量单位,合20两(一说24两)。"一镒为一金",父母希望襁褓中的儿子将来能够有

① 文昌上僚村:《张氏家谱》卷一,世系考。

好运,并且其好运能够用"镒"量、用秤称。"胜之"则是希望他在未来的生活中能够不畏艰险,勇渡难关,胜利到达成功的彼岸。运镒的名字虽然饱含着父母的希冀,但孩子的成长又不能离开与社会群体和他人的交往。于是,父母又给他起了个乳名叫"益友",即做一个有益于朋友的人,反过来说,好朋友多了也有益于孩子的成长。小时候张云逸一直用"益友"这个乳名,参加革命后,他按照广东话的谐音,将"运镒"改为"云逸"。从此以后,张云逸这个名字一直伴随着他的革命生涯。

张云逸家里有一亩多水田和半亩坡地,两三个人生活还可勉强度日,随着子女逐渐增多,一家人的生活日渐艰难。为了生存,张云逸的父亲租种了地主的几亩地,虽终日劳作,但由于地租过重,一年下来,仍然多以红薯和稀粥充饥,穿的是自织土布。即使如此,父母仍然不改其善良的本性,与乡亲们和睦相处,给孩子以尽可能多的关爱。张云逸的童年虽然在贫苦中度过,但在父母的呵护下,真正感受到了家庭的温暖,稚嫩的心灵仍然是充满阳光。家庭是人生的第一任老师。他后来所彰显的对国家对民族的爱,对人民的忠诚,对党的事业的执着的品质,做事踏实、处事低调不张扬等风格,都深深打上了家庭影响的烙印。

二、求学

为变法图强,康有为、梁启超等在光绪皇帝的支持下,于1898年进行了"百日维新",即戊戌变法运动。也就在这一年,6岁的张云逸进入张氏祖祠私塾(1918年改为长发小学)读书。

张云逸的求学可谓来之不易。随着他一天天长大,父母开始为他的未来着想。尽管家庭生活困难,父母却深知读书对孩子前途的重要,表示:"我们就是不吃不喝也要供儿子读书。"于是,父亲借来钱后,母亲找些碎布缝了个书包,装上纸墨笔砚,左叮咛右嘱咐,把张云逸送进了私塾。

张云逸带着父母的希望发奋读书。没过多少日子,《三字经》《百家姓》《千字文》等就能熟练背诵。张云逸白天在私塾上课,晚上和做针线活的母亲共用一盏海棠油灯看书。父母看在眼里,喜在心上。

毛笔字是当时学生的一项基本功。家里买不起那么多纸墨,张云逸就借来毛笔字帖精心揣摩,拿着树枝在沙地上练习。就这样,他终于练就了一手好毛笔字。他不仅学习努力,而且善于思考,遇到不懂的问题,总喜欢寻根问底。一分耕耘,一分收获。每次期末考试张榜,张云逸都是名列前茅。

当时,先生(老师)惩罚学生是司空见惯的,戒尺或教鞭就是先生惩罚学生的工具,但张云逸却很少挨打。由于他书背得好,文章写得好,字写得工整漂亮,总是得到私塾先生张锡芳的表扬。这不光让同学们服气,也让很多孩子的家长羡慕,夸他是个聪明懂事的好孩子。有一次,张云逸午饭后去放牛,他看到牛开始吃草,就看起书来,结果误了上课时间。等他满头大汗跑到学校,先生已开始讲课。他向先生说明了情况,先生让他回到座位,没有任何批评或体罚。张锡芳先生很喜欢这个能够为家庭分忧、学习上进的孩子。他经常对人讲:云逸这孩子,将来肯定有大出息。

童年自有童年的乐趣。在学习之余,张云逸常领着小伙伴们玩老鹰捉小鸡等游戏。他个子虽小,却是一个十足的孩子王,同学们都把他看成是主心骨,遇到什么问题总爱听他的意见。一次,一位同学玩耍时不慎将先生的花坛弄坏,他担心地问张云逸怎么办。张云逸说:"事情出了,害怕没用。你去找先生认错,让你父亲给先生重新做一个就可以了。先生不会责怪你的。"这位同学按他所说的做了。结果,先生不但没有批评,还表扬这位同学勇于承担责任,是个好孩子。

张云逸从小喜欢听大人讲故事。他由衷地佩服《水浒传》里那些敢于反抗压迫、杀富济贫的梁山泊英雄好汉,幼小的心灵开始萌生铲除社会不平的念头。一次,几名驻防文昌县城的清兵,歪挎着枪,大摇大摆地到村里来催粮催款。张云逸看到这些经常以势压人、欺男霸女的清兵,气愤地对同学们说:"这些兵坏透了!我们以后决不当这样的兵!"①

张云逸求学之时,中国社会正处于大变动的前夜。清政府虽然镇压了康梁变法,但随着八国联军入侵中国和1901年《辛丑条约》的签订,在内外压力下,其对内政策不得不有所改变。1904年1月13日,清政府颁布《钦定学堂章程》,提倡废科举、兴新学、革新旧的书院制度,把书院改为小学堂、中学堂。随后,文昌县各区乡一级的九家书院相继改建为小学堂和小学校。初级小学为五年制,高等小学为四年制。张云逸进入头苑明新高等小学读书。

新式学校与旧式私塾相比,增加了很多课程,除了经书、国文和修身外,还要学习算术、地理、历史、图画、手工、格致②。张云逸徜徉于新知识的海洋,如饥似渴地学习。一切都那么新鲜,那么富有吸引力。为自己成为对国家有用的人,他常拿"一息尚存,此志不容少懈;十手所指,此心安可自欺"③这样的话来鞭策自己。

高等小学的老师比私塾先生的视野宽阔多了。他们除给学生授以知识外,还讲帝国主义如何侵略中国,中国如何贫穷落后,中国的军事力量与西方列强的差距,也讲一些西方资本主义国家的政治思想。张云逸震惊于这些事实,富国强兵的思想开始萌芽。

然而,就在张云逸学兴大发,并开始懂得忧国忧民的时候,由于家庭实在无力再供他上学,他不得不辍学回到家里,帮助父母劳动。后来,他到县城的一家咖啡店做工,挣点钱贴补家用。就在张云逸无奈打工之时,四叔的一个动议改变了他的一生。张云逸的四叔张景起是一个越南侨乡的信差,每年往返于文昌和越南之间,为华侨送信带物。看到聪明勤奋的侄子被迫辍学,他非常着急。他认识

---

① 采访张从琤等记录,2007年11月。
② 格致为"格物致知"的略语,为当时讲西学之人对物理、化学等自然科学的统称。
③ [明]程登吉:《幼学琼林》,崇文书局2007年版,第132页。

横山村的乡绅赵仲昌，知道其子赵士槐在广州当军官，于是便请赵仲昌帮忙，让赵士槐帮助张云逸在广州找一个谋生的职业。赵仲昌看到张云逸是个好苗子，痛快地答应了。于是张云逸的父亲张景琚就向张氏宗祠借了100块银元做路费，决意让儿子出去闯荡一番。

1906年，在一个风和日丽的早晨，张云逸和同乡林少波、赵爱春等四人来到广州，投奔同乡赵士槐。多年后，张云逸还对儿子说起当时的情形："我十四岁时到广州打工，母亲为我做了一双鞋，我舍不得穿，一直背在身上，到了广州市里要见雇主时才穿上。"①

到了广州，张云逸没有找到合适的工作，就暂时留在赵士槐家做勤杂工。

赵士槐出身仕宦家庭。祖父曾任候选县丞。父亲赵仲昌是同盟会会员，曾任阳春县教谕，辛亥革命后任首届国会议员。三叔赵仲景，官至福建省禁烟总司令。赵士槐先后毕业于广东武备学堂、日本振武学校、日本士官学校，在日本加入中国同盟会，曾同孙中山一起从事秘密革命活动。他性格侠义豪爽，富有正义感，回国后在清军中任中级军官，是坚定的反清志士。

张云逸虽年纪小，但干活不惜力气，对交办的事不打折扣，钱财上也不差分厘，赵家人上上下下都喜欢他。工作之余，张云逸还能抓紧点滴时间学习。赵士槐很欣赏求学上进的张云逸，帮他选择书籍阅读，对张云逸提出的疑难问题一一解答。在将近两年的时间里，张云逸的学业有了很大进步。

1908年，在赵士槐的帮助下，张云逸报考了广东陆军小学堂。这是所官办学校，招收高小毕业生，考取后膳食、服装和课本都是免费，还有些津贴，将来的升学和就业都有保障，所以每年都有两三千人报考，但录取仅一百人，基本每县只取一人。张云逸以优秀的成绩被录取为广东陆军小学堂第四期步兵科学员。同期录取的还有邓演达、陈济棠、李扬敬、张之英、林时清等。②

广东陆军小学堂是两广总督于1905年在广东武备学堂的旧址上创办起来的，学制三年，地点在黄埔岛（即长洲岛），学校的训练十分严格，完全模仿日本军官训练模式，教官也大都是留日归来的军校毕业生。学校共办六期，于1914年停办，很多国共名将如张发奎、叶挺、薛岳等皆出自这个学校。

在广东陆军小学堂，张云逸除学习国文、历史、地理、数学、外语（德语）等基础课程外，还学习步兵操典、军队内务、军人礼节等军事课程，同时还要接受高强度的军事训练。

张云逸非常珍惜这次来之不易的学习机会，专心致志，勤学苦练。每逢节假日，有同学邀请他到广州市区去逛一逛，他都婉言谢绝，坚持在校学习，力求将所学内容融会贯通，娴熟掌握，因而经常能够拿到奖学金。他的军事训练科目也非常出色，正步操练铿锵有力，持枪动作标准利索，器械训练一丝不苟，教官们

---

① 张远之、王婷：《从海南贫农的儿子到开国大将——张云逸》，《海南档案》2009年第3期。
② 参见广州市地方志编纂委员会编：《广州市志》卷十三，广州出版社1995年版，第199页。

广东陆军小学第四期毕业照。第二排右二为张云逸,第四排左三为陈济棠。

都很欣赏他。张云逸认为,只有真才实学的人,才能成为振兴国家的栋梁。

张云逸在军校的生活十分节俭。他从不乱花一分钱,把自己的津贴费和获得的奖学金都积攒起来,逐步还清了来广州时父亲为他借的债。

三、反清志士

广州南邻港、澳,是中国同盟会在华南地区进行反清革命活动的主要场所,广东陆军小学堂是孙中山革命思想的传播地之一。中国同盟会重要领导人赵声曾任该校副监督,中国同盟会重要骨干邓铿在1909年任该校学长,朱执信、倪映典、胡毅生等中国同盟会重要成员都曾在该校任教或做过演讲。他们给陆军小学堂吹进的反清革命之风,使张云逸等一批热血青年成为埋葬清王朝的掘墓人。

在民主革命思想的传播下,张云逸开始广泛阅读《革命军》《狮子吼》《猛回头》《警世钟》《驳康有为论革命书》等革命书籍,以及宣传国民革命的《民报》等刊物,逐步懂得了改良主义在中国行不通,中国要富强,就必须推翻清王朝的反动统治,从而确立起民族民主革命的思想。

1909年10月,在邓铿等人的介绍下,张云逸和同班的几个革命青年在广东陆军小学堂秘密加入了中国第一个资产阶级革命政党——中国同盟会。

1910年,张云逸的母亲邢氏由于贫疾交加去世,终年43岁。张云逸回家奔丧。母亲的离去使他倍感母亲的伟大,母爱的珍贵。他后来常常对儿子们说:"母亲是最伟大的，没有母亲的孩子是最可怜的。你们要爱母亲，要孝敬母亲。"母亲去世不久，饥饿和疾病又相继夺去了张云逸最小的两个弟弟的生命。家庭的不幸，使他清醒地认识到，只有推翻清王朝的反动统治，中国才有出路，从而更加坚定了革命的信念。

为完成"驱逐鞑虏，恢复中华，创立民国，平均地权"的目标，在发动镇南关、广州等一系列武装起义的基础上，孙中山决定倾全党之力，集中各地同盟会精英800人作为中坚力量，以破釜沉舟的决心再次在广州发动武装起义，同时联络新军、防营、会党、民军响应，进而占领广州，挥师北上，会师长江。为此，革命党人在香港成立统筹部，黄兴、赵声分任正副部长。临近毕业的张云逸参加了这次起义。

1911年4月27日晚，第二次广州起义爆发。黄兴亲率革命志士130余人进攻两广总督衙门，沿途一些革命党人也主动加入起义队伍。张云逸随起义军从小东门进攻总督署。虽然是第一次参加战斗，但他毫无惧色，猛打猛冲。起义军击溃总督卫队，杀死管带金振邦，占领了总督署。此时两广总督张鸣岐已经逃走，这使原定逼张鸣岐让全省清军放弃抵抗的计划不能实现。随后起义军兵分三路，策应新军、防营、民军等起义。张鸣岐则调大批清军前来镇压。革命党人与清军发生激战，但由于力量对比悬殊，起义失败。最后张云逸和几个革命党人避开清军追捕，躲入一民宅。因为张云逸是广东人，同伴建议由他假装上街买菜，弄清突围路线。28日早晨，当他探明路线返回原地时，同伴已被前来搜查的清军杀害。他迅即掩身于行人中，之后脱险。

在这次起义中，革命党人共有101人牺牲。同盟会员潘达微通过善堂收殓了烈士遗骸72具，合葬于广州红花岗，红花岗后改称黄花岗，史称"黄花岗七十二烈士"，这次起义亦称为黄花岗起义。多年后，张云逸深情地回忆起黄花岗起义，感慨地对丁芒①说："如果那时我不出去买菜，就将是黄花岗七十三烈士了。"

黄花岗起义后，同盟会南方支部酝酿在广州发动第三次起义。张云逸义无反顾地投身于革命的洪流之中。1911年夏天，刚从广东陆军小学堂毕业的张云逸，和十几个同盟会员一起奔赴香港，培训准备参加起义的革命志士，教他们如何射击、投弹、刺杀及利用地形地物等基本军事常识，还担负起管理武器弹药的工作。孙中山等人则在国外积极筹款，购买武器弹药。起义的准备工作有条不紊地进行着。张云逸摩拳擦掌，等待着伟大时刻的到来。

1911年10月10日，武昌起义爆发。革命党人迅速占领了武汉三镇，建立起湖北革命军政府，宣布国号为中华民国。在武昌起义的影响下，全国各地纷纷响应。张云逸等在同盟会南方支部的领导下，也马上行动起来，从香港开赴广州。为攻占两广总督府，张云逸与陈策同时被任命为炸弹队队长。这时，蜂起的民军

---

① 丁芒，时任解放军《星火燎原》杂志编辑部编辑。

迅速包围了广州。在大军压境的形势下，两广总督张鸣岐被迫于11月9日宣布脱离清政府。随后，胡汉民在革命党人的支持下，组织了广东军政府。

革命军占领广州后，清军驻琼崖地区的统领刘永滇见大势已去，亦宣布琼崖独立，旋辞职，兵权移交给兵备道范云梯。当时琼崖驻有清军三个营。11月中旬，赵士槐被广东军政府任命为琼崖安抚使，负责收编琼军。下旬，赵士槐率部分民军和参加同盟会的琼籍反清志士，包括张云逸、陈策等赴海口，但范云梯拒绝接受改编，调集守兵（防守城镇的兵）和步兵（野战用）进行武力抗拒。张云逸等在赵士槐的指挥下强攻琼崖首府所在地道尹府（今海口市琼山区府城镇），拼死冲杀，附近民众也击鼓助威。但由于力量对比悬殊，道尹府久攻不下，赵士槐接掌琼崖受阻，不得不返回广州复命。张云逸则回文昌老家看望父亲。之后，广东军政府派黄明堂带部队前来收编，范云梯逃走，海南岛遂为广东军政府控制。

回到家乡的张云逸积极宣传孙中山的革命思想和政治主张，向乡亲们讲述外面的见闻，动员男人剪辫子，强调剪了辫子就等于革了清朝的命。他首先动员胞弟张运鉴剪辫子，然后再去做村里其他人的工作。在他的动员下，村里的男人们后来都把辫子剪掉了。

1913年，张云逸与文昌县头苑镇赤塘村的王碧珍结婚。1915年，女儿张琼出生。

四、从带兵反袁到广东统一

1912年11月，张云逸进入广东陆军速成学校学习。该校的前身为广东陆军速成学堂，民国元年即1912年由广东都督胡汉民改为现名，并将陆军小学堂第四期的毕业生均编入该校步兵科，另招有中等学校毕业生150名，编入骑兵、炮兵、工兵、辎重四科，续称第三期。

参加了辛亥革命的张云逸，更加认识到强国必须强军的道理，努力学习战术、地形、军制、筑城、交通、典令、剑术、操练等课程。除此以外，他还大量阅读课外书籍，尤其对那些高层次的外国军事书籍多有涉猎，对西方国家的军事情况也有相当的了解，从而开阔了视野，增长了才学。

袁世凯窃取辛亥革命胜利果实后，为建立专制统治，刺杀国民党代理理事长宋教仁，破坏中华民国《临时约法》，孙中山被迫于1913年6月发动"二次革命"。在广东，袁世凯的亲信龙济光部与反袁的粤军陈炯明部发生激战。此时，张云逸等广东陆军速成学校第三期步兵科学员正在广东都督陈炯明的部队实习。8月，陈炯明部被龙济光击败，广东"二次革命"失败。龙济光就任广东都督，其军队被称为龙军。之后，张云逸从速成学校毕业，被分配到海南岛，任龙军杨锦隆部（驻文昌县城）的排长。

从任龙军的排长起，张云逸开始了真正的军人生涯。他看到士兵缺乏训练，且纪律涣散，就从出操、站队开始，亲自示范，狠抓军事训练。他对士兵说：我们都是农民子弟,要理解农民的不易,做事前一定要好好想一想,偷鸡摸狗的事不能干。他一方面教育士兵要体恤百姓,另一方面又真诚地帮助他们解决一些实际问题。在他的带领下,全排操课正规,纪律良好,精神饱满,面貌很快就发生了变化。崭露头角的张云逸很快引起杨锦隆的注意。不久,他被提拔为连长,驻军三亚。

位卑未敢忘忧国。身处天涯海角的张云逸,依然关注着国家的前途和命运,继续追随孙中山参加反对北洋军阀反动统治的斗争。

1913年10月袁世凯就任中华民国临时大总统,建立起北洋军阀的独裁统治。1914年7月孙中山组建中华革命党,以实现民权、民生两主义为宗旨,以扫除专制政治、建立完全民国为目的,并派人到各地会党和军队中策划反袁军事斗争。张云逸反对独裁统治,拥护民主共和,自觉投入到孙中山领导的反袁斗争中。他利用工作之便,与会党进行秘密联络,在军队中积极发展"三合会"会员,吸收有革命倾向的班、排长和士兵参加,进行革命活动。① 到1915年春,他已经发展会员80余人。

1914年,陈侠农被孙中山派回海南岛,担任中华革命党琼崖分部部长和琼崖革命军总司令,在海南岛各地广泛开展讨袁活动。作为同盟会的会员,又是同乡,张云逸曾尝试和陈侠农进行联络,但未能如愿。1915年3、4月间,张云逸为进行反袁斗争,借父亲有病回家探望的名义请假,潜往广州进行革命活动。此时,陈侠农由榆林派代表到三亚联络张云逸起义,两者又失之交臂。虽然如此,由于张云逸已在部队中进行了反袁工作,所以当陈侠农率讨袁军到达三亚时,参加三合会的张云逸部排长羌飞与两位班长率部起义,里应外合,迅速肃清残敌。

张云逸到达广州后,在时任广东讲武堂提调赵士槐的介绍下,进入肇军讲武堂任教官。肇军由反正清军改编而成。辛亥革命爆发后,清军西路巡防营管带李耀汉率部反正,1913年李耀汉被龙济光任命为肇(庆)阳(春)罗(定)司令、肇阳罗镇守使,其部队扩编成5个统15个营,因驻肇庆一带而称为肇军,是广东的一支重要武装力量。张云逸以教官的身份继续在肇军中进行反袁宣传。此时,陈章甫任肇军讲武堂总教官,他非常欣赏张云逸正直的为人、沉稳的性格和革命的朝气,由于工作上的关系,两人交往较多。

1915年12月,袁世凯复辟帝制。孙中山和全国人民积极开展反袁斗争,蔡锷等则发动护国战争。在广东,朱执信、邓铿作为中华革命军广东正副司令,领导反对袁世凯讨伐龙济光的斗争。张云逸积极参加了这一斗争。在全国一片讨袁声中,1916年4月龙济光被迫宣布广东独立,6月袁世凯忧惧而死。黎元洪继任中华民国大总统后,龙济光转投段祺瑞。孙中山、朱执信等坚决反对龙济光,力主除恶务尽。7月3日,护国军分三路进攻广州。张云逸参加了肇军进攻广州的行动。在此形势下,北洋政府不得不把龙济光部调出广州,任命龙为两广矿务督办,

---

① 帮会组织在反对清朝、建立民国过程中,发挥了非常重要的作用。此时,一些帮会组织在反对袁世凯专制统治和复辟帝制中,仍然是重要的依靠力量。

驻海南岛。

1917年7月，为反对北洋军阀解散国会，孙中山南下广东护法，8月在广州就任中华民国海陆军大元帅。广东省省长朱庆澜将自己的20个营亲军交与孙中山。孙中山则重组粤军，任命陈炯明为粤军司令。张云逸由督军公署属官赵士槐介绍，曾进入大元帅府参谋处任参谋，并与粤军总部作战科主任蒋介石和大元帅府参军吴铁城等共事。在护法战争中，龙济光部于1918年被彻底消灭。护法战争失败后，孙中山被迫离穗赴沪，援闽粤军驻福建漳州地区；陆荣廷入主广东，肇军一部被改编为魏邦平的护国军第五军。张云逸先后在由桂系控制的护国军第五军担任过连长、营长、师部中校参谋，这就是张云逸与桂系的历史渊源关系。

1919年张云逸见到了广东陆军小学堂同学郑乃言①，两人晤谈甚久。他们对孙中山的革命愿景充满希望，对军阀政治十分不满。1919年10月，孙中山将中华革命党改组为中国国民党。之后，张云逸加入中国国民党。

1920年8月，在孙中山力主下，援闽粤军发动驱桂战争，要求"以粤省治权还之粤人"，得到粤籍军民的广泛响应和支持。护国军第五军魏邦平部在张云逸等的策动下于9月26日宣布脱离桂系。桂系兵败退回广西。孙中山重组军政府，任命陈炯明为广东省省长兼粤军总司令。陈炯明则将援闽粤军与魏邦平部整编为粤军第一军，下辖三个师。张云逸在粤军第一军第三师任中校参谋。1921年，张云逸调任香山护沙营营长，仍归粤军第一军第三师管辖。

张云逸出任护沙营营长后，除搞好部队的各项工作外，深入民间调查，发现当地人民除田赋、盐税、厘金所谓"正税"以外，还有游联队费、联团费、民团费、保卫费、自卫费、捕费、附看费、沙骨费、沙天费、果木费、鸭部费、疯人口粮费、旧式农会费、中小学附加费等②各种苛捐杂税，这使人民生活处于水深火热之中。他真正体会到了"苛政猛于虎"。为减轻人民的负担，他尽量减少或不征由驻防军队征收的捐税，深受当地百姓的好评。

张云逸任护沙营营长期间，发生了两件令他十分痛心的事。一件是赵士槐的不幸身亡。1921年6月，为统一两广，孙中山令粤军以援桂军名义进入广西，讨伐陆荣廷。援桂军仅用三个月的时间就占领了广西大部，陆荣廷只身逃往越南。但在胜利进军中，时任粤军第三军参谋长的赵士槐，为了说服有师生之谊的桂系将领归附孙中山，不幸在归途中遇害。失去了自己走上反清革命道路的领路人，张云逸悲痛不已。多少年后，他犹能记起赵士槐的名言："我所为无惮艰险，只身入虎穴者，徒以为民耳。其济，则民之福也，天也。不济，则殉以身，亦天也。吾知书审大义，出入兵间二十年，岂畏死辱命乎！"在以后的革命生涯中，张云逸也有多次深入虎穴，舌战群"儒"，不畏艰险，圆满完成任务的经历，赵士槐的作风深深影响着他。第二件事是1922年春父亲张景琚的逝世。张云逸在海南任连

---

① 郑乃言，张云逸陆军小学堂同学和好友，曾官至国民党军少将，新中国成立后移住香港。
② 余炎光、[美]陈福霖主编：《南粤割据——从龙济光到陈济棠》，广东人民出版社1989年版，第105页。

张云逸父亲张景琚之墓

长时,曾接父亲到三亚居住,想让他多住些日子。但父亲是一个对土地有深厚感情的人,他仅住了个把月,就自己跑回家种田去了。张云逸回家奔丧,与弟弟张运鉴为勤劳一生的父亲立碑纪念。

两广统一后,大权在握的陈炯明于1922年6月公开背叛孙中山,炮轰总统府,发动武装叛乱。孙中山被迫再次离穗赴沪。粤军从此分为陈炯明和许崇智两派。张云逸在香山一带抵抗叛军,但寡不敌众,遂以治病为名避入广州一家医院。8月,孙中山发起讨伐陈炯明的作战。陈炯明被迫于1923年1月率残部由广州退至惠州。孙中山由上海返抵广州,3月成立海陆军大元帅大本营。此后,张云逸参加了平定桂系沈鸿英部发动的叛乱和击退陈炯明残部向广州的进攻。1923年底,张云逸曾任粤军第一军第三师参谋长,驻防江门[①]。

孙中山于1924年1月在广州召开中国国民党第一次全国代表大会,确立了"联俄、联共、扶助农工"的三大政策,实现国共合作。10月,在创办黄埔军校的基础上,将粤军被改编为建国粤军。到1925年6月第一次东征结束前,张云逸任粤军杨锦隆独立旅参谋长、建国粤军旅长。随后他率部参加了平定杨希闵、刘震寰的叛乱。

---

① 江门时为广东新会县重镇,1902年后被辟为对外通商口岸。张诗教1986年6月15日回忆说:陈炯明被打败后退出广州,许崇智于1923年底回到广州,被孙中山任命为粤军总司令,我(时任许崇智司令部上尉大队副,负责通讯)也随部队到了广州。不久,知道张云逸任陈章甫师参谋长,驻防在江门,就特地去看他。他住在江门一间酒家里,还请我吃了一顿饭。

1925年3月12日，伟大的革命先行者孙中山在北京病逝。孙中山逝世后，国民党内部开始了争权夺利的斗争。8月20日，国民党左派领袖廖仲恺被暗杀。蒋介石在处理廖案的过程中，发现涉嫌人员中有一批胡汉民和粤军首领许崇智的老部下，遂诱捕了十几名粤军军官，迫使胡汉民出国，许崇智赴沪养病。随后，蒋介石以粤军参谋长的身份对粤军进行改编，除将其精华编为国民革命军第四军外，其余粤军或就地遣散，或纳入国民革命军第一军。

粤军改编后，1925年9月初，张云逸被广东国民政府任命为揭阳县县长①。他出任揭阳县县长之际，正值陈炯明残部再次发动叛乱之时。陈炯明残部乘东征军回师讨伐刘、杨之机，从赣南、闽西回窜韩江、东江地区。张云逸9月14日走马上任，立即陷入叛军包围。无奈之下，他只好挂印而去，向广东国民政府复命。②陈炯明残部在广东国民政府发动的第二次东征作战中被彻底消灭。

通过1925年的两次东征和南征，广东国民政府基本统一了广东。1926年初，张云逸以国民革命军第四军第十二师参谋处长的身份随师长张发奎进驻海南岛。

在驻军海南期间，张云逸做了一件让家乡百姓乐于称道的事，这就是创办了上僚村平民小学。他回家探亲时，看到家乡出身贫寒的孩子仍然没有读书的机会，就拿出多年的积蓄捐给学校，并发动在香港等地经商的张运谭捐款，倡议将本村的长发小学改为平民小学，"凡是本村适龄的男女青少年一律免费上学，课本、纸张、笔墨也由学校供给。同时举办妇女识字班，全村妇女均免费参加学习文化，每天中午12点至2点为上课时间，主要由平民小学的教员兼任"。他还发动在海口市等地工作的知识青年回来上课。大革命失败后，张云逸开创的上僚村平民小学被迫停办。③其实，早在1919年，张云逸与上僚村小学校就各出资2500元在文昌县城的下市街购置了一家叫琼源昌的铺宇（房产），将铺宇的租金作为学校的费用。由此可以看出张云逸关心家乡建设及对家乡教育的高度重视。

1923年，张云逸夫人王碧珍为使张家有后，自作主张，将文昌县昌洒镇昌述村的韩碧珠（参加新四军后改名为韩碧）嫁给了张云逸。④

五、参加北伐战争

广东革命根据地巩固以后，1926年7月9日，国民革命军发起了以消灭帝国

---

① 《揭阳县志》记载：民国十四年九月，张胜之（张云逸，字胜之）任揭阳县长。《揭阳县志》中《民国时期揭阳重大事件纪略》民国十四年条目里记载："9月1日，刘志陆在广州宣布独立，派张胜之任揭阳县长。张胜之于14日到任视事。"此记载虽然委派方不对，但记载张云逸担任县长则是事实。
② 张云逸同族兄弟张运用回忆说："张云逸在1923年任揭阳县长，我也去揭阳，粤军回粤，当时陈炯明带军回粤反对孙中山，当时出公告说，'张县长因事忙急速印去'，我将揭阳县长大印一起回海南了。"尽管他回忆的时间不对，但挂印而去是事实。
③ 根据张从玲提供的《回忆伯父》的材料。
④ 采访张远之、王婷，2011年7月20日。

主义支持的北洋军阀,实现中华民族的独立、自由、民主和统一为目的的北伐战争。依据"对吴（佩孚）攻击,对孙（传芳）妥协,对张（作霖）暂不惊动","先克三湘,后定武汉"的作战方针,北伐军总司令部以国民革命军第四、第七军各一部和第八军共四万余人,担负湖南、湖北地区的主要作战任务。第四军参加北伐的部队主要是第十、第十二师和叶挺独立团。第十二师奉命从琼崖归建,张云逸作为该师参谋处长随军北伐。此时第十二师师长张发奎,副师长朱晖日,参谋长李汉魂,军党代表兼师政治部主任廖乾吾（五）,下辖第三十四、第三十五、第三十六团。其中,第三十四团担任后方留守任务,叶挺独立团作战时多配属第十二师指挥。

参谋处是当时国民革命军各师司令部下辖的八大处之一,其任务是协助师长、参谋长实施作战指挥。作为参谋处长,张云逸深知自己肩上责任的分量。进入战区后,他根据敌情变化,不断向张发奎、李汉魂等献计献策,制定出符合战场实际的作战方案,从而保证了战斗的顺利进行。

7月10日,第十二师与第十师经激战攻克醴陵,策应了第七、第八军攻占长沙及其附近地区的行动。8月19日,北伐军开始向直系军阀吴佩孚的汨罗江防线展开攻击,第十、第十二师和叶挺独立团于21日攻占平江、筻口,随即向鄂南挺进。

北伐军一路势如破竹,所向披靡。作为师参谋处长的张云逸则开始总结北伐军能够取胜的原因。其实,从醴陵之战开始,张云逸就感受到了人民群众在战争中的巨大威力。战区人民在中国共产党的发动下,热烈欢迎北伐军的到来,他们端茶送水,报告敌军方面的消息,帮助部队运送武器弹药,给北伐军以巨大的鼓舞。也正是由于当地农民掘断铁路,切断了守军的退路与援军的来路,才使北伐军取得了醴陵之战的胜利;也正是由于当地农民敢死队的大力协助,北伐军才一举突破了敌军的汨罗江防线。人民群众的人力支持和无私援助,无疑是北伐战争能够获胜的重要原因之一。由此,张云逸切身体会到了"得民心者得天下"的道理。

如果说北伐军在湖南境内作战时,吴佩孚主力和奉系主力正与冯玉祥的国民军在北京南口地区激战,无力南顾,使北伐军没有遇到大的抵抗,那么随着国民军8月15日在京张线全线退却,吴佩孚亲率主力兼程南援,北伐军在湖北境内的作战则遇到了阻力,打的都是硬仗、恶仗。不仅如此,吴佩孚于8月25日到达武汉后,部署了两万余人在汀泗桥实施重点防御,并策动孙传芳由江西出兵湖南,抄袭北伐军的后路。如果吴佩孚的阴谋得逞,北伐军将面临极为不利的形势。为实现迅速攻占武汉的既定目标,北伐军总司令部以第一军第二师加入湖北作战,同时命令第四军迅速攻克汀泗桥。

汀泗桥是咸宁以南的军事重镇,粤汉铁路横贯其间,地形险要,易守难攻,是鄂南通往武汉的第一道门户。从26日晨起,第十师在左,第十二师在右,对汀泗桥发起攻击。叶挺独立团作为总预备队,待命参战。第十二师虽前仆后继,连续猛攻,但由于吴佩孚亲率卫队、大刀队督战,指挥守军疯狂反扑,使北伐军攻取的阵地得而复失，双方积尸累累，几乎把汀泗河的河水阻断。为打破僵局，27日4时，张云逸等协助张发奎做出决定，以叶挺独立团绕道守军侧后攻击，以黄琪翔的第三十六团偷渡汀泗河，夺占中央阵地，对守军形成南北夹击之势。叶挺独立团遂在当地农民的带领下攻占了汀泗桥东北的古塘角，从侧翼发起猛攻。与此同时，黄琪翔率第三十六团乘夜暗潜渡成功。两团的进攻使守军的阵脚大乱，再加上正面部队的配合，终于突破了守军防御。北伐军攻克汀泗桥，歼灭吴佩孚部两万余人。

汀泗桥战役后，吴佩孚部退守鄂南第二道门户——贺胜桥。北伐军紧追不舍，于29日进抵贺胜桥以南地区。贺胜桥地区虽属丘陵地带，但河流纵横交错，时值汛期，四处一片汪洋，易守难攻。为抵御北伐军的进攻，吴佩孚以数万人布置了三道防线，并带执法队亲自督战。在第七、第八军两翼配合下，担任主攻的第四军参战部队仍把攻克贺胜桥的任务交给了第十二师和叶挺独立团。从29日下午6时起，第三十五团作为先锋开始与守军交火。为吸引敌人，保证叶挺独立团从右侧迂回到位，张云逸等建议张发奎以预备队第三十六团的一个营增援第三十五团。叶挺独立团迂回到位并开始与守军交战后，为保持该团在发起总攻时仍具有突击力，30日4时，张云逸等建议张发奎抽调第三十六团的另一个营前去增援。拂晓，叶挺独立团与第三十五团同时发动猛攻，守军于7时半开始放弃第一道防线。叶挺独立团和第三十五团随即发起追击，守军企图依托第二道防线继续顽抗。张云逸等协助张发奎进行指挥，调遣黄琪翔率三十六团的最后一个营前去助战，同时命令炮兵向守军阵地轰击。在友邻部队的协助下，不到一小时，守军的第二道防线即被突破。吴佩孚的部队犹如潮水般向北撤逃，吴虽以大刀队砍死逃兵多人也无法遏止，其部队溺水而亡及被火车轧死者不计其数。吴见大势已去，遂乘火车逃往武汉。至12时，北伐军攻占贺胜桥。

贺胜桥战役后，北伐军迅速进抵武昌城下，并于9月3日以第四、第七军及第一军第二师发起第一次攻城。由于城墙坚固，攻城失利。随后，北伐军调整部署，准备发起第二次攻城。这次，作为第一次攻城总预备队的第十二师和叶挺独立团被派到了第一线，担任攻打通湘门至宾阳门段的任务。根据张发奎等的部署，攻城部队决定在各团挑选三四百人的敢死队，但各团、营长认为这样会伤害士兵的勇敢精神，遂决定以第三十六团的第三营和叶挺独立团的第一营为各该团的敢死队，第三十五团作为预备队在洪山待命。张云逸积极参与军机，献计献策，按照新部署，迅速调整好了新的进攻计划。为指挥攻城，张云逸随师司令部到达距城墙一千米的地方。5日3时战斗打响，敢死队登梯攻城。但由于守军火力太猛，战至4时两个敢死队即死伤过半，攻城行动被迫停止。天亮后，部队后撤，敢死队只能在城墙沟里暂时隐蔽，待命攻击。

在第二次攻城作战期间，发生了一件令张云逸、叶挺等十分气愤的事。攻城开始后，第一军第二师师长刘峙为抢头功，谎报军情，称自己的部队已经攻进城，攻城指挥部遂以第三十五团前去增援，结果使三十五团在增援途中遭到守军的猛烈扫射，吃了大亏。事后，张云逸认为，虚假之风不可长，必须严肃军纪，以儆效尤。叶挺也认为，这一行为"不仅有谎报军情之咎，而且有陷害友军之罪，必须给予应得制裁"[①]。但由于第一军是北伐军总司令蒋介石的嫡系，此事在蒋的包庇下不了了之。

第二次攻城失利后，北伐军遂停止强攻，对武昌采取了"长围久困"的方针，至 10 月 10 日，参加北伐的第四、第八军部队最后攻克该城。之后，张云逸随部队转战江西，11 月上旬参加了攻克马回岭、德安、南昌诸役。孙传芳主力被消灭后，张云逸又随部队回防武汉。

在四个月的时间里，张云逸所在的第四军参战部队攻坚摧锐，迭克强敌，为北伐战争的胜利立下了不朽功勋。为表彰该军的功绩，1927 年 1 月 15 日，武汉粤侨联谊社赠第四军一块盾牌，正面居中写着"铁军"两个大字。从此，第四军"铁军"的美誉名扬天下。张云逸作为"铁军"的一员，也为自己的历史写下了光荣的一笔。

---

① 段雨生、赵酬、李杞华：《叶挺将军传》，辽宁人民出版社 2009 年版，第 109 页。

第二章　在历史转折的关头

一、加入中国共产党

1926年，既是以北伐战争为标志的中国大革命进入高潮的一年，也是张云逸的人生发生重大转折的一年。

由于孙中山采取"联俄、联共、扶助农工"的三大政策，从1924年1月中国国民党一大开始，大批中国共产党党员以个人身份加入中国国民党。随着共产党员进入国民党的各个部门和领域，共产主义思想开始在国民党内传播，一些国民党党员经过比较，最终选择脱离国民党，加入了中国共产党。张云逸就是其中一员。

在国民党统一广东的过程中，张云逸对中国共产党的纲领、主张已有所了解，但他真正认识共产党，则是在北伐战争中。

随着北伐战争的开始，张云逸度过了他的34岁生日。经过十几年军旅生涯的磨砺，他已经从一个热血青年逐渐走向成熟，但精神追求并没有放弃。张云逸所追求的并不是个人的荣华富贵，而是要消灭阶级压迫和剥削，铲除社会不平，使天下的劳苦大众都能过上幸福的生活。为此，从辛亥革命开始，他苦苦探索，孜孜以求。终于，北伐战争使他豁然开朗，并由此做出了人生的重大抉择。

北伐军进入两湖地区，不仅使张云逸看到了农民力量的强大，也使他开始接触农民敢死队、交通队、运输队、担架队及当地农民协会的领导人。在与他们的接触中，张云逸结识了王志仁。

王志仁，1903年生，河南新县人，1925年考入武汉中学，同年秋加入中国共产党。北伐战争开始后，1926年7月中旬，他参加了董必武、陈潭秋等人在湖北举办的两湖"北伐宣传训练班"，之后任湖北省农民协会组织部干事，同时进行兵运工作。

在武昌围城期间，由于作战的需要，张云逸与负责当地农民支前工作的王志仁开始接触。有感于北伐战争是军事运动与工农运动的完美结合，张云逸询问王志仁是如何开展农民工作的。王志仁见比自己大11岁的张云逸对农民运动感兴趣，就把共产党是如何组织发动农民支持北伐战争，农民是如何打土豪分田地，一切权力归农会等情况一一告之。以后接触多了，双方的谈话越来越投机，感情越来越融洽，成了忘年之交。在交谈中，张云逸最喜欢谈的总是农民运动的话题，王志仁则有问必答，毫无保留。

一次，张云逸问道：农民翻身了，土豪劣绅、贪官污吏被戴着高帽子游乡或被镇压，社会各界的反应如何？王志仁说：农民运动主要是共产党领导发动的，共产党是代表工农利益的政党，是支持农民当家作主人的，所以农民也把共产党看成是自己的亲人，对共产党举双手赞成。国民党在口头上也说支持农民运动，但当农民运动发展到打土豪分田地时，他们不少人就开始起来反对，甚至骂我们是"痞子"运动，要求解散农会。张云逸接着问：那你们以后怎么办？王志仁坚定地说：我们有共产党领导，农民运动一定要搞下去，否则农民就没有出路！

与王志仁的谈话，使张云逸感触颇多。在他看来，辛亥革命只是推翻了清政府统治，农民的生活状况并没有改变，而能够最终改变中国农民命运的只有中国共产党；国民党虽然由于共产党员的加入而获得了新生，但在解决农民的问题上，国民党与共产党有着本质的区别，国民党的一些高官所暴露出的对农民运动的不满，说明他们最终不可能代表农民的利益；自己出身农民，而要实现自己使天下的劳苦大众都能过上幸福生活的追求，只有加入中国共产党。况且，北伐战争中，在政治工作方面起了很大作用、被十二师称为"全师的母亲"的廖乾吾，勇冠三军的叶挺，为攻克武昌城而英勇献身的曹渊，以及朝气蓬勃的王志仁等中国共产党人的表现，与国民党一些高官的争权夺利，尔虞我诈，形成了鲜明对比，表明中国共产党是一批具有优秀品质的人所组成的先进政党，只有他们才是中华民族未来的希望。

经过反复考虑和对比，正向不惑之年迈进的张云逸，在北伐战争进入高潮时，对是否加入共产党做出了抉择。

一天，张云逸对王志仁说：我也是农民出身，我愿意加入你们的党，愿意为天下的劳动大众过上幸福生活而斗争，你看行吗？王志仁听后兴奋地表示：我立即向组织上汇报。就这样，1926年11月张云逸由王志仁、廖乾吾介绍，光荣地加入了中国共产党。①

多少年后，张云逸回顾自己的历史时说："我入党时年龄已经很大，在军中职位不低，薪俸也相当高，我是为了劳动人民大众的解放才入党的。"

从此，张云逸由一个资产阶级民主主义者转变为自觉的共产主义战士，并且为人民的利益奋斗了一生，而忠贞不渝。

二、在南昌起义中

1926年12月，北伐军进行扩编，以国民革命军原第四军第十二师为基础组建新的第四军，下辖第十二师、第二十五师。朱晖日任第二十五师师长，叶挺任副

---

① 根据张云逸1969年1月填写的九大代表登记表记载：他于"1926年11月在武昌由王之仁、廖乾伍两同志介绍入党"。另外，根据中共中央组织部保存的张云逸于1937年填写的履历表，他于1926年在武汉由王之仁介绍入党。王之仁即王志仁，廖乾伍即廖乾吾。本传记采用了张云逸1969年的说法。

师长，吴涵任参谋长。张云逸任第四军特别党部委员①，负责第二十五师的国民党党部工作。

1927年4月12日蒋介石在南京发动反革命政变后，以汪精卫为首的武汉国民党当局还与中国共产党保持合作关系，这就形成"宁汉分裂"。为争夺国民党的正统地位，解除来自河南的吴佩孚残部，乃至深入河南的奉系张作霖部的威胁，武汉国民政府决定继续北伐，联合冯玉祥部，消灭吴佩孚残部，并逼退奉军。张云逸参加了由武汉国民政府组织的5月13日至6月1日的第二次北伐。京汉路战役胜利后，张云逸随部队回师武汉。

6月，武汉国民党当局为实现东征讨蒋计划，将主要部队编组为第一、第二方面军，任命唐生智为第一方面军总指挥，张发奎为第二方面军总指挥。第二方面军下辖第四、第十一、第二十军。因朱晖日升任第十一军军长，第四军第二十五师师长由李汉魂接任，张云逸出任该师参谋长。第二十五师下辖第七十三、第七十四、第七十五团。

随着"四一二"反革命政变的发生，武汉国民党当局内的一部分人在联共问题上也开始逐渐发生摇摆，中国共产党则开始注意掌握军队。在此形势下，张云逸接受了一项特殊的任务。

此时，武汉国民党当局决定组建政府警卫团（亦称第二方面军总指挥部警卫团）。为此，对于由谁来出任该团团长，各方都十分关注。中共组织决定派中共党员、第二十五师第七十三团参谋长卢德铭出任该团团长，但张发奎不同意，原因是卢德铭不是广东人。中共组织遂把说服张发奎的任务交给了张云逸。

张发奎和张云逸既是广东陆军小学堂的同学，又都是广东人，两人长期在粤军和国民革命军第四军第十二师共事，私交较好。张发奎对张云逸的话还是能听得进去的。张云逸找到张发奎，晓以利害，说卢德铭虽是四川宜宾人，但毕业于黄埔军校第二期，曾任叶挺独立团的连长、营长、团参谋长，作战勇敢，有勇有谋，是难得的军事干才，也是目前出任警卫团团长的最佳人选。眼下正是用人之际，如果不让卢当团长，不仅难以广集人才，反而容易授人以柄。

在张云逸的鼎力推荐和劝说下，张发奎最后同意由卢德铭出任武汉国民政府警卫团团长。②就是这个团，以后在卢德铭的带领下，由武汉向南昌进发，准备参加南昌起义，因未赶上起义，后来参加了毛泽东领导的湘赣边界秋收起义，成为井冈山工农革命军第一军第一师第一团的主要来源之一。

1927年6月下旬，武汉国民党当局决定以第一、第二方面军部队组成"东征讨蒋军"，讨伐蒋介石。7月中旬，张云逸随部队沿长江南岸由鄂入赣，到达了九江以南黄老门火车站以西的黄老门村。这时，汪精卫在武汉发动了"七一五"反革命政变。

张发奎此时想率其第二方面军南下广东，另立山头。同时，由于第二方面军

---

① 1937年张云逸填写的履历表。
② 周士第在1962年8月所写《北伐先锋》一文中称："张发奎起初不同意卢德铭同志任团长，经过张云逸同志说项后才同意。"

深受共产党的影响，为稳定部队，他暂未执行汪精卫的"分共"政策。在此形势下，中共中央认为，如果张发奎不拥护汪精卫，则可与他合作回粤，否则脱离关系。李立三、邓中夏等认为，张发奎不可能与中国共产党合作，应立即将中共掌握的第二方面军的部队拉出来，举行南昌起义。

根据中共组织的安排，时任第四军参谋长的叶剑英和第二十五师参谋长的张云逸，由于与张发奎有特殊关系，继续留在第二方面军做张发奎的工作；由贺龙任军长的第二十军，由叶挺任师长的第十一军第二十四师，以及由中共掌握的第四军第二十五师的第七十三、第七十五团，第十一军第十师第三十团等部参加南昌起义。

随着起义日期的临近，张云逸一方面向第二十五师的起义部队通报消息，另一方面为起义部队的行动打埋伏。最后，第七十三团由团长周士第全部带出；第七十四团由团参谋长王尔琢带出一个机枪连；第七十五团驻扎在师部旁边，行动不便，最后以打野外的名义，由第一营营长孙一中拉出了三个营。中共中央前敌委员会书记周恩来高兴地说："没想到把二十五师大部分都拉出来了。"①

为继续争取张发奎，南昌起义后，成立了中国国民党革命委员会，中国共产党仍把张发奎作为七人主席团的成员之一。张发奎率部回粤后，在叶剑英、张云逸等的劝说下，也曾试图联络南昌起义南下广东的部队。据萧克回忆："1932年在江西时，我听张云逸（当时任张发奎部第四军参谋处长）说，张发奎到广州后，还派人到潮汕同起义军联系，走到惠州，得悉起义军已失败便作罢了。如果我们打胜了，他还有可能与我们联合，至少要迟一点分化。"②

三、广州起义前后

1927年9月中旬，张云逸随张发奎的部队回到广东。

张发奎回到广东后，打着"扶持农工"的旗号，与时任广东省政府主席兼第八路军总指挥的李济深、广西省主席兼第八路军副总指挥的黄绍竑明争暗斗，在广东省政府各部门到处安插自己的人，在军事上联络第五军军长李福林、第八路军的薛岳和黄镇球的两个师，同时还把琼崖纳入自己的势力范围，10月底任命张云逸为琼崖绥靖司令。

在中国共产党武装反抗国民党反动派的日子里，张云逸深知自己出任琼崖绥靖司令意味着什么，他立即把这个消息报告了中共广东省委。以张太雷、周恩来、恽代英等领导的中共中央南方局得知这一情况后，于10月27日制定了《经营琼崖计划》，决定在敌人统治力量薄弱的琼崖发动起义，将琼崖变为军事策源地之一。据此，中共广东省委11月两次给中共中央写信说明情况："张发奎派张云逸福军一营，及其他一营去琼崖。张是同学……设法使农民加入他的军队，夺取武

---

① 《周士第回忆录》，人民出版社1979年版，第142页。
② 《萧克回忆录》，解放军出版社1997年版，第54页。

装,及在他们士兵中宣传土地革命。""请通知中央要叶文龙速返港派去琼崖。张明义(即张云逸)已被张派去琼崖,带有四军一营、五军一营,新招一营均归我们。此地已派去工人十余人,由周一勤同志负责,请通知海口党部与发生关系。"就这样,中共广东省委准备在张云逸所带两个营的基础上,在琼崖再招募一个新兵营,以这三个营为基础,发动起义。

11月,张云逸率第四、第五军各一个营共八百余人,乘两艘船从广州开赴海南岛,准备接替黄镇球出任琼崖绥靖司令。不料,发生了叶肇叛变之事。

这时,粤系军阀张发奎与桂系军阀的矛盾激化,桂系也在争夺海南岛。李宗仁派人收买了驻海口的黄镇球部下第三十三团副团长叶肇。叶肇则在海口的长堤路码头布下宪兵和保安团,把军队埋伏于附近的椰树林里,只待张云逸所率部队的到来。由于海船吃水深不能直接靠岸,张云逸所率部队到达海口时,只能由小船接引部队分批上岸。就这样,部队登陆一批,即被叶肇的军队缴械一批。尚在船上的张云逸对此毫无所知。

就在这千钧一发的时刻,得知叶肇叛变消息的张云逸的同村张姓兄弟自驾着一只小船前来通报情况。在这位兄弟的护送下,张云逸从海上转乘海口到越南海防的轮船脱离险境,之后又从越南转香港,回到广州。

张云逸回到广州后,一方面向张发奎复命,一方面将情况向中共广东省委汇报。省委决定他准备参加广州起义,并做好稳住张发奎的工作。

这时,张发奎为争夺对广东的控制权,一方面与桂系的矛盾激化,另一方面又不惜与李济深兵戎相见。李济深则大兴讨伐之师。张发奎"四面受敌",被迫将其主力调往西江地区,准备对付桂系黄绍竑部的进攻;以一部调往东江地区,准备对付陈铭枢可能从汕头地区发动的进攻;另以李福林的第五军分驻韶关、江门等地。这样,广州只剩下了第四军军部、一个炮兵团、新编第二师第三团和警察武装,兵力空虚。中共广东省委根据中共中央的指示,决定乘此时机,利用已经掌握的第四军教导团和警卫团一部及工农武装举行广州起义,夺取并固守广州,促进全省起义,进而夺取全省政权。为此成立了以中共广东省委书记张太雷为委员长的革命军事委员会,作为起义的最高领导机关,同时成立了起义军总指挥部,以叶挺为总指挥。

为确保起义成功,张云逸奉命一面通报张发奎方面的消息,一面努力排解张发奎等人对共产党可能造反的疑虑。

由于警卫团反动分子的告密,起义计划暴露,原定于12月12日举行起义的计划提前到11日凌晨。12月10日晚7时,张太雷在广州旧仓巷的一座楼房里召开军事会议,黄平(后叛变)、周文雍、聂荣臻、杨殷、徐光英和教导团团营主官、警卫团团长以及工人赤卫队、市郊农军的领导人等参加会议。张云逸也出席了这次会议。① 会议确定了起义的具体行动计划及联络信号等。

---

① 张从玪访问,张诗教记录,1986年6月15日。

11日3时许,广州起义爆发。起义军经过十个小时激战,市内敌军大部被歼,当天成立了广州苏维埃政府。但由于未及时撤出广州,12日张发奎调大批军队前来镇压。起义军浴血奋战,但寡不敌众,损失严重,张太雷也不幸牺牲。13日,起义总指挥部下达了撤退命令。

张云逸参加了广州起义的全过程。[①]他自知身份可能暴露,遂找到广东同乡、警卫团少校团副张诗教的家里,希望能避避风头。但张诗教也参加了起义,并告诉张云逸:"你不能到我家里来,太危险了,还是再找一个安全地方吧。"[②]后来,张云逸在一个朋友家里躲了几天,之后由广州前往香港。

广州起义虽然失败,但给张云逸留下了深刻的记忆。他在1937年所填的履历表"参加革命斗争经过"一栏中,写下了"参加过辛亥革命、第一次大革命的北伐战争、广暴"等语。对于从1909年就加入中国同盟会,经历过无数重大历史事件的张云逸来说,"广暴"在其心目中具有重要的地位。

1928年初夏,中共中央决定派遣张云逸等到苏联学习。张云逸告别了家人,乘船从香港来到上海。

南昌起义、湘赣边界秋收起义和广州起义后,为推翻国民党的反动统治,中共中央决定扩大在全国起义的规模。1928年7月9日中国共产党第六次代表大会通过的六大政治决议案中就明确提出:"共产党更要特别注意军事问题和兵士运动。"为此,中共中央加大了通过兵运工作进行武装起义的力度。

8月的一天,中共中央军事部部长杨殷找到张云逸,向他传达了中共中央决定派他去广西进行兵运工作的决定。杨殷谈道,你有两广多年军事工作的经历,又有许多可以利用的社会关系,中共党员的身份尚未暴露,是进行广西兵运的最佳人选之一。对于中共中央的决定,张云逸毫不犹豫地表示坚决服从。此后,张云逸与杨殷多次交换了对时局特别是对蒋桂矛盾的看法。

在等待赴广西的日子里,发生了一件让张云逸后来感到十分有趣的事。张云逸等待去广西,叶季壮也等待党分配工作。他们两人同住在一地,也早就认识,但都不相互打听,一直独自往来。对此,《叶季壮》一书中称:"在上海,叶季壮足足等了三个月,没有任何人再来接头,心急如焚,只是经常见到张云逸进进出出。本来张云逸与叶季壮早已相识,彼此也知道是共产党员,但是出于严格遵守地下工作的纪律,季壮一直不敢去问张,从不讲出自己的身份和来意。张云逸也不问他,每次相见也只是平常的问个好。后来他们在广西工作,谈起这件事时,大家都笑起来了。当时双方都遵守'不该讲的不讲,不该问的不问'这个保密原则,尽管是熟人、共产党员,也不问对方,不谈自己。"[③]

11月,张云逸大儿子张远之出生于香港。

---

① 1990年张光东、曹立冬拜访聂荣臻,聂荣臻说"我可以证明张云逸参加了广州起义"。
② 张从玠访问,张诗教记录,1986年6月15日。
③ 中共肇庆市委党史办公室、中共新兴县委党史办公室编:《叶季壮》,广东人民出版社1988年版,第177页。

第三章 参与组织领导百色起义

一、改造教导总队和警备第四大队

1929年3月，蒋桂战争爆发。在集中兵力进攻桂系的同时，蒋介石通过与李宗仁、白崇禧有矛盾的俞作柏，以重金收买了桂系的三个师长李明瑞、吕焕炎、杨腾辉。这三个师于4月间在阵前倒戈，使桂系迅速失败。中共中央见时机已到，于5月派张云逸（化名石赤峰或石迟峰）从上海赴香港。张云逸开始了他的广西兵运之旅。

张云逸到香港后，在《香港小日报》报社找到了叶季壮。之后，在叶季壮的安排下，张云逸同中共广东省委负责人黄钊、陈郁以及广东省委军委书记聂荣臻等取得联系，研究了进入广西的途径。

这时，张云逸进入广西有两个社会关系可以利用：一是广东军阀陈济棠，张云逸广东陆军小学堂的校友，时任国民革命军第八路军总指挥，执掌广东军政大权。二是陈策，文昌同乡，辛亥革命时一块当过炸弹队队长，毕业于黄埔海军学校，时任国民党广东海军司令、海军学校校长，在两广的军界、政界有一定的影响力。权衡利弊后，张云逸决定还是去找与自己私交很好的陈策。

6月中旬，张云逸告别妻儿，带着叶季壮开具的与中共广西特委联系的介绍信，从香港到达广州。

陈策热情地接待了张云逸。问明来意后，陈策给俞作柏写了推荐信，请他帮助安排张云逸的工作。7月，张云逸离开广州，经梧州到达南宁。

蒋桂战争结束后，蒋介石任命俞作柏为广西省主席，李明瑞为编遣分区特派员（相当于广西绥靖总司令），在广西形成了俞、李政权。然而，俞、李并不满意蒋介石的统治，想在广西建立一个脱离蒋、桂军阀控制的独立局面。为成就一番事业，俞、李开始暗中与中国共产党联系，希望能得到支持，甚至还想通过中共的关系得到苏联的帮助。俞、李之所以能够"联共"，是因为他们在大革命时期与共产党合作过，"知道共产党苦干，不要钱，作战勇敢，是一个好'工具'"[①]。出于

---

① 军事科学院《张云逸军事文选》编辑组主编：《张云逸军事文选》，军事科学出版社2007年版，第940页。

这种考虑，他们采取了一些改良主义政策，释放了在押的共产党员、共青团员和进步人士，解散了国民党各级市党部，逮捕了一批桂系安插在地方上的反动骨干，给工农群众一定的民主权利，并要求共产党派干部到广西与之合作。

在此形势下，中共中央和中共广东省委派叶季壮、陈豪人、龚鹤村（龚楚）、袁任远等一批干部到广西开展革命工作。其中，陈豪人任省政府机要秘书，龚鹤村任南宁市公安局局长。9月上旬，受中共中央派遣，作为中央代表的邓小平由中央机关交通员龚饮冰陪同，乘船离开上海，途经香港、越南到达南宁，化名邓斌，领导广西地方党组织和广西各地的工农运动。到达广西后，邓小平采取各种措施，推动广西各地革命形势迅猛发展，为武装斗争做好准备。

张云逸到南宁后，与仅有一面之交的俞作柏见了面，并与中共广西特委的直接联系人陈豪人接了头。在陈豪人的安排下，由俞作柏的胞弟、李明瑞的表弟、中共党员俞作豫，向俞、李再度推荐张云逸。由于张云逸是通过陈策介绍给俞作柏的，俞作柏等不知道他是共产党员。最后张云逸被任命为广西教导总队（亦称教导大队或教导队）少将副主任，主任由中共党员徐开先（即徐光英）担任。

徐开先曾任国民革命军第二十四师参谋长，参加过南昌起义和广州起义，他任教导总队主任后，主要是应付俞作柏、李明瑞，掩护张云逸等人的工作。张云逸则主要对付李明瑞的参谋长，与之联系多，而与徐则少来往，以免暴露自己共产党员的身份。

刚刚成立的广西教导总队设在南宁西乡塘，下辖3个营9个连1000多人，学员主要是从李明瑞、吕焕炎、杨腾辉3个师抽调上来的班、排长。

为掌握这支队伍，张云逸上任不久即与徐开先采取如下措施：

一是撤销营级单位，掌握教导总队的领导权。教导总队三个营的营长均为反动军官。为剥夺他们的领导权，张云逸等采取明升暗降的办法撤掉了营部。对此，张云逸后来回忆说："当时我们想了一个办法，就是不要营部，由大队直管到连；而把这三个营长，放到训练处去，表面上升他们一级，实际上削掉了他们的实权。经与俞作柏、李明瑞交涉，他们同意了。结果，把一个营长调去当大队参谋长，升为上校；另外两个营长调去当训练处的正、副处长，均升为中校。虽然这几个被调走的营长当时有些意见（但并不晓得我们的意图），却从晋级上得到了安慰；同时，我们对他们提出的训练计划，也都同意，表面上表示'尊重'他们。这样，他们就只掌握军事训练，被剥夺了实际指挥权，脱离了群众。这些反动军官与群众隔离开以后，他们的反动思想和行动，就无法再影响群众了。而我们则掌握了政治，掌握了实权，掌握了群众，可以更加顺利地开展党的工作。"[①]

二是在各连队建立中共秘密支部。为掌控基层领导权，张云逸和徐开先顶住压力，把中共广西特委派来的工人和学生出身的中共党员安排进来，在很短的时间内将九个连队主官都换上了共产党员来担任，在各连队建立了中共秘密支部，

[①] 军事科学院《张云逸军事文选》编辑组主编：《张云逸军事文选》，军事科学出版社2007年版，第944页。

同时大胆发展中共党员，壮大党员队伍，使之成为各连的秘密领导核心。"如教导大队，两个月便发展了三百多个新党员，使队里的党员约占全队总人数的三分之一，如卢绍武（那时当班长）、李天佑等同志，就是在这时发展入党的。"①

三是加强对学员的思想政治教育。在采取组织措施的同时，张云逸与徐开先还把中共中央和中共广东省委派来的有能力的同志，安排到教导总队当政治教员或学员。"例如，当时就把大学生何世昌同志（中共党员，后来当红八军政委）安插在教导大队当学兵。"②通过他们对学员进行革命思想的渗透和灌输，以提高学员对工农运动的理解，从而为后来发动百色起义打下了思想基础。

就这样，教导总队被掌握。

教导总队成立一个多月后，经中共广西特委的活动，张云逸又兼任了广西警备第四大队大队长。第四大队成分复杂，纪律极坏，主要由收编的土匪、民团、散兵游勇等组成。李明瑞想通过张云逸来改造这支部队。张云逸则提出两个条件：第一，由他提名一个副大队长，协助他的工作。第二，改造工作必须采取坚决迅速的措施。李同意后，经张云逸推荐，中共广西特委派李谦出任副大队长。

李谦，黄埔军校四期毕业生，中共党员，曾担任国民革命军的营长、团长，参加过北伐战争，刚从日本士官学校留学归来，有丰富的军事工作经验。有李谦做助手，大队领导层就为中共所控制。

当时，第四大队有四个营，一个营调百色，一个营是俞作柏的卫队，张云逸、李谦实际领导的只有两个营。

张云逸走马上任后，对这两个营进行了大刀阔斧的改造。除撤换反动军官、建立中共秘密支部、加强思想政治工作外，还采取建立士兵委员会、改造部队成分的措施。

张云逸深知，在旧军队里，官长的命令是足以左右一切的。只有把各级的领导权牢牢掌握，才能使中共的意图通过行政的命令予以实现，并保证贯彻执行。由于改造第四大队的这两个营比改造教导大队要难得多，在撤换反动军官方面，张云逸采取了不同的办法。

这两个营的营长和连长都是贪污成性的反动军官，撤换他们必须拿出过硬的理由。为此，根据中共广西特委的指示，张云逸等在部队开展了士兵运动，发动士兵群众，揭露克扣军饷、虐待士兵之军官的罪恶行为。而士兵一经发动，斗争异常坚决勇敢，一致要求严惩那些反动军官。张云逸立即严办了两个营长，同时调中共党员何莽和符禄充任。何莽是俞作柏的学生，符禄是警卫俞作柏那个营的营长。这样，既达到了目的，又不引起俞作柏的怀疑。对连以下军官，则除一部分撤职外，大部送教导大队学习，进行教育改造。同时，从教导大队调一百名左右的中共党员充任连、排长。这样，仅用两个星期的时间，就牢牢控制了这两个营。

---

① 军事科学院《张云逸军事文选》编辑组主编：《张云逸军事文选》，军事科学出版社2007年版，第945页。
② 军事科学院《张云逸军事文选》编辑组主编：《张云逸军事文选》，军事科学出版社2007年版，第943页。

当时，俞作柏、李明瑞虽然支持张云逸等坚决撤换军官，但认为太快了。张云逸则利用俞、李二人想干一番"大事业"的心理，婉言劝道："这班人不撤掉，就不能成就你们的事业。"俞、李听了觉得言之有理，只好同意。

在撤换反动军官的同时，随着中共党员进入第四大队，张云逸等在各个连建立起中共秘密支部，从而使部队得到巩固。

如果说，撤换反动军官，建立中共秘密支部，使中共掌握了第四大队，那么，进行革命的思想政治教育，建立士兵委员会，改造部队的成分，则是张云逸等把第四大队改造成革命军队的进一步措施。

在思想政治教育方面，张云逸要求每个中共党员都要以身作则，密切联系群众，处处做好榜样。他不仅要求其他人做到，自己也身体力行。后来，张云逸回忆道："我那时当教导大队副主任兼警备第四大队队长，威信很高，就是因为没有架子，能和士兵打成一片，平易近人。所以士兵有话也都肯和我说，这样我们就掌握了情况。同时，我还利用与士兵接触谈话的机会，打通他们对革命的怀疑思想，使他们从内心中心悦诚服地接受我们的领导。有时，我也公开讲话，向士兵群众灌输革命的思想。"[①] 就这样，革命的思想在第四大队迅速传播，并发生着潜移默化的影响。

旧军队的士兵，除了少数的兵痞流氓外，绝大多数都是劳动人民被抓去当兵的。他们当兵前受地主的压榨，当兵后又受着反动军官的虐待，对封建反动统治者是非常仇恨的。但是，他们往往为反动派所欺骗、蒙蔽，或者是敢怒不敢言。为把他们重新拉回到人民的怀抱，同时建立起新型的官兵关系，张云逸根据中共广西特委的部署，在营、连各级都建立了士兵委员会。通过士兵委员会"进行革命的民主教育，提高群众的政治觉悟，发动他们与反动军官进行斗争。通过斗争，一方面揭发了反动军官的罪恶，打掉了他们的威风；另一方面，群众的革命觉悟也在实际的斗争中进一步得到提高，更加拥护我们党的主张，从而益发密切地团结在我们的周围"[②]。

军队人员的构成决定着它的风气。"一支旧式军队，如果其中工农成份不占优势，那么它的坏作风、坏习气，就很难改变，这支部队也就很难为我们所掌握，很难得到巩固。"[③] 这是张云逸从十几年戎马生涯中得出的一个结论。基于这种认识，他在改造第四大队的过程中，非常注意增加士兵的工农成分，大量吸收工人、农民和进步学生参军。而部队成分的改变，为把第四大队改造成为革命的军队打下了坚实的基础。

除上述措施外，张云逸还规定了第四大队的纪律：（1）不准抽鸦片，已抽的要戒掉，不遵守者，遣送回家；（2）不准赌钱；（3）不准嫖女人；（4）不准打人。

---

① 军事科学院《张云逸军事文选》编辑组主编：《张云逸军事文选》，军事科学出版社2007年版，第943页。
② 军事科学院《张云逸军事文选》编辑组主编：《张云逸军事文选》，军事科学出版社2007年版，第943页。
③ 军事科学院《张云逸军事文选》编辑组主编：《张云逸军事文选》，军事科学出版社2007年版，第946页。

长官不准打士兵,军队不准打老百姓。①

在张云逸等人的努力下,经过改造,教导总队和警备第四大队面貌大为改观,完全被中国共产党掌握。除了这两支部队外,中共党员俞作豫还掌握了广西警备第五大队,这就为后来举行武装起义创造了条件。

二、移兵百色

到1929年9月,国民党内部及俞、李政权与蒋介石的矛盾开始尖锐。9月中旬,张发奎在湖北通电反蒋,组织"护党救国军",准备以广西为根据地进攻亲蒋的广东军阀陈济棠。与此同时,汪精卫派薛岳游说俞作柏、李明瑞反蒋。这样,统治广西不到三个月的俞、李政权也加入了反蒋的行列。

当时,俞、李只有三个师又一个旅。为取得反蒋作战的胜利,俞、李决定把教导总队遣散,全部学员分回各师,叫警备第四、第五大队也随军出征。在劝阻无效的情况下,中共中央代表邓小平和中共广西特委决定由张云逸等出面,说服俞、李将警备第四大队和第五大队留在南宁。张云逸遂以第四、第五大队和教导总队都是新建,还没有训练好,不能配合打仗为由,最后说服俞、李只从教导总队调走非中共党员300人,同意其留守南宁。与此同时,在中共广西特委的活动下,张云逸兼任南宁警备司令,接管了省军械库、银行等重要部门。

俞、李于9月27日在南宁通电反蒋,10月1日誓师东征。但俞、李出兵不到十天,部队还没有出广西,就因内部叛变而失败。蒋介石用重金收买了第十六师师长吕焕炎、第五十七师杨腾辉和李明瑞第十五师的一个旅长黄权。吕、杨、黄在广西桂平率部倒戈,俞、李不战而败,仅带身边几个马弁黯然回到南宁。以后,俞作柏经越南避居香港,李明瑞亦想通过越南出走,但被法国殖民当局拒绝入境,随后在左江地区参加了革命。

俞、李失败的消息传到教导大队,主任徐廷杰(徐开先此时已调走)为达到带教导总队去投靠蒋介石的目的,鼓动从三个师调来学习的连、排长,闹着要回部队去。中共党员虽及时做了工作,但风潮越闹越大,最后中共广西特委被迫决定逮捕徐廷杰。

对此,莫文骅回忆道:"在反蒋开始失败,而教导队主任姓许的②是亲蒋的,在情况紧张时,他企图把全教导队投蒋。我党知悉,欲逮捕许,但被发觉,半夜发生兵变,他们先动手。而共产党员叫革命的跟来。许出以电筒照叫集合。李朴叫开枪打他,打不着跑走了,掉了一个皮鞋。在混乱中无人掌握,四散奔逃。后集合只存四百人。张云逸同志乘车连夜到(他在四大队驻),把队伍带入城中。"③

---

① 参见中共广西壮族自治区委党史资料征集委员会、《左右江革命根据地》编辑组:《左右江革命根据地》(下),中共党史资料出版社1989年版,第725页。

② 姓许的,指时任教导总队主任的徐廷杰。

③ 莫文骅:《红军第七军简史》,1945年2月15日八路军总政治部印,第15页。

事发当晚，张云逸与各支部研究决定：为稳定部队，第二天以开小组会的形式，对反动分子必须进行旗帜鲜明的斗争，揭露其反动本质，使他们在群众中孤立起来，同时指出革命的光明前途，争取大多数人站到革命方面来。

在张云逸的领导下，各小组经过一天的反复争论，大部分人都认清了是非，解除了顾虑，愿意跟共产党干革命。接着，张云逸又把全体学员召集起来开会，指出革命是光荣的，反革命是可耻的。当然，对于不愿参加革命的，也不能勉强。最后，张云逸让全体学员站队，根据每人自愿，愿意革命和不愿意革命的各站一边。结果，除100名左右的反动军官、兵痞和坏分子外，多数人都愿意参加革命。张云逸等还特意为要走的人举行了一次欢送会，教育他们不要为升官发财替军阀卖命，随后把这批人的枪统统留下，发给路费，遣散了。

在平息这场风波的过程中，由于张云逸等采取了依靠群众的正确政策，不仅孤立、淘汰了反动分子和不坚定分子，争取了大多数学员站在革命的一边，而且教育了群众，提高了中共党员和积极分子的思想水平。

俞、李反蒋失败后，中共广西特委决定立即将中共掌握的部队拉到左、右江地区，举行武装起义。10月13日，张云逸调第四大队和教导大队的学员，在大批民工的帮助下，将广西省军械库储存的五六千支步枪，10余门山炮、迫击炮，10余挺机枪、电台和大量弹药，搬上停泊在邕江北岸洋关码头的几十条汽船和民船。14日，邓小平等率军械船队溯右江而上，张云逸则率第四大队、教导大队等部2000余人，从陆路掩护，向百色进发。

在向百色转移的过程中，中国共产主义青年团团员莫文骅、黄奇彦等也赶来参加革命队伍。当时，莫文骅在广西军校学习。13日傍晚，他和同学黄奇彦从家回学校的路上，看到洋关码头聚集着很多部队和装载军火的船只。恰在此时，他碰到了曾与自己一起蹲过国民党监狱的难友、时任俞作柏秘书的陈叔度。陈叔度告诉他们，中共掌握的部队将开往百色。他们表示愿意跟着一起走。在陈叔度的帮助下，他们在西乡塘找到张云逸，张云逸满足了他们的要求。

六十多年后，莫文骅还深情地回忆起这一幕：我们"登上一辆开往市郊的卡车，半个多小时后，我们顺利地在西乡塘的广西警备第四大队部里找到了张云逸同志。我们向他敬了一个军礼，说明来意。他看了我们是军官学校学生打扮，又看了陈叔度同志写的条子，便捻着山羊胡子，笑眯眯地操着浓重的海南口音，询问我们俩是否在大革命时期坐过牢、是否是军校学员、是否是共青团员等问题。我们一一作了回答后，他高兴地站起来拍拍我们的肩膀说：'好吧，你们俩在大革命时期就加入共青团，坐过牢，经受了大革命的锻炼，很难得。欢迎你们加入第四大队，现在，我任命你们俩为中尉副官，具体工作由大队部副官处安排。'"[①] 就这样，莫文骅、黄奇彦跟着张云逸参加了后来的百色起义。

---

① 莫文骅：《骁将雄风，德高望重——深切怀念张云逸同志》，《广西日报》1992年8月10日。

三、起义前的最后准备

1929年10月20日,张云逸率部到达恩隆县(今田东县)平马镇。邓小平等率军械船队也于同日晚些时候到达。

百色地区山峦起伏,右江从中穿流东下。大革命时期,中共党员韦拔群等就在这里领导开展了农民武装斗争。中国共产党与俞、李政权合作后,韦拔群的农军又得到俞、李拨给的200多支枪和5万发子弹,已初步形成割据;中共右江特委书记雷经天带一批干部来到右江地区,恢复和发展农民运动。与此同时,中共广西特委还派出干部到左江上游的龙州地区开展工农斗争。这样,左、右江地区遂成为中国共产党在广西进行武装斗争的策源地。

在平马,张云逸第一次见到了中共中央代表(邓小平)同志。雷经天同志为张云逸、邓小平的率队到来召开了欢迎会。会后,邓小平、张云逸听取了中共右江特委的汇报,决定除以第四大队的第三营留驻平马,暂时不用的重武器和弹药疏散到东兰、田东的山区,一部分发给当地农军外,其余大部军械由部队携带继续向百色进军。22日,张云逸和邓小平到达百色,住进粤东会馆。

百色,在壮语中是咽喉的意思。它地处右江上游,是滇桂黔三省的交通要道,也是桂西主要的商品集散地,地理位置十分重要。

随着张云逸、邓小平率部到达百色,中国共产党的工作也由秘密转为公开。23日,邓小平、张云逸等召开部队党的领导成员会议,研究决定:第一,公开在部队和群众中宣传共产党的主张,发动群众;第二,整顿补充部队,实行官兵平等,建立士兵委员会,发扬民主,反对军阀制度,反对贪污,反对虐待士兵;第三,组织和武装群众,在有工作基础的地方,通过地下党组织,将枪支发给群众,以便进行反霸斗争;第四,继续清洗部队中的反革命分子。这就是说,鉴于起义计划尚未得到中共中央的正式批准,会议决定不急于打出红军旗号,而是有计划地先改造部队和进行建立苏区的准备工作。

此外,会议还研究了如何解决部队的经费问题。由于百色是云南通往两广的必经之路,商品贸易发达,右江附近地区比较富庶,如果部队能够指挥地方政府,即可取得税收,财政经济问题就能解决。据此,会议研究决定,"利用"俞、李政权时期的右江督办这块招牌,控制右江各县政府,稳定局势,取得各地税收,为起义筹措经费。就这样,张云逸被宣布为右江清乡督办公署督办(简称右江督办)。

根据会议决定,大家立刻行动起来,在部队中公开宣传中国共产党的主张。张云逸根据士兵的要求,严办了一贯克扣军饷、打骂士兵、为大家所痛恨的第三营营长梁祝南,并对揭发出来的其他有不法行为的旧军官作了处理,或教育改造,或调换岗位,或撤职,或礼送出境。经过整顿,建立起部队的民主制度,战士的政治觉悟普遍提高,革命性积极性大大提高。

部队整顿之后,迅即分散各地,帮助东兰、平马等地的农民打土豪,没收土豪财产分给群众，拨出武器组织农民武装。中共右江特委则在部队的帮助下，派干部到各县建立县委并发展组织，改造旧政权，建立健全各级农民协会。张云逸、邓小平和陈豪人等多次到百色中学（省立第五中学）演讲，向师生宣传共产党的主张，号召学生参加革命。张云逸后来回忆说："党的主力部队来到右江后，配合地方党发动群众，使当地的群众革命运动大大地开展起来，而群众一经发动，政治觉悟提高了，热爱自己的军队，纷纷报名参军，因而部队又迅速地扩大了。"①

与此同时，张云逸以右江督办名义，要求所属各县将税收款项全部上缴。命令下达后，各县一次就上缴了几万银元的税款。

右江地区农民武装斗争的开展，引起了地主豪绅的恐慌。他们勾结尾随警备第四大队进驻右江地区的广西警备第三大队，企图消灭警备第四大队。获悉警备第三大队准备"先发制人"的情报后，张云逸和邓小平与雷经天、韦拔群等研究决定，在百色、那坡和平马同时动手，解除第三大队的武装。

10月28日，张云逸以商谈防务为名，在百色的公兴当铺设宴，智擒了警备第三大队大队长熊镐及其营以上军官。同一天，第四大队第一营以及恩隆、思林、那坡等县的农民自卫军，分别解除了驻平马、那坡的警备第三大队武装，俘敌千余人，扫清了起义的障碍。

在张云逸、邓小平率第四大队等部到达右江地区的同时，俞作豫率第五大队到达了左江上游的龙州地区并出任左江督办，随即开展农民武装斗争。革命的烈火在右江和左江地区燃烧起来，为红七、红八军的成立，在组织上、思想上和经济上做好了准备。

在中共广西特委的具体领导下，张云逸等从1929年7月到南宁，至10月就拉出了一支队伍，仅用了三个月的时间。多年后，张云逸在总结红七、红八军创建的历史经验时指出："充分利用军阀混战的矛盾，来发展与壮大我们的革命力量，是一个非常正确、非常成功的策略。""依靠党的领导，依靠群众，这是革命武装建设的最重要的条件。""起义前成立了右江督办和左江督办，征收税款，解决了革命的经费问题。"②

当年，邓小平给中央的报告中曾简明扼要地回顾了红军转变前的准备工作："这种准备工作的开始，并不是在我去之后，从南宁退到右江，工作就已有相当成绩。我们在这过程中的工作：第一，是撤换了动摇靠不住的军官，我离当地时，二十三连连长只有一二人是非同志，官长都是同志，排长亦最大部分是同志，是非同志的排长亦都另派有副排长，可见，整个的军官都掌握在我们的手中，我们撤换了动摇军官时，有的地方还不免要用政治手腕，在转变准备时期中，很少能用群众的力量解决动摇军官。第二，解决许多反动派——枪决的只有营长一个，县长一人，其余无政治活动的则驱逐出境。第三，派人到各地发展组织。第四，

---

① 军事科学院《张云逸军事文选》编辑组主编：《张云逸军事文选》，军事科学出版社2007年版，第949页。
② 军事科学院《张云逸军事文选》编辑组主编：《张云逸军事文选》，军事科学出版社2007年版，第954—956页。

发展士兵组织，执行这个工作的方法如早晚点名，呼口号，个别谈话，召集群众报告讲演会等。第五，撤换县长。第六，设法收集商人枪支——因为在广西的特殊情形，所以对于这件事的执行我们还用了许多军事阴谋的办法，不过在解决了以后都对于群众有很大的宣传。第七，解散了反动军队的武装。第八，组织宣传队——这个特别组织的宣传队就是准备分配到各连组宣传队的基础……"[1] 邓小平从全局尤其是军事工作的角度，肯定了以张云逸为代表的共产党人在广西左、右江起义中所做的大量周到而细致的工作。

四、出任红七军军长

1929年11月初，中共中央机关交通员龚饮冰回到百色，带回了中共中央和中共广东省委的指示。这些指示的基本内容是：在中共广东省委之下成立中共广西前敌委员会，邓小平任书记；在左、右江地区建立根据地，成立苏维埃政权；批准建立红军，颁发红七军番号；要求在龚饮冰到达的十日内举行武装起义。

根据中共中央和中共广东省委的指示，邓小平在百色的清风楼召开了中共广西前敌委员会（以下简称中共广西前委）第一次会议，宣布了中共广西前委的成立，以邓小平为书记，陈豪人、张云逸、雷经天、李谦、何世昌等为委员。会议主要讨论了起义的准备问题。张云逸在会上向中共广西前委汇报了第四大队的情况，认为部队应集中于百色和平马两地以防发生变故，要进一步收缴反动民团的武装并解散其组织，起义前军队需要整编和人员调整，还要利用督办公署的名义再筹措一部分经费等等，因此起义不应太仓促，在时间上应予推迟。会议经过研究认为："党在广西警备第四大队中已有相当的力量和政治影响，应趁桂系改组派尚不能来进攻之机，尽快在百色举行起义。考虑到起义需要必要的准备工作，决定推迟到广州起义两周年纪念日，即十二月十一日举行。"[2] 以后，中共广西前委又决定在右江地区组建红七军，在左江地区组建红八军。

12月初，中共广西前委根据第五大队副大队长蒙志仁率一部叛变的情况，改变了左、右江同时举行武装起义的计划，决定右江先行起事。之后，邓小平率何世昌等赴左江布置龙州起义及组建红八军的工作。

根据邓小平、张云逸等商定的部署，百色起义的各项准备工作加紧进行。中共广西前委接管了《右江日报》，创办了《士兵之友》刊物，加强舆论宣传的力度，坚决打击地主豪绅武装，大力发展工农运动和扩充部队，筹足十几万银元的款项。在部队相对集中百色、平马的基础上，张云逸对部队进行了整编。

红七军下辖三个纵队。第一纵队以原第四大队为基础组成，李谦任司令员，沈静斋任政治委员；第二纵队以原驻右江的警备第五大队第五营和平马、思林等

---

[1] 《对广西红军工作布置的讨论》，《军事通讯》1930年第2期。
[2] 中共中央文献研究室编：《邓小平年谱》，中央文献出版社2009年版，第54页。

地的农民自卫军为基础组成，胡斌任司令员（后为冯达飞），袁任远任政治委员；第三纵队以韦拔群领导的东兰、凤山等县的农民自卫军组成，韦拔群任司令员，李朴任政治委员。军部直属特务营、炮兵营（有的说是小炮连）、教导大队等。全军共4000余人。

在部队整编的同时，张云逸等扩大教导大队，开办军政训练所，从各纵队和地方武装中抽调连以下干部和优秀战士入队学习，以培养初级干部，提高他们的军政素质。韦国清等就是当时从第三纵队抽调来教导大队学习的。这时，部队经过扩充，人员构成发生了很大的变化。在4000多人中，从旧军队来的只有1000余人，其余都是右江的工人、农民和进步学生。

部队整编完成后，在张云逸等的领导下，12月10日，中共广西前委在百色召开了广西警备第四大队士兵代表会议，通过了广西警备第四大队举行起义转变为红军及组织苏维埃政府两个决议案。同日，中共广西前委还召开了百色工人代表会议和农民代表会议。

10日晚8时，张云逸以右江督办的身份，宴请百色、奉议两县长及百色商界代表，向他们宣布：本军是革命武装，明天就要正式改编为中国红军，建立苏维埃革命政权，希望你们今后继续与我们合作。起义前夕，根据对社会上枪支分布的调查情况，张云逸命令部队收缴百色县公署、禁烟局、公安局和一些大商人、大地主、商号以及百色、那坡、平马、果化等地商团的枪支，减少了起义当中地主武装和反动政权的威胁和抵抗。

12月11日，在百色粤东会馆和清风楼等地，升起了缀有金色五角星和镰刀锤子图案的红旗。酝酿已久的百色起义终于爆发了！

早8时，在粤东会馆（红七军军部驻地）的门前广场，张云逸、陈豪人等召开了由部队排以上军官和军直属队人员共约500人参加的红七军成立大会。袁任远主持大会，龚鹤村宣布了红七军的干部名单和部队的编组情况。从此，红七军正式成立，张云逸任军长，陈豪人任政治部主任，龚鹤村任参谋长。

这一天，从军长到士兵，红七军的每一个人都领到了一套崭新的灰色军装和第一个月的薪饷——20块银元。

9时许，在百色的东门广场，召开了有3000多人参加的纪念广州暴动两周年大会。张云逸等出席了会议，陈豪人宣告红七军成立。大会颁布了《中国红军第七军目前实施政纲》[①]。会后举行了全城大游行。"红军万岁""中国共产党万

[①]《中国红军第七军目前实施政纲》：一、扩大反帝运动，用民众革命力量驱逐帝国主义出华，取消帝国主义在华一切特权！二、推翻军阀国民党的政府，建立工农兵代表会议——苏维埃政府！三、推翻乡村豪绅地主的统治，乡村政权交乡苏维埃！四、扩大红军割据区域，迅速与朱毛汇合，实现割据两广！五、实行减少工人工作时间，增加工资，并制定劳动保护法。六、没收一切地主阶级土地归与苏维埃，分给农民，凡没收之土地不准买卖！七、人民有言论、集会、结社、出版、罢工之自由！八、男女平等！九、改良士兵生活，官兵待遇平等！十、取消一切政府军阀的捐税！十一、实行累进税，并由苏维埃政府制定标准！十二、没收反革命的财产，交苏维埃政府处理！十三、保护交通和商人营业！十四、取消一切债务！十五、实行平民教育，发展识字运动！十六、准备武装保护苏联，反抗帝国主义及军阀国民党政府进攻苏联！

岁""打倒蒋介石"等口号响彻云霄。

百色起义后,中共广西前委改为中共红七军前委,陈豪人、张云逸、何世昌、李谦、韦拔群、雷经天任委员,陈豪人任书记。

12日,右江第一届工农兵代表大会在平马镇召开。会议选举产生了以雷经天为主席,韦拔群等为委员的右江苏维埃政府,通过了发展右江苏维埃运动、扩大红七军、建立赤卫军、实行土地革命等决议。当天,张云逸从百色乘"西江轮"赶赴平马,参加庆祝活动。

这一天,在平马镇北广场上聚集了约五万人。张云逸代表中共红七军前委宣布右江苏维埃政府及红七军的成立,并发表了热情洋溢的讲话。雷经天也发表了施政演说。最后,张云逸代表中共红七军前委,将右江苏维埃政府的大印交给雷经天。张云逸后来回忆说:"这一整天,人们都沉浸在狂欢中,右江苏维埃政府招待到会的五万人吃了饭,让大家尽欢而归。"①

晚7时,张云逸乘"西江轮"返抵奉议县那坡镇。那坡群众2000余人聚集在恩奉小学欢迎张云逸的到来。张云逸即席发表演讲:"我们第四大队受群众的要求,并奉中共中央革命委员会命改为中国红军第七军,委兄弟为军长。兄弟已奉命就职了。兄弟希望各位对于红军不要害怕。红军是代表工农群众谋利的,各位见着'拥护工农兵一切利益'等等的口号,也不用怀疑,因为工农兵是最穷苦、最大多数,红军是要为大多数人谋利益的!还有好多学生们、小商人们,也同样的受大资本家、军阀等的压迫,许多学生们因为无钱,不能升学读书,许多小商人受着大商人、帝国主义的压迫,以致营业破产,这种种的情形,都是社会组织不好的原故。现在我们要把从前一切组织不好的制度,通通打破去,所以我们要组织工农兵的政府——苏维埃。""希望你们大家团结起来,同做革命工作,组织苏维埃政府。我们缴了豪绅资产阶级的枪械,都要交给你们组织赤卫队,以便你们自己保护自己。"②

多年后,张云逸认真总结了红七军、红八军成立时期的经验教训,主要有三点:首先,要"充分利用军阀混战的矛盾,来发展与壮大我们的革命力量,是一个非常正确、非常成功的策略"。在具体运用这个策略时,要主要做好两个方面的工作,一是做好兵运工作,发动士兵群众起来斗争;一是做好军官工作,就是要夺取领导权,掌握军权。两者要双管齐下,不可缺一。其次,要"依靠党的领导,依靠群众,这是革命武装建设的最重要的条件"。在百色起义中,一是有党的坚强领导,通过实行自上而下和自下而上的结合的方式取得了军队领导权;二是进行了教育群众、争取群众的工作;三是有着左、右江人民的热烈支持。这是红七军、红八军得以迅速发展壮大的有力保证。再次,"是对政权问题有了初步的认识"。左右江的革命政权在根据地发展、军队建设等方面发挥了重要作用。但由

---

① 军事科学院《张云逸军事文选》编辑组主编:《张云逸军事文选》,军事科学出版社2007年版,第952页。
② 军事科学院《张云逸军事文选》编辑组主编:《张云逸军事文选》,军事科学出版社2007年版,第1—2页。

于对政权的重大作用还存在模糊认识,没有运用革命政权的力量完全摧毁封建地主阶级的统治基础,致使红七军离开根据地北上后,地主势力"死灰复燃"。[①] 张云逸对参与组织和领导的百色起义的认识和思考,是非常深刻和独到的。

张云逸说:"红七军、红八军的相继成立,不仅给全国红军增添了一支新的力量,更加鼓舞了全国人民对革命事业的信心和斗志;而且对反动统治者大批屠杀共产党人,作了有力的回击。它证明了共产党和人民革命力量是不可战胜的。从此,在祖国南部的这支新生的革命武装,在党的领导下,英勇地与广西人民一道向反动势力展开斗争,在广西人民革命斗争史上写下了光辉灿烂的一页。"[②] 历史证明,百色起义点燃了广西右江地区革命的烈火,诞生了土地革命战争时期中国共产党领导的一支重要军队——红七军,创建了中国革命战争的一个重要战略基地——右江革命根据地,发动了中国革命战争史上具有重要意义的游击战争,红七军及其领导的革命人民,和中国共产党领导的其他革命力量一起,沉重打击了国民党的反动统治。

[①] 参见军事科学院《张云逸军事文选》编辑组主编:《张云逸军事文选》,军事科学出版社2007年版,第954—956页。
[②] 军事科学院《张云逸军事文选》编辑组主编:《张云逸军事文选》,军事科学出版社2007年版,第956页。

第四章 创建右江革命根据地的斗争

一、进攻南宁受挫

红七军成立后，发动群众，消灭地主豪绅武装和土匪武装，建立苏维埃政权，使右江各县的根据地基本统一起来，并使部队得到发展壮大。然而，刚刚诞生不久的红七军的第一个重大军事行动，却是进攻南宁。

红七军之所以进攻南宁，是根据1929年12月25日中共广东省委给红七军前委的指示信。在这封信中，中共广东省委："红军第一步的工作，应集中在百色、平马与东兰一带，发展当地的群众斗争，使这几个中心区域成为右江群众斗争的基本力量。对于城市的夺取，在现时亦非常重要，过去避免夺取城市、主要城市的策略，必须改变。只要有胜利的可能，有群众可发动的便须向主要的城市进攻，以至占领这些城市，就是占据极短的时间，也有伟大的政治影响。"至于红七军的发展方向，"毫无疑义的是应向着湘粤边界，只有这样才能与广东的群众革命运动和朱毛的游击战争相联系，这对于推进全国革命高潮的到来，有极重要的意义"。

据此，陈豪人认为，由于蒋桂战争重起，桂系主力集中于柳州、桂林，南宁守军不过1500支枪，且战斗力弱，如果集中红七、红八军乘虚进攻南宁，颇有把握。据此，他于1930年1月间在平马召开中共红七军前委（以下简称前委）会议，决定乘蒋桂战争重起之机，于2月8日联合红八军攻打南宁，以取得武器弹药，"扩大党的影响，震红军声威，鼓起全国革命空气"。为此，前委电促在左江地区的广西警备第五大队"从速转变，以壮声势，合取南宁"，并请李明瑞到右江就任红七、红八军总指挥，统一指挥两军的作战行动。①李在镇结（今广西天等县）就任红七、红八军总指挥。

根据邓小平、张云逸等的部署，在中共红七军前委的催促下，俞作豫等率广西警备第五大队及龙州的工人赤卫队和农民赤卫队，于1930年2月1日举行龙州

---

① 参见陈豪人：《七军前委报告》，1930年1月。

起义，组建红八军。该军由俞作豫任军长，何世昌任政治部主任，宛旦平任参谋长，下辖第一、第二纵队，全军两千余人。

为攻打南宁，红七军前委决定：以第二纵队一个营守百色，以赤卫军守平马，集中特务营、教导队、山炮连、第一纵队全部、第二纵队两个营、第三纵队两个营及赤卫军千余人，沿右江东下。陈豪人等还大张旗鼓地宣传，借以号召群众。张云逸对这种毫无军事常识的做法极为不满，认为："就是打，军事上的秘密，也不应那样去宣传。"① 但陈豪人等认为"革命力量是不可战胜的"，仍然公开宣传"打到南宁有饭吃，打到南宁有衣穿，打到南宁有钱用"。

其实，桂系为与蒋介石作战，这时已将主力撤至南宁，准备以南宁和左、右江地区为后方，进攻广东。

1月21日，红七军第一纵队司令员李谦、政治部主任沈静斋率第一营占领隆安县城，以待后续部队到达。然而，红军主力尚未到达，桂系部队即开始进攻隆安。2月4日，桂军师长李画新率三个团另一个营来到隆安城下，并首先以覃兴团发起进攻。守城部队依托隆安城北面是右江，其余三面环山的有利地形，奋起抵抗。李谦受伤后，部队由沈静斋及第一营营长何莽指挥。经数小时激战，红军将覃兴团击退。李画新见隆安城易守难攻，遂于5日晨调整作战部署：以杨俊昌团攻东门，以蒙志仁团和岑建英营先攻城南老寿山、牛眠岭等阵地然后再攻西门，以覃兴团为预备队。之后，敌人向红军的城南阵地发动猛攻，第一营的两个连被迫后撤。这时，李明瑞率部分援军赶到，并以第一纵队一个营直插东门外，以第一纵队的另一个营、军政训练所和果德、思林的一千多名农民自卫军直扑城南山地。经过激战，红军夺回了老寿山、牛眠岭阵地，但东门外的部队被迫撤回城内。

6日上午，张云逸率第二、第三纵队各两个营赶到，与李明瑞在城西北的那鸡岭开设指挥所，并研究决定：以第一纵队从县城、第二纵队从城南山地、第三纵队沿城北河岸，同时向敌人发起进攻。在红军的猛烈攻击下，敌蒙志仁团和岑建英营开始支持不住。李画新急调覃兴团增援城南，与红军血战。7日上午，敌覃兴团分别攻占了城西和城南的制高点，居高临下地扫射红军，给红军造成很大威胁。为保存实力，张云逸与李明瑞于10时许下令部队西撤。沈静斋从北门突围时被俘，后英勇牺牲。此战，红七军共歼敌500多人，自身也损失了300余人。

红七军主力西撤至平马附近的村庄，桂军穷追不舍。这样，围绕是否再坚守百色，前委内部发生争论。一种意见认为，应坚决保卫百色；张云逸等则主张避敌锋芒，保存实力，到东兰、凤山一带休整，以利再战。最后，张云逸等的意见占了上风，前委决定向东兰、凤山一带转移。

恰在此时，地方党组织报告说，平马之敌大部撤走，只留一个营驻守。前委遂决定收复平马，并以教导大队为主力，在恩隆县农民自卫军常备营的配合下，

---

① 军事科学院《张云逸军事文选》编辑组主编：《张云逸军事文选》，军事科学出版社2007年版，第957页。

于 2 月 12 日发起进攻。然而，及至与敌接触，才发现敌人不是一个营而是覃兴的一个整团。张云逸与李明瑞遂改变战术，决定先攻平马城外的马鞍山据点，以诱敌出城而歼灭之。攻打马鞍山的部队打垮敌人一个营，攻城部队也冲到城边。这时，敌杨骏昌团赶来增援，并从右江南岸渡河过来，企图包抄红军。为避免与敌主力决战，2 月 18 日，张云逸果断命令部队迅速撤出战斗。此战，共歼敌 100 余人，红军和农民自卫军伤亡数十人。

红七军从平马撤出后，到恩隆县北部的燕洞一带休整，2 月 27 日与从百色撤出的第二纵队一个营会合。28 日，红七军向亭泗地区转移。由于当地农民自卫军没有及时报告敌情，部队转移途中遭到敌蒙志仁团在公鸡山一带的伏击。公鸡山在亭泗正南，右侧是定金坡，左前侧有条巴色干渠。为打开前进的道路，张云逸到前线观察敌情后，当即命令第一纵队第一营夺取公鸡山制高点，第二纵队同时向定金坡、巴色干渠发起佯攻。战斗打响后，第一纵队第一营经一小时激战，攻占了公鸡山（后由第三纵队的一个营接替）。此后，敌人反扑，双方在公鸡山展开拉锯战，经四次争夺，公鸡山最终被红军控制。战斗一直持续到天黑，打得敌人无力再攻。这时，张云逸获悉敌人援军正朝亭泗赶来，遂下令撤出战斗。之后，红七军进入东兰、凤山地区。

亭泗一战，红军歼敌 400 多人，自身伤亡 200 余人，军部经理处的运输队被打散，几十匹马驮的现金和弹药物资被劫，造成红七军供给困难。

红七军进攻南宁不成，又在隆安、平马、亭泗三战中受挫，而红八军遭受的损失更加严重。鉴于进攻南宁必然遭到失败，邓小平于 2 月 7 日从上海返回龙州后，根据中共中央不打南宁的决定，命令俞作豫率红八军撤回龙州。之后，桂系以重兵进攻龙州，红八军临时前委决定，由邓小平率第二纵队一个连前往雷平（今大新）与第一纵队会合，红八军待地方政权有相当基础时再向右江推进。之后，第二纵队进行了龙州保卫战，最后在小董失败，何世昌在寻找红七军的途中被捕杀害，俞作豫从香港到广州寻找党的组织时在黄花岗被杀害。

对于进攻南宁，多年后张云逸回忆说："那时前委决定打南宁是有些盲动的。在当时敌人兵力集结城市的情况下，正确的方向，应该是深入农村，发动群众，进行土地改革，组织训练地方武装和扩大红军，发动游击战争，巩固与发展根据地。但是，那时我们许多同志，都不了解这一点，他们只凭着一股革命热情，认为'革命力量是不可战胜的'，而没有从当时的具体情况去分析敌我力量的对比，没有看到垂死的敌人虽然必然失败，但暂时还较强大，兵力又那么集中；我们正义的斗争虽然必将获得胜利，但还有一个艰巨的过程。""结果，不仅未能攻克南宁，反而导致红八军及左江革命政权的失败，红七军也被迫退出部分根据地，撤到山区去。这一沉痛的历史教训，是值得我们深刻吸取的。在这个问题上，还有一个应当吸取的经验教训，就是当敌我力量悬殊过大，敌人集中优势兵力向我大举进攻时，我们应适当地收缩一下，不同敌人打阵地战。这不是示弱，而是为了保全实力，以便更好地打击敌人。我们退出百色时曾有过争论，但最后统一了意见，决定暂时撤退，致保存了力量，以后又收复了百色等县。红八军则不懂得这一点，固守龙州与敌人硬打，结果因寡不敌众而遭到失败（当然还有其他原因）。"①

二、游击桂黔边

亭泗战斗后，张云逸等率红七军到凤山盘阳（今属巴马县）地区休整。

红七军刚成立时士气旺盛，然而遭受隆安、平马、亭泗三战的接连打击，士气衰落，部队的整训工作进行得极其缓慢。如何使广大指战员迅速摆脱失败的阴影，成为张云逸等反复考虑的问题。况且，盘阳地区虽然群众基础较好，但地瘠民穷，人民生活困苦，经费无法筹措，粮食时感困难，战士的零用钱更是没有。这使大家感到红军困在右江的偏僻各县是没有出路的。于是，向外游击，扩大游击区，以解决部队所面临的给养和弹药困难，正式提上了议事日程。

3月初，红七军前委在盘阳召开会议，研究下一步的行动方针。会议一致认为，由于敌强我弱，向南宁方向发展是不可能的。经过讨论研究，会议最后决定：由于中央指示过红七军应向湘粤边界发展，所以向外游击的方向应是湘粤边界地区；又由于红七军在隆安失败时，曾电示红八军绕道桂滇边界到东兰与红七军会合，而迟迟得不到红八军的音讯，为与红八军联络便利起见，留下第三纵队守东兰，军部率第一、第二纵队及直属队在河池、南丹一带游击，待会合红八军后，再全力向湘粤边界发展。

4月初，张云逸等率红七军第一、第二纵队3000余人东渡红水河，占领河池（今河池市河池镇）。

初到河池的红七军受到了群众的冷遇。由于反动派到处宣传"共产党共产共妻，红军是一伙烧杀抢掠的土匪"，河池群众听说红军要来，纷纷避走他乡，遁入山林，商店也关门停业。这一情况的出现，早在张云逸等的意料之中。为打开局面，张云逸向部队重申了到新区作战的纪律：不准扰民，不准拉夫，不准奸淫掳掠，买卖公平，违者严肃处理。红军以自己的严明纪律和良好形象很快赢得了群众的信任，使他们感到红军是一支好军队。于是，群众纷纷回家，商店重新营业，河池恢复了正常的社会秩序。在此基础上，前委召开了有数百人参加的群众大会，公开成立河池革命委员会，宣布取消苛捐杂税。之后，红军分兵各乡，惩办土豪劣绅，没收土豪劣绅财产分给群众，深得群众的拥护。

红七军在河池驻了七八天，得知庆远（今宜州市）敌人甚少，为重要的商业县，而怀远镇又为庆远县的第一镇，商业更盛于庆远，前委遂决定游击怀远。4月中旬，红七军到达怀远。

张云逸回忆说："我们在怀远住了三天，在这里召开了群众大会，宣传革命

---

① 军事科学院《张云逸军事文选》编辑组主编：《张云逸军事文选》，军事科学出版社2007年版，第958—959页。

的道理，揭露敌人的罪恶行为，并说明我军的纪律和政策。特别是我们不论干部和士兵，和蔼地对待群众，不拿群众一针一线的实际行动，与国民党军队每到一处就奸淫掳掠形成鲜明的对比，深深地感动了当地的群众，使他们对我军倍加爱戴。国民党反动派捏造说'共产党杀人放火'等等谣言，在事实的面前完全破产了。当地群众反映说：'红军对老百姓很好，张军长的队伍非常和气，没有官架子，反动派的宣传是假的。'"① 短短三天时间，红军严明的纪律，就已经产生深深的影响：红军主力北上后，韦拔群率部在怀远一带游击，虽然国民党造谣诬蔑共产党和红军，但广大群众嗤之以鼻，热情欢迎和支持韦拔群和红军的革命行动。

红七军在怀远镇补充了物资，筹集了几万银元。这时，听说敌人来攻，红七军遂向思恩（今环江毛南族自治县县城）转进，途中遭到敌杨腾辉师的突然袭击。为避免遭受更大的损失，张云逸等决定两个纵队暂时分开，第一纵队向西，军部率第二纵队向北。之后，军部率第二纵队经宜北（今属环江毛南族自治县）直插黔南，第一纵队经河池、南丹进入贵州省，两个纵队在贵州省荔波县的板寨会合。

到达板寨后，张云逸等获悉：贵州军阀王家烈与湖南军阀何键在湘黔边混战，而王家烈的后方基地榕江县城却只有一个团防守。于是，4月下旬，前委决定乘敌不备，攻取榕江城。红七军遂马不停蹄地向荔波县与榕江县交界的苗山开进。

苗山是苗族人聚居的地方，他们因反抗汉族封建统治者的压迫逃到这里。由于苗汉对立，苗人很少与汉人来往，也不允许汉族军队进入苗区。红七军进入苗区后，苗人都跑到山上，严阵以待。张云逸让懂苗语的战士向他们喊话："我们是红七军，是爱护苗胞的军队。"但他们心存戒备，不敢下来。为解决部队的给养，张云逸等研究决定：在谁家的米缸里拿出了多少米，就按照市价把钱放在米缸里；杀了谁家的猪，就把钱留在谁家，并写明猪的重量；杀了跑在街上没人管的猪，就贴出布告，说明重量，要失主前来领钱。苗族同胞下山后，见红军不但照价给了钱，还特意招待他们吃饭，就不害怕了，张云逸等则趁机向他们宣传红七军的政策。苗族同胞知道了红军是一支什么样的军队后，就自发地帮助红军筹粮，为红军带路。红军仅用了几天就秘密通过了苗山。

榕江县城即古州镇，依山傍水，城西北有一座土岭，城东为榕江，周围是由青石砌成的高大坚固的城墙，易守难攻。4月30日中午，张云逸、李明瑞指挥部队偷袭榕江。但当红军兵临城下时，被驻守城墙的黔军发现，偷袭遂变为强攻。守军虽战斗力不强，但凭坚据守，红军没有重武器，攻城的云梯也不多，从中午打到下午4时也没有突破敌人的城池。为此，张云逸、李明瑞与前线指挥员李谦根据守军的兵力部署，重新确定主攻方向，组织部队再次攻城。部队在"攻下榕江城，迎接五一节"的口号下，奋勇作战。连长李天佑带领12名特务连突击队员，踩着云梯，身揣竹钉，奋力登城。最后，在火力的掩护下，李天佑等攀上城墙，击退守军，打开了城门。红军突入城内，守军抱头鼠窜。至下午5时许，红军以

---

① 军事科学院《张云逸军事文选》编辑组主编：《张云逸军事文选》，军事科学出版社2007年版，第960页。

伤亡约 300 人的代价全歼守军，缴获山炮 1 门、电台 1 部、子弹 10 万余发、迫击炮 2 门、机枪 2 挺，步枪数百支和大量军需物资。

此后，红军在古州城驻了 3 天，宣传教育群众，并收得 10 多万银元的税款，部队士气大振。

榕江大捷后，前委本"欲直出湘南，但因未与第三纵队联络好，故又折回河池"[①]。

三、回师百色，发展红七军

张云逸等率红七军主力回到河池后，5 月中旬与从东兰县武篆赶来的邓小平会合。邓小平随即主持召开了红七军党员大会，传达了 1930 年 1 月中共中央《对广西红军工作布置的讨论》指示信。这封指示信要求红七军应"以东兰为中心深入土地革命，以与广东福建朱毛红军相呼应而达到汇合的前途"。

根据中共中央的指示，会议讨论了红七军的下一步行动问题。邓小平同志提出：湘南敌驻有重兵，不易通过，暂时无法和朱毛红军会合；百色地区自红七军离开后，失败情绪非常深，红七军需要回右江一个时期；回右江可以扩大红七军；回到百色可以解决服装、经济问题。大家同意邓小平的意见。最后，会议决定收复百色和右江沿岸各县，深入土地革命和改编红七军，联络红八军第一纵队，三个月后向外发展。

6 月上中旬，红七军前委和军部率第一、第二纵队从东兰、凤山回师百色。途经百色以北之龙川附近的岩邦村时，获悉桂军岑建昌部数百人正在追击农民赤卫军，张云逸与李明瑞研究决定，由农民赤卫军将敌引至世家村雅尾山谷中，红七军主力在此设伏。敌人不知是计，一直追到雅尾山谷。顿时，山谷内枪声四起，敌人留下 100 多具尸体逃跑。

这时，百色只有岑建英团、税警团和民团 700 多人驻守。张云逸与李明瑞决定分兵三路进攻：一路由城东南进攻，一路由城东北进攻，一路由城西进攻。战斗打响后，第一纵队从城东南迅速突破税警团和民团的防守，占领观音堂一带陆地，但从城东北进攻的第二纵队第一营在长蛇岭进攻受阻，岑团凭借一座钢筋水泥筑成的两层大碉堡负隅顽抗，第二纵队至天黑还未攻下。次日拂晓，部队继续进行长蛇岭攻坚。为拿下敌人的主阵地，张云逸与李明瑞、龚鹤村亲自指挥，并拉来了山炮。对此，莫文骅这样写道："我以八五生的[②]山炮、迫击炮、机枪猛烈射击，战斗二天，未下。最后一天黄昏时将山炮移至敌碉堡五百米处攻击，那时只有三颗炮弹，李总指挥、张军长、龚参谋长及所有的炮兵专门人才均集中炮兵

[①] 中共中央文献研究室、军事科学院编：《邓小平军事文集》第 1 卷，军事科学出版社、中央文献出版社 2004 年版，第 6 页。

[②] "生的"为 centimetre（厘米）的中文音译简称。八五生的山炮，指口径为 8.5 厘米（亦可称 85 毫米）的山炮。

阵地指挥。响第一炮,即穿过炮楼,第二炮又中,我步兵原已攻至碉堡百米处伏下,此时即猛攻。敌退了,主要阵地一失,全线溃败。我即重占百色城。"①

百色战斗,红七军共歼敌700余人,缴枪500多支、迫击炮2门、子弹4万余发。之后,红七军主力在农民赤卫军的协助下,相继收复了奉议、恩阳、恩隆、思林、果德等县城,迅速恢复了右江沿岸地区。

1930年夏天,国民党内部爆发了蒋介石与冯玉祥、阎锡山的中原大战。为策应冯玉祥和阎锡山反对蒋介石,李宗仁、白崇禧和张发奎组成桂张联军北上湖南。蒋介石遂命令云南卢汉为总指挥,调滇军三个师进攻南宁,抄袭桂张联军的后路,牵制其北进。为此,滇军张冲师一万多人来到百色城下,要求红七军让出百色至南宁的右江走廊,并保证畅通无阻。

鉴于滇军势力强大,红七军主力从百色一直撤至平马附近的乡村,让滇军通过。然而,滇军如果长期占据右江走廊,红七军的发展即成问题。为此,前委研究决定,伏击滇军辎重部队,缴获一批武器弹药,然后再收复百色城。

据此,张云逸、李明瑞等经过周密侦察,决定在红七军第一、第二纵队和果德、思林的农民赤卫军在思林县的鹧鸪坳设伏。1930年7月中旬,滇军张冲师主力渡过右江向果化方向前进,辎重部队进入鹧鸪坳。埋伏在道路两侧的红军遂两面夹击,缴获部分物资。张冲得知辎重部队被袭,立即调主力回师与红军激战。红军经过五昼夜战斗,打得滇军不敢恋战,急忙向南宁而去。从此,"滇军对红军的威力甚为佩服,再也不敢轻视了"②。此战,共歼灭滇军600余人,红军和赤卫军亦伤亡400余人,并使红军在榕江、百色缴获的子弹大部消耗。

鹧鸪坳伏击战后,红七军主力向西开进,准备收复百色。途中,前锋第二纵队第一营第一连连长叛变。他勾结少数反动排长,杀害营长、副营长,胁迫该营大部逃往百色,投降滇军。收复百色的计划因此不能实现。

邓小平、张云逸等遂率红七军在平马、田州、思林、果化一带发动群众,消灭地主武装,恢复和建立各县的苏维埃政权,组织农民赤卫军,开展土地革命。经过3个多月的工作,使全区的中共党员发展到1500余人,同时大量建立了农民赤卫军,使革命形势蓬勃发展。

随着右江苏区的恢复和发展,红七军也不断壮大。这时,第一、第二纵队的每个连均达到八九十人,并以奉议、平马、果德等县赤卫军组成第四纵队。

在部队发展的基础上,邓小平、张云逸等率红七军在平马进行整训。为此开办了为期三个月的教导队,专门培养连排基层干部。张云逸参加在平马城隍庙举办的教导队开学典礼并讲话,勉励学员们认真学习,提高军政素质,为以后的革命工作打好基础。他多次为教导队讲课,有针对性地讲授武装斗争、士兵管理、军事战术技术等课程,还深入学员课堂、宿舍、训练场,了解学员学习、生活和

---

① 莫文骅:《红军第七军简史》,1945年2月15日八路军总政治部印,第28页。
② 军事科学院《张云逸军事文选》编辑组主编:《张云逸军事文选》,军事科学出版社2007年版,第965页。

训练情况。教导队的开办，基本上弥补了基层干部的缺口。

当然，在红七军发展的过程中，也存在着这样或那样的问题。例如，在把地方部队编为主力部队的同时，没有采取循序渐进、逐步升级、同时留下部分地方武装继续发展的办法，而是"许多地方集中得过快过猛，没有经过上述的步骤，甚至有的把地方武装连根拔，一个不剩地都编到主力军来了"[1]。这不仅不利于打击地主豪绅武装，而且引起了地方一些同志的不满。另外，在消灭地主武装的问题上，分兵不够，"没有将部队化整为零，同时也没有与地方武装及农会进行很好分工，而是胡子眉毛一把抓"[2]，因而效果欠佳。20世纪60年代，张云逸对这两点进行了深刻反思，认为当时还缺乏经验。尽管如此，红七军经过游击桂黔边和回师百色，在政治、军事、宣传与发动群众工作上，都受到了很大的锻炼并得到提高，逐渐成长为一支既能打仗又能密切联系群众的人民军队。

---

[1] 军事科学院《张云逸军事文选》编辑组主编：《张云逸军事文选》，军事科学出版社2007年版，第966页。
[2] 军事科学院《张云逸军事文选》编辑组主编：《张云逸军事文选》，军事科学出版社2007年版，第967页。

第五章　千里转战会合朱毛红军

一、河池整编

1930年9月30日，中共中央南方局代表邓拔奇（即邓岗）一行到达平马。10月2日，红七军前委召开会议，邓拔奇在会上传达6月11日中共中央政治局会议通过的《新的革命高潮与一省或几省的首先胜利》决议、6月16日《中共中央给军委南方办事处并转七军前委的指示信》和南方局9月3日指示信精神，命令红七军迅速向柳州、桂林发展，沿途制造地方暴动，夺取柳、桂，出小北江，进攻广州。

邓拔奇、陈豪人、龚鹤村表示坚决执行中央命令，邓小平、张云逸、雷经天等则持有疑义。据张云逸回忆："当时，不少同志感到两广军阀很多，有一定的势力，一下消灭是有困难的，对中央的这个指示存有怀疑。记得那时小平同志就不大赞成打大城市和北上；雷经天同志也有不愿把地方部队调走的思想；我也认为我们的部队只有一万多人，力量还不够大，也不大同意。但中央代表邓岗及陈豪人、龚鹤村等人则极力主张执行中央的指示，并有借这个问题不要小平同志当政委的企图。我感到如果反对的话，势必引起分裂。因此，我对小平同志说：我们暂时还是执行中央指示吧，待走不通时再说。小平同志同意了这个意见。"① 最后会议决定：将红七军的四个纵队整编为第十九、第二十、第二十一师，其中第十九、第二十师执行中共中央赋予的任务，第二十一师留在右江苏区坚持斗争；红七军主力则由凌云转向河池，以便联络红八军第一纵队；在河池举行阅兵式以鼓舞士气，并召开全体党员代表大会。

其实，中共中央已于1930年9月下旬在上海召开了六届三中全会。会议在瞿秋白、周恩来的主持下，批评了李立三的"左"倾冒险主义错误，决定停止组织全国武装起义和集中全国红军进攻中心城市的行动，强调要重视建立巩固的根据地和扩大红军。但红七军包括邓拔奇当时并不知晓。

前委扩大会议后，10月4日—6日，第一、第二、第四纵队在平马、田州分

---

① 军事科学院《张云逸军事文选》编辑组主编：《张云逸军事文选》，军事科学出版社2007年版，第970页。

别召开誓师大会。随后，部队由张云逸和李明瑞率领，向西绕道百色、凌云、天峨、南丹向河池集中。为联络红八军第一纵队，张云逸和李明瑞还派出人员到黔桂边境去寻找。

10月16日，部队从凌云县城陆续到达同乐镇（今乐业），但途中发生了第四纵队第二营营长罗明山假借纵队长命令，欺骗士兵，连夜率五个连逃回右江的事件。由于这些农民赤卫军有的刚从地主豪绅武装转变而来，不是一时所能改造的，为保证按时在河池集中，军部没有派部队去追。

在北上途中，张云逸获悉由红八军第一纵队参谋长袁也烈率领的400余人进入凌云县境内，遂率红七军第一纵队第一营前往迎接。

红八军第一纵队在龙州起义失败后，为寻找红七军，历时半年多时间，艰苦转战7000余里，粉碎了敌人无数次围追堵截，终于得到了红七军在凌云县境内的消息，遂渡过南盘江，与张云逸率领的接应队伍于10月23日在凌云县讲肥村岗里屯（今乐业县上岗村）会合，其喜悦心情溢于言表。对此，袁也烈回忆道："突然，前面一个骑马的指挥员，迅速跳下马来，十分高兴地向大家招手，叫队伍过来。这就是红七军军长张云逸，他一听到前哨的报告就赶来了。大家看到张军长高兴极了"，指战员们"整理服装，戴好军帽，排好队伍，迈着正步，从他面前走了过去。接着，就是一系列的令人激动的两个部队会合的场面"。①

11月初，红七军各部队先后到达河池。11月7日，张云逸参加了在河池县城凤仪小学召开的红七军第一次党代会。"会议确定了红七军的任务是'打到柳州去'、'打到桂林去'、'打到广州去'三大口号。在此三大口号之下，消灭两省军阀，阻止南方军阀不得有一兵一卒向以武汉为中心的首先胜利进攻，完成南方革命。执行此任务的红军战术是集中攻坚，沿途创造地方暴动，迅速打到柳州、桂林，向北江发展。"②为了具体执行这一方针，会议认为打柳州暂时困难，先在其周围创造相当基础，然后再以桂林为中心向柳州推进。会议还改选了红七军前委，张云逸仍为委员；成立士兵委员会，由陈豪人任书记。会后，对部队进行整编。

部队整编后，李明瑞任总指挥，张云逸任军长，邓小平任政治委员，陈豪人任政治部主任，龚鹤村任参谋长，下辖第十九、第二十、第二十一师和炮兵营、特务营、教导大队。原第一、第三纵队改编为第十九师，龚鹤村兼任师长，邓小平兼政治委员，下辖第五十五、第五十六团；原第二、第四纵队和原红八军第一纵队400余人改编为第二十师，李谦任师长，陈豪人兼政治委员，下辖第五十八、第五十九团。第二十一师，只留番号，由师长韦拔群、政治委员陈洪涛回右江重建。军部还直属炮兵营、特务营、教导大队等，全军共7000余人。

9日，张云逸与邓小平、李明瑞等陪同邓拔奇骑马检阅部队。邓拔奇代表中共

---

① 袁也烈：《苦战七千里》，载中共广西壮族自治区委党史资料征集委员会、《左右江革命根据地》编辑组编：《左右江革命根据地》（下），中共党史资料出版社1989年版，第865—866页。

② 中共广西壮族自治区委党史资料征集委员会、《左右江革命根据地》编辑组编：《左右江革命根据地》（上），中共党史资料出版社1989年版，第398页。

中央宣读了红七军及其各师干部的任命名单,并向红七军及其三个师各授一面军旗。

经过整编,韦拔群把从东兰、凤山根据地带出来的约2000名优秀战士和最好的枪支毫不犹豫地交给了北上部队,自己只带着百八十人回到右江坚持斗争。9日晚,张云逸送别韦拔群。对此,张云逸在回忆中这样说:"在他返回根据地的那天晚上,我曾送他二三十里路。我们一面走一面谈,主要是鼓励他顽强地坚持斗争;说明军阀之间的矛盾很多,总的形势对我们是有利的,但是困难也一定是很多的,斗争是非常艰巨、复杂的。当时,他很谦虚地要我提出批评,我说:'你是一个各方面都很好的同志,优点很多;只是有一个感觉,就是对旧的关系舍不得丢掉,这一点要特别注意。我们干革命,主要应靠共产党员,重用思想进步的同志,亲戚朋友等旧关系是靠不住的。'他对这个意见表示诚恳接受。我们一路上谈谈扯扯,不觉已走了二十多里路了,他见我只带两个警卫员,恐怕路上发生意外,又一面谈,一面送回十几里,到离河池只几里路了,我们才依依不舍地握手告别。"①

以后,韦拔群率领新组建的红二十一师(后改称独立第三师),粉碎了桂系军阀和地方民团数万人的"围剿",在残酷的环境中坚持右江革命根据地的斗争,直到1932年10月为中国革命献出宝贵的生命。张云逸没有想到,河池相送竟成为自己与韦拔群的最后诀别。

1959年,张云逸为《韦拔群》一书作序。1962年3月8日,张云逸在南宁又为韦拔群专门题词,评价他光辉的一生:"韦拔群同志是中国共产党的优秀党员,壮族人民卓越的革命战士,是中国工农红军第七军和广西右江苏维埃政权的领导者之一。他在长期与敌人斗争中,对党的事业无限忠诚,对劳动人民无限热爱,英勇顽强,艰苦朴素,不怕困难,不怕牺牲,为党为人民流尽最后的一滴血,表现了共产党员的高贵品质。拔群同志在党领导下,把毕生的精力,都献给了劳动人民的解放事业,和伟大的共产主义事业。他坚强的革命意志,永远是我们共产党人、革命战士、各族人民学习的榜样。"②

二、"进攻碰壁"

1930年11月10日,张云逸与邓小平、李明瑞等率领红七军主力离开河池东进。11日,红七军占领怀远镇,并在此筹款数万银元。前委原计划由怀远攻打庆远,但因庆远有敌重兵把守,在邓小平、张云逸的建议下,部队遂由怀远向北,向天河县挺进。

红七军由怀远北进后,国民党桂系军阀迅速调集部队围追堵截。当红七军行至四把圩时,天河县民团千余人前来阻击,被一阵炮击作鸟兽散,红七军进占天河。之后,红七军继续北进。18日11时,红七军先头第二十师进至罗河西南的四

---

① 军事科学院《张云逸军事文选》编辑组主编:《张云逸军事文选》,军事科学出版社2007年版,第971—972页。

② 张云逸参观韦拔群同志纪念碑时的题词。

把村,遭遇从庆远开来的桂军覃连芳教导师,双方立即为争夺该村制高点佛子坳展开激战。张云逸、李明瑞指挥红二十师先敌抢占佛子坳进行阻击。这时,桂军杨腾辉师也从柳州赶来,向后卫红十九师发起攻击。战至下午4时,红二十师击退覃师的多次进攻,守住了阵地,但红十九师未能将杨师击退。为避免不利决战,张云逸与邓小平、李明瑞商量后,决定回师天河镇。下午5时许,红七军突破杨师防守向天河转移。杨师则尾追红军至天河,覃师则去了长安(今融安县城)。四把村遭遇战,红七军歼敌500余人,自己也伤亡了300余人。

在向天河转移途中,有的同志主张将伤员寄养在当地群众家里,张云逸坚决不同意。他说:这里不是我们的根据地,将受伤官兵寄养在这里危险性太大,我们应该为他们的安全着想,不能丢下他们不管。于是,官兵们发扬阶级友爱,抬着伤员转移,没有丢掉一兵一卒。到此时,张云逸等第一次"体会到没有后方,没有根据地的困难,真正好像是儿子失掉了母亲一样"[①]。

红七军在天河与敌隔河相持了三天后,甩掉敌人,突然北进,25日到达地处九万大山的融县(今融水苗族自治县)三防镇,在阴雨连绵中进行了数天休整。在三防休整期间,红七军召开党员干部会议,研究决定下一步的行动问题。在陈豪人的主张下,会议决定攻占长安,解决部队的给养补充。

长安是桂北的一个商业重镇,位于融江西岸。红七军如能夺取,对解决补给及下一步作战当然十分有利,但镇内驻有桂军韩彩凤独立师和覃连芳师各一个团,有两道防线,易守难攻,并且在融江上还架起浮桥,以便东西策应。12月5日下午1时许,张云逸与李明瑞等指挥红十九师从南面发起进攻,以红二十师在北面钳制敌人,至黄昏对长安形成钳形包围。入夜,红军突破敌人第一道防线后,与敌展开巷战,敌人凭借坚固工事拼命抵抗。次日,红军向镇中心推进,双方展开拉锯战。第三天中午,为迅速攻占长安,张云逸与李明瑞调整部署,下令发起总攻。红军西线部队向镇中心突入,南线部队也接近了浮桥。守军见情势危急,遂炸断浮桥,向桂林求援。正当红七军与守敌全力争夺镇中心时,杨腾辉派一个团赶到,与红军南线部队发生激战。鉴于敌人援军已到,部队弹药消耗太大,攻击力减弱,张云逸与李明瑞等研究后,于8日午夜下令撤出战斗。

长安之战,红七军虽歼敌600余人,并使敌师长覃连芳受伤,"打得敌人胆寒,只有死守城内"[②],惊呼红军"全是北伐老兵",但自身亦伤亡300余人,未能达到预定的作战目的。

后来,张云逸回忆说:长安未克,"最主要的原因,是对当时的形势估计不足,对立三路线打大城市的错误,还没有很好的认识"[③]。

12月12日,红七军北上到达桂黔边的古宜县(今三江侗族自治县城)福禄

[①] 军事科学院《张云逸军事文选》编辑组主编:《张云逸军事文选》,军事科学出版社2007年版,第973页。
[②] 中共中央文献研究室、军事科学院编:《邓小平军事文集》第1卷,军事科学出版社、中央文献出版社2004年版,第9页。
[③] 军事科学院《张云逸军事文选》编辑组主编:《张云逸军事文选》,军事科学出版社2007年版,第973页。

镇，休整一天。

这时，由于四把村、长安两仗受挫，部队的伤员越来越多，指战员的情绪不免有些低落。针对这种情况，军部利用休整时间，召开全体军人大会，鼓舞士气。张云逸在会上提出了"石头硬还是水硬"的问题。他说："表面看石头比水硬，但实质它并不硬，它连一滴水珠都经不住；不信，你们看房檐下的石头不就是被滴水冲凹了吗？洪水还可以把石头搬家，那小石块就只好变成细沙了。白军再硬也必定要失败！红七军是工农军队，是汹涌澎湃的革命斗争中的一个巨浪，任何力量也阻挡不住红七军前进的道路。同志们，不要单单看金城江和长安这两次战斗，这不等于是敌人的胜利。革命的胜利，不是一两仗就可以打出来的，需要艰苦地斗争。我们主动撤出，这正是为了今后的胜利。干革命要有远大的目标，我们的家乡成立了苏维埃，这只是革命胜利的一部分，我们要有解放全中国工农群众的伟大理想！只有全中国受压迫、受剥削的群众都得到解放，革命才是真正的胜利。"[①]他深入浅出的道理，深深地打动了官兵，提高了部队的士气。

与此同时，红七军前委在福禄研究了是否打桂林的问题，由于意见不一，于是采取一个变通办法，派第五十五团政治委员黄一平率20名骨干化装潜入桂林作内应。部队遂东进古宜，准备打桂林。行进途中，张云逸等得知古宜有敌驻守，柳州的敌人已增援桂林，遂放弃打桂林的打算，率部向北。部队经贵州边境的水口等地复入桂境，然后翻越布贡山，于19日进入湖南双江县（今通道侗族自治县）的坪坦。21日占领双江县城，24日占领绥宁县城。由于老百姓把红军当成了桂军，纷纷逃避，两座县城都是空城，部队给养无法解决，于是部队于25日到达武冈附近。

红七军"至绥宁得报，始知国民党以全力对付江西红军，前委当时乃决定迅速出广东北江，发动群众，以牵制敌广东部队，再向江西进攻，以为江西红军之声援"[②]。此时已是严冬，红军官兵们仍穿着单衣，解决给养成当务之急。本来前委并不打算攻打武冈，当得知武冈只有民团七八百把守时，遂于12月25日在距武冈20里的木瓜村决定攻城，以补充给养。

武冈的城墙用青石筑成，高5丈，宽3丈，城的南面和东面有资水环绕，易守难攻，历史上就有"铁打武冈城"之称。接到命令后，红五十五团随即发起奔袭，由于民团顽抗，进攻受挫。夜10时，为迅速拿下武冈，张云逸和李明瑞等指挥红七军强攻武冈城。由于民团凭坚固守，红军猛攻四昼夜又未奏效。29日，张云逸、李明瑞根据守军火力逐渐减弱，缺乏弹药的情况，调整部署，以第五十五团挖掘坑道，准备实施坑道爆破，军主力待城墙炸开后发起总攻。然而，正当红军准备以炸药破城、攀云梯登城之时，湘军三个团在两架飞机的支援下向武冈增援。红军被迫停止攻城，向南撤退。此战，红军伤亡500余人，第五十五团团长何莽牺牲。

30日，红七军从新宁县窑市（今崀山镇）进至广西资源县的梅溪镇。31日，

---

① 广西军区政治部编：《广西革命回忆录》，广西人民出版社1985年版，第82—83页。
② 中共广西壮族自治区委党史资料征集委员会、《左右江革命根据地》编辑组编：《左右江革命根据地》（上），中共党史资料出版社1989年版，第379页。

张云逸等让部队找来渡船,架起浮桥,抢渡梅溪河,过河后炸掉浮桥,甩掉追兵。1931年1月1日,红七军进入广西全州境内,之后击溃桂系杂色部队一个团,于2日占领全州。

到这时,红七军从离开右江苏区转战桂黔边已近两个月,连续行军作战,伤亡、减员三分之一,广大指战员对中共中央关于攻打桂林、柳州的指示产生了怀疑。为此,红七军前委在全州关帝庙召开会议,讨论下一步怎么办。大家认为,攻打桂林已不可能,目前最迫切的需要是找一个地方发动群众,休养补充,安置伤兵。张云逸、邓小平等在发言中总结了北上以来攻城夺寨、强攻硬打造成严重损失的教训,力主放弃攻打柳州、桂林等大城市的计划,改变硬打攻坚战略。在严重的事实面前,邓拔奇、陈豪人也开始动摇[1],不得不接受大家的意见,"前委对七军的行动问题,决议目前不可再战,应有短时间之休息,并决议经湖南江华出连州、粤北江,至湘、粤、赣边界与江西红军取得联络"[2]。会后,邓拔奇、陈豪人离开红七军,化装成商人到上海向中共中央汇报工作。这样,全州前委会议就成为红七军北上转战中的一个重要转折点。

红七军在全州休整了三天,筹集经费数千银元。为充实作战连队,张云逸和邓小平等还把红七军由两个师四个团缩编为两个师三个团,撤销第五十九团建制,将该团官兵补充到其他团。

本来,张云逸等打算在这里为指战员做上棉衣,但由于桂军一个师从桂林扑来,5日,红军向东南转移。

三、激战梅花

1931年1月7日,红七军占领道州(今道县)。道州是一个较大的县城,前委决定通过向商人派款,筹集经费。但由于不法商人勾结湘军来攻,部队不仅没有筹到钱,而且被迫连夜撤退,向江华转移。

道州到江华90里。此时的湘南山区,大雪纷飞,寒风刺骨。广西右江籍的指战员从来没有见过雪,多数人还穿着出发时的单衣草鞋,不少战士被冻僵,80多名指战员被冻死。但官兵们发扬阶级友爱,身体强的帮助身体弱的,张云逸、邓小平等把自己的坐骑用来驮行李,第二十师师长李谦一个人就扛了五六支枪。就这样,红七军于9日占领江华县城(今沱江镇)。

前委原来估计江华、临武一带总会有一点党和群众的基础,可以落脚休息,但到了江华才知道,这里一点基础都没有。为此,邓小平、张云逸等在江华召开营以上干部会议,讨论御寒和下一步的行动问题。会议决定,采取措施,没收反动官僚地主的财产,购买和征用大商户的御寒物品,然后转向湘桂边的桂岭山区

---

[1] 莫文骅:《红军第七军简史》,1945年2月15日八路军总政治部印,第35页。
[2] 中共广西壮族自治区党史资料征集委员会、《左右江革命根据地》编辑组编:《左右江革命根据地》(上),中共党史资料出版社1989年版,第380页。

开展工作,进行短暂休整,再图发展。御寒物品征集来后,由于无处做衣服,指战员们"便把五颜六色的布裹在身上"①。

11日,部队集合出发时,突然枪声四起。原来,江华的不法商人不仅从背后袭击红军,还引来湘军追击,致使红七军损失了担任后卫警戒任务的一个连。

红七军长途跋涉,需要解决数千人的给养问题,而道州、江华两地的教训,使张云逸等开始考虑如何对付不法商人。对此,张云逸回忆说:"我们在道州、江华接连吃了两次亏。这里主要的经验教训是,当时我们没有抓人为'质'。如果我们在道州扣留伪商会的几个负责人为质,他们是不敢不交钱的,更不敢招引国民党的军队来。如果我们在江华抓了几个'头子'(如当地豪绅和保、甲长)为人质,到我们走时再放出来,他也不敢向我们袭击和招引敌军打我们。离开江华后,我们总结了'抓人为质'的经验,以后再也没有上类似的当了。"②

红七军翻过湘粤桂三省交界的老苗山,14日到达广西贺县(今贺州市)的桂岭。桂岭是贺县北部的一个重镇,地主豪绅及民团势力强大,其周围都是炮楼。红七军到达后,地主豪绅裹胁老百姓躲进了炮楼,连粮食、猪、牛等也都集中到炮楼。为解决给养,张云逸等向他们说明红军只是路过的,但地主豪绅就是不卖给红军粮食。于是,张云逸等让部队向这些炮楼喊话:如果不卖给红军粮食就打!这才迫使地主豪绅们从炮楼上吊下粮食和猪肉与红军交易。

这时,红七军由出发时的7000余人减员近半。为了充实基层和便于指挥,前委决定撤销师的番号,将三个团缩编为两个团,干部降级使用。部队缩编后,李明瑞任总指挥,张云逸任军长,政治委员邓小平,参谋长龚鹤村;原第十九师缩编为第五十五团,下辖两个营,龚鹤村兼团长,第一营营长章健、政治委员袁任远,第二营营长张翼、政治委员陈漫远;原第二十师缩编为第五十八团,下辖两个营,李明瑞兼团长,副团长李谦,第一营营长李谦(兼)、政治委员麦农本,第二营营长李显、政治委员黎心诚;其他干部编入教导大队(军事训练所)。

鉴于桂岭地区地主豪绅势力强大,张云逸、邓小平指挥红七军经湖南江华县的大夕(今大锡)、码市,于1月17日到达广东省连州的东坡圩。这里是教导大队大队长冯达飞的故乡。经宣传动员,当地群众热烈欢迎红七军,部队给养得到部分解决。前委在东坡圩研究了是否打连州的问题,认为如打连州,北江就不易通过,就一定要在连州一带建立根据地,但估计敌军在北江尚无重兵,通过北江是可能的,因此决定到北江的湘南宜章一带发动群众,建立根据地。据此,张云逸等于18日率部向东北行进,到达星子圩。20日,当部队准备经宜章县的黄沙堡向广东乐昌县的坪石方向前进时,获悉湘军已有两个团占领黄沙圩。龚鹤村说黄沙圩有一山坳甚险,如湘军有千余兵力把守,就难以通过。前委遂决定南下夺取连州,彻底解决给养问题。

---

① 军事科学院《张云逸军事文选》编辑组主编:《张云逸军事文选》,军事科学出版社2007年版,第975页。
② 军事科学院《张云逸军事文选》编辑组主编:《张云逸军事文选》,军事科学出版社2007年版,第976页。

当晚，红七军先头部队占领连州城南的商业区。21日，为攻克老城，红七军第五十五团发起攻城作战。22日，敌人从老城向城南的商业区街道投掷燃火油和火药包，引起数十家商铺或民宅着火。张云逸等遂命令停止攻城，指挥部队救火，抢救商家物资。红七军此举赢得了连州商界的普遍欢迎和拥护，商会筹得了四万银元前来劳军，基督教会办的惠爱医院安置了数十名红军重伤员。

红七军到达连州，粤军、湘军前来"围剿"。23日，前委获悉粤军邓辉、黎道明两团和湘军唐伯寅团向连州扑来。24日，部队向东到达西江村。在西江村，前委于24日开会，讨论是在乳源还是在连州建立根据地问题，但没有结果，25日前委继续讨论，最后决定到湖南宜章和广东乳源地区建立粤北根据地。据此，部队于26日由西江村向北，重返星子圩，准备攻打广东昌乐县的坪石。27日，部队经黄沙堡时与湘军唐团发生战斗，遂绕道向广东乳源前进，在宜章县的迳口村击溃湘军一个营。这时，中共湘南特委驻粤工作委员会负责人谷子元与红七军联系，并于30日将部队带到广东省乳源县的梅花圩（今属乐昌县）。

红七军前委在中共湘南特委驻粤工作委员会处看到了中共六届三中全会决议和紧急通告（即停止执行进攻中心城市的冒险主义的计划），决心以梅花圩为中心，创建粤北根据地。前委之所以"决定在梅花一带工作是因为这个地方如果创造成了一个巩固的基础，影响湘粤均极大，因该处离乐昌、韶关、宜章均近也"[①]。

2月3日晨，张云逸等获悉，粤军邓辉团扑来。前委研究决定，歼灭该团，为创建根据地打下基础。张云逸等遂展开部署：将指挥部设在梅花圩西北的棉花庙，以第五十五团控制圩西南的高地，以第五十八团控制圩东北面的高地。

中午时分，战斗首先在五十五团阵地打响。敌人连续猛攻，防守前沿阵地的五十五团一个连大部牺牲。

这时，张云逸等发现，粤军不仅火力十分猛烈，而且其后续部队还在不断涌来。原来，进攻之敌不是一个团而是粤军的三个主力团，并有地方团队配合。为加强作战指挥，张云逸赶到五十五团，邓小平和李明瑞赶到五十八团。

张云逸到达五十五团时，正是前沿阵地最危急的时候。为把敌人压下去，张云逸命令该团第一营营长章健率部从侧翼插入敌阵，邓小平、李明瑞也命令五十八团第二营营长李显率部增援并从侧翼迂回敌人。章健率部连续发起六次冲锋后，最后被手榴弹炸倒，五十五团阵地再次告急。这时，李天佑奉命率军部特务营杀入敌阵，打垮了冲锋的粤军，才巩固了阵地。

从下午3时开始，粤军分三路向红军全线进攻。五十八团副团长兼第一营营长李谦率部连续打退了敌人的七次冲锋，在黄昏发起第八次冲锋时，不幸腹部中弹。

李谦牺牲前，他的警卫员跑来向张云逸报告："李师长要见张军长。"张云逸跟李的警卫员走去，只见一个同志背着李迎面走来。张云逸赶上去与李握手，询

[①] 中共中央文献研究室、军事科学院编：《邓小平军事文集》第1卷，军事科学出版社、中央文献出版社2004年版，第12—13页。

问伤情，李向张云逸告别说："我不行了，你们坚决继续前进吧！我不能同军长一起走了，你要保重、保重！"说完这句话就断气了。

鉴于敌我双方力量悬殊，红七军黄昏后撤出战斗。

梅花圩之战，红七军虽歼敌 1000 余人，但自身也伤亡了 700 余人，干部伤亡过半，除李谦、章健等牺牲外，龚鹤村、李显等负伤。损失如此之大，为红七军成立以来所未有。

部队损失惨重已使张云逸痛苦万分，李谦的牺牲更使他伤心落泪。莫文骅回忆说："这一役损失约七百人，队伍的极大伤亡，特别是李（谦）的牺牲，使张军长哭了！因为沉着英勇的何莽团长及刚毅勇猛的李师长，是张军长的左右手，现在都牺牲了，广西子弟，至此已大部伤亡！使他异常痛心！"①

四、北上湘赣苏区

4 日凌晨，张云逸等率部队到达梅花圩东南的大坪乡杨家集会合。之后，前委召开会议，鉴于梅花圩失利，无法在粤北立足，"决定速出乐昌，向江西前进，找到苏区作一相当时期之休息"②。出发前，张云逸等把龚鹤村、李显等伤员交中共地方组织安置，留下教导大队 60 多名骨干和 300 余支枪给湘南特委驻粤工委，以便使其坚持该地区的游击战争。

5 日，红七军来到乐昌以南、韶关以北的杨溪（今属乳源县）渡口，准备在此东渡乐昌河（武水）。本来，张云逸等决定 5 日拂晓开始渡河，但由于兵疲足痛，部队上午 10 时、军部 12 时后才赶到渡口，错过了最佳的渡河时机。部队四处搜寻，只找来了两条船。于是，邓小平、李明瑞率五十五团先渡河，张云逸率军直属队和五十八团殿后。由于河宽船少，至黄昏时分才过了五十五团和五十八团的一个连。这时，粤军郭润华团分别从乐昌、韶关乘汽车赶来。邓小平与李明瑞指挥过河部队与敌展开激战，以掩护后续部队过河。然而，由于敌人攻势凶猛，河东部队被迫突围，夺路东进，向仁化方向撤退。粤军封锁了渡口，张云逸率没有渡河的七八百人连夜后撤 30 里，来到乳源县的一个瑶族聚集的山村，同时派人到梅花圩找中共地方组织的同志联络。

从此，红七军被截为两部分。

到这时，离开了根据地，现在又离开了红七军主力，摆在张云逸所率七八百红军指战员面前的只有一条路：这就是必须拿出破釜沉舟和置之死地而后生的勇气，才可能实现与朱毛红军会师的目的。为此，张云逸对部队进行政治动员说："现在摆在我们面前的只有一条路，这就是团结一心，同舟共济，杀出一条血路，会合朱毛红军去！这是一条生路，也是唯一的出路！"

---

① 莫文骅：《红军第七军简史》，1945 年 2 月 15 日八路军总政治部印，第 38 页。
② 中共中央文献研究室、军事科学院编：《邓小平军事文集》第 1 卷，军事科学出版社、中央文献出版社 2004 年版，第 12 页。

为了把部队带到江西，张云逸于6日决定：军直的所有人把伙食担子全部丢掉，统统拿起武器，编入第五十八团，以黄子荣任团长，叶季壮为团政治委员。全团编为两个营六个连。

莫文骅见证了这一历史瞬间，他说："经过张军长一番的动员、解释及组织，使每个人都明白，现在是在生死关头，不齐心不拼命即有死路一条，我们现在死中求生，开小差、怕死，就是找死。张军长如此坚定，感动了战士。这样战斗情绪又鼓起来：挑伙食担的，换成拿枪的；拿棍子走路的同志，把棍子抛掉也拿起枪来；伤员病员也愿随走，干部下连，降级使用，大家一条心，队伍又复活了！"①

这时，地方党的同志来了，商量如何过河。张云逸吸取了上次渡河的教训，认为白天渡河容易暴露，河面太宽费时太多，于是决定夜间在乐昌上游和坪石镇下游间渡河。关于渡船问题，决定由地方党的同志扮作商人，到坪石镇以"运粮"为名租船，开到下游。为确保渡河成功，张云逸还做好了截船过河的准备。

7日夜，张云逸率部向昌乐河南岸的老爷庙渡口前进。他回忆道："那天晚上，下着大雨，路上很滑，加上天空漆黑，一不小心，就要跌跤，许多同志都弄得污泥满身，我也摔倒了四五跤。每人的心里都担心着这次偷渡能否成功。这时随军行走的还有几十个小孩，他们是从右江跟部队出发的，由于这时情况非常危急，过河时很可能遇到战斗，为了不使这些小孩无谓牺牲，我们将他们留下来，托当地党组织照管，但是他们都不愿离队，偷偷地又勇敢地跟着部队后尾走来了。"②

部队赶到河边，从坪石"租"来的船也开来了，时间不长，部队就抢渡完毕。之后，张云逸率部经天堂岭到达黄圃司（今广东乐昌县黄圃镇），8日从塘村进入湖南宜章县境。

宜章是大革命时期农民运动广泛开展的地区，也是朱德、陈毅、王尔琢率领南昌起义军余部举行湘南起义的地方，群众基础较好。当地群众为全国到处都有红军而感到高兴，主动为红七军当向导。为避免将来被地主恶霸报复，他们又要求用绳索将其捆绑，以表示是被"强迫"的。

张云逸率部进入宜章后，即派人四处打探五十团。2月9日，部队在宜章县里田附近的上渡村休息两天。之后，进入郴州，在中共郴州县委书记的亲自带领下，沿着第二次国内革命战争时期朱德率南昌起义余部和湘南起义部队上井冈山的道路，经资兴、桂东，于春节前到达酃县（今炎陵县）的黄挪塘。张云逸估计敌人也要过年，于是让部队在黄挪塘休息一下，杀猪过年。不料，2月17日（大年初一）上午八九点钟，汝城县民团胡凤璋部1000余人奔袭黄挪塘，张云逸立即组织部队进行反击，歼其50余人。之后，张云逸又率部游击宁冈，2月下旬转到酃县水口镇下村休整。

3月14日，湘东南红军独立师第三团团长谭家述、政治委员王震，获悉红七

---

① 莫文骅：《红军第七军简史》，1945年2月15日八路军总政治部印，第38—39页。
② 军事科学院《张云逸军事文选》编辑组主编：《张云逸军事文选》，军事科学出版社2007年版，第980页。

军第五十八团到达酃县,立即率部队前来迎接。于是,两部在水口镇会师。

没想到,两部会合时还发生了一个小小的插曲。张云逸回忆说:"在会师时还发生了一点小误会,就是那时我们的红旗经过日晒雨淋和多次战斗后,已经破烂了,也不红了。王震同志的部队来时,见我们的队伍不整齐,以为是民团,但冲了几次,冲不动。我们突然遇到这一支武装,也很诧异,于是问他们是什么部队,并说明我们是红军。这一场误会才得到解决,两个部队会师了。"①

两部会合后,一同北上茶陵,寻找红七军第五十五团。这时,湖南国民党军急忙调集新三十一师的独一旅两个团和第十九师一个团,以及茶陵、酃县的民团,企图在茶陵县湖口圩和沔渡之间围堵并歼灭红军。张云逸遂指挥两支部队在浣溪渡西渡洣水,向茶陵县城方向佯动,调动防堵的敌人回援茶陵,接着又东渡洣水,进入根据地的茶陵县尧水东北地区。回援茶陵的敌人发现红军东进,遂又掉头追击。3月24日,当第十九师的一个团及茶陵、攸县、安仁三个县的民团追至高垅以南的将军山地区时,被红军一举歼灭其300余人。可以说,这是红七军第五十八团为湘赣苏区人民送上的一份见面礼。

将军山战斗后,红七军第五十八团和湘东南独立师第三团回到莲花休整。中共莲花县委和莲花县苏维埃政府召开欢迎大会,为红七军第五十八团补充了数百名新兵。之后,张云逸率第五十八团和湘南独立师第三团进驻永新,与红二十军第一七五团会合。为统一指挥赣江以西地区的红军作战,奉命成立河西临时总指挥部和中共河西临时总前委,张云逸任总指挥,红二十军政治委员曾炳春兼任河西临时总指挥部政治委员,滕代远任河西临时总前委书记。

自从红七军被分成两部分后,张云逸能够把一支小部队带到湘赣苏区,实属不易。事后,他总结了四条成功的经验:(1)"不论情况如何紧张,在每天出发以前,我都要向全体指战员讲几句话,对同志们加以勉励;并说明当天出发的目的地是哪里,如果遇到敌人包围,一定要突破包围,在什么地方集中,不要掉队。"(2)"干部深入连队中去。在行军时,有情况时指挥员要走在队伍的最前面,以便找方向,指挥战斗;没有情况时,则走在后面,防止掉队,我们的许多干部都是这样做的。"(3)"在行军时,我们注意了沿途休息。十里一小休,二十里一大休,这样不仅可以恢复体力,还便于掉队的同志跟上来。"(4)"我们还特别强调抓紧时间煮饭吃,这不仅解决了战士们的肚饥问题,有力气爬山过岭;更加重要的是当时如果不吃饱饭,就不能战胜敌人。"②

五、东渡赣江

1931年4月初,国民党军在对中央苏区发动了第二次"围剿"的同时,调集

---

① 军事科学院《张云逸军事文选》编辑组主编:《张云逸军事文选》,军事科学出版社2007年版,第982页。
② 军事科学院《张云逸军事文选》编辑组主编:《张云逸军事文选》,军事科学出版社2007年版,第983—984页。

三个师向赣江以西地区的红军实施"清剿"。中共湘东南特委决定，河西临时总前委、河西临时总指挥部统一指挥湘东南独立师、红七军第五十八团和红二十军第一七五团，粉碎敌军的"清剿"，配合红一方面军的第二次反"围剿"作战。

这时，国民党军第七十七师第二三〇旅占领吉安县永阳、敖城等地，逼近永新县境。张云逸等分析敌情后，决定出击敌第七十七师侧后，首先歼灭永阳之敌，然后再向吉安方向发展进攻，威胁敌军后方。

4月4日，张云逸率部进到永阳镇以北地区，随即以湘东南独立师从北面、以红二十军第一七五团从西面进攻永阳，以红七军第五十八团为预备队。战斗打响后，独立师的两个团迅速攻入镇内。敌人则一面凭借房屋抵抗，一面集中兵力向西反击。第一七五团在敌人的反扑下撤退下来，这使张云逸的指挥部受到严重威胁。这时，张云逸身边只有一个排。他一面命令这个排发起冲锋，打退敌人的反扑，一面率两个警卫员迅速爬上山头，观察与指挥整个攻城作战。不久，这个排也退了下来。警卫员叫张云逸马上撤，张云逸没有答应，而是与退下来的战士一起坚守阵地。敌人蜂拥而至，并叫喊着"要捉活的！"在这千钧一发的时刻，预备队第五十八团投入战斗，该团第四连指导员莫文骅所率的30个战士首先冲了上去，逼退敌人，才使张云逸脱险。最后，第五十八团与独立师协同作战，将敌全部击溃，占领永阳镇。

作为红七军军长和红军河西临时总指挥部总指挥，在永阳战斗中险些被俘，这是张云逸平生作战最危险的一次。

永阳战斗后，张云逸鉴于敌人在吉安驻有重兵，同时获悉红七军第五十五团正由遂川北上，遂改变向吉安发展的原定计划。经中共湘东南特委同意，张云逸率红七军第五十八团南下，4月上旬与李明瑞、许卓率领的红七军第五十五团在永新县天河镇（今属吉安县）会合。这时，邓小平已离开红七军到中央汇报工作。

之后，张云逸因病随军休养，河西临时总指挥部总指挥一职由李明瑞接任。红七军与湘东南独立师、第二十军第一七五团配合，于4月中旬取得安福之战的胜利，歼敌800余人。河西红军的作战行动，有力地配合了河东红一方面军的第二次反"围剿"作战。

4月底，张云逸参加了红七军在永新禾川小学召开的第二次党代会。这次会议总结了由右江苏区到湘赣苏区行军作战的经验教训，批判了李立三的"左"倾冒险主义。会议选举张云逸、李明瑞、许卓、许进、叶季壮、佘惠、袁任远等为军前委委员，莫文骅为候补委员。

这时的红七军由李明瑞任总指挥，张云逸任军长，许卓任政治委员，许进任政治部主任，下辖第五十五、第五十八团，共2600人。

会后，红七军在湘赣苏区及其附近地区南北转战，调动和歼灭敌人。6月下旬，红七军到达赣县沙地休整。此后，围绕是否东渡赣江与红一方面军会合问题，红七军前委发生争论。

张云逸、叶季壮等主张东渡赣江，与红一方面军会合。李明瑞等不同意过赣江，主张到上犹、崇义一带的湘赣边区活动。双方意见相持不下。为了统一全军思想，张云逸要求许卓召开有营以上干部参加的前委扩大会议进行讨论，结果多数人赞成过江。恰在此时，从中共苏区中央局请示汇报工作回来的王首道，到红七军传达苏区中央局的指示，命令红七军从速过江。前委的意见这才统一过来，决定东渡赣江，与红一方面军会合。

7月11日，在湘东南独立师的护送下，红七军渡过赣江到达良口，并将教导大队和伤员留在河西。此后，部队于12日到达赣县的白露，13日到达兴国县城，22日在雩都县（今于都）的桥头镇与红一方面军的红三军团第十二军会师。从此，红七军隶属红三军团建制，加入了红一方面军的战斗序列，完成了与朱毛红军会师的伟大历史使命。

1931年11月15日，中华苏维埃第一次全国代表大会为表彰红七军英勇转战的业绩，授予其"转战千里"的锦旗。

莫文骅在《红军第七军简史》中写道："红七军于三〇年九月从广西恩隆、奉仪、田州出发，经黔桂粤湘赣五省边境，每天行军作战（只有一次在全州休息四天），行程一万二千里，大小百余仗，历尽艰辛，卒在三一年四月到达永新，由六千四百人减少为二千六百人，七月到中央苏区汇合朱毛，达到了目的。时只留一千三百人（因在湘赣有些损失，及教导队、伤病员留在永新约四百人），然已把这支队伍锻炼成铁一般的，成为党的坚强队伍了。"[①]

从广西兵运到百色起义，从回师右江到转战千里，把一支国民党军队改造成人民的军队，并将其带到中央苏区，使之成为红一方面军的一部分，无不浸透了张云逸的心血和艰苦努力。到达中央苏区后，中革军委充分肯定了张云逸为人民军队建设所建立的特殊功勋。

1933年7月11日，中革军委代主席项英致电朱德、周恩来："红军军人本其阶级政治觉悟为自己谋解放，英勇与敌人作殊死战，固是应有职责，然就牺牲本身为整个工农的苏维埃而奋斗有特殊功绩者，应予褒扬奖励，本会特制定三等红星奖章，照下述功绩发给：第一，领导全部或一部革命战争的进展有特殊功绩的。第二，某一战役中曾经转移战局获得胜利的。第三，经常表现英勇坚决。""审核后于八一按其等次发给红星奖章。"

据此，朱德、周恩来按"有领导红军长期斗争极有功勋的，有作战勇敢带花多次极有战功的，有参加某一战斗挽救危局关系胜负的，有领导白军兵暴的，有建立特殊功勋的"五类情况，把核准的名单后于1933年7月29日上报项英。其中，张云逸与刘伯承、王稼祥、陈毅、萧克、何长工、罗炳辉、罗瑞卿、陈光、毕占云、滕代远、彭雪枫、陈伯钧、王诤、曾希圣等获得二等红星奖章。正因为张云逸在"领导白军兵暴"和领导"一部革命战争的进展有特殊功绩"，因而获此殊荣。当然，他也是原红七军中唯一获得二等红星奖章的人。

---

① 莫文骅：《红军第七军简史》，1945年2月15日八路军总政治部印，第41页。

第六章　在中央苏区

一、第三次反"围剿"前后

红七军到达兴国后，1931年7月中旬，张云逸和李明瑞、许卓带着一个特务连，与红二十军政治委员曾炳春、代理军长萧大鹏一起，前往瑞金向红一方面军领导人朱德、毛泽东以及苏区中央局代理书记项英汇报工作。

部队在赣江以西的沙地时，张云逸病情加重，到赣江以东后病情越来越重。7月前后，红七军以李明瑞为军长，许卓为代理政治委员，许进为政治部主任，张云逸为参谋长随军休养。

8、9月间，红七军先后参加了莲塘、良村和方石岭等战斗，与红一方面军的其他部队一起粉碎了国民党军对中央苏区的第三次"围剿"。

10月，葛耀山出任红七军政治委员后，在红七军推行王明"左"倾错误，大搞"逼供信"，造成红七军"肃反"扩大化，导致李明瑞、许进等被错杀，许卓、沈达飞、雷经天等受到残酷迫害。11月，张云逸被重新任命为红七军军长。他上任后，在与军政治部主任叶季壮等一起做好稳定部队工作的同时，率部游击赣南，在会昌、寻邬（今寻乌）一带消灭反动民团武装，建立地方政权，扩大农民赤卫军和红军部队。

对李明瑞已经由一个军阀转变为一个无产阶级革命战士这一点，张云逸确信不疑。他后来回忆道："在红七军前委留李明瑞在军中工作的时候，当时以李立三同志为首的党中央曾批评我们对李明瑞太幻想了。这是由于他们对复杂的事物缺乏具体的分析，而做出简单的结论。当然，一般说来，一切军阀本质上是反动的，不容易改造过来。但是，在一定的时期，一定的条件下，经过我们艰苦的工作，环境是可以改变人的，个别军阀是可以转变过来的，从李明瑞参加革命后的转变情况来看，也说明了这一点。"[①]中共七大时，李明瑞及其他红七军被迫害致死的同志，被追认为革命烈士。

---

① 军事科学院《张云逸军事文选》编辑组主编：《张云逸军事文选》，军事科学出版社2007年版，第954页。

11月25日,中华苏维埃共和国中央革命军事委员会(简称中革军委)成立,红一方面军番号撤销,方面军所属部队由中革军委直接指挥。12月,由于中革军委总参谋部作战科科长左权于宁都起义后出任红十五军政治委员,张云逸被调任中革军委总参谋部副部长兼作战科科长。1932年初,作战科改为作战局,张云逸仍兼任局长。从此,张云逸离开了红七军。1933年6月,红七军与红二十一军合编为红三军团的第五师。从此,红七军番号撤销。

总参谋部是中革军委领导下负责作战指挥、情报收集、通信联络、行政管理、军事训练和武装力量建设等任务的最高军事指挥机关,而作战局又是协助中革军委和总参谋部具体负责作战指挥的机关,称军委一局。张云逸出任中革军委总参谋部副部长兼作战局局长后,除协助总参谋部部长叶剑英抓好总参谋部的工作外,以主要精力搞好作战局的工作。

当时,军委一局下辖作战、机要、管理等科,机关业务人员基本上是红一方面军总司令部参谋处的原班人员。但与原红一方面军参谋处相比,军委一局不仅人员增加,而且工作范围扩大,除主要面向中央苏区红军部队外,还要掌握其他苏区主要是红四方面军的军事活动情况,除掌握正规红军的作战情况外,还要掌握地方武装如江西、闽西、湘赣和湘鄂赣等军区部队的组建和作战情况。

由于军委一局承担着草拟中革军委的作战命令①、向中央苏区各部队和地方武装力量传达命令指示,组织共同作战的侦察、通信和行军宿营,掌握敌我动态、实力和主官情况,统计战果,整理作战经验,承办红军编制事宜等任务,中革军委领导人有关军事工作的决策、作战指挥和情况掌握,主要是通过一局来实现的,所以一局在总参谋部中起着"中心机关"的作用。为完成这些复杂而繁重、计划性时效性极强的任务,张云逸要求作战局全体人员要有对革命事业的坚定信念和必胜信心,不怕艰难困苦,不怕流血牺牲,工作兢兢业业、一丝不苟,要认真领会和坚决贯彻中革军委领导人的意图,善动脑勤动手,有参有谋,当好"活字典"。

张云逸出任中革军委总参谋部副部长兼作战局局长之时,正处于中央苏区第三次反"围剿"作战向第四次反"围剿"作战的过渡时期。在这一时期,张云逸一面随中革军委赴前方指挥作战,一面着手各级司令部的正规建设。

在作战方面,他参加了中央红军的六次进攻战役。在作战过程中,由于侦察工作是组织战斗的第一步工作,是指挥员定下决心的基点,是完满作战计划的主因,是战斗过程复杂环境中达到机动的先决条件,所以张云逸把做好侦察工作作为一局的首要任务。为此,他不仅派参谋去做,有时也亲力亲为。

1932年2月,奉苏区中央局之命,中革军委以红三军团等部进抵赣州城下,准备拔掉国民党军楔入赣南的这颗钉子。但赣州三面环水,城墙坚固,易守难攻。红军从2月4日开始到月底,两次强攻均未奏效,且伤亡很大。张云逸率作战局

---

① 中革军委和红一方面军总部的作战文电,多由中革军委和红一方面军领导人或总参首长亲自拟稿,有时也授意一局局长或参谋草拟后呈签,然后经机要科加密,经电台发出;或由一局文印员刻写油印、盖章后由专门人员送出。

随同中革军委主席朱德等进驻红三军团指挥部。为弄清敌情，他深入红五军团和第十五军等前线部队了解情况，3月3日晨与总政治部副主任聂荣臻、红五军团政治部主任刘伯坚从红十五军驻地联名发出致朱德、王稼祥、彭德怀的电报，准确汇报了当面敌情。然而，情报再准，也无法改变赣州难以攻克的现实。3月7日，红军放弃攻打赣州。

漳州战役后，6月中旬红一方面军番号恢复，中革军委总参谋部兼红一方面军司令部。这样，副总参谋长①张云逸兼任了红一方面军的副参谋长兼第一局（即作战局）局长。7月，红一方面军向赣南进军，张云逸多次率一局人员随总参谋长叶剑英到梅关等地观察地形，侦察敌情。在张云逸等的努力下，红一方面军在南雄水口战役中击溃了粤军15个团，稳定了中央苏区的南翼。

8月初，中革军委决定发起乐安宜黄战役。在张云逸所率一局的参与下，周恩来、朱德、毛泽东、叶剑英等拟定了《红一方面军第一期作战计划草案》《红一方面军关于消灭宜黄敌人的作战命令》等作战计划，分析了敌军动态，明确了红军的作战方针和作战目标，并根据各军团的作战特点和所在地区赋予任务，对行军路线和行动时间都作出了极为周密的部署，从而使红一方面军于8月中旬取得歼敌约3个旅、俘敌5000余人的胜利。

可以说，红一方面军乐安宜黄战役的作战计划拟订得非常正规，对战役的胜利进行起了重要作用。周恩来对此也是非常满意的，他于8月28日在给中共苏区中央局的电报中说："此次北上的作战方案，已交弼时同志带去，后在行军过程中又拟有更具体的方案。""本来过去军事行动向无方案的，所谓长于机动而不果决，这次我们力矫此弊，本着方案去做，实现和完成了第一步作战计划，收获伟大成功。"②红一方面军参谋工作的重要进步，与张云逸以及周恩来、朱德和叶剑英等重视司令部特别是一局的建设是分不开的。

9月26日，红一方面军总司令朱德和总政委毛泽东发布了《关于部队向北工作一时期的训令》，要求各部队在南城、南丰、宜黄地区分兵发动群众的同时，调查敌情，布置战场，以粉碎即将到来的敌之大举进攻。《训令》规定各军团组织参谋旅行团，"任军事地理的调查及作战的各种侦察，所到地方须将工作结果制成书面及图表，准备报告直属指挥员及上级参谋部"。为协助周恩来、朱德、毛泽东筹划未来的作战，张云逸不仅依靠司令部第二局（即情报局）和各部队提供的情报，还深入前沿，调查、了解情况。10月19日20时，他与红五军团政治委员萧劲光联名致电中革军委，汇报了福建泰宁、建宁一带的情况。之后，他又到南丰县白舍镇江西独立第四师的驻地了解敌情。10月30日，他将收集的情报电告朱德、毛泽东，第二十二军军长罗炳辉和政委旷朱权："（一）南丰确为毛李③两部，

---

① 从1932年6月起，中华苏维埃中央革命军事委员会总参谋部主官由部长改称为总参谋长。
② 中共中央文献研究室、中国人民解放军军事科学院编：《周恩来军事文选》第1卷，人民出版社1997年版，第167页。
③ 毛李，指国民党军第六路军第八师师长毛炳文、第二十三师师长李云杰。

分驻城厢附近，计毛部两团驻瑶湖市附近，李逆一团驻水东，一团驻水北，余在理塔一带。（二）据敌探供称，敌廿七师师长高树勋、骑四师长关树人均被撤职。骑四师改编两营，在抚州守城。"同时，张云逸还把自己的位置及南丰方面的敌情电告参谋长叶剑英。也正是在司令部第一局及各局的努力下，红一方面军才取得了建（宁）黎（川）泰（宁）战役和金（溪）资（溪）战役的胜利。

在抓好各级司令部工作方面，张云逸和叶剑英根据部队暴露出来的问题，积极向周恩来、朱德、毛泽东等献言献策，使中革军委在加强司令部工作方面不断向前迈进。

在张云逸和叶剑英的积极参与和推动下，1932年1月28日，中革军委发出关于搞好参谋处工作的训令，指出："目前红军中各军、师参谋处的工作，多数是没有健全地建立起来，可是有些军、师参谋处，却分了很大的力量去编报纸和政治小册子。这样在一般的宣传教育上，似乎是尽了很大的努力，可是因此反而减弱了自己本身所应做的工作和重复了政治部的工作，殊属不对。"2月1日，中革军委又对各军上报材料分类不清问题发出训令，指出："查最近日各军来的报告，发现各军工作方式仍旧没有谨严的科学分工，无论什么问题总是放在一封信里。这样不仅不能使上级机关有系统地分送各部处理，而且报告人对于应报告事件，亦不能有详细的陈述。"7月2日，在张云逸和叶剑英的参与下，中革军委主席朱德根据南雄水口战役中暴露出来的有的部队误报情况的问题，发布《各级指挥员应及时准确报告军情》的训令，强调各级指挥员应不间断地将敌情据实报告；加强军与军、师与师、团与团之间的联络，"使战线一致行动毫无缝隙可乘"；要求军事公文"无论命令、通报、报告，首先要写明发出的时间与地点"；指挥阵地和指挥机关如需移动，必须通知各级指挥机关。

与此同时，张云逸等率军委一局在总结经验的基础上，于1932年6月在红一方面军建立起《战斗要报》、《战斗详报》和《阵中日记》等记事报告制度。规定：《战斗要报》不拘形式，主要包括战斗概要，敌人兵力、番号、特殊装备及动向，当前敌我态势、敌情判断和本部企图，双方损失情况，剩余弹药数等；《战斗详报》包括战前敌我态势，天候气象，战区地理，双方兵力，敌指挥官姓名，本部作战部署及相关命令，作战经过，友邻动作，决战情况，战果，战后态势等；《阵中日记》主要记载上级命令，纵横关系的通报，本部每日位置，行军宿营事项，本部战斗编成及军政主官姓名，作战经过，作战间隙发生情况，地图与实际之差异处，战前战后人员数，后勤及技术作业状况等。这三个制度的建立，加强了请示、报告、值班、统计等各种规章制度，推动了各级司令部的建设，并在长期革命战争中发挥了重要作用。

在这一时期，张云逸协助叶剑英抓好红军参谋工作的组织制度建设，重视优良作风的培养和锻炼。他身体力行，在行军作战中，总是与作战局住在一起，参加作战值班，向首长直接请示、汇报，按首长意图起草各种文书；要求参谋人员对敌情、决心、部署等各种情况做到准备无误；要求参谋人员请示报告、传达指示快捷及时；要求参谋人员严守岗位、严守职责、严守纪律、严格保密，养成严格的作风；营造生动活泼、心情舒畅的工作环境。张云逸为形成总参谋部的"直、准、快、严、活"五个字的优良作风作出了贡献。

1932年6月，为了健全和统一红军的编制，在周恩来的领导下，张云逸率军委一局拟制了《中国工农红军军团暂行编制表》，由中革军委于9月17日正式颁发。这个编制表规定：军团辖3个军和总直属队（含参谋处、经理处、军医处、无线电队、特务营、工兵连、电话队和山炮连），每军辖3个师及直属队，每师辖3个团及直属队，每团辖4个连（其中1个机枪连）和直属队，每连辖3个步兵排，每排辖3个班；另在军团、军和师设有政治部。这一编制表为1933年6月中革军委制定颁发《中国工农红军暂行编制表》，在军团以下单位实行三三制编组奠定了基础。

在协助中革军委进行建军和作战的同时，张云逸还于1932年1月担任了中国工农红军最高军事裁判所委员[①]。

二、在第四次反"围剿"中参与军机

张云逸出任中革军委副总参谋长兼红一方面军副参谋长兼一局局长后，跟随朱德、毛泽东、周恩来南征北战。他参加的最大规模的作战就是中央苏区的第四次反"围剿"。

1932年10月，为贯彻中共临时中央发出的关于要红军抓住国民党"围剿"军的弱点击破一面，勿待其合围的方针，苏区中央局在宁都召开全体会议。这次会议对毛泽东进行了错误的批评和指责。会后，他被迫离开红军领导岗位。不久，中央任命周恩来兼任红一方面军总政治委员。

1932年底，国民党军集中40万兵力，采取"分进合击"的作战方针，分左、中、右三路对中央苏区发动第四次"围剿"。1933年1月底，蒋介石到达南昌，随后亲自兼任江西"剿共"总司令，企图把中央苏区一鼓荡平。2月，在周恩来、朱德等的领导下，红一方面军以攻南丰不克而实行战略退却，拉开了第四次反"围剿"作战的序幕。

部队南撤后，张云逸军委一局派出侦察参谋，曾希圣任局长的军委二局（情报局）也开动侦破电台，密切关注着国民党军的动向。

从2月23日起，红一方面军以红十一军伪装主力，由南丰以北的新丰街附近地区东渡汝水（今盱江），向黎川佯动，主力则集中于南丰西南、宁都北部的东韶、洛口地区。国民党军中路军总指挥陈诚误认为红军主力向黎川撤退，遂以罗卓英的第一纵队在宜黄以南地区集中，然后出广昌、宁都，切断红军归路，配合

[①] 1932年1月11日，中革军委主席朱德、副主席王稼祥和彭德怀签署通令，任命袁国平为中国工农红军最高军事裁判所所长，张云逸、宋裕和为委员。

第二纵队向东、第三纵队向南,歼击红军主力于黎川、建宁地区。根据陈诚的部署,罗卓英率第十一师由宜黄南下,同时命令其第五十二、第五十九师由乐安地区东进,到宜黄以南、洛口以北的黄陂镇与第十一师会合。这样,国民党军第一纵队与第二、第三纵队拉开了距离,并且罗卓英所率的第十一师与其他两个师穿行于深山密林之中,中间隔有海拔900米的摩罗嶂大山,联络和协作极为困难。

25日深夜,曾希圣把破译的国民党军密码电报按照程序首先交给一局。张云逸见到罗卓英纵队孤军深入且其一个师与另外两个师分离的情报,知道战机已到,立即向红一方面军总参谋长刘伯承①汇报。朱德、周恩来于26日在东韶召开军事会议,决定以红一、红三军团和红二十一军为左翼队,求歼敌第五十二师;以红五军团、红二十二军为右翼队,求歼敌第五十九师;以红十二军为预备队,随右翼队进行;以江西军区独立第四、第五师在黄陂以北地区牵制罗卓英的第十一师。会后,张云逸立即向各部队传述了由朱德、周恩来签发的作战命令,并与方面军总司令部一起随红五军团北进。27日至3月1日,红一方面军在黄陂地区以大兵团歼击战法,一举歼灭国民党军第五十二师全部和第五十九师大部。

黄陂战斗后,红一方面军南撤东韶、洛口、小布地区休整。陈诚令其第二、第三纵队进到黄陂以南地区,与第一纵队第十一师会合。由于不知红军的去向,3月中旬,陈诚将分进合击的作战方针改为中间突破,将三个纵队编为两个纵队,互相掩护,由宜黄南部向广昌前进,企图寻找红军主力决战。

为创造战机,朱德、周恩来以红十一军在广昌西北部地区积极活动,吸引敌前纵队加速前进,同时从3月15日起令红一方面军主力秘密北上,埋伏于宜黄县南部的草台岗、徐庄以南地区,准备歼敌一部。

3月19日夜,在吴村的红一方面军指挥部里,张云逸和朱德、刘伯承围着铺在桌子上的地图,分析判断敌人的进展情况。根据二局的敌情通报"敌前纵队第十四师、第十师、第九十师和后纵队第五师经东陂、新丰向甘竹前进;其后纵队第九师在东陂山区占领阵地;第十一师已进驻黄陂",显示敌前后两个纵队已拉开近百里的距离。刘伯承、张云逸等建议借敌人分离之机,对敌后纵队进行突袭。朱德采纳刘伯承、张云逸等的建议,决心打敌后纵队,并叫张云逸起草作战命令。敌情之后又发生两次变化,一个晚上张云逸起草的作战命令就三易其稿。最后,在确知敌第十一师已进驻草台岗的基础上,张云逸起草的作战命令经朱德、周恩来签署,于20日3时下发部队。

这个命令还提出了八点要求和注意事项:"1. 各部队行进时,须先派便衣队于当日清晨开往当日各自宿营地带游击侦察,并驱逐敌人游击队,其在前适当地点,以掩护我军运动。2. 照前通报注意通信联络。3. 各部须轻装。4. 各部运动须注意伪装,特别要乘敌人撤收游击及黄昏与夜暮[幕]时,免早泄企图。5. 独立五师于攻击前应派队先断东黄陂间(经秀山)之电话线,以及黄陂通河口电话。

---

① 1932年10月,叶剑英调任红军学校校长兼政治委员,刘伯承接任总参谋长一职。

6. 各兵团二十日停止地点，以不暴露企图并易攻敌为目的。7. 附上三军团司令部制定的路线图供参考。8. 各兵团须集结主力突击敌人薄弱部。"

21日拂晓，彭德怀、滕代远指挥红一、红三军团，红二十一军和江西军区独立第五师在左，董振堂、朱瑞指挥红五军团、红十二军和宜黄两个独立团在右，向进入草台岗、徐庄地区敌第十一师突击。经一天激战，红军歼敌第十一师大部，重创前来增援的第九师一部和第五十九师残部。

就这样，红一方面军经过黄陂、草台岗两次战斗，共歼灭国民党军3个师，俘敌1万余人，缴枪1万余支，打破了国民党军对中央苏区的第四次"围剿"。

1933年5月8日，中华苏维埃共和国中央人民委员会第四十一次常委会决定：在前方另组中国工农红军总司令部兼红一方面军总司令部，由朱德任总司令，周恩来任总政委；决定将中革军委由前方移至瑞金，增补博古、项英为委员，中革军委主席朱德在前方指挥作战时，以项英暂行代理主席。这个决定，是中共临时中央于1933年1月从上海迁入中央苏区后所作出的重大组织调整，其目的是由博古、项英主持中革军委工作，由后方指挥前方，后方具有军事决策权，前方只有执行后方决策和具体指挥作战的权力。

根据这一决定，5月间，中革军委总参谋部及其各局人员也作出相应调整。中革军委总参谋长刘伯承去后方工作，副总参谋长叶剑英①、张云逸留前方工作，分别兼任中国工农红军总司令部兼第一方面军总司令部参谋长和副参谋长。军委一局也一分为二，局长张云逸率大部人员留前方，副局长左权率少数人员留后方，新组建中革军委一局。这样，张云逸仍兼任中国工农红军总司令部兼第一方面军总司令部一局局长。

在作出上述组织调整后，中共临时中央和苏区中央局于6月间提出了"分离作战"的方针。据此，7月间，中革军委代主席项英以红三军团为主组成东方军入闽作战，以红一军团为主组成中央军在抚河、赣江间作战，配合东方军的行动，实行两个拳头打人。结果，红三军团在福建连续作战打得很苦，而中央军却基本无大仗可打，只能进行一些小的游击活动，形成"一个拳头置于无用，一个拳头打得很疲劳"。

三、进行军事理论研究

第四次反"围剿"作战胜利后和中央红军分离作战期间，张云逸随红一方面军总部驻宁都等地。由于时间相对空闲，他在总结红军作战经验的基础上，进行了军事理论研究。

5月4日，他撰写的军事论文《战斗指挥研究的事项》在红军总司令部出版的军事刊物《红色战场》第9期上发表。在这篇论文中，张云逸提出"战斗指挥

---

① 1933年5月，叶剑英由红军学校校长兼政治委员调任总参谋部任副总参谋长。

是否适当,与战斗的胜利有很大的关系,因此,我们红军指挥员,必须加以研究,以提高军事指挥的艺术。"①他在深化研究和总结自己多年军事工作的经验的基础上,参考了苏军战斗条令和日军战斗纲要,提出红军指战员要研究本军总的企图和自己的任务,"我军总的企图和自己任务是属哪一样(攻击,袭击,防御,侦察,警戒,掩护,钳制敌人,突击敌人,引诱敌人,或迷惑敌人,拒止敌人)? 将自己的任务要彻底来研究了解"。同时对怎样达到我们总企图和任务,对任务是否有时间性和空间性和重要的程度,自己所担负的任务和友军的关系,以及遂行任务有关的其他事项等进行研究。在研究敌情方面,张云逸认为至少有12个问题需要考虑:(1)敌人的兵力多少? 有几个兵种?(2)敌人的企图是前进还是停止?(3)敌人距离本军有多少路程? 还有多少时间就要与本军相遇?(4)敌人由何方来? 分几路前进?(5)敌人进到何地就要与本军相遇?(6)敌人的阵地和兵力是怎样配备的?(7)敌人指挥官的性格及其经常采用的战略战术?(8)敌军素质以及受本军的政治影响如何?(9)要从各方面所得情况来研究敌情,以免误信敌人的伪变。(10)要注意敌之弱点。(11)要使用怎样的手段来侦察敌情?(12)其他关于战斗的材料。在地形和道路的研究方面,张云逸将多年参谋工作所积累的经验凝练成几句话:"一、要先从地图上及询问导详细的研究,再到实地上来侦察和判断;二、判断地形和道路要以任务为基础,敌我情况次之;如与任务相反的,良好地形均不能采用;三、应从大局来判断,不能拘少部;四、地形和道路要与兵力配合。如好地形大兵力小,或好地形小兵力大,均不能用;五、有以地形为主而决定遂行任务之策略(例如战略要某地防止敌人,但因地形不好,改取攻击防止,亦有之;如在战略上要从左翼攻有利,但因地形不好,改从右翼或中央攻的亦有之)。"张云逸还在文章中提出研究我军和友军状态的事项,包括战斗状态、各兵团位置,与友军协同动作,武器粮食的补给等。他还对指挥员下定战斗决心、作出战斗部署、攻击实施时的动作、情况变化后的处置等方面逐一进行剖析,提出自己的见解。最后指出战斗后的处置事项,列举了六个方面:判断敌人有无反攻可能和退却方向;集结和整理部队;报告上级和通报友军,指示所属;准备后一个行动;打扫战场、伤员及俘获的处置;研究敌我之优缺点。

这篇论文是张云逸多年军事指挥的经验之作。尽管论文中对指挥员涉及的战斗指挥的九个方面只是提纲挈领地提出问题,并没有鸿篇大论,但它是对红军战术原则和实战经验的总结和概括,涉及的是红军各级指挥员经常碰到而且需要解决的实际问题。

9月,张云逸在《红色战场》第13期上发表《大战和小战以及游击战的动作怎样分别?》一文,对大战、小战和游击战的作战规模和制订计划、组织指挥、战术动作等方面,及其在整个战争中的地位作用进行了较为深入的研究。文章认

---

① 军事科学院《张云逸军事文选》编辑组主编:《张云逸军事文选》,军事科学出版社2007年版,第9页。

为,"大战——这种战斗有决定战斗胜负的意义,也就是大规模战斗,他可以解决一个战役或这项战争的大决战。他的一切行动,都是根据战略总的企图之下来规定的,非有高级指挥员、政治委员的命令,是不许擅行变更。但是没有违背总的企图,各级指挥员必须要机断专行的达此任务。凡实行大战争时,首先则须发动员令,定了作战军的组织和任务,以及后方勤务的设备,并有集中的计划,军的计划,作战的计划——例如实行战斗之先,指挥员须有敌我情况的判断,地形的侦察,地图的研究、决心采取的手段,规定各兵团的任务(钳制队、突击队等),前进路道的决定,攻击准备的位置,攻击实施的时间和目标,如何联络,如何协同动作",等等,都要有明确的规定。大战就是"有系统的、有整个计划的来规定一切行动和任务,协同一致的大规模的决战的战斗"。文章认为:"小战——这种战斗,常是由作战军派出较小或较弱的兵力担任之。"小战的行动目标可以按当时的情况来决定的。小战担负的六项主要任务:1. 进行搜索和侦察(步、骑兵、飞机等);2. 警戒兵站地。3. 掩护车辆纵列;4. 保护或破坏交通;5. 掩护征发;6. 施行各种袭击等——例如袭击兵站运输、通信队、征发队、小部队等。"袭击是小战的主要的动作,也是出敌不意、突然袭击敌之警戒,扰乱敌人休养,并袭击敌之后方,使敌补给交通均感困难。他是采取迅速秘密坚决的手段,行动之前须有精密的侦查[察]敌情以及地形的状态。开始运动中,宜用声东击西的方法,至中途方才折回原来企图之方向,行进时要避免大道和大市镇,尤要避免开枪(如遇敌步哨、侦探,应绕道过之,或捕杀之,均可),迅速接近袭击目标,一举突入,使敌无准备时机。"如果敌人有大部队增援或袭击成功后,应立即撤退,以防敌之反攻;当行动被敌人察觉时,则撤退或隐蔽起来,并将部队分成几路迅速向指定地点集合。对于游击战,文章指出:"游击战——又叫不正规军的战斗,他是不多武装的部队,而且是短小精干的,有阶级觉悟的部队,其组织多以步兵任之(亦有以骑兵任之),或被压迫工人、农民自动起来组织而成的,如敌人占领国土时,他多在敌人后方积极动作,使敌人疲惫。"游击战采取的战术,常常是出没无常,游动不定,乘敌不备的进行攻击。文章最后指出:"以上三种战斗之目的,都是消灭敌人的反抗力量,争取战争的全部胜利,但是他所取的手段和动作各有不同的,我们红色战士,特别是指挥员,更须彻底分别研究了解,才能够适切的处置,遭到战斗的胜利。"张云逸这些论文的发表,对提高红军指挥员的指挥水平乃至促进红军军事科学的发展,起到了积极的推动作用。

在中央红军分离作战期间,广东国民党军陈济棠部乘机侵占了中央苏区南部的一些地区。为了加强对中央苏区南线军事工作的领导,从1933年7月起,中国工农红军总司令部兼红一方面军总司令部以张云逸兼任粤赣军区司令员。在不离开红一方面军总司令部的条件下,张云逸对粤赣军区的工作给以指导。

1933年9月3日,张云逸因病回瑞金,前方一局局长暂由周恩来代理。10月,左权接替张云逸任中国工农红军总司令部兼红一方面军总司令部一局局长兼粤赣军区司令员。

四、奉命与十九路军谈判

张云逸回瑞金养病,担任了中国工农红军抚恤委员会总会委员[①]。

然而,就在张云逸回瑞金不久,蒋介石调集50万兵力,采取持久战与"堡垒主义"的新战略,于1933年9月25日发动了对中央苏区的第五次"围剿"。

当时中央红军才10万人,所面临的形势是极其严重的。但中共临时中央负责人博古和共产国际派来的德国籍军事顾问李德,继续推行"左"倾冒险主义政策,提出要"御敌于国门之外",命令红军主力寻战于国民党军重兵和堡垒之间,使部队遭受很大损失。经过两个月的作战,红军完全陷入被动。然而,就在此时,爆发了震惊中外的福建事变。

11月20日,国民党军第十九路军将领陈铭枢、蒋光鼐、蔡廷锴等,联合国民党内的李济深等反蒋势力,公开宣布抗日反蒋,在福州成立"中华共和国人民革命政府",在东方前线掉转枪口向蒋介石集团反戈一击。应当说,福建事变给红军的第五次反"围剿"带来了一线生机。

福建事变之所以能够发生,是日本侵华所引起的中国社会阶级关系新变化的必然结果。如果说1931年的九一八事变使日本帝国主义侵占了中国的东三省,那么1933年5月31日中日签订的《塘沽协定》,实际上承认了日本对热河的占领,并把绥东、察北、冀东拱手送给了日本人,使华北门户洞开。随着中日民族矛盾上升,中国社会各阶层纷纷要求停止内战,一致对外,抗日斗争风起云涌。中国共产党以中华苏维埃共和国临时中央政府和中国工农红军革命军事委员会的名义,于1933年1月17日发表宣言,提出中国工农红军愿在立即停止进攻苏区、保障人民的民主权利和武装民众的三个条件下,与任何武装部队订立共同对日作战协定。但蒋介石仍然坚持"攘外必先安内"的反动政策,这就引起了蒋光鼐、蔡廷锴等国民党军将领的不满。特别是1932年"一·二八"淞沪抗战后,蒋、蔡对蒋介石的对日妥协更加愤慨,同蒋介石的矛盾日益尖锐。而被派往福建"剿共"与红军作战的事实,更使他们认识到,继续进行"剿共"内战没有出路,于是毅然与蒋介石决裂,走上了抗日反蒋的道路。福建事变,反映了以民族资产阶级为主体的中间势力的政治要求和抗日呼声。

事实上,在发动福建事变以前,蒋、蔡就采取了联共反蒋抗日的方针,并派陈公培同红军进行谈判。1933年10月,第十九路军全权代表徐名鸿到达江西瑞金,同中共代表潘汉年经过谈判于26日草签了《反日反蒋的初步协定》,规定双方立即停止军事行动,划定疆界,恢复贸易,释放在福建关押的政治犯,并在政治、经济等方面实行一定程度的合作。

[①] 1933年9月19日,中革军委主席朱德、总政治部主任王稼祥发布《关于改组抚恤委员会的通知》,决定将中革军委抚恤委员会改为中国工农红军抚恤委员会总会,由曾日三、张云逸、贺诚、徐梦秋、钱壮飞五人组成,以曾日三为主席;各军团、军区的抚恤委员会改为中国工农红军抚恤委员会各分会。中国工农红军抚恤委员会总会及分会的建立,较好地解决了红军下级指战员的死伤抚恤问题。

之后，中共临时中央派张云逸偕同福建省委代理书记方方，与第十九路军代表陈小航（即罗稷南）在汀州（长汀）谈判，以便把《反日反蒋的初步协定》进一步具体化。经过十多天的谈判，张云逸代表中华苏维埃临时中央政府，陈小航代表"中华人民革命政府闽西善后处"（此时福建事变已经爆发），于11月27日签订了《闽西边界及交通条约》①，规定双方停止军事行动，以永定河为双方的边界，恢复双方的交通贸易和邮政，保护双方的商务和公务来往安全等。

条约签订后，中华苏维埃共和国国家银行福建分行行长赖祖烈等，带黄金、银元和矿产样品，到龙岩同陈小航等谈判，买回了大量中央苏区急需的食盐、煤油、西药、布匹等物资，销售了一批苏区的农矿产品如钨砂、樟脑油、毛边纸等。福建的一些中小商人也纷纷来到苏区做生意。《闽西边界及交通条约》的签订，实际上部分地解除了国民党对中央苏区的经济封锁，对红军第五次反"围剿"作战十分有利。

然而，尽管中共临时中央派张云逸等同第十九路军代表谈判，但博古等人盲从共产国际的指示，无视由于日本侵略所引起的中国社会阶级关系的新变化，采取"左"倾关门主义，否认国民党内部因抗日问题正在发生分化，否认以民族资产阶级为主体的中间势力的抗日要求，认为当前形势的特点是革命与反革命的决战，中间势力是最危险的敌人，应该以主要力量来打击这些妥协的反革命派。

正是在这一错误思想的指导下，才发生了中共临时中央一面派张云逸等与陈小航谈判，一面令红军继续围攻在顺昌、将乐的第十九路军刘和鼎部的事情。对此，张云逸回忆说："我们谈判期间，东方军仍在北线与十九路军打了好几仗。我们虽然把谈判的结果通知了北线我军，告他们在前线与十九路军联系，可是却没有能改变'左'倾路线的这种错误的行动。"②

福建事变发生后，蒋介石急忙从"围剿"中央苏区的北路军中抽调11个师前往镇压第十九路军，对中央红军暂取守势。这时，红军与第十九路军已变成唇亡齿寒的关系，能否处理好福建事变后与第十九路军的关系，直接关系到第五次反"围剿"的成败。

当时，第十九路军有正规军33个团7万余人和4万多人的地方武装。如果红军与第十九路军合作，直接出兵援助，并同他们并肩作战，战力至少可增加一倍，不仅可以消灭蒋军一部或大部，粉碎其第五次"围剿"，而且可以避免福建人民政府垮台，推动全国抗日救亡运动的发展。为此，周恩来、张闻天主张应与第十九路军配合作战。

除了直接出兵援助的办法之外，毛泽东主张应利用国民党军对中央苏区的压力大大减轻，其后方兵力空虚的有利时机，以红军主力出击以浙江为中心的苏浙皖赣地区，在广大无堡垒地带寻求作战，威胁国民党军之根本重地——沪宁杭地区，迫使国民党军回援，借以粉碎其"围剿"，并援助福建人民政府。这是间接出

---

① 参见军事科学院《张云逸军事文选》编辑组主编：《张云逸军事文选》，军事科学出版社2007年版，第13—16页。
② 军事科学院《张云逸军事文选》编辑组主编：《张云逸军事文选》，军事科学出版社2007年版，第911页。

兵援助的办法。

然而,博古等人既不直接出兵援助,也因害怕丢掉中央苏区而拒绝采纳毛泽东外线出击的主张,从而使第十九路军处于孤立无援的境地。不仅如此,博古等人在坐视第十九路军被蒋介石消灭的同时,还想趁机从第十九路军中争取点部队到红军来。

12月下旬的一天,博古找到张云逸说:"十九路军要求我方出兵配合作战,并派一个军事代表去。因为你是广东人,大革命时与十九路军有些关系,中央决定派你立即去福州担任军事代表。"他还特别强调:你"此行的目的是设法争取点队伍过来"①。可是,关于如何利用这个有利时机推动革命形势发展,如何出兵配合作战,支持第十九路军反蒋抗日,博古却只字未提。

张云逸思量再三,觉得此去工作甚是为难。因为福建人民政府要的是红军出兵援助,而作为军事代表,就要决定问题。可是在中共临时中央已决定不出兵援助的方针下,张云逸又怎能决定问题呢?于是,张云逸建议此去不叫军事代表,只以军事联络员的名义进行工作,有什么问题再请示中央,这样可以取得转圜的余地。博古同意了他的建议。

之后,张云逸带了一个机要员和密码本,于1934年1月上旬来到福州,与早已来到这里的中共代表潘汉年、黄火青等会合。这时,福建人民政府已处于失败的前夜。

福建人民政府主席李济深见到张云逸开口就问:"你们部队究竟什么时候出动?"

张云逸只能应付地答道:"三军团已经出动了,现在到了哪里,还不知道,我可以打电报去问。但是,还希望你们能把前方的情况随时通知我。"

李济深盼星星,盼月亮,盼来的却是张云逸这样一句话,于是脸色阴暗下来,好半天,才压低声音说:"我们的司徒飞旅②被消灭了;廷锴不久就要从前方回来了。"听了李的话,张云逸心中也非常着急。他真的希望中共中央能够改弦更张,在第十九路军最需要帮助的时候,能以红军主力猛击蒋军的侧背,使这股反蒋势力不致迅速被扼杀。然而,就在蒋介石对第十九路军发动大规模进攻,福建人民政府派第十九路军参谋长尹时中到中央苏区求援时,博古等仍主张让第十九路军单独去同蒋介石的部队作战,而命令红军西进永丰地区,继续攻打国民党军的堡垒阵地。这样,蒋介石便毫无顾忌地集中力量进攻第十九路军。

在蒋介石的军事打击和政治收买之下,十九路军难于支撑蒋介石军队的压迫,福建政府的上层人物开始动摇,十九路军领导人也由于战争的不断失利丧失了锐气,忙于部署撤退。张云逸鼓励他们说:"红军即使不能赶到,只要保持住有生力量,事情还大有可为。第一步,可以退泉州,第二步,可以退漳州,最后,我们背后还有这么大的根据地,不管他有多大兵力,也奈何我们不得!"③但他们已无

---

① 军事科学院《张云逸军事文选》编辑组主编:《张云逸军事文选》,军事科学出版社2007年版,第912页。
② 司徒飞旅,指国民党军第十九路军补充师第二旅,旅长司徒飞,福建事变后改为第十九路军第六师。
③ 军事科学院《张云逸军事文选》编辑组主编:《张云逸军事文选》,军事科学出版社2007年版,第913页。

心再图进取,部队跑的跑,降的降,形势急转直下。1934年1月13日,福建人民政府停止办公,陈铭枢、蔡廷锴、李济深等逃到香港,诞生不足两个月的福建人民政府就这样被蒋介石迅速摧毁了。随十九路军主力南撤的张云逸,曾试图阻止十九路军部分将领的叛变行为,也希望能够争取一些部队去苏区,均未成功。随后他在云应霖、丁荣光的帮助下,乘小艇经厦门、广东返回苏区。① 之后,蒋介石再调兵西移,集中力量"围剿"中央红军,使中央苏区第五次反"围剿"陷入绝境。

多年后,张云逸在总结中国共产党对福建事变的做法的经验教训时说:"我来到福州仅一个星期,便亲眼看到这个反蒋政权的灭亡,不胜惋惜,这并不是因为十九路军是革命的军队,相反的,他们不过是国民党内部的一个派别。他们之所以反蒋抗日,无非是为了避免在反共内战中损失自己的力量。他们软弱动摇,空喊民主口号,不知道发动和组织人民群众与广大士兵,其失败早在意料中。但是,假如我们利用这个大好形势,积极帮助并领导他们,使这个从敌人内部分化出来的反蒋抗日力量,得以生存发展,这样不但是粉碎蒋介石对我中央苏区第五次'围剿'的重要关键之一,整个中国革命的形势也会更快地发生变化,抗日高潮会来得更早。可是由于'左'倾错误的领导,竟把这个有利时机错过。""所以说,'左'倾错误对福建事变的政策,无论从政治上、军事上来说,都是一个重大的错误。"②

张云逸还把党如何处理福建事变和西安事变进行了对比和分析,他说:西安事变后,"我曾经跟随周恩来同志去西安,参与了我党代表团的工作。同样是敌人内部分化出来的抗日势力发动的政变,同样遭到反动的亲日派的武力威胁,也同样产生过动摇。可是事情一落到毛泽东同志手里,处理则完全不同。一方面,为了停止反共内战,迫蒋抗日,说服张、杨(指张学良、杨虎城)释放蒋介石,粉碎了亲日派企图扩大内战,以利日寇进攻的阴谋,促成了国内和平的实现;另一方面,坚决支持张、杨的抗日要求,当亲日派何应钦廿万大军兵临潼关威逼西安,张、杨表现动摇的时候,毛泽东同志立即调红军主力开赴蓝田、商南一线,壮其胆而振其气,克服了张、杨的动摇。谈判结果,为了防止亲日派制造磨擦,破坏统一战线,又立即命令部队以一夜一百四十里的速度撤离了前线。一进、一退,高度表现了原则的坚定性和策略的灵活性。正由于毛泽东同志的英明领导,正确处理了西安事变,在上述两个方面,防止了'左'倾盲动和右倾的错误,终于推动了抗日高潮的到来,展开了轰轰烈烈的全民抗战的伟大局面。"③

五、参加第五次反"围剿"

1934年1月,中共六届五中全会组成新的中共中央委员会,博古任总书记,

---

① 参见吴明刚:《福建事变始末》,湖北人民出版社2006年版,第331页。
② 军事科学院《张云逸军事文选》编辑组主编:《张云逸军事文选》,军事科学出版社2007年版,第913—914页。
③ 军事科学院《张云逸军事文选》编辑组主编:《张云逸军事文选》,军事科学出版社2007年版,第914页。

中共临时中央随即结束。

同月，在第五次反"围剿"陷入被动的情况下，为了统一前后方对中央红军的指挥，中国工农红军总司令部兼红一方面军总司令部从前方回到瑞金，并入中革军委总司令部。朱德仍任中革军委主席，周恩来、王稼祥任副主席，刘伯承任总参谋长，叶剑英、张云逸任副总参谋长，张云逸兼任军委一局局长。这时，军委一局驻瑞金县沙洲坝乌石垅村。

中革军委虽经组织调整，但军事指挥权依然掌握在博古、李德等少数人之手。

国民党军镇压了第十九路军之后，从1934年1月25日开始，重新组织对中央苏区的进攻。在敌人的猛烈进攻下，博古、李德等人完全不顾敌强我弱、敌众我寡的客观情况，全盘否定红军以往的正确的战略战术，实行防御中的保守主义，要求中央红军在重要城镇、交通要道等地构筑碉堡，以阵地防御结合"短促突击"顶住敌人的进攻，从而形成了以主力对主力、以碉堡对碉堡、以阵地对阵地的消耗战。在消极防御方针的指导下，红军指战员虽然英勇奋战，也不能阻止国民党军的进攻。4月10日，北线国民党军集中11个多师的兵力，进攻中央苏区的北大门——广昌。博古、李德则集中红军主力9个师，在"武装保卫赤色广昌，不让敌人侵占苏区寸土"的口号下，展开广昌保卫战。结果，至28日，红军以伤亡5093人的代价歼敌2626人，被迫撤离广昌。

在参谋军机的日子里，张云逸无法改变博古、李德确定的作战计划和方针，他所能做的只是协助总参谋长刘伯承，把作战计划制订得尽可能完善，以便使部队尽可能减少损失。从2月14日到3月9日的25天时间里，军委一局就完成中央红军作战情况标图47幅。[①]3月，根据中革军委的命令，张云逸率一局起草了《关于执行命令的训令》。训令指出："1. 各级指挥员对上级指挥员的命令如某些没有了解时，应由参谋长负责将上下全文向首长详细解释，并由政治委员最后决定。如再有怀疑，必须向上级补充解释，决不能用这种疑问作为不遂行或迟行任务的理由。2. 在命令内有疑问的地方与原来任务相反时，应立即将全文详细研究，或请示上级。3. 在命令中有些发生怀疑而又没有时间请示时，应在上级指挥员企图下和当前实际情况来机动处置，但须取得政治委员同意下执行。4. 上级对下级发命令时，为要使部属切实了解，可加派参谋人员口述和解释，但必须令口述参谋复诵一次，受令者亦同样复诵一次。5. 发命令最好附图标志，就口传命令亦同样附图标志。6. 团以下要尽量用口传命令，但必须用要图标志；任口传命令者要复诵，口传完毕亦要受命令者同样复诵一次，或笔记手部中。7. 用电话传达命令，要用密码或在重要的地方用密码，特别是在白区更须注意，传达后须要受命令者笔记并复诵一次。8. 受命令者接到命令后，须由参谋长负责将执行命令情形报告上级参谋长；如没有报告，上级参谋长应即向其追问和检查。"这个训令于3月24日以中革军委主席朱德，副主席周恩来、王稼祥的名义向部队下发，尽管受当时

[①] 总参谋部作战部编：《中国人民解放军总参谋部作战部部史》第1册，解放军出版社1992年版，第40页。

"政委有最后决定权"制度的影响，但不失为红军执行命令制度的蓝本。

广昌战役期间，根据中革军委的命令，张云逸派作战参谋深入前线，检查各部队的工事、粮食和弹药等情况，拟制了各部队的人员和武器的补充计划。广昌战役后，鉴于国民党军多路纵队向中央苏区进逼，为及时掌握敌人的一切行动，张云逸率军委一局草拟了《关于侦察工作的指示》，提出了要广泛动员群众报告消息，捕捉敌探，破坏敌军通信联络，健全侦察队组织，建立边区各区工作委员会和侦察网，注意建立白区侦察网，建立递步哨组织等，并详细介绍了布置侦察网的方法。这个指示由中革军委于5月21日向各军区下达。

尽管张云逸等尽职尽责，但作战计划上的完善无法弥补也不能挽回战略指导上的错误。

在第五次反"围剿"的日子里，张云逸领教了李德主观臆断、简单粗暴的瞎指挥。5月，李德要到会昌前线视察，博古指定由总参谋长刘伯承陪同。但刘伯承对李德甚至连迫击炮的位置都要标在地图等高线上的指挥方法非常反感，遂以脑贫血为由拒绝陪同。张云逸只好硬着头皮，陪着李德走了一趟。下车伊始，李德就按照作战地图到处指手画脚，遇事暴跳如雷，独断专行，完全按照苏联伏龙芝军事学院教科书上的阵地战战法指挥红军作战。这次出行，张云逸加深了对李德错误军事指挥的认识，也更懂得了毛泽东积极防御战略战术的正确。

事实上，广昌保卫战后，中央苏区的第五次反"围剿"作战已陷入困境。国民党军占领广昌、建宁后，6月，蒋介石开始部署向中央苏区的中心地区的全面"围剿"，形势日趋恶化。

六、在大庾岭坚持斗争

中央苏区第五次反"围剿"作战接连失利，中央苏区的形势愈来愈严峻，博古、李德等人开始考虑中央红军的战略转移问题。中共中央、中革军委根据共产国际6月25日指示，于7月间作出一些重要决定：一是红七军团组成抗日先遣队，北上闽浙赣皖边地区，开展民主运动，创造游击区域，建立苏维埃根据地，以调动国民党军兵力，减轻中央苏区的压力；一是决定红六军团离开湘赣苏区，转移到湖南中部，开展广泛的游击战争及创立新的苏区，给湖南国民党军以致命威胁，迫使它在战场及战略上进行重新部署，打破湖南国民党军对湘赣苏区的压迫，联络红二军团（红三军），支持中央苏区的作战。要求中共湘赣省委书记任弼时为中央代表随军行动；同时要求"留在现苏区的应为省委、省苏、军区及各分区、地方党政组织、地方的独立团（营）游击队，担任继续发展游击战争、捍卫苏区"。作为中共中央战略考虑和红六军团转战计划的一个组成部分，张云逸被派往湘赣担任湘赣省军区司令员，以便能够在红六军团主力撤离湘赣苏区后，湘赣苏区仍然能够作为中央苏区的一个重要战略支点保存下来并发挥重要作用。

根据中共中央指示，张云逸带着医生欧阳山、警卫员、机要人员和一部无线电台，从瑞金南下到达会昌，会合由红二十二师提供的一个多步兵连，共同组成三百余人的西征支队。所谓西征支队，其实就是护送张云逸到湘赣的部队。

从中央苏区到湘赣苏区，路途远，敌情复杂，要穿过国民党湘军和粤军部署的几道封锁线。7月下旬，为避开国民党军的强势拦阻，张云逸率西征支队夜渡桃江（即信丰河），沿着南岭山脉迂回前行，准备通过大庾（今大余），北行经崇义、上犹等地进入遂川、泰和、万安交界处湘赣苏区内。但当西征支队行至大庾附近的一个山谷中休息时，突然遭到数倍于己的粤军的包围袭击。张云逸指挥部队与敌激战四个多小时，才突出重围，进入赣粤交界地区的大庾岭。由于紧张战斗和连续急行军，张云逸患了重感冒并发大叶性肺炎，高烧40多度，时常昏迷，病情严重。张云逸不得不留在大庾岭养病，暂时搁下前往湘赣的任务。同时留下的有伤病员和张云逸身边的警卫员、挑夫和随队医生欧阳山共23人，4条短枪。此时，由于电台在突围中损失，张云逸部与中共中央失去联络。

此时，中共中央、中革军委与中共湘赣省委、湘赣省军区均不知道张云逸在大庾岭病重的情况，中共湘赣省委还在等待着张云逸的到来。7月30日，中共湘赣省委书记任弼时、红六军团政治委员王震致电中革军委，汇报红六军团的状况，并在干部调配问题上，对省军区"各团所缺之团长及政委，须待云逸到后以红校学生补充，军区政治部主任以贺友仁继任"。7月31日，任弼时和王震在关于六军团状况的报告（续前）中，谈到中共湘赣省委常委的调整："现省委常委决以洪时（陈洪时）、旷光明（原宣传部部长）、谭余保（省苏）、姚原德（工会）、旷逸爱（原妇委）、王用济、张云一（张云逸）组成。准备八月半召省扩大会，讨论国际十三次扩大会决议及目前工作，并补选省委委员。"8月9日，新任中共湘赣省委书记陈洪时（后叛变）致电党中央并转军委朱德、周恩来，汇报红六军团走后情况，并询问："云逸同志是否还会来湘赣工作？决定留在军区之彭辉明尚在北路，因交通不便，一时不易过来，军区首长如何公布，请即电示。"朱德、周恩来等中革军委领导人对张云逸的安全十分关注，于8月14日24时致电陈洪时，询问："张云逸现有无消息？望告。"

此时的张云逸仍在病重当中。由于没有与中共地方组织及游击队取得联系，部队少盐缺粮，生活极端艰苦。为战胜病魔，早日康复，重返工作岗位，张云逸在欧阳山医生和同志们的关心帮助下，用土方，吃草药。经过一段时间的治疗，张云逸的病情终于开始好转。病情稍稍稳定的张云逸就和大家一起采蘑菇，挖野菜，用清水煮着吃。过了一段时间，中共南雄地方组织得知张云逸等在南雄北山养病，就派游击队带着菜米油盐上山，生活有了着落，更重要的，是与中央恢复了联系。随后，中革军委任命彭辉明任湘赣省军区司令员，领导湘赣地区的武装斗争。

在大庾岭养病期间，张云逸指导了南雄地区的游击战争。

南雄游击队曾是粤赣军区的一支地方武装。国民党粤军占领南雄地区后，南雄游击队在党的领导下，兵分三路进行游击战争：一支去江西省崇义县的聂都①地区，一支去江西的龙南、全南、定南地区，一支留原地活动。此时，张云逸一行主要随聂都游击队行动。

为了发展聂都地区的游击战争，张云逸带病坚持工作，听取游击队的工作汇报并作出指示。根据过去游击队的工作特别是群众工作只限于偏僻地区的情况，张云逸"将党最近的策略与任务详细告诉他们，并提议加紧向比较大的市镇去发动群众，特别是坚决消灭自己力量所能消灭的地主武装，来武装自己，同时要加紧部队的政治教育，以提高队员的政治与文化水平，使每个队员，都成为共产党政策的宣传者、组织者与执行者"②。

按照张云逸的部署，聂都游击队夜行120里，袭击了南雄县百顺镇，全歼了守敌，缴枪数十支，活捉了许多土豪和国民党军的一个"禁烟局"局长，并将没收土豪的东西分给群众，将"禁烟局"出卖的鸦片当着众人烧毁。随即召开群众大会，宣传中国共产党工农民主政府的主张与游击队的任务，并号召群众起来参加革命。接着，聂都游击队又冒雨夜袭赣南游仙圩③，仅用了几十发子弹，未伤一人，就俘虏了国民党军官兵100多人，缴枪90多支，机关枪2挺，银元数千元。

百顺、游仙圩两次战斗，不仅扩大了红军的影响，也坚定了聂都游击队的信心。于是，游击战争在赣粤边轰轰烈烈地开展起来。

为了把游击战争推向更大规模，张云逸非常重视游击队员军政素质的全面提高。他强调要每天进行军政教育和文化运动，要经常召开党的会议，召开政治军事讨论会，实行财务公开，官兵平等。由于游击战争离不开群众的支持，张云逸把游击队的群众工作方法，归纳为三点："1.它（游击队）坚决执行党的阶级路线与群众路线，在群众中建立起了很好的威信。2.没收土豪的东西，分给贫苦群众，能严格遵守群众纪律，对工农群众东西，不许侵犯一针一线。3.对群众的态度和蔼，一切行动，都以群众的利益为自己利益，因为这样，群众与游击队好像亲兄弟一样！"④在张云逸的指导下，聂都游击队在很短的时间里就发展壮大起来，人员素质和武器装备都有很大提高，成为大庾、南雄地区对敌斗争的一支劲旅。

随着游击战争的开展，聂都游击队还建立起自己的临时后方——军事根据地。这里背靠悬崖，前面"一夫当关，万人莫敌"，是收养伤病员与储藏军械、粮食之地，也是游击队休息的地方。张云逸回忆道：这个地方"是建立在高山顶一块平地上，长宽各约五六十米达，旁边有一条山谷，四季都有川流不息的清水，夜后静听水流的音响，好像坐在海边的楼阁中，神志清爽极了，谁都不觉得是处在一

---

① 聂都镇，今聂都乡，位于江西省崇义县西南部。
② 军事科学院《张云逸军事文选》编辑组主编：《张云逸军事文选》，军事科学出版社2007年版，第33页。
③ 游仙圩，位于江西省大余县中南部。
④ 军事科学院《张云逸军事文选》编辑组主编：《张云逸军事文选》，军事科学出版社2007年版，第39页。

个偏僻的军事根据地呢"①。

在大庾岭打游击期间,张云逸一面鼓励游击队员要坚定革命胜利的信念,一面设想在艰苦的环境中如何继续坚持和发展对敌斗争。他对从瑞金和会昌带出来的人讲:"如果我们回不了部队(指中央红军——编者注),就和游击队联合组成粤北纵队,就地坚持武装斗争,开辟新的革命根据地。"②

10月10日,中央红军开始长征。11月初,张云逸奉命率小分队22人,在聂都游击队的掩护下,突破国民党军包围,与进抵大庾岭的红三军团第四师会合。至此,在大庾岭度过艰苦而难忘的130多个日日夜夜之后,张云逸随中央红军踏上了战略转移的征程。

---

① 军事科学院《张云逸军事文选》编辑组主编:《张云逸军事文选》,军事科学出版社2007年版,第37页。
② 欧阳山:《难忘的日日夜夜——记张云逸同志在南雄北山》,《羊城晚报》1982年7月31日。

第七章　在长征路上

一、军委纵队先遣队司令员

张云逸赶上长征的队伍后，被分配到红八军团帮助工作。

红八军团成立于长征前夕。1934年9月21日，中革军委决定以红二十一师4300余人和红二十三师组成红八军团。长征开始时，红八军团军团长周昆，政治委员黄甦，中央代表刘少奇，参谋长唐濬（后毕占云），政治部主任罗荣桓。下辖第二十一、第二十三师。

张云逸到达红八军团后，协助周昆、黄甦指挥部队，完成中革军委赋予的作战任务。

然而，在博古、李德的指挥下，长征初期中央红军采取了甬道式的开进队形：红一、红九军团在左，红三、红八军团在右，中央机关及直属部队编成的两个军委纵队居中，红五军团殿后。这就使红军主力变成了中央机关的掩护队，而军委纵队的前进速度又决定着整个红军的前进速度。由于中央机关带上了笨重的机器和"坛坛罐罐"，有上千名挑夫组成的运输队伍，一天只走几十里，致使红军主力的机动能力和战斗力严重削弱，并使各作战部队在通过敌人第三道封锁线后，均有不同程度的伤亡。

为了弥补前卫部队红一、红三军团和后卫部队红五军团的伤亡，11月17日，中革军委下达改编命令，决定将红八、红九军团由各辖两个师改为各辖一个师。其中，以红八军团第二十一师补充红三、红五军团，干部的分配由中央代表刘少奇等负责。根据中革军委的决定，张云逸协助红八军团完成改编，将红二十一师的人员和武器交归红三、红五军团。这样，红八军团只剩下红二十三师几千人。

红军通过敌人的第三道封锁线时，蒋介石判明了红军西进的战略企图，遂调整部署，企图歼灭红军于湘江以东地区。11月25日17时，中革军委下达了抢渡湘江，通过敌人第四道封锁线的命令，并将中央红军编成四个纵队，以第八、第九军团编成第四纵队，"经永明（如不能占领永明，则从北绕过之）、三峰山向灌阳、兴安县道前进"，担任南线翼侧掩护和配合任务。

从 27 日开始,红一军团主力从广西全州、兴安之间渡过湘江,随即控制渡河点,掩护后续部队渡河。这时,国民党湘军等向全州前进,国民党桂军主力由龙虎关、恭城一带向兴安、灌阳以北进击。此时,红八、红九军团还在湖南境内的永明(今江永)、江华地区。为不使红八、红九军团被敌人截断,朱德于 27 日 15 时 30 分发出命令,要红八军团不惜任何牺牲夺取永明县境内湘桂边界的都庞岭的鞍部三峰山进入灌阳。据此,张云逸协助指挥红八军团日夜兼程,向西赶进,但由于前进路上敌情紧急,耽误了行动时间。29 日晚,红八军团随红九军团到达广西灌阳县的水车地区。

这时,何键和白崇禧的部队已经到达全州和兴安,正沿湘江两岸进攻,企图夺回渡河点并截击尚未渡河的红军。中革军委命令红一、红三军团主力在湘江两岸顽强阻击国民党军,掩护军委第一、第二纵队和红五、红八、红九军团渡河。

30 日,张云逸随红八军团西渡灌江。红八军团奉命经下陂、钟家铺、古岭头向湘江挺进,与其他部队一起,掩护军委第一、第二纵队渡过了湘江。当红八军团进到古岭头地域时,与前来堵截的国民党桂军发生激战,到 12 月 1 日,红八军团后尾被桂军打散。在与中革军委一度失去联络的情况下,张云逸协助周昆、黄甦指挥红八军团主力奋力突围,最后在红五军团的掩护下渡过了湘江。此后,国民党军封锁了湘江渡口,担任掩护任务的红五军团第三十四师和红三军团第十八团,被阻于湘江以东,大部壮烈牺牲。

湘江一战,红八军团仅剩 1000 多人,整个中央红军也由出发时的 8.6 万余人锐减至 3 万余人。

渡过湘江后,为实现与湘西红二、红六军团会合的目标,红军经广西龙胜向湖南通道进军。

这时,张云逸已离开红八军团,任中革军委副总参谋长兼军委纵队先遣队司令员,担负为军委纵队侦察敌情、寻找向导、征集资材、勘察道路等任务。

当时,军委纵队由刘伯承(后李湘舲、邓发)任司令员,陈云(后蔡树藩)任政治委员,叶剑英任副司令员,钟伟剑任参谋长,李富春任政治部主任,下辖三个梯队和干部团。第一梯队由中共中央机关、中革军委各局、总政治部、国家政治保卫局、政治保卫团、工兵营、炮兵营、警卫营等部组成,司令员兼政治委员邓发(后蔡树藩任政治委员);第二梯队由总卫生部和医院组成,司令员兼政治委员何长工;第三梯队由总供给部和通信队等部组成,司令员兼政治委员罗迈(李维汉);干部团团长陈赓、政治委员宋任穷。

12 月 11 日,红一军团第二师占领通道县城(今县溪镇)。蒋介石为堵截中央红军与红二、红六军团会合,调集重兵向绥宁、洪江、靖县等地集中。为此,中共中央一面开会研究红军的行动方向问题,一面命令红一、红三军团等部侦察入黔的道路。

张云逸奉命率军委先遣队到达通道附近的下金店,调查入黔的道路情况。12 日,他将调查的情况写信报告给朱德和周恩来:

1. 我们十七时到下金店，这里群众完全逃跑了，只出一个老头子来问这路线。2. 红章（中革军委第二纵队代号）黄昏只到了上金店，我已取得联络，并告诉他向军委取联络。3. 南昌部队（红一军团代号）今早已出发，据群众说向庐溪方面去。4. 我们明十三日拟经庐溪向播扬所方面侦察西向的道路，适当否，请示。5. 第一纵队明十三日应直向庐溪，不要经金店，较近。6. 向导派四队人去山上找，尚未得到报告。这里有三个贵州人……已找到，询他，均说不懂得路，现正在监视和宣传中。①

在这封信中，张云逸还附了一份路线图。

当天，中共中央在通道召开紧急会议，讨论红军的行动方向问题。毛泽东力主红军西进，向敌人兵力薄弱的贵州前进，但李德坚持北上湘西与红二、红六军团会合的原定计划，会议陷入争论中。此时二局将破译的国民党军调兵遣将的电报报上来，证实敌已在红军北上湘西的路上布下口袋。毛泽东的意见得到与会多数人的支持。但由于博古、李德固执己见，通道会议没有达成实行战略转兵的一致意见，而决定绕道贵州与红二、红六军团会合。红军占领黎平后，湘西的国民党军重兵开始向黔东北集结，以继续阻止中央红军与红二、红六军团会合。为此，中共中央政治局于12月18日在黎平召开会议，接受了毛泽东的意见，决定放弃与红二、红六军团会合的原定计划，北上川黔边建立新苏区。1935年1月1日，中共中央政治局又在瓮安县的猴场（今草塘镇）召开会议，重申黎平会议的决议，决定北渡乌江，占领遵义，建立以遵义为中心的川黔边苏区。

根据猴场会议的决定，红军从瓮安及其附近地区向乌江边开进。

乌江是贵州的最大河流，江面宽200多米，水深流急，两岸悬崖峭壁，难以攀登，素有"乌江天险"之称。在乌江的对岸有王家烈的黔军教导师一部凭险防守。从回龙场到茶店的乌江对岸有敌三个团，企图阻止红军北渡。这时，尾追红军的国民党军薛岳部吴奇伟纵队四个师已到达施秉，周浑元纵队四个师由施洞口向新老黄平前进，距离红军只有几天的路程。红军能否突破乌江天险，摆脱薛岳部的追击，即成为创建川黔边新苏区计划成败的关键。

为此，中革军委命令红一军团在瓮安县的江界河及余庆县的回龙场，红三军团在开阳县的茶山关一带实施渡河。

占领江界河渡口并负责架桥的是红一军团第二师。该师的具体任务是：侦察对岸敌情；如对岸无敌，即派一个团到乌江北岸占领阵地，向珠场（今珠藏）侦察、警戒；和工兵一起进行架桥，以便第二师主力及军委纵队、红五军团由此过江。

筹划北渡乌江的工作从12月31日开始。晚21时，中革军委主席朱德致电红一军团第二师师长陈光、政治委员刘亚楼："已令军委先遣队张云逸同志率工兵两连并架桥材料协同你们架桥。"22时，朱德发出《关于红军二师、工兵营等部队在

---

① 张云逸关于金店情况致朱德、周恩来信，1934年12月12日。

江界河架桥受张云逸指挥问题致张云逸电》。该电指出：

> 一、野战司令部于本日十五时到猴场宿营，决明一日现地休息一天。二、已令第二师于明日进至江界河渡河点附近，如对岸无敌，即先遣一团渡河，向珠场侦察警戒，掩护工兵架桥。三、先遣队明日应随二师进至江界河附近，协同该师架桥（须多收集架桥材料），并侦察对河敌情及通珠场、遵义道路、人家、里程，附带在该地域征集资材。四、已令工兵营派土工连，由营长率领，并携带在猴场所搜集之绳索、铁丝，于明一号晨前往江界河协助架桥，并直受你指挥。五、执行情形望随时电告。

据此，张云逸率军委工兵营连夜向江界河渡口赶进。

1935年1月1日，陈光率第四团到达江界河，团长耿飚、政治委员杨成武进行火力侦察后发现，渡口大道是敌人的防御重点，渡口上游500米处有一羊肠小道与大道相通。因此，陈光与耿飚、杨成武研究决定，佯攻渡口大道，主攻渡口上游的小道。但强渡没有成功。当晚，部队组织18名勇士乘3只竹筏偷渡，只有第三连连长毛振华等5人划到对岸，其余两只竹筏被激流卷了回来。当时，陈光等不知毛振华等5人已经到达对岸，还以为他们被激流冲走了。

2日拂晓，张云逸率军委工兵营来到江界河渡口。他听取了陈光、耿飚和杨成武的汇报后指出："追击我们的薛岳部两个纵队已经离我们很近了，军委催促我们迅速完成架桥任务。如果我们过不了江，势必要背水一战，情况将更加危急。"他认为佯攻渡口大道、主攻渡口上游小路的作战方案没有错，问题是强渡的规模太小，应加大强渡的规模和力度。在张云逸的领导下，红四团紧急动员，在工兵营的帮助下，绑扎了六十多个竹筏。

当日9时许，在毛振华等五名勇士的接应下，部队一举强渡成功。随后，张云逸率工兵营官兵群策群力，不分昼夜地投入了紧张的架桥工作。

浮桥是这样搭成的：先用三层叠起的竹排做桥脚，每对桥脚中间铺上两根枕木，枕木上用三四个桥桁连接起来，桥桁上再铺上门板，门板上又系以横木，组成一节一节的门桥。整个浮桥由一百多副门桥组成。工兵营还用大篓子装满石块，中间交叉三根两头削尖的长木棍作为锚爪，锚的顶端系一根粗锚钢，制成石锚，以解决浮桥的固定问题。

3日，张云逸领导工兵营官兵，用竹筏和门板架成了横跨乌江的浮桥。张云逸陪着总参谋长刘伯承验收了浮桥。刘伯承走到浮桥上，这踩踩，那晃晃，然后赞不绝口地说："工兵同志做了许多工作，不怕辛苦，不怕牺牲，在没有器材的情况下完成了艰巨的任务，保证了部队顺利渡江，你们为部队渡江立了大功。"随后，红一军团第二师主力、军委纵队和红五军团在此通过乌江。毛泽东走在浮桥上，称赞说："真了不起，我们工兵就地取材，用竹排架成这样的桥，世界上都没有。"

与此同时，红一军团主力和红九军团在回龙场，红三军团在茶山关也顺利渡过了乌江。薛岳的八个师被甩在乌江以南。

强渡乌江,是遵义会议前党根据毛泽东的主张实行军事战略转变的重要一环。多年后,张云逸回忆至此,说:"什么是大事?部队过乌江时,毛泽东指示去架桥,架桥便是大事。"张云逸以军事家的眼光,把架桥这个战术任务提到了战略的层面和政治的高度来重视,抓住了问题的关键。

渡过乌江后,红一军团第二师于1935年1月7日凌晨攻占遵义。之后张云逸率军委先遣队进入遵义城。进城不久,他接受了新的任务。

10日,朱德致电张云逸、陈光、刘亚楼等,要张云逸"率政卫团之一个连及先遣队全体人员于明(十一)六时三十分由遵义城出发,经四渡站、娄山关,向桐梓前进,当晚可在距桐城三十里处择地宿营",主要任务是:"1. 进行侦察:A. 敌情——侦察桐城以北之松坎、綦江东北之正安、南川以西之赤水,尤须注意侦察退往赤水之侯敌之担①情形及溃退方向,盘踞綦江之穆、廖两旅②行动及其最近企图、部队状况、战斗力强弱等。B. 道路——桐梓周围之松坎、綦江、正安、赤水、仁怀、绥阳、遵义各大小道路、里程、人家、地形、政治经济情况,尤其特别侦察松坎之地形及通川道路,赤水方面同须注意。以上对敌情、道路侦察所得,须详细制成地形略图并路线图,适时报告军委,其重要者可随时以书面或无线电报告。2. 征集资材:A. 先遣队特别注意桐梓境内贵州军阀如王、毛、侯③等家产之调查与没收。B. 对城市大土豪须采取各种办法,有计划有秩序处理之,第二师则担任一般的征集资材。C. 购买布匹、洋油、通讯材料、药品等,对地形图、报纸,及有关军事之图书表册,亦须注意搜索之。D. 为进行以上工作,先遣队对总供给部特派员杨至诚同志,应指导其工作。"同时还要求先遣队和二师保卫人员协同进行肃清城市反动派的任务,并要求和第二师司令部、政治部保持密切联络,要经常用无线电向军委汇报情况。④

这时,陈光、刘亚楼已率红一军团第二师向娄山关、桐梓地区前进。张云逸接受任务后,率部从遵义出发,沿第二师前进的道路北进,并在沿途开展工作。

在遵义城北,张云逸找到瓦厂青年工人黄忠诚了解情况,并请他当向导。之后,张云逸骑着马,与黄一边走一边聊,到了站上。在相互交谈的过程中,黄忠诚知道了红军是为穷人打天下的队伍,遂在张云逸的鼓励下参加了红军。

12日,张云逸率部经板桥、娄山关进入桐梓城。随后,他将侦察的桐梓附近的地形、道路,绘制成地图,派人报送中革军委;按照政策征收了贵州军阀和土豪劣绅的资财,购买了红军急品、布匹、洋油、通讯器材等物品;搜集了一批报纸和有关贵州特别是黔北地区兵要地志等军事书籍。在此基础上,他还率部书写标语、散发传单,召开群众大会,宣传红军的政策,将没收土豪劣绅的部分财产

---

① 侯之担,时任第二十五军(黔军)独立第一师(教导师)师长。
② 指穆肃中、廖泽,时分任川军边防第二路司令、川军模范师第三旅旅长。
③ 指贵州桐梓系的地方军阀王家烈、毛光翔、侯之担。
④ 朱德关于先遣队到达桐梓后的任务致张云逸、陈光、刘亚楼转刘伯承、陈云电,1935年1月10日。

分给群众，号召青年踊跃参加红军。

1935年1月15日至17日，中共中央政治局扩大会议在遵义举行。会议全面地总结了第五次反"围剿"以来红军失败的经验教训，取消博古、李德的最高指挥权，补选毛泽东为中共中央政治局常委。会后，中共中央又决定以毛泽东、周恩来、王稼祥组成三人军事小组，全权指挥军事。遵义会议，集中全力解决了当时最紧迫需要解决的军事问题和组织问题，结束了以王明为代表的"左"倾冒险主义在中共中央的统治，实际上确定了毛泽东在红军和中共中央的领导地位，成为中国革命一个生死攸关的转折点。

遵义会议后，由于彭雪枫调任红三军团第五师师长，军委一局局长由叶剑英兼任。之后，张云逸兼任一局局长，但其主要工作仍然是负责先遣队。

1月19日，根据中共中央在遵义会议上确定的放弃在川黔边建立根据地，而北渡长江，同红四方面军会合，在川西或川西北创建根据地的计划，中央红军由遵义南北地区北上。

这时，蒋介石调集薛岳的中央军以及黔军、川军、滇军、湘军等部共40万人向黔北集中，并以潘文华率10多个旅的川军组成"四川南岸剿匪军"，阻止红军进入川南，企图"围剿"红军于川黔地区。20日，中革军委下达《关于渡江的作战计划》，要求中央红军分三路从松坎、桐梓、遵义向赤水、土城地区前进，渡过赤水，从四川泸州、江安之线渡江。

据此，张云逸率军委先遣队随红一军团撤出桐梓，到达土城附近地区，为主力的到来打前站。1月25日21时，红一军团军团长林彪致电张云逸："张司令员：1. 我们及二师主力今晚宿营猿猴，一师已占领旺龙场及七里坎，其侦察连及二师之一部占领川丰坳。2. 明日拟续向赤水前进，请即转告赵尔陆同志率后方部，经猿猴过河，到达背兴照及背兴照与川丰坳之间宿营。"[①]林彪在这封电报中的主要意思是，请张云逸转告红一军团供给部（又称后方部）部长赵尔陆如何率部跟进。为此，张云逸作出妥善安排后，与军委纵队在土城附近地区会合。

1月28日，由于情况不明和轻敌等原因，红军在土城战斗中失利。次日，红军西渡赤水河（一渡赤水）。这时，军委纵队改称中央纵队，张云逸率领先遣队与中央纵队第二、第三梯队随红九军团行动，并为中央纵队开路。

部队进入川南后，中革军委根据各军团战斗人员减少的情况，于2月10日发布《关于各军团缩编的命令》，除干部团外，将全军编成16个团，红一军团缩编为2个师6个团，红三军团缩编为4个团，红五、红九军团各编为3个团，多余人员补充到战斗连队，干部降级使用。这就是著名的扎西（今云南省威信）整编。

红军一渡赤水后，鉴于各路敌军逼近川南，中共中央决定暂缓执行北渡长江的计划，在川滇黔边创造新苏区，并掉头东进，摆脱敌军，于2月18日开始东渡赤水（二渡赤水）。张云逸奉命率干部团第三营及工兵连附电台前进，在太平渡、

---

① 林彪关于红一军团第一师已占领旺龙场致张云逸电，1935年1月25日。

顺江渡之间侦察渡河点并架设浮桥。红军在太平渡、二郎滩东渡赤水后，奇袭娄山关，再占遵义城，歼敌2个师又8个团。

蒋介石见红军东渡赤水，遂指挥多路部队向遵义、鸭溪一带合围。红军跳出敌人的包围圈，从3月16日开始再次西渡赤水（三渡赤水）。张云逸于16日晨指挥各兵团后方从坛厂、桑树湾地区向茅台镇地区前进，之后与军委纵队会合，在茅台镇附近地区西渡赤水，重入川南。

蒋介石以为红军又要北渡长江，急忙调兵围堵。红军突然于3月21日晚又挥师东进，东渡赤水（四渡赤水）。张云逸率先遣队为中央纵队的开路先锋，由大村到达九溪口，东渡赤水。之后南渡乌江，西进云南，于5月上旬在皎平渡北渡金沙江，到达四川省会理东南的通安镇。

5月8日，中革军委决定由红三军团和干部团等部准备于9日袭占会理城，同时决定"军委后梯队随干部团前进，张局长（指张云逸）率前梯队一部及五军团后方仍留通安"。从此，张云逸的任务由先遣变成殿后。

从5月15日开始，红军沿西昌、冕宁北上。5月29日，红一军团第四团夺取泸定桥。之后，红军顺利通过大渡河。6月1日，中革军委决定由张云逸率干部团上干队"沿途负责搜查并收容各部队落伍人员"。从此，张云逸的任务由殿后变为收容。

二、领导收容队和筹粮工作

夺占泸定桥，红军暂时摆脱了严重的作战局面。然而，由于长期行军作战，特别是经过从安顺场到泸定桥160公里的急行军，各部队的非战斗减员开始增多。不少官兵因生病、身体不够强壮和营养不良等原因，跟不上部队的前进速度，开始掉队。这样，收容落伍人员，巩固部队，成为红军夺取泸定桥后的一个重要任务。

为此，从6月1日开始，朱德多次致电各军团，要求做好落伍人员的收容工作。6月2日，中革军委总政治部在《关于提高部队战斗情绪瓦解白军工作的指示》中指出：各军团"巩固部队首先是与疾病现象斗争，政治部应会同卫生机关在部队中进行群众的卫生运动，加强收容工作"。与此同时，中革军委还以张云逸率干部团的上干队组成收容队，收容军委纵队和各军团的落伍人员。

上干队即上级干部队，由高中级干部组成。中革军委决定由上干队组成收容队主要考虑他们职务高，经历丰富，做思想政治工作的能力强，做收容工作最合适。

之后，张云逸率上干队把掉队的官兵和拄着棍子赶来的伤病员收拢在一起，沿着军委纵队前进的道路，经荥经县的石坪（今泗坪）、小河子（今荥河）向城厢镇（今全县城）前进。

为做好收容工作，张云逸要求上干队的每一个人都要做好几个收容对象的思想工作，只要还有一线希望，都要鼓励他们坚定地走下去；要求医务人员想尽一切办法治疗伤病员，使他们尽快恢复体力；要求大家发扬阶级友爱，团结互助。

在他的领导下，尽管收容队的人越来越多，但大家同甘共苦，相濡以沫，互相鼓励、互相搀扶着前进。

当时，粮食是收容队面临的一大难题。由于收容队是跟在部队的后面走，前面部队筹粮后，收容队再筹粮就变得很困难。尽管如此，每到一地，张云逸就发动每一个能够行动的人员去筹粮。粮食筹集来了，他就叫收容队尽量减轻行李包裹，让医务人员背枪，让上干队人员扛粮，有时还雇挑夫帮助运粮。就这样，粮食问题基本得到解决，伤病员有时还能吃上猪牛肉。

随着伤病员的病情逐渐好转，收容队的前进步伐开始加快。开始，后面有李井泉率领的独立第四营掩护，到了宝兴以后，他们就走到了后卫红五军团的前头。6月15日，朱德致电彭德怀、杨尚昆等："第三军团进大硗碛地域，并令张云逸率收容队跟进。"16日，朱德致电董振堂、李卓然等："五军团及独立营继续扼守宝兴一天，准备十八号移盐井坪，彻底破坏来路隘口桥梁，并令云逸收容队明日移板桥。"

板桥位于夹金山的南麓。这时，红一军团早已与红四方面军会师，位于懋功（今小金）以北的八角等地；军委纵队和红三军团位于夹金山以北、懋功以东的达维地区；红五、红九军团均在夹金山以南的大硗碛一带。

在"翻过夹金山与红四方面军会师""创造川西北革命根据地"等口号的鼓舞下，张云逸率收容队带上棉衣、皮衣、辣椒、烧酒等御寒物品，于20日左右翻越了海拔4000多米、白雪皑皑、空气稀薄、天气变化无常的大雪山——夹金山，与军委纵队会合，完成了中革军委赋予的收容落伍人员的光荣任务。被收容的这些落伍人员，幸存下来的大多都成为中华人民共和国的栋梁和将军。

红一、红四方面军会师后，张云逸负责军委纵队的筹粮工作。7月中旬，军委纵队驻侧格地区，根据中革军委和红军总司令部、总政治部指示，张云逸率军委纵队所有人员（除值班人员外）参加割麦工作，不仅使每人平均至少存余15斤麦子，而且替医院筹集了粮食，以备在毛尔盖地区停留7天之用。

8月间，为执行《夏（河）洮（河）战役计划》，红一、红四方面军混合编成左路军和右路军。军委纵队跟随右路军行动。8月21日，右路军从毛儿盖地区出发，不久就开始穿越数百里的茫茫草地。

由于草地上荒无人烟，部队断粮，不少红军官兵因饥饿、疲劳和疾病，献出了自己宝贵的生命。一次，张云逸见到原红七军的云广英艰难地前进，就鼓励他说："我们要是不参加红七军，哪里能看到这些地方呢？干革命是不能怕艰苦的，坚强的革命意志是在艰苦的斗争中锻炼出来的，正如钢铁是在几千度高温的洪炉中炼出来一样。我们一定能完成北上抗日的使命，一定能战胜日本帝国主义及国民党反动派。我们的伟大理想是一定会实现的。"[①]

张云逸虽然以革命乐观主义的态度激励战友前进，但粮食的极度匮乏，使他

---

① 云广英：《参加红军前后》，载中共广西壮族自治区委员会党史研究委员会编：《广西革命斗争回忆录》第2辑，广西人民出版社1984年版，第44—45页。

身体虚弱，没过几天就染上了疾病。莫文骅得知这一情况，就将自己分到的四两腊肉全部拿出来，切成两半，分送给张云逸和周恩来。新中国成立后，张云逸对莫文骅说："你的那二两腊肉，比金子还珍贵啊，可真帮了大忙了。"经过六天六夜的艰难跋涉，部队终于走出了草地。

此后，由于张国焘分裂党、分裂红军，率红四方面军和红一方面军一部南下，中共中央于9月10日率红一、红三军团及军委纵队先行北上，9月18日经腊子口到达哈达铺。

在哈达铺，部队进行短暂休整，中共中央于9月22日正式宣布红一方面军主力改编为中国工农红军陕甘支队，彭德怀任司令员，毛泽东任政治委员，林彪任副司令员，叶剑英任参谋长，张云逸任副参谋长，王稼祥任政治部主任，杨尚昆任副主任。陕甘支队下辖三个纵队：原红一军团编为第一纵队，林彪兼司令员、聂荣臻任政治委员；原红三军团编为第二纵队，彭德怀兼司令员（10月由彭雪枫接任），李富春任政治委员；军委纵队编为第三纵队，叶剑英兼司令员，邓发任政治委员。全支队共7000余人。

陕甘支队于23日由哈达铺出发，27日到达通渭县的榜罗镇。在榜罗镇，中共中央从国民党的一份报纸上了解到，在陕甘地区尚有刘志丹等率领的红军和大片革命根据地，遂决定率陕甘支队向陕北前进。之后，张云逸随部队翻越六盘山，于1935年10月19日到达陕北吴起镇（今吴旗县城），结束了二万五千里长征。

第八章 在陕甘宁苏区

一、支援东征

张云逸随中共中央在吴起镇停驻了11天，1935年11月2日到达甘泉县下寺湾。

在下寺湾，中共中央于11月3日决定成立西北革命军事委员会，以毛泽东为主席，周恩来、彭德怀为副主席。同日，西北革命军事委员会发出命令，宣布恢复红一方面军的番号，以彭德怀为司令员，毛泽东为政治委员，下辖红一、红十五军团一万余人。11月8日，西北革命军事委员会发布命令，宣布西北革命军事委员会下设参谋部、政治部、动员武装部、兵站部和卫生部，叶剑英任参谋长，张云逸任副参谋长兼一局（作战局）局长。离开下寺湾后，毛泽东、周恩来、彭德怀率部队南下会合红十五军团，准备粉碎敌人对陕甘苏区的第三次"围剿"，张云逸则随中共中央机关北上陕甘苏区党政军领导机关的所在地——瓦窑堡。

陕甘苏区由陕甘和陕北两块革命根据地组成。刘志丹等领导建立了红二十六军和陕甘革命根据地，谢子长等领导建立了红二十七军和陕北革命根据地。1935年2月，两个根据地和部队实现了统一领导和指挥。红二十五军于1935年9月15日长征到达陕北永坪后，成立了由朱理治、聂洪钧、程子华三人组成的"中央代表团"，作为陕甘苏区的最高领导机关。17日，红二十五、红二十六、红二十七军合编组成红十五军团，徐海东任军团长，程子华任政治委员，刘志丹任副军团长兼参谋长，高岗任政治部主任。与此同时，还成立了中共陕甘晋省委，朱理治任书记，郭洪涛任副书记；改组"西北军委"，由聂洪钧任主席。然而，就在红十五军团粉碎敌人对陕甘苏区第三次"围剿"的关键时刻，在"左"倾错误思想的指导下，中共陕甘晋省委以省委政治保卫局局长戴季英在后方、聂洪钧在前方主持发动了错误的"肃反"，致使200多名党政军干部被杀害，原红二十六军和陕甘革命根据地的刘志丹、高岗、习仲勋、杨森、张秀山、刘景范、马文瑞等领导干部被逮捕，使陕甘苏区陷入严重危机。

这样，中共中央到达瓦窑堡后的首要任务，就是迅速解决陕北的错误"肃反",稳定陕北革命根据地日益恶化的形势。为此,中共中央于11月7日[1]到达瓦窑堡后,成立了以董必武为主任,以中共中央保卫局局长王首道、军委副参谋长张云逸、中共中央组织部部长李维汉、中共陕北省委[2]书记郭洪涛为委员的中共中央党务委员会(也称"五人委员会"或"五人小组"),专门负责审理陕北的肃反问题。7日下午,中央党务委员会首批释放了刘志丹、高岗、杨秀山、习仲勋、赵启民等18人。[3]之后,根据"五人委员会"的报告,中共西北中央局于11月26日作出《审查肃反工作的决定》,指出原中共陕甘晋省委个别领导人犯了小资产阶级的极左主义和疯狂病的严重错误,以致在某些地方党内与部队内造成了严重的恶果,客观上帮助了反革命派。11月30日,张闻天在瓦窑堡主持召开了党的活动分子会议,为刘志丹、高岗等人平反,同时宣布《审查肃反工作的决定》。同日,中央党务委员会作出《关于戴季英、聂洪钧二同志在陕甘区域肃反工作中所犯错误的决议》,分别给戴季英和聂洪钧以最后警告和严重警告处分。陕北肃反问题的基本解决,使陕甘苏区转危为安。

11月5日,西北革命军事委员会在下寺湾发布《西北军委后方工作计划》,决定在瓦窑堡成立军委后方办事处。之后,军委后方办事处以周恩来兼主任,聂洪钧兼副主任,张云逸兼参谋长,钟赤兵为政治部主任。后方办事处负责管理前后方的供给、粮食运输、后方医院、学校、兵站、地方武装动员及地方兵站等一切事宜,并受西北军委委托指挥某些军区及军分区工作。然而,后方办事处成立之初,机构、人员均不健全,难以发挥作用,保障前后方供给的任务主要靠地方。

当时,红一方面军最迫切需要解决的是吃饭和穿衣问题。11月的黄土高原,天气已很寒冷。刚刚结束长征的大多数红军指战员还穿着单衣、草鞋。为此,毛泽东、彭德怀、周恩来、杨立三于11月9日致电博古:"现在天气已很冷,做衣与运粮宜并重。"[4]据此,在中共中央的统一部署下,中共陕甘省委和陕北省委为部队紧急筹粮,同时发动群众做棉衣、棉鞋。之后,中共陕甘省委仅在中宜、鄜县(今富县)就筹粮40万斤,仅在肤施(今延安)和红泉(今延安南部和甘泉北部)两县60天内就发动群众做棉衣、布鞋、土布裤子各8000套、帽子800顶。中共陕北省委则筹粮970担,20天内赶制棉衣5000套、棉鞋5000双。张云逸率军委后方办事处指导和协助两省委把粮食、棉衣和棉鞋运往前方。

11月20日—24日,红一方面军取得直罗镇战役的胜利,为中共中央把中国

---

[1] 关于中共中央到达瓦窑堡的时间,张培森主编的《张闻天年谱》认为是1935年11月10日,中共中央党史研究室著《中国共产党历史》第一卷和宋霖、吴殿尧主编的《朱理治传》则认为是11月7日。本书采用了后者的说法。

[2] 1935年11月5日,中共中央决定将中共陕甘晋省委改为中共陕北省委。

[3] 关于释放刘志丹等人的时间,张培森主编的《张闻天年谱》认为是1935年11月10日或以后,《郭洪涛文集》认为是11月13日,宋霖、吴殿尧主编的《朱理治传》则认为是11月7日。本书采用的是后者的说法。

[4] 逄先知主编,中共中央文献研究室编:《毛泽东年谱(1893—1949)》上卷,人民出版社、中央文献出版社1993年版,第487页。

革命的大本营放在西北举行了一个奠基礼。张云逸则带着中共陕北省委筹集的一批粮食和棉衣、棉鞋和一个剧团去前线慰问。[①]

周恩来于12月上旬从前线回到瓦窑堡后,多次召集张云逸等开会,整合各后方机关,使军委后方办事处逐步健全起来,并下辖参谋处、后方政治部、供给部、卫生部、红军学校、兵站部、动员武装部、补充第一师、补充第二师、陕北省军事部、陕甘省军事部、关中军区、东南军区、西南军区、绥(德)吴(堡)军区、东北军区。

这时,聂洪钧调走,刘志丹任军委后方办事处副主任,张云逸兼参谋处处长,袁国平任政治部主任,叶季壮任供给部部长兼政治委员,黄克诚、吕振球分任卫生部部长和政治委员,周昆任红军学校校长,杨立三、李文楷分任兵站部部长和政治委员,戴季英任动员武装部部长,毕士悌(后姚喆)、黎林分任补充第一师师长和政治委员,张福前(张震东)任补充第二师师长,钟赤兵任陕北省军事部部长,萧劲光任陕甘省军事部部长。参谋处下设作战科(张云逸兼科长)、谍报科(曾希圣兼科长)、通信科、器材科、管理科。动员武装部下设新兵训练处,处长周士第、政治委员黎林。

12月间,刘志丹调任红二十八军军长。这样,张云逸就成为周恩来在军委后方办事处的主要助手。

12月17日—25日,根据华北事变后国内形势的变化,中共中央在瓦窑堡召开政治局会议,提出了建立抗日民族统一战线的总政策,以及以发展求巩固,把国内战争与民族战争结合起来,以山西为主要作战方向,准备经山西到绥远打通国际路线、实现直接对日作战的军事战略。

应当说,瓦窑堡会议确定的以发展求巩固的战略十分正确。中共中央把陕甘革命根据地作为领导中国革命的大本营后,面临的首要任务是猛烈地扩大红军,为实现直接对日作战准备力量,而陕甘革命根据地地瘠民贫,人力物力资源匮乏,不利于红军的生存和扩大,且处在黄河的"几"字形之内,东、西有黄河阻碍,北面是沙漠,南面是国民党在西北的统治中心西安,回旋余地小,不利于红军的发展。以巩固求巩固和以巩固求发展都难以达到猛烈扩大红军的目的,而只有以发展求巩固才是唯一正确的决策。

东征山西的战略确定以后,毛泽东、周恩来1935年12月24日签发了《关于四十天准备行动的计划》。据此,张云逸等协助周恩来拟订了《第一步行动计划中的后方工作计划》。该《计划》包括人员的补充及特种部队的组成、红军学校培养教育计划、医院的设置及卫生教育计划、通信设置及人才培养计划、服装和粮秣等供给计划、兵站计划、造船计划、整理和扩大地方武装计划等。其中,关于人员补充,《计划》要求从地方上动员5000人参军。关于工兵的组成,《计划》要求从地方上征调造船工人100人,于1936年1月5日集中,限25天内造筏子100只,同时征调划船工人200人,于2月初集中,之后从造船和划船工人中各

---

① 参见《莫文骅回忆录》,解放军出版社1996年版,第305页。

抽调50人共100人组成工兵连，直属红一方面军司令部。关于兵站的设立，《计划》要求在1936年1月设立瓦窑堡—永坪—延长县—临真镇接红一军团的兵站线，总兵站设于延长，1936年2月再设立10个新的兵站。关于造船，《计划》要求供给部收集公羊皮3500张，制成浑筒3000个，征调造船工人50名专司其事，之后造羊皮浑筒筏子100个，每个筏子能坐30人，于1936年1月底前完成。关于组建地方武装，《计划》要求在1936年1月组建6个独立营，每个独立营以229人为标准，在1935年12月组建红二十八军的基础上，1936年1月再组建红二十九军。

根据这一计划，前后方党政军民齐动员，至1936年2月红军东征前，各项计划基本完成，有的还超额完成了计划。在兵站线的建立方面，周恩来、张云逸、杨立三等吸取中央苏区建设兵站线的经验，针对东征的方向和特点，领导设立多个兵站，要求各兵站分段负责，做到逐级接力转送。东征战役开始后，周密的兵站系统、先进的物流理念和根据地的有力支撑，保障了东征的给养、伤员、弹药和缴获的前运后送。在扩大红军主力和地方武装等方面，张云逸等协助各有关部门抓好落实，至1936年1月，不仅动员了5000余名青壮年参军，另有750名伤病员归队，还争取了2000多名国民党军俘虏兵参加红军，使红一方面军达到1.27万人。另外，在北线组织了红二十八军，在南线组建了红二十九军，还整理和组建了6个独立营、10个基干游击队。

船只是决定红军能否实现东征的关键。为此，张云逸随周恩来多次召开会议，要求绥德、清涧等县加紧造船。红军游击师师长阎红彦自告奋勇负责清涧地区的造船。在人民群众的大力支持下，各级先后征调造船和划船工人300余名，到1936年1月底共造船34只（其中大木船4只），羊皮浑筒筏子100只，基本满足了部队过河的需要。

随着东征日期的临近，张云逸到绥德、清涧县黄河沿岸地区，指导渡河的各项准备工作。到了河边，他才领略到黄河是拱卫陕北的一道天然屏障。它犹如一把利剑，把山西和陕西东西分开，并使东西两岸形成截然不同的自然景观——西面是松软的土山，东面则是坚硬的石头山。河宽数里不等，在河滩的宽阔处，形成一个个渡口。这一带，黄河西岸和东岸的渡口有沟口、马花坪、河口、延水关、清水关、军渡、三交、永和关、铁罗关、马头关、平渡关等。当时，红军的造船地点多选在无定河等河道里。这样既隐蔽，又便于将所造船只拖入黄河。水手办事处的高长久回忆说："有几位老水手工人详细地向我介绍了从包头到泗水一带的水情。我根据老工人的叙述，描绘了一幅简单的草图，交给了张云逸参谋长。张参谋长看了这张图非常高兴，连声称赞说：'好极了！'"①

在各项准备完成后，1936年2月20日—23日，红一方面军全部从绥德、清

---

① 中共山西省石楼县县委宣传部编：《红军东征——影响中国革命进程的战略行动》（下），中共党史出版社1997年版，第557页。

涧间的沟口、马花坪、河口、舍峪里一带东渡黄河，进入山西。

在红军东征期间，张云逸主要做了以下三项工作：

第一，为开展对东北军的统战工作献言献策。

红军长征到达陕北后，面临的主要对手是张学良的东北军。九一八事变后，背负着"不抵抗"名声的东北军在关内"剿共"战场上损兵折将，又由于民族危机日益加深，抗日救亡运动的高涨，国内政局的变化，更由于中国共产党抗日民族统一战线政策的号召，都深深影响着处于彷徨中的东北军。瓦窑堡会议后，中共中央加强了对统一战线工作的领导，并把能否争取与东北军一起停止内战，一致抗日，作为中国共产党抗日民族统一战线政策在西北能否成功的关键。为此，中共中央成立了以周恩来为书记的东北军工作委员会。1936年1月21日，中共中央联络局局长李克农与张学良在洛川会谈，张学良表示愿意为成立国防政府奔走。在此基础上，1月25日，张云逸与毛泽东、彭德怀、林彪、叶剑英等20名红军高级将领联名发出《为红军愿意与东北军联合抗日致东北军全体将士书》，指出："中国苏维埃政府与工农红军是愿意与任何抗日的武装队伍联合起来，组织国防政府与抗日联军，去同日本帝国主义直接作战的，我们愿意首先同东北军来共同实现这一主张，为全中国人民抗日的先锋。"

红军东征期间，军委后方办事处负责保卫陕甘根据地的安全，并开展对东北军、西北军的统战工作。但张云逸接待的第一位客人既不是东北军的，也不是西北军的，而是一位牧师——董健吾。原来，在日本帝国主义的侵略之下，从1935年底起，国民党上层的一些人试探了解苏联对华援助的态度，并寻求政治解决国共的关系。1936年1月，宋子文、孔祥熙及陈果夫、陈立夫兄弟找到宋庆龄，谋求打通与中国共产党的关系。受宋庆龄之托，中共党员董健吾化名周继吾，带着南京国民党当局的密函和宋庆龄电台的呼号密码，于2月27日到达瓦窑堡。此时，中共主要领导人张闻天、毛泽东等在山西前线，周恩来在清涧县折家坪部署红二十八军作战。林伯渠和张云逸在瓦窑堡接待了董健吾。之后，主持中共中央后方工作的博古会见了董健吾，并将情况报告给张闻天、毛泽东等。张闻天、毛泽东、彭德怀于3月4日复电博古，由董健吾向南京政府转达中共关于停止内战、一致抗日等五项要求。至此，中断了八年之久的国共关系得以恢复。

与此同时，2月25日，李克农等到洛川，与王以哲会谈，达成红军与其第六十七军互不侵犯、互相通商的口头协议。3月初，张云逸奉命要求陕甘苏区地方红军、游击队，秘密落实口头协定，把第六十七军当友军看待。3月4日，中共中央叫李克农经王以哲向张学良转达由董健吾带给南京政府的中共五项要求。5日，张学良秘密飞抵洛川，会见李克农，直截了当地提出希望中共帮助介绍他的代表前往苏联商谈合作抗日问题。4月9日，根据张学良的要求，周恩来与张学良在肤施举行高层秘密会谈，张学良接受中共关于停止内战、共同抗日的主张，并提出争取蒋介石的意见。双方还商定了互不侵犯、互派代表等事项。从此，红军与东北军之间实现了秘密停战。

这时，蒋介石正准备以东北军、西北军封堵黄河西岸，会合阎锡山的晋绥军与陈诚的中央军，消灭红军于黄河东岸地区。了解到上述情况后，张云逸和军委二局局长曾希圣①于4月11日致电正在与张学良、王以哲谈判的李克农："我们认为目前与张王的谈判，不［仅］在使其同意，而且怎样促其迅速动作，因有以下的意见给你作谈话的材料：A. 不早公开抗日而受蒋压迫进攻苏区，一定要受到全国抗日人民及东北军本身以不好认识。B. 蒋介石陆续增调部队入陕晋边界（胡宗南东调及四三师原来位置大概在豫晋边），目的在对付整个抗日人民及部队。C. 全国各党各派的抗日浪潮日形高涨，谁先发动时代大革命的，必成。是以发难例子，谁能取抗日领导权与全国人民之真实拥护，如蔡唐云南起义，段祺瑞马厂誓师。D. 甘肃已无蒋之嫡系部队，正好乘机部署与苏联直接联系，以免后顾之虑。E. 日本继续增兵，平津牵延时日，徒给日本强盗与汉奸们的准备机会。F. 秘密时期愈久只有受到损失，十九路军的教训就是。用国防政府与抗日联军之组织，以公开通电号召来推动，比秘密的力量要大。"②

张云逸和曾希圣建议的目的，是使张学良等由同意中国共产党的抗日主张转变为公开打出抗日旗帜的实际行动。这个建议看似有些激烈，实为推动张学良走上联共抗日道路的一剂良药。这时，张学良正处于极度的矛盾之中，他虽然主张联共抗日，又不愿与奉行"攘外必先安内"反动政策的蒋介石立即决裂。但在中国共产党的推动下，到4月下旬，张学良的态度有了明显变化，甚至想到了反蒋问题。他对中共派往他身边的刘鼎说：再等半年，只要苏联接纳他的抗日主张，助其抗日，而蒋仍不抗日，他就不惜和蒋介石翻脸，"要干就彻底干！"③

第二，协助周恩来部署陕北地区的游击战争。

红军东征进入山西后，不到十天时间，就占领了石楼、中阳、孝义、隰县四县交界地区，为在晋西建立根据地创造了有利条件。为此，彭德怀、毛泽东于3月1日致电周恩来等，要求红二十八军和陕北地方武装乘晋绥军东撤之机，迅速收复吴堡、葭县（今佳县）、神木、府谷等地区，使黄河东西两岸连成一片。据此，周恩来命令红二十八军向无定河流域发展，进而打通与神（木）府（谷）苏区的联系。为配合红二十八军的行动，张云逸、钟赤兵于3月20日命令陕北独立团向无定河左岸地区游击，同时命令骑兵团在张家畔（今靖边县城）、宁条梁地区活动。至3月23日，红二十八军进入神府苏区，"三边有新开展，敌八十六师部队撤向榆林、米脂，我骑兵团在蒙边获马一批，可成立一新骑兵连"④，"神（木）葭（县）苏区恢复大部，葭（县）榆（林）方向也有发展"⑤。

---

① 时军委二局在后方归西北军委后方办事处辖制，为西北军委后方办事处参谋处谍报科，曾希圣兼任科长。
② 军事科学院《张云逸军事文选》编辑组主编：《张云逸军事文选》，军事科学出版社2007年版，第17页。
③ 张友坤等主编：《张学良年谱》（下），中国社会科学出版社1996年版，第999页。
④ 中革军委致林彪、聂荣臻，徐海东、程子华，叶剑英、李富春，罗迈（李维汉）、张云逸，刘炎，宋任穷、刘志丹，朱理治、萧劲光的电报，1936年3月23日。
⑤ 神府特委致西北中央局的电报，1936年3月24日。

第三，全力迎接东征红军西撤。从3月下旬开始，蒋介石命令阎锡山的晋绥军与进入山西的陈诚中央军对红军作战，同时命令东北军和杨虎城的西北军封锁黄河西岸，企图将红军围歼于黄河东岸地区。红军一面与敌作战，一面部署后方前送后运，积极配合作战。3月28日19时，彭德怀、毛泽东致电李维汉、张云逸并告林彪、聂荣臻："（一）一军团之两个师于三四两日可到永和、大宁、吉县，担任扫除沿河东岸堡垒线，后送伤员百余、现款七万元，接引新兵、归队兵、通信器材及其后方。（二）集中补充师之新兵、红校毕业生，准备送前方地方工作，伤病员健康归队者、无线电用之干电池、新书报等，限四号经延长送至禹王坪附近，准备五号渡河，由云逸同志新任指挥之，并组织担架三十付，到禹王坪接运前方伤兵，前送人员、物品数目即告。"

这时，红军学校已没有毕业学员，张云逸只能带补充师及游击第十二分队向黄河西岸赶进。30日1时，彭德怀、毛泽东致电张云逸，要其派快马飞送川口镇、高家村、河口一带的杨立三并告周恩来："甲、我一二两师六号或七号可达河边，一师由清水关向永和关打，二师由平渡关向清水关打。山炮连应于七号开到延水关附近，八号或九号、十号协同攻击永和关。乙、立即放船十五只到贺家畔、高家畔，准备水手，派数个得力干部指挥，看见永和关得手，迅速下放永和关，不得手亦须坚决乘夜放下。丙、船十五只，分布禹王坪三只，西马斗关五只，清水关四只，延水关三只。丁、上列四大渡口另各备皮筏三十片，每张载十人左右。此外，次要渡口由省委通知沿河各区，准备皮筏。"据此，周恩来命令张云逸率补充师和杨立三等率领1500余人和100余牲口向南前进，于4月4日到达马厂坪；命令山炮连于3日到达距延水关只有半天行程的刘厂原；同时决定先将15只船集中到清水、延水两关，待命下驶。

如果说1936年3月底以前黄河西岸部队的上述任务因情况曾一度中止，那么4月15日以后则正式提上了议事日程。4月15日，由陈赓、杨成武率领的红一军团第一师占领清水关对岸的黄河东岸地区，彭德怀、毛泽东命令红一军团的伤员立即西渡，第一师待命准备于23日西渡。[1]据此，张云逸率补充师和第十二分队于16日离开冯家坪，向延水县城开进。周恩来则于4月16日致信李文楷、杨立三，延水县城至河边之兵站线如何设置，由杨立三与张云逸商量办理。17日周恩来再次致信李文楷转杨立三："顷得前方来电，我军先向大宁行动，攻击永和关及其以下各渡口改期，望你暂停船只下驶，仍派人在延水关附近继续侦察瞭望，并与谷林村张参谋长（今晚可到）处保持联络。只要发现永和关及其以南有我军攻击或得到参谋长命令，应即率船下驶，偷过永和关，其他一切不变。"[2]

17日晚，张云逸到达延水县城以东的谷林，见到了红一方面军司令部第四科（局）科长（局长）宋裕和，以及红一军团地方工作部部长刘炎。18日，张云逸

---

[1] 彭德怀、毛泽东致林彪、聂荣臻、陈赓、杨成武、张云逸的电报，1936年4月15日20时。
[2]《杨立三年谱》编辑组编：《杨立三年谱（1900—1954）》，金盾出版社2004年版，第50页。

致电毛泽东、彭德怀、林彪、聂荣臻："（一）我昨晚到谷林与宋局长面谈渡河部署，本十八日我亲到河边进行侦察。（二）十八日完成渡河一切组织，候令渡两条。（三）方面军及一军团后方补充师均十八日集中谷林、土岗之线，距河边约廿里。炮兵营在中土湾，距延水关廿五里。（四）我们组织两个步兵连，追炮一门，由刘炎同志指挥，集中土岗，要时可到河边策应对岸部队动作。"①

从4月21日开始，随着红一、红十军团向晋西集中，敌军也跟踪围拢过来，企图消灭红军于黄河东岸地区。在此情况下，22日1时，彭德怀、毛泽东致电林彪、聂荣臻、徐海东、程子华并告周恩来、张云逸："一军团派出一部占领永和关，保证将贺家畔船只全数放下，另派小部保持清水关、铁罗关、马斗关、平渡关四渡口于我手中"，以造成进可攻退可守的局面。据此，张云逸率部到达延川县城东南的清水关。22日21时，彭德怀、毛泽东致电周恩来、林彪、聂荣臻："马斗关已到敌，船速位置于清水关，林聂负责保持清水关渡口于我手中"；"船十四只，周速令其放到清水关，由云逸保护之，防止敌机轰炸"；"立即征集大批水手于清水关"，以便准备接应东征军从黄河对面的铁罗关西渡。到4月28日，由于"在山西是阎锡山加蒋介石（五十一个团），再加堡垒主义"②，红军难以立足，彭德怀、毛泽东决定红军西渡撤回陕北。5月2日7时，毛泽东下达各部队的渡河顺序，并根据敌人飞机不断轰炸的情况，规定每天上午8点至下午4点不得渡河。5月2日21时，彭德怀率红一方面军直属队从清水关西渡黄河后，致电毛泽东、林彪、聂荣臻、徐海东、程子华：以张云逸、宋裕和、杨立三"组织渡河指挥团，张云逸为团长。各军团到此与张等接头并接受渡河指示"。张云逸一面组织各部队渡河，一面致电西北办事处政治保卫局局长周兴，要求"通令各县加紧赤色戒严，封锁消息，并注意检查逃兵送回"③。

至5月5日，在张云逸等的精心组织下，红军带着刚从山西参军的8000余青壮年和筹集的30万元款项，从清水关一带安全西渡。当时在延川县任县委书记的贺光华回忆说："战争打响后，我亲自带了370付担架的担架队，送到清水关渡口，交由军委副参谋长张云逸同志接收。张高兴地说：'你们这些担架队员年纪轻，热情高，不愧是老苏区的人民！'"④

5月5日，中共中央发表《停战议和一致抗日通电》，标志着中国共产党的抗日反蒋政策开始转变为逼蒋抗日政策。

---

① 军事科学院《张云逸军事文选》编辑组主编：《张云逸军事文选》，军事科学出版社2007年版，第19页。
② 彭德怀、毛泽东致周恩来、林彪、聂荣臻、徐海东、程子华、叶剑英、杨尚昆的电报，1936年4月28日20时。
③ 张云逸关于红军凯旋、加紧封锁消息和注意逃兵问题致周兴电，1936年5月5日。
④ 中共山西省石楼县县委宣传部编：《红军东征——影响中国革命进程的战略行动》（下），中共党史出版社1997年版，第678页。

二、从红军西征到西安事变

红一方面军西渡黄河后，随即组成西方野战军，于1936年5月19日由彭德怀率领发起西征战役，至7月27日以占领陕甘宁边界的广大地区而结束西征。之后，西方野战军以战备姿态转入休整，准备迎接红二、红四方面军北上。

红军主力西征期间，留在根据地的红军地方部队的主要任务，就是清剿土匪，消灭民团，巩固苏区。为此，6月间中共中央由瓦窑堡迁至保安县（今志丹县，中共中央曾一度将之改称红安），军委后方勤务部率供给部、卫生部、工厂、医院、兵站及补充师到达吴起镇附近后，军委后方办事处把保卫保安和吴起镇的安全作为自己的一个重要任务。

至7月初，陕甘宁边区的剿匪任务虽然完成了80%以上，但敌人在保安和吴起镇南面建立的最大民团据点——旦八镇仍然没有攻克，汤恩伯以国民党军第八十六师一部联合土匪，不断从北面骚扰和进攻三边（定边、安边、靖边）地区，甚至派兵占领宁条梁，严重威胁着中共中央和红军前后方交通线的安全。为此，张云逸于7月6日致电毛泽东、周恩来："（一）汤敌以八十六师一部，[向]西扰乱靖边的苏区，该敌令一团一营进占首市。在这情况下，我提议为要发展米横游击战争，使敌不能[实现]西进的企图，宁方面须派兵坚决打击和消灭进占宁条梁之敌，使其不敢动作。（二）已令红三团之第一连及红校，向宁条梁方面加紧侦察警戒。（三）红三团主力五号可抵旦八寨执行任务。"①

当时，为清剿土匪，中革军委将苏区内的地方部队编成六个作战区，其中由安定（今子长）、安塞、靖边地方武装编成第五作战区，以刘金轩、刘道生分任司令员和政治委员。张云逸电报的主旨是加强三边以东地区的游击战争，牵制敌人，以确保三边和保安、吴起镇地区的安全。接此电报后，周恩来于7月8日14时致电博古和张云逸："已令山西游击队至侯家河、大川、上沟活动，归两刘指挥；靖边独立营则向北游击，掩护靖边、子长边境工作。子长、安塞两游击队归两刘直接指挥，在李失咀以北行动，以掩护赤安。现靖边仍归陕甘管，已告省委特加强靖边、子长、安塞三县交界工作。惟赤安通安塞、甘泉两道上尚须得力部队去，十号后可派部队去靖边。"②在张云逸协助下，周恩来指挥地方部队加强了在保安、吴起镇以东地区的游击活动，同时以红三团围困旦八镇，从而保证了中共中央的安全。

事实上，由于中共中央驻保安，军委后方办事处的工作归中共中央直接指挥，张云逸则协助毛泽东、周恩来处理大量的日常事务性工作。如将敌情变化、东北军的内部情况、国内政治动态以及日本公使和军官会议等情形，及时通报给各有关部队，从而保证了红军的作战和红一方面军与红二、红四方面军

---

① 军事科学院《张云逸军事文选》编辑组主编：《张云逸军事文选》，军事科学出版社2007年版，第21页。
② 周恩来对山西游击队行动及东线敌情及我兵力部署问题致博古、张云逸电，1936年7月8日14时。

的胜利会师。此外,应董必武的邀请,张云逸还担任了中共中央党校的一些授课任务。

在这段时间内,张云逸多次参加中共中央召开的会议,参与讨论制定大政方针。1936年5月28日,他参加中共中央政治局扩大会议。① 会议讨论制定了与张学良的东北军和杨虎城的第十七路军联合成立西北国防政府的方针,强调中国共产党的抗日领导地位。9月15日至17日,他参加中共中央政治局扩大会议,讨论政治形势和统一战线问题。② 会议作出了《中央关于抗日救亡运动的新形势与民主共和国的决议》,强调"扩大与巩固共产党,保障共产党政治上组织上完全独立性,和内部的团结一致性,是使抗日的民族统一战线与民主共和国得到彻底胜利的最基本的条件"。10月11日—12日,他参加中共中央政治局扩大会议,讨论红军政治工作问题。③ 会议强调军事与政治并重,理论要与实际相结合,政治工作要适应游击战争的特点等,并提出了使用干部的标准问题。这些决策,对推动抗日民族统一战线的发展起到了重要作用。

由于陕甘宁边区生活极为困难,1936年9月,中共中央决定,从10月起,在高级干部和专业技术人员的小范围内实行津贴制度。据此,9月25日,张云逸和中华苏维埃西北革命军事委员会参谋长叶剑英、军委三局局长王净④,签署了《关于重新划分无线电技术人员津贴的决定》。该《决定》根据无线电技术人员技术水平,将其津贴分为每月15元、12元、9元、5元、2元五种,给技术人员以特殊的关照。9月30日,中央军委发布了高级干部中获得第一、第二级津贴人员名单。张云逸和毛泽东、周恩来、彭德怀、王稼祥、林彪、叶剑英、杨尚昆、左权、聂荣臻、徐海东、程子华12人为一级津贴,每月5元;罗瑞卿、刘晓、朱瑞、邓小平、王首道、周昆、袁国平等12人为二级津贴,每月4元。

1936年10月,红一方面军与红四、红二方面军分别在甘肃会宁和将台堡地区会师。为逼蒋抗日,10月26日,中共中央以毛泽东、朱德、张国焘、周恩来、彭德怀、林彪、张云逸等46位将领的名义联合发表致蒋介石及西北将领书,呼吁停止内战,一致抗日,建议通过谈判解决国共关系的问题。但蒋介石顽固坚持"攘外必先安内"的反动政策,命令胡宗南等部沿黄河东岸地区北进,致使红军夺取宁夏的计划无法实现。为此,中革军委于11月8日提出了新的作战计划,决定在12月上旬以后,由红一、红二方面军组成南路军,红四方面军两个军组成北路军,用三个月左右时间东进到达黄河沿岸,于适当时机开始在延水和延川、清涧和绥德、神木和府谷三区造船,准备东渡黄河进入山西;如能与南京政府订立协定则按协定行动,如不能订立协定则实行东征;如东征有利,则在晋、冀、鲁、豫、

---

① 参见张培森主编:《张闻天年谱》上卷,中共党史出版社2000年版,第328页。
② 参见张培森主编:《张闻天年谱》上卷,中共党史出版社2000年版,第366页。
③ 参见张培森主编:《张闻天年谱》上卷,中共党史出版社2000年版,第377页。
④ 5月,红一方面军东征结束后,西北军委后方办事处撤销,其参谋处改称西北军委参谋部,下设四个局:一局局长边章五,二局局长曾希圣,三局局长王净,四局局长宋裕和。

皖、鄂、陕等省机动作战，以扩大红军的政治影响，争取与南京政府订立协定，实现共同抗日。据此，中革军委一面指示红军三大主力阻击胡宗南等部东进，一面派张云逸等到绥德、清涧一带监督造船。

11月，红军三大主力协同作战，在甘肃环县山城堡地区一举歼灭胡宗南部一个师又一个旅，阻止了其追击行动。之后，为保障红军的集中统一指挥，12月7日，中华苏维埃中央政府命令扩大中革军委组织，以张云逸和毛泽东、朱德、周恩来、张国焘、彭德怀、任弼时、贺龙等23人为委员。山城堡战役虽然使陕甘宁根据地面临的军事压力大大缓解，但造船工作并没有因此而停止，而是正式提上了议事日程。

12月6日，张云逸赶赴隶属于中共陕北省委的中共东地区特委。当时，中共东地区特委书记为白炳炘（即马义），下辖葭县、吴堡、绥德、清涧、延川、延长、红泉等县委。由于红一方面军西征，东地区大部被国民党军及其地方武装侵占，绥德县游击队已从无定河东岸退到西岸地区活动。敌人在密探的引领下经常以一两个连的兵力进犯苏区。这就是说，如果不能驱逐黄河西岸的敌人，即无法展开造船工作。

为此，张云逸于7日致电毛泽东、周恩来："我们要保持交口、延川、清水、马头关，用各种必要［手段］迫退或打延长东西村之敌。现在东线两个独立营只有二百人，拟请速调得力一团兵力前来，由保卫局派得力人来帮助肃反工作。"①9日，张云逸再次致电毛泽东、周恩来：无定河已结冰，马义已派游击队深入无定河东岸，捣毁保甲，拆除碉堡；已与戴季英、邵式平等开会，专门研究了寻找工人、造船板和弄清黄河沿岸情况等事宜；"现在交口以西苏区开始购木造板，并就特委会各县收买，铁匠以造梭镖为名来造工具，今日正开始进行"②。

这时，为掩护造船，中革军委派独立第二团到东地区加强力量。为使恢复苏区与造船工作同时展开，10日，周恩来与郭洪涛致电张云逸："调独立二团过东地区活动，归张云逸同志指挥。""独立二团为东地区之主力部队，不应位于一定位置，应灵活的运用于适当方向，打击敌出扰之较大部队，遗防调安定独立营接收。东地区游击队的位置应重新布置。"据此，张云逸一面指挥部队打击敌人出扰，一面组织造船工作。

山城堡战役后，中共中央一面准备东渡黄河，一面加紧对南京政府展开统战工作。12月1日，张云逸和毛泽东、朱德、张国焘、周恩来、彭德怀、任弼时、王稼祥、刘伯承、叶剑英、贺龙、林彪、徐向前等19位红军将领致函蒋介石，表明红军为自卫计，不得已而进行山城堡之战，呼吁蒋介石"化敌为友，共同抗日"。

红军三大主力的会师，使红军在西北的力量大为增强，山城堡战役更加显示

---

① 军事科学院《张云逸军事文选》编辑组主编：《张云逸军事文选》，军事科学出版社2007年版，第27页。
② 张云逸关于我军拟由无定河过河及打击民团保甲和造船情况致毛泽东、周恩来电，1936年12月9日。

了红军的实力。此时，绥远抗战再度爆发，全国各地再一次掀起援绥抗日的浪潮。在全国抗日形势的推动下，张学良与杨虎城于1936年12月12日发动西安事变，逮捕蒋介石，迫其放弃"攘外必先安内"的反动政策，停止内战，联共抗日。西安事变成为转换中国时局的枢纽。

随后，张云逸投入了更加紧张的工作。

三、在西安事变爆发后的日子里

西安事变发生后，国共关系进入重大调整期。从事变发生到1937年5月，张云逸主要做了以下几件事：

第一，命令部队不断更换电台密码，严防技术泄密。

西安事变发生后，国内外各种势力都在利用各种手段特别是技术手段，侦察中共方面的情报，以决定自己的政治态度。为此，张云逸指示军委通信局和各兵团不时更换密码，使电台密码不被破译，从而为和平处理西安事变作出了贡献。即使在事变和平解决后，张云逸仍然十分重视电台的保密问题。1937年2月25日，他致电各兵团参谋长："现（敌）特别注意侦察我们电台。为着保障密本不泄露:（一）在现时，各兵团尽量减少发报，以后每十天发一次报，不便可以写信。（二）今日已起用新密本，一律不准外用，走要密本。请令机要科特别多调换用法。"① 技术上的严格保密，更好地服务了西安事变后国共关系调整的大局。

第二，继续抓紧进行恢复苏区工作。

西安事变发生后，何应钦准备指挥20万国民党军大举进攻西安，李仙洲准备率国民党军第二十一师抢占肤施，陕北的高桂滋准备率国民党军第八十四师配合李仙洲部的行动，而杨虎城则决心让出延安、甘泉给红军以集中兵力于西安。这样，能否先机占领延安、宜川、延长等地，对红军应付由于西安事变带来的各种可能至关重要。

为此，12月16日，张云逸致电毛泽东："一、延长县长、民团均走，我延宜独立营昨占延长，现县委、县苏亦去恢复工作。二、依十四日十七时电令，独立团与清涧独立营配合游击队，以相机占领延川、永坪姿势，威胁敌二十一师。三、十五（日）电当与特委讨论执行。四、在预[禹]王坪下游之均针汗、宜川、吉县间已结冰。绥德来人云，枣林坪已结冰。待式平、季英回交口该造船工作后，就率电台到甘谷驿。电复不清，是否在平头关、预[禹]王坪造船十至二十只。"17日，中央军委致各台首长："云逸指挥之独二团及独立营即[占]永坪、延川，威胁二十一师，扬言我大军将开来恢复苏区，以政治上坚强之一小部相机接防延长，以电台进驻甘谷驿，与肤施之志文、春圃取密切联系"；白志文、黄春圃率红一团和安定独一团进驻延安，以白志文为延安城防司令员、黄春圃为政治委员；

---
① 军事科学院《张云逸军事文选》编辑组主编:《张云逸军事文选》，军事科学出版社2007年版，第43页。

"张参谋长以徒步经平谷驿与白黄向甘泉与陕甘工委军事部曹部长（指曹力如）联络。"至 19 日，张云逸指挥部队完成了进占延川、永坪线的任务。① 在张云逸、白志文、黄春圃等部的共同努力下，至 22 日红军占领瓦窑堡、延川、延长、延安四城，为中共中央以后进驻延安奠定了基础。

第三，完成造船任务。

红军扩大苏区，国民党军也蠢蠢欲动。1936 年 12 月 19 日，中共清涧县委向张云逸报告：李仙洲的第二十一师集中一个团的兵力在黄河西岸的清涧河口造船，限五天完成；高桂滋第八十四师的骑兵亦在准备干粮。张云逸估计李仙洲部有由河口东渡或准备用船接运汤恩伯部回陕北两种可能，遂于 20 日致电毛泽东："已令独二团、独立营向清绥方面活动，恢复苏区。如敌造船接汤恩伯，我应令独立团妨害其造船，否则让其东渡，截其后尾。请曾局长（指军委二局局长曾希圣——编者注）注意即电告。"戴季英同志"由清涧谓，造船工人十分队在绥德进行恢复苏区，不可来。请令四钧（指红四方面军——编者注）造船队来依期完成任务，否〔则〕只有板子"。26 日，张云逸再次致电毛泽东："（一）马义同志由清涧县苏委廿五日来信云：汤恩伯部由宋家川渡河，已到绥德苏区，人数未详。（二）汤敌渡河后有向延川前进可能。现在我东地区部队不能固守，拟定只取游击战争来迟滞该敌。（三）预〔禹〕王坪附近之五龙层已结冰，小商人均由冰中来往，东岸只设查哨，没有白军。据韩城来商人云：韩城附近黄河亦结冰。（四）已依子昆（第一局局长周子昆——编者注）电准备板，必要时架桥。目前我的工作已注重指挥地方部队行动。"② 这样，由于黄河已结冰，造船工作变为只是准备架桥的板子，张云逸把主要精力用于对付国民党向陕北进犯。到 1937 年 2 月，由于西安事变和平解决，国民党军停止了对红军的进攻，造船工作也基本停止。

东边的造船工作虽然结束，但西边的造船工作在紧锣密鼓地展开。这时，由徐向前、陈昌浩率领的红军西路军正在河西走廊与马家军激战。为救援西路军，中共中央于 1937 年 2 月 27 日决定以红四方面军的第四军、第三十一军，红二方面军的第三十二军，红一方面军的第二十八军和骑兵第一团组成援西军，以刘伯承为司令员、张浩为政治委员，西进增援。为准备援西军西渡黄河作战和接应西路军，中共中央指示中国抗日红军大学第二校（亦称庆阳步兵学校）教育长周昆和政治委员袁国平，要其组织工兵连等力量加紧造船。其实，早在 2 月 24 日，张云逸就致电周、袁："一、工兵连已否到达步校？二、请问该连能否单独造船，造船速度如何，还缺少什么器材及人员？三、请在庆阳打造十个船的钉子。以上之项请立复。"25 日，袁、周复电张云逸：工兵连一天只能造一只能容 15 人的小船，需钉子 2000 个，直径 1.3 尺、长 2 丈的大树两根，桐油 5 斤，石灰 6 斤，再加其

---

① 张云逸致毛泽东的电报，1936 年 12 月 19 日。
② 军事科学院《张云逸军事文选》编辑组主编：《张云逸军事文选》，军事科学出版社 2007 年版，第 28 页。

他材料；如要造能容纳 30 人的大船，则工匠、材料加倍，钉子可以在乡间打造，但木料难以解决。27 日，毛泽东致电周、袁：现因准备救援西路军，须立即整理工兵连，并用大力在三天内招雇并准办匠工、器具、物料等，以每天造一只大型船为度。① 根据中共中央的指示，张云逸协助周、袁组织力量造船。但因西路军于 1937 年 3 月间失败，造船工作也因之停止。

第四，主持后方司令部工作。

为适应抗日战争大局的需要，加强根据地后方建设，中革军委决定成立中革军委后方司令部，以刘伯承为司令员。此时，刘伯承任援西军司令员，筹划和领导增援西路军等项工作。中革军委决定由张云逸代理司令员。1937 年 3 月 9 日，中革军委后方司令部发出通令，通告后方司令部已成立，领导后方供给部、卫生部和第二十七、第二十九、第三十军以及陕北军事部、陕甘宁省军事部、第七十四师、神府特区军事部、关中特区武装部、五县（延安、延长、甘泉、鄜县、宜川）警备司令部、延安防守司令部。通令要求各局各部，须经常将工作报告送后方司令部，并切实执行后方司令部的命令。张云逸在代理司令员期间，处理了后方各局各部及留守部队的大量工作请示和报告，完成了中革军委交给的各项任务，保证了后方部队各项工作的顺利展开。4 月，张云逸的后方司令部工作告一段落。

第五，主持中革军委后方机关和部队的精简整编。

西安事变和平解决后，1937 年 2 月 10 日，中国共产党致电国民党五届三中全会，提出了停止内战、召开各党各派各界各军代表会议、迅速完成抗战之一切准备等五项要求，以及在全国范围内停止推翻国民政府之武装暴动方针、红军改名为国民革命军、停止没收地主土地之政策等四项保证。2 月 15 日—22 日，国民党五届三中全会在南京举行。会议通过的"根绝赤祸案"虽然仍然坚持反共立场，但将武装"剿共"方针改变为"和平统一"，表明国民党实际开始接受中共停止内战、一致抗日的主张。从此，国内和平基本实现，中国革命进入了巩固国内和平、争取民主、实现对日抗战的新阶段。

为迎接国共联合抗战局面的到来，减少财政开支，1937 年 2 月 16 日，张闻天、毛泽东、博古签署了《中共中央各机关缩编办法》。其中规定："中央党政各机关之编制统归中央编制委员会办理之，该委员会以林伯渠、凯丰、郭洪涛、周兴、谢觉哉同志为委员，并以林伯渠同志为主席；军委后方各机关以刘伯承、张云逸、林彪同志为缩编委员会。在刘参谋长因公外出时，以张云逸同志为主席，并由叶季壮同志参加；缩编以提高机关之工作效率，裁汰闲杂人员为原则，上述两委员会秉承此项原则全权办理，并于三月一日前完成之。"② 据此，刘伯承出任援西军司令员后，中革军委缩编委员会主席由张云逸代理。

---

① 参见逄先知主编，中共中央文献研究室编：《毛泽东年谱（1893—1949）》上卷，人民出版社、中央文献出版社 1993 年版，第 655 页。

② 张培森主编：《张闻天年谱》上卷，中共党史出版社 2000 年版，第 428 页。

2月17日，张云逸等召集军委后方各机关与部队领导开会，传达中共中央关于缩编的命令，讨论决定："1. 以减少人员增加工作效能为原则，如某部门二人能负这工作，只要二人，多者应裁去，另分配工作。2. 如某部门或部队有这个人对工作没有很多帮助的，应裁去，另分配其他工作。3. 如某部工作无多，不要分占个科的应合并，裁去一部分人员。4. 各部门的勤务员应改为某部门工作人员共用，并以三人至五人共用（勤务员：红大学员一组用一勤务员，如有特别情形在例外）。5. 马匹，只许各机关首长用骑马一匹，其余必要的均称为公用的马。如某科有马二匹为工作必要时用，多的马均编为运输队。每个运输员管理二匹马。原

1937年，张云逸在延安。

有运输队仍暂照旧管理。6. 编余干部，[送]学校或分配新的工作，其他人员强壮者送战斗部队外，余均依命令执行。7. 由政治部负责动员外，各机关首长更要详加解释，免误会红军不要他；依这一决定，限各首长依上原则提出编制表意见，十九日送来。编委审定后，廿一日起进行缩编，廿五日完毕，廿六日检验。"①

根据上述规定，各单位于19日送来编制表。张云逸等审定后，20日发还各单位。21日，各单位根据军委编委会审定的方案进行缩编。23日，中革军委决定由李德负责审查军委编委会的决定。之后，经二次讨论，原则上通过了张云逸等审定的方案，缩编工作继续进行。到28日，军委后方各机关和部队缩编完毕。到2月底，后方各机关和部队共裁员1505人。

在张云逸的主持下，经过缩编，军委后方各机关和部队均裁减了冗员，提高了工作效率；充实了基层部队，提高了部队的战斗力；为红军学校输送了400多人；财政开支大为减少，"三月份预算只五万三千余元，较二月减少约四万元（二月是苏票）之银"②。关于这次缩编，张云逸于1937年3月2日向林伯渠作了《军委后方机关与部队缩编经过情形报告》。

---

① 军事科学院《张云逸军事文选》编辑组主编：《张云逸军事文选》，军事科学出版社2007年版，第44—45页。
② 军事科学院《张云逸军事文选》编辑组主编：《张云逸军事文选》，军事科学出版社2007年版，第45页。

第六,参加抗日民族统一战线工作。

张云逸多次参加党的抗日民族统一战线工作。1937年2月,张云逸根据中共中央的指示,陪送前来延安同中共中央进行联络的抗日民主人士、国民党安徽皖北地方实力派将领余亚农,东渡黄河,返回国民党统治区。

1937年4月初,张云逸奉命赶到黄河边,代表中共中央宴请并欢送从延安经山西吉县返回广西的桂系李宗仁、白崇禧的代表刘仲容。作为桂系的重要智囊人员,刘仲容是在1936年6月两广事变后奉李、白之命来到西安,与东北军、十七路军进行了广泛联系,随后应中共中央的邀请到陕北访问的。这次接触,为张云逸赴广西顺利开展统战工作开了一个好头。

西安事变和平解决后,中国共产党在努力与南京政府谈判的同时,也展开对国民党各地方实力派的统战工作,极力促成第二次国共合作的实现。1937年4月,中共中央决定张云逸赴华南地区开展统战工作。

1937年4月,张云逸(右)与莫文骅合影。

根据中共中央指示，4月25日，张云逸离开延安，乘汽车准备赴西安转香港，以中共中央代表身份开展华南地区的统战工作。与其同行的还有准备到南京与国民党进行谈判的周恩来，以及准备前往红军驻西安办事处的孔石泉。为保证周恩来、张云逸等的安全，中共中央保卫局派出警卫队副队长陈国桥率12个人的警卫班随车护送。当汽车驶离延安60里路的甘泉县劳山镇以南的湫沿山时，突然遭到土匪的猛烈袭击。一二百个土匪从正前方公路上挖的工事里，从后面的小山包和左边的树林中同时射击，形成三面包围的态势。司机不幸中弹牺牲。有些随从人员亦在车上就牺牲了。周恩来一面还击，一面指挥人员向右边的密林深处转移。张云逸亦果断命令延安卫戍司令部参谋长兼周恩来的侍从副官陈友才和警卫员掩护周恩来迅速突围，同时命令陈国桥率警卫班组织抵抗。

在警卫班的掩护下，张云逸与孔石泉等保护周恩来穿行于茅草、梢林中，向北突围。孔石泉回忆说："当时敌人很疯狂，不断向我们射来密集的子弹。我们撤下公路，是凭借着茅草、梢林的掩护，迅速转进一个小山坳的。……为了缩小目标，我们几个人并不集中在一起走，而是分散走，相互保持一段距离。……那里没有路，一路都是山坡坡，很不好走。"① 在突围中，张云逸手部被子弹擦伤了皮肉；孔石泉的衣领右侧被穿了几个洞，但没有伤着；周恩来安全无恙。脱离险境后，张云逸对周恩来分析说："看来伏击我们的不像是正规部队，倒像是一帮土匪。估计他们不会追来了。不过也不能在这里久留，我们还是回延安吧。"周恩来同意了张云逸的建议。在当地群众的帮助下，张云逸与周恩来等五人到达延安以南的三十里铺。红军在这里设有检查站。

周恩来等遇险的消息传到延安后，军委警卫团团长黄霖立即率骑兵排前来救援，张云逸随部队再次前往战场。当张云逸等到达沿湫山时，匪徒们已经逃之夭夭。当看到陈友才、陈国桥等十余人牺牲的惨烈场面，张云逸眼里流出了热泪。他在血泊中找到已经壮烈牺牲的机要员曾洪才，发现他随身携带的电报密码本还在，也没有发现被人翻动的痕迹。尽管如此，他考虑到密码本已失控几小时，根据保密原则，还是把密码本销毁了。张云逸做好善后工作后，返回三十里铺，向周恩来做了汇报，随后与周恩来等人乘马返回延安。

劳山脱险后，周恩来、张云逸、孔石泉三人照了一张合影。周恩来在合影背面题写了"劳山遇险，仅剩三人"的题词。劳山遇险在周恩来和张云逸的革命生涯中都是一次刻骨铭心的经历。30多年后，1973年，周恩来陪同外宾到延安访问时，谈起劳山遇险经过，曾感慨地说："我一生遇到过多次危险，但最危险的是这一次。"后来，周恩来在病危期间把遇险后三人的合影照片放在自己的贴身衣袋中，经常拿出来看。张云逸对劳山遇险也是记忆犹新，新中国成立后，他把这张照片一直挂在卧室中，直到去世。

---

① 董保存、鲁南选编：《将帅历险记》，大众文艺出版社1992年版，第244页。

■ 1937年4月,张云逸(中排右五)与周恩来(后排左一)、叶剑英(后排右三)、孔石泉(后排右四)在红军驻西安办事处。

劳山脱险后不久,张云逸又踏上了征途,从延安出发,经西安到香港,开始了他的华南统战之旅。

第九章　从中央代表到新四军参谋长

一、赴华南开展抗日民族统一战线工作

西安事变和平解决及国内和平基本实现后，中国共产党在派出周恩来等与国民党南京政府谈判的同时，相继派出代表赴西北、华北、西南、华南等地，向国民党地方实力派转达中国共产党的抗日主张，并就双方合作抗日等有关事宜进行接洽，以推动第二次国共合作和抗日民族统一战线的建立。在此形势下，张云逸以中共中央代表的身份，于1937年5月中旬到达香港，在华南地区开展统战工作。

在张云逸到达香港之前，云广英、陈英夫妇受中共中央派遣，由延安先期抵达香港，做准备工作。张云逸到达香港后，首先与设在九龙的中共中央北方局南方临时工作委员会（简称南临委）接上了头。在这里，张云逸见到了云广英、陈英夫妇及南临委的负责人薛尚实等同志，向他们介绍了自己此行的目的和中共中央当前的方针政策。薛尚实等则向他介绍了总部设在香港的中华民族革命同盟和中华民族解放行动委员会（亦称"第三党"，后改组为中国农工民主党）等有关情况。对于这两个革命团体，张云逸在延安也有所了解。

中华民族革命同盟（简称"大同盟"），是由原第十九路军爱国将领与国民党内反蒋势力李济深、陈铭枢、蔡廷锴、蒋光鼐等人于1935年7月在香港组建的。大同盟成立后，以"争取民族独立，树立人民政权"作为其基本的政治目标，并提出了抗日反蒋的"八项具体行动纲领"。此后，大同盟参加了由陈济棠、李宗仁、白崇禧等于1936年6月发动的打着"抗日救国"旗号的两广事变，参加了由沈钧儒、章乃器、李公朴、王造时、沙千里、史良等领导的救国会运动，同时联苏联共，支持国共合作。1936年9月，毛泽东还亲自给蒋光鼐、蔡廷锴写了一封信，托人带往香港，并同时捎去中国共产党《关于国共两党抗日救国协定草案》，以便双方以此为基础签订抗日救国协定。接到毛泽东的信后，大同盟放弃了反蒋口号，提出了新的"八条行动纲领"，在和平解决西安事变中发挥了一定作用。

中华民族解放行动委员会的前身，是 1930 年由邓演达发起组织的中国国民党临时行动委员会。在全国抗日救亡运动的推动下，中国国民党临时行动委员会于 1935 年 11 月 10 日在香港九龙召开会议，决定改名为中华民族解放行动委员会，推举黄琪翔为总书记，彭泽湘、谭平山、章伯钧等都是其重要成员。该会以争取民族解放为己任，主张联苏联共，召集全国人民非常代表会议，实行土地改革，实行全国总动员，尽快发动反对日本帝国主义侵略的民族革命战争，求得民族解放。该会成立后，派人分赴各地开展抗日救亡运动，并参与了两广事变。

除了中华民族革命同盟和中华民族解放行动委员会外，国民党广西地方实力派李宗仁、白崇禧也在香港设有常驻代表，负责桂系与各方政治势力的联络工作。

对李济深、陈铭枢、蔡廷锴、蒋光鼐等人，张云逸并不陌生。1933 年，张云逸作为中共中央的军事联络员，在处理福建事变的过程中，同他们打过交道。此外，在来香港之前，张云逸就同李宗仁、白崇禧的代表刘仲容有过接触，对于桂系的政治主张也有一定了解。这是张云逸在华南地区开展统战工作的有利条件。

在九龙安顿下来后，张云逸先后与中华民族革命同盟、中华民族解放行动委员会及桂系三方代表取得联系，向他们介绍了中国共产党的路线、方针和政策，表达了中共愿与各方力量团结起来、共同抗日的立场。三方代表均表示拥护中共团结抗日的主张。为深入交换意见，采取一致行动，共同推动全国抗战的早日实现，张云逸几次召集三方代表举行四方代表座谈会，就有关问题做进一步磋商。这几次座谈会虽因全国抗战的爆发未能取得具体成果，但使三方进一步加深了对中国共产党抗日主张的了解与认识。1937 年 7 月全国抗战爆发后，在全国抗日民族统一战线建立的初期，由于国民党当局抗战比较积极，在政治上又表现出一定的进步性，有些中间党派的领导人对蒋介石合作抗日的诚意估计过高，强调其他党派应绝对服从国民党的领导，甚至主张解散自己的党派组织。1937 年 10 月 30 日，在陈铭枢的坚持下，已由香港迁到南京的中华民族革命同盟宣布解散。张云逸在香港召集的四方代表座谈会也就此终止。

在香港工作期间，张云逸派人赴广西与刘仲容取得了联系，告知不久即将到桂林代表中共中央回访李宗仁。对于中共代表与李宗仁会谈一事，刘仲容早已有思想准备。对此，他回忆说：1937 年春天在延安时，毛泽东数次接见了我，详细询问了广西及天津各方面的情况，认为对广西的抗日统一战线工作应特别做好，并决定派一个中共代表赴广西会见李宗仁、白崇禧，协商抗日问题，进一步了解广西的情况。他还问我，李、白是否可以秘密接待中共方面的代表，我说可以做到。毛泽东又说，估计中共方面派出的这位代表在我回广西后不久即可到达，到时再去找我，要我先同李、白讲好。我是这年 5 月回到桂林的。回到桂林后，即向李宗仁转达了毛主席的话。大约在一个月后，有位香港的客人访问我，说他是张云逸同志派来的。他通知我，不久张云逸要来桂林回访李宗仁，要我为这次会见安排一下。①

李宗仁、白崇禧得知张云逸已抵达香港，立即给他发了一封电报，请其尽快来广西晤面。李宗仁之所以急着要见张云逸，是由当时的背景所决定的。1936年6月，李宗仁、白崇禧曾与国民党广东地方实力派陈济棠等，由于利害冲突和对蒋介石对日政策的不满，发动两广事变，通电全国，主张"抗日救国"，并将两广的军队改称抗日救国军，继而派兵向湖南、江西进发。两广事变爆发后，中共中央派代表与桂系取得联络，共商抗日救国大计。但在蒋介石的收买下，广东军队被瓦解，陈济棠被迫下台。最后，蒋介石以收回要李、白离开广西的命令，并答应李、白提出的"确定抗日计划并务求在短期内实现"等条件，和平解决了历时三个月的两广事变。两广事变虽已解决，但此后蒋介石通过各种手段打压桂系。张云逸抵达香港前后，桂系正面临着财政上的巨大压力。对此，张云逸曾指出："这时正蒋以经济压迫桂省（操纵纸票），桂币低至四成，军民均有怨言。李白苦无办法应付，亟求外援，闻我到港，就来电催促入桂，态度还诚恳。"②李宗仁、白崇禧希望通过与张云逸的会谈，使桂系能与中共方面结成某种关系的同盟，以摆脱目前的不利局面，至少可以增加与蒋介石讨价还价的资本。

张云逸通过在香港的活动，在初步了解了中华民族革命同盟、中华民族解放行动委员会及桂系的有关情况后，确定了"第一步以桂林为中心，推动其它方面工作；第二步以广州为中心，向福建发展"③的工作方针。同时，张云逸接受了李宗仁、白崇禧的邀请，决定尽快赴广西，做桂系的统战工作，并指示南临委配合云广英在香港、广东开展有关方面的联络工作。工作部署完毕后，张云逸带着秘书罗理实由香港乘船赶往广西。

李宗仁、白崇禧对张云逸的此次访问非常重视。根据毛泽东与刘仲容的事先约定，张云逸此次访桂要秘密进行，不能声张，以避开蒋介石的耳目。为确保张云逸的安全，李、白令王公度安排接待。王公度是当时桂系内部比较有影响的人物，曾任李宗仁第四集团军总政训处处长、南宁军校政训处处长、国民党广西省党部常务委员和广西省政府委员等职，集组织、政工、青训等大权于一身。根据李、白的指示，王公度立即对张云逸访桂的接待工作做了严密而周到的安排。同时，李宗仁、白崇禧还将王公度、李任仁、黄旭初、李品仙、潘宜之等桂系重要成员召集到一起，商讨如何与中共代表进行谈判的问题。

6月初，张云逸与秘书罗理实根据王公度的通知，在广西梧州离船上岸。梧州市公安局局长李尘一遵照王公度的安排，派汽车护送张云逸由梧州到桂林。当张云逸乘车到达荔浦汽车站时，刘仲容在此迎候。在刘仲容的陪同下，张云逸来到

---

① 参见全国政协文史资料委员会编：《文史资料存稿选编·军政人物》（上），中国文史出版社2002年版，第241页；中国人民政治协商会议全国委员会文史资料研究委员会编：《文史资料选辑》第73辑，文史资料出版社1981年版，第36页。

② 军事科学院《张云逸军事文选》编辑组主编：《张云逸军事文选》，军事科学出版社2007年版，第69页。

③ 军事科学院《张云逸军事文选》编辑组主编：《张云逸军事文选》，军事科学出版社2007年版，第69页。

了桂林。为保证张云逸起居和出行的安全，刘仲容根据李、白的指示，派人对张云逸进行秘密保护。

6月12日，张云逸与李宗仁、白崇禧进行了初次会谈。张云逸指出：中日两国间的矛盾已成为当前中国社会的主要矛盾，日本帝国主义是中华民族的最大敌人，中国内部阶级之间、党派之间以及中央政府与地方政府之间虽然还存在着各种矛盾，但这些矛盾已降至次要和从属的地位，从而形成了目前形势的新的发展阶段；在此形势下，中国的各种力量应该团结起来，建立广泛的抗日民族统一战线，一致对外，中国共产党正在为达此目的而不懈地奔走和努力；目前国内和平虽已实现，但还不巩固，国民党南京政府和蒋介石在政策上已经开始转变，但这种转变还只是开始，很不彻底，全国政治制度的民主改革与人民抗日自由权利的取得以及全国抗战的发动，还需要战胜各种障碍与阻力，不是几天就能实现的，为此中国共产党提出了巩固和平、争取民主、实现抗战这样"三位一体"的口号，并将促成全国政治之民主改革与开放人民之自由权利，作为当前任务的重心。张云逸还指出，只要全国人民团结起来，万众一心，共赴国难，日本侵略者是一定能够被打败的。

李宗仁、白崇禧在会谈中表现出了积极的抗日情绪。他们同意张云逸对国内外形势的分析，赞成中国共产党倡导的抗日民族统一战线政策，并表示愿意同中国共产党联合起来，共同对外。李宗仁还告诉张云逸，国民党军事委员会委员长广州行营第二厅厅长刘健群目前也已到桂，意在劝说他和白崇禧早日进（南）京，辅佐蒋介石。但李宗仁对蒋介石仍有不满情绪，对其能否真正走上抗日的道路心存疑虑。张云逸遂"以抗日前途为要相劝"[①]。由于是初次会谈，张云逸与李宗仁、白崇禧在谈话中未涉及具体问题，只是相互交换一下双方对当前国内形势的看法，表明彼此的政治立场，为下一步举行具体会谈做铺垫。

与李宗仁、白崇禧见面后，张云逸又与刘仲容等桂系成员分别作了会谈。在与他们的会谈中，张云逸感到由于蒋介石的压迫，桂系不少人对于同中国共产党合作抗日确实很有诚意，并希望通过与中共合作来推动抗日救亡运动的发展，借以巩固其在广西的统治，提高其在国内的政治地位，此外他们还想通过中共方面获得苏联方面的某些援助。当然，由于对中共抗日民族统一战线政策缺乏足够的了解，加上一些人对中共的偏见以及对红军力量的轻视，张云逸也听到了一些反对与中共合作的论调，但这不是主流。另外，张云逸还从刘仲容口中得知：蒋介石正在广西拉拢右派势力，企图分化桂系；中华民族解放行动委员会的重要成员谭平山正在广西活动；受蒋介石压迫的国民党地方实力派、四川省政府主席刘湘也派代表来桂，希望通过桂系与中共方面取得联络，合三方之力来推动全国政治局面的发展；李宗仁已答应刘湘，准备介绍其代表与张云逸会面。

6月13日和14日，张云逸将与李宗仁、白崇禧初次会谈的情况以及自己到桂林后通过各种途径所了解到的情况，通过电台向中共中央领导人毛泽东、朱德、

---

① 军事科学院《张云逸军事文选》编辑组主编：《张云逸军事文选》，军事科学出版社2007年版，第47页。

周恩来作了汇报。

6月15日,张云逸与李宗仁进行了第二次会谈。在此次会谈中,李宗仁表示原则上同意中共方面提出的巩固和平、争取民主、实现抗战"三位一体"的方针,并约请张云逸与他的几个高级干部就如何巩固国内的和平统一、实现民主和促成全国抗战,以及如何修复与蒋介石的关系等问题进行具体讨论,并拟出有关方案。张云逸还与李宗仁商定,此方案一经各方确认同意后,即根据该方案分头进行联络工作。在李宗仁的引见下,张云逸还结识了刘湘的代表张斯可,并邀其一起参加合作抗日方案的讨论。16日,张云逸致电中共中央,请示与桂系拟定合作抗日方案的方针。

此时,中共中央正通过各种途径与国民党南京政府就合作抗日及红军改编等问题进行谈判。为向外界表明国民党政府准备抗日的姿态,蒋介石与国民党中央政治委员会主席汪精卫准备于江西庐山召开一个谈话会,邀请各界知名人士参加,共商抗日御侮大计。在此情况下,6月24日,毛泽东、朱德、周恩来在给张云逸的复电中指出:"(一)同意你在港桂活动的方针。(二)目前国共合作渐趋明朗化,此间拟不久发表宣言。(三)蒋甚注意我们与川、桂连络,向人言:桂方对蒋表示反对联共。我们应坦白的向李、白说明,只有以抗日民主与蒋比进步才能生存发展,如以军阀政策与蒋比前后,则只有失败。我们联蒋亦只有在抗日与民主道路上推动,他如挑拨内战不仅无益,也不可能。(四)为扩大蒋、汪在庐山函请谈话范围,应设法推动粤、桂、港三方政治人物应约前往。如可能,其谈话要点应请注意:(1)宣传救亡纲领;(2)开放爱国的言论、思想、自由;(3)撤废紧急治罪法、新闻检查条例;(4)释放政治犯(包括七君子);(5)国民大会选举之扩大及讨论救亡任务。(五)港桂方面应进行宪政促成运动,或利用现成团体或另组宪政促成会,其目的在:吸收各界各团体的负责分子参加,做到下列各事:(1)讨论宪法草案,并提出具体的修改方案。(2)讨论并产生解决国难的提案。(3)联合平、津、沪、汉、陕、晋各地民众团体,推出国民大会[代表]二百四十名,指定代表的候选人,要求国民政府聘任。其办法可先由各地拟出名单与上海交换意见,然后会同各地代表决定倍数名额,交国府选聘。(4)出版讨论宪法草案及解决国难方案的刊物。(六)在国大代表复选中,我们应赞助候选名单上之抗日左倾分子。(七)各方情形望经常电告。"① 从上述电报可以看出,中共中央把抗日与民主作为推动全国形势发展的主要手段。

张云逸于6月27日才收到毛泽东等人的上述电报。在此之前,张云逸已代表中共方面与桂、川双方就合作抗日的纲领草案进行了数日的讨论,并最终达成了协议。尽管没有收到中共中央关于谈判方针的指示,但张云逸凭着对形势和中共中央抗日民族统一战线政策的理解和把握,与桂、川双方达成的合作抗日纲领草案的各项内容与中共中央6月24日电报精神是一致的。26日,张云逸将该纲领草

---

① 毛泽东、朱德、周恩来致张云逸电,1937年6月24日。

案向毛泽东作了摘要报告,并征求中共中央的意见。电文如下:

> 毛:
> 　　我们连日与桂当局和川代表讨论结果,为一致挥[推]动实现抗日起见,决定纲领草案七条,摘要如下:
> 　　(一)巩固和平统一,实现民主政治,抗日收复失地为目的;
> 　　(二)召开国防会议,应充分接收各方抗日领袖主张;
> 　　(三)树立抗日旗帜,扩大宣传;
> 　　(四)开放民众抗日运动,改善人民生活,释放政治犯;
> 　　(五)努力国民会议制宪运动,和指定代表名额,分配于各党派指定名额;
> 　　(六)向抗日力量彼此间之互助;
> 　　(七)如各方同意此纲领,即组织共同纲领之机构。此种组织乃系以充分力量推动中央领导抗日为任务,不得含有分裂民族统一战线的意味。
> 　　以上各项有何指示,请即电复。我拟和桂方代表赴延面谈。
> 　　　　　　　　　　　　　　　　　　　　　　　　云逸①

收到张云逸的报告后,毛泽东于6月27日在复电中指出:纲领草案所包含的七项内容是对的,我们赞成本此做法;方案既定,即应推动桂、粤、港各方努力去做。毛泽东还告诉张云逸,暂时无回延安的必要,有什么消息可通过电台保持联络。

同日,张云逸在给毛泽东等人的报告中指出:"李白对我们甚诚恳。观其最近公开演说,与各什记刊物,皆无反共言论。蒋代表来桂时,李总司令且曾提议,谓时势如此,应乘机促成国共合作。此次我们与川联络,亦出李总司令所介绍。所闻桂对蒋表示反对联共军不确。"②张云逸在报告中还指出,他正设法与广东国民党地方实力派取得联系,目前已有了一定的进展,详情待日后再告。

7月上旬,张云逸代表中共方面与李宗仁及刘湘的代表张斯可正式签订了三方共同推动抗日的纲领及实施方案。这是张云逸对广西、四川国民党地方实力派统战工作的一个重要成果,目的在逼蒋抗日。尽管由于全国抗战的爆发,该纲领未能起到实际的作用,但在中国共产党的统战工作史上仍占有重要的地位。

1937年7月7日,日本帝国主义悍然发动了卢沟桥事变,并以此为起点开始了全面的侵华战争。7月8日,中共中央向全国发出通电,指出:"平津危急!华北危急!中华民族危急!只有全民族实行抗战,才是我们的出路!"号召"全中国同胞,政府,与军队,团结起来,筑成民族统一战线的坚固长城,抵抗日寇的侵掠!国共两党亲密合作抵抗日寇的新进攻!驱逐日寇出中国!"③同日,毛泽东

---

① 张云逸致毛泽东电,1937年6月26日。
② 军事科学院《张云逸军事文选》编辑组主编:《张云逸军事文选》,军事科学出版社2007年版,第55页。电文中的"李总司令"指李宗仁,他曾任国民党第四集团军总司令一职。
③ 中央档案馆编:《中共中央文件选集》第11册,中共中央党校出版社1991年版,第274—275页。

与朱德、彭德怀等七人代表红军指战员致电蒋介石，要求全国实行总动员，保卫平津、保卫华北，收复失地，并代表全体红军请缨杀敌，表示红军将士"咸愿在委员长领导之下，为国效命，与敌周旋，以达保土卫国之目的"①。9日，红军将领彭德怀、贺龙、刘伯承等九人代表红军全体指战员致电蒋介石和国民政府主席林森等，表示：全体红军愿即改名为国民革命军，并请授命为抗日前锋，与日寇决一死战。

李宗仁得知卢沟桥事变的消息后，立即约见张云逸，探询中共方面对事变的态度和主张。张云逸据实以告，并向李宗仁建议，广西方面也应向国民党南京政府及全国民众表明对卢沟桥事变的态度，拥护蒋介石领导抗战。根据张云逸的建议，李宗仁召集广西各界代表举行谈话会，商讨广西方面如何应对卢沟桥事变的问题，最后决定：李宗仁以其本人名义给国民党南京政府军政部部长何应钦及华北地方当局各发一主张抗战的通电；广西各方领袖及民众抗日团体通电全国民众，敦促国民党南京政府立即发动全国抗战；速派得力代表去华北联络，表达对第二十九军抗战官兵援助之态度及慰劳之情，鼓励抗日将士；促请南京政府立即明令抗日，并指示各方任务及准备抗日的办法；加紧扩大对卢沟桥事变的宣传，以提高军民抗日之情绪。

虽然桂系赞成中共方面对卢沟桥事变的态度和主张，但李宗仁、白崇禧对蒋介石此时是否愿意抗战仍心存怀疑，所以当7月14日蒋的亲信宋子文根据蒋介石的指示致电白崇禧，请白赴庐山或南京与蒋介石会面时，白崇禧以蒋介石对抗战尚未下定最后决心为由予以拒绝。据曾担任白崇禧秘书的程思远回忆，白崇禧之所以不愿在卢沟桥事变后立即与蒋介石晤面，与桂系此前采取的政策有关。程思远说："张云逸访桂后，李、白采行了中共提出的'逼蒋抗日'方针，即蒋介石如不抗日，那么李、白就不入京，企望以此对蒋施加压力。"②

为使桂系尽快与蒋介石就团结抗日一事达成谅解，以利全国抗日民族统一战线的形成，张云逸根据中共中央的指示精神继续做李宗仁、白崇禧的工作。在与李宗仁会谈时，张云逸扼要地向其介绍了华北方面的情况及蒋介石当前的态度。他说：日本正向华北大举出兵，第二十九军官兵正在英勇抵抗，华北及其他各地的抗日救亡运动已迅速开展起来；蒋介石也表示决心抗战，并已令孙连仲、关麟征、高桂滋、李仙洲、赵寿山等十个师向石家庄集结。为坚定蒋介石抗日的决心，各方均应表示出诚意，拥护蒋介石及国民党南京政府的抗日政策，不能有牵制之意。张云逸特别强调：此时各方任务在于一面促成蒋氏建立全国抗战之最后决心，一面真正地准备自己一切抗日救亡的步骤，并同国民党南京政府一道去做。现在是中国存亡之紧要关头，又是蒋介石及南京政府彻底转变政策的关头，各方的做法必须适合上述之总方针，只有这样全国力量才能凝聚起来，共御外侮。李宗仁表示同意张云逸的意见。对于白崇禧的争取工作，张云逸当年作过这样的回忆：

---

① 中央档案馆编：《中共中央文件选集》第11册，中共中央党校出版社1991年版，第278页。
② 程思远：《白崇禧传》，华艺出版社1995年版，第189页。

"我初对白谈话,他表示冷淡。在卢沟桥事变中我依中央指示写二次信给白(他在南宁)提出具体办法,表示好些。他曾公开对大众报记者说,共产党主张拥蒋抗日很对,他将入京时亦找我询问意见,我所提出意见他都满意。"①

8月4日,白崇禧应蒋介石之电邀飞赴南京,就任国民政府军事委员会副参谋总长。10月10日,李宗仁也离开广西奔赴南京,随即就任第五战区司令长官之职。李宗仁赴南京之前,张云逸又与李宗仁进行了一次面谈,并且指出:"现在虽抗战了,我们抗战力量还要加强团结,方能坚决抗战到底,争取最后胜利,否则时时有妥协投降的可能。"②李宗仁非常赞成张云逸对抗战前途所作的分析。为保持同中共方面的联络,李宗仁还派刘仲容作为他的代表常驻延安。

在推动桂系参加全国抗战的同时,张云逸还积极开展对四川国民党地方实力派刘湘的争取工作。卢沟桥事变后,刘湘急切地想了解中共方面对事变的态度。张云逸遂将中共中央及红军诸将领在卢沟桥事变后向全国发出的通电交给刘湘在桂林的代表张斯可,并建议四川方面应与中共及桂系采取一致的立场。张斯可将中共中央、红军将领的通电及张云逸的建议一并电转刘湘。刘湘非常赞赏中共方面对卢沟桥事变的态度,并电邀张云逸入川,希望能同中共方面就合作抗日事宜与张云逸进行面谈。张云逸通过张斯可转告刘湘:只要真诚主张抗日,并拥护蒋介石来领导抗战,许多问题就可迎刃而解。刘湘基本接受了张云逸的意见,在抗日问题上表现出积极的态度,与蒋介石之间的矛盾也逐渐缓和,最终与蒋介石达成四川出兵抗日的协议。为推动四川抗日救亡运动的发展,张云逸也曾考虑入川一趟,亲自做刘湘等人的工作。但四川国民党地方实力派内部关系比较复杂,短时间内统战工作恐难以取得成效,而张云逸去四川又不能待得太久,于是他致电中共中央,表示自己入川只能短时间在那里开展工作,建议中央再派一个得力同志入川。中共中央考虑到对桂系的统战工作无人替代,没让张云逸入川,而是派李一氓去做刘湘的工作,继而又派罗世文常驻四川,作为中共中央的代表与刘湘保持联系。同时,刘湘也派出代表常驻延安。这样,通过张云逸的牵线搭桥,中共方面与刘湘方面就建立起了正式的联系。

在广西期间,张云逸还与云南国民党地方实力派龙云的代表但懋辛取得了联络,并向他介绍了中国共产党的抗日民族统一战线政策。但懋辛赞成中国共产党的抗日主张,表示回云南后愿为中共方面与龙云建立联络关系而努力奔走。但让张云逸感到遗憾的是,自与但懋辛分手后,直到1937年12月也未接到他的消息。实际上,在当年8月,中共中央代表周恩来、朱德、叶剑英赴南京参加国防会议期间,已经与龙云就双方合作抗日的事宜进行了商谈,并交换了电台密码,继而双方建立起了通讯联系,只不过张云逸还不知情。

张云逸在广西的任务基本完成后,毛泽东于7月15日电示张云逸,要其在

---

① 军事科学院《张云逸军事文选》编辑组主编:《张云逸军事文选》,军事科学出版社2007年版,第69页。
② 军事科学院《张云逸军事文选》编辑组主编:《张云逸军事文选》,军事科学出版社2007年版,第75页。

桂林再停顿若干天之后，便请李宗仁介绍去广州，与国民党广东绥靖公署主任兼第四路军总司令余汉谋，就中共方面准备在广州设立八路军办事处一事进行磋商。毛泽东在电报中要求张云逸确实做好余汉谋的工作，"求得他们赞助坚决抗战与国共合作为方针；求得他们开放爱国运动、积极救亡"，并强调此事"须着力去做"①。据此，张云逸与李宗仁、白崇禧就桂系参加全国抗战事宜基本达成一致意见后，即从广西返回香港，准备赴广东。

自1936年陈济棠下台之后，蒋介石的势力迅速渗入广东。此后，粤系内部逐渐分化，最后形成了以国民党广东省政府主席吴铁城、国民党广东省党部书记长谌小岑等人为代表的拥护蒋介石的"中央派"，以及以余汉谋为代表的"粤余派"。为争夺对广东的控制权，两派之间斗争不断，矛盾日渐尖锐。"粤余派"掌握着七八万人的军队，省级以下的地方政权亦为其掌握，而"中央派"的势力只掌握着广东省政府和广州市的政权，仅有几千人的税警团和一个宪兵司令部及宪兵队，并且在其掌握的政权中，余汉谋也安插了部分势力。在了解了广东国民党地方当局的大致情况后，张云逸即带着云广英、陈英夫妇于8月上旬由香港赶到广州。

由于李宗仁从中牵线，张云逸到达广州后很快就与余汉谋取得了联系。张云逸最初的计划是以余汉谋为主要对象开展工作，通过争取余汉谋来推动整个广东抗日救亡运动的开展，如其在广西通过争取李宗仁、白崇禧来推动广西的抗日救亡运动一样。但是，张云逸很快就发现，由于广东国民党内部有派系争斗，他在广西采取的工作方式在广东根本行不通，广东国民党当局甚至不太欢迎他的到来。余汉谋派来与张云逸进行接洽的秘书公然说：中共方面最好在扬子江以北活动，不要来南方。张云逸在1937年12月给中共中央的报告中指出："八月间［我］就到粤，与余汉谋面谈，他对抗战表示坚决，但与我们发生关系似害怕"，因为广东国民党分"粤余"和"中央"两派，"磨擦很厉害"，如同余联络，他恐"中央派"知道后引起蒋的不满，所以"不敢与我做朋友"，"同时更怕我党去粤活动"。②

为打消余汉谋的顾虑，张云逸决定转变工作方式，先做广东国民党"中央派"的工作。在取得"中央派"的支持后，张云逸又与其派出的代表一同去见余汉谋。余汉谋见有"中央派"的代表一同前来，心里有了底，对张云逸的态度也就好了些。张云逸趁势就合作抗日的一系列问题与粤方展开谈判。在谈判中，张云逸阐明了中共的抗日民族统一战线政策，要粤方赞成国共合作，实现民主和抗战，停止对中共闽粤边游击区及红军游击队的包围和进攻。张云逸还指出，闽粤边游击区的红军游击队应依照中共中央的指示进行改编，继而开赴前线抗日。不过，在会谈中，粤方只同意双方停止军事冲突、指定红军游击队活动区域、允许中共方面在闽粤边游击区进行公开和半公开的活动等事项。后经张云逸多方做工作，余

---

① 军事科学院《张云逸军事文选》编辑组主编：《张云逸军事文选》，军事科学出版社2007年版，第62页。
② 军事科学院《张云逸军事文选》编辑组主编：《张云逸军事文选》，军事科学出版社2007年版，第70、74页。

汉谋才表示同意与中共方面合作抗日。①

就在张云逸奔走于香港、桂林、广州等地做统战工作的同时，国共两党终于就红军主力改编等问题达成协议。1937年8月22日，国民政府军事委员会宣布将红军主力改编为国民革命军第八路军。25日，中共中央军委（以下简称中央军委）颁布了将红军主力改编为第八路军的命令（简称八路军，9月11日改为第十八集团军，但八路军的称呼一直被沿用下来）。9月22日，国民党中央通讯社发表了中共代表团提交给国民党的《中共中央为公布国共合作宣言》。次日，蒋介石发表了事实上承认中国共产党合法地位的谈话。至此，以国共合作为基础的，包括全国各族人民、各民主党派、各爱国军队、各阶层爱国人士及海外侨胞参加的抗日民族统一战线终于建立起来。

自9月下旬起，日军飞机开始轰炸广州市区及粤汉（广州至武昌）铁路和广（州）九（龙）铁路，华南的形势日渐紧张。在此形势下，张云逸经过谈判，使广东国民党当局陆续释放了大部分政治犯，并同意开放民众的抗日运动，允许中共方面派人参加。另外，余汉谋还同意中共方面在广州设立八路军办事处。12月，张云逸在香港与张文彬、廖承志、云广英等人一起讨论了组建八路军驻广州办事处，以及办事处成立后的工作任务、方针等问题。张文彬、廖承志二人是受中共中央的指派分别于9月和12月来到香港的。张文彬到香港后，根据中共中央的指示于10月在南临委的基础上组织了直属中共中央领导的南方工作委员会（简称南方工委，后归中共中央长江局领导），并任书记，领导广西和广东两省的中共组织。廖承志到香港的主要任务是负责两广的情报及对外联络工作。张云逸与张文彬、廖承志等就组建八路军驻广州办事处的有关事宜达成一致意见后，便携云广英来到广州。不久，八路军办事处在广州市德政北路成立，由云广英任主任。在张云逸的领导下，八路军驻广州办事处在宣传中共的抗日主张、开展抗日民族统一战线工作、推动广东抗日救亡运动的发展、采办军需物资、介绍青年到延安学习等方面做了许多卓有成效的工作。张云逸调到新四军工作后，办事处的工作由廖承志负责领导。

在建立抗日民族统一战线的过程中，张云逸作出了重要贡献，发挥了重要作用。

二、福建之行

1937年10月，张云逸到达福建，与国民党福建省政府主席陈仪等谈判红军游击队改编等事宜。

张云逸的福建之行，有着深刻的历史背景。

自1934年红军主力陆续离开南方各苏区开始长征后，留在豫、鄂、皖、湘、闽、浙、赣、粤八省苏区的各红军游击队，在与中共中央失去联系的情况下，独

---

① 参见中共党史人物研究会编：《中共党史人物传》第33卷，陕西人民出版社1987年版，第83—84页。

立自主地坚持游击战争，挫败了数十倍乃至数百倍于己的强敌进攻，逐渐形成了闽赣边、闽粤边、闽东、闽西、闽北、闽中、琼崖等15个游击区。但是由于长期转战于深山密林之中，这些红军游击队对中共中央关于建立抗日民族统一战线的方针政策缺乏了解。西安事变和平解决后，蒋介石采取"北和南剿"的方针，在对西北红军主力停战的同时，调动大批兵力对活动在南方各游击区的红军游击队进行疯狂"清剿"，企图在中共中央与这些红军游击队取得联系之前将其全部消灭，拔除中国共产党在南方保持的这些战略支点，这就使南方各红军游击队仍然处于"清剿"与反"清剿"的艰苦斗争之中。全国抗战爆发前后，国民党当局无力对南方各红军游击队继续进行大规模"清剿"，于是采用"招抚"政策，想借谈判之机对红军游击队实行收编。由于部分游击区的领导人对国民党消灭或吞并红军游击队的阴谋警觉性不高，在与国民党地方当局的改编谈判中，没有坚持抗日民族统一战线中的独立自主原则，以致发生了部队改编后被集体缴械的事件。如中共闽粤边特委和红军游击队领导人何鸣，在1937年6月与国民党驻闽粤军第六十五军第一五七师达成合作抗日协议后，接受对方的要求，将由特委领导的红三团和独立营改编的近千人的闽粤边保安独立大队开进漳浦城驻防，结果于7月16日被第一五七师以点编发饷为名包围缴械，史称"漳浦事件"（亦称"何鸣事件"）。

为加强对南方红军游击队谈判工作的指导，中共中央自1937年8月起陆续发出关于南方红军游击队集中改编方针等一系列重要指示，并派出代表到南方各游击区进行传达，同时要求正在南京与国民党方面进行谈判的中共代表博古、叶剑英，以及正在南方开展统战工作的张云逸等派人到有关地区进行传达，并就漳浦事件同国民党方面进行交涉。

与此同时，张云逸也接到了国民党福建省政府主席陈仪邀请他去福建商谈红军游击队改编事宜的电报。

当时，福建境内有数支红军游击队在活动。自来到华南后，张云逸十分关注福建各游击区的工作。还在1937年6月，他在给闽西游击区领导人张鼎丞、邓子恢、谭震林的信中指出，在与驻闽粤军谈判时一定要根据中共中央的有关精神进行，保持独立性，"不能随便轻易答复对方的问题"[①]。漳浦事件发生后，张云逸和南临委又派人赴闽南，向中共闽粤边特委领导人传达中共中央的有关方针、政策。张云逸还根据毛泽东的指示，派人通知张鼎丞等闽西游击区领导人，要其同粤军接洽时务须慎重，谨防上当。9月，张鼎丞等根据张云逸、南临委的指示，派谭震林率闽西红军游击队一部到闽南，与中共闽粤边特委重新组建的红三团会合，坚持闽粤边的武装斗争，从而稳定了闽粤边的形势，保住了这块游击区。除了闽西、闽粤边有红军游击队外，张云逸还了解到闽中、闽北、闽东也有红军游击队在活动。

由于与陈仪过去没有任何联系，加之全国抗战爆发后他在抗日的问题上态度暧昧，张云逸对陈的邀请实感意外。全国抗战爆发后，各省纷纷发表通电或声明，

---

① 郑复龙：《八闽健儿抗日征程史》，福建人民出版社1998年版，第162页。

支持抗战,并迅速掀起了动员民众参加抗日的热潮,可是由陈仪主政的福建国民党当局在这方面却毫无声息。当有人攻击其不思抗战时,陈仪反驳说,不是他不抗日,而是蒋介石有指示。他还宣读了蒋介石发给他的一封电报,大意是说东南方面对日本应采取缓和态度。陈仪甚至说,当前还不是全面抗战的时候,大家应安守本土工作,不要搞抗日运动,以免事态扩大。① 与此同时,他仍未放弃消灭红军游击队的错误政策,福建某些地区的国民党军队仍在对红军游击队进行"清剿"。这就使得张云逸对于陈仪邀请其赴闽的真实目的产生了怀疑。

不过,张云逸认为,能够赴闽仍然是一次难得的机会,一方面可以就福建红军游击队的改编问题与陈谈判,表明中共方面的态度,促其放弃继续"清剿"红军游击队的错误政策,推动福建抗日救亡运动的开展,并就漳浦事件与之直接交涉,另一方面也便于与福建境内的各红军游击队取得联系,向其传达中共中央的指示。经过慎重考虑后,张云逸决定接受陈仪的邀请,到福建走一趟。南方工委也同意他赴闽与陈仪谈判。这样,张云逸利用与广东国民党当局谈判的间隙,于10月由香港来到了福建。

在福州、漳州等地,张云逸与陈仪及驻闽粤军第一五七师师长黄涛、(长)汀漳(州)师管区司令涂思宗等人广泛接触,向其阐述了中共中央关于抗日民族统一战线的方针和政策,并就漳浦事件的善后问题、福建红军游击队的改编问题以及他准备到福建各游击区执行公务等问题进行了多次谈判。对于当时谈判的情况,张云逸在给中共中央的报告中说:"陈表面亦还好,实际的企图是〔将游击队〕收编或调走北上。甚至有些军队请求进剿,我以团结抗日力量谈,陈无词。""在福州就我公开与省政府各委员及保安处长、市长接谈,在漳州与黄涛(师长)及师管区涂思宗等接谈,给这些〔人〕知道我们闽省部队与西北红军是有关系,不以土匪对待,一般的论调都转好些。""闽当局对我们一般说不很坏,政治犯没有放,现在闽我交涉,他云未奉命为词,争无效。"② 为防止意外,每次与国民党方面会谈时,张云逸都让秘书林青以勤务员的身份在外面等候。林青回忆说:"开始,我对此称呼有些不乐。张云逸同志看出我的心事,耐心地对我说:'你作为勤务员,在外面呆着,我万一出事,你还可以回去报告组织。如果你作为秘书跟我到里面,一出事,也走不了啦!'"③ 经张云逸这么一解释,林青心里的疙瘩顿时解开了。他对张云逸心思的缜密由衷地佩服。

陈仪邀请张云逸来福建的真实目的,是想取得中共方面的同意,将福建境内的红军游击队收编,归其所用,或者由中共将其全部调离闽境,以达到稳固其在福建统治的目的。因而,对张云逸到游击区去的问题,陈仪只同意他去闽西与张

---

① 参见文思主编:《我所知道的陈仪》,中国文史出版社 2004 年版,第 43—44 页。
② 军事科学院《张云逸军事文选》编辑组主编:《张云逸军事文选》,军事科学出版社 2007 年版,第 70—71、76 页。
③ 中共广西壮族自治区委员会党史研究委员会编:《广西革命斗争回忆录》第 2 辑,广西人民出版社 1984 年版,第 158 页。

鼎丞等人会面，不同意他去闽东。陈之所以同意张云逸去闽西，是因为由张鼎丞领导的中共闽粤赣边省委，已就闽西红军游击队的改编问题与福建国民党当局达成了协议，部队已改编为"闽西人民抗日义勇军第一支队"，并经过了"点编"。陈之所以不同意张云逸去闽东，是因为闽东红军游击队此时正在与当局进行接洽，陈企图将其收编。他担心张云逸去闽东会使他的计划落空，遂诡称闽东根本没有红军游击队。中共闽东特委得知这一消息，立即向正在与其接洽的国民党福建省保安处副处长兼保安第二旅旅长黄苏提出严正抗议，指出这样做是别有用心，同时把红军游击队一部集结到靠近宁德县城的山上，吓得黄苏下令全城戒严，并将宁德县城的城门关了三天。①

闽东红军游击队的存在，毕竟是无法掩盖的事实。在谎言被揭穿后，为阻止张云逸与闽东游击队领导人叶飞见面，陈仪要么说闽东红军游击队没有固定地点，一下子找不到，要么说闽东红军游击队正在与保安第二旅谈判，不必去了。但不管陈仪如何狡辩，张云逸从容应对，最后迫使陈不得不让张云逸与叶飞见面。为了达到将叶飞部收编的目的，陈仪又要了个花招，说准备派一个参谋与士兵陪同张云逸去保安第二旅，要张云逸写信约叶飞到旅部面谈。这一招，的确给张云逸出了一个难题。如果不去保安第二旅，就暂时无法与叶飞见面；如果去见面，在对方的监视之下，就无法向叶飞传达中共中央的有关指示，只能讲些言不由衷的话，这样一来说不定还会给叶飞造成误解，从而给闽东红军游击队的谈判改编工作造成损失。考虑再三，张云逸决定还是不去保安第二旅见叶飞。

为了尽快将中共中央的指示传达给叶飞，张云逸想了一个办法，即以传达国共合作抗日方针为由，派人秘密携带中共中央的有关文件去闽东游击区，并邀请福建国民党当局派人一同前往。这样，既能取得对方的同意，又可确保己方人员的安全。这一招果然奏效。陈仪听说张云逸不再坚持要见叶飞了，便欣然同意张云逸的建议，并决定由福建省保安处派一人陪同张云逸指定的人员前往闽东游击区。张云逸找来受南方工委指派先期来到福州的中共党员孙克骥，向其交代任务，并告诉他说："现在国共合作，他们（按：指国民党方面）不会怎样为难你的。文件在必要时应销毁。你今天来看我，你的政治面目已公开了，你应当把福州的一切社会关系切断，住到旅馆里同国民党打交道。"②他还告诉孙克骥，要做两手准备，如果对方派来的人失约，就设法到闽北找中共闽赣省委书记黄道，带给叶飞的文件可交他派人转送。孙克骥表示坚决完成任务。

根据张云逸的指示，孙克骥住进闽江边的一家小旅馆，与福建省保安处派来的人约定了启程日期。可是到了启程那天，对方的人却没有来。孙克骥遂去闽北找到了中共闽赣省委书记黄道，请其尽快把文件转送给叶飞。完成任务后，孙克骥留在闽赣省委工作，并通过苏区中央分局秘书长涂振农将有关情况向南方工委

---

① 参见中国人民解放军历史资料丛书编审委员会：《南方三年游击战争·闽东游击区》，解放军出版社1993年版，第113页。

② 孙克骥：《新四军三支队改编前后》，载《福建党史通讯》1987年第3期。

作了报告。在此期间，福建国民党当局以种种条件为诱饵，企图收编闽东红军游击队，但叶飞等坚决表示可以谈判、拒绝收编。陈仪见实在无法收编闽东红军游击队，就给八路军驻南京办事处发了一封电报，请求派人前来联络，以便将这支部队调走。八路军驻南京办事处随即派顾玉良赴福建，与叶飞等人取得了联系。随后，顾玉良参与了中共闽东特委与福建国民党当局的谈判，最后双方终于就闽东红军游击队的改编等问题达成了协议。

交涉漳浦事件的善后问题，是张云逸与陈仪等人进行谈判的一项重要内容。漳浦事件发生后，中共中央一面令驻南京的中共中央代表团与国民政府进行交涉，一面令在南方的张云逸与国民党地方当局进行交涉，以求得善后问题的解决。可是，当张云逸就漳浦事件向陈仪提出抗议，要求迅速归还被扣的红军游击队人员和枪支时，陈仪说这是驻闽粤军第一五七师师长黄涛下令干的，他事先并不知情，但枪支可以日后查明归还。而当张云逸赶到漳州，与黄涛进行交涉时，黄涛却说只是奉令行事，做不了主，要归还人枪得有上级的命令才行。为此，张云逸又赶到广州，与粤军的最高长官余汉谋进行交涉。谁知，余汉谋又说此事发生在福建，与他无关，应是陈仪下令干的。没办法，张云逸只好返回福州，再找陈仪交涉。

在交涉漳浦事件期间，张云逸途经厦门时，见到了何鸣。漳浦事件发生后，何鸣曾在国民党军第一五七师任职，当过一段时间的少尉官，后由漳浦来到厦门，在国民党侦缉队工作。在与何鸣的交谈中，张云逸当面指出其在漳浦事件中所犯的错误，对其进行了批评教育，并告诫他：在建立抗日民族统一战线过程中，一定要坚持独立自主的原则，虽然目前国共两党已经合作抗日，但国民党蒋介石集团始终没有放弃吞并或消灭中国共产党领导的革命武装的图谋，因此在与国民党合作抗日的时候，仍要时刻保持警惕，以免上了蒋介石集团的当。何鸣向张云逸承认了错误，并请求重回闽粤边游击区工作。张云逸要其在厦门安心做抗日工作，等候他与国民党方面交涉的结果。后在中共组织的帮助下，何鸣到了闽西游击区，在新四军第二支队司令部工作，1939年6月因被怀疑为日本特务而被错杀。1940年夏，张云逸同当年曾在闽粤边游击区工作过的柯志达谈起何鸣在漳浦事件中所犯的错误时指出："他主要是由于年轻幼稚，缺乏与国民党和谈抗日的经验，政治上不成熟，思想右倾麻痹，警惕性不高，因而上了国民党反动派的当，受了骗。"[①]

就在张云逸为交涉漳浦事件的善后问题往返奔走于福建、广东两省之时，在南京的博古、叶剑英等人与国民政府军事委员会军政部部长何应钦的交涉取得了进展。何应钦同意归还被扣的人员和枪支，并批准这些人枪归还中共方面后仍编为闽粤边保安独立大队，他还将此事电告国民党福建省政府，令其照办。10月23日，毛泽东将这一消息电告张云逸，要其立即通知中共闽粤边特委，准备接收返还的人枪，同时要其告知余汉谋，不要再从中阻挠。张云逸立即将上述情况分别告知陈仪和余汉谋。陈、余二人虽在口头上表示将尽快归还被扣的人枪，却不付

---

① 陈方主编：《青山不老——红色健康老人柯志达》，中央文献出版社2003年版，第221页。

诸行动，一再拖延。由于还有好多事情需要处理，国民党方面又已答应归还被扣的人枪，张云逸便将督促归还人枪的事交给中共闽粤赣边省委办理。

赴闽西游击区，向中共闽粤赣边省委传达中共中央的有关指示，是张云逸在福建的又一项重要工作。

已经接受改编的闽西红军游击队，虽然得到福建国民党当局的承认，但陈仪并没有放弃将之吞并或消灭的企图。10月下旬日军占领金门后，陈仪于当月底通过黄涛给闽西游击区领导人张鼎丞、邓子恢等转来一份电报，要张、邓率部立刻开往漳州、厦门前线。黄涛表示可以派汽车接运。张鼎丞、邓子恢等认为，陈仪此举或者想用抗日名义达到"借刀杀人"的目的，或者想把红军游击队拉到漳州城集中缴械，但如果不去政治上又不利。经过研究，张鼎丞等人最后决定：不走对方安排的路线，而是取道永定、平和转漳浦开赴前线，不经漳浦城；部队步行开进，不坐对方的汽车；同时请对方划出部队的防线，以便与粤军并肩作战。陈仪接到张鼎丞等人的答复后，深恐闽西红军游击队到闽南与红三团会合，进一步发展壮大，因此赶紧收回了要闽西游击队开赴厦门前线的命令。没过多久，福建国民党当局又要邓子恢把部队带到龙岩城接受检阅，并企图将闽西红军游击队改编为保安团。这些无理要求遭到拒绝后，驻龙岩的福建省第六区行政督察专署就停发了闽西红军游击队的经费。邓子恢等见福建国民党当局不怀好意，为防止意外，就将部队分驻于龙岩的雁石圩和苏邦两地。国民党龙岩专署借此散布谣言，说红军游击队进驻雁石圩，是企图进攻龙岩城，同时派人将龙岩城东的见龙桥烧毁，反诬是红军游击队所为，弄得城内人心惶惶，国民党军则准备前来"围剿"。据邓子恢回忆："这时候，我们的处境真是进退两难：国民党把我们搁浅在这里，根本不让去抗日，即使让我们去了，与国民党军队一起作战，又凶多吉少；留在后方，政治上又不好说话；如果再打内战，又怕违反党的政策。就在这时候，党中央代表张云逸同志找我们来了。大家好像漂泊多日，突然脚踏着了实地，连忙请他传达中央意旨。"①

这时，国共两党正在就南方红军游击队的改编问题进行谈判。虽然谈判还没有结果，但中共中央关于南方红军游击队改编的方针业已确定。张云逸到达闽西后，召集中共闽粤赣边省委举行了一次扩大会议，在会上全面传达了中共中央关于南方游击区的工作方针。张云逸指出：南方各游击区是今后南方革命运动的战略支点，这些战略支点是红军十年血战的结果，必须十分重视。西安事变后，国民党企图利用"北和南剿"的方法来拔除这些战略支点，"剿"的方法失败后，现在又借抗日之名对红军游击队进行和平"收编"。故而，中共中央要求各游击区在当前新的形势下，更应提高警惕，以免上当。不过，为适应全国抗战形势发展的需要，巩固与扩大抗日民族统一战线，中共中央认为，在保存与巩固红军游击队和保障党的绝对领导的前提下，较大的部队可与附近的国民党军或地方政权进

---

① 《邓子恢自述》，人民出版社2007年版，第138页。

行谈判，改变番号与编制，以取得合法地位，但须严防被瓦解或被消灭；小的部队原则上可变为民团，以取得合法地位，不可能时仍可非法存在。在未与国民党地方政府及当地驻军谈判好以前，红军游击队可自动改变番号，用抗日义勇军或抗日游击队的名义，独立地去发动与组织人民群众，建立中共秘密组织，扩大中国共产党抗日民族统一战线政策的影响。在取得与国民党驻军停战谈判的机会后，应抓紧时间对部队进行整训，提高全体指战员的政治觉悟和政策水平，以粉碎国民党瓦解和消灭红军游击队的图谋。同时，中共中央要求各游击区在政权问题、土地问题、群众工作、党的组织工作等各方面均应实行转变，以"实现党的新政策，开展统一战线工作，保存与扩大革命的支持点的目的"①。

接着，张云逸又指出：各游击区与国民党方面达成停战协定后，红军游击队不能全部下山集中，否则对我们是十分不利的。中央要求我们采取下列步骤，既达到保存这些战略支点的目的，又答复了国民党方面：（1）原则上不拒绝集中，但要说明：必须由中共中央派人前来传达方针，至少需几个月时间部队才能开动；各区游击队开动之前，邻近周围200里内之国民党驻军应首先开动参加抗日，至少同时开动，日后不能再向该地派驻国民党军队；按照附近国民党军队保留的数目来确定游击队保留的数目，以保护原有游击区内游击队家属的安全；游击区实行民选制度；游击区土地关系不变更；国民党不得派任何人员和部队移入及破坏游击区。（2）闽西、闽南及浙南红军游击队暂留在原地，因为日本即将进攻闽、粤、浙三省，这三个地区的部队要为保卫各该游击区及其附近国土而战，目前不能集中。（3）游击区部队集中后，国民党方面不得干涉其领导指挥权，也不得向该部队插入任何人。

最后，张云逸还告诉张鼎丞、谭震林、邓子恢等人："中央准备在南方也编一个军，一定要保持我们队伍的独立性，不编给国民党。他要打，就打，不怕他；他要编我们，那做不到，不然就再上山和他们干！当然，为了顾全抗日大局，我们还是应该尽量地争取和平。"②

听完张云逸的传达，闽西游击区领导人的思想豁然开朗。中共中央的指示，解除了他们在关于部队是走是留、遇到国民党军队的进攻是打还是不打这两个关键问题上的困惑。当时在闽西游击区工作的温仰春回忆说："以前，我们担心开展自卫斗争会破坏合作的局面，经过张云逸同志指点后，思想明确了，就没有这个顾虑了。"③

张云逸的闽西之行，还解决了闽西游击区领导人之间思想不统一的问题。当时，闽西游击区的领导人在与福建国民党当局进行停战谈判的问题上持有不同意见。9月中旬，张鼎丞等人曾给张云逸和南临委发出一份关于闽西游击区与福建国

---

① 中国人民解放军历史资料丛书编审委员会：《新四军·文献》（1），解放军出版社1994年版，第12页。
② 《邓子恢自述》，人民出版社2007年版，第138—139页。
③ 中共福建省委党史资料征集编写委员会研究室编：《从和谈到北上抗日》，福建人民出版社1985年版，第70页。

民党当局谈判及闽西红军游击队改编问题的情况报告,并请张云逸和南临委将该报告转电中共中央。张鼎丞等在报告中还提出,在中共中央未派人来闽西前,请张云逸或南临委其他负责人来闽西巡视一次,以解决闽西游击区领导人之间思想认识不统一的问题。此次,张云逸通过对中共中央有关指示精神的传达,把闽西游击区领导人之间的不同认识统一到中共中央的方针政策上来,从而消除了他们之间的分歧,增强了其内部的团结。他们向张云逸一致表示,完全拥护中共中央的方针,以后要在中共中央精神的指导下做好各项工作。

在闽西游击区,张云逸还深入部队了解情况,宣传中共中央的方针政策,并代表中共中央慰问基层指战员。据当时在闽西红军游击队担任组织科科长的陈茂辉回忆,张云逸向他询问了闽西红军游击队能够坚持三年游击战争并保存了大批干部和部队的经验。他还对陈茂辉说:当前日本要灭亡中国,中日民族矛盾已成为中国社会的主要矛盾,我们要顾全大局,同国民党合作抗日,这是一个伟大的战略转变,为此我们要做艰苦的工作,要依靠广大骨干,向干部、战士和群众讲清道理,以便改编和集中部队,实现同国民党合作抗日。① 张云逸还集合了两个营的红军指战员,向他们介绍了日本发动全面侵华战争、国共两党已达成合作抗日的协议及红军主力已改编成八路军开赴华北抗日前线等情况,要求红军游击队指战员坚决听从中共中央的命令,待国共两党就南方红军游击队改编为新四军的问题达成协议后,即遵照中共中央的指示做好改编的各项工作,随时准备出动,奔赴抗日前线,杀敌立功。红军指战员对张云逸的讲话不时报以热烈的掌声。

张云逸离开闽西后,又到福州与陈仪等人就闽西红军游击队的经费问题进行交涉,陈最后答应继续给闽西红军游击队拨发经费。张鼎丞、邓子恢、谭震林等则根据中共中央和张云逸指示的精神,提出了"紧张自己工作,严密自己戒备,静观事态发展,避免坠入奸计"②的斗争口号,率领部队一面加紧整训,一面积极开展抗日宣传。经过不屈不挠的斗争,张鼎丞等人最终粉碎了福建国民党当局吞并或消灭闽西红军游击队的图谋,维护了闽西国共合作的局面。

在福建期间,张云逸还处理了一件特别重要的事情,这就是派人去赣粤边游击区传达中共中央的指示,纠正中共赣粤边特委在与江西国民党当局谈判中出现的偏差。当张云逸得知赣粤边红军游击队正在与江西国民党军政当局进行谈判的消息后,决定立即派人前去联络,传达中共中央的有关指示精神,以利其更好地进行谈判。10月1日,张云逸将此事电告中共中央。赣粤边特委是于1937年9月上旬开始就赣粤边红军游击队的改编问题同江西国民党当局展开谈判的,至9月下旬双方基本达成一致协议。但是,由于赣粤边特委与中共中央久失联络,对

---

① 参见陈志凌主编:《中共党史人物传精选本》第4卷·军事篇(上),人民日报出版社、中央文献出版社2001年版,第906页。

② 方方关于闽粤赣边区政治形势与党的工作问题致中共中央报告,1938年1月15日,转引自郑复龙:《八闽健儿抗日征程史》,福建人民出版社1998年版,第175页。

中共中央关于抗日民族统一战线中的独立自主原则未能完全了解,以至答应对方将红军游击队调离赣粤边游击区。这种做法不仅有悖于中共中央关于南方游击区的工作方针,而且还带有很大的危险性。

为纠正赣粤边特委在指导红军游击队谈判改编过程中出现的偏差,中共中央书记处于10月1日致电张云逸,就南方红军游击队集中改编的方针作了明确而详细的说明,并指出:他们"似还不明白统一战线中保持独立性原则,似还更不明白不应无条件集中而应保持南方战略支点的原则",要求张云逸速通知赣粤边特委领导人来延安讨论有关红军游击队改编事宜①。由于张云逸正在漳州与国民党方面进行谈判,一时无法抽身前往江西。在与南方工委商量后,张云逸派云广英去江西向赣粤边特委传达中共中央的指示。云广英接受任务后,立即由广州动身,经南雄进入江西。在大庾县,云广英找到了赣粤边特委公开设立的办事处,向杨尚奎等口头传达了中共中央的抗日民族统一战线政策及关于南方红军游击队集中改编的方针,并要他们转告特委领导人。据云广英回忆:"因为他们久与中央失去了联系,听到中央指示的精神,非常高兴。"②根据张云逸的指示,云广英还以中共中央的名义给部队买了一些肉,以示对赣粤边红军游击队指战员的慰问。回到香港后,云广英将有关情况向张云逸、张文彬作了汇报。不久,顾玉良受八路军驻南京办事处的派遣,来到江西面见赣粤边特委领导人,将携带的中共中央文件交给他们,并向其口头传达了中共中央关于改编南方红军游击队的精神。由于张云逸及八路军驻南京办事处派人及时向赣粤边特委传达了中共中央的指示,从而使其在指导红军游击队谈判改编过程中出现的偏差很快得到纠正,没有造成不良后果。

此次南方之行,张云逸除了在广西、广东、福建开展活动外,还在香港做了许多工作。根据当时他写给中共中央的报告来看,其工作至少有以下几个方面:

第一,指导滇桂边和琼崖游击区的谈判改编。当时,滇桂边游击区有一支规模不小的红军部队。它是以原红七军留下的一部分队伍为基础发展起来的。游击区领导人因"不了解新策略与组织观念薄弱","以投降方式与广西百色民团指挥部来谈判",对于阻止其以此方式进行谈判的人"竟以手枪威胁","谓阻止谈判是汉奸"③。张云逸得知此消息后,感觉事态严重,立即同南方工委商量对策,并决定派人去指导该部的谈判改编工作。张云逸还亲自向该同志交代了部队谈判改编工作中应注意的问题。不过,当张云逸派去的人到达广西时,这支红军部队已被桂系用诱骗手段收编了。这是全国抗战初期桂系与中共在合作抗日中出现的一段不和谐的声音。在香港,张云逸还为与中央失去联系的中共琼崖特委接上了组织关系。当时,琼崖特委有中共党员200余人,并保存了100余支枪,分散在各地,

---

① 中国人民解放军历史资料丛书编审委员会:《新四军·文献》(1),解放军出版社1994年版,第37页。
② 中国人民解放军历史资料丛书编审委员会:《八路军新四军驻各地办事机构》(4),解放军出版社1999年版,第651页。
③ 军事科学院《张云逸军事文选》编辑组主编:《张云逸军事文选》,军事科学出版社2007年版,第72页。

但没有部队组织。1937年冬，琼崖特委拟将分散在各地的同志及枪支集中起来，与国民党军政当局谈判改编事宜。张云逸得知此事，立即致电琼崖特委，指示他们不能将干部集中起来去谈判，枪支也不应集中，分散在各县的同志可参加该地的地方武装，并要有武装来保障党的工作。根据张云逸的指示精神，中共琼崖特委以这些党员和枪支为基础，开展抗日斗争，最终建立起一支由中共独立领导的人民抗日武装，解放战争时期成为解放海南岛的一支重要力量。

第二，积极开展港澳同胞、海外侨胞和杨虎城的统战工作。时任张云逸秘书的林青回忆说："在香港期间，张云逸同志根据党的指示，利用各种社会关系，亲自做港澳同胞和海外侨胞中上层爱国人士的工作，向他们宣传党的抗日民族统一战线，号召他们从政治上、物质上支持抗日人民武装力量。"[①] 在香港，张云逸还曾做过著名爱国将领、原第十七路军（即西北军）领导人杨虎城的工作。对此，林青回忆道：

> 一九三七年十一月的一天，杨虎城将军从欧洲归来。路过香港时，张云逸同志代表毛泽东、朱德和周恩来同志拜访并宴请了他，同时转达了我党的意见，欢迎杨将军到延安去，共策抗日大计。张云逸同志对他说："周恩来先生在武汉，我们希望你经武汉到延安去，这样对你的安全，对你的前途有好处。"但是，杨虎城将军当时对蒋介石的反动本质还缺乏认识，认为蒋某对他还好。他对我们的好意表示感谢，准备到重庆去。他说："蒋介石不会向我下毒手吧？"张云逸同志说："要警惕，蒋介石是个屠夫。"后来，杨虎城将军果然惨死在蒋介石的屠刀下。[②]

第三，大力开展宣传工作。关于在香港开展宣传工作的有关情况，张云逸本人在给中共中央的报告中作了扼要的概括。现将有关内容摘录于下：

丁、宣传的工作

1. 将我党的主张做个别的宣传。

2. 在香港争取二家报纸在我们这方面来，一珠江大众，一珠江报。副社长对我党同情，我们党及领袖的言论均能发表，大众报现在已争到我们掌握中了，所有编辑都是我们同志，其中四人者，二人是我公开介绍，其余二人是用别的关系介绍。

3. 我八路军的消息均能在各报纸上发表，在一般的要求有八路军的消息的报纸容易销些。

4. 我党的主张及我军的消息，除在香港发表外，并寄到南洋各埠有关系

[①] 中共广西壮族自治区委员会党史研究委员会编：《广西革命斗争回忆录》第2辑，广西人民出版社1984年版，第159页。

[②] 中共广西壮族自治区委员会党史研究委员会编：《广西革命斗争回忆录》第2辑，广西人民出版社1984年版，第159—160页。

报上发表。

　　5. 最近南洋新闻记者阵地考察团回国,在香港我以八路军名义欢迎和招待他们。据他们谓,南洋华侨对八路军很好,南洋各团体送八路军旗子特别多,共二十多面,并有文化团体捐百多元买东西给八路军将士,现在继续捐募中。该团有三人不日到陕北来。①

　　第四,积极帮助林青建立秘密电台。尽管张云逸在香港的工作很忙,但他对建立秘密电台的工作非常重视和关心。当时,中共中央派林青到香港,就是为了建立秘密电台。林青刚到香港时,建立电台的条件尚未成熟,张云逸便让林青暂时当他的秘书。不过,在张云逸的努力下,筹建电台的工作很快就展开了。张云逸通过四方奔走,找到了适宜于电台工作的用房。通过香港广西银行,张云逸买到了一部高级多频段收音机交给林青,让他先抄收延安新华社播发的新闻。同时,张云逸还通过关系聘请了英文教师来教林青学习英文,以便其日后能顺利地开展工作。出于掩护工作的需要,张云逸把在南方工委工作的女同志李静调来,协助林青工作。后来,张云逸亲自当"红娘",让他们组成了"华侨"家庭。林青、李静夫妇结婚的当天晚上,张云逸专程登门道贺,同他们一起吃晚饭,再三勉励他们夫妇要努力工作,让红色电波永不消逝。张云逸还说:做好香港与延安之间的通信联络工作,任务艰巨,使命重大,要有默默奉献的精神,甘当一名无名英雄;香港环境特殊,只有学会同各种人打交道,善于利用敌人的弱点和矛盾,才能保证党的地下工作长期坚持下去。张云逸的话,使林青深受教育。林青认为,张云逸对他这样一位红色通信兵的培养可谓煞费苦心,从而为其能够在香港坚持九年的地下电台工作奠定了坚实的基础。②1938年2月,林青的电台与中共中央的电台终于沟通了联络。此时,张云逸已经离开了香港。

　　自1937年5月离开延安到南方工作以来,经过半年多的往返奔波,张云逸出色地完成了中共中央赋予的一系列重要任务。1937年12月19日,张云逸辗转来到武汉。24日,他在武汉向中共中央全面而扼要地报告了其在南方开展工作的有关情况,总结了工作中的经验与教训,并就以后党在南方的工作提出了一系列建议,如派人赴贵州和云南开展工作,加强在南方的舆论宣传,充实南方工委的领导机关,派更多的干部在南方进行公开活动,加快当地干部的培养,等等。这些建议后来基本上都为中共中央所采纳。

三、参与组建新四军

　　张云逸在南方开展工作时,国共两党正就南方红军游击队改编问题进行谈判。

---

① 军事科学院《张云逸军事文选》编辑组主编:《张云逸军事文选》,军事科学出版社2007年版,第73页。
② 参见中共广西壮族自治区委员会党史研究委员会编:《广西革命斗争回忆录》第2辑,广西人民出版社1984年版,第159—160页。

1937年8月中旬，国民政府军事委员会军政部部长何应钦同意中共方面派人赴南方游击区，传达国共合作精神并协助红军游击队进行改编。10月12日，国民党江西省政府主席熊式辉转发蒋介石6日电令：鄂豫皖边区高敬亭部、湘鄂赣边区傅秋涛部、粤赣边区项英部、浙闽边区刘英部、闽西张鼎丞部统交新编第四军（简称新四军）军长叶挺编遣调用。这是国民党首次公开发布新四军的番号和该军军长的任职命令。此后，国共两党就新四军的编制、建制、干部、经费等问题进行了多次会谈。正是在这种背景下，张云逸根据中共中央的指示来到武汉，参加新四军的组建工作。

组建新四军的想法，是由叶挺提出来的。叶挺在大革命时期是中共党员，其所率的国民革命军第四军独立团在北伐战争中战功卓著，与其他部队一起为第四军赢得了"铁军"的美誉。1927年冬，叶挺参与领导的广州起义失败后，因受到不公正的对待，长期流亡海外，从而脱离了中共组织。1933年李济深等人发动福建事变时，张云逸曾在福州与参与事变的叶挺见过面。全国抗战爆发后，叶挺由澳门来到上海，见到了正在与国民党谈判的周恩来。周恩来婉转地表达了由其出面改编南方红军游击队的设想，叶挺欣然同意。之后，叶挺通过在上海指挥作战的第三战区前敌总指挥陈诚向蒋介石建议，将南方红军游击队改编为新编第四军，以继承北伐战争时期第四军英勇作战的光荣传统。9月28日，蒋介石正式任命叶挺为新四军军长。不久，叶挺即领到了新四军的关防及五万元的筹建经费。但由于蒋介石的任命事先并未征得中共中央的同意，因此叶挺并未立即呈报就职。在八路军驻南京办事处的安排下，叶挺于11月上旬来到延安。毛泽东等中共中央领导人经过与其面谈后，"叶表示在党的组织外，但愿在党领导下进行工作"[①]。这样，中共中央同意叶挺出任新四军军长。

为便于新四军改编工作的进行并加强对南方工作的领导，1937年12月，中共中央政治局会议决定，在武汉组织中共中央代表团和中共中央长江局。中共中央代表团由周恩来、王明、博古、叶剑英组成，长江局由周恩来、项英、博古、董必武组成（后为工作便利起见，两者合并，对外称中共中央代表团，对内称中共中央长江局）。同时，这次会议还决定成立中央军委新四军分会（简称新四军军分会）和中共中央东南分局。新四军军分会由项英、陈毅、张鼎丞、曾山等组成，项英、陈毅分别任主席（后称书记）、副主席（后称副书记），主要负责新四军的工作；东南分局归中共中央和长江局双重领导，由项英、曾山、陈毅、方方等组成，项英、曾山分别任书记、副书记，主要负责东南各省党的工作。此外，会议还通过了关于南方游击区工作的决议，给坚持南方三年游击战争的全体红军游击队指战员以高度的评价。

张云逸于12月19日到达汉口后，立即与先期到达的叶挺取得了联系。此时，叶挺已根据毛泽东关于新四军"暂驻武汉"[②]的指示，在汉口大和街26号设立了新四军

---

① 中国人民解放军历史资料丛书编审委员会：《新四军·文献》（1），解放军出版社1994年版，第57页。
② 中国人民解放军历史资料丛书编审委员会：《新四军·文献》（1），解放军出版社1994年版，第58页。

筹备处，并为筹建军部及与国民党谈判改编南方红军游击队等事四方奔走。

关于张云逸在新四军中的任职，中共中央有两个考虑，一是担任新四军参谋长，一是担任支队领导人。关于新四军参谋长的人选，除了张云逸外，中共中央还考虑过陈毅、周子昆、周士第等人。陈毅与叶挺一起参加过南昌起义，周子昆、周士第都在叶挺领导的国民革命军第四军独立团工作过。综合各方面的因素，中共中央最后决定由张云逸担任新四军参谋长。关于新四军各支队的领导人，中共中央经过反复考虑最后决定，由陈毅、张鼎丞、张云逸（兼）、高敬亭分别担任第一、第二、第三、第四支队司令员。1938年1月8日，国民政府军事委员会核准新四军编为四个支队及中共方面提出的四个支队司令员的人选。后经过叶挺及中共方面的交涉，国民政府军事委员会又陆续核准项英为副军长、张云逸为参谋长、周子昆为副参谋长、袁国平为政治部主任、邓子恢为政治部副主任。国共双方还商定，江南新四军隶属第三战区，长江以北的第四支队归第五战区管辖。

张云逸到达汉口时，中共中央派往新四军工作的大批干部尚未到来。他是受中共中央指派第一个到达汉口与叶挺会合的新四军领导人。张云逸的到来，令叶挺喜出望外。张云逸也为能再次见到叶挺并与其一起工作而感到高兴。在武汉，张云逸还见到了周恩来、王明、博古、叶剑英等。随后，在中共中央和长江局的指导下，张云逸投身于新四军的筹建工作之中。

1937年12月23日，项英率领由延安派赴新四军工作的一批干部到达汉口，与叶挺、张云逸会合。项英是根据中共中央的指示于11月7日到达延安的。在延安，项英与叶挺就组建新四军的有关事宜交换过意见，随后又参加了12月中共中央召开的政治局会议。会议结束后，项英即离开延安来到汉口。1938年元旦前后，曾山、周子昆等又率领中共中央派赴新四军工作的两批干部先后到达汉口。随着大批干部的到来，新四军的组建工作加快了步伐。

项英来到汉口后，根据中共中央的指示精神，与叶挺、张云逸、周恩来、王明、博古等人就编组新四军的有关问题进行了研究。1937年12月25日，叶挺、项英、张云逸召集在汉口的新四军干部开了一次会议。叶、项分别在会上作了发言，介绍了上海、南京失守的经过，分析了两地失守的原因及当前的形势和任务，并就如何编组新四军的问题作了说明。这次会议标志着新四军军部的成立。

新四军军部成立后，叶挺、项英、张云逸等根据毛泽东关于"军部第一步设南昌"①的指示，决定尽快将军部迁至南昌，以便更好地指导南方红军游击队的集结和改编。由于叶挺需要留在武汉继续与国民党方面进行交涉，项英与张云逸等率军部机关人员先行。临行前，张云逸与叶挺、项英、周子昆、曾山在八路军驻武汉办事处门前一起拍照留念。

1938年1月4日，张云逸与项英等在汉口招商局第二码头登上了驶往九江的"江裕"号轮船。他们到达九江后乘车南行，6日抵达南昌。据与张云逸同行的周

---

① 中国人民解放军历史资料丛书编审委员会：《新四军·文献》（1），解放军出版社1994年版，第59页。

子昆所述:"这次沿途经过,一切均很好,特别在途中所遇友军、宪警、群众等,对我们是极端的敬仰。我们对他们的宣传,他[们]亦表现着同情与接受。我们亦给了一些好的影响。"① 抵达南昌后,张云逸、项英等将新四军军部设在书院街高升巷原张勋公馆内。9日,新四军军部正式办公。2月11日,叶挺赶到南昌新四军军部,与张云逸、项英等会合。

到达南昌后,张云逸与项英等一面建立健全新四军军部各机关,一面接待来自南方各游击区的人员,与之一起研究部队的集结和改编问题。这期间,张云逸见到了闽北红军游击队领导人黄道和闽东红军游击队领导人叶飞等人。1937年张云逸到福建时,曾打算到闽北、闽东游击区与黄道、叶飞等人会面,但由于陈仪的阻挠,未能成行。此次见面,使张云逸甚为高兴。他向黄道、叶飞详细了解了闽北、闽东红军游击队的情况。之后,张云逸与项英、陈毅等研究决定,将闽北、闽东红军游击队编入新四军第三支队,闽北黄道部编为第五团,闽东叶飞部编为第六团。同时,张云逸与项英等还研究确定了新四军其他三个支队的编制序列:第一支队,由湘鄂赣、湘赣边、赣粤边等地红军游击队编成,下辖第一、第二团;第二支队,由闽西、闽粤边红军游击队编成,下辖第三、第四团;第四支队,由鄂豫皖红二十八军和鄂豫边红军游击队编成,下辖第七、第八团。后在征询有关游击区领导人意见的基础上,新四军军部对原定改编方案进行了局部调整,将原定编入第一支队的闽赣边(长)汀瑞(金)红军游击队和原定编为新四军独立大队的浙南红军游击队均编入第二支队,第四支队增编第九团和手枪团。

在确定新四军编制序列的同时,张云逸与项英、陈毅等根据中共中央的指示,将长江以北的红二十八军和鄂豫边红军游击队留在江北,准备将来配置到皖北地区,同时决定迅速将长江以南的各地红军游击队集中到皖南歙县岩寺镇一带整训。为此,陈毅赴皖浙赣边游击区,项英、曾山赴湘赣边、赣粤边游击区,张云逸赴闽北、闽东、闽西南游击区,参谋处处长赖传珠赴湘鄂赣边游击区,分别集中部队。

1938年2月2日,张云逸离开南昌,前往江西省铅山县石塘镇,去指导闽北红军游击队的具体改编工作。途中,张云逸接到新四军军部电令,要求第三支队到浙江省开化县集结待命。

闽北红军游击队,是根据中共闽赣省委与江西省国民党当局达成的协议,逐步集结到铅山县石塘镇的。当时,这支部队已改编为闽赣边区抗日义勇军第三支队。张云逸到达石塘后,看望了在此集结的红军指战员,传达了新四军军部关于闽北、闽东红军游击队的改编方案,代表新四军军部向坚持三年游击战争的中共闽赣省委及其领导的红军游击队表示敬意,鼓励红军指战员继续保持和发扬优良传统,北上打击日本侵略者。② 同时,张云逸还与已调任东南分局宣传部部长、新

---

① 中国人民解放军历史资料丛书编审委员会:《新四军·文献》(1),解放军出版社1994年版,第76页。
② 参见中国人民解放军历史资料丛书编审委员会:《南方三年游击战争·闽北游击区》,解放军出版社1993年版,第272、381页。

四军驻赣办事处主任的黄道及中共闽浙赣特委（由原中共闽赣省委改称）书记曾镜冰等人一起，研究了第三支队领导机构和第五团的组建问题，决定从闽浙赣特委抽调一部分干部到第三支队司政机关工作；第五团以饶守坤为团长，曾昭铭为副团长，杨元三为参谋长，刘文学为政治处主任，下辖三个营和机炮连；以闽东北红军游击队为主编成第一营，严昌荣为营长，桂逢洲为副营长；以闽北红军游击队为主编成第二营，陈仁洪为营长，马长炎为副营长；以闽浙赣特委机关直属部队和崇安、建阳游击队为主编成第三营，周汝春为营长，阙中一为副营长。

2月9日，在石塘镇的一所学校里，第五团举行了营以上干部就职仪式。张云逸主持会议，黄道受东南分局的委托，宣布了新四军军部关于将闽北红军游击队改编为新四军第三支队第五团的命令。之后，张云逸宣读了1937年12月中共中央政治局会议作出的关于南方游击区工作的决议。该决议"认为项英同志及南方各游击区的同志在主力红军离开南方后，在极艰苦的条件下，长期坚持了英勇的游击战争，基本上正确的执行了党的路线，完成了党所给予他们的任务，以致能够保存各游击区在今天成为中国人民反日抗战的主要支点，使各游击队成为今天最好的抗日军队之一部。这是中国人民一个极可宝贵的胜利。""他们的长期艰苦斗争精神与坚决为解放中国人民的意志，是全党的模范。政治局号召全党同志来学习这些同志的模范。现在放在中国共产党前面的任务，是在扩大与巩固以国共两党的合作为基础的抗日民族统一战线，以战胜日寇。政治局相信南方过去各游击区的同志同样能够在中央及中央东南分局的领导之下，完成争取中华民族的独立解放的神圣的任务。"[①]张云逸宣读完决议后，在场的新四军指战员无不激动万分、热血沸腾。时任第五团第二营营长的陈仁洪后来回忆道："多少年没有听到党中央的声音了，同志们都激动地流下了热泪。这热情的鼓励、高度的评价，如同那潇潇春雨，滋润着大家的心田，大家觉得心里暖烘烘、甜滋滋的。"[②]最后，黄道代表原闽赣省委对闽北三年游击战争作了总结。

会后，第五团立即对部队进行了整编。张云逸因有其他任务，未等部队整编完毕，就带着秘书徐平羽、记者马骏以及闽浙赣特委宣传部部长王助、统战部部长孙克骥等离开石塘，赶往福建。

临行前，张云逸与黄道、曾镜冰等人就第五团北上后闽北游击区的工作进行了部署，并决定在崇安县（今武夷山市）建立新四军第三支队留守处，在铅山县石塘、河口镇分别组建第五团通讯处、留守处。2月13日，饶守坤、曾昭铭将闽赣边区抗日义勇军已改编为新四军第三支队第五团的情况函告国民党崇安县县长。20日，叶挺又函告国民党崇安县县长：新四军军部已委任曾镜冰、汪林兴为新四军第三支队驻崇安留守处主任、副主任。25日，新四军第三支队第五团在石塘镇河滩上举行了北上抗日誓师大会，之后向浙江开化开进。此时，全团共900余人。

---

① 中国人民解放军历史资料丛书编审委员会：《新四军·文献》（1），解放军出版社1994年版，第17页。
② 陈仁洪：《从闽北到皖南》，福建人民出版社1985年版，第135页。

1938年,张云逸(前右)与傅秋涛(前左)、崔义田(后右)、宋裕和的合影。

张云逸一行离开石塘后,经福建崇安、南平直奔古田县。张云逸此次来福建的任务有三:一是到闽东游击区指导部队的改编工作,二是同陈仪商谈在福建设立新四军办事机构的有关事宜,三是就归还漳浦事件中被扣人枪一事继续同福建国民党当局进行交涉。

在张云逸动身来福建之前,闽东红军游击队已在新四军政治部组织部部长李子芳和中共闽东特委书记叶飞的主持下完成了改编。按照新四军军部的决定,该部改编为新四军第三支队第六团,由叶飞任团长、阮英平任副团长。全团共1300余人。张云逸到达古田时,该团已准备由屏南县北上,继而取道政和、松溪、浦城等地向皖南开进。得此消息后,张云逸立即将第六团的有关情况电告新四军军部,同时令孙克骥携带自己写给叶飞的信沿第六团拟定的北上路线追赶部队。张云逸给叶飞写信的目的,主要是要他提高警惕,时刻注意部队北上途中的安全,以免遭到国民党军队的暗算。

张云逸到达古田县城的当天,国民党古田县县长设宴招待,并请国民党某保安旅旅长等人作陪。席间,对未能将叶飞部收编为己有而耿耿于怀的县长在谈起该部时,竟妄下断语,说叶飞的部队带不出福建,到不了浙江人员就会全部跑光。张云逸毫不客气地指出:希望中国军队人员跑光的,应该是日本人及其走狗,一个真正的中国人是不应有此幸灾乐祸想法的。而且看事物不能光看表象,叶飞部虽然大多是由农民组成的,指战员没经过什么正规训练,文化知识也不多,但这是一支有较高政治觉悟的部队,其结果很可能要使县长大人失望。听到这样的回答，县长感到无地自容，着实尴尬。为替县长"解围"，态度傲慢的保安旅长出言不逊，向张云逸炫耀其参加国民革命的历史是如何之长。张云逸便以老同盟会会员的资格，狠狠地教训了一下这位保安旅长。这一不和谐的小小插曲，为张云逸留下了古田"舌战群顽"的佳话。①

鉴于叶飞部已经完成了改编，张云逸取消了原定去闽东的计划，由古田直奔福州。2月13日，张云逸抵达福州。次日，张云逸接受了《福建民报》记者的采访，介绍了此次赴闽的目的，并指出，只要全国军民团结起来，坚持抗战到底，并联合爱好和平之国家，共同制裁日本侵略者，则日本军阀势必灭亡，最后胜利必属于中国。2月15日出版的《福建民报》，以"新某军参谋长张云逸前天抵省"为题，对张云逸的上述谈话内容进行了报道。

在福州，张云逸与陈仪就设立新四军办事处问题进行了磋商。陈仪同意在福州设立新四军办事处，但限定办事处的人员不能超过20人。张云逸遂致电中共闽东特委书记范式人，要其立即到福州接受任务。正在宁德主持新四军第三支队第六团留守处工作的范式人接电后，立即带了一个警卫班赶到福州。张云逸向其介绍了与陈仪商谈在福州设立新四军办事处的情况，传达了由王助以新四军高级参议的名义出任办事处主任、范式人以新四军上校秘书的身份参加办事处工作的组织决定，并嘱咐道：办事处的工作对外不要张扬，要多了解情况，对在福建国民党省保安处的叛徒要提高警惕，要用合法的名义开展城市工作。② 布置完工作后，张云逸带着范式人一起去见陈仪，算是向国民党福建省政府"报到"。遵照张云逸的指示，新四军办事处于1938年2月底在福州的安民巷正式设立。

在福州，张云逸还就归还漳浦事件中被扣的红军人员和枪支问题与陈仪等人再次交涉。在国共合作抗日局面已经形成的情况下，陈仪等知道无法再对此事进行敷衍，不得不采取实际行动。由于新四军军部已决定将闽粤边的红军游击队编入新四军第二支队，张云逸遂通知张鼎丞派人到福州办理枪械交接手续。张鼎丞随即派温仰春等到福州办理此事。最后，福建国民党当局只归还了300余支（挺）枪。被扣的红军指战员除一部被继续关押或遭到杀害外，大部被强行编入第一五七师。

完成在福建的各项任务后，张云逸马不停蹄地赶往浙江开化。

1938年2月底，新四军第三支队第五团到达浙江开化县华埠镇，与先期到此的第六团会师。第六团是于2月27日抵达华埠镇的。当新四军军部于2月中旬接到张云逸关于第六团已先行北上的报告后，决定派参谋处处长赖传珠到江西玉山等候叶飞部。2月23日，赖传珠致电叶飞，要其在玉山附近停止前进，等候传达命令。次日，赖传珠乘车赶往玉山，25日与叶飞在玉山会合，向其传达了军部要第三支队到浙江开化集结的命令。据此，叶飞率部向开化转进。当第六团到达浙

---

① 参见孙克骥：《新四军三支队改编前后》，《福建党史通讯》1987年第3期。
② 参见中共党史人物研究会编：《中共党史人物传》第52卷，陕西人民出版社1994年版，第314页。

江常山县球川镇时，孙克骥也风尘仆仆地赶到，将张云逸的信交给了叶飞。之后，孙随叶飞部一起到了开化。

第五、第六团在华埠会师前后，张云逸也赶到了这里。在华埠，张云逸开始着手组建第三支队的司令部、政治部机关，并对部队进行了短期的整训。"当时部队的装备很差，五团的步枪都配不齐，有相当一部分战士扛的是梭镖，子弹更少。但是，部队士气很高，纪律严明，给群众留下良好的印象。连一向敌视我们的地主阶级人物也不得不满口称赞。"①

在华埠，张云逸见到了前来看望第三支队指战员的新四军军分会副书记、第一支队司令员陈毅，并为其举行了一个小型的欢迎会，请其为第三支队的干部讲话。据孙克骥回忆："欢迎会场设在华埠镇上一所小学里，支队全体营以上干部参加。张司令员对陈毅同志很尊重，亲自主持欢迎会并请陈毅同志讲话。会场没有讲台，陈毅同志就站着讲话。陈毅同志的讲话大致是三个部分：第一部分讲全国抗战的基本形势，南京已沦陷，徐州正吃紧，形势严峻，抗战将是长期的。第二部分讲统一战线，要扩大和巩固抗日民族统一战线，把各阶层、各抗日力量都团结起来。第三部分讲要到江南敌后开展抗日游击战争。"②之后，张云逸在陈毅的陪同下看望了来到华埠的第一支队战地服务团。战地服务团成员大都是爱国的热血青年，张云逸与他们进行了亲切的交谈，对他们自愿投身到抗日民族解放斗争洪流中的行为予以赞扬。

1938年3月中旬，张云逸率第三支队由开化向皖南歙县的岩寺镇开进。此时，第一支队已到岩寺。为使刚刚组建的第一支队战地服务团熟悉部队情况，同时协助第三支队开展文化活动和抗日宣传，张云逸同陈毅商量后，让第一支队战地服务团随第五团行动。直到安徽泾县茂林地区，第一支队战地服务团才离开第五团，赶到歙县岩寺附近的王村归建。3月下旬至4月初，张云逸率领的第三支队陆续抵达岩寺，部队分驻于西溪南、砖桥两地。

4月5日，新四军军部由南昌迁至岩寺。不久，第二支队亦赶到岩寺。在此之前，第四支队于3月下旬在皖西霍山县集结完毕。至此，南方八省14个地区的红军游击队主力胜利完成了下山、改编和向皖南、皖西集结的任务。新四军完成改编和集结后，共辖有4个支队、10个团、1个特务营1万余人，有各种枪6200余支（挺）。

新四军第一、第二、第三支队在岩寺一带集结后，张云逸与叶挺、项英、周子昆、邓子恢等，分别到各部队看望这些来自四面八方、操着不同方言的新四军指战员，先后召集排以上和营以上干部会议，要求做好开赴敌后作战的各种准备，并对三个支队的人员和编制进行了局部调整。其中，涉及第三支队人员调整的情况是：第二支队副司令员谭震林调任第三支队副司令员，赵凌波、胡荣分别任第

---

① 孙克骥：《新四军三支队改编前后》，《福建党史通讯》1987年第3期。
② 孙克骥：《我首次见到叶挺军长和陈毅司令员》，《铁军》2006年第4期。

1938年，张云逸（中）与张鼎丞（左）、卢胜在皖南。

三支队参谋长、政治部主任；第五团团长饶守坤和第六团副团长阮英平到延安抗大学习，孙仲德任第五团团长，吴焜任第六团副团长；黄元庆、刘松青分别任第六团参谋长、政治处主任。

由于新四军处于初建阶段，张云逸以新四军参谋长的身份兼任第三支队司令员，工作十分繁忙，很是辛苦。为减轻其工作压力，叶挺曾于2月27日致电八路军总司令朱德、副总司令彭德怀："云逸同志任三支队司令又兼军参谋长，分身无术，望于陈赓、士第两同志中抽调一人到四军，使云逸同志得专任一职。"[①] 当时，陈赓已任八路军第一二九师第三八六旅旅长，周士第任八路军第一二○师参谋长，均已随部队挺进华北抗日前线，暂无调到新四军工作的可能，张云逸不得不继续身兼两职。

4月20日，第三战区副司令长官罗卓英根据蒋介石的指示，率一批国民党军官来到岩寺，对集结于此的新四军三个支队进行"点验"。点验，本来是军队的一项正常工作，即清点枪械的数量，核定编制的员额。但蒋介石对新四军进行点验的真实企图，是为了卡住新四军的编制员额，限制新四军的发展。第三战区的国民党军官曾公开扬言：新四军要以此次点验的员额定编，日后若有超编、扩编或招兵买马之事，当以不遵从国民政府领导和违反抗战纪律论处。对此，新四军指战员都非常气愤，张云逸严正地指出："我们新四军是共产党领导的人民武装，不能听凭国民党摆布。他们又要我们到前线抗日，又要在我们脖子上拴绳子，稍微

---

① 中国人民解放军历史资料丛书编审委员会：《新四军·文献》（1），解放军出版社1994年版，第83页。

要点自由就用绳子勒你一下，这种寄人篱下、听人摆布的事我们共产党人不干。"①
不过，为了顾全大局，叶挺、项英、张云逸等最终还是同意第三战区的点验，并为此进行了必要的准备。根据军部的指示，三个支队将所属的各团、营、连的花名册造好，人员不够的就临时想办法补足。如第三支队第五团根据张云逸的指示，将第三营拆散，平均分给第一、第二营，使这两个营各辖有四个连，每连150—160人。第三营除营长、副营长外，点验时全部由第一营来替补。第一营的干部战士均起一个假名，作为第一营点验时全使用真名，作为第三营点验时均使用假名。这样，一个营的人数在花名册上就变成两个营了。②点验是以营为单位进行的，点验官只管拿着花名册点名，根本记不住谁是谁。就这样，第三战区的点验被应付过去了。

此后，张云逸协助叶挺、项英督导集结在岩寺的新四军三个支队进行军政整训。军事整训主要是克服部队的游击习气，建立部队的正规制度，培养部队的正规作风，同时进行技术和战术的训练。政治整训主要是让指战员了解中国共产党抗日民族统一战线的路线、方针和政策，激发指战员爱国杀敌的热情，使其树立敢打必胜的信心。为提高干部的军政素质，军部还将1938年2月组建的教导队扩编为教导营，为部队培训干部；另外，选送了一批干部赴延安学习。由于各级领导高度重视，整训时间虽然短暂，但收效明显。第三支队第六团团长叶飞后来回忆道："皖南练兵是六团由一支游击部队改变成为正规部队的重要一章，揭开了挺进敌后的胜利序幕。"③

部队在岩寺整训的同时，新四军军部从三个支队各抽调一部，组成一支400余人的先遣支队，于4月28日由司令员兼政治委员粟裕、政治部主任钟期光率领，由皖南向苏南敌后挺进，执行战略侦察任务。张云逸与叶挺、项英、袁国平等人亲自为这支部队送行。6月17日，先遣支队在江苏镇江西南之韦岗，伏击日军车队，毙伤日军21人，击毁汽车4辆，缴获长短枪20余支及军用品一部。这是新四军挺进江南敌后的第一仗。捷报传开，张云逸等军部领导人都非常高兴，蒋介石也发来电报对先遣支队予以嘉奖。完成战略侦察任务后，先遣支队解散，所部归还各原建制。

新四军军部于5月5日离开岩寺，7日进抵太平县（今属黄山市）麻村，26日移驻南陵县土塘村。军部移驻太平期间，张云逸接见了赶来报到的闽中、湘南、湘粤边红军游击队指战员。

闽中红军游击队曾于1937年10月编入国民党军第八十师，改番号为第八十师特务大队。当时，正在福州的张云逸得知这个消息后，曾指示中共闽中工委，不能把闽中红军游击队编入国民党军，而应派人与福建国民党当局商谈具体的改编办法。但闽中工委未能派人与张云逸取得联系。后根据国民党方面的指示，闽中工委书记、闽中红军游击队领导人刘突军等率部队开赴泉州驻防。1938年2

---

① 潘启琦：《跟随张云逸转战南北》，《铁军》2007年第5期。
② 参见陈仁洪：《从闽北到皖南》，福建人民出版社1985年版，第149—150页。
③ 《叶飞回忆录》，解放军出版社2007年版，第87页。

月，张云逸再次到福建时，闽中红军游击队要求编入新四军。为阻止闽中红军游击队加入新四军，国民党军于3月杀害了刘突军等部队领导人，并将驻扎在泉州承天寺的闽中红军游击队包围缴械，制造了"泉州事件"。后在新四军军部和新四军驻福州办事处的交涉下，闽中红军游击队的指战员才重获自由，被缴去的枪支也归还给了他们。4月，闽中红军游击队指战员由泉州承天寺开至福州洪山桥进行了短期整训，随后离开洪山桥北上，5月中旬抵达太平。湘南、湘粤边红军游击队于4月中旬由湖南耒阳一带向皖南开进，5月中旬抵达岩寺后，得知军部北移，旋又赶至太平。这几支部队后来均被编入军部特务营，担任保卫新四军军部的任务。

张云逸在接见闽中红军游击队负责人杨采衡等五位干部时，详细询问了部队的有关情况，包括人数，指战员的情绪，部队中党员、团员的数量等问题。杨采衡一一作答：这支部队共160余人，中共党员占95%左右，其中经过三年游击战争全过程的老党员和老游击队员占60%以上，年龄平均在25岁左右。全体指战员都明白打击日本侵略者是关系到国家、民族存亡的大事，所以迫切要求加入新四军。这次从福建北上途中，大家都非常愉快，精神饱满，在路上徒步行军十余天，没有发生违纪事情，也没有掉队的。对于张云逸当年接见时的情形，杨采衡后来作了如下回忆：

> 张参谋长听了我们的汇报后，带着慈祥而又愉快的神情微笑地说："你们闽中游击队坚持了三年游击战争，在'泉州事变'的全过程中表现很坚强沉着。现在，队伍开到军部来了，这很好。我向你们全体同志表示慰问。军部根据闽中部队老游击队员、老骨干、党团员多的特点，决定大部分编进军部特务营，担负警卫军部任务。"
>
> 张参谋长对闽中子弟兵亲切的关怀、高度的议价、充分的信任，使我们心情格外激动，大家都在默默地想，一定不辜负军首长的期望，继续发扬英勇奋战精神，多杀鬼子，为军部争光。
>
> 张参谋长接见我们时，还说了一段极为动人的话："我也是闽中的莆田人，我的祖辈是从原籍莆田迁到广西（按：应为广东）去的。我很高兴看到，闽中党和人民培养出这支队伍。希望你们好好工作，好好学习，不断提高，不断前进！"
>
> 我们回到部队之后，马上向全体战士传达张参谋长接见我们时的讲话精神。大家听了以后，倍感亲切，觉得来到军部就象投进母亲的怀抱一样。[①]

军部移至南陵土塘村后，张云逸和项英于6月2日到休宁县屯溪镇会见了第

[①] 中国人民解放军历史资料丛书编审委员会：《南方三年游击战争·综合篇》，解放军出版社1995年版，第858页。

三战区司令长官顾祝同，并就新四军挺进江南敌后的活动地区及主要任务进行了协商。最后，顾祝同同意将安徽境内的丹阳湖（丹阳镇）至当涂、芜湖一带及苏南溧水、金坛、武进、江阴一带划归江南新四军的活动范围，规定江南新四军的任务主要是在敌后进行游击战争，破坏沪宁（上海至南京）、京芜（南京至芜湖）铁路，牵制日军。据此，张云逸和项英回到土塘后，研究确定了江南新四军的部署：第一、第二支队挺进苏南敌后开展游击战争，军部率第三支队于皖南南陵至泾县间的山地一带进行整训。

为推动新四军参谋工作的开展，以利日后作战，新四军军部于6月下旬在南陵土塘召开了全军第一次参谋工作会议。军部领导人对此次会议十分重视，叶挺、项英均到会并讲了话。张云逸于22日在会上作了题为《参谋工作建设》的报告。他针对新四军组建之前部队指战员长期处在分散的游击战争环境中，对部队参谋工作缺乏正确认识的情况，强调指出：参谋工作"是军事政治的主要组成部分"，"我们要正确了解参谋工作在军队中的地位，应该从政治目的上与战争胜败上来估计，不应该照一般人认识参谋工作是辅助主官的幕僚、无兵无权不关重要的东西，这是非常有害于战争组织的。我们新四军是不容有这样认识的"。[①] 在明确了参谋工作在部队中所处的重要地位后，张云逸还就参谋工作的主要任务、参谋工作的组织系统、参谋长及各科的主要工作、参谋人员的培养教育等问题作了全面的阐述。他的这一报告，对于推动新四军参谋工作的建设和发展，进而更好地达到保存自己和消灭敌人的战争目的，起到了非常重要的指导作用。

7月28日，项英离开新四军军部，前往延安参加中共六届六中全会。8月2日，张云逸等根据项英临行前研究确定的部署，率新四军军部离开南陵土塘，进驻泾县云岭村。此后，云岭便成为新四军军部的常驻地，直到1941年1月4日离开。

新四军军部移驻云岭时，芜湖及其周围的日军不断向皖南的第三战区国民党军发动进攻，占领了青弋江沿岸的部分地区，企图沿青弋江继续向皖南纵深进攻。9月28日，第三战区司令长官顾祝同强令新四军第三支队接替青弋江芜湖至父子岭一线的防御任务，阻止日军西犯。当时，驻皖南的新四军第三支队仅有第五团和第六团第三营（该团另两个营已由叶飞率领开赴苏南敌后）共四个营的兵力，武器装备又落后，根本不适合打阵地防御战。不过，叶挺、张云逸等反复研究后，为了顾全大局，还是接受了这一任务。由于项英不在，叶挺准备于10月初赴屯溪会见顾祝同，军部研究决定由张云逸主持军部工作，谭震林率第三支队开赴皖南抗日前线。部队出发前，张云逸看望了指战员，并就开赴前线后的作战进行了部署。10月30日至11月4日，在谭震林的指挥下，第三支队在南陵东北的马家园一带击退日军进攻，以伤亡32人的较小代价取得了毙伤敌300余人的战果。捷报传来，青弋江一带的群众自发募集了3000余元慰问第三支队，叶挺、张云逸和10月22日由延安返回云岭的项英都倍感欣慰。

---

① 军事科学院《张云逸军事文选》编辑组主编：《张云逸军事文选》，军事科学出版社2007年版，第85页。

第十章　发展皖东敌后游击战争

一、初到江北

1938年10月31日，张云逸参加了新四军军部召开的党的积极分子会议，听取项英关于中共六届六中全会精神的传达。

中共六届六中全会于9月29日至11月6日在延安召开。毛泽东在会上作了《论新阶段》的报告。会议根据抗日战争由战略防御转入战略相持的新形势，以及八路军已经在华北敌后广大地区开展了游击战争，并初步建立起抗日民主政权，而新四军在华中的游击战争尚未充分发展的情况，确定了巩固华北、发展华中的战略方针；批判了以王明为代表的"一切经过统一战线""一切服从统一战线"的右倾错误主张，强调要坚持统一战线中的独立自主原则；决定撤销长江局，设立中原局和南方局，东南分局改为东南局。会后，中共中央决定以刘少奇、周恩来、项英分别任中原局、南方局、东南局书记。

会议期间，项英接到了长江局转来的叶挺于9月30日发出的请其"从速南归"[①]的电报。经中共中央批准，项英未等会议结束即离延安南返。因此他对中共六届六中全会的精神了解不够全面，以致他在新四军党的积极分子会议上解释统一战线问题时，仍然强调"一切工作的发展都要经过统一战线"，"在统一战线中无论做什么群众工作，必须采取合法的手续、方式才能发展"。[②] 项英对统一战线问题的这种错误认识，给新四军日后工作的开展带来了很大的消极影响。

在新四军面临着中共中央赋予的"发展华中"战略任务的形势下，张云逸于1938年11月10日接到通知，准备率新四军一部由皖南到江北地区活动。

张云逸之所以能够率部到江北活动，还有李宗仁、白崇禧要求其过江的背景。1938年10月下旬武汉失守之前，蒋介石在部署武汉周围的国民党军队撤退时，要求第五战区将一部兵力撤入大别山，在敌后打游击。第五战区司令长官李宗仁遂

[①] 段雨生、赵酬、李杞华：《叶挺将军传》，辽宁人民出版社2009年版，第243页。
[②] 项英：《中共六中全会的总结和精神》，1938年10月31日。

将第二十一集团军所属的第七、第四十八军共四个师留在以皖西立煌（今安徽金寨）县为中心的大别山地区。为了使桂系军队能够在大别山长期坚持，李宗仁、白崇禧还决心令其所部学习八路军、新四军的游击战术。经与中共方面协商后，李、白正式邀请新四军参谋长张云逸到江北工作，一方面帮助桂系军队举办游击战术训练班，一方面统一指挥在江北活动的新四军，以便与桂系军队配合作战。然而，新四军军部并未及时就张云逸过江一事作出部署。

中共六届六中全会结束后，毛泽东及中共中央军委副主席、总政治部主任王稼祥、中原局书记刘少奇于11月10日联名致电项英："白崇禧已允新四军张云逸同志率一个营到长江以北安徽境内活动，已否派去？""现在安徽中部最便利我军活动，新四军可否派两个至三个营交张云逸同志率领过江。"①据此，项英通知张云逸准备过江。

同时，新四军军部经研究决定：由张云逸率军部特务营的两个连过江；从军部抽调谭知耕、陈辛仁、程介一（即程懋增）等一批干部到江北工作；从新四军战地服务团抽调七名成员组成战地服务组，随张云逸过江，以加强新四军在江北的抗日宣传和民运工作。军部赋予张云逸的主要任务是，推动高敬亭领导的第四支队东进皖东，深入敌后，发展游击战争。

渡江的准备工作就绪后，张云逸率部离开云岭，于11月17日凌晨3时在铜陵以北的一处渡口乘船渡江，天亮时抵达无为县的湖陇镇。之后，部队在此休息了两天，与第四支队前来接应的部队会合。19日，张云逸率部由湖陇镇西进庐江县城，视察了驻扎在这里的第四支队第七团一部，并听取了第四支队参谋长林维先的汇报。尔后，张云逸继续率部西进，准备前往舒城东、西港冲会见第四支队领导人。行军途中，他要求部队一面抓紧学习，一面配合战地服务团（即战地服务组）做好沿途和驻地的群众工作，向其宣传中国共产党的路线、方针和政策。战地服务组的七名成员，大都是青年学生，可以称得上知识分子。为了照顾他们的生活，张云逸给他们每人发了一块银元当零用钱。50多年后，参加当年战地服务团的邓德明回忆说："那时，我们的生活非常艰苦，干部和战士的津贴费往往不能按时发给，而且发的数量很少，只有几角钱。那时，突然拿到一块白花花的银元，大家多么高兴，多么感激啊！这枚银元，我在以后的很长时期里保存着它，舍不得用，以作纪念。至今回忆起来，还对张参谋长对我们服务团七个同志的特殊关怀照顾，感到无限的温暖。"②

11月下旬，张云逸率部到达舒城县境内。在东、西港冲，他会见了第四支队司令员高敬亭、政治部主任戴季英等人。

新四军第四支队于1938年4月中旬挺进皖中，在桐城、舒城、庐江、无为、巢县一带展开。至11月，该部虽然取得了巢县蒋家河口、桐城棋盘岭等战斗的胜

---

① 中国人民解放军历史资料丛书编审委员会：《新四军·文献》（1），解放军出版社1994年版，第392页。
② 江苏省文学艺术界联合会、上海市新四军历史研究会编：《铁军轻骑兵》，南京大学出版社1991年版，第170—171页。

利,初步打开了皖中敌后的抗日斗争局面,但却失去了一次非常难得的发展机遇。1938年5、6月间,徐州及安徽大部沦陷后,皖东地区的国民党军队和国民党政权全部撤走,皖东敌后空虚,一时间陷于无政府状态。这是新四军第四支队向皖东敌后发展的最佳时机,但第四支队没有及时组织部队东进。在此情况下,新四军军部根据中共中央的指示,命令第四支队第八团首先挺进皖东。据此,第八团团长周骏鸣于8月率部由皖中东进,9月越过淮南铁路,进至全椒、滁县(今滁州市)地区。10月下旬武汉失守后,国民党桂系第二十一集团军的四个师撤入大别山,国民党第二十一集团军总司令、安徽省政府主席廖磊将其军政机关一同迁至立煌县。此后,廖磊即以大别山为依托,陆续派兵向皖中、皖东敌后渗透,同时派出官员到各地恢复国民党政权,收编游杂武装,以限制新四军的发展。为了将新四军第四支队挤出皖中,国民党方面还散布谣言,说新四军在江北"游而不击"、不遵守法令和干涉行政,等等。这样,第四支队在皖中就处于与桂系的矛盾之中。

张云逸来到第四支队后,一面派干部深入了解部队指战员对东进方针的认识,一面与高敬亭等进行交谈,要求第四支队领导人统一认识,遵照中共中央和新四军军部的指示,尽快率部挺进皖东敌后。为做好说服教育工作,张云逸不辞辛劳地奔走于第四支队司令部、参谋处、政治部等单位。据时任张云逸秘书的程介一回忆:"说服部队领导同志的工作是很费力的,那一段时间他(按:指张云逸)总是奔走于司令部、参谋处(他们的司令部与参谋处不在一处,而是隔着一座山)和政治部这几处村庄。他……只是带个警卫员翻山越岭来回跑。那时他已是近50岁的人了。有一次给我印象特别深,一大早我去政治部找戴季英,刚坐下来,云逸同志急匆匆地来了,在他和戴主任谈话时,我忽然发现他只穿了一双用布条打成的草鞋,我感到很奇怪,他怎么也穿草鞋呢?即使在当时的条件下,他也完全可以穿一双较舒服的布鞋的。我们曾先后二次进驻舒城,不论是第一次还是第二次,张云逸同志都是常常走路去找那里的领导干部谈话,很少见到那些干部主动来找云逸同志,这个原因有的是不好来,而有的则是不愿来。我们跟随张云逸到舒城的几位同志也曾议论过这些事,觉得不太应该。在江北那段时间,为开拓江北局面,工作是非常艰苦的,而且是他一个人撑持局面。"①

通过调查了解,张云逸发现第四支队中有不少指战员还是拥护东进方针的,有些干部甚至因此而受到排挤和打击。为此,张云逸一方面向高敬亭说明,军部和第四支队都应执行中央的东进方针,干部要求积极执行中央的东进方针是对的,不应受到指责和打击,另一方面动员被打击、排挤的干部回到第四支队工作,团结高敬亭共同贯彻中央的东进方针。②

另外,张云逸在调查中还发现,由于受原中共中央长江局书记王明的右倾错误影响,第四支队及江北的中共地方组织还不敢在敌后独立自主地放手建立和发

---

① 中共文昌县委党史研究室编:《张云逸研究史料》,广西人民出版社1994年版,第672页。
② 曾傅先、罗永平访问李资平的谈话记录,1984年4月4日,载中共党史人物研究会编:《中共党史人物传》第33卷,陕西人民出版社1987年版,第89页。

展武装。对此,张云逸后来作过这样的回忆:全国抗战初期,江北的地方党和新四军是相互平行的关系,不是领导和被领导的关系;地方党受长江局领导,军队受皖南军部领导。上海、南京失守后,不少青年学生向农村撤退,安徽、河南等地有很多人想靠近中共进行武装抗日。如果中共地方组织和新四军当时向敌后发展武装,是一个最好的机会。但王明只讲统战,不敢独立自主地发展武装,只是用"合法"名义替国民党组织保安队,替国民党发展武装,强调发展武装要经国民党批准或承认。因此,虽然发展了一些武装,但都不是新四军领导的。新四军不能随意调动部队。其实,中共地方组织和新四军是完全可以独立自主地发展武装的,并不需要国民党承认,国民党也不会承认的,只要群众承认就行了。王明极力主张精兵主义,说一个支队只要有两个团就够了。犯这种右倾错误的结果是限制了自己的发展。①

由于上述原因,新四军第四支队和江北的中共地方组织虽然也发展了部分地方武装,但总的来说成绩不大。不仅如此,第四支队还于1938年7月撤销了第九团的建制,将该团一部编入第七团,一部编为支队特务营。

了解到上述情况后,张云逸指示第四支队要尽快恢复第九团的建制,同时创办教导队,把干部训练一个月或半个月后就放出去发展武装。他强调指出,不发展武装是不对的。

经过必要的准备工作,张云逸在舒城西港冲主持召开了第四支队干部会议,并在会上指出:国民党桂系第二十一集团军和安徽省政府已进驻大别山区,新四军在大别山很难发展;要积极贯彻中共中央和中央军委关于挺进皖东敌后地区的指示,开展淮南铁路和津浦铁路之间的游击战争。②

为了协调与国民党桂系军队的关系,1938年12月下旬,张云逸在戴季英等人陪同下来到立煌,与廖磊谈判。与此同时,为了驳斥国民党方面对新四军第四支队"游而不击"的诬蔑,张云逸特意从第四支队俘虏的日军中挑选了三人,一同带到立煌。立煌的群众见新四军俘虏了日本兵,纷纷赞扬新四军是真正抗日的军队。

张云逸到达立煌的当天,廖磊率军政官员宴请了张云逸一行,欢迎他的到来,并为其在省政府安排了房子。但为了摆脱对方可能的监视,张云逸最后住进了离省政府不远的一个偏僻的小山村。

廖磊表面上欢迎张云逸来江北主持新四军工作,但其真实想法是希望张云逸能够率领第四支队早日东进皖东。这样,皖中就成为桂系的势力范围,既可使新四军在皖东为其筑起一道安全屏障,又可使新四军在与日军的互相厮杀中彼此削弱力量,从而达到一石二鸟的目的。

桂系要求第四支队东进皖东,中共中央也要求第四支队东进皖东,但二者的

---

① 参见《淮南抗日根据地》编审委员会编:《淮南抗日根据地》,中共党史资料出版社1987年版,第295页;《刘少奇在皖东》编审委员会编:《刘少奇在皖东》,中共党史出版社1990年版,第95页。

② 参见徐君华主编:《新四军的组建与发展》,军事科学出版社2001年版,第109页。

目的却截然不同。前者是想借刀杀人,后者是想在敌后建立抗日根据地,放手发展人民抗日武装力量。

张云逸与廖磊首先谈第四支队的经费问题。

按照国共双方达成的协议,新四军的军饷从国民党地方政府财政中支出。可是,自第四支队开赴皖中抗日前线后,安徽省政府已有数月没有发给军饷了。为此,张云逸在与廖磊会谈时明确指出自己是来讨军饷的。他对廖磊说:贵军驻后方,月月发薪饷,新四军第四支队由于数月没有领到薪饷,全靠社会上募捐,每人每天只发三分钱菜金。最近,廖主席又要第四支队开到津浦路沿线地区作战。战士们没饭吃、没弹药,叫他们如何去跟敌人作战?廖磊说:你们没有钱,因此兵要精,不要多。张云逸反驳道:我们的力量并不是多,而是少。你是省主席、第二十一集团军总司令,为什么要住大别山,而不到安庆、合肥去呢?蒋介石为什么要到四川而不到上海、南京去呢?这是因为你们的力量不够,怕日本打!①张云逸的一席话,说得廖磊无言以对,最后不得不表示将立即给第四支队补发军饷和弹药。

两人会谈的消息一经传出,立即引起立煌各界的关注。特别是张云逸对廖磊的当面批评,成为一条轰动山城的大新闻。当时由桂系主办、实际上由中共地下党控制、在立煌非常有影响的大别山日报社,专门派记者对此次会谈进行了采访,并在报纸上刊发了这一消息。

接下来,张云逸又与廖磊就新四军第四支队东进皖东等问题进行了商谈。张云逸提出,新四军第四支队主力准备东进淮南铁路和津浦铁路两侧地区,在皖东敌后开展抗日游击战争,以发挥新四军游击战的特长。廖磊对此并无异议,但担心皖东从此会成为新四军的天下,因而对新四军的活动范围严格限制。对此,张云逸回忆道:"廖磊还无理限制我们皖东部队只准在津浦路东西三十里之内进行活动,企图借刀杀人,让日军打我们。当时我们没有接受国民党这个命令。……我曾故意对廖磊说:如果我们与日本打仗失败了,你当司令也不光荣。"②在张云逸的据理力争下,廖磊只好取消了对第四支队在皖东活动范围的限制。

在与廖磊的会谈中,为了扩大新四军第四支队的编制,张云逸还提出,第四支队主力东进后,在皖中地区还要留下一部分力量以游击纵队的名义坚持活动,以保障第四支队与皖南新四军军部的交通联系。对此,廖磊未加反对。原来,国民党方面只承认第四支队第七、第八团两个团的编制。通过与廖磊的谈判,张云逸又为该支队争取到了游击纵队的编制。

最后,双方就新四军第四支队的有关问题达成了以下协议:(1)第四支队向淮南铁路及津浦铁路南段活动,限三个月开拔完毕,只留一部在无为与军部保持联络。(2)第四支队米津及经费不敷,由安徽省府设法发给,不得就地自筹。(3)第

---

① 参见黄荣:《在跟随张老战斗的日子》,《铁军风采》2002年第4期;《淮南抗日根据地》编审委员会编:《淮南抗日根据地》,中共党史资料出版社1987年版,第296页。

② 《淮南抗日根据地》编审委员会编:《淮南抗日根据地》,中共党史资料出版社1987年版,第296页。

四支队要尊重行政系统，不得收缴民枪。（4）游击纵队以地方部队名义成立，请李宗仁批准。1939年1月4日，项英将张云逸与廖磊所达成的上述协议向中共中央作了报告。

在与廖磊进行会谈的同时，为了具体落实第四支队的军饷问题，张云逸专门找到国民党安徽省财政厅厅长章乃器。章表示将按国民党方面承认的第四支队两个团和一个游击纵队的编制发放军饷。在立煌期间，张云逸还注意与各界人士交往，并应邀在群众大会及桂系举办的干部训练班上就国共合作问题发表演讲，宣传中国共产党的路线、方针和政策，扩大了共产党、新四军的影响。

张云逸此次立煌之行取得了比较理想的结果，既为第四支队东进皖东铺平了道路，又解决了国民党方面拖欠的军饷问题，还为第四支队争取到了一个游击纵队的编制，可谓一举三得。

结束与廖磊的会谈，张云逸一行东返。不过，张云逸并没有回舒城，而是越过舒城来到了第四支队第八团视察。该团自1938年9月越过淮南铁路后，于11月进至全椒、滁县地区活动，12月又西返合肥、巢县、含山一带活动。在第八团团部，张云逸见到了团长周骏鸣、政治委员林凯等人，告诉他们自己来江北的主要任务是督促第四支队东进皖东敌后。"他要求四支队广泛开展敌后游击战争，指出没有山地，平原也可以打游击，而且津浦路两侧也有山，地势好，可以打游击。因此，要开展津浦路西的游击战争，路东也要先去一部分力量，打开局面，逐步建立路西路东根据地。他还说明，要开展游击战争，没有根据地不行，要建立根据地，没有武装也不行。"[①] 听了张云逸的讲话后，第八团指战员更加坚定了东进皖东的决心。

离开第八团后，张云逸又在合肥以西的官亭视察了中共地方组织领导的游击队。1939年1月上旬，张云逸返回舒城西港冲。

返回西港冲后，张云逸向第四支队通报了与廖磊会谈的结果，并动员部队全部向皖东敌后挺进。但有些干部的思想一时还难以打通。为了不再耽搁时间，张云逸决定先率第四支队一部去皖东与第八团会合。

在东进皖东之前，张云逸还做了两件重要的事情。

一件事是为第四支队催领军饷。尽管廖磊已当面答应立即补发第四支队的军饷，但张云逸担心他说话不算数。因此，回到舒城后，张云逸指派负责电台工作的黄荣与其他几个人去廖磊处催领军饷。黄荣与廖磊虽都是广西老乡，但担心完不成任务，有些犹豫。张云逸鼓励他说：不用怕，大胆有马骑嘛！大家都是广西人，跟廖磊多讲几句老乡话就行了。在张云逸的鼓励下，黄荣与几位同志去了立煌。廖磊见张云逸又派人催领军饷，不好再拖，只得派人将补发的军饷护送到新四军驻地。[②] 第四支队指战员见张云逸要来了军饷，自然非常高兴。

[①] 曾傅先、罗永平访问张翼翔的谈话记录，1982年7月24日，载中共党史人物研究会编：《中共党史人物传》第33卷，陕西人民出版社1987年版，第90页。

[②] 参见黄荣：《在跟随张老战斗的日子》，《铁军风采》2002年第4期。

另一件事是组建新四军江北游击纵队和第三游击纵队。张云逸回到舒城后，即着手组建江北游击纵队。当时，第四支队和皖中、皖西中共组织发展的地方武装，除有一部分已编入第七、第九团外，还有游击纵队、第二游击纵队和淮南抗日游击纵队等部。游击纵队是1938年8月后组建起来的，活动于舒城、霍山一带，司令员林英坚，政治委员刘海燕。第二游击纵队也是1938年8月后组建起来的，活动于无为一带，司令员龚同武，政治委员曹云露。淮南抗日游击纵队是1939年1月成立的，正在舒城程河道地区进行整训，司令员梁从学，政治委员汪少川。在研究了上述几支游击部队的情况后，张云逸决定以第二游击纵队第一大队为基础，加上中共皖中、皖西地方党领导的游击队，扩编成立新四军江北游击纵队，以戴季英为司令员，下辖两个大队。同时，张云逸又以第二游击纵队第二大队为基础，组建了第三游击纵队。张云逸组建第三游击纵队的目的，是为了将其带到皖东发展。

1939年2月，张云逸率军部特务营、第三游击纵队和第四支队战地服务团共2000余人向皖东进发，2月18日在合肥东北的梁园与第四支队第八团团部会合。当时，第八团第一、第二、第三营由参谋长赵启民率领，驻扎于巢县东山口附近的方老人洼地区。2月19日是中国的传统节日——春节。驻巢县的日军以为新四军会因为过节而放松戒备，便出动了五六百人分两路偷袭方老人洼。岂知第八团早有防备。日军袭来后，赵启民指挥部队奋勇反击。据他回忆："日军很猖狂，以为他们一攻，我们就会垮，没想到战斗打响之后，我们打得既猛又狠，整整打了一天，日军死伤一百多人，我亦伤亡三十余人。黄昏时日军开始撤退，我追击到东山口，战斗结束。这在当时就是个大仗，不仅锻炼了部队，政治影响比军事胜利还要大，扩大了新四军的影响，打破了日军不可战胜的神话，增强了战胜日寇的信心。"①

张云逸对第八团在方老人洼战斗中所取得的胜利及表现出的英勇顽强的战斗精神给予了充分的肯定，鼓励指战员今后要多打胜仗。他还向第八团领导重申了中共中央和新四军军部关于东进皖东的指示，要大家下定决心，深入敌后。

为迅速打开皖东的抗日局面，张云逸指挥第八团于2月下旬由淮南铁路东侧进至津浦铁路西侧地区，以军部特务营、第三游击纵队和第四支队战地服务团在淮南铁路和津浦铁路之间展开。3月，张云逸以军部特务营为基础，扩编成立第三游击纵队第二大队。之后，张云逸又恢复了被撤掉的东北抗日挺进团的番号。

东北抗日挺进团，原称东北流亡抗日挺进队，是由原国民党东北军一部组成的一支抗日武装。1938年2月，在淞沪会战中失散的第六十七军部分官兵在政治教官、中共党员刘冲的带领下来到武汉，找到中共中央代表团负责人周恩来、叶剑英，表达了要求继续抗战的愿望。周、叶遂介绍他们到江北新四军第四支队地

---

① 赵启民：《从邢集到半塔——新四军四支队八团东进抗日纪实》，1996年11月28日。

区活动，归第四支队领导。3月，他们由武汉来到黄安县（今湖北红安县）七里坪，与第四支队取得了联系。第四支队根据周恩来的指示，令其以东北流亡抗日挺进队的名义，到皖东敌后开展游击战争。随后，该部东进至巢县、和县、全椒、含山等地开展抗日活动，6月与中共皖中工委委员张恺帆、冯文华领导的巢县抗日游击大队合编，后又收编了全椒县的游杂武装刘子清部，部队不断扩大。7月，第四支队将该部改名为东北流亡抗日挺进纵队，并派出部分干部到该部工作。后因刘子清率部叛逃，巢县抗日游击大队又脱离该部到巢县单独活动，纵队只剩下300余人，第四支队将该部改编为东北抗日挺进团（以下简称挺进团）。第四支队第八团东进至淮南铁路以东地区后，该部即归第八团指挥。11月，第八团接到挺进团要叛变的情报，即于全椒大马厂将该团缴械，人员分散编入第八团。事后经查实，挺进团要叛变的情报是国民党特务一手捏造的。张云逸了解到上述情况后，决定以第八团的两个营为基础，重新恢复挺进团的番号，以成钧为团长、祝世凤为政治委员。至此，张云逸到江北后已恢复了第四支队第九团、挺进团两个团的编制，并组建了江北游击纵队、第三游击纵队。

张云逸进入皖东后，第四支队第七团、特务营及淮南抗日游击纵队亦先后进至淮南铁路以东、津浦铁路以西地区。淮南抗日游击纵队还与爱国进步人士郑抱真领导的一支游击队合编。两部合编后仍称淮南抗日游击纵队，郑抱真任纵队长，汪少川任政治委员，梁从学任副纵队长。郑抱真后由张云逸等介绍，加入了中国共产党。

1939年3月间，林维先、戴季英率第四支队的司政机关进至合肥、定远地区。至4月，在张云逸的推动下，进至淮南铁路和津浦铁路之间的新四军部队，计有第七团、第八团、挺进团、第三游击纵队、淮南抗日游击纵队以及第四支队战地服务团。这就为江北新四军开辟皖东敌后抗日根据地创造了有利的条件。

二、协助叶挺处理江北事务

张云逸过江后，在推动新四军第四支队东进的同时，先后与皖西、皖中、皖东的中共地方组织取得了联系，并沟通了与中共中央中原局的电台联络，以便及时交换意见，取得其支持与配合。

1939年2月，张云逸率部与第四支队第八团会合后，为迅速打开皖东的抗日斗争局面，曾先后与周骏鸣、林凯及中共皖东工作委员会书记刘顺元等就如何开展皖东敌后抗日游击战争进行过多次讨论。张云逸还派林凯渡江，到皖南军部汇报皖东的情况，请军部对皖东敌后的工作给予全盘指导。同时，张云逸等人于3月15日致电中原局，征求关于开展皖东敌后工作的意见。

中原局成立于1938年11月，其领导机关是1939年1月底刘少奇等到达河南确山县竹沟后建立起来的。3月18日，刘少奇奉召回延安参加中共中央政治局会议，中原局由代理书记朱理治主持工作。

对于张云逸等人的来电，朱理治非常重视。他经过慎重考虑后，于3月21日复电张云逸、周骏鸣、刘顺元及中共鄂豫皖区委书记郑位三等，指出：（1）目前日军有"扫荡"皖东的企图，国民党政权如仍不能及时采取有效的措施，将会在这次敌人进攻中遭受更大的摧残。因此，中共地方组织与新四军第四支队第八团必须抓紧目前时机，一面加紧自己的工作与准备，同时推动友军、友党进步，联合他们共同粉碎敌人的此次进攻与创立皖东抗日根据地。（2）打开皖东局面的中心环节，在于江北新四军的积极活动。新四军愈能积极打击民众所痛恨的汉奸、土匪武装，愈能取得当地民众、知识分子及国民党军政当局的同情与援助，愈有利于统战工作的开展，愈能使部队巩固与扩大。（3）安徽国民党当局在整个中原仍是最开明的，同时第八团又有公开合法名义，故统战工作较其他各地都易建立，必须更加站在主动地位，团结与推动抗日的安徽国民党军政当局，争取一切可以团结的力量，推动与联合抗日分子，打击与日本有勾结的汉奸当局，并向上级政府控告他们。不过，在与抗日当局接近时，要多采取隐蔽方式，以免他们遭受打击。（4）中共安徽省委机关可设在总后方，经常开办党与群众训练班，在游击队中发展中共党员，并调出一批党员经训练后派到地方工作。在目前应特别注意将地方上优秀青年吸收到党内来，通过他们开展党在地方的工作，并争取更多的青年加入中共组织。（5）可以用第四支队政治部的名义出版一个小报，宣传中共的主张及政策。①朱理治此电的中心意思是在与国民党联合粉碎日军进攻的同时，创建皖东抗日根据地。

中共中央书记处于4月24日致电东南局并中原局转新四军第四支队第八团："一、目前，我党我军在皖东的中心任务是建立皖东抗日根据地（目前在一切敌后的任务都是建立根据地）。这是我们一切工作的中心和目的，也是一切友党、友军、政府及全体人民共同的任务。因此，固然不应空喊这一口号，但也不必把这任务秘密起来，而应当主要努力去作。二、但依皖东目前情况，必须我们长期努力进行统战工作，坚决打击汉奸和顽固分子，尽力扩大党和群众运动，推动地方进步，才能达到建立根据地的任务。三、目前，军事上的目的是坚决消灭汉奸土匪部队、打击日寇的战斗中，迅速扩大和巩固我军民为皖东抗日武装的主力，并积极向东、向北发展，建立后方，而不是单纯的以控制两条铁路为目的（因控制两条铁路，对我们工作无大帮助，也控制不了）。四、要迅速扩大我军，大大发展地方党，开办教导队与党的训练班，分派干部到每一县、区去建立县委、区委，发展地方武装与民众运动。五、要特别注意推动地方政府进步，与行［政］人员合作，努力求得同志及进步分子去作县长、区长、联保主任，并保持严格的秘密。但对坚决反对我党、我军的顽固分子，必须实行坚决的斗争，不要轻易让步。"②

---

① 参见中国人民解放军历史资料丛书编审委员会：《新四军·文献》（1），解放军出版社1994年版，第393—394页。

② 中国人民解放军历史资料丛书编审委员会：《新四军·文献》（1），解放军出版社1994年版，第399页。

东南局直到半个多月后才收到这一电报。当项英将此电转发给张云逸等人时，已是5月中旬的事了。此时，叶挺军长已经来到江北。

叶挺到江北的主要目的，是解决第四支队内部存在的问题，推动该部迅速东进皖东，同时组建江北指挥部，整理江北新四军。

还在3月29日，叶挺即以个人名义致电蒋介石："职军江北支队现位置于沿江，为含山、巢县、全椒、嘉山（按：今安徽明光市）、定［远］县一带，担任津浦南段及沿江作战，总计高、周两部官兵九千余人，与军部隔江相距颇远，以往工作连系因之亦欠密切。现因该部急须调整及伤病兵员之救护治疗与军需之补充储积各项工作亟待解决，职拟四月间前往巡视，并将军部职员分拨一部于舒城附近暂设指挥部或办事处，藉资便利。"① 次日，叶挺又与项英联名致电毛泽东并告刘少奇：张云逸指挥周骏鸣部在全椒附近4000余人，高敬亭部有六七千人，合计约1万人，"我们为调整江北部队及发展工作计，拟设指挥部或办事处于江北"②。

3月31日，蒋介石复电叶挺："该军长拟巡视江北支队并设指挥部或办事处一节，准如所请。"③ 蒋介石同时将此事电告白崇禧、顾祝同、李宗仁。中共中央也批准成立新四军江北指挥部。

当时，在江北活动的新四军，除了第四支队外，还有彭雪枫领导的活动于豫皖苏边地区的新四军游击支队、李先念领导的活动于豫鄂边区的新四军独立游击大队和罗厚福领导的活动于豫南的新四军游击第六大队等。另外，在武汉周围还有一些中共地方组织以不同名义组建和领导的游击队。

张云逸非常赞成设立新四军江北指挥部。自接到军部关于准备成立江北指挥部的电报后，张云逸即对如何组建指挥部进行了认真研究。按照中共中央的规定，活动于长江以北、陇海铁路以南之河南、湖北、安徽、江苏四省地区的八路军、新四军及中共地方组织，无论在指挥上及建制上均归中原局。因此，张云逸认为，江北指挥部成立后，必须解决与中原局的关系问题，否则关系不顺，不利于工作的开展。此外，江北指挥部应统率哪些部队，如何为这些部队配备干部，如何处理高敬亭的问题等，也都需要妥善处理和解决。

为此，张云逸将自己的想法向中原局代理书记朱理治作了汇报。朱理治经与张云逸电商后，就有关问题取得了以下几点共识：（1）江北指挥部成立后，为便利与密切领导关系，中原局机关可与指挥部同时行动。（2）张云逸加入中原局并兼中原局军事部长。（3）在郑位三、郭述申、戴季英三人中提一人任江北指挥部政治部主任，另派一副主任协助之。（4）江北指挥部下辖五个纵队：以第四支队

---

① 中国人民解放军历史资料丛书编审委员会：《新四军·文献》（1），解放军出版社1994年版，第395页。电文中的高、周分别指高敬亭、周骏鸣。
② 中国人民解放军历史资料丛书编审委员会：《新四军·文献》（1），解放军出版社1994年版，第396页。
③ 中国人民解放军历史资料丛书编审委员会：《新四军·参考资料》（2），解放军出版社1991年版，第91页。

第七团为基础组建第一纵队,从第四支队提拔一进步团长任司令员;第八团为第二纵队,周骏鸣、林凯为正副司令员;戴季英领导的江北游击纵队为第三纵队,提议调江南第三支队参谋长赵凌波为副司令员;彭雪枫部编为第四纵队;李先念部编为第五纵队。(5)江北指挥部成立后对高敬亭的三种处理方法:上策为推动他到延安学习或择地养病;中策为给以江北指挥部副指挥名义,将第四支队改编为江北指挥部下属的一个纵队,交由其他同志指挥;下策为戴季英仍留第四支队工作,撤销高敬亭的职务。①4月18日,朱理治将他与张云逸电商所得的上述意见向刘少奇并中共中央作了报告。

此时,新四军军部也提出了一个组建江北指挥部及扩大江北新四军的方案,具体内容包括:(1)江北指挥部以张云逸为主任,赖传珠为参谋长;(2)以第八团为基础成立第五支队,以罗炳辉为司令员,郭述申为政治委员,周骏鸣为副司令员;组织江北前敌委员会,张云逸为书记,罗炳辉、赖传珠、周骏鸣、林凯、戴季英、郭述申为委员,直属新四军军分会;(3)调第五团团长孙仲德及军部直属队政治处主任张树才到江北工作;(4)将第二支队第四团陆续调至江北,作为江北新四军的基干力量。(5)江北指挥部政治部及第五支队政治部之主任均无合适人选,请中共中央设法解决。②

这两个方案明显存在着较大的差异。对此,中共中央正在研究考虑,并没有立即答复。不过,在作出最后决定之前,中共中央书记处于4月21日向各中央局发出了《关于发展华中武装力量的指示》,指出:"我在华中之游击战争及武装力量有很大发展前途。""华中是我党发展武装力量的主要地域,并在战略上华中亦为联系华北、华南之枢纽,关系整个抗战前途甚大。""新四军在江北指挥部应成为华中我武装力量之领导中心,除指挥我原有武装外,更有建立及发展新的队伍之任务。因此,仅云逸同志还不够,应有大将主持。我们提议,或者项英同志来华中,把新四军直接领导委托叶、陈、袁等同志,或者调陈毅同志来华中主持指挥部。""希望东南局及新四军领导同志顾全全国局势及华中之重要,抽调大员及大批干部到江北。"③此外,指示还指出:为发展华中,八路军已准备抽调一部兵力于适当时机转移到华中;中共中央正计划从陕北抽调一批干部去华中,北方局、八路军前方总部也应计划抽调一批干部到华中;关于江北指挥部和江北前敌委员会的人员配备暂缓发表,待商妥后再说,因江北指挥部成立,中原局即可与指挥部靠近,不必另设前委。

经过一番电报来往,中共中央从当时的实际情况出发,没有要求在竹沟的中原局机关立即东进入皖与江北指挥部一起行动,基本同意新四军军部提出的关于

---

① 朱理治关于新四军江北指挥部及苏皖工作的意见致刘少奇并中共中央书记处电,1939年4月18日。
② 参见中国人民解放军历史资料丛书编审委员会:《新四军·文献》(1),解放军出版社1994年版,第397—398页。
③ 中国人民解放军历史资料丛书编审委员会:《新四军·文献》(1),解放军出版社1994年版,第126—127页。电文中的叶、陈、袁,分别指叶挺、陈毅、袁国平。

设立江北指挥部的方案。与此同时，新四军军部决定组成以张云逸为书记的江北前敌委员会。

4月27日，叶挺率邓子恢、赖传珠、罗炳辉、孙仲德等渡江北上，到达无为。第四团第一营则于5月24日北渡长江。

5月3日，叶挺一行由无为到达庐江。次日下午，张云逸及第四支队第九团领导赶来与叶挺等会合。6日，张云逸随叶挺等来到庐江东汤池，并在此向叶挺报告了过江以来的工作情况和第四支队的情形。7日，叶挺召开会议，宣布新四军江北指挥部成立，以张云逸兼指挥、赖传珠任参谋长、邓子恢兼政治部主任，统一指挥新四军在江北地区的部队。不久，以张云逸为书记的江北前敌委员会也正式组成。江北指挥部和江北前敌委员会的成立，使江北新四军有了领导重心，为新四军在江北的发展提供了组织上的保证。

5月9日，叶挺率张云逸、邓子恢等由东汤池赶到舒城西港冲，解决第四支队的问题。叶挺见到高敬亭后，向其传达了中共中央和新四军军部关于组建江北指挥部的决定，要其率第四支队后方机关、教导大队和第九团迅速东进皖东。随后，叶挺、张云逸等人在西港冲召开军事会议，传达中共中央和新四军军部要求第四支队东进皖东的指示，研究第四支队东进皖东后的工作方针等问题。会议开了两天。在此期间，叶挺、张云逸收到了项英转来的中共中央书记处于4月24日发出的《关于建立皖东抗日根据地的指示》。叶挺遂将这一指示电的精神一并进行了传达。最后，会议决定：第四支队今后的方针应是广泛发展，于本年"八一"节前在可能范围内扩大至20个团，并与第三支队配合，作进攻南京、截断津浦线之新主力；在舒城与皖东各建一游击战的支点，并由新四军军部派得力干部50人加强第四支队；军部从6月起每月补助第四支队津贴2万元，作为广泛开展游击战的经费。叶挺还敦促第四支队要按国民党安徽省政府命令，限三个月内撤出舒城，转到淮南铁路以东下塘集（今长丰县下塘镇）、定远一带活动。高敬亭提出后方机关、医院马上走有困难。叶挺说，限两星期必须出动。[①] 由于此时第四支队大多数干部表示拥护东进皖东的方针，高敬亭在会上也表示赞同东进。

叶挺、张云逸、邓子恢等人见高敬亭已接受了东进的方针，便离开西港冲。5月20日前后，他们赶到合肥东北的青龙厂。可在此期间，高敬亭仍停留在西港冲，并未率第四支队后方机关和第九团东进。在此情况下，叶挺与张云逸于5月18日直接下令，限第九团于月底之前到达合肥以东的草庙集、梁园一带集中，担任向淮南凤阳地区游击的任务。第九团接到命令后，于20日开始陆续东进。谁知，高敬亭却背着叶挺、张云逸等，擅自令第九团停止东进。第九团领导人没有执行高的命令，并将有关情况报告了江北指挥部。更让人意想不到的是，第四支队第七团团长杨克志、政治委员曹玉福于5月20日携带在定远打土围子时缴获的钱财叛逃，投靠了国民党桂系军队。

---

① 参见许道化、吴克文主编：《被错杀的将军》，四川人民出版社1989年版，第234页。

在部队东进的关键时刻和敌我斗争的非常时期,发生主力团领导叛逃的事件,对于思想刚刚统一但还不稳定的第四支队来说,其影响无疑是十分恶劣的。因此,当叶挺、张云逸、邓子恢等人接到报告后,都非常震惊。此时如果不采取果断措施,后果将不堪设想。于是,叶挺、张云逸、邓子恢决定立即在部队中展开批判杨、曹叛逃的教育,以平息这一事件对部队所造成的不良影响,稳定军心。由于杨、曹二人是高敬亭一手提拔起来的,部队在批判杨、曹叛逃事件时,牵涉到了高敬亭的领导责任问题。6月4日,叶挺、张云逸、邓子恢在青龙厂召见高敬亭,并将其扣押起来,进行隔离审查。同时,他们将处理高敬亭的有关情况报告中共中央。

中共中央接到江北新四军正在处理高敬亭问题的报告后,于6月15日作出决定,撤销高敬亭的职务,派八路军第三四四旅旅长徐海东来整理新四军第四支队,并担任江北指挥部副指挥兼第四支队司令员。

江北指挥部接到中共中央关于撤销高敬亭职务的电报后,对高敬亭由内部审查转为公开批判。6月21日至23日,叶挺、张云逸、邓子恢在青龙厂褚家圩子召开批斗高敬亭大会,叶挺等不少人在会上对高敬亭作了批判发言。

中共中央对于如何处理高敬亭的问题非常慎重,曾电示新四军军部:"争取教育改造四支队,对高敬亭采取一些过渡办法,利用目前机会由军部派遣一些得力干部到四支队工作,以帮助四支队之改造与整理。"①可是电报到江北时,已经晚了。6月24日上午,高敬亭在青龙厂被枪决。这是一桩不该发生的悲剧。对中国革命有功的高敬亭在新四军第四支队工作期间的确犯过严重错误,但罪不当诛。

张劲夫后来在总结这一事件的教训时曾指出:"今天看来,假如没有发生杨曹叛变事件,高敬亭同志也可能不会遭此厄运的。要知道那是战争年代,前有日本鬼子,身后有国民党顽固派重兵,新四军四支队还处在'游击'状态,发生主力团团长和政委一起叛变事件对部队的震动太大了,它的严重性不能不引起新四军首脑机关的高度警惕,再加上高敬亭同志平时已经暴露出的那些毛病,为防止发生更大的意外和更严重的损失,这就促使了军首长采取了非常措施。这就是历史啊!"②

1975年11月,高敬亭的女儿给毛泽东写信,请求澄清其父高敬亭被枪决的原因,并作出结论。此信引起了毛泽东的重视。他认为此案处理不当,要求中央军委开会讨论一次。中央军委开会讨论后,决定对高敬亭给予平反,并恢复名誉。据此,总政治部于1977年4月27日发出给高敬亭平反的通知。通知指出:"高敬亭同志参加革命后,在毛主席、党中央领导下,在坚持鄂豫皖地区的革命斗争中是有功的,虽在四支队工作期间犯有严重错误,但是可以教育的,处死高敬亭同志是错误的。"高敬亭后来被国务院民政部追认为革命烈士。

处理完高敬亭的问题后,叶挺、张云逸、邓子恢根据中共中央和新四军军部

---

① 中国人民解放军总政治部关于给高敬亭同志平反的通知,1977年4月27日。
② 张劲夫:《抗日战争时期我在安徽的经历》,安徽人民出版社1998年版,第49—50页。

的决定，对在皖中和皖东敌后活动的新四军各部统一进行整编：保留第四支队的建制；以第八团为基础成立第五支队；将江北游击纵队划归江北指挥部指挥。这样，江北指挥部下辖两个支队、一个游击纵队。第五支队成立之前，张云逸陪同叶挺等人到定远县藕塘镇附近第八团驻地看望部队，并在徐小集参加了军民联欢会，叶挺还在会上作了形势和任务的报告。1939年7月1日，第五支队在藕塘附近的安子集宣告成立。

1939年，在东汤池江北指挥部，叶挺为张云逸（中）与罗炳辉（左）拍摄的合影。右上为叶挺在照片背面题写的"新四军中：大小两位"。

自中国抗日战争进入战略相持阶段后，以蒋介石为代表的国民党统治集团逐渐转为消极抗日，积极反共，国民党顽固派军队与八路军、新四军的摩擦事件开始出现，并有日渐增多的趋势。在此形势下，中共中央于1939年6月1日发出《关于反对投降危险的指示》，要求全党用全力来进行反对国民党投降分子、反共分子的斗争，对于国民党顽固派挑起的武装摩擦，要站在自卫的立场上给以坚决的抵抗，以达巩固国共合作、巩固统一战线和继续抗日的目的。6月22日，中央军委、总政治部又发出《关于目前时局及八路军新四军之任务的指示》，指出华中新四军的中心任务是发展，由于目前对友军工作的意义大为增加，各军政领导应尽可能亲自做友军的联络工作。7月7日，中共中央又向全国发出《为抗战两周年纪念对时局宣言》，提出了"坚持抗战到底、反对中途妥协，巩固国内团结、反对内部分裂，力求全国进步、反对向后倒退"的三大口号。

张云逸与叶挺等人认真研究了中共中央、中央军委的有关指示，在具体分析了安徽国民党当局的态度后认为：桂系初到安徽时，立足未稳，做些表面文章，对群众抗日活动，在一定时间内是允许的；现已逐步站稳了脚跟，为巩固其地位，发展其势力，加上全国反共高潮要来，桂系翻脸不认人怕是难免的，只不过是时间的迟早问题，绝不能对桂系存有幻想。不过，暂时还可把桂系作为中间力量来争取，但要有拉有打，提高警惕。① 中共鄂豫皖区委也认为，国民党虽有投降妥协之可能，但安徽国民党当局"对抗战尚不曾有动摇"，"目前为了对付顽固分子及应付将来恶劣变化，加强统战工作、缓和我与五路军之关系非常重要"，并建议叶挺、张云逸务必于百忙中抽空来立煌一趟，与廖磊当面会谈，以解决江北新四军的发展、活动区域等问题。②

叶挺、张云逸接受了中共鄂豫皖区委的建议，并就与廖磊会谈时应着重交涉的有关问题与中共鄂豫皖区委交换了意见。当时，廖磊最害怕的就是江北新四军的发展与扩大会危及其在安徽统治地位的巩固。因此，叶挺、张云逸决定去会见廖磊，向其多做解释工作，以团结其共同抗日。与此同时，中共鄂豫皖区委根据中共中央的指示，于6月中旬开始由立煌陆续向庐江东汤池江北指挥部驻地撤退，继而又有计划、分步骤地安排在大别山地区活动的大批党员干部和进步人士向新四军活动地区撤退，以防患于未然。

7月上旬，张云逸与叶挺等来到立煌。11日，叶挺首先与廖磊进行会谈，向其扼要通报了整顿江北新四军的情况，强调了团结抗日的重要意义。13日，张云逸又与廖磊进行会谈，就如何改善双方的合作关系提出了具体意见。廖磊虽赞成团结抗战，但在涉及新四军的具体问题时仍是老调重弹，要求新四军不要发展得过多，不要自筹经费，等等。会谈中，为表示团结抗日的诚意，叶、张决定将新四军第四支队驻立煌的兵站改为新四军办事处，以中共鄂豫皖区委组织部部长何伟担任办事处主任。同时，叶、张也向廖磊提出了以下各点：（1）由省政府通令各地，今后如有涉及新四军的问题，应向新四军在该地最高指挥员交涉解决，若在该地的新四军最高指挥员不接受时，应报告上级，但情况要确实；（2）新四军活动地区的民众要协助新四军进行抗日活动；（3）政府不能无原则地限制新四军的活动；（4）新四军活动地区的民众武装要归新四军统一指挥；（5）新四军合理筹措给养政府要予以协助；（6）发给8月份的补助费。对叶挺、张云逸提出的上述各点，廖磊附一解释后表示同意，但对第四点未予明确答复。事后，张云逸与

---

① 参见张劲夫：《抗日战争时期我在安徽的经历》，安徽人民出版社1998年版，第56页。
② 郑位三致叶挺、张云逸、邓子恢等人的电报，1939年7月1日。电报中的"五路军"指的是桂系军队。1937年2月，蒋介石下令将桂系军队统一编为第五路军，以李宗仁、白崇禧为正、副总司令。4月，李、白二人就职。全国抗战爆发后，桂系军队已不再使用第五路军的番号，但中共方面习惯上仍将桂系军队称为第五路军。

叶挺在给中共中央的电报中指出："据一般视察后，（廖磊）此次对我们是很冷淡的，并怕我力量扩大，最近派到我军活动地区行政专员都是反共分子，限我发展。现在我们只有一面努力与他表示合作，一面巩固与发展自己力量，来巩固合作。"①

张云逸和叶挺的此次立煌之行，还是起了一些作用的。虽然廖磊此时对新四军的态度已很冷淡，但在随后的几个月内他尚未公开推行反共政策，因而使新四军在皖中、皖东的活动未受到太大的影响。另外，张、叶把第四支队在立煌的兵站改为新四军办事处，宣布由何伟任办事处主任，多少也"起了点缓冲作用"，"使我党赢得了时间，把许多要撤退的干部，在一九三九年底、一九四零年初第一次反共高潮到来前，基本上全部撤出了，包括办事处的武装、电台，还有何伟同志及所有干部都顺利撤到新四军地区了，没有受到损失"。②

结束与廖磊的会谈后，张云逸与叶挺等于7月22日回到东汤池新四军江北指挥部。此时，中共鄂豫皖区委宣传部部长彭康、军事部部长谭希林已由立煌撤退到了东汤池。没过几天，郑位三和张劲夫也撤到了东汤池。此后，中共鄂豫皖区委与张云逸领导的江北指挥部一起行动。

一天下午，正在江北指挥部研究工作的张云逸忽然接到报告，说新四军游击支队司令员彭雪枫派人来了。张云逸喜出望外，赶紧出外迎接。还没走出房间，参谋已将来人带到了他的面前。来者叫谭友林，时任游击支队第二团政治委员，是由皖北蒙城赶来的。

对新四军游击支队的情况，新四军军部一直比较关注。还在酝酿组建江北指挥部时，新四军军部就曾考虑将彭雪枫领导的游击支队纳入指挥部的建制。因此，叶挺、项英于3月30日致电中共中央：彭雪枫部"如果能与我们发生关系最好"③。4月10日，叶挺、项英又致电中共中央："我们为扩大影响计，拟向委员长力请准彭雪枫所部向徐州附近挺进，担任苏鲁豫皖边境游击战，以便与凤阳张云逸部联络。"④

当时，中共中央为了使新黄河⑤以北地区的工作能取得北方局和八路军的直接帮助，将这一地区党的工作划归北方局管理，受山东分局直接指挥，在此地区活动的新四军彭雪枫部则由八路军前方总部和第一纵队司令员徐向前指挥。新四军江北指挥部成立后，叶挺、张云逸曾致电项英并转中共中央：彭雪枫部以新四军名义在蒙城一带活动，应与指挥部联系，以便直接指挥和了解该部情形。考虑到新四军江北指挥部业已成立，彭雪枫部活动的地区又属中原局管辖，因此中共中央采纳了叶挺、张云逸的意见。6月14日，中共中央、中央军委电告彭雪枫：新

---

① 叶挺、张云逸致项英转延安、重庆电，1939年7月15日。
② 张劲夫：《抗日战争时期我在安徽的经历》，安徽人民出版社1998年版，第56—57页。
③ 中国人民解放军历史资料丛书编审委员会：《新四军·文献》（1），解放军出版社1994年版，第396页。
④ 中国人民解放军历史资料丛书编审委员会：《新四军·文献》（1），解放军出版社1994年版，第478页。
⑤ 新黄河，指1938年改道以后的黄河。这年6月9日，为阻止日军西犯，蒋介石命令国民党军炸开郑州以北花园口黄河大堤，使黄河改道向东南沿贾鲁颍河及西淝河，在正阳关一带注入淮河。历史上把这段改道后的黄河称为新黄河。1947年花园口决口堵复，黄河复归故道。

四军游击支队划归叶挺、张云逸指挥，部队活动地区党的工作划归中原局管理。

这时，彭雪枫为扩大游击支队的回旋余地，并沟通与新四军江北指挥部的联系，正率支队主力在淮河以北、浍河以南、津浦铁路以西、宿县至蒙城公路以东的宿（县）蒙（城）凤（台）怀（远）地区（即淮上地区）活动。部队虽已发展到3个团、1个总队共5000余人，但仍然使用周恩来、叶剑英等于1938年为其暂定的新四军游击支队的名义，没有正式番号。由于长期流动作战，根据地没建立起来，给养没有保障，国民党方面又一再压制，部队的发展遇到了很大的困难。正是在这种情况下，彭雪枫派谭友林向叶挺、张云逸汇报情况，请求解决部队的番号和给养问题。

张云逸和叶挺与谭友林进行了亲切的交谈，详细询问了游击支队的情况。叶挺听完谭友林的汇报后，向谭讲了四点意见：（1）游击支队克服了饷款、军服和弹药不足等困难，孤军深入敌后，在军事上取得了成绩，在军队建设上打下了相当的根基，这是值得褒奖的；（2）游击支队活动的区域，是津浦铁路和陇海铁路的交叉地带，战略地位很重要，要在那里进一步发动和武装群众，建立巩固的根据地；（3）关于部队的正式番号问题，新四军现已有五个支队，游击支队将来可改称新四军第六支队。弹药问题，可由江北指挥部尽力支援一些；（4）请转告彭雪枫和支队其他领导同志，随着形势的发展和部队的不断扩充，要打好根基，使游击支队逐渐发展成为一支正规的部队。①

根据叶挺的指示，张云逸为谭友林准备了5000元现款、一批西药、几万发子弹和一些轻重机枪。由于谭来时只带了个警卫班，出于安全的考虑，叶挺、张云逸让谭友林先把现款和西药带走，并嘱其转告彭雪枫，下次多派些人来取枪支弹药。不久，彭雪枫派了一支精干的小部队来江北指挥部，将枪支和子弹运走。

此后，张云逸通过电台与彭雪枫保持联系，了解并指导其工作。8月，江北指挥部得到报告，游击支队在淮上地区连战皆捷。张云逸遂以他和叶挺的名义致电彭雪枫："捷报频来，不胜欣慰！你们艰苦奋斗，为国家民族效命疆场，不特增加了本军的战绩与荣誉，更大大提高了我党的威信。尚望继续努力，积极动作，争取不断胜利，扩大我军政治影响，是所至盼。"②经过艰苦奋战，游击支队逐渐建立起豫皖苏边抗日根据地，部队也随之发展壮大。

叶挺在江北活动期间，张云逸还陪同他到寿县曹家岗，看望了曹渊烈士的亲属。曹渊在北伐战争时期曾任叶挺独立团第一营营长。他身先士卒，作战勇敢，是叶挺手下的得力干将，后在率部攻打武昌城时壮烈牺牲。此后，亲自看望并慰问曹渊的亲属，成为叶挺的一大心愿。经历了北伐战争的张云逸，对于叶挺和曹渊之间的战斗情谊十分理解。所以，当叶挺提出要去看望曹渊的亲属时，张云逸欣然表示愿陪同前往。在曹家岗，叶挺和张云逸见到了曹渊的父母、兄弟，对他们表示了深

---

① 参见粟裕、陈雷等：《星火燎原·未刊稿》第7集，解放军出版社2007年版，第56—57页。
② 《彭雪枫传》编写组：《彭雪枫传》，当代中国出版社2004年版，第420页。

切的慰问。离开时，叶挺和张云逸还与曹家老小合拍了一张照片，以作留念。

1939年8月3日凌晨，叶挺结束了江北之行，南返新四军军部。张云逸、赖传珠等率江北指挥部人员为军长送行。叶挺虽然在江北只活动了约三个月的时间，却卓有成效地进行了一系列工作，达到了预期的目的。在这段时间里，张云逸一直伴随在叶挺的左右，全力支持并配合其工作，两人的情谊进一步加深。但令张云逸没有想到的是，此次送别竟成为两人的最后诀别。1946年，出狱后的叶挺在乘飞机由重庆飞往延安的途中不幸罹难。

三、主持江北指挥部工作

叶挺南返后，作为新四军江北指挥部和江北前敌委员会的主要负责人，张云逸担负起了领导江北新四军的全面工作。

当时，由于各部队整编，干部和人员调整较大，加之受处理高敬亭问题的影响，部队指战员的思想不够稳定，有的部队逃亡现象比较严重。这样，摆在张云逸等人面前的首要任务，就是尽快稳住军心、巩固部队。为此，张云逸等在继续搞好编制调整的同时，狠抓部队的整训工作。

叶挺在江北时，虽将江北游击纵队划归江北指挥部指挥，但对该部的编制问题未来得及讨论和解决。为此，张云逸于1939年8月16日在江北指挥部主持召开会议，专门研究该部的编制问题，最后决定将江北游击纵队编为两个大队。由于该部是由地方武装发展而来的，没有老部队的底子，战斗力不强，难以担负起坚持皖中阵地、保障江北新四军与皖南军部交通联络的任务。为改变这一状况，张云逸等人重新研究后，于9月11日下令，把新四军军部从江南派到江北活动的第四团第一营划归江北游击纵队建制，编为第一大队，把江北游击纵队原第一、第二大队依次改为第二、第三大队。经过这次调整，江北游击纵队不但扩大了编制，而且有了老部队作骨干，这就为其以后的发展奠定了基础。

经过调整，江北指挥部所属各部的编制如下：

第四支队，司令员徐海东（此时尚未到职，由戴季英代理），政治委员兼政治部主任戴季英，副司令员林维先，参谋长谭希林，下辖第七、第九、第十四团和特务营（由淮南抗日游击纵队第一营改编）、教导大队。第七团，团长秦贤安，政治委员徐海珊；第九团，团长詹化雨，政治委员高志荣；第十四团（由支队特务营与淮南抗日游击纵队第二、第三营等部编成），团长梁从学，政治委员李世焱。

第五支队，司令员罗炳辉，政治委员郭述申，副司令员周骏鸣，参谋长赵启民，政治部主任方毅，下辖第八、第十、第十五团和特务营、教导大队（由第八团教导大队改编）。第八团，周骏鸣兼团长，政治委员陈庆先；第十团（由挺进团改编），团长成钧，政治委员徐祥亨；第十五团（由第三游击纵队大部和原第四支队战地服务团发展组建的游击先遣队编成），团长林英坚，政治委员刘景胜。

张云逸（右四）与罗炳辉（左二）等在新四军江北指挥部

江北游击纵队，司令员孙仲德，政治委员黄岩，参谋长桂逢洲，政治部主任桂蓬（黄育贤），下辖第一、第二、第三大队。

此外，新四军江北指挥部还直辖特务营和教导队。

部队的整训分为军事整训和政治整训，以团单位进行。为了巩固部队，张云逸、邓子恢等特别要求部队搞好政治整训，加紧进行党的政策教育、阶级教育及部队的优良传统教育，自下而上地对照检查工作中的不足；开展反逃亡斗争，同时注意清洗混入革命队伍中的不良分子。在整训中，张云逸、邓子恢等还建立健全了部队的政治工作和各种制度；除抽调部分干部送皖南军部受训外，另在江北指挥部及各支队开办教导队，轮训干部。经过了一个月的整训，至9月底，"部队已稳定下来，逃亡停止，干部提高了一步，政工制度逐渐建立，纪律改善，作战胜利影响扩大，地方工作开始发展"[1]。

在部队整训的同时，张云逸等加紧研究部署部队向皖东的战略展开。对此，叶挺在江北时，曾与张云逸等人讨论确定了第四支队主要在津浦铁路以西地区活动，第五支队开赴津浦铁路以东地区活动，江北游击纵队在淮南铁路两侧地区活动的原则。根据这一原则，张云逸与邓子恢、戴季英、罗炳辉、郭述申等研究决定：将第四支队展开于定远、凤阳、滁县、全椒等地；将第五支队展开于来安、

---

[1] 张云逸、邓子恢关于江北部队政治工作总结致中央军委的电报，1940年10月。

天长、盱眙、嘉山、仪征、六合（今为南京市六合区）等地；江北游击纵队除以一部坚持无为地区外，其余部队进至和县、含山及合肥东北地区活动。据此，第五支队司令员罗炳辉和政治委员郭述申，于8—10月间率部先后进至津浦铁路以东地区，之后第五支队司令部率直属队活动于盱眙县半塔集①一带；第八团活动于来安、天长、扬州等地；第十团活动于盱眙、嘉山两地；第十五团活动于六合、仪征两地。与此同时，第四支队在津浦路西定远、滁县、全椒等地展开。江北游击纵队则以一部进至合肥青龙厂、定远永康镇一带活动。

各部队实行战略展开后，积极打击日伪军和土匪武装，协助中共地方组织发动群众，使皖东的抗日斗争局面迅速得到改善。受军部派遣、于1939年8月下旬到江北指挥部工作的梁国斌，经过对皖东一个月的考察，"深切感到敌后的革命形势生气勃勃，令人鼓舞，和皖南的沉闷空气，成为鲜明的对照"。他还指出："在江北敌后，我军积极收缴敌伪枪支，扩大队伍，自己筹粮筹款。党可以公开在部队活动，政治宣传工作十分活跃，象五支队和江北游击纵队及其他许多抗日武装游击队，都是坚决冲破国民党各种限制而发展起来的，到处军民团结，官兵一致，士气高涨。想起在皖南新四军教导队时，连党的组织生活都要偷偷摸摸地躲到山沟里开，甚至新四军全军党代表大会也要跑到山上草棚里面去秘密举行，平时连中国共产党和红军的名称都不允许公开谈论，处处受制于国民党，捆绑自己的手脚，使近一万人的队伍处于皖南泾县一带敌伪顽之间，无法得到应有的发展，这种局面真是令人不能容忍。"②

在部队实施战略展开期间，1939年9月11日，江北指挥部来了一位特殊的客人——艾格尼丝·史沫特莱。史沫特莱是美国著名左翼女作家、新闻记者。1928年至1940年间，她先后以德国《法兰克福报》、英国《曼彻斯特卫报》记者的身份在中国工作和生活，撰写了不少反映中国人民革命斗争的通讯和报道。她是随新四军教导总队教育长冯达飞和军医处医务主任宫乃泉等人一起由军部来江北的。对史沫特莱的到来，张云逸热情接待，专门为其举行了一个欢迎晚会。尽管工作十分繁忙，他还是断断续续地接受了史沫特莱的采访，向其介绍江北新四军的情况。张云逸的谈吐，给史沫特莱留下了深刻的印象。她认为张云逸是个很有学问的知识分子，"他博览群书，善于思考，我不断从他那里学到许多有启发性的新知识"③。为使史沫特莱加深对江北新四军的了解，张云逸还特意安排她去参观了江北指挥部教导队，使其能与新四军指战员进行深入的交谈。

9月18日夜，史沫特莱在宫乃泉的陪同下，向张云逸辞行，准备前往立煌。对这次话别，史沫特莱作了如下记述：

> 张司令员正患疟疾，他坐在床上，要我谈谈我对教导队的观感。他说，

---

① 半塔集，当时属于安徽省盱眙县，后盱眙县划归江苏省，半塔集划归安徽省来安县。
② 福建人民出版社编辑：《闽赣路千里》，福建人民出版社1980年版，第65页。
③ 艾格尼丝·史沫特莱著，江枫译：《中国的战歌》，作家出版社1986年版，第326页。

当然比不上军部的,因为这里才创办不久,而且缺乏胜任的教员。

我对他转述了学员们告诉我的关于和日本人打仗的一些经历,和他们对敌人的力量和弱点的看法。他们说,日本人装备好、吃得好、穿得好,所以抓一个日本兵一般需要三个中国兵,甚至在这种情况下,还必须把他打伤。他们毫无怨言地忍受着各种困难:武器差、弹药少、吃穿不好,而且,医务人员和药品缺乏。然而他们却谈论着会使西方士兵感到可怕的克服困难的办法。

……

张司令员听了,还在笔记本上记了几笔。然后问到我对教育工作本身的想法。我告诉他,政治课和地理课的讲授太抽象。学员们学到一些外国地名,却不知道它们在地球上的哪个角落。我说,特别是他们缺少一张地图。有些政治课似乎也太偏重理论。讲授这样一个科目的中国知识分子所占有的只是书本知识,他们的理论概念大多来源于外国作者的著作。但是中国自己也有一部革命历史和许多伟大的领袖人物。我以为,把适用于苏联工业发展的口号照搬到不发达的中国来,是非常牵强的。

张司令员打断我的话头,当即命令他的参谋长把当时仅有的一张,也就是挂在司令部里的那张世界地图送到教导队去。

这只是表面上看得见的,在这种姿态背后还包含着更多的东西——一种不顾一切条件,竭力要教,要学的意志。[1]

9月19日,史沫特莱离开江北指挥部。张云逸专门派了一个班的兵力护送,使其安全抵达目的地。

10月12日,是新四军成立两周年的纪念日。为迎接这一特殊日子的到来,同时也为了加强对部队建设的指导,张云逸撰写了《纪念本军成立两周年——为完成建军任务而斗争》的纪念文章,发表在次日出版的《抗敌报》上。文章分析了中国抗战的形势,指出,当前是全国团结一致共同努力,准备和充实新的反攻力量的时候,为了争取反攻和取得抗战的最后胜利,我们首先要完成建军的任务。关于如何建军,张云逸指出:"我们要知道,因为本军的装备不但还没有达到现代化,并且相差尚远,所以我们建军的要求是不能与一般军队相雷同的,是应该依据我军现有的条件来进行的,这就是说,既要适合当前的装备与作战,又要注意到将来的发展,假如离开现实只注意到将来,一定会使所建之军不能担负目前作战的任务。假如只顾到现实而不注意将来新的发展,就不能造成为现代化的国防军,也不能在大举反攻中起主力军之作用。正因为这样,我们的建军,必须尽量利用现有的物质与装备进行建军工作,这才不致陷入'好高骛远'的幻想中。但同时我们又要学习各种新兵器的使用与提高新战略战术的素养,准备将来自己能有新的装备并能使用,成为现代的国防军,又能够担负起反攻中主力军的任务,

---

[1] 艾格尼丝·史沫特莱著,江枫译:《中国的战歌》,作家出版社1986年版,第335—337页。

切实回答我们军长努力创造铁的新四军的号召。才是我们建军的正确要求，也是我们全体同志所应该共同努力的。"① 同时，张云逸还提出了建军工作中政治上、组织上和军事技术上应达到的一些具体要求。最后张云逸强调：要完成建军工作，"主要的是要依赖健全的政治工作来保证，特别是要有党的领导与模范作用来保证。同时亦须有管理教育与严格训练，执行铁的纪律，并有系统的有计划的进行。更确切的说：就是要各级干部的团结和努力，全体战士的拥护和执行"②。张云逸在该文中所提出的建军思想，兼顾现实与未来，着眼于特点和发展，对加强新四军的建设具有很强的指导性。

10月12日当天，江北指挥部还举行了一个盛大的招待会。据赖传珠日记记载：指挥部"请群众及客人吃饭"，"到者2000余人"，"气氛非常热烈"，指挥部收到群众赠送的锦旗就达19面，"说明群众对本军印象甚佳"，"我们的工作是很好的"。③

新四军第四、第五支队在皖东展开后，为更好地指挥各部队的行动，张云逸与中原局商量后，于10月22日率江北指挥部离开东汤池东进皖东。到定远后，张云逸将江北指挥部暂设在藕塘镇。与此同时，中原局派郑位三率中共鄂豫皖区委的一批干部也由东汤池东进皖东，协助部队开展地方群众工作。张云逸离开后，江北指挥部在东汤池设立留守处，由参谋长赖传珠率一部分人员留守。

到达皖东后，张云逸等主要抓了以下几项工作：

第一，继续与桂系谈判，做好统战工作。

张云逸刚到定远，就接到了廖磊于10月23日病故的消息。出于统战工作的需要，张云逸致电新四军驻立煌办事处主任何伟，让其代表新四军前去参加廖磊的葬礼，同时以叶挺和他的名义为廖磊题写了一副挽联，另以他和叶挺、项英及江北新四军将领戴季英、罗炳辉、彭雪枫等人的名义电唁廖磊的家属。

为了减少新四军在皖东活动的阻力，张云逸还专程到全椒县古河镇，会见了国民党安徽省第五行政公署督察专员（皖东专员）兼第五战区第十游击纵队司令李本一。在与李的会谈中，张云逸阐述了他对中国抗战形势及皖东局势的看法，希望双方都能以民族利益为重，进一步密切合作，共同对敌，争取抗战的胜利。李本一对张云逸的谈话连连点头称是。时任国民党安徽省第五行政公署秘书兼第十游击纵队政治部主任的李海回忆说："张参谋长对人诚恳、友好的态度和他在谈话中显示的非凡军事才能和政治水平，给我们留下了深刻的印象。就连李本一也不得不佩服地说：'这些共产党人真有两下子！'"④

第二，建立部队的保卫系统。

到藕塘后不久，张云逸发现，由于新四军刚刚进入皖东，封建帮会、土匪恶

---

① 军事科学院《张云逸军事文选》编辑组主编：《张云逸军事文选》，军事科学出版社2007年版，第93页。
② 军事科学院《张云逸军事文选》编辑组主编：《张云逸军事文选》，军事科学出版社2007年版，第95页。
③《赖传珠将军日记》上册，军事科学出版社2005年版，第245页。
④ 中国人民解放军历史资料丛书编审委员会：《新四军·参考资料》（2），解放军出版社1991年版，第731页。

霸以及汉奸等各种反动势力经常制造各种麻烦，甚至干扰破坏新四军和中共地方组织的正常活动，成为新四军开辟皖东的一大障碍。为此，张云逸、邓子恢等研究决定，由长期从事保卫工作的梁国斌负责在部队建立保卫系统，并派他先到津浦路东，把第五支队的保卫系统建立起来，以取得经验，然后再由点到面，把整个部队的保卫系统建立起来。

梁国斌到津浦路东后，在罗炳辉、郭述申等人的配合下，很快在第五支队司令部驻地盱眙县半塔集办起了"路东保卫训练班"。经过一个多月的培训，第五支队即以这批受训人员为基础，自上而下地建立起保卫系统。梁国斌返回江北指挥部后，张云逸、邓子恢对其工作给予了充分肯定，并决定在江北指挥部设立军法处，以梁国斌为处长。此后，根据张云逸、邓子恢的指示，梁国斌以江北指挥部军法处的名义，又开办了几期训练班，培训了一批保卫干部。到1940年春，江北指挥部所属各部队都建起了保卫系统。军队保卫系统的建立，对确保部队的安全，保障各项工作的顺利开展，起到了不小的作用。皖东抗日民主政权建立后，江北指挥部又把军队保卫工作与地方保卫工作结合起来，从而有效地保卫了抗日民主政权。

第三，改善部队的医疗卫生条件。

江北指挥部成立前，由于部队缺少医护人员及药品和医疗器材，医疗技术和水平较低，致使部队经常因指战员生病发生非战斗减员，在一定程度上影响了部队的战斗力。江北指挥部成立后，张云逸把军部派到江北工作的医护人员分为两部分，一部分直接分配到各团，以改善部队的医疗卫生条件，一部分留在东汤池组建江北指挥部军医处，以加强对部队医疗卫生工作的指导和对卫生干部的培训，同时建立了医院。江北指挥部到达皖东后，张云逸就如何改善部队的医疗卫生工作征求军医处主任宫乃泉的意见。宫乃泉认为，做好这项工作的关键是搞好医疗卫生干部的培训，并建议开办卫生干部训练班。张云逸采纳了他的建议，并要他具体负责。

宫乃泉从各部队抽调了40多名指战员，作为训练班的学员。1939年11月的一天，江北指挥部第一期卫生干部训练班在定远县大何家开学。在开学典礼上，张云逸"表扬宫乃泉同志热心办学的精神，要求同学们发扬艰苦奋斗的光荣传统，克服困难，勤学苦练，强调战争环境学习时间既不允许长，又要学好"；"张指挥语重心长的讲话，给同学们很大的教育与鼓舞"。[①]1940年春，训练班迁到盱眙办学，同年7月学员结业。以后，江北指挥部又开办了一期训练班。卫生干部训练班的开办，为部队输送了急需的医疗干部。在他们的推动下，部队的医疗卫生条件得到很大的改善。

第四，提出关于"发展华中"的具体方案。

部队实行战略展开后，如何创建皖东敌后抗日根据地，进而实现中共中央关于"发展华中"的战略方针，是头等重要的大事。为此，张云逸与中共苏皖省委、中

---

① 阮汉清：《江北指挥部的第一期卫生干部训练班》，载中共安徽省滁县地委党史办公室：《淮南革命史资料选编》（上），1982年编印。

共鄂豫皖区委领导人经过研究，拟定了创建抗日根据地进而发展华中的方案。1939年10月29日，张云逸与郑位三将这一方案电告新四军军部和中原局：（1）以皖东北现新四军活动区域为基础创建根据地，分三个地区进行：第四支队在津浦路西滁县、全椒、定远、合肥四县边区创建根据地；第五支队在津浦路东嘉山、来安、六合、天长四县边区创建根据地；彭雪枫领导的游击支队在淮河以北津浦铁路与陇海铁路之间地区创建根据地。（2）以军事力量配合地方党开展民运工作与发展地方党组织，积极争取县级地方政权在我影响甚至于直接领导之下，区、乡一级政权也应力争在我直接领导之下。（3）上述创建根据地的计划完成后，准备将来再向西发展，在舒城、桐城边界地区创建山岳根据地。现以舒城西港冲等地为基础，借江北指挥部及第四支队后方机关和医院的掩护，由地方党积极秘密工作，不表面化。（4）舒城、桐城地区为皖东及鄂东的中心，可与新四军李先念等部联络，一有事变则可控制大别山与皖东相呼应，且地形、群众有利于我。皖东北各根据地则可与八路军苏鲁豫支队联络，更可南北联成一气。

在这一方案中，关于创建皖东敌后抗日根据地的想法是完全可行的；关于发展华中的具体设想，从当时张云逸所处的地位来看，能够提出这样的意见已属难能可贵。一个月余后，刘少奇来到皖东，提出了更加完善的发展华中的战略计划。

在张云逸的领导和指挥之下，新四军江北部队经过几个月的艰苦奋战，在皖东敌后初步站稳了脚跟。至1939年12月，第四支队在皖东津浦路西地区开辟了以定远藕塘为中心的抗日游击根据地，亦称淮南津浦路西抗日游击根据地；第五支队在皖东津浦路东地区开辟了以盱眙半塔集为中心的抗日游击根据地，亦称淮南津浦路东抗日游击根据地。

然而，就在张云逸率部开辟皖东抗日根据地之时，忽然接到报告，国民党顽固派于11月11日包围袭击了新四军原第八团设在河南确山竹沟的留守处，杀害新四军干部、战士和家属及群众二百余人。这就是震动全国的"竹沟惨案"，亦称"确山事件"。张云逸了解到竹沟惨案的真相后，立即将有关情况电告新四军军部，同时致电第一战区司令长官卫立煌，提出严正抗议，要求立即制止对新四军人员的屠杀行为，派人彻查此案，严惩凶犯，抚恤被难人员及其家属，并确保今后新四军人员及其家属的安全。与此同时，张云逸还命令所属各部提高警惕，加强保卫工作，密切注意周围国民党军的动态，防止此类事情再次发生。

皖东的抗日斗争局面虽然初步打开，但由于当时东南局书记项英在国民党压力下一再退让，"多方限制部队的发展，限制群众运动，致使部队发展远远落后于战争需要和客观可能"[①]。当时，皖东的群众还没有充分发动，抗日民主政权还没有建立，部队的供给十分困难，国民党顽固派的军队又从东、西、北三面进逼，江北指挥部处于相当的危险之中。直到刘少奇来到皖东，江北指挥部划归中原局指挥，这些问题才逐步得到解决。

---

① 《邓子恢自述》，人民出版社2007年版，第147页。

第十一章 开辟皖东（淮南）抗日根据地

一、参与擘画发展华中

1939年12月初，在定远县藕塘镇附近的山黄村江北指挥部，张云逸与邓子恢等迎来了中原局书记刘少奇（化名胡服）。随同刘少奇一起来的还有徐海东等人。

刘少奇于9月15日从延安出发，10月上旬到达河南确山县的竹沟，11月4日到达安徽涡阳县的新兴集，接着又马不停蹄地赶到皖东。刘少奇此行的目的，就是落实中共中央关于发展华中的战略方针。徐海东则是来就任江北指挥部副指挥兼第四支队司令员职务的。为欢迎刘少奇一行的到来，江北指挥部在滁县瓦屋薛村召开了有军地领导人及共产党员积极分子参加的大会。张云逸致欢迎词，刘少奇发表了阐述中共中央发展华中战略方针的重要讲话。

然而，刘少奇刚刚到达皖东，江北指挥部就接到了国民党军事当局要江北新四军撤回江南的电报。

早在1939年9月，为限制新四军在江北的发展，蒋介石就下达了要求江北新四军撤回江南第三战区的命令。廖磊病故前，也曾要求在安徽境内的新四军撤回江南，遭到张云逸的拒绝。这次，蒋介石不仅要求江北新四军南撤，而且集中了桂系军队、安徽国民党地方武装及鲁苏战区副总司令兼江苏省政府主席韩德勤部等近20个团的兵力，从东、西、北三面向皖东新四军合围，企图用武力压迫新四军过江南。在此形势下，张云逸和刘少奇、徐海东于12月11日致电中共中央书记处及项英："我们的对策是以包围打破包围，并控制东进道路。"①

所谓"控制东进道路"，就是控制东进苏北的道路。关于发展苏北，刘少奇在11月11日给中共中央的电报中，就提出了华中下一步的发展方向是创造苏北根据地，并且判断在苏北放手发展的可能性更大。11月19日，中共中央致电刘少奇、项英等："整个江北的新四军应从安庆、合肥、怀远、永城、夏邑之线起，广泛猛

---

① 刘崇文、陈绍畴主编，中共中央文献研究室编：《刘少奇年谱》上卷，中央文献出版社1996年版，第266页。

烈的向东发展，一直发展到海边上去，不到海边决不应停止。一切有敌人而无国民党军队的区域，均应坚决的尽量的但是有计划有步骤的去发展。""为此目的，新四军军部应指导张云逸、徐海东、罗炳辉（罗如可留，以留他不走为宜）、周骏鸣诸同志，使他们明确了解上述任务。"①

为实现中共中央关于发展苏北的战略计划，1939年12月中旬，刘少奇在瓦屋薛村主持召开了第一次中原局会议。张云逸、徐海东、邓子恢、郭述申、戴季英等参加了会议。徐海东回忆说："会上宣布我、张云逸为中原局委员。少奇还分析了新四军存在的问题：发展方向不明确，坚持抗日统一战线失去原则，没有抗日根据地等。会议批评了右倾错误，布置了华中的工作，解决了组织问题，确定了发展方向。"② 正如徐海东回忆，这次会议主要解决了两个问题，一是组织问题，二是新四军的发展方向问题。

关于组织问题，为加强对皖东工作的统一领导，加快发展华中的步伐，刘少奇针对中原局委员只有他和郑位三、郭述申三人在皖东的实际情况，于12月31日致电中共中央书记处并项英，建议增加张云逸、徐海东、刘子久（时任中共河南省委书记）为中原局委员，并请示中原局到皖东后，江北前敌委员会是否需要存在。1940年1月4日，中共中央书记处复电中原局并告项英："同意增加云逸、海东、子久三人为中原局委员。""前敌委员会改成皖东军政委员会，以统一党、军领导，属中原局指挥。"③ 从此，张云逸成为中共中央中原局委员，参加中原局的工作。皖东军政委员会的建立，结束了江北新四军属于新四军军部领导，而皖东中共地方组织又属于中原局领导的两张皮现象。

关于新四军的发展方向问题，刘少奇在第一次中原局会议上详细分析了华中地区敌、我、友三方的情况，指出："豫皖苏边和皖东地区都是面向日伪，背靠国民党顽固派。如果我们向西发展，将会同国民党第一、第五战区发生冲突，受到他们的限制，且不易取得中间势力的同情。苏北地域辽阔，全属敌后，我们有驰骋回旋的广大地盘。国民党江苏省政府主席韩德勤暗中勾结日伪，积极反共反人民，人民恨之入骨，群众迫切要求我们前去领导他们进行抗日斗争。向东发展，政治上、军事上对我们都有利。因此，苏北是我们的战略突击方向，应集中力量向这一地区发展。"④

新四军的主要发展方向确定后，张云逸与刘少奇、邓子恢等就如何发展苏北进行了具体研究。从当时的情况看，发展苏北有两个最佳选择，一是由新四军第四、第五支队从淮河以南的皖东向苏北发展，二是由彭雪枫率领的新四军游击支队从淮河以北的豫皖苏边地区东进苏北。但第四、第五支队立即向苏北发展确有

---

① 中国人民解放军历史资料丛书编审委员会：《新四军·文献》(1)，解放军出版社1994年版，第132页。
② 《刘少奇在皖东》编审委员会编：《刘少奇在皖东》，中共党史出版社1990年版，第102页。
③ 刘崇文、陈绍畴主编，中共中央文献研究室编：《刘少奇年谱》上卷，中央文献出版社1996年版，第268页。
④ 《刘少奇在皖东》编审委员会编：《刘少奇在皖东》，中共党史出版社1990年版，第112页。

困难:一是韩德勤部的六个团已伸入到盱眙、天长一带,如第四、第五支队东进,他们必然向东跟进;二是如果新四军在皖东不能建立巩固的根据地,东进苏北的部队就得不到供给保障;三是如果第四、第五支队东进苏北,则难与后方保持联络,皖东即会丢失,并且新四军对苏北地区情况不熟,不一定能够立足。据此,他们研究认为,第四、第五支队在皖东尚未建立起巩固根据地的情况下即挥师东进有些冒险;相比之下,由彭雪枫部从皖东北地区向苏北发展则比较稳妥,并可与山东八路军取得联系。

这样,张云逸与刘少奇、邓子恢等研究了一个由第四、第五支队抽调部队到淮北,配合彭雪枫部发展苏北的计划:(1)由刘少奇、徐海东、罗炳辉、郭述申和邓子恢等率第九、第十、第十四、第十五团北渡淮河,在皖东北整理后即配合彭雪枫部向苏北发展。(2)由张云逸、戴季英和周骏鸣等率第七、第八团和江北游击纵队在皖东坚持,联系江南与淮北;与此同时,由管文蔚、叶飞率新四军挺进纵队一部从苏南北渡长江,在扬州、六合地区活动。(3)新四军到苏北后首先在淮阴以北发展,立定脚跟后,再向南发展,配合第七、第八团及江南部队向东、向北发展。(4)为实现上述计划,先派谭希林率一个团去凤阳津浦路两侧侦察淮河沿岸情况,准备渡河条件,一旦确定北渡淮河的具体日期,即令彭雪枫率部南下予以策应。12月19日,刘少奇将与张云逸、邓子恢商量的这一计划报告了中共中央书记处并项英和彭雪枫。

12月27日,中共中央书记处致电刘少奇、项英:"在华中方面以淮北之皖苏地区为主要发展方向,从四、五支队酌抽部队过淮河是很对的,中原局宜靠近彭雪枫部;在淮河以南地区则在巩固原有武装及阵地外,绝不放松一切机会去求发展。因此,应从江南酌派部队及干部去增强之,以便胡服能从四、五支队抽四个团过淮河。但在江南部队未到达以前,胡服处似不宜抽得太多。""皖南方面抽一部分干部,要武装过江北,发展和巩固津浦[路]南段地区。""陈毅方面抽有力部队过江,发展扬州以东。"① 这样,中共中央把张云逸与刘少奇、邓子恢等研究的发展苏北的计划,发展为由江南加强皖东、由皖东加强淮北、由皖东北向苏北发展的计划。

为落实发展苏北的计划,张云逸和刘少奇、邓子恢等以中原局的名义于12月26日致电中共中央书记处转山东分局并告彭雪枫、张爱萍:陇海路以南、津浦路以东的皖东北及苏北地区"现经中央划归中原局管理,且指定为新四军发展的主要方向","故在该地区活动之八路军部队及其他一切党所领导的部队,如黄春圃纵队等,须统一归彭雪枫同志指挥"。"党在该地区成立苏皖边区军政委员会,以张爱萍为书记,金明、黄春圃等诸同志参加,以统一党与部队及民运、统战工作等领导。"② 27日,张云逸与刘少奇、徐海东、邓子恢致电项英、袁国平并中共中

---

① 中国人民解放军历史资料丛书编审委员会:《新四军·文献》(1),解放军出版社1994年版,第139—140页。

② 刘崇文、陈绍畴主编,中共中央文献研究室编:《刘少奇年谱》上卷,中央文献出版社1996年版,第267页。黄春圃即江华,时任八路军山东纵队所属之苏皖纵队司令员兼政治委员。

央书记处：彭雪枫部已发展到 10 多个团，故彭部番号仍用游击支队名义太小，且汉奸部队接头反正，亦不便委以较大名义，近雪枫来电要求将支队名义改为纵队，我们已复电同意。30 日，刘少奇、徐海东又致电彭雪枫，要求该部争取在半年内发展至 2.5 万人枪。1940 年 2 月 1 日，根据新四军军部的命令，彭雪枫部正式改番号为新四军第六支队。

与此同时，张云逸等还就李先念部的工作作出部署。由李先念等领导的新四军豫鄂独立游击支队，到 1940 年 1 月初已发展到 9000 余人，在豫鄂边区建立了抗日游击根据地。张云逸、刘少奇等认为，李先念部活动的地区有进一步发展扩大的可能。为此，他们要求该部在半年内发展到 2 万人。为加强对鄂中、鄂东新四军的统一领导和指挥，1940 年 1 月 3 日，张云逸与刘少奇、徐海东、邓子恢致电朱理治、李先念："所有在鄂中、鄂东活动皆党所领导的部队，统归你们指挥节制，部队番号改称挺进游击纵队。"[①] 据此，李先念部于 1940 年 1 月上旬在湖北京山改称新四军豫鄂挺进纵队，李先念任司令员，朱理治任政治委员。其后，该部根据中原局的指示挺进平汉路以东的大小悟山地区开展抗日游击战争。

第一次中原局会议的最大意义就是确定了新四军的发展方向，为此，张云逸等协助刘少奇制订了发展苏北的计划。但是，随着形势的发展，这一计划不得不改变。

造成改变这一计划的第一个因素是由于日军发动了对皖东的第一次大"扫荡"。从 1939 年 12 月中旬起，日军从南京、明光、蚌埠等地抽调 2000 余人向滁县、沙河集（今滁州市沙河镇）、全椒等地集结，准备对皖东津浦路西地区进行"扫荡"，企图乘新四军在皖东立足未稳而一举加以歼灭，同时驱逐或消灭这一地区的国民党军。为粉碎敌人的"扫荡"，张云逸和刘少奇等研究了反"扫荡"的战法，并决定由徐海东指挥作战。徐海东根据张云逸、刘少奇关于"避敌锋芒，击其弱翼，精心捕捉战机，充分利用有利地形，出敌不意在运动中给以歼灭性打击，以缩小'扫荡'范围，缩短'扫荡'时间，减少人民的损失"[②] 的指示精神，从第四支队司令部所在地滁县太平集迅速赶到第七团团部，向参战的第四支队各部传达了中原局与江北指挥部的决心和部署，要求广大指战员做好充分准备，打好这一仗。

从 12 月 19 日夜起，日伪军由全椒、滁县分路出动，向以全椒县周家岗为主要目标的新四军第四支队驻地发动进攻。在徐海东的指挥下，第四支队于 21 日起在全椒县玉屏山、复兴集、周家岗、大马厂等地与敌展开激战。为配合对周家岗的"扫荡"，驻巢县日军于 21 日出动近千人的兵力经含山县向全椒西南的古河镇发动进攻。古河为国民党军李本一部驻守。李本一在日军到达前就率主力跑到和县善后集躲了起来，只以桂系第四十八军第一三八师一部防守，致使古河陷落。国民党军的作战虽然失败了，但在新四军的英勇抗击下，日伪军于 23 日开始撤

[①] 军事科学院《张云逸军事文选》编辑组主编：《张云逸军事文选》，军事科学出版社 2007 年版，第 104 页。
[②] 中国人民解放军历史资料丛书编审委员会：《新四军·回忆史料》（1），解放军出版社 1990 年版，第 349 页。

退。新四军乘胜追击，将周家岗、大马厂、复兴集、古河等地一一收复。到这时，李本一又带着他的随从返回古河。为团结其共同抗日，张云逸和刘少奇等研究决定，新四军撤出古河。

经过三昼夜激战，新四军共歼灭日伪军160余人。由于这是新四军进入皖东后进行的第一次较大规模的反"扫荡"作战，所以在皖东群众中引起了很大的反响。他们听到新四军反"扫荡"胜利的消息，像赶集一样，带着大米、猪肉、布鞋来到第七、第九团部队驻地表示慰问。对于这次作战，张云逸后来作过如下的回忆：

> 我们的装备虽然比较差，但因为在战斗中采取了"敌进我退、敌驻我扰"的战术，战士们作战又勇敢，所以最后在全椒县周家岗一带粉碎了敌人"扫荡"，并乘胜追击到古河。在日军"扫荡"开始不久，驻古河的国民党专员李本一部队都跑掉了，我们占领古河后，李本一才敢回来。这一仗是随刘少奇从延安来皖东不久的江北指挥部副指挥徐海东指挥的，此战政治影响很大，给群众的印象很好。群众从国民党部队和我们新四军对日军"扫荡"两种不同的态度上认识到：新四军是真正打日军的抗日部队。①

在第四支队进行周家岗反"扫荡"作战期间，赖传珠根据张云逸和刘少奇的指示，除留少数人员外，率驻庐江东汤池的江北指挥部留守处、特务营、教导队向皖东开进。周家岗反"扫荡"胜利后，赖传珠率部赶到定远藕塘镇，与张云逸、刘少奇等会合。与此同时，留在东汤池的中共鄂豫皖区委机关一部分人员也一同迁到藕塘镇。中原局鉴于鄂豫皖区委已远离大别山，不便领导那里的工作，就撤销了该组织，区委领导成员及所属干部重新分配工作。

周家岗反"扫荡"的胜利，扩大了新四军的影响，为建立皖东抗日根据地创造了有利条件。但张云逸等人知道，日军绝不会就此罢手，必然对新四军实施报复，对皖东发动更大规模的"扫荡"。皖东的严重敌情，使原定的从皖东抽兵北上淮北以配合彭雪枫部向苏北发展的计划暂难实现。

影响原定发展苏北计划的第二个因素是，国民党顽固派发动第一次反共高潮后皖东所面临的严峻形势。新四军刚取得周家岗反"扫荡"的胜利，张云逸就接到第四支队确山竹沟留守处主任王国华发来的关于王恩久等同志被害的报告。王恩久系竹沟留守处交通科科长。竹沟惨案发生后，王国华根据张云逸的指示派王恩久到国民党确山县政府，就如何处理竹沟惨案的善后事宜进行交涉。岂料，他在前往确山的途中即被国民党确山县常备队暗杀。同时，国民党确山县县长还派人杀害了二十余户新四军抗日军人家属，并将其财产劫掠一空。国民党顽固派的

---

① 《淮南抗日根据地》编审委员会编：《淮南抗日根据地》，中共党史资料出版社1987年版，第297—298页。

倒行逆施，使张云逸气愤已极。他于 1939 年 12 月 26 日致电中共中央书记处转第一战区司令长官卫立煌："窃以本军部队参加抗战期近二载，牺牲奋斗，何有负民族国家？乃前线血战方酣，而后方家属及留守人员，屡遭杀戮，朝不保夕，是何居心，殊难索解。苟不从严惩，至惨案继续扩大，则本军豫南抗战官兵家属及留守人员将无噍类矣，有功不赏犹可作罢，有冤不伸实难忍默，故此除将本案报告本军叶军长、项付军长外，特再呈恳钧座允予所请各节，以昭冤屈，而遏乱萌。素仰钧座明达识远，顾全大局，伏祈饬电，严惩凶首，抚恤死伤，并保障今后我军人民生命财产之安全。"①

在一个多月的时间里，国民党顽固派在确山就相继制造了两起针对新四军的流血摩擦事件。这不能不引起张云逸和刘少奇等对国内抗战局势的高度关注。周家岗反"扫荡"胜利后，接替廖磊出任国民党军第二十一集团军总司令兼安徽省政府主席的李品仙和江苏的韩德勤，正率部向皖东地区推进，摩擦形势日渐紧张，使皖东新四军难以分兵他顾。

影响原定发展苏北计划的第三个因素是，内部意见不统一。中共中央虽然同意新四军集中力量突击苏北的计划，但项英强调非独立行动坚持江南不可，对刘少奇从江南抽兵到江北的意见表示"确难遵行"②。中共中央考虑到皖南的情况，同意皖南不再调兵到江北。

由于上述三个原因，新四军集中力量发展苏北的计划暂难实现。这样，在大力发展苏北前，建立皖东抗日根据地就成为首先需要解决的问题。为此，刘少奇于 1940 年 1 月在定远县山黄村召开了第二次中原局会议。张云逸、徐海东、邓子恢、郭述申、戴季英等人出席了会议。刘少奇针对新四军第四、第五支队"在领导思想中有原则的缺点，没有坚定而明确的发展自己力量的方针，在建军与精兵主义口号下，放松了发展。在统一战线中对同盟者顾虑太多，常不肯超出同盟者意志之外去行动和发展，因此放弃了许多发展的机会"，以及"创立根据地的思想弱，不具体了解没有用心去进行地方工作和解决部队的给养，因此，部队相当建立每月虽然有数万之津贴，仍是很困难"③的情况，批判了"一切经过统一战线"的口号，提出要独立自主地放手发展人民抗日武装力量，并针对项英一再批评所谓"招兵买马"的"人、枪、款主义"，指出：有兵为什么不招？有马为什么不买？发展革命武装，应当多多益善嘛！他还强调，新四军不仅要有人，要有枪，还要有"家"，这个"家"就是抗日根据地和人民政权，从而提出了"建家"思想。他说：有了根据地和政权，我们就可以招兵、征粮、收税；有人、有粮、有钱，开展游击战争就有了可靠的依托。针对有人担心国民党不批准新四军建立政权及新四军建立政权是否会破坏统一战线的疑惑，刘少奇指出：我们共产党人干

---

① 军事科学院《张云逸军事文选》编辑组主编：《张云逸军事文选》，军事科学出版社 2007 年版，第 102—103 页。
② 刘树发主编：《陈毅年谱》上卷，人民出版社 1995 年版，第 264 页。
③ 金冲及主编，中共中央文献研究室编：《刘少奇传》（上），中央文献出版社 1998 年版，第 365 页。

事要国民党批准干什么？有利抗战，人民批准就可以干。抗日民族统一战线应该统一于抗日，统一于救国，只要有利于抗日救国，就符合统一战线的原则。①对此，张云逸回忆道："少奇来后，首先传达了中央的正确指示，批评王明右倾错误的苦力政策，指出不发动群众，不发展武装，不建立政权，完全做国民党的工具是不对的，但没有指出这是犯了右倾错误，因为当时中央还没有做正式结论。当时少奇还指出：抗战主要是枪杆子，什么群众工作都要发展武装；第二，强调要有家——建立根据地，使党和群众统一领导起来。最后，少奇还介绍了华北工作的经验。"②

第二次中原局会议，统一了大家对发展抗日武装和建立抗日根据地的思想认识问题，作出了大力发展抗日武装及在华中首先在皖东建立抗日根据地的决定。1940年1月13日，刘少奇向中共中央报告说："我来此经过多次讨论说服，慎重的批评解释后，发展的方针是明确了。"③1月19日，刘少奇又致电中共中央："这里各方面的工作，一切布置路线已明确，工作在推进中，我相信在二三月后部队会大大发展，并走向进步和健全。"④

根据第二次中原局会议的决定，张云逸和刘少奇等制定了扩军方案，计划在1940年6月以前使皖东新四军扩大到3.5万人。为便于此后配合第四、第五支队建立皖东抗日根据地，张云逸和刘少奇等报请中共中央批准后，于1940年1月撤销了中共苏皖省委，并以津浦铁路为界，另组织以刘顺元为书记的中共皖东津浦路西省委（简称路西省委）和以张劲夫为书记的中共皖东津浦路东省委（简称路东省委）。

在中原局的领导下，部队建设和地方工作取得了突飞猛进的发展。在扩军方面，至1940年2月，新四军第四支队由减员后的4000余人发展到6000余人，除原有的第七、第九、第十四团外，另新组建了特务团；第五支队由减员后的2000余人也发展到6000余人；江北游击纵队则由原来的1500人发展到约3000人，并组建了教导大队。3月，根据张云逸等指示，江北游击纵队将和县、含山、合肥、寿县、无为等地中共地方组织领导的游击队编入该部，并将第一、第二、第三大队分别扩编为新七、新八、新九团。至此，江北指挥部已由成立之初的6个团9000余人发展到10个团1.5万人。在地方工作方面，由中共皖东地方组织和新四军第四、第五支队组织与领导的游击队也已发展到约5000人，拥有各种枪2000余支（挺）；群众运动正在有条不紊地进行中，中共地方组织和党员的数量也得到普遍发展。

与此同时，第五支队第八团于1940年1月中旬在六合县竹镇地区，与江南指挥部派到江北活动的由陶勇（即张道庸）、卢胜率领的苏皖支队胜利会师，从而沟通了江北指挥部与江南指挥部之间的联系。随后，第八团与苏皖支队协同作战，

---

① 参见《刘少奇在皖东》编审委员会编：《刘少奇在皖东》，中共党史出版社1990年版，第113页。
②《刘少奇在皖东》编审委员会编：《刘少奇在皖东》，中共党史出版社1990年版，第96页。
③ 金冲及主编，中共中央文献研究室编：《刘少奇传》（上），中央文献出版社1998年版，第367页。
④ 金冲及主编，中共中央文献研究室编：《刘少奇传》（上），中央文献出版社1998年版，第367—368页。

在天长、六合地区连续取得对日伪军作战的胜利,进一步扩大了新四军在皖东敌后的影响。为加强苏皖支队的力量,2月间,江南指挥部派梅嘉生、张震东率新四军挺进纵队第三团主力由江都地区西进,与苏皖支队合编,仍称苏皖支队,以陶勇任司令员、卢胜任政治委员。

中国共产党独立自主地放手发展人民抗日武装力量,必然为国民党顽固势力所不容,他们必然要制造摩擦,以限制人民抗日武装力量的发展。国民党军在江北指挥部周围布置了近二十个团的兵力,并不断对新四军进行挤压,就充分说明了这一点。在此形势下,敢不敢针锋相对地开展有理、有利、有节的反摩擦斗争,就成为建立皖东抗日根据地需要解决的问题。为此,刘少奇于1940年2月下旬在定远县大桥集附近的湾杨村主持召开了第三次中原局会议。张云逸、徐海东、邓子恢、郭述申、戴季英等参加了会议。会议确定了反摩擦的方针,"决定对北取攻势,对南取守势,强调了在抗日民族统一战线中,要坚持独立自主的原则和又团结又斗争,以斗争求团结的方针"①。

刘少奇主持的三次中原局会议,先后解决了新四军的发展方向、建立敌后抗日根据地及开展反摩擦斗争的方针等一系列重大问题,对于皖东乃至整个华中起到了思想解放的作用,对推动华中工作转变起到了关键性作用。在与刘少奇的接触中,张云逸深受教育,深刻理解了中共中央关于发展华中的工作方针。他后来回忆道:"在刘少奇领导下,我们在皖东地区进行了发动群众、扩大军队等一系列工作。邓子恢当时说:我们就是要发展'人、枪、款',我认为是很对的,革命就是要建立武装、建立根据地,才能有立足点。自从刘少奇来传达了党中央、毛泽东的指示后,皖东的抗战局面才彻底打开。"②

二、定远、半塔集反顽作战

在张云逸等协助刘少奇擘画发展华中的同时,国民党方面则千方百计地想消灭长江以北的新四军或将之压迫回江南。

1940年1月18日,蒋介石电令李宗仁等,要求第五战区派兵协助国民党湖北省政府代主席严立三"清剿"李先念等领导的新四军豫鄂挺进纵队。2月,李宗仁致电蒋介石,要求韩德勤派兵协助其"清剿"在洪泽湖地区活动的新四军。3月,国民政府军令部制定了《剿办淮河流域及陇海路东段以南附近地区非法活动之异党指导方案》,计划调动桂系第二十一集团军李品仙部、第九十二军李仙洲部(附一个骑兵师)以及韩德勤部,东西夹击,将活动于淮河流域及陇海路东段以南附近地区的新四军压迫于长江以南或相机"剿灭",以截断新四军与八路军的南北联系。该方案的出笼,标志着国民党顽固派准备在华中地区掀起大规模

---

① 《刘少奇在皖东》编审委员会编:《刘少奇在皖东》,中共党史出版社1990年版,第103页。
② 《淮南抗日根据地》编审委员会编:《淮南抗日根据地》,中共党史资料出版社1987年版,第298页。

的反共摩擦。

自国民党顽固派于1939年冬在华北掀起第一次反共高潮后,中共中央、中央军委也在密切关注着华中局势的发展。1940年2月1日,中共中央在《目前时局与党的任务的决定》中指出:"由于国内抗日进步势力克服投降倒退的力量还不足,就使得投降与倒退的危险依然严重地存在着,依然是目前时局中的主要危险。""我们的基本任务,就在于强固抗日进步势力,抵抗投降倒退势力,力争时局好转,克服时局逆转。"为此,"必须强调抗战团结进步三者不可缺一","对任何投降派反共派顽固派的进攻,均须在自卫原则下,在人不犯我我不犯人人若犯我我必犯人的原则下坚决反抗之"。[①]10日,中共中央、中央军委发出《关于目前形势和任务》的指示,对华中工作作出如下部署:陈毅部猛烈发展苏北,将部队扩大到2万至3万,建立抗日民主政权和抗日根据地;李先念部力争鄂中、鄂东,扩大军队至3万以上,建立抗日民主政权和抗日根据地;彭雪枫部确实掌握淮河以北、陇海路以南、西起开封、东到海边的广大地区,扩大军队至4万,建立抗日民主政权和抗日根据地;刘少奇直接指挥皖东斗争,将皖东全部、江苏一部化为巩固的抗日根据地,新四军第四、第五支队总人数应由1万扩大到4万以上,决不能让任何反动派隔断徐州至浦口间八路军、新四军的联系。

根据中共中央、中央军委的指示,张云逸和刘少奇等将打退国民党顽固派可能掀起的反共摩擦作为当务之急,加紧进行各方面的工作。为改善皖东新四军被国民党军东西包围的不利态势,中原局和江北指挥部最初决定对西面的桂系和东面的韩德勤部区别对待,对桂系以政治争取为主,对韩德勤部则以军事打击为主。但是,由于桂系积极反共,迫使张云逸和刘少奇等不得不首先考虑打击桂系。

李品仙接任桂系第二十一集团军总司令兼国民党安徽省政府主席后,公开推行反共摩擦政策,致使皖东各地的反共摩擦事件接连不断。在其指使下,安徽国民党当局不但解散了许多进步的抗日团体,而且还逮捕、关押甚至杀害中共党员和进步人士,残杀新四军指战员及其家属;一些顽固派武装甚至明目张胆地劫夺新四军指战员的枪支、弹药和粮食。当局还以各种名义禁止民众接近、帮助和参加新四军,否则就要没收其财产,烧掉其房子,甚至将其处死。另外,当局还捏造事实,散布谣言,说真的新四军已调回江南了,在江北的共产党是"伪党",在江北的新四军是"伪军"。皖东专员兼第五战区第十游击纵队司令李本一在给张云逸的信中,公然指责新四军在皖东对民众强征勒索,任意摊派粮款,不尊重行政系统,违犯法令擅自组织游击队和阻碍、破坏地方政府征兵,要求新四军撤回江南。

李本一的来信,是国民党顽固派先礼后兵、决意要在皖东进行大规模摩擦的信号。为此,张云逸和刘少奇等针锋相对,同样是先礼后兵。为制止顽固派的反

[①] 中央档案馆编:《中共中央文件选集》第12册,中共中央党校出版社1991年版,第261—263页。

共摩擦行为,张云逸曾多次致电李品仙,呼吁其以民族利益为重,不要做令亲者痛、仇者快的事。张云逸还根据刘少奇的指示,代表新四军江北指挥部向李品仙提出了以淮南铁路为界分区抗日的建议,要求桂系军队不越路东犯,皖东新四军亦不越路西进。但李品仙对此置之不理。为回击李本一对新四军的指责,张云逸于1940年2月23日写了一封2700余字的复信。①

在这封信中,张云逸就李本一指责皖东新四军对民众强征勒索一事指出:敝军经费困难,人所周知。国民政府所给敝军经费,原极有限,全军总计每月不过13万元法币。以全军六个支队,再加鄂境之挺进纵队,在无为活动之江北游击纵队,以及军部直属队等,分配每个支队仅万余元。即全数以之购粮,尚不够买一团人员之粮食,而况一切装备器材、医药等费用,均在此数之内,其拮据情形,当可想见。尽管如此,共产党、新四军历来反对对民众强征勒索。由于经费严重不足,"以致敝军官兵,时常枵腹作战。皖东民众亲见敝军此种在敌后艰苦奋斗之精神,多为感动,绅士富室,也复深明大义,愿以藏粮若干捐助敝军。查有钱出钱,有力出力,中央早有明令,人民自愿捐输,保障抗战国军给养,义举仁风,正待发扬之不暇,而敝军得此也可稍舒困难,想吾兄也不致反对也。但有不明大义、胸怀成见之徒,唯恐敝军与民众关系加强,给敌寇汉奸以更多之打击,故造作谣言,百端破坏,谓敝军勒派粮款,向上峰诬告。"

对李本一指责皖东新四军不尊重地方行政系统一事,张云逸指出:"敝军驻防各地,向来尊重地方行政系统。即以弟之所知,自古以来,所有军队驻防区域,无不派委或荐委行政人员,即抗战以来,中央也有军政统一指挥原则之规定,故各战区之军事长官多兼行政长官。然而敝军同属国军,自担任皖东防务二年以来,即一乡保长,也未曾派委或荐委,此种尊重行政系统之精神,乃开历史上未有之先例。"

对李本一指责皖东新四军违犯法令擅自组织游击队和阻碍、破坏地方政府征兵一事,张云逸指出:"敝军组织游击队,配合军队作战,乃系中央抗战国策,号召沦陷区民众向敌游击,保卫国土家乡,坚持敌后抗战,粉碎日寇以战养战之阴谋。委座前于去岁'七七'抗战两周年纪念日发表告沦陷区同胞书,也有号召民众自动组织发展游击战争、坚持抗战之训示,又有'地无分南北东西,人无分男女老幼,均有武装抗日之责任'的指示。是则敝军在防区内组织游击队,正为具体实施最高统帅之意旨,丝毫未违触法令。至于地方政府,组织[敌]后预备队,弟也甚赞成,也愿尽力帮助,绝无阻碍破坏情事。敝军参加抗战,两年以来,伤亡巨大,必须补充,以求继续抗战。所赖敝军纪律严明,影响良好,各地民众多自动要求加入敝军。在敝军服务,也系为国家服兵役。明达如兄,想不致以壮丁参加敝军服务,为非服兵役也。所示阻碍征兵一节,自无此事。"

对李本一要求皖东新四军调回江南一事,张云逸指出:"敝军上峰并无南调之

---

① 参见军事科学院《张云逸军事文选》编辑组主编:《张云逸军事文选》,军事科学出版社2007年版,第108—112页。

命,当此抗战相持阶段,敌后战争,实为胜负关键。皖东地处冲要,敝军奉命坚持此间游击,历时甚久,自不能南调。且津浦滁全等地之敌,时思进犯,来日大难,正须全力坚持,以保皖东国土,以免人民为敌蹂躏,恐上峰当不致有令敝军南调之议也。况江南本军所在地区狭小,现有三个支队活动,兵力已够担负游击之任务。而况大江为敌所驻,交通阻隔,纵有明令,敝军也不能南渡。"

张云逸在信中不仅驳斥了李本一对江北新四军的种种无理指责,而且还义正词严地指出:"敝军担任皖东防务,大小数百战,伤亡巨大,保障皖东国土,发动皖东民众,给敌寇以有力打击,对国家民族可谓无负矣,对毁谤之事,破坏与危害敝军之事,乃层见迭出,弟也有不得不为兄告者。"张云逸列举了安徽国民党当局逮捕、杀害新四军官兵家属,劫夺其家产,禁止新四军退伍及伤残官兵在家乡居住,禁止新四军印发书报,阻挠民众援助、参加新四军等各种错误行径,要求当局及李本一对"对此类无法无天之行政党务人员,尚祈予以严重彻查,绳以国法,并祈愿报上峰,与以明令制止"。最后,张云逸还指出:在此抗战相持阶段,"凡属忠于国家民族,不畏损害一己私利之黄帝子孙,均于此时奋发有为,坚持抗战并坚持团结,坚持进步,反对投降分裂与倒退。彼想尽一切方法危害、破坏、孤立敝军之行政党务人员,如以倒行逆施,彼尽情挑拨敝军敝党与友军友党之关系者,实欲投降敌寇,响应汪贼(按:指汪精卫),以出卖祖国也。彼等也明知,国共分裂,抗战即不可能,不力求进步,抗战即无胜利希望。然而,必欲集中反对敝军敝党,反对进步,坚持倒退,分裂国共合作者,即彼等投降敌寇之准备步骤也。明达如兄,当能洞察彼等奸谋,而不为其骗诱,故敢尽肺腑之忠言,以明是非及前途之得失利害",望"给彼企图投降,反对进步,坚持倒退分裂者,以彻底之肃清"。

李本一指责的目的在于要求皖东新四军撤回江南,而张云逸的回答则是江北新四军不可能南撤,从而明确表达了新四军对南撤问题的立场。不久,中共中央书记处在给刘少奇、张云逸等人的电报中指出:国民党方面要求江北新四军南调是毫无道理的,"我们对于此类命令(不但南开一事,凡属此类无理命令皆然)应一概置之不理。蒋对八路军不知下过多少无理命令,均以不理二字了之。但不理不是不回电,必要时须回他几个电报,声明碍难执行。有时须提出新的问题要求他答复。例如,现在可以江南、皖南地区狭小不利回旋为理由,请蒋准予抽出数千人北开皖东,即是一例。又如,以粮食不足为理由,要求李品仙增划数县为我防地,而且再三再四,不准不休。只有不断向顽固派提出新问题,一步步向之逼紧,才能争取我之独立地位。在目前阶段内,两党斗争问题即反磨擦问题上的战术,就是攻势防御,而决不可采取单纯防御。"① 由此看来,张云逸致李本一的信不仅符合中共中央的指示精神,而且先声夺人,完全处于"有理"的地位。

---

① 中共中央书记处致项英、刘少奇、张云逸、陈毅并告朱德、彭德怀电,1940年3月5日。

国民党顽固派见"先礼"不成，遂准备兵戎相见。1940年2月下旬，李品仙开始调动部队，以分别对付淮北的彭雪枫部和皖东的新四军第四、第五支队。在皖东，桂系第四十八军第一三八师一部及游击第八纵队季农部，进至合肥以北的吴山庙（今为长丰县吴山镇）、青龙厂一带；李本一下令捕杀新四军人员及其家属和地方进步抗日人士，并指使国民党滁县县长樊公纯率县常备队袭击新四军第四支队第七团一部，抢走枪十余支。3月，李品仙派一个保安团到无为，切断了江北指挥部与江北游击纵队及皖南军部之间的交通联系。

面对李品仙挑起的反共摩擦，张云逸和刘少奇等一方面命令部队进行必要的回击，抓了一些俘虏，缴获了一批顽军阴谋消灭江北新四军的密令和文件，并将其公之于世，使群众了解国民党顽固派的真正嘴脸，同时准备进行反顽作战。2月27日，张云逸和刘少奇、郑位三等致电中共中央书记处：李品仙"召集县长会议讨论镇压共产党，并加紧与我军磨擦，企图消灭我军"；"我们之方针是绝不向进攻我之顽固势力让步"，"在一三八师部队及季部如向我进攻时，我们准备给以坚决回击，消灭该部及李本一部"；"一三八师系正式国军、李品仙主力，和我冲突是李品仙直接与我冲突，因此我们准备借此肃清皖东顽固武装，以便进一步巩固我们阵地，建立政权"。①

3月上旬，江北指挥部获悉：有一个自称李春初的人，以国民政府军事委员会游击队党务主任委员的身份，率领一千多人的武装要从新四军江北指挥部门前通过，另外还有两三路来历不明的武装正在向江北指挥部逼近。当时，江北指挥部驻定远县大桥镇，防守兵力只有警卫营。得到情报后，张云逸与刘少奇等立即得出结论：顽军借路通过是假，探听虚实进而里应外合地消灭江北指挥部才是真。于是，张云逸、刘少奇下令拒绝李春初所部借路通过。

其实，李品仙早已做好了分三路进攻江北指挥部及第四支队的准备：西路，以进至合肥以北拱园的第四十八军第一七六师及保安第八团等部共六个团的兵力，准备进攻在津浦路西活动的新四军第四支队；北路，以国民党皖北行署主任兼第十二游击纵队司令颜仁毅率部由定远县城出动，直扑新四军江北指挥部所在地定远县大桥镇；南路，以李本一率领第十游击纵队由全椒县古河镇北犯滁县界牌集（现属定远县），企图在大桥镇与颜仁毅部南北夹击新四军江北指挥部。与此同时，苏北的韩德勤部也蠢蠢欲动，准备进攻在津浦路东活动的新四军第五支队。

在同李品仙部及韩德勤部的冲突不可避免的情况下，张云逸和刘少奇等决心趁韩德勤尚未完成进攻部署之际，尽量争取韩德勤部中立，集中新四军第四、第五支队主力，首先在津浦路西反击李品仙部的进攻，待路西局势稳定后，再挥师东进，打退韩德勤部的进攻。3月6日，张云逸和刘少奇等致电中共中央书记处并项英、彭雪枫："我已决心迎击来皖东向我进攻之广西军，并进一步巩固我在皖阵

---

① 军事科学院《张云逸军事文选》编辑组主编：《张云逸军事文选》，军事科学出版社2007年版，第127—128页。

地。""彭雪枫之第六支队及李先念之挺进纵队有与第四、第五支队作战略配合之任务。"①他们在电报中要求李先念部即调2—3个团过平汉路东向大别山发展，建立平汉路东抗日根据地，扩大部队，并坚决打击来犯之一切顽固派武装；彭雪枫部即准备调得力部队，在适当时机向皖北发展，深入蒙城、怀远、凤台活动，建立皖北抗日根据地；并认为这一计划如能成功，就会极大改善新四军在华中的处境，同时也将进一步拓展华中地区的抗日斗争局面，并为新四军日后向苏北发展创造更加有利的条件，对实现中共中央发展华中的战略方针有着重大意义。

鉴于李品仙部从西、北、南三面同时压来，张云逸和刘少奇等研究了三路顽军的特点，决定先反击由南面来犯的李本一部和由北面来犯的颜仁毅部，对于西面的桂系正规军，则暂时采取统战的态度，派人前去联络，并到处张贴、散发欢迎五路军与新四军团结抗日的标语和传单，力争延缓其向皖东新四军发动进攻的时间，同时就反顽作战作出全面部署：将第九团由合肥东北的王子城调回大桥镇，担任保卫江北指挥部及抗击颜仁毅部的任务；令第七团由全椒县周家岗一带西撤界牌集地区抗击李本一部的进攻；令在凤阳红心铺地区的第十四团南下定远，准备加入对颜仁毅部的作战；令罗炳辉率第五支队主力由津浦路东火速开至路西参战；调陶勇的苏皖支队前来增援第四、第五支队；令在含山、和县地区活动的江北游击纵队北上，牵制顽军东进，袭击顽军侧后，配合新四军在津浦路西地区的作战。

然而，部署尚未就绪，顽军即发动了进攻。3月4日，南路李本一部之第十游击纵队占领了界牌集，推进至江北指挥部所在的大桥镇东南地区；西路，桂系第四十八军第一七六师的一个团已推进至王子城、八斗岭一带，保安第八团向青龙厂的江北游击纵队新八团发起了进攻；北路颜仁毅部进展更快，由于其行动诡秘，沿途封锁消息，当张云逸和刘少奇等接到报告时，其先头部队已进至大桥镇附近。大桥镇旁边有定远县的最大河流——池河经过。颜部先头部队就在池河西岸，与江北指挥部仅一水之隔。这时，第九团尚未到达大桥镇，形势十分危急。为此，张云逸与刘少奇等决定：一面组织当地群众对颜部表示欢迎，借以稳住颜部，一面给第四支队参谋长兼第十四团团长谭希林、第十四团政治委员李世焱发去一封"万分火急"的电报，令其迅速到江北指挥部受领任务。张云逸和刘少奇等的打算是：以第十四团袭占定远城，迫使颜仁毅率部回援，然后以第九团和第十四团南北夹击，在运动战中歼灭该部；即使颜部不回援定远，以特务营顽强坚守，也能等到第九团的到来。

谭希林、李世焱接到电报后，连夜骑马赶到江北指挥部。谭希林后来回忆道："到了大桥，已经快天亮了。我走进指挥部，看见少奇同志、张云逸及郑位三等负责同志正围着火盆，在计议对策。他们的举止还是那么安详，谈吐还是那么从容不迫。但地上却丢了许多烟蒂。想来首长们已进行了一整夜的商谈。他们决定：大桥方面，特务营迅速抢占池河东岸的有利地形，准备坚守待援；同时派干部连

---

① 刘少奇、张云逸、郑位三致中共中央书记处并项英、彭雪枫电，1940年3月6日。

夜动员群众，过河欢迎五路军抗日，以此重申大义，促其猛醒，避免磨擦。其余主力部队则作好准备，在必要时向顽军展开反击。""天一亮，河西已锣鼓喧天，彩旗飘扬，成百上千的群众，拥道高呼口号，声震四野。顽固派愕然相顾，一时不知所措。我们争取了时间，集结了兵力。""少奇同志送我们出征时，又特别叮咛道：'你们去打仗，我们去讲理，你们打赢了，我们好说话；打输了，我们就是有理也讲不通。'接着又说：'把他们进攻我们的有生力量消灭掉，使他们感到痛、认输了，就可以了，还要给他们留一条抗日的道路。'"①

根据张云逸和刘少奇等的部署，参战的新四军各部陆续向顽军发起反击。由罗炳辉率领的第五支队主力和由陶勇率领的苏皖支队及时赶到津浦路西，加入对顽作战。在南线，新四军第四支队第七团击溃了进占界牌集的第十游击纵队；第五支队主力和苏皖支队在滁县施家集歼灭滁县保安团800余人，并在全椒县管家坝击溃第十游击纵队1个营，之后与第七团会合，反击西面的顽军第一七六师所部。在北线，第十四团兵不血刃地占领了定远县城，消灭了守军。为配合第四、第五支队等部作战，新四军江北游击纵队新八团在青龙厂、褚家圩一带消灭保安第八团及其他土顽武装各一部；江北游击纵队新七团袭击了含山、和县县城，歼灭顽军一部。

随着战局的发展，张云逸与刘少奇、郑位三于3月13日致电新四军第四、第五支队及江北游击纵队领导人并报中共中央、新四军军部："皖东顽固势力已向我作大规模之武装进攻，我若不肃清皖东顽固武装，即不能在皖东存在。现在我已占领定远城，并向皖北行署武装进攻，斗争已入紧急关头，我应不顾一切的坚决彻底的消灭一切顽固武装及伪政权，坚决建立进步的抗日民主政权，坚决向顽固分子进攻。同时，争取一切中间分子，尽可能中立他们。在这一紧急关头，如果对顽固派进攻不坚决，如果动摇，就要造成绝大的罪恶。"②据此，新四军各参战部队继续对各路顽军实施打击。经过数日激战，李本一部最终被赶回了古河；第一七六师的一个团被迫在王子城、八斗岭一线固守待援；颜仁毅部在回援定远的途中在高塘镇遭到第十四团和第九团的截击，大部被消灭，颜只带着少数人员逃往寿县。

定远自卫反击战，共歼灭顽军2000余人（内俘1000余人），沉重打击了国民党顽固派的反共气焰。

作战结束后，张云逸于3月20日致电李宗仁、白崇禧，强烈抗议李品仙制造的一系列反共摩擦事件，要求李、白严惩破坏国共合作的顽固分子。在此之前，张云逸还致电新四军军部并中共中央，提议由新四军军部及中共中央直接向李宗仁、白崇禧交涉如下事项：（1）要求严惩进攻、屠杀皖东新四军指战员及其家属和进步人士之李本一、颜仁毅等顽固分子，如有可能，相机提出由张云逸任皖北

---

① 陈毅等：《星火燎原》（15），解放军出版社1997年版，第20—21页。
② 军事科学院《张云逸军事文选》编辑组主编：《张云逸军事文选》，军事科学出版社2007年版，第116页。

行署主任或皖东专员一职;(2)制止李本一对新四军之敌对行动,并要求桂系军队停止向皖东、皖北增兵;(3)抚恤新四军被杀人员,释放被捕新四军人员及其家属,停止迫害一切与新四军接近之进步人士;(4)停止一切反对共产党和新四军的反动言论及行动。中共中央采纳了他的建议,指示八路军驻桂林办事处主任李克农按照张云逸的提议与广西国民党当局进行交涉,请李宗仁、白崇禧制止李品仙对新四军的军事摩擦。新四军军部也以叶挺的名义致电李品仙,请其制止李本一等对皖东新四军的进攻。

3月21日,张云逸与刘少奇等致电中共中央书记处:现江北指挥部对皖东地方顽固势力采取进攻姿态,对桂系军队采取防御姿态,并向其表明新四军愿与之停战议和之态度。同日,中共中央书记处复电指出:"迭电均悉。你们的决心及布置均是正确的,望坚决执行。在这种坚决方针之下,发动新四军全部官兵的积极性,发动凤阳、定远、合肥、无为、含山、全椒、和县、滁县、嘉山、来安、盱眙、天长、江都、六合、江浦等十五县数百万民众的积极性,肃清反共势力,建立民主政权,争取中间势力,争取一切进步的及中间的国民党,并极力讲究作战方法,就能各个击破反共势力的进攻,并在这种艰苦斗争中巩固这个战略上极端重要的抗日根据地。在民族敌人深入国土的时期,反共派的进攻是没有人民援助的,你们的自卫战争是能够胜利的。八路军现正设法援助你们,但你们不要靠外面的任何援助,要用完全独立自主艰苦奋斗的精神战胜一切进攻者。"[1]

华中的反顽斗争关系全局。为援助华中新四军的反摩擦作战,中共中央军委于3月21日致电八路军领导人朱德、彭德怀:"安徽主席李品仙奉某方令,实行全部反动政策,坚决进攻皖东、淮北新四军,欲将我张云逸、彭雪枫等部完全消灭,切断我新四军、八路军联系,并使我江南新四军处于无退路境地。在此种情况下,我八路军有坚决迅速援助新四军,打破李品仙的反动进攻,创立皖东、淮北、苏北抗日民主根据地,巩固新四军与八路军联系之紧急任务。"[2] 据此,朱德、彭德怀决定派八路军第二纵队主力第三四四旅等部南下华中援助新四军。

当新四军集中主力在津浦路西进行反顽作战时,苏北的韩德勤乘新四军第五支队主力西调、路东地区空虚之机,调集所部第八十九军第一一七师、独立第六旅、常备第十旅等部1万余人,于3月21日起分路向新四军第五支队指挥部驻地半塔集等地发动进攻,欲歼灭或驱逐路东的新四军。当时,新四军第五支队留在路东的兵力只有后方机关、特务营和教导大队等部共2400人左右,情况十分危急。负责后方留守的邓子恢、郭述申和周骏鸣等,一面部署部队坚守半塔集,一面将情况电告中原局和江北指挥部。

定远自卫反击作战后,张云逸和刘少奇等原打算把第五支队主力和苏皖支队留路西活动一个时期,以协助第四支队彻底肃清地方顽固势力,稳固路西。可是,

---

[1] 逢先知主编,中共中央文献研究室编:《毛泽东年谱(1893—1949)》中卷,人民出版社、中央文献出版社1993年版,第180页。

[2] 中国人民解放军历史资料丛书编审委员会:《新四军·文献》(1),解放军出版社1994年版,第682页。

韩德勤部的来犯，使他们不得不改变这一计划。3月22日，中原局和江北指挥部电示新四军第五支队留守部队："动员和组织一切力量，坚持半塔，待路西主力军挥戈东援，歼灭韩顽。"①据此，在邓子恢、郭述申、周骏鸣及路东省委书记方毅等人的指挥下，第五支队留守部队在双方力量对比悬殊的情况下，发扬大无畏的革命英雄精神和英勇顽强的战斗作风，以教导大队500余人坚守半塔集，以第十、第十五团留守部队及特务营在半塔集南北两翼钳击围攻之敌，在地方游击队的配合下，打退了韩顽连续数日的进攻，从而为中原局和江北指挥部研究决策进而调整兵力部署赢得了宝贵的时间。

张云逸和刘少奇、郑位三等接到路东告急的电报后，之所以没有立即派兵增援，而是经过了近一个星期的决策过程，是因为皖东的反顽作战牵一发而动全身，并且整个华中的新四军都面临着十分严峻的形势。当时，路东的形势危急，路西的情况也十分严重。定远自卫反击战后，李品仙决调桂系第七军第一七二师增援皖东；新四军军部拨给江北指挥部的七万元军款及派到江北工作的指战员20余人，在无为被保安团扣留；李本一等在皖东继续捕杀新四军人员；新四军驻立煌办事处的人员也被李品仙驱逐。与此同时，桂系第四十八军第一三八师的两个团由蒙城向皖东北推进，准备配合第三集团军总司令兼第十二军军长孙桐萱部、骑兵第二军何柱国部及鲁苏战区于学忠部，进攻彭雪枫部。在此形势下，解决华中时局的关键点有两个：一是中共中央派八路军支援华中新四军，以防止皖东北被顽军占领，避免新四军第四、第五支队的处境更加孤立和被动；二是要处理好华中新四军与桂系的关系。因为桂系军队的战斗力较强，是新四军发展华中的主要障碍之一，如果与其关系处理不好，不仅皖东新四军要处于桂系军队和韩德勤部东西两面夹击的不利境地中，而且彭雪枫部及在鄂东的李先念部也同样要受到桂系军队的威胁。为此，张云逸和刘少奇、郑位三于3月23日致电中共中央书记处：准备将津浦路西的新四军主力调至路东，首先稳定并巩固路东，以游击战坚持路西地区；建议八路军一部向豫东及皖东北移动，支援华中新四军，同时请驻重庆的南方局和八路军驻桂林办事处分别与桂系方面作和解交涉。

中央军委对皖东反顽斗争非常重视，经与朱德、彭德怀协商后，3月29日致电朱德、彭德怀、刘少奇、项英："华中之皖东、淮北、苏北成为顽方必争之地，目的在隔断我八路军、新四军之联络，陷新四军之［于］危境。""我们完全同意朱、彭之决心，将三四四旅调到陇海路南增援华中。""三四四旅应速开动，其电台即与胡服联络。""顽方在华北磨擦受到严重失败后，加之我又增兵陇海路南，磨擦中心将移至华中。""在华中武装磨擦中，我军事策略应当如下：以淮河、淮南铁路为界，在此线以西避免武装斗争，在此线以东地区，则应坚决控制在我手中，先肃清地方顽固派。对桂军，力求缓和，对韩德勤部在有利有理条件下，即

---

① 刘崇文、陈绍畴主编，中共中央文献研究室编：《刘少奇年谱》上卷，中央文献出版社1996年版，第277页。

当其进到我军驻地时,坚决消灭之。将来八路军到达华中后,则应坚决争取全部苏北在我手中。陈毅部队立即应当向苏北发展。""在华中为新四军磨擦日益尖锐的条件下,顽方有可能利用其优势兵力向皖南新四军军部地区进攻。因此,军部及皖南部队应预先有所准备,以免袭击。万不[得]已时,可向苏南陈支队靠拢,再向苏北转移。"①

由于路东情况紧急,张云逸和刘少奇等不待中央军委指示到达,即决定将第四支队第七团及第五支队主力、苏皖支队全部移至津浦路东反击韩顽。3月27日,张云逸与罗炳辉率领第五支队主力、苏皖支队东进,28日越过津浦铁路,直指半塔集。30日,第四支队第七团亦奉命开赴路东参战。

张云逸一面指挥部队开进和作战,一面开展统战工作。3月27日,他致电叶挺、项英转呈蒋介石、顾祝同、卫立煌、于学忠,要求严令制止韩德勤部蓄意破坏抗战的行为。29日,他又与戴季英联名致电国民党安徽省党政军各部门:定远之战,"本军为求生存立足,不得已迫而自卫,击退向我进攻之部队。然本军愿望在求团结抗战,绝无意进攻一切抗日友军,只要友军停止向本军进攻,一切问题无不愿意和平解决,竭诚商讨"②。

在张云逸率部进入路东之前,叶飞部已赶到六合县竹镇以东的马集附近。原来,在苏南的陈毅获悉韩德勤部进攻半塔集的消息后,立即命令正在苏北江都吴家桥一带活动、由叶飞率领的新四军挺进纵队星夜驰援。据叶飞回忆:"三月二十二日,顽军围攻半塔集的第二天,江南指挥部陈毅同志获悉后,立即给我们来电,命令挺进纵队火速日夜兼程前往增援。救兵如救火。二十二日接到电令,纵队几个领导同志商量了一下,稍作准备,二十三日即由我率领挺纵一团和四团各两个营,从吴家桥地区出发,从邵伯湖西渡运河,横跨天(长)扬(州)公路,昼夜兼程急进。"③该部在横跨天扬公路时,消灭了遭遇的日伪军100余人,随后又在马集先后歼灭国民党"忠义救国军"行动总队和独立第六旅各一部,从而在半塔集东南方向打开了一个缺口。张云逸率部赶到路东后,叶飞又立即派人与张云逸取得了联系。

韩德勤部连日进攻半塔集未能得手,又见张云逸、叶飞率领的援军已经赶到,遂于3月28日晚下令部队向东、向北撤退,半塔集之围遂解。3月29日,张云逸命令新四军分成四路向韩部发起全线反击,并以罗炳辉任前敌指挥、叶飞任副指挥。第五支队第十团、第四支队第七团和叶飞的挺进纵队各自为一路,分别从半塔集的西北、东北、东南方向对韩部展开追击;第五支队主力和苏皖支队组成一路,从半塔集北面的古城向半塔集东北方向追击。

与此同时,刘少奇等率中原局和江北指挥部机关于4月1日离开津浦路西,5

---

① 中国人民解放军历史资料丛书编审委员会:《新四军·文献》(1),解放军出版社1994年版,第151页。陈支队,指以陈毅任司令员的新四军第一支队。
② 军事科学院《张云逸军事文选》编辑组主编:《张云逸军事文选》,军事科学出版社2007年版,第130页。
③《叶飞回忆录》,解放军出版社2007年版,第125页。

日进驻半塔集。从此,中原局和江北指挥部的指挥重心即由路西转到了路东。刘少奇等到半塔集后,张云逸与邓子恢即赶赴前线,直接指挥部队的作战行动。

韩德勤不甘心失败,更害怕自己的势力从此被新四军逐出皖东,遂一面命令所部向盱眙县城至第家店、岗村等地集中,固守待援,一面从苏北兴化调兵西援。然而,"韩部官兵均不知为什么打新四军,因在战斗中伤亡甚大,情绪极低,士兵中传说,如新四军来打即缴枪回家"①。中原局和江北指挥部决心乘胜追击,力争将韩部驱出皖东。在张云逸等人的指挥下,新四军各部发扬连续作战的作风,一鼓作气,最后将韩部赶过了三河②,使其退回到苏北和淮河以北。4月9日,半塔集保卫战胜利结束,共歼灭顽军1000余人。

半塔集保卫战的胜利,不仅为建立皖东抗日根据地奠定了基础,而且对华中抗日反顽斗争和建立发展整个华中敌后抗日根据地也具有重大的意义。4月10日,刘少奇怀着兴奋的心情致电中共中央书记处并朱德、彭德怀、项英:"韩德勤部在我全体官兵英勇反攻之下,已全部退过淮河北岸,我已扼守淮河各要点,本地顽固武装已大部退走,淮南运河以西、津浦路东之顽固武装已不多,再加肃清,即冲开了建立民主根据[地]之大道。"③陈毅认为:"半塔守备[战]是固守待援的范例。在华中先有半塔,后有郭村,有了半塔,就有了黄桥。"④

对于中原局和江北指挥部在此次反顽斗争中所采取的策略,中共中央给予了高度评价。1940年5月4日,毛泽东在为中共中央起草的给东南局的电报中指出:在国民党反共顽固派坚决地执行其防共、限共、反共政策,并以此为投降日本的准备的时候,我们应强调斗争,不应强调统一,否则就是绝大的错误。对于一切反共顽固派的防共、限共、反共的法律、命令、宣传、批评,不论是理论上的、政治上的、军事上的,原则上均应坚决地反抗之,均应采取坚决斗争的态度。"例如,张云逸对李品仙,李先念对李宗仁,均是下级向上级提出强硬的抗议,就是好例。"新四军第四、第五支队反击韩德勤、李品仙部向皖东进攻的自卫战争,彭雪枫支队在淮北的坚持斗争等,"均不但是绝对必要和绝对正确的,而且是使顾祝同不敢轻易地在皖南、苏南向你们进攻的必要步骤"⑤。只有向顽固派采取这种强硬态度和在斗争中采取有理、有利、有节的方针,才能使顽固派有所畏而不敢压迫我们,才能缩小顽固派防共、限共、反共的范围,才能强迫顽固派承认我们的合法地位,也才能使顽固派不敢轻易分裂。所以,斗争是克服投降危险、争取时局好转、巩固国共合作的最主要的方法。

1964年春,来安县人民为纪念在半塔集保卫战中牺牲的烈士,修建了半塔烈

---

① 刘少奇致电中共中央书记处并中央军委电,1940年4月6日。
② 三河是连接洪泽湖、宝应湖、高邮湖的一条河流,时为苏皖两省界河。三河以北属江苏省,以南属安徽省。
③ 中国人民解放军历史资料丛书编审委员会:《新四军·文献》(1),解放军出版社1994年版,第427页。
④ 刘树发主编:《陈毅年谱》上卷,人民出版社1995年版,第269页。
⑤《毛泽东选集》第2卷,人民出版社1991年版,第755—756页。

士纪念碑。张云逸应邀于5月1日为纪念碑题写了碑文——《半塔烈士纪念碑记》。全文如下:

> 一九三七年七月七日,日寇发动芦[卢]沟桥事变,进攻中国。中国共产党和毛泽东同志领导全国人民并与国民党合作,进行抗战。当抗日战争进入战略相持阶段,国民党中以汪精卫为首的投降派向日本帝国主义投降,以蒋介石为首的反共顽固派在日寇诱降下,亦实行消极抗战,积极反共反人民的政策,发动了第一次反共高潮,向坚持敌后抗战的八路军、新四军猖狂进攻。
>
> 一九四〇年三月,安徽省国民党顽军李品仙部,配合日寇向新四军江北指挥部驻地大桥地区进犯。与此同时,江苏省国民党顽军韩德勤部以十团之众,向我五支队后方半塔地区大举进攻,妄图趁我第四、第五支队和游击纵队主力在津浦路西反击日、顽军之际,一举歼灭我江北部队。此时,我军政治部副主任邓子恢同志和第五支队副司令员周骏鸣同志在路东指挥第五支队教导大队四百余人固守半塔集,并以一个营及地方游击队袭击顽军侧背。在敌众我寡的情况下,苦战十昼夜,击退了顽军多次进攻,半塔阵地,屹立不动。直到路西我军大捷,我和副指挥罗炳辉同志,按照刘少奇同志的指示兼程回师路东,迂回攻敌之后。叶飞、陶勇两同志奉新四军江南指挥部指挥员陈毅同志命令率在江北部队赶来驰援。半塔守备队亦乘机出击。敌被我军三面夹击,伤亡惨重,乃仓惶溃退。我军乘胜追击至淮河南岸,俘获甚多,胜利结束这一战役。
>
> 这次战役,在刘少奇同志的指挥下和广大人民的积极支援下,军民团结一致,英勇作战,取得了重大胜利,不仅奠定了淮南抗日民主根据地的基础,且对华中抗战全局关系至为重大。
>
> 安徽省来安县人民为纪念半塔战役与在抗日反顽斗争中光荣牺牲同志们的卓越贡献,援建此碑,以铭不朽。我当时担任新四军江北指挥部指挥员曾参预此役,目击革命烈士们可歌可泣的斗争精神,备详史实,谨为之记。
>
> 张云逸
一九六四年五月一日

三、创建皖东(淮南)抗日根据地

半塔集保卫战后,张云逸与刘少奇等开始了全面创建皖东抗日根据地[①]的工

[①] 皖东抗日根据地是1940年建立起来的,它包括长江以北、淮河以南、淮南铁路以东、运河以西的安徽省大部地区和江苏省一部分地区。由于其主体部分在皖东,故称皖东抗日根据地。随着根据地的不断扩大以及根据地内党政军领导机构的调整,皖东抗日根据地于1942年(也有一种观点认为是1943年)改称淮南抗日根据地。后来,人们习惯上也将改名之前的皖东抗日根据地称为淮南抗日根据地,将皖东地区称为淮南地区。

作。由于皖东地区地处蚌埠、合肥、南京、扬州四个城市之间，新四军的活动对日伪军的津浦、淮南铁路交通，以及长江、运河、淮河和高邮湖、洪泽湖等水上交通都构成巨大的威胁。为消灭新四军，日伪军除在铁路沿线以及淮河、运河、长江沿岸增设据点外，还不断对皖东地区进行"扫荡"。不仅如此，国民党顽固派为限制新四军在江北的发展，不断制造反共摩擦，并策动地主武装发动暴乱。所以，皖东抗日根据地的创建与抗日和反顽等斗争互相交织。

在创建根据地的过程中，新四军首先进行了照明山自卫战。

定远自卫反击战后，李品仙部决意趁新四军主力集中津浦路东对付韩德勤之机，进攻津浦路西地区。但由于张云逸等一再要求与桂系进行和谈，李品仙不得不于1940年4月上旬耍起了两面派手法：一面通过第五战区第十三游击纵队司令张节给张云逸转去他的两封电报，表示愿与新四军进行和谈，一面命令所部抢占新四军的防地。在他的指使下，桂系军队第一三八师一部和第五战区第二十游击纵队共两千余人，于4月5日—6日袭击了驻合肥青龙厂的新四军江北游击纵队一部，推进至合肥东北的八斗岭及定远的张桥、高塘以西地区；保安团占领了无为县的三官殿等地。

当时，新四军第四、第五支队正集中力量追击韩德勤部，无力西顾。为牵制桂系军队的东犯，张云逸与刘少奇、邓子恢等于4月8日致电李先念等，要求新四军豫鄂挺进纵队除已有的三个团外，再从平汉路西抽调两至三个团到平汉路东活动，"有计划的向大别山推进，并派得力游击队向大别山伸入"，"以吸引桂军不能向东攻我四、五支队"①。20日，张云逸与刘少奇致电彭雪枫，要其派三个团到怀远地区建立抗日根据地，以减轻桂系军队东犯对第四支队造成的压力。与此同时，张云逸还于4月16日致电蒋介石及国民政府主席林森，强烈要求制止国民党顽军在安徽制造摩擦流血事件，并派人前来商谈解决摩擦冲突的方案。

为团结桂系共同抗战，中共中央、中央军委于4月12日致电中原局：（1）当蒋介石推动桂系向我发动进攻时，我应通过各种方式向桂系表明新四军不愿同其摩擦，请其顾全大局，保存友谊，以免两败俱伤；（2）当其迫于命令向我发动进攻时，新四军应在不妨害自己根本利益条件下，先让一步，表示仁至义尽，并求得中途妥协，言归于好；（3）当其不顾一切向我进攻、妨碍我之根本利益时，我应对其一部分给以坚决打击作为警告，打后仍求得互相妥协；（4）只有当其转变成了坚决的不可变化的顽固派才采取完全决裂政策，坚决、彻底、干净、全部消灭之。这种政策的性质亦是对于其他地方实力派作出警告，使其他地方实力派有所畏而不敢摩擦。②

然而，李品仙无视张云逸等的一再忠告，4月21日以第一七六师一部配合保安第四、第八团共4000余人的兵力，继续向在巢（县）无（为）边界之照明山地

---

① 军事科学院《张云逸军事文选》编辑组主编：《张云逸军事文选》，军事科学出版社2007年版，第133页。

② 参见逄先知主编，中共中央文献研究室编：《毛泽东年谱（1893—1949）》中卷，人民出版社、中央文献出版社1993年版，第185页。

区活动的新四军江北游击纵队发动进攻。新四军江北游击纵队奋起自卫,参谋长桂逢洲以下 100 余人牺牲。同日,中共中央致电刘少奇、张云逸、邓子恢:不要提反对李品仙的口号,也不要提反对桂系军队的口号,只提反对李本一等地方反共顽固派头子的口号,对桂系军队进攻应取劝告及争取的态度,不到必要时机与必胜地点,不要轻易与其作战。目前中心是在淮南铁路以东,肃清地方反共武装,广泛发动民众,建立以各县抗日联防办事处为名义的抗日民主政权,广泛团结小资产阶级分子及开明绅士加入政权。对淮南铁路以西地区不可发动游击战争。① 据此,张云逸一面与李品仙等进行交涉,一面令江北游击纵队暂时撤出无为,向淮南铁路以东的界牌集等地转移,同时将第四支队第七、第九团部署于合肥东北的广兴集、梁园一带,以增强对桂系军队的防御力量。

照明山自卫战后,张云逸等于 5 月指挥部队进行了反"扫荡"作战。

1940 年 5 月中旬,日军以独立混成第十三旅团及伪军一部共 3000 余人,对淮南津浦路西地区进行"扫荡",另以 800 余人在津浦路东地区向六合县竹镇地区进犯。当时正是麦收时节,津浦路西、路东的各抗日民主政权刚刚建立。为了保护麦收和新生的抗日民主政权,张云逸等迅速就反"扫荡"作出部署。据此,新四军第四支队避实击虚,不断对日伪军的小股部队予以打击,并击退了敌人对藕塘的进攻,最后迫使日伪军除在定远县城等地留下几个据点外撤回原防。进犯竹镇、半塔集的日军在第五支队的打击下也撤回六合、浦口。

5 月 27 日,日伪军又出动了 2000 余人对津浦路东地区进行"扫荡"。其中,由滁县、沙河集出动的 1000 余日伪军占领来安县城后,即构筑工事,准备长期驻守。由嘉山县明光镇出动的 1000 余日伪军进占津里后,继续东犯。同时,六合、天长等地之敌也有出犯的迹象。根据敌人分路进攻的情况,张云逸等制订了将路东分成四个区域的反"扫荡"作战计划,并调苏皖支队、江北指挥部军政干部学校各一部协助第五支队作战。5 月 30 日,罗炳辉指挥第八团主力和第十团一部夜袭来安城,歼灭日伪军一部。次日,滁县日军乘 10 余辆汽车来援,遭到第八团 1 个营的伏击。为进一步调动敌人,寻找有利战机,张云逸于 6 月 3 日专门赶到来安县舜山集,与罗炳辉商谈下一步作战方案,并决定派第五支队破袭津浦铁路南段。据此,第五支队先后袭击了滁县、沙河集、乌衣镇、担子街以及嘉山、张八岭等地,迫使敌人回防。6 月初,日伪军由滁县出动 1000 余兵力,南犯全椒、周家岗一带,遭到第四支队的猛烈反击,被迫撤回滁县。

粉碎了日伪军的"扫荡"之后,张云逸等又指挥了 6 月的反摩擦作战。

将新四军江北游击纵队挤出无为地区后,李品仙一面令桂系军队继续向新四军第四支队进逼,一面在皖西实行"清乡""清党",大肆逮捕和迫害中共党员及抗日群众,同时,还以第七军配合鄂东地方顽固势力向新四军豫鄂挺进纵队发动

---

① 参见逄先知主编,中共中央文献研究室编:《毛泽东年谱(1893—1949)》中卷,人民出版社、中央文献出版社 1993 年版,第 187 页。

进攻。在此形势下，中央军委认为："李品仙的反动不加以打击是不会回头的。李如愿和，可与谈判撤兵、释人、停捉、停杀等条件。我军事上亦可不打桂军，但凤阳、定远、合肥、无为一带之地方反动武装及顽固势力必须肃清干净，即用以孤立桂军。四、五支队主力宜向西调，完成此任务。同时也是压迫李品仙让步之必要步骤。李先念主力仍须继续打击鄂东反动派，如此东西加以痛击后，才有可能缩小李品仙的反动范围，压迫他让步。"①据此，正在皖东北视察指导工作的刘少奇于5月8日致电张云逸、邓子恢等，要求第四支队及江北游击纵队采取积极动作，坚决消灭津浦路西的第十、第二十游击纵队等国民党地方顽固派武装；第五支队在肃清路东地方顽固势力后，准备于必要时抽调一个团到路西配合第四支队作战；李先念部主力及鄂东各游击队应继续积极活动，坚决打击鄂东地方顽固派武装，对桂系军队不采取攻势，但彼若来攻则坚决还击。

根据刘少奇的指示，张云逸在路西反"扫荡"作战结束后，指示第四支队于5月下旬向侵占全椒县大马厂、滁县珠龙桥等地的国民党顽固派武装发起反击，迫其撤回全椒县古河镇。之后，张云逸要求第四支队集中主力攻下古河，消灭第十游击纵队李本一部。然而，正当第四支队主力围攻古河时，日伪军1000余人于6月初再次来犯，第四支队被迫移兵对付日伪军。桂系军队第一七六师则乘机向古河增兵，保安第四、第八团也由无为推进至含山境内。与此同时，桂系第七军已占领了鄂东北的大小悟山地区，并在第七十五军的增援下追击李先念部，新四军豫鄂挺进纵队主力被迫向平汉路西转移。在此形势下，刘少奇要求张云逸集中第四支队两个主力团配合江北游击纵队，消灭保安第四、第八团，占领并控制无为全境，恢复皖东与江南军部的交通。为完成这一任务，刘少奇还请新四军军部令第三支队过江配合第四支队作战。

但是，恢复无为的军事行动尚未开始，顽军即向淮南津浦路西地区发动了大规模进攻。6月中旬，桂系军队第一七六师副师长谭何易，以该师一部配合保安第四、第八团和第十游击纵队等部，先后向全椒县管家坝、合肥东北的广兴集、定远县的大桥和安子集等地进犯。谭何易还派人到处张贴布告，将张云逸、罗炳辉、戴季英说成是土匪头子，扬言要将张云逸等及其领导的"匪军"全部剿灭。李品仙则假惺惺地致信戴季英，表示要与新四军和谈。

为粉碎顽军的进攻，张云逸与刘少奇、罗炳辉、赖传珠等人在半塔集东北的大田郢接连召开会议，决定第四支队坚决反击顽军的进犯；调第五支队第八团和第十团一部到路西参战；令江北游击纵队在含山、和县打击当地顽军，配合第四支队的行动；由张云逸赴路西统一指挥作战。

6月17日，张云逸赶到路西，与戴季英、郑位三等人会合，传达了中原局和江北指挥部的作战部署。随后，张云逸一面致电李品仙，请其顾全大局，派人前来商谈和解的条件，停止对新四军的进攻，一面指挥部队向顽军发起反击。第四

---

① 毛泽东、王稼祥致刘少奇并告项英、陈毅电，1940年5月5日。

支队在合肥东北的古城集，第五支队第八团和第十团第一营在合肥东北的栏杆集，江北游击纵队在含山县的仙踪、和县的善后集等地，打退了顽军的进攻，歼其1000余人，迫使其退回八斗岭、古河等地。

遭此打击后，李品仙被迫派出代表张节与新四军第四支队政治部主任何伟进行谈判。关于与李品仙和谈的条件，张云逸与刘少奇等进行过多次讨论，概括起来大致有五点意见：（1）双方以淮南铁路及无为县为界分区抗日，皖东新四军不过淮南铁路及无为线以西，国民党军队不过该线以东；（2）撤销不抗日、只搞反共摩擦的李本一之职务，并加以惩处；（3）无条件释放一切被捕的新四军指战员及其家属以及其他进步人士，抚恤受难人员及其家属；（4）恢复新四军驻立煌办事处；（5）皖东新四军活动区域之行政人员由江北指挥部保荐，经省政府加委。但在双方断断续续的谈判中，李品仙表示只接受以淮南铁路为界分区抗日的建议，对其他各项均不予答复，双方始终未能就全面停止冲突达成协议。此后，李品仙所部仍不断在淮南津浦路西地区制造摩擦事件。

在6月中旬的反摩擦作战前后，为加强江北游击纵队，使之担负起恢复无为、联系淮南与皖南新四军军部联系的重任，张云逸等对该部的编组及领导人进行了调整：以第四支队第十四团与江北游击纵队新八团对调，改称江北游击纵队第一团，作为该纵队的主力；江北游击纵队原新七团改称第二团；新九团撤销。调整后的江北游击纵队，由第四支队参谋长谭希林任司令员，江北游击纵队原司令员孙仲德改任政治委员，郑抱真任副司令员，王集成任政治部主任。第十四团调离第四支队后，该支队的特务团改称第十四团。9月，新八团又调回江北游击纵队，改称第三团。

6月反摩擦作战后，张云逸等领导平息了7月发生在津浦路东地区的暴乱。

韩德勤在半塔集失败后，策动淮南津浦路东的反动地主恶霸、土匪头子、封建帮会及暗藏的汉奸特务，于7月间在来安、盱眙、天长、嘉山、六合、仪征等地先后发动武装暴乱，疯狂残杀根据地的干部和抗日群众，破坏抗日民主政权和群众团体。为策应暴乱，韩德勤派出两个团偷渡三河，侵入盱眙；龟缩在高邮湖西岸和长江沿岸的国民党"忠义救国军"800余人向路东地区发动进攻；津浦路西的反共顽固分子也派出数十人的武装特务潜入路东进行破坏活动。

暴乱发生后，张云逸和刘少奇等制定了"首恶必办，胁从不问"，"打击为首分子，争取受蒙蔽的群众，把武力镇压和政治上分化瓦解结合起来"[①]的平暴政策，指示根据地的党政军民迅速行动起来，全力支持江北指挥部军法处和津浦路东联防保安处的平暴行动，同时要求第五支队坚决打退来犯的国民党顽军，以保护各地人民群众的生命财产和抗日民主政权的安全。

在中原局、江北指挥部的正确领导下，路东各地的这次武装暴乱至7月中旬

---

① 中共福建省委党史资料征集编写委员会研究室编：《从和谈到北上抗日》，福建人民出版社1985年版，第97页。

即被镇压下去。向路东进犯的国民党顽军在新四军第五支队的反击下或被歼或撤逃。这次平定暴乱的行动,不仅清除了一些暗藏在根据地内的反动势力,惩处了一批罪大恶极的反动分子和汉奸特务,还争取了一些对新四军、抗日民主政权不够了解的群众,极大削弱了日伪军和国民党顽军以及反动势力在路东的社会基础,从而保卫了新生的抗日民主政权,巩固了路东抗日根据地。

在进行抗日、反顽和平暴斗争的同时,张云逸等在刘少奇的领导下,大刀阔斧地开展创建根据地的工作。

1940年3月17日,以江北指挥部统战科科长魏文伯任县长的定远县抗日民主政府宣告成立。这是新四军在皖东敌后建立的第一个县级抗日民主政权。此后,中原局和江北指挥部根据中共中央书记处3月21日关于建立皖东十五县抗日民主政权的指示,把从大别山撤出的1000多名干部和从部队抽调的大批干部,经过短期培训,分派到皖东各县、区、乡建立政权,从而加快了创建淮南抗日根据地的步伐。

在津浦路西,继定远县抗日民主政府成立后,滁县、凤阳两个县级抗日民主政府也宣告成立。4月中旬,为适应形势发展的需要,根据张云逸和刘少奇等人的指示,定远、凤阳、滁县抗日民主政府成立了以魏文伯为主任的定凤滁三县联防办事处。这是一个地区性的抗日民主政权领导机构,它的成立有助于加强对路西各县抗日民主政权的统一领导。6月,全椒县抗日民主政府成立。8月,定凤滁三县联防办事处改称淮南津浦路西各县联防办事处,黄岩任主任,魏文伯任副主任。9月,合肥东南各区联合办事处、和(县)含(山)巢(县)各区联合办事处两个县级抗日民主政权成立。至此,淮南津浦路西地区共建立了六个县级抗日民主政权。

在津浦路东,根据张云逸和刘少奇的指示,新四军第五支队同路东省委经过紧张的筹备,于3月中旬分别成立了来安和嘉山县抗日民主政府。4月上旬,中原局和江北指挥部机关迁至半塔集后,张云逸和刘少奇、邓子恢等直接领导路东抗日根据地的创建工作。此后,六合、盱眙、天长、仪征、高邮五县抗日民主政府亦相继成立。4月18日,路东也成立了一个地区性的抗日民主政权领导机构——淮南津浦路东各县联防办事处,以贺希明任主任。至5月,淮南津浦路东地区建立了七个县级抗日民主政权。

在建立抗日民主政权过程中,张云逸和刘少奇根据中共中央关于应"团结广泛小资产分子及开明绅士加入政权,切不可由我一党包办"[①]的指示,注意吸收进步人士及开明士绅参加各级抗日民主政权。另外,根据江北指挥部军法处处长梁国斌的建议,在张云逸、刘少奇等人的支持下,津浦路东还成立了联防保安总处,由梁国斌兼任处长。津浦路东联防保安总处成立后,"把军队和地方的保安工作结合起来,对保卫军队和根据地起了很大作用"[②]。

---

① 逄先知主编,中共中央文献研究室编:《毛泽东年谱(1893—1949)》中卷,人民出版社、中央文献出版社1993年版,第187页。

② 中共福建省委党史资料征集编写委员会研究室编:《从和谈到北上抗日》,福建人民出版社1985年版,第96页。

各县抗日民主政权成立后,中原局和江北指挥部抓紧进行发动群众的工作。张云逸和刘少奇、郑位三、邓子恢等根据淮南地区的具体情况,取消了过去国民党旧政权的各种苛捐杂税,制定了"三七分租"、"分半给息"、旧债停息还本、借粮还粮、借钱还钱的减租减息政策,以及有关财政、贸易、税收等方面的法规。他们还就征收公粮、惩治汉奸、建立抗日民主政权、发展人民抗日自卫队、组织农会等作了明确规定。这些政策和法规通过各县抗日民主政府公布实施后,受到了群众的热烈拥护,极大地调动了广大群众参加创建根据地的积极性。

建立群众性的地方抗日武装,并使之不断向更高阶段发展,是建设抗日根据地的重要内容之一。为此,在张云逸和刘少奇等的领导下,在成立各级抗日民主政权的同时,路东有的县组建了独立(模范)营,有的县组建了县总队,各区、乡则建立了不脱产与半脱产的模范队、青年队等群众性抗日武装;路西各县则建立了总队部,各区成立了中队,各乡组织起了人民自卫军和基干民兵。在此基础上,为加强地方武装建设,张云逸和刘少奇等组建了淮南津浦路东各县联防司令部,并采取了如下措施:第一,以能力较强的干部去发展地方武装。1940年4月18日路东各县联防司令部成立时,张云逸和刘少奇等以江北指挥部副参谋长杨梅生任联防司令部司令员,以第十五团原团长林英坚担任副司令员,由第八团原政治处主任祝世凤任政治部主任。第二,抽调主力部队组建地方武装。为使路东各县联防司令部能够切实担负起保卫路东根据地的重任,张云逸与刘少奇等从第五支队抽调部队组建了四个独立团归其指挥。独立第一团,以第十五团第三营为基础编成,活动于来安地区;独立第二团,以第十五团第一、第二营为基础编成,活动于天长、仪征、扬州地区;独立第三团,以第五支队特务营为基础编成,活动于盱眙、嘉山地区;独立第四团,由江北指挥部特务营一部与天长县地方武装编成,活动于天长、六合地区。此外,路东各县联防司令部还组建了特务营。根据组建路东各县联防司令部的经验,张云逸等指示津浦路西也成立各县联防司令部。据此,淮南津浦路西各县联防司令部于1940年6月成立,以魏文伯兼任司令员,路西省委书记彭康兼任政治委员,程式任参谋长。

随着皖东抗日根据地的建立,新四军第四、第五支队和地方武装不断发展壮大,至1940年8月中旬,已发展到2万余人。其中,第四支队下辖第七、第九、第十四团及新八团,共7000余人,另有津浦路西各县联防司令部所辖地方武装1000余人;第五支队下辖第八、第十团,共3000余人,路东另有地方武装4个独立团约3000人(此时津浦路东各县联防司令部已撤销);江北游击纵队有第一、第二团,共3000余人,另有地方武装近1000人;江北指挥部直属队有2000余人。①

为适应部队不断发展壮大的要求,张云逸于1940年5月将江北指挥部教导队扩建为军政干部学校,并亲自担任校长,以加强对部队干部的培养。当时,全校

---

① 张云逸、邓子恢、赖传珠关于江北指挥部所属部队情况致毛泽东、王稼祥电,1940年8月17日。

学生有 700 多人，老干部占多数。此后，根据张云逸的指示，第四支队司令部和津浦路西各县联防司令部在定远县缸窑胡村共同创办了教导队。张云逸出席了教导队的开学典礼，并就如何办好教导队、加快干部的培养作了重要指示。7月上旬，第五支队根据刘少奇的指示，召开了中共党员代表大会，"总结了支队成立一年来的战斗及工作，提出了正规化、党军化、群众化的建军要求"①。这就为部队建设指明了方向。

自刘少奇来到皖东传达贯彻中共中央关于发展华中的战略方针后，淮南地区的抗日斗争局面迅速发展。张云逸后来回忆说："经过减租减息，广大群众发动起来了，群众组织扩大了，有了自己的政权作依托，很短时间内，新四军武装力量就得到了很大的发展，打开了华中抗日的新局面，在淮南津浦路两侧广大地区建立了淮南抗日根据地。"②

在淮南抗日根据地创建期间，中原局开会讨论出席中共第七次全国代表大会代表人员的名单。刘少奇在会上发言，主张要选张云逸和邓子恢为中共七大的代表。对此，郭述申回忆道："在讨论酝酿出席'七大'代表的中原局会议上，他（按：指刘少奇）强调共产党员、党的干部，都要加强党性锻炼，要有很好的'党德'。他说：'七大'的代表，就是要选[像]邓子恢、张云逸那样有'党德'的同志。这是我第一次听刘少奇用'党德'一词来概括共产党员的高尚品质。"③虽然张云逸完全符合出席中共七大的条件，但由于工作上的原因，他最终未能参加此次盛会。因为徐海东自1940年1月生病后，第四支队司令员由政治委员戴季英代理。1940年7月，戴季英、郭述申等准备到延安参加中共七大。这样，第四支队司令员改由张云逸兼任，政治委员由郑位三代理。张云逸在协助刘少奇抓好全面工作的同时，还要与郑位三等一起抓好第四支队的工作。

淮南抗日根据地建立后，如何打通淮南与皖东北、苏北以及皖南新四军军部的联系，是张云逸和刘少奇等必须解决的问题。而要打通淮南与皖东北、苏北的联系，就必须开辟淮（安）宝（应）地区。事实上，平息了路东各地的暴乱后，张云逸和刘少奇等就准备派部队开辟这一地区。

之所以如此，有两个原因。一是淮宝地区地处洪泽湖与高邮湖之间，位于三河以北，运河以西，当时为韩德勤部所占领。进攻半塔集失败后，韩德勤便以一部兵力据守此地，并经常派兵南渡三河，破坏淮南津浦路东抗日根据地。为根除韩德勤部对淮南路东抗日根据地的威胁，就必须占领这一地区。二是淮宝地区是沟通淮南与皖东北、苏北地区联系的捷径，占领了这一地区，就能更好地配合八路军的南下和江南新四军的北上，共同开辟苏北。当时，新四军第六支队第四总队、八路军第一一五师苏鲁豫支队、八路军山东纵队所属陇海南进支队在皖东北地区活动。8月上旬，黄克诚率领第四纵队一部也挺进皖东北。黄克诚原为八路

---

① 《淮南抗日根据地》编审委员会编：《淮南抗日根据地》，中共党史资料出版社1987年版，第320页。
② 《淮南抗日根据地》编审委员会编：《淮南抗日根据地》，中共党史资料出版社1987年版，第298页。
③ 《刘少奇在皖东》编审委员会编：《刘少奇在皖东》，中共党史出版社1990年版，第109页。

军第二纵队政治委员，1940年6月奉命率该部第三四四旅、新编第二旅共5个团1.2万人的兵力抵达涡（阳）北地区，与新四军彭雪枫部会合。随后，彭、黄两部合编为八路军第四纵队，彭雪枫任司令员，黄克诚任政治委员。根据中共中央的决定，华中地区的新四军、八路军由中原局统一指挥。8月中旬，中原局决定将活动于津浦铁路以东的八路军各部与原新四军第六支队第四总队合编为八路军第五纵队，以黄克诚任司令员兼政治委员，在津浦铁路以西活动的八路军第四纵队重新编组，由彭雪枫任司令员兼政治委员。与此同时，新四军江南指挥部于7月上旬率2个主力团由苏南北渡长江，进入江都吴家桥地区，与先期过江的挺进纵队、苏皖支队会合。7月中旬，江南指挥部改称苏北指挥部，陈毅、粟裕仍分别任正、副指挥，所属部队则被统一整编为3个纵队，总兵力7000余人。八路军主力一部南下，苏南新四军主力北上，形成了南北对进、共同发展苏北的局面。

为了尽快打通淮南与皖东北、苏北的联系，并解除韩德勤部对淮南抗日根据地的威胁，张云逸和刘少奇于8月上旬派罗炳辉率第五支队第八、第十团和第四支队第七团先后北渡三河，执行开辟淮宝的任务。同时，刘少奇令黄克诚率八路军一部南下淮宝地区，配合新四军作战。在新四军、八路军的共同打击下，盘踞于淮宝地区的韩德勤部大部被歼，残顽逃至运河东岸。8月底，第五支队在此建立了县级抗日民主政权——淮宝办事处。

为了开辟苏北，9月，黄克诚奉命率八路军第五纵队主力东渡运河，进入苏北，开辟了淮海区。陈毅、粟裕则指挥所部开辟了以泰兴黄桥为中心的抗日根据地。9月底至10月上旬，陈毅、粟裕又以所部7000余人打败了韩德勤部3万余人的进犯，取得了黄桥决战的胜利，在苏北站稳了脚跟。为配合黄桥决战，张云逸派出3个团进抵运河西岸，黄克诚率八路军第五纵队由苏北淮海区南下。10月10日，八路军第五纵队与苏北指挥部一部在东台以北的白驹胜利会师。至此，由刘少奇领导、张云逸参与谋划的开辟苏北的战略任务基本完成。

打通淮南与皖南军部的联系，则是在粉碎了日伪军的"大扫荡"之后才实现的。

日伪军几次"扫荡"淮南抗日根据地，均未达到预期目的。为此，日军经过精心准备后，于1940年秋季纠集了一万多人对淮南津浦路东地区进行大规模"扫荡"。敌人计划用一个月的时间，采取大兵团分进合击、数路齐头并进以及夜间运动包围、拂晓袭击等战术，消灭路东地区的新四军主力及根据地的领导中枢——中原局和江北指挥部，彻底摧毁路东抗日民主政权，以达到伪化路东、断绝新四军与八路军之联系、保障南京及津浦铁路之安全的目的。9月5日，日伪军开始出动。

针对日伪军的企图，张云逸和刘少奇、邓子恢、郑位三等决心采取内外线配合的作战方针，并就反"扫荡"作出部署：中原局和江北指挥部率第四支队第十四团及路东独立第一、第二、第三、第四团在内线就地坚持，分散游击，袭扰和疲惫敌人；第四支队第七团、第五支队第八团在外线活动，袭击敌人的交通线及据点，牵制敌人，以配合内线作战；第四支队司令部率第九团留守路西，协同江北游击纵队防范国民党顽军乘隙东犯。根据地的群众则坚壁清野，配合作战。

为摧毁根据地军民的抗日意志，日伪军实行灭绝人性的杀光、烧光和抢光的"三光"政策。"敌人铁蹄所到之处，奸淫烧杀，无恶不作。在半塔集惨遭杀害的群众有一百余人，有的是无头尸体，有的身上被敌人刺刀捅了许多窟窿。一位72岁老人被敌人杀害后将尸体倒挂在树上，惨不忍睹。"① 当时在路东流传着这样一首民谣："秋风起，稻谷香，鬼子汉奸来'扫荡'，古城汊涧狼烟起，所到之处一扫光。"② 敌人的野蛮和残暴，更加激起了抗日军民的愤怒和仇恨。在张云逸和刘少奇等的指挥下，新四军在盱眙、来安、嘉山、六合、天长等地以灵活机动的游击战术与敌周旋，使进犯之敌不断遭受打击。9月7日，第十四团第三营在六合县盘山地区伏击了由六合县城向竹镇开进的日军指挥机关，并与之激战5小时，打死打伤日军20余人。日军极为惶恐，先后出动了24架次飞机前来救援，才使其指挥机关得以逃脱。张云逸、刘少奇等人对这次战斗极为关注，专门在半塔集召见了指挥此次战斗的第十四团政治处主任程明，听取情况汇报。程明后来回忆道：一天上午，他来到江北指挥部，向刘少奇等人详细报告了这次战斗的经过，并谈到了在战斗组织工作中存在的问题和教训。"这时，坐在少奇对面的张云逸同志接过话题，以高度赞扬的口气说：'打得不错啊！敌人是陆空联合作战，你们打的是现代化战争，不简单啊！'"③

日伪军在淮南抗日根据地军民的不断打击下，疲惫不堪，被迫于9月17日提前结束了"扫荡"。日本同盟通信社在9月9日的新闻报道中，大肆吹嘘日军此次"扫荡"的战果，说日军在津浦线、大运河中间地区歼灭张云逸所指挥的新四军约一万人，并彻底破坏了江北新四军联络系统，使新四军建设苏皖抗日根据地的努力成为画饼。④ 战后，江北指挥部在《津浦路东反日伪"扫荡"总结》中写道："敌人用九牛二虎之力，经各方面动员与准备，对我实行大'扫荡'。预定一个月时间，在十二天就结束了。这次敌人'扫荡'得到了一些什么呢？据敌人口中自供：指挥部没有包围着，新四军主力没有打倒，政府人员没有捉住，除建立了孤立无援的盱眙城据点外，连第二个新据点没有增加，'扫荡'的目的一个也没有实现。"这次反"扫荡"作战，"总共经过大小战斗六十五次，我们伤亡两百余人，敌伪将近六百人的死伤，反比我们多一倍以上。我缴获枪支比损失倒有两倍数目"⑤。遭

---

① 上海市新四军历史研究会、二师淮南研究分会编：《战斗在淮南——新四军第二师暨淮南抗日民主根据地回忆录》，上海文艺出版社2005年版，第313页。

② 上海市新四军历史研究会、二师淮南研究分会编：《战斗在淮南——新四军第二师暨淮南抗日民主根据地回忆录》，上海文艺出版社2005年版，第319页。

③ 上海市新四军历史研究会、二师淮南研究分会编：《战斗在淮南——新四军第二师暨淮南抗日民主根据地回忆录》，上海文艺出版社2005年版，第318页。

④ 参见中国人民解放军历史资料丛书编审委员会：《新四军·参考资料》(3)，解放军出版社1992年版，第82—83页。

⑤ 中国人民解放军历史资料丛书编审委员会：《新四军·文献》(1)，解放军出版社1994年版，第449页。

此沉重打击后，日伪军在随后的半年多时间内再也没敢对路东地区发动大规模的"扫荡"。

粉碎日伪军的"扫荡"后，淮南与皖南新四军军部的联系也建立起来。

1940年6月反摩擦作战后，张云逸和刘少奇等本打算趁势派第四支队和江北游击纵队恢复无为。但到了7月上旬，不但国民党顽军没有停止对路西的军事进攻，驻津浦铁路沿线的日伪军也频繁四处窜扰，并加强了对铁路的控制，新四军路西与路东的交通有被敌截断的危险。在此情况下，张云逸和刘少奇等认为，如此时仍以主力深入无为，则会带来三个方面的问题："一、我深入无为部队有被顽军隔断之危险。二、占领无为不见得有完全的把握，桂军必来增援。即使占领，对江南部队虽有益，但如不再向庐江、桐城行动，则对皖东之战略意义并不大，而向庐桐行动则在政治上尚属不妥。三、因我兵力更加分散，如大别山方面没有援军到东或我再向东行动时，则甚感受兵力分散之困难。"[1]所以，他们暂时放弃了恢复无为的打算。7月，日军进攻无为，桂系军队撤往庐江以西，但不久又返回，无为地区遂成为国共双方的拉锯地带。

8月，新四军军部派第三支队参谋长林维先率第五团第三营由皖南北渡长江，进入桐（城）庐（江）无（为）地区活动，为军部及皖南部队北移作准备。林维先率部过江后，根据军部的指示，以第三营为基础组建了挺进团。随后，挺进团在桐庐无地区发动群众，开展游击战争，建立抗日武装。9月，林维先致电江北指挥部，请求派部队增强巢（县）无（为）地区的军事力量。张云逸等接到电报后，令江北游击纵队政治委员孙仲德率第二团一部进入巢南任家山地区活动。中共巢湖地委亦同时进入巢南山区活动，并将其领导的独立营编入江北游击纵队。此后，根据张云逸等人的指示，孙仲德率所部（不久改称无为游击纵队）转战于巢无地区，并协助中共地方组织发动群众，建立抗日民主政权。

挺进团与无为游击纵队在皖中的活动，不仅打击了当地的日伪军和国民党顽军及其他各种反动势力，为新四军在江北建立了一个战略支点，并一度打通了淮南与皖南新四军军部的交通联系，而且也配合了中原局、江北指挥部为保卫淮南抗日根据地所进行的斗争。

1940年10月21日，刘少奇率中原局机关离开皖东，东进苏北。为支持苏北抗日根据地的建设，张云逸抽调了赖传珠等江北指挥部一部分干部及军政干部学校的2个大队共1000余人，随刘少奇一起去苏北。刘少奇与陈毅、粟裕会合后，为统一指挥华中地区的新四军和八路军各部，于11月17日在海安成立了华中新四军八路军总指挥部（24日迁至盐城），总指挥叶挺，政治委员刘少奇，副总指挥陈毅（在叶挺未渡江来苏北之前暂由其代理总指挥），参谋长赖传珠。

刘少奇离开皖东后，张云逸在邓子恢、郑位三、罗炳辉等人的大力支持与配合下，领导淮南抗日根据地的建设工作。至1940年底，淮南抗日根据地在淮河以

---

[1] 军事科学院《张云逸军事文选》编辑组主编：《张云逸军事文选》，军事科学出版社2007年版，第136页。

南、长江以北、淮南铁路以东、运河以西之间已发展成为东西长 200 余公里, 南北宽 150 余公里的广大地区。江北指挥部所属兵力已由 1939 年 7 月时的 9000 余人发展至约 1.8 万人, 根据地人口达 200 余万。"淮南地区独立自主地建立抗日民主政权, 创建抗日民主根据地, 对整个华中地区抗日民主根据地的创建和发展起了先导作用。"①

四、营救新四军被捕人员

在创建淮南抗日根据地期间, 发生了一件令张云逸意想不到的事情。他的妻子韩碧、儿子张远志（后改名张远之）和 20 余名新四军指战员由皖南新四军军部渡江后, 被国民党顽军无理扣押。

自 1929 年 5 月离开香港赴广西做兵运工作, 张云逸与妻儿一别就是八年, 直到 1937 年 5 月赴华南做统战工作, 才与妻儿有过一段短暂的团聚时间。据张远之回忆："大约在 1937 年 5、6 月间, 党组织安排母亲韩碧带着我到了香港, 在这里, 我见到了父亲。这年我 9 岁, 平生才有了叫爸爸的机会。后来得知, 父亲是受党组织的委派, 到港、澳和华南地区开展党的统战工作, 为了适应隐蔽工作的需要, 将我们母子接来同住。一来可以掩护父亲进行工作, 同时也让母亲能够照顾父亲, 我们全家第一次重聚。那段时间, 父亲更多地是奔走于港、澳、粤、闽、桂之间, 与母亲和我相聚的日子也很少, 即使这样, 也是我非常高兴的一段时间。这段时间, 也就持续了几个月。"② 1937 年 12 月, 张云逸告别妻儿, 到汉口参加新四军的组建工作。

1939 年夏, 新四军军部派叶挺的弟弟、时任新四军军需处处长的叶辅平, 到香港接收南洋爱国华侨捐赠的两车药品和军需物资, 顺便将韩碧母子一同接回军部。这样, 韩碧母子于同年 7 月乘船离开香港, 经越南回到中国内地。在桂林八路军办事处, 叶挺军长还接见了韩碧母子。后来, 母子二人经湖南、江西到达皖南云岭的新四军军部。此时, 张云逸正在江北指挥部, 无缘见面。此后, 新四军军部安排韩碧母子到教导队学习。从此, 母子二人就穿上了军装, 参加了新四军。

1940 年 3 月 22 日, 韩碧母子随新四军第三支队政治部副主任曾昭铭等干部战士二十余人, 携带新四军军部拨给江北指挥部的军饷七万元（法币）, 由皖南偷渡长江北上。过江后, 曾昭铭一行在去往无为开城桥（今开城镇）的途中被扣。张远之回忆说: 从江边到开城桥可以走陆路, 也可以走水路。走陆路比较安全, 不需要经过国民党的控制区; 走水路要经过国民党设在襄安镇附近的哨卡。当时因考虑到同志们经过一夜的渡江和行军比较困乏, 就决定走水路, 乘两艘小木船前往开城桥, 这样大家可以得到休息。③可是, 当船行至刘家渡时, 安徽省国民党保

---

① 《新四军战史》编辑室:《新四军战史》, 解放军出版社 2000 年版, 第 106 页。
② 刘顺发:《张远之回忆父亲张云逸母亲韩碧》,《铁军》2006 年第 12 期。
③ 参见张远之:《我和母亲韩碧参加新四军及被国民党关押的经历》, 2007 年 6 月。

安第八团以检查为由将船拦住。张远之对当时的情形作了如下的回忆:

1939年9月,张云逸夫人韩碧、长子张远之在皖南。

> 下午,当船行到襄安附近遇到国民党保安第八团的一个哨卡。哨兵叫我们的船靠岸,要对我们进行检查。在国共合作抗日统一战线的环境下,我们是带有国民革命军的正式护照的,当时不了解江北我军和国民党顽固派的磨擦已经相当激烈,多次发生扣捕和杀害新四军官兵及家属的事件,已达到公开反共的程度,认为只要给他们看一看证件就可以通行,所以就将船靠岸。开始只是两个哨兵对船进行检查,不一会儿,哨卡里的国民党兵大约有一个排出来占据了岸边工事,我们的小船就在其火力控制之中。曾副主任立刻派人到襄安进行交涉。记得是丁副官带两个同志一起去的。他手里拿着手榴弹,随去的同志也带有短枪前去谈判,如果敌人动硬的就拼到底同归于尽。我们在船上等了一段时间,回来的同志说,交涉的结果是不能放行,曾副主任决定亲自找他们的上级据理力争。我们随曾副主任离船到了襄安镇,这里是国民党保安第八团的驻地,进去以后发现已陷入狼窝,没有可能离开了。国民党收缴了我们的武器,把我们25个人关押在一间大房子里。①

3月23日,江北指挥部接到曾昭铭、韩碧母子等一行人被扣的报告。

当时,皖东新四军刚刚打败桂系军队和安徽国民党地方顽军对津浦路西地区的进犯,因此顽方的意图十分明显,就是想拿这批新四军指战员作"人质",逼迫张云逸等在谈判中让步,以接受他们的无理要求,达成他们在战场上未能实现的目的。

---

① 张远之:《我和母亲韩碧参加新四军及被国民党关押的经历》,2007年6月。

曾昭铭

如若不然，被扣新四军人员恐怕就是凶多吉少。所以，张云逸得知曾昭铭、韩碧母子等人被扣的消息后，心里非常着急。

为营救曾昭铭一行人，张云逸与刘少奇等人商量后，决定采取三个办法：（1）给李品仙发抗议电，并将此电公布于众，对其造成社会压力，逼其放人；（2）给国民政府主席林森及蒋介石、李宗仁、白崇禧发抗议电，通过他们促令李品仙放人；（3）由江北游击纵队派人前往无为县城与顽方进行交涉。

给李品仙的抗议电是由张云逸一人署名的，对外公布时则由张云逸与戴季英共同署名，时间是3月29日。电文内容如下：

立煌各厅、会长官，省参政会，省党部，各军、师、旅、团长官，各团体，各机关，各界同胞公鉴：

云逸顷呈李主席一电，文曰：李主席钧鉴，自职部第四支队驻防皖东，坚持抗战以来已逾两年，军政民尚称融洽。与敌大小数百战，伤亡巨大，艰苦备尝。虽不敢言功，然自问对国家、民族亦无大过，而对地方行政素极尊重，每次收复失地，均请省府委派行政人员，即一乡保长本军亦从未委派，竭尽心思努力，无非冀求团结抗战。虽然如此，但尚不能见谅于皖东行政长官。如省政府皖北行署主任颜仁毅、五区专员李本一近对本军步步进逼，百端磨擦。始则令地方政府常备队及游击队多次围攻本军小部队，到处捕杀本军官兵及官兵家属，惨案日必数起，被害者不下数百人，以至侮辱本军高级军官眷属，即云逸之眷属亦在扣押中，并扣留江南送来之军款七万元及本军被服、兵工器材等。又于三月七日以后，行署主任、五区专员、定远县长进而指挥所部三千余人三路围攻我驻大桥之本军江北指挥部、四支队司令部及后方机关，声言要剿灭本军，驱逐本军离皖东，向我作大规模之武装进攻。本军为求生存立足，不得已迫而自卫，击退向我进攻之部队。然本军愿望在求团结抗战，绝无意进攻一切抗日友军，只要友军停止向本军进攻，一切问题无不愿意和平解决，竭诚商讨。但据传言，大别山方面已有大批正规军动员向皖东前进，将对本军作无情之攻击云云。当此民族危机日益深重，汪逆精卫粉墨登场，全民合力御侮，尚难期抗战之胜利，若再自相残杀，则抗战前途，民族、国家前途将何堪设想？若谓本军有何不是，均望坦白见告，一切自能以和平途径解决，本军极愿虚心接受，亦何致以兵戎相见！现本军愿竭尽一切努力，饬令所属避免冲突，万望钧座转饬所属，停止对本军之攻击及仇视本军官兵之行为，并制止前项传言，则国家、民族幸甚。职等待命皖东，伫候示复，只遵等语。特电奉达，望各厅、部、会及各军长官、各界贤明人士同声呼吁，化干戈为玉帛，固团结以抗战，共同保卫皖东，保卫安徽，保卫全中国，则抗战之胜利可期，三民主义新中国之建立有望，临电不胜迫切待命之至。谨此，敬候勋祺。

新四军江北指挥张云逸
新四军第四支队司令戴季英　率全体官兵同叩①

给林森、蒋介石等人的电报是张云逸于3月31日发出的。电文内容如下：

国府林主席、委员长蒋、桂林李司令长官、白主任钧鉴：

窃职自参加辛亥革命以来，为国奔走已三十年。遵先总理遗训，为国忘家，原籍仅存弱妻稚子，自给自食，苟延残喘。不意去岁粤中沦陷，逃难异乡，流离失所，幸获亲友协助，跋涉数千里，奔抵江南军部。近又冒险渡江来职部，路经安徽无为，竟被该地驻军保安第八团将职妻韩氏、儿远志及护送官兵二十余人与军饷法币七万元及一切物品均被扣留。彼等炮火余生，不罹于暴寇之手，反被国家军队横加扣押。职奉命抗战敌后，家属既未受优待，亦不应加以侮辱。近查皖、鄂、豫各省地方政府扣捕杀戮新四军官兵家属到处皆是，被害者已有千数百人。今竟侮辱及于职等高级军官之家属，于法于情难安缄默。谨再冒渎，伏请钧座电令安徽李主席，明令释放职妻、子与人员，归还所扣国币、枪支等项，并通令皖、豫、鄂各省地方政府，对示本军官兵家属一视同仁，给以优待，严办残害本军官兵家属之地方公务人员，以安前方浴血抗战将士之心。不胜迫切待命之至。

新四军江北指挥部指挥官 张云逸
世日②

两电虽然发出，但蒋介石、李品仙等根本不予理睬。不仅如此，江北游击纵队派出的政治部宣传科科长田丰前往无为县城进行交涉时，又惨遭毒手。据当时任无为县县长的李天敏回忆：田丰到无为时携带了三封江北游击纵队司令部的公函，分送安徽省保安旅司令吴绍礼、省保安第八团和国民党无为县政府。公函大

---

① 军事科学院《张云逸军事文选》编辑组主编：《张云逸军事文选》，军事科学出版社2007年版，第130—131页。

② 中国人民解放军历史资料丛书编审委员会：《新四军·文献》（1），解放军出版社1994年版，第426页。

意略谓：最近新四军参谋长张云逸的眷属由皖南泾县来江北，路经无为县境刘家渡时被驻地部队无故扣留，不知下落，要求协助放还。给保安第八团的公函，田丰进城时就先送过去了。吴绍礼当时不在保安司令部，需等他回来再交给他，因此田丰就在县政府住了下来。"田科长在县政府住了三四天，感到有些焦急。在一次谈话中他问吴司令为什么还没有回来。这事我当然不知道，回答不了。趁此，我以我自己的看法和想法说：'是不是一定要见他？'意思是即使见了他也不一定解决问题，不如不等他见面。田科长表示：'首长交给我任务，不完成任务不行。'又过一两天，司令部来电话要田科长去，说吴司令回来了。我转告了田科长，他就带着公文去吴绍礼司令部。不料，田科长到司令部未曾与吴绍礼见面就被关押起来。"① 不久，丧心病狂的吴绍礼竟指使手下将田丰活埋于保安司令部后面的张家山上。

中共中央对张云逸妻儿等被扣一事十分关注，多方设法营救。3月28日，中共中央书记处致电八路军总司令朱德，令其在与第一战区司令长官卫立煌谈判时将释放被扣的张云逸家属等新四军指战员作为一项重要条件提出，要求对方加以解决。4月中旬，中央军委电示项英，要求新四军军部就顽方无理扣押张云逸妻儿一事向国民党方面提出严重抗议，促令放人。5月5日，中央军委在给八路军副总司令彭德怀及刘少奇等人的电报中又指出：八路军应乘李品仙、韩德勤等部顽军向新四军发动进攻之际，派必要兵力南下华中，支援新四军的反摩擦斗争，"华中为我最重要的生命线"，"不入华中不能生存"②。八路军第二纵队第三四四旅应开入淮河北岸，第一一五师苏鲁豫支队应开入苏北。如届时李品仙已撤退进攻皖东的部队，并恢复新四军立煌办事处，释放张云逸夫人及一切被捕的中共党员，退回军款，则八路军暂时可不开入淮河以南。另外，中共中央还指示设在重庆的南方局直接与国民党当局就释放韩碧母子等人的问题进行交涉。

新四军军部也多次致电蒋介石及第三战区司令长官顾祝同等人，要求释放张云逸的妻儿及其他被扣押的新四军人员。4月21日，项英致电正在江西上饶与顾祝同谈判的新四军政治部主任袁国平，要其向顾指出，国民党军与新四军在江北的摩擦问题只要双方有诚意，还是不难解决的，以本军参谋长张云逸的夫人作抵押条件，是无济于事的。然而顾祝同坚持江北新四军必须立即调回江南，并说只要江北新四军南调，就可以释放张云逸夫人，退还扣留的军饷③。顾祝同的表态，充分暴露了国民党顽固派无理扣押韩碧母子等人的真实企图。

南方局领导人周恩来等在重庆也积极奔走，呼吁国民党当局尽快下令释放韩碧母子等人。在中共各方面的不断抗议和呼吁下，蒋介石不得不表示将派人查明事件真相并释放韩碧母子，归还军饷。后来，国民政府军事委员会还给新四军军部发了一封电报，说已令李品仙办理此事。新四军军部将此情况电告了张云逸。

---

① 政协无为县委员会编：《百年沧桑话无为》，安徽大学出版社2006年版，第42页。
② 中国人民解放军历史资料丛书编审委员会：《新四军·文献》（1），解放军出版社1994年版，第689页。
③ 项英关于袁国平与顾祝同谈判情况致中共中央电，1940年4月。

尽管蒋介石让李品仙办理放人之事，但李能否放人还难以预料。新四军军部接到张云逸关于田丰被扣押的报告后，决定以张云逸的名义再次向蒋介石、李宗仁、白崇禧发出抗议电。电报略谓：驻无为之保安第八团无理将本人眷属及护送人员20余人并2、3两月经费及夏衣费7万元一并截留，现生死不明。彼等虎口余生，不罹于暴敌之手，而我国军竟押职于国法以外。此事曾得军事委员会复电，令李主席查明释还。本军江北游击纵队派员前往交涉，彼不仅未能遵命，反将我派去人员一并扣留。事出于悖谬、违法，难安缄默，请严令李主席转令迅予释还。①

在营救韩碧母子等人的过程中，桂系军队和安徽国民党地方武装仍不断向皖东新四军发动进攻，企图将新四军挤出津浦路西地区。张云逸虽然牵挂妻儿及被扣新四军指战员的安危，但面对顽军的来犯，毅然指挥新四军坚决反击，并取得了1940年6月反摩擦作战的胜利。

在新四军的打击及各方舆论的压力下，李品仙被迫派出代表与新四军江北指挥部进行和谈。张云逸、刘少奇等遂将释放韩碧母子等人作为一项重要条件与对方进行交涉，以期达成停止摩擦的协议。李品仙则避开扣押韩碧母子等人以及驱赶新四军驻立煌办事处工作人员等事不谈，一味要求新四军退出津浦路西到津浦路东地区活动，并表示只要新四军退出津浦路西地区，其余一切条件都好说。这说明李品仙也将释放韩碧母子等人作为一个重要筹码，企图以此逼迫新四军就范。这样的无理要求，张云逸当然不能接受。李品仙以有"人质"在手，有恃无恐，在谈判中态度越来越强硬。后来刘少奇在给中共中央的电报中指出："李品仙要第四支队全部过津浦路东，否则要打我们，这条件为我所不能接受，而彼方并无多话可谈，现［谈判］陷停顿状态中。"②

在中原局、江北指挥部及中共中央、新四军军部、南方局设法营救韩碧母子等人的过程中，韩碧母子则经历了种种坎坷，甚至准备慷慨赴死。

韩碧母子等人最初被保安第八团关押在无为襄安镇，后来被押送至庐江，交由桂系军队第一七六师关押。在无为，保安第八团只收缴了被扣新四军人员携带的武器。但到了庐江，顽军又全部收缴了被扣人员携带的军饷及私人物品，就连韩碧的一个金戒指也被掳走了。到庐江后，顽方将被扣新四军的干部和战士分开关押。韩碧被扣后，虽然没有承认自己是张云逸的家属，可张云逸向安徽各界公布的给李品仙的抗议电早就传开了，顽方已经知道她的身份。因此，韩碧母子和曾昭铭副主任等几位排以上干部被关押在一起。

在被关押期间，曾昭铭等人根据长期的斗争经历，已经意识到顽方是不会放过他们的。有位同志还做了一个手势，意思是说顽军要将大家活埋。韩碧母子也做好了牺牲的准备。曾昭铭估计自己此次被扣是凶多吉少，韩碧母子或许有获释

---

① 项英关于与国民党方面交涉释放韩碧母子等人的情况经过致中共中央电，1940年4月。
② 刘少奇致中共中央并告叶挺、项英电，1940年8月4日。

的可能,就将其身上携带的一支派克钢笔送给张远之以作纪念。不久,国民党顽军又将韩碧母子押往桐城,交由第一三八师关押。这样,韩碧母子就与曾昭铭等人分开了。对于被押送至桐城以后的经历,张远之回忆道:

> 在桐城,有一天他们把我们母子带到一个大厅里,押上一个犯人。他原是十九路军的将领,叫云应霖,是海南同乡,和我们认识。他可能是因主张积极抗日和我军的关系较好而被逮捕的。他指认我们就是张云逸的夫人和儿子。此时母亲觉得承认不承认反正都是死,也就承认了是张云逸的家属。这样就明确了我们是新四军抗日将领家属的身份,我也只好改回姓张了[1]。
>
> 此前,我们母子是关在一栋关押犯人的民宅院里的一间小房里。从小窗可以看到其他的一些"犯人"。不久以后,敌人又把我们关到另一处宅院的最里边的一间小房子内,由带枪的便衣看守。在被关押的几个月的时间里,曾将我们由桐城转押到岳西、霍山、六安等地区,最后交给国民党第十三游击纵队,由司令部看管。在这里允许我们到户外走动。这支队伍和我军的关系较好,其副司令黄师狱解放后还在安徽省任职。到这里就是准备放我们母子回新四军了。[2]

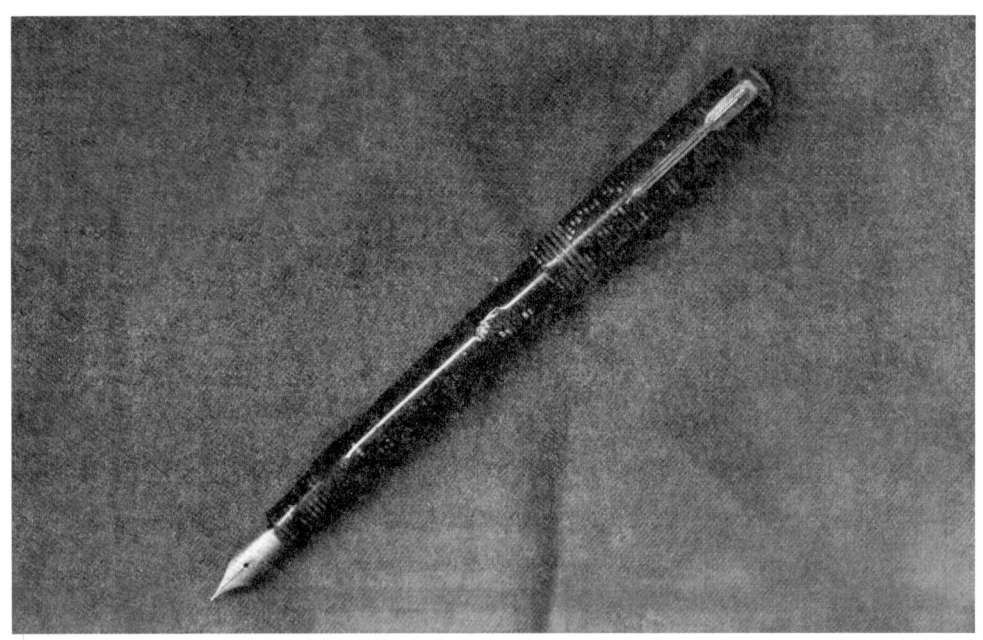

▪ 1940 年,曾昭铭赠送给张远之的钢笔。

---

[1] 在此之前,韩碧母子为了不使张云逸受制于国民党顽固派,一直没有承认自己是张云逸的家属,张远之使用的是其一个小学同学的名字。

[2] 张远之:《我和母亲韩碧参加新四军及被国民党关押的经历》,2007 年 6 月。

国民党顽固派本想将韩碧母子作为人质长期关押，但在中共各方面的一再抗议和严正交涉下，国民党当局不得不答应尽快放人。正因为如此，韩碧母子最后才被交给了当时与皖东新四军关系较好的第五战区国民党军第十三游击纵队看管。

1940年9月上旬，江北指挥部接到国民党方面准备释放韩碧母子的通知。此时，张云逸与刘少奇等正在指挥路东地区的反"扫荡"作战。中原局和江北指挥部决定由江北游击纵队派人前去迎接。这样，韩碧母子就在江北游击纵队一部的护送下，来到了江北指挥部。至此，被关押了半年之久的韩碧母子终于回到了新四军。在滁县太平集，张云逸见到了劫后余生的妻儿，心情自然是百感交集。

这次被扣押的新四军指战员一共25人，除韩碧母子和一位同志在被押送途中逃出外，其余22人皆被杀害。这是国民党顽固派对新四军指战员欠下的又一笔血债。

第十二章　巩固淮南抗日根据地

一、在皖南事变前后

黄桥决战后，韩德勤部处于陈毅与黄克诚两部的南北夹击之下，苏北形成了新四军与八路军共同发展的局面，并且与淮南、豫皖苏边根据地相连，在华中地区形成了中共领导的一大块敌后抗日根据地。华中地区经济富庶，人口众多，八路军和新四军在此生根，必然为国民党顽固派所不容，他们的大举进攻必然会到来。在此形势下，如何筹划全局，是中共中央和以刘少奇为书记的中原局必须考虑的问题。

1940年10月8日，毛泽东、朱德、王稼祥致电叶挺、项英、刘少奇等：在顽军的大举进攻下，最困难的是皖南与新四军军部，如顽军来攻不易长期抵抗时，应北渡长江；如决心北上皖东，则由第四支队派部到无为接应。12日，刘少奇致电叶挺、项英并报毛泽东等："李品仙在重庆令各部将于最近向皖东大举进攻。因我军在苏北之胜利，使津浦路东西直至海边各根据地打成一片，实为顽固派不能坐视之事。现我在皖东兵力薄弱（因四个团东进），且部队未整训好，在屡次战斗中伤亡数目较大，棉衣未作好，今年路西灾荒我中心区十分严重，故在顽固派大举进攻下只能以游击战争坚持，原有阵地不能巩固。""军部在皖南既不可能，建议从速北移。因目前交通尚有可能，如果迟缓，恐有被顽固派阻断可能。"①同日，毛泽东、朱德、王稼祥致电叶挺、项英、刘少奇等："蒋在英美策动下可能加入英、美战线，整个南方有变为黑暗世界之可能"；"军部应乘此时速速渡江，以皖东为根据地，绝对不要再迟延"；"我皖东部队，应速部署向西防御，坚持皖东根据地，一面向桂军呼吁，反对内战，强调团结对敌。皖东决不可失，如失皖东，则蒋介石必沿运河、淮河构筑封锁线，断我向西之前途。"②

由上可以看出，中共中央赋予张云逸等的任务是：坚持淮南，拱卫苏北，保

---

① 中国人民解放军历史资料丛书编审委员会：《新四军·文献》（2），解放军出版社1994年版，第10页。
② 中国人民解放军历史资料丛书编审委员会：《新四军·文献》（1），解放军出版社1994年版，第185页。

持西进的道路，并准备迎接新四军军部北上。

可以说，淮南的地位十分重要，张云逸等的任务光荣而又艰巨。然而，如不增加援兵，仅以当时第四、第五支队的实力，还难以对付桂系军队的大规模进攻。对此，中共中央和中原局考虑的最佳方案是，由皖南新四军军部率第三支队北渡长江，这样既能免除军部遭顽军围攻的危险，又能巩固淮南。但在军部到达江北以前，淮南又如何坚持呢？10 月 19 日，刘少奇、邓子恢、赖传珠致电毛泽东、朱德、王稼祥并张云逸、郑位三等：因皖东部队长期作战，疲劳减员，若桂系军队大举进攻，不宜与之作战，而应将主力留在津浦路东休整补充，在路西以 2—3 个坚强的团以游击战与之周旋，待路东部队休整好，集中主力消灭了韩德勤部，苏北问题完全解决之后，再抽调主力到路西，将桂系军队一举击破。但是，中央军委既不同意在苏北先消灭韩德勤部的意见，对在路西只以 2—3 个团与桂系军队周旋的做法也心存疑虑。出于对"皖东决不可失"的考虑，毛泽东、朱德、王稼祥于 10 月 25 日致电刘少奇："为巩固皖东，防御李品仙进攻，请你们考虑罗炳辉是否调回皖东问题，如待李品仙进攻时再调，是否来得及，均请考虑见复。"① 据此，刘少奇于 28 日复电毛泽东等：拟将第四支队两个团调回津浦路西，罗炳辉率第五支队一个团返回路东，只留第五支队一个团在淮宝地区活动。

就在刘少奇与中共中央商讨如何坚守淮南抗日根据地的对策之时，李品仙于 10 月下旬以第一三八师、第十游击纵队及保安第八团等部共七个团的兵力，对淮南津浦路西抗日根据地发动了进攻。

蒋介石企图消灭或驱逐黄河以南的八路军和新四军的阴谋由来已久。最初，他想把江北的新四军全部调回江南，以便将之置于江南国民党军的包围和监视之下。此计不成，他又指令国民党军事委员会参谋总长何应钦、副参谋总长白崇禧，于 1940 年 7 月 16 日提出了将黄河以南的八路军和新四军全部挤出华中、撤至黄河以北的所谓"中央提示案"，规定："十八集团军全部及新四军全部应扫数调赴朱副长官（按：指第二战区副司令长官朱德）所负责之区域内（即冀察两省及鲁北晋北）。并将新四军加入第十八集团军战斗序列，归朱副长官指挥"；"十八集团军及新四军，须于奉命后一个月内全部开到前条之规定地区内"；"十八集团军及新四军调赴前条规定之地区后，不得在原驻各地设立留守处办事处通讯处及其他一切类似机关"，"非奉军事委员会命令，不得擅自越出地境线外，又除军事委员会别有命令规定外，在其他各战区以及任何地方，一律不得再有十八集团军及新四军名义之部队。"② 10 月 19 日，何应钦、白崇禧将之作为"皓电"发给八路军总部和新四军军部，从而掀起了第二次反共高潮。对此，中共中央于 11 月 9 日以朱德、彭德怀、叶挺、项英名义发出"佳电"，拒绝了其要八路军和新四军全部撤到

---

① 毛泽东、朱德、王稼祥致刘少奇的电报，1940 年 10 月 25 日。
②《皖南事变》编纂委员会编：《皖南事变》，中共党史出版社 1990 年版，第 80 页。

黄河以北的无理要求，但为了顾全抗战大局，"佳电"表示新四军江南正规部队将撤至江北。

李品仙正是按照"皓电"，命令所属部队对淮南抗日根据地发动进攻的。李品仙部开始东犯后，张云逸根据中共中央的指示，立即致电李品仙，呼吁遵守以前商定的以淮南铁路为界分区抗日的协议，团结对敌。但李品仙无视张云逸的劝告，采取稳扎稳打、步步为营的战法，逐步向东推进，而且每占领一地即构筑碉堡，建立起封锁线，以防止新四军再向西进。至11月中旬，顽军已相继占领了合肥东北的梁园、草庙集、王子城、杜集（今属长丰县）以及全椒县的复兴集等地。

面对顽军的步步进逼，张云逸令第四支队第九团和江北游击队与之周旋，为主力西返赢得时间。不久，第四支队第七、第十四团及第五支队第八团先后赶到津浦路西。之后，张云逸集中第四支队全部、江北游击纵队大部以及第五支队第八团共六个多团的兵力，分别在全椒县的周家岗，滁县的鸦窝集、界牌集，定远县的藕塘、吴家圩等地构筑工事，以坚守路西抗日根据地的中心区，并调江北指挥部新任副指挥罗炳辉到路西协助指挥作战。11月22日，顽军分三路攻占了全椒县周家岗，23日—24日又以1个团进攻界牌集。守卫界牌集的江北游击纵队第一团的两个连，面对5倍于己的顽军的进攻，顽强战斗，最后在团主力的配合下打退了顽军的进攻，歼顽军300余人。

新四军第四支队等部虽英勇作战，但由于敌强我弱，部队伤亡较大，不得不且战且退。为挽救淮南危局，张云逸于11月26日致电叶挺、项英并转朱德、彭德怀：

> 查此次李本一及一三八师，向职部一带作无理之进攻，显系亲日派以反共达到投降之阴谋。职部以大敌当前，何忍同室操戈，自相水火，让敌伪坐收渔利，当令所部一再退让，俾能化干戈为玉帛，共风雨以同舟。孰知该部不以为善，反以为软弱可欺，节节进攻，有加不已，致使职部伤亡惨重，群众遭受流离浩劫，事之可痛，莫过于此！当令直属五支队司令罗炳辉率部前往增援，惟值日寇奸伪扫荡路东又再次开始，五支队为巩卫路东，安有余力前往？！窃以职属四支队、游击纵队，深入敌后转战数载，艰苦备尝，虽不敢言屡获战绩，但亦可告无愧。今遭此无理之进攻，岂忍坐视此抗战经年之部队任其消灭，自应保存。
>
> 职思惟至再，只有恳请钧座一面令驻苏北之八路军、新四军兼程前来增援，一面电请委座（按：指蒋介石）严加制止李本一及一三八师之罪恶行动。临电不胜迫切待命之至。①

张云逸的求援电报虽然发出，援兵却没有到来。原因是中共中央于11月27

---

① 军事科学院《张云逸军事文选》编辑组主编：《张云逸军事文选》，军事科学出版社2007年版，第155~156页。

日批准了刘少奇关于进一步削弱韩德勤部的作战计划。据此,11月29日至12月16日,黄克诚部和陈毅部在苏北联合进行曹甸战役。在此情况下,张云逸只能率部独立支撑淮南局面。12月16日,刘少奇致电张云逸、邓子恢等人并报中央军委:我主力在苏北攻击顽军工事受挫,苏北已形成僵局,短时期内无法解决,因此不能增援皖东,新四军第四、第五支队必须在不依靠任何增援条件下,独立支持皖东,这是一种严重而复杂的任务。目前江北指挥部应以确保淮南津浦路东地区,打击顽军之继续东进,保障苏北为目的。路西准备变为长期的游击区及秘密工作区域,而将第四、第五支队全部集中到路东整训,扼守津浦路,消灭进入路东之顽军,留江北游击纵队在路西坚持。在路西即须布置地方党的秘密工作及游击队工作;在路东要迅速准备战场,布置侦察游击小组,准备粮食等。一切机关应缩小,使之便于行动。刘少奇在电报中还强调:"为了胜利的完成上述任务,目前最中心的工作是整训,补充部队,在党内及干部中作深入的动员解释,要造成全党全军以必死的决心与勇气来保卫皖东,粉碎反共军之对我进攻,你们应深入到下层亲自去指导、督促、检查这些工作。"①

在路西的反顽作战陷入困难的情况下,日伪军也趁火打劫。12月20日,定远、滁县等地的日伪军纠集了2000余人,向路西根据地进行"扫荡"。在日伪顽的共同进攻下,路西抗日根据地最困难时只剩下以定远县藕塘为中心的东西60余里、南北40余里的狭小地带,其余均成为游击区。但在新四军的坚决打击下,日伪军被歼400余人,退回原防。23日,中央军委电示张云逸、彭雪枫、刘少奇等人:"目前淮北与皖东须由雪枫与云逸所部独立支持之,无论敌人或顽军进攻,均用游击战争与之周旋,不要希望任何增援,华北增援不可能,也不适当。""你们的军队愈扩大,愈精强,你们的根据地愈发展,愈巩固,任何进攻都是不怕的,故认真扩大与整训军队,认真发展与巩固根据地,就是粉碎任何进攻的可靠资本。"②

根据刘少奇和中央军委的指示,张云逸一面指挥部队与日伪顽在路西周旋,一面将工作重点逐渐转移到路东,并就各部的行动重新作出部署:由罗炳辉、郑位三率第七、第八、第九团坚持定远以东的路西阵地,将第十四团调至路东;由谭希林率江北游击纵队主力在定远以西等地活动;由孙仲德率领的无为游击纵队与第三支队挺进团仍在无为、巢南、桐城一带坚持活动,以便接应皖南新四军军部北上;第十团仍在淮宝地区活动;江北指挥部率第十四、第十五团,独立第三、第四团坚持路东阵地。其中,抽出第九、第十四、第十五团及独立第四团进行整训。

关于巩固路东的工作,张云逸还在路西时,就与邓子恢等着手进行。11月底,张云逸返回路东后,又与邓子恢等根据中共中央的指示进行了充分的讨论。当时,

---

① 刘少奇致张云逸、邓子恢、罗炳辉等人并报毛泽东、王稼祥、朱德电,1940年12月16日。
② 中国人民解放军历史资料丛书编审委员会:《新四军·文献》(1),解放军出版社1994年版,第207页。

他们主要采取了以下几项措施：一是纠正过去一些"左"的做法，注意兼顾地主与农民双方的权益，对佃田、当田、退田政策进行适当调整，使一些逃亡地主能够回乡生活，进而缓和根据地内的阶级矛盾，保持根据地的社会稳定；在制定政策时注意征求士绅和地主等方面的意见。二是注意开展争取伪军的工作，对其实行打拉结合、区别对待的政策。对态度好的则以争取为主，使其能够为新四军提供情报，对反共的则给予坚决打击。经过争取，新四军逐渐与仪征、来安、嘉山、天长等地的数股伪军取得了联络，从而减少了其对根据地的进犯和骚扰。三是进一步推进抗日民主政权的建设。四是制订扩军计划，充实与加强各县地方武装。五是加紧进行部队的后勤保障工作。为总结路东抗日根据地的建设经验，张云逸与邓子恢还商定，拟于1941年1月召开淮南津浦路东各县联防办事处临时参议会。张云逸提议仍由邓子恢担任议长，副议长可由地方推选的有威望的非中共党员担任。

在加强路东建设的同时，张云逸心里仍惦记着新四军军部的北移之事。返回路东前，新四军军部已令准备到江北指挥部工作的原中央军委第二局局长曾希圣在无为组织了渡江指挥部，负责筹集船只、粮草，准备接应军部和皖南部队由铜陵、繁昌地区北渡。为此，张云逸令无为游击纵队等部配合渡江指挥部做好各项准备工作。可是新四军军部迟迟没有北移。1941年1月4日，新四军军部及皖南部队共9000余人由云岭一带出发，准备经苏南北移，7日在泾县茂林地区陷入国民党顽军的重围。经数日激战，除一部突围外，大部壮烈牺牲。军长叶挺下山与国民党军谈判时被扣押。政治部主任袁国平、副军长项英、副参谋长周子昆先后遇害。这就是震惊中外的皖南事变。

事变发生后，张云逸主要做了以下几项工作：

第一，加强戒备，确保淮南路东抗日根据地的安全。1941年1月13日，华中新四军八路军总指挥部致电张云逸等：如顽军主力来攻，只以小部队与之周旋，无完全胜利把握，切戒硬碰硬打；情况紧张时，第四支队主力可撤退至路东防守，只留谭希林指挥游击纵队及地方武装在路西坚持。中共中央确定了"政治上取全面攻势，军事上取守势"的方针后，1月20日，刘少奇、陈毅又致电张云逸等：顽军大举进攻时，"我四支队及游击纵队有以游击战抵抗反共军之进攻、不让反共军深入路东之任务"；"应在部队中及地方党员中动员，必须以最大的决心坚持路西阵地，保障路东。否则皖东一失，华中全局皆非，我军即无路可走"①。据此，张云逸令新四军第四支队第七、第九团开至路东地区，与第五支队一起，准备扼守津浦铁路，确保路东；以江北游击纵队、第八团及路西地方武装在路西坚持，牵制国民党顽军东进。与此同时，在冬季扩军3400人的基础上，张云逸与邓子恢等决定，将2月作为扩军突击月，再征收3000名新兵补充部队，收购20万发子弹、2万双鞋子，并抓紧时间整训部队，准备应付顽军可能发动的

---

① 中国人民解放军历史资料丛书编审委员会：《新四军·文献》（2），解放军出版社1994年版，第473页。

大规模进攻。

第二，根据中共中央确定的"政治上取全面攻势"的方针，强烈谴责国民党顽固派倒行逆施的反动行径。1941年1月13日，淮南津浦路东各县联防办事处第一届临时参议会在天长县张公铺举行成立大会。张云逸在会上揭露和痛斥了国民党顽固派制造皖南事变的罪行，宣读了八路军、新四军领导人声讨国民党顽固派制造皖南事变的通电。与会人员听了张云逸的讲话后义愤填膺，纷纷谴责国民党顽固派破坏团结、破坏抗战的罪行①。

1月17日，张云逸领衔，与邓子恢、陈毅、张鼎丞、粟裕、戴季英、罗炳辉、周骏鸣、郭述申、彭雪枫、李先念、谭希林、孙仲德一起，联名致电朱德、彭德怀、叶挺、项英转国民政府主席林森，军事委员会委员长蒋介石、副委员长冯玉祥，参谋总长何应钦、副参谋总长白崇禧等：

> 顷接电报：我叶、项军长统率本军军部及江南部队万余人，为执行渡江北移之令，遵循顾司令长官（按：指第三战区司令长官顾祝同）指定路线向苏南转移北上，行至太平以北之茂林地区，突被国军七万余之众重重包围，攻击七昼夜，死伤惨重，弹尽粮绝，进退失据。消息传来，全军震撼。窃我新四军转战大江南北，深入敌后，与敌不断战斗三年于兹，大小战斗约三千余次，毙敌伪官兵两万余名，缴获长短枪五万余支，俘虏敌伪官兵万余名，克复收复国土数十县，使青天白日旗飘扬于京沪郊外、江淮原野。似此浴血抗战，肝脑涂地，有功于国，却未得赏，乃与敌伪决战于前，而国军攻我于后。在皖东，李品仙部攻我四支队于定远、全椒一带，屡经退让，并连电上峰，请求制止，迄未奏效。在皖北与鄂中，汤恩伯与王仲廉部又向我六支队及挺进纵队无理进攻。今我江南部队更以遵令北移，被诱围歼，服从命令何罪？而竟遭受七万余国军之包围聚歼。上官（按：指国民党第三十二集团军总司令上官云相）命令竟是奸诈诱围之计，命令之尊严何在？国之法纪何在！军纪森严岂不从兹荡然！有功不赏，反遭屠杀，遵行命令，复被聚歼，世之负义蔑理有更甚于此者！我新四军以抗战遭屠杀，以服从命令被聚歼，使云逸等何以对将士？！便以军心，接电之日，群情惶骇，将士哗然慨愤，且均为恳请委座制止顾司令长官之破坏抗战、分裂破坏团结之行为，解放江南之包围，撤退华中之反共军，平毁西北之封锁线，放下摧残我抗日将士之屠刀，挽救濒临垂危之国命。倘我叶、项军长及被围之江南部队陷于不拔境地，则我华中华南新四军不能不再考虑北移命令，即对一切命令亦不再执行之。考虑我将士义愤所激，被迫行动，则将来华中合作抗战之破坏与对国家民族所发生任何影响，其责任均由顾司令长官之破坏国法行动负之。时局紧急，敬请全国同胞仗义执言，以伸千古之奇冤，而利敌后之抗战。临电

---

① 参见李晓光：《张云逸年谱》，中共党史出版社2005年版，第94页。

悲愤,不尽欲言。[①]

第三,向中共中央建议恢复新四军军部。1941年1月17日,国民党政府以军事委员会的名义发布通令和谈话,诬蔑新四军为"叛军",宣布撤销新四军番号,并将叶挺交付军法审判。张云逸得知这一消息后,与邓子恢联名于1月24日致电毛泽东、朱德、王稼祥及刘少奇、陈毅:"(一)蒋下令取消新四军番号消灭我军部和皖南部队,甚至宣布法办叶军长,通缉项付军长等罪行,我们全军应即通电全国坚决反对。(二)我们是否应立即组织新的军部代理职权并向全国宣布。(三)以上意见请你们决定宣布,以便执行。"[②]

其实,为回击国民党顽固派,中共中央、中央军委采取了一系列措施。1月20日,中央军委发布了重建新四军军部的命令:"任命陈毅为国民革命军新编第四军代理军长,张云逸为副军长,刘少奇为政治委员,赖传珠为参谋长,邓子恢为政治部主任。"[③]23日,中央军委又以陈毅、张云逸、刘少奇、赖传珠、邓子恢的名义发布了《新四军将领就职通电》。24日,中央军委向全国发出《新四军将领声讨亲日派通电》。由于通讯不畅,张云逸与邓子恢没有得到这些消息。但是,他们的这一建议,完全符合打退国民党顽固派第二次反共高潮的大局和中共中央的意图。

第四,收容新四军突围和失散人员。皖南事变发生后,1月18日刘少奇致电张云逸、罗炳辉等,要求尽量收容从皖南突围出来的新四军指战员,并安排他们在芜湖附近及铜陵、繁昌地区打游击。张云逸遂命令在皖中地区活动的无为游击纵队多方派出人员,在沿江一带加强侦察,一旦发现突围过江的新四军指战员,立即接应并保证其安全北渡。1月22日,张云逸接到曾希圣、孙仲德发来的电报,说皖南北移部队第二纵队政治委员黄火星(原第三团团长),率领一部分人员突出重围,现已安全到达无为东乡,另外还有其他一些突围人员正陆续零星向无为北渡中。看完这一电报,张云逸非常高兴,立即与邓子恢复电曾、孙二人,要其继续做好收容和安置工作。从23日开始,张云逸与邓子恢不断把收容工作的进展情况报告刘少奇、陈毅并中央军委。至2月14日,已收容的过江人员共计578人,另外还有一部分突围的人员在铜陵、繁昌地区坚持活动。

中央军委对皖南新四军突围人员的收容和安置工作十分重视。接到张云逸和邓子恢的报告后,中央军委于1月28日复电指出:"对皖南失散力量,张、邓应设法派人过江加以指导。目前除过江者外,尚应收集一部在芜湖一带抗日,以便将来向南发展"[④]。2月8日,刘少奇也电示张云逸、邓子恢等,要求派人到江南芜湖附近建立抗日根据地。10日,刘少奇在给张云逸、邓子恢等人的电报中进一步

[①] 军事科学院《张云逸军事文选》编辑组主编:《张云逸军事文选》,军事科学出版社2007年版,第173—174页。
[②] 军事科学院《张云逸军事文选》编辑组主编:《张云逸军事文选》,军事科学出版社2007年版,第180页。
[③] 中国人民解放军历史资料丛书编审委员会:《新四军·文献》(2),解放军出版社1994年版,第199页。
[④] 中国人民解放军历史资料丛书编审委员会:《新四军·文献》(2),解放军出版社1994年版,第249页。

强调，经营皖南是江北指挥部的任务之一，要求派曾希圣、黄火星二人带电台回江南铜陵、繁昌、芜湖一带发展，建立抗日根据地，准备将来出黄山向赣东发展。中央军委和刘少奇要曾、黄率部重返皖南，是为了坚持这一地区的游击战争。但张云逸和邓子恢认为，在顽军仍于皖南大举"搜剿"新四军突围人员，白色恐怖依然严重，新四军突围人员情绪尚未稳定的情况下，不宜立即派出大批兵力过江。为此，他们在电令曾希圣、孙仲德派得力人员去皖南收容突围失散人员的同时，决定先派出小股部队渡江到皖南活动，受中共皖南特委领导，其余突围到江北的部队除留一部在无（为）桐（城）庐（江）地区活动和整训外，大部人员转至皖东地区整训。这些突围到江北的人员后来成为新四军第七师的一部分。

第五，就整个华中的军事部署向新四军军部及中共中央提出建议。皖南事变后，为达到将华中地区的八路军、新四军消灭或驱至黄河以北的目的，李品仙以桂系第七军第一七二师等部增援第一三八师，准备向淮南地区发动新的进攻；国民党军第三十一集团军副总司令王仲廉部准备向李先念部发动进攻；国民党军第三十一集团军总司令汤恩伯部东进，向彭雪枫部进逼。在此形势下，张云逸与邓子恢于1941年1月24日致电刘少奇、陈毅并毛泽东、朱德、王稼祥：

（一）在华中政治宣传上要采取自卫原则，但在军事上我们要采取进攻的战略，并规定进攻的计划，乘有利时机则全线的一致行动。过去在皖东打，对皖北不动，在苏北打，其它的亦不动，想以局部解决，但因现在情况已变，反共军是有整个计划与动作，我们也应整个的部署进攻，以免陷于被动。

（二）我们对华中军事上部署意见是：1. 我华中军事上突击方向应在皖北，坚持打败汤恩伯，乘胜进逼豫南与我李先念部配合动作，同时威胁大别山侧背。在苏北，主力（连八路军）均应向这方面集中。2. 皖东为钳制方面，但在目前须集中必要兵力（附山炮兵）消灭其进入津浦路西之一部，停止其继续进攻，一面从政治上争取其中立。如我主力进到豫南，则敌已处在夹击地位，此时如果桂军下山，则我皖东部队和豫南部队即夹击大别山而占领之。3. 苏北地区只留必要兵力控制韩德勤，和从政治上争取陈李（按：指陈泰运、李明扬）等部，以巩固苏北根据地。我苏北主力应向西进逼。

（三）方针并不是说令下来即打下去，首先当以游击者来打击他，逐渐削弱他，待有利的机会可乘。应依这方针进行，如没有事先准备，一遇到好的机会就来不及，请你们考虑早日决定示知。①

---

① 军事科学院《张云逸军事文选》编辑组主编：《张云逸军事文选》，军事科学出版社2007年版，第177—178页。

中央军委对这一建议高度重视,并将之吸收到自己的决策中。2月1日,毛泽东、朱德、王稼祥致电刘少奇、陈毅等:"目前华中指导中心应着重于三个基本战略地区。第一个基本战略地区是鄂豫陕边。其办法由彭雪枫、张云逸、李先念三地逐步向西推进,以在一年内达到鄂西、豫西及陕南建立游击根据地为目的。""如此着成功,则是战略上的绝大胜利,替我华北部队开辟了一条南进的道路";"如此着成功,黄克诚应准备向河南发展"。"华中第二个战略中心是江南根据地,又分为苏南、皖南、浙东及闽浙赣边四方面。""第三是苏鲁战区。这是目前华中的基本根据地,主力所在,用力最大,并应准备于一年内消灭反共军,聚集大量武装力量的地方。"① 由上可以看出,张云逸和邓子恢所主张的新四军主力向西进攻,与中央军委强调的新四军要建立的第一个战略区基本相同,足可以看出他们在发展华中问题上所具有的战略眼光。

后来,发展豫鄂陕边的计划之所以没有付诸实施,是因为就在张云逸和邓子恢提出上述建议的当天,日军为打击中国第五战区的主力,打通平汉路,发动了豫南战役,对汤恩伯、李仙洲、何柱国部及桂系军队进行攻击。为了利用日蒋矛盾,不致引起国共全面破裂,维护抗日民族统一战线,中共中央于2月中旬放弃了向国民党大后方发展的方针,决定继续巩固在华中的已有阵地。

以皖南事变为标志,国民党顽固派发动的第二次反共高潮达到顶峰。然而,其倒行逆施不得人心,在国内国际舆论的压力下,国民党顽固派不得不收敛其反共行动。至1941年3月,第二次反共高潮被打退,其消灭或驱逐八路军、新四军至黄河以北的图谋遭到彻底破产。

二、主持新四军第二师的整编

1941年1月25日,刘少奇和陈毅等以华中新四军八路军总指挥部为基础,在苏北盐城重建新四军军部。之后,根据中共中央的指示,军部将活动于陇海铁路以南、长江南北地区的新四军、八路军统一整编为七个师又一个独立旅,并以每个师的活动范围为基础形成七个战略区:第一师活动于苏中地区,第二师活动于淮南地区,第三师和独立旅活动于苏北地区,第四师活动于豫皖苏边区(后转移至淮北地区),第五师活动于豫鄂边区,第六师活动于苏南地区,第七师活动于皖中、皖南地区。另外,军部还直辖特务团、抗大第五分校和鲁迅艺术学院华中分院等单位。全军共九万余人。

为加强对新四军及华中地区抗日斗争的领导,皖南事变后中共中央撤销了东南局,1941年3月27日决定由刘少奇、饶漱石、曾山、陈毅组织新的中原局,由刘少奇、陈毅、邓子恢、赖传珠、饶漱石组成中共中央革命军事委员会华中分会

---

① 中国人民解放军历史资料丛书编审委员会:《新四军·文献》(2),解放军出版社1994年版,第255—256页。

（简称华中军分会，又称新四军军分会）。4月27日，中原局改称华中局，以刘少奇为书记、饶漱石为副书记，陈毅、曾山为委员。这样，华中局的领导范围就由原中原局领导的陇海路以南、长江以北的苏、皖、豫、鄂地区扩大到长江以南的苏、皖、闽、浙、赣等地区。5月22日，陈毅、刘少奇发布通令：奉中共中央电令，任命刘少奇、陈毅、张云逸、邓子恢、赖传珠为中共中央革命军事委员会华中分会委员，以刘少奇为书记。

新四军第二师，是由原新四军江北指挥部及其所属第四、第五支队和江北游击纵队组成的，张云逸兼任师长，郑位三任政治委员，罗炳辉任副师长，周骏鸣任参谋长，郭述申（在延安，未到职）、张劲夫分别任政治部主任、副主任。同时，第二师还组成了以张云逸为书记，郑位三、罗炳辉、郭述申、周骏鸣为委员的军政委员会，以加强对军队的集中统一领导。这样，张云逸作为新四军副军长，除了参与新四军的全面领导工作之外，还要直接领导第二师和淮南抗日根据地的工作。邓子恢虽然被任命为新四军政治部主任，但由于淮南抗日根据地形势紧张，所以他并没有立即赴军部就职，而是暂时留在淮南，协助张云逸、郑位三等工作，直到1941年5月才离开。

皖南事变后，摆在张云逸面前的头等任务，便是遵照军部的指示抓紧对部队进行整编。为此，他与邓子恢、郑位三、罗炳辉、周骏鸣等一起，以原新四军江北指挥部为基础组建了第二师师部，下辖司令部、政治部、供给部和卫生部。司令部由周骏鸣负责，政治部由张劲夫暂时负责，供给部和卫生部分别由这两个部

■ 1941年5月，张云逸（前排左一）送邓子恢（前排左二）从新四军第二师调淮北主持皖东北根据地工作。

的部长胡弼亮和宫乃泉负责。1941年秋，根据军部的指示，第二师又组建了军工部和社会部，由吴师孟、侯政分别任部长。

师部领导机构组成后，张云逸等遵照军部确定的"三三制"编组方案及所授予的部队番号，分别将第四、第五支队和江北游击纵队改编为第四、第五、第六旅；将第四支队第七、第九、第十四团分别改编为第四旅第十、第十一、第十二团；将第五支队第八、第十、第十五团分别改编为第五旅第十三、第十四、第十五团；将江北游击纵队第一、第三团分别改编为第六旅第十六、第十八团，将江北游击纵队第二团第一营和纵队特务营改编为第六旅第十七团。在皖中巢无地区活动的无为游击纵队及第三支队挺进团，根据军部的指示均编入第七师。

由于各旅、团的领导班子能否配备好，将直接影响部队的团结和战斗力，为此张云逸等花了很多精力，反复研究。在广泛征求意见的基础上，张云逸等终于确定了各旅、团的领导人：第四旅，旅长梁从学，政治委员兼政治部主任王集成，参谋长詹化雨（后黄序周），政治部副主任张树才（后王敬群）。第十团，团长秦贤安，政治委员钟铭镖；第十一团，团长吴华夺，政治委员高志荣（后蔡炳臣）；第十二团，团长杜国萍（后谭知耕），政治委员徐海珊（后余明）。第五旅，旅长成钧，政治委员赵启民，参谋长张元寿，政治部主任侯政（后祝世凤）。第十三团，团长林英坚，政治委员祝世凤（后童浩生）；第十四团，团长宋康（后宋文），政治委员胡炜；第十五团，团长饶守坤，政治委员朱云谦。第六旅，旅长兼政治委员谭希林，参谋长朱绍清，政治部主任徐祥亨。第十六团，团长张翼翔，政治委员邓少东；第十七团，团长艾明山，政治委员殷绍礼；第十八团，团长陈庆先，政治委员谭光廷（后廖成美）。

第二师各旅从1941年2月开始整编，到5月全部完成。

在部队整编的过程中，张云逸还安排了部分由皖南突围到达淮南的干部。1941年4月26日，原军部测绘室负责人熊永龄等辗转来到淮南。张云逸对突围的干部非常关心。据熊永龄回忆："4月28日上午这是我终身难忘的日子和时刻，这是新四军第二师张云逸师长、罗炳辉副师长亲自接见我的时候。接见时，他们那种亲切热情慈父般的关怀抚慰，使我感动得不禁热泪盈眶，激动得一时说不出话来，稍缓一缓才慢慢地详尽地汇报了我所经历的八天八夜战斗经过和老红军战士奋勇拼杀抢夺阵地，以及多次突围受阻等情景。张云逸师长仔细听我汇报静静地思索着；罗炳辉副师长听得悲愤填膺，在室内来回走动，用拳头敲击手心。我汇报后，张、罗首长留我在淮南二师工作。回到了自己部队备感温馨与庆幸，觉得无限光明，认为张、罗首长对我又如此信任，当即表示服从分配。"①

在部队整编的同时，为提高干部的军政素质，张云逸与邓子恢等对部队进行

---

① 上海市新四军历史研究会、二师淮南研究分会编：《战斗在淮南——新四军第二师暨淮南抗日民主根据地回忆录》，上海文艺出版社2005年版，第98页。

全面整训，并分别召开了参谋工作会议和政治工作会议。

1941年2月间，张云逸主持召开了全师的第一次参谋工作会议。会议首先由团以上各单位汇报参谋工作情况，并对日后如何改进和提高参谋工作提出意见和建议，最后由张云逸作会议总结。

张云逸在总结报告中分三个专题，对目前参谋工作中存在的问题、今后参谋工作应遵循的一般原则及各科参谋工作中应注意的事项分别作了详细阐述。针对一些人因对参谋工作认识不够产生的各种不正确的言论和行动，进而影响了参谋工作的开展乃至作战胜利的情况，张云逸要求必须注意提高参谋工作人员的素质和威信，处理好上下级参谋处的关系，搞好参谋人员的教育，并使用好参谋人员。他说："参谋处是军队指挥机关头脑部门，一切号令都是经过参谋处的，其任务主要的是保证军队打胜仗。在平时，主要是整训部队，在战时，主要是组织战斗"①。要根据时代与目前的客观需要来进行参谋工作；参谋工作要有经常性、有计划、有系统，而且要精密，不能粗心大意；写字切勿潦草，尤其是作战文件，要用正楷字体；要遵守时间；要学习判断方位；平时要注意收集敌情、道路、地形等方面的情况，绘制成图；战前要提出作战方案，供首长下决心，根据首长的决心部署作战，并订出作战计划，同时要建立通信联络线，计划后方勤务事项，建立指挥所；战后要指挥打扫战场，收集战利品，处理伤亡人员，组织准备进行新的战斗。他在报告中还对作战、侦察、通讯、教育各科参谋工作的性质、任务及如何具体开展工作等内容逐一作了说明。

会议在总结经验教训的基础上，明确了第二师参谋工作努力的方向。特别是张云逸所作的总结报告，内容丰富、翔实，又具有很强的可操作性，对于推动正在整编中的部队整训及加强司令机关建设具有重要的指导意义。会后不久，为切实提高参谋人员的素质，推动参谋工作朝着更高水平发展，张云逸还指示熊永龄组织了师司令部参谋训练队，任命其为队长兼教员，对师里的参谋人员轮流进行培训。

政治工作会议是在1941年3月18日召开的，亦称"三·一八政工会议"。这次会议的召开有着深刻的历史背景。

自1940年10月以后，由于未能打退桂系军队对淮南的进攻，路西根据地缩小，加之皖南事变的发生，部队的士气受到影响，有的产生了悲观情绪，有的甚至对桂系军队产生了某种恐惧心理。另外，有人认为皖南事变标志着国共合作的彻底破裂，认为抗日民族统一战线已不可能继续维持下去，嚷着要为死难的烈士报仇，坚决消灭国民党顽固派。在此情况下，纠正各种错误思想，统一认识，树立坚持淮南的胜利信心，也就显得十分重要。为此，张云逸与邓子恢、郑位三等决定召开一次全师的政治工作会议，以总结两年来江北指挥部所属部队政治工作的经验和教训，推动全师政治工作的开展，巩固和提高部队的战斗力，并为全师

---

① 军事科学院《张云逸军事文选》编辑组主编：《张云逸军事文选》，军事科学出版社2007年版，第214页。

的整训提供思想保证。

中央军委总政治部对第二师的这次政治工作会议非常重视,于3月18日当天致电张云逸等,就会议的注意事项及日后如何开展政治工作专门作出指示。电报指出:新四军第四、第五支队自归中原局领导以后,政治工作已有转变,并获得了许多成绩,但因基础不强,传统不佳,干部政治文化水平落后,加之长期处于分散作战的环境中,故至今尚未赶上主力兵团,因此第二师的政治工作极需加强和改进。应尽可能肃清部队中存在的游击习气,反对干部中存在的狭隘落后的观念,提倡进步和学习,提高原则性,坚决反对在抗日民族统一战线中只有统一没有独立、只有联合没有斗争的错误,如不敢建立根据地,不敢公开提出党对军队的领导,不敢扩大部队等。要向到会的全体干部指出:我军政治工作是有其独立性的,这种独立性是从党的独立性而来的,应使政治工作成为实施党的政策的武器,降低这种作用,降低政治工作在我军的地位,在形式上内容上对国民党作任何迁就都是不许可的。在目前,仍需坚持党的抗日民族统一战线政策,并积极进行统战工作;统战对象不仅是各个抗日的民主力量,还包括正在进攻新四军的国民党顽军;认为此后对顽固派只有打的方针,没有争取与团结的方针是非常有害的。电报还要求第二师的广大干部设法打破目前所处的困境,定下坚持根据地的决心与信心,认清全局,照顾全局,反对悲观情绪,在中央军委及中原局的领导下,与全军指战员一起奋斗到底。

三一八政工会议历时20天,张云逸、邓子恢和郑位三等师领导都参加了会议,并将中央军委总政治部的指示精神贯彻到会议之中。张云逸还安排由皖南突围而来的同志在会上讲了皖南事变的经过,并请与会的原八路军部队的领导同志介绍了八路军政治工作的经验。张云逸本人也在会上作了重要讲话。据张劲夫回忆:"这次会议在(天长县)张公铺附近的赵庄举行,用芦苇席为顶,毛竹为柱,临时搭了一个会场,可容纳数百人。张云逸、邓子恢同志在这次会议上号召要建立铁的党军,对部队要加强阶级教育,恢复发扬红军的优良传统,对基层要开展模范支部活动。"① 另据周骏鸣、刘顺元、成钧、赵启民等回忆:张劲夫在会上对江北指挥部两年来的政治工作作了全面总结,张云逸、邓子恢、郑位三等领导同志作了指示,一致提出要提高部队军政素质,为建设正规化的党军而奋斗。会议强调了坚持党对军队绝对领导及加强部队政治工作的重要性,明确了部队政治工作的原则、制度和任务,要求建立各种规章制度和严格的纪律,号召加强团结,反对各种不良思想作风。②

这次会议开得非常成功,对第二师的整训及其后来部队的发展和建设都产生了非常深远的影响。会后,第二师所属部队都以不同形式对会议精神进行了传达,

---

① 张劲夫:《抗日战争时期我在安徽的经历》,安徽人民出版社1998年版,第90页。
② 参见上海市新四军历史研究会、二师淮南研究分会编:《战斗在淮南——新四军第二师暨淮南抗日民主根据地回忆录》,上海文艺出版社2005年版,第98页;《回忆邓子恢》编辑委员会编:《回忆邓子恢》,人民出版社2006年版,第162页。

并认真贯彻落实会议的各项要求,从而逐步纠正了各种错误思想,统一了认识,大大加强了部队的思想政治建设。

在整编主力部队的同时,根据军部的指示,张云逸与邓子恢、郑位三、罗炳辉等专门研究了地方武装的整编问题。当时,淮南津浦路东、路西抗日根据地脱产地方武装的编制有所差异。路西的地方武装主要是各县的游击队,由路西各县联防司令部指挥;路东的地方武装主要有独立第三、第四团以及各县的独立营,由江北指挥部直接指挥。与路西相比,路东力量较强。1941年2月21日,张云逸、邓子恢在给中共中央书记处的报告中称,路东独立第三、第四团有1600余人枪,9个独立营1500余人枪,区、乡集中之模范队1000余人枪;各保还有不脱离生产的青年队三四十人,共8万人,枪5000余支。①

为了加强地方武装建设,张云逸等决定重建在1940年8月撤销的淮南津浦路东各县联防司令部,调整路东、路西各县联防司令部所属地方武装的编制,充实和加强联防司令部领导干部的配备。路西各县联防司令部司令员梁从学调任第四旅旅长后,张云逸等人决定以郑抱真任司令员,调第十八团政治委员谭光廷任政治委员(其所遗职务由廖成美接任),以李国厚、杨元三分别任司令部参谋长、副参谋长。路东各县联防司令部(有时亦称独立旅)重建后,张云逸等人决定以杨梅生任司令员,以路东省委书记刘顺元兼政治委员,以罗占云任副司令员,以赵俊、樊执中分别任参谋长、副参谋长,以王敬群(后张树才)、李代耕分别任政治部主任、副主任。

关于地方武装的编制,由于路东与路西情况不同,张云逸等并没有强求一致,而是根据两地的不同情况,采取了灵活的编组方法。在路东,主要是加强各独立营的力量,并重新编组了部分独立团。如为加强嘉山、盱眙、来安三县地方武装的力量,路东各县联防司令部从独立第三团调两个连分别编入嘉山、盱眙独立营,从独立第四团调一个连编入来安独立营。同时,将天长、六合、高邮等地的独立营编成独立团。另外,路东各县联防司令部还从特务营抽调一个连编入淮宝独立团,以加强淮宝地区的武装力量。在路西,主要是整顿和扩编路西各县联防司令部所属的各县游击队。根据张云逸等人的指示,凤阳、滁县、定远等县的游击队陆续组成独立营,每营下辖3至4个连;全椒县组织了1个独立连;合肥组织了1个游击队;联防司令部还组建了辖有2个连的警卫营,以保卫机关的安全。这样,路西各县联防司令部所属地方武装共组织了14个连,约有1300人。②

通过整理地方武装,使三结合的武装力量体制得到进一步巩固,为日后第二师发展壮大地方武装创造了有利条件。

---

① 参见中国人民解放军历史资料丛书编审委员会:《新四军·文献》(2),解放军出版社1994年版,第483页。

② 参见中国人民解放军历史资料丛书编审委员会:《新四军·回忆史料》(1),解放军出版社1990年版,第625、614页。

创办抗大第八分校,也是张云逸在整编部队时所做的一项重要工作。

重视对干部的培养教育,是张云逸一贯的思想。他认为:"治军必先治干,有什么样的干部就会带出什么样的部队。"①1939年江北指挥部成立后,为加强对部队营以下基层干部的培训,张云逸即创办了教导队。随着干部培训规模的扩大,1940年5月他将教导队扩建为江北指挥部军政干部学校,并亲自兼任校长。同年10月下旬,刘少奇、赖传珠率军政干部学校的第一、第二大队离开淮南赴苏北后,学校只剩下第三大队(下辖四个队)。1941年皖南事变后,为了适应部队和根据地建设的需要,张云逸于2月以江北指挥部军政干部学校第三大队为基础,扩建成立了第二师军政干部学校。

1941年4月12日,刘少奇致电中央军委:为了号召外地知识青年来淮南抗日根据地受训,需要扩大第二师军政干部学校,因此,提议将现有军政干部学校改为抗大分校。不久,中央军委复电同意在淮南设抗大第八分校,归第二师直接领导,同时与抗大总校发生关系。②在此之前,张云逸已根据新四军军部的指示,与罗炳辉等人就组建抗大第八分校的有关事宜进行了研究,并决定第二师军政干部学校改建为抗大第八分校后,仍由张云逸兼任校长。学校的其他领导人分别为:罗炳辉兼任副校长,教育长冯文华,政治部主任高志荣,训练处处长黄一平、副处长王淑明,供给处处长翁行茂。

5月4日,抗大第八分校在天长县张公铺举行开学典礼。张云逸、罗炳辉、郑位三、周骏鸣、张劲夫及淮南路东地方领导人都赶到张公铺出席会议。"张云逸做了动员报告,着重阐述了党中央和毛泽东同志提出的抗大的教育方针:坚定正确的政治方向,艰苦朴素的工作作风,灵活机动的战略战术。"③

抗大第八分校第一期共有来自部队和地方的学员365人,分为7个队,其中有1个队为营级以上的干部队,其余为连、排级干部队。学习内容主要有社会发展史、中国革命运动史、政治工作和党的建设以及军队的条令、条例,班、排、连、营攻防战术等,同时还进行射击、刺杀、投弹和近战、夜战等技战术训练。学员使用的教材,除了有毛泽东等中共中央领导人撰写的一些重要论著外,还有抗大总校及华中局党校使用的教材(或对其加以改编后下发学员使用)。此外,第二师参谋处、政治部及抗大第八分校本身,也编印了一部分补充教材。张云逸不仅研究确定办校的方针,而且注重学员战斗作风的养成,要求对学员进行严格的军事化管理。此外,他还抽时间为学员讲课,解答学员的疑难问题。对此,当时在学校政治部工作的陈祥回忆说:"他的治学态度十分严谨,一丝不苟,以他渊博的军事知识结合古今中外的战例,深入浅出地为学员讲授军事理论,并经常亲自教操,亲自作战术示范动作。他十分耐心,循循善诱,对于(学员)没有弄懂的理论问题,只要提出来,他总是耐心细致地进行解答,直到弄懂为止。谁的军事

---

① 陈方主编:《青山不老——红色健康老人柯志达》,中央文献出版社2003年版,第48页。
② 参见中国人民解放军国防大学:《中国人民抗日军事政治大学史》,国防大学出版社2000年版,第300页。
③ 安徽省新四军历史研究会编:《抗日战争回忆录》,安徽人民出版社1992年版,第462页。

动作不合要求，他便反复纠正。一个高级指挥员能够这样，确是可贵的，在军事史上也堪称楷模。"①1942年，张云逸去淮北新四军第四师视察工作时，还将在此收集到的刘少奇撰写的《统一战线问题》《人为什么犯错误》等几个报告的油印本寄给第八分校，作为政治理论教材使用。

与华中其他几个抗大分校相比，张云逸创办的第八分校在教育工作和学校管理方面有着十分鲜明的特点。1942年8月，陈毅在华中局和新四军军部召开的华中抗大工作会议上给予了充分肯定。他说："八分校注重军事演习，开办文化预科，注重体格锻炼，注重学校生活的严格化，养成严格的军人生活。"②抗大第八分校第一期学员于1942年春毕业。1943年秋第二期学员毕业后，该校缩编为第二师教导团。

第二师完成整编后，至1941年5月，共有主力部队1.55万余人，另有地方武装数千人。对于张云逸主持的第二师的整编工作，新四军军部非常满意。1941年7月，军部在向中共中央报告新四军各师的情况时指出：第二师部队组织整理比较好，各旅团战斗力相差不大，其中第四、第五旅最强，第六旅、独立旅（即津浦路东各县联防司令部）次之，但第六旅在去年与国民党顽军斗争中表现出了进步和游击的坚强性。每团平均1200至1500人左右，每连平均轻机枪3挺。全师排级以上干部大多为土地革命战争时期的老战士，仅少数干部为抗战以后入伍的；全师部队人员大部分由地方党动员及部队自己扩大来的，贫农、雇农和工人占多数。

在组建第二师的同时，张云逸还与邓子恢协助曾希圣对第七师的部队进行了整编。1941年3月17日，陈毅、刘少奇、赖传珠致电张云逸、邓子恢、曾希圣等："一、指定孙仲德无为纵队、林维先挺进团及现有散布在皖南部队及已突围过江之皖南部队，均归七师编制，即由张、邓协同曾希圣商定编制办法，并开始工作。二、皖南部队，其业已过江者，应将其中干部拨二分之一送苏北分配工作，余由七师平均分配。三、七师活动地区暂时以孙、林部队驻地为中心，积极整训编制，并即派人过来铜繁地区作收容开辟工作，以便七师部队能迅速转移皖南活动去恢复工作。"③4月21日，陈毅、刘少奇、赖传珠又致电曾希圣、孙仲德、何伟并告张云逸、邓子恢：原对外之江北游击纵队名义取消，活动在无为及江南的部队一律改称新四军第七师，部队暂归张云逸、邓子恢、罗炳辉、郑位三指挥。电报同时要求即将编入第七师的部队大胆进行创建抗日根据地的工作，立即成立抗日民主政府，组建地方武装，改善当地人民生活。据此，张云逸和邓子恢协助曾希圣研究拟定了第七师的编组方案及干部配备。为搞好第七师的整编工作，张云逸等还调原第四支队政治部主任何伟到该师工作，详细传达中原局、新四军军部的有关指示，对该师予以政策上的指导。至1941年5月，新四军第七师组建完

---

① 中共文昌县委党史研究室编：《张云逸研究史料》，广西人民出版社1994年版，第668页。
② 洪学智、薛暮桥主编：《华中抗日革命熔炉》，华夏出版社1987年版，第47页。
③ 计高成主编：《陈毅在盐城》，解放军出版社2001年版，第90页。

毕。该师下辖第十九旅和挺进团，师长张鼎丞（在延安，未到职），政治委员曾希圣，参谋长李志高，政治部主任何伟。

新四军军部的重建及各师整编的完成，标志着国民党顽固派消灭新四军阴谋的彻底破产。从此，新四军在部队编制、活动范围等方面不再受国民党当局的限制，可以独立自主地放手发展华中敌后的抗日游击战争，新四军的建设进入了一个新的发展时期。

随着淮南抗日根据地的健康发展，1941年8月10日这天，张云逸迎来了他虚岁50岁的生日。郑位三等提出要为其祝寿，张云逸说什么也不同意。但郑位三等还是坚持要有些表示，否则觉得心里过意不去。张云逸见盛情难却，只好提出一切从简。最后，郑位三等尊重他的意见，在师部驻地盱眙县黄花塘举行了由师直营以上干部参加的集会。会议由张劲夫主持，郑位三代表第二师全体指战员向张云逸致祝词。张云逸也在会上讲了话。据第二师直属队政治处宣教股股长罗晴涛回忆："祝词的主要内容是介绍张云逸同志投身革命以来，特别是在军队建设方面的丰功伟绩。内容丰富感人。接着张云逸同志讲话，主要是讲在党的培养教育下成长的过程。讲得生动实在，真是催人泪下，使我们深受教育。会场上几次高呼口号向他表示敬意。会毕，到会干部排着队一一和他亲切握手，那时没有鲜花，更没有贺礼，就是凭一股热情，有的同志饱含热泪，为这位长者祝福、贺寿。会

1942年元旦，张云逸（前右五）、罗炳辉（前右二）等在盱眙县黄花塘新四军二师师部与指战员会餐，共庆新年。

议开得隆重热烈，而且非常朴实亲切。"① 当天晚上，第二师在师部门外的场地上，为张云逸举办了一个简单而朴素的聚餐会，算是"寿宴"。当时，第二师正在黄花塘召开团以上干部会议。为表达对师长的敬意，郑位三还代表师军政委员会在这次会议上发出向张云逸学习的号召。

三、坚持路西，确保路东

由于淮南抗日根据地地处津浦铁路两侧，紧扼日军中国派遣军总部和汪精卫伪政权所在地南京的咽喉，战略地位十分重要，为日伪顽所必争。为确保津浦铁路和南京北侧的安全，1941年日军以独立混成第十三旅团，分驻津浦铁路蚌埠至浦口段及淮南铁路及其两侧地区；伪军则以第四、第六师和警卫第二师等分驻淮南。日伪军在淮南抗日根据地及其周围共设置据点约120个，总兵力约3万人。国民党顽军为达到进入淮南津浦路以东、进而争夺苏北的目的，以第一三八、第一七一、第一七二师，第八、第十游击纵队及保安第三、第六、第八团等部，分驻合肥以东、全椒以西地区，并且在津浦路西经常保持2万人左右的兵力。淮南抗日根据地处于日伪顽的三面夹击之中。

针对淮南的形势，中原局和新四军军部赋予第二师的任务是：随时准备粉碎日伪军的"扫荡"，坚持津浦路西，阻止国民党顽军东犯，配合友邻向东发展，确保津浦路东。据此，张云逸等作出了相应的部署："以路东为基地，将六旅及五旅第十三团部署于淮南津浦路西地区，坚持路西阵地。调四旅到路东整训和机动，并在地方武装配合下，准备策应路西作战，保卫路东。五旅旅部率第十四、十五团，继续配合兄弟部队向东发展，巩固和发展淮（阴）宝（应）、淮（阴）泗（阳）及皖东北地区。"② 张云逸则率师部驻路东天长县赵庄（后迁至盱眙县黄花塘），指挥全局。

1941年，淮南路西地区的斗争复杂而激烈。从1月中旬起，日伪军出动2000余人对路西抗日根据地的中心区进行"扫荡"，目标直指驻定远朱家湾附近的大户刘村的江北游击纵队指挥部。日伪军被打退后，国民党顽军以第一三八师等部2000余人趁机向路西进犯，结果同样遭到江北游击纵队等部的顽强阻击。李品仙见此次作战未能占得便宜，便令在淮南铁路以西的第一七二师东越淮南铁路，准备向津浦铁路以西地区发动大规模进攻。在此形势下，张云逸令路西部队以游击战同顽军周旋，不打无把握之仗，以免遭受不必要的损失。至2月，新四军在路西的部队退守定远藕塘等地，与顽军形成对峙。

日军侦悉国民党军的两个师正与新四军一部在津浦路以西地区交战，便趁火打劫，从独立混成第十三旅团，第十五、第十七、第一一六师团各抽调一部，连同当地的伪军共5000余人，对路西地区展开大规模"扫荡"，欲将此地的新四军

---

① 罗晴涛：《给张云逸副军长做五十大寿》，载《铁军》2002年第4期。
② 上海市新四军历史研究会、二师淮南研究分会编：《战斗在淮南——新四军第二师暨淮南抗日民主根据地回忆录》，上海文艺出版社2005年版，第158页。

和国民党军队全部消灭。

面对日伪军的大举进攻,张云逸立即指挥第六旅和第五旅第十三团迎敌。为粉碎敌人的"扫荡",他令参战各部以小部队和地方武装与敌纠缠,将主力转移到敌人后方,隐蔽待机。急欲寻求与新四军主力作战的日伪军,在新四军小部队和地方武装的牵制和袭扰下,到处扑空,疲惫不堪。

在指挥反"扫荡"作战的同时,张云逸密切关注着日伪军同国民党军的作战情况。3月6日,他接到第六旅旅长谭希林的来电:侵占全椒县大马厂、滁县界牌集的国民党顽军,在日军的进攻下已向西撤退,目前正在合肥东北的八斗岭、梁园一带与日伪军作战。据此,张云逸估计桂系军队与日伪军的作战不会持续太长时间,最后很可能要撤回淮南铁路以西地区。邓子恢、郑位三等人都同意这种估计。于是,张云逸于当日向刘少奇、陈毅提出如下建议:如桂系军队撤回淮南铁路以西,第二师即以第五、第六两旅全力恢复路西地区;如日军继续向大别山"扫荡",第二师即乘机进占大别山。陈毅、刘少奇同意张云逸提出的全力恢复津浦路西地区的建议,但考虑到桂系军队在日军结束"扫荡"后,有再度向皖东进攻之可能,因此不主张第二师部队从津浦路西地区再向西推进。3月12日,陈、刘致电张云逸:第六旅收复周家岗、界牌集、复兴集后,设法扼守之,并开展地方工作,不再向西推进;如顽军来攻,能将其击退或消灭其一部时则打击之,否则向后撤退;对顽军应加紧政治宣传,使其停止对皖东的进攻。遵照陈、刘的这一指示,张云逸令路西部队乘日伪军兵力分散、士气低落之际,全力向敌人反击,相机收复失地。据此,路西各部分别在定远之朱家湾、靠山集、永康镇,滁县之施家集、皇甫山、花山等地同日伪军作战10余次,歼敌500余人,迫使日伪军于3月中旬结束"扫荡"。路西部队乘胜收复界牌集、复兴集等地。

在日伪军的打击下,淮南津浦路西的桂系军队遭受了不小的损失。白崇禧得知情况后,立即电示李品仙,要其以保存实力、巩固大别山为主,对东进"清剿"淮南新四军之事暂时不提[①]。据此,李品仙于3月下旬开始将渗入淮南津浦路西的第一三八、第一七二师,第十游击纵队等部陆续撤回淮南铁路以西,只留少数部队在全椒古河等地固守,作为日后东犯的跳板。至此,淮南津浦路西地区持续了约半年时间的紧张而严重的局面才缓和下来。即使如此,在以后的大约半年时间内,桂系军队和安徽国民党地方武装对路西地区的小规模军事进攻仍然不断。

为了牵制日伪军对路西地区的"扫荡"和国民党顽军的进攻,1941年3月反"扫荡"结束后,张云逸到路西检查工作,指示第六旅及路西省委(5月改称中共皖东津浦路西区委)分别抽调人员西越淮南铁路,到寿县瓦埠湖地区建立游击根据地。据此,第六旅派第十八团政治处主任杨效椿率一个连进至瓦埠湖地区,开展游击战争。路西省委也同时派去了地方干部,配合部队开展工作。10月,第

---

① 毛泽东致周恩来的电报,1941年3月15日。

十八团团长陈庆先又率团主力一部进入寿县地区活动，拔除了尹大郢伪军据点，俘虏伪军一百余人。此后，第十八团部队在中共地方组织的配合下，在寿县地区建立了四个区的抗日民主政权，部队本身也得到扩大。同年8、9月间，中共皖东津浦路西区委又根据张云逸等的指示，分别派出干部进入巢（县）合（肥）、含（山）和（县）地区发展抗日武装。

为进一步改善路西地区的斗争局面，张云逸还指示第六旅抓紧时间进行剿匪工作。当时，定远县谢家圩等地盘踞着牛登峰、陈华斌、谢黑头、王华锦等六股土匪武装。他们勾结日伪军与国民党顽军，无恶不作，经常袭击驻路西的新四军部队和区、乡的抗日民主政府，杀害根据地的干部和群众，为路西人民深恶痛绝。根据张云逸的指示，第六旅于6月间突击进行剿匪作战。经过半个月的作战，先后拔除了油坊户、谢六巴圩、花张集等据点，毙其180余人，沉重打击了土匪的嚣张气焰，迫使其再也不敢恣意出扰，安定了民心，保护了群众利益。但由于国民党顽军第一七一师及第十游击纵队对土匪实施增援，第六旅未能将其彻底消灭。

1941年秋，为策应淮河北岸的汤恩伯部进攻新四军第四师，从10月上旬起，国民党顽军第一七一师及保安第六、第八团，第十游击纵队共7000余兵力，分路向驻守在定远以南的新四军第二师部队发起进攻。同时，第一七二师及第四十八军的两个师分别在淮南铁路以西的巢县和寿（县）西地区集结待命，准备随时投入作战。当时，第二师驻守在定远以南地区的部队主要是第十三、第十六团及第十七团一部，而第十八团在寿县及淮南铁路两侧地区活动，第十七团主力则在凤阳地区活动。由于兵力对比悬殊，至11月中旬，定远之大桥、滁县之界牌集，合肥之广兴集，全椒之周家岗、复兴集、大马厂等地先后被顽军占领，路西的形势又骤然紧张起来。

面对顽军的步步进逼，张云逸采取以退为进的策略，指示新四军第二师展开广泛的舆论宣传战，谴责桂系军队及安徽国民党地方武装破坏团结抗战的罪行，争取社会各方面的同情和支持。张云逸还于10月中旬致电第一七一师，呼吁其停止对路西根据地的进犯。11月上旬，他又将顽军进犯路西的罪行详细电告陈毅、刘少奇及朱德、彭德怀、叶剑英，请他们转呈蒋介石，以示抗议，并要求蒋介石制止国民党军队的军事挑衅，以利团结抗战。与此同时，张云逸与罗炳辉、郑位三、周骏鸣等根据陈毅关于"一切不利抗战团结的磨擦内争，逼迫我们退无可退、忍无可忍，危害抗日军民生存时，则我们站在抗日自卫立场，当作严正表示"[①]的指示精神，决定集中第四、第六旅及路西各县联防司令部所属地方武装进行大桥战役，并制定了如下的作战方案：第十一团负责攻打大桥；第十六团负责在大桥以南新张家进行打援；第十三团负责防守滁县西南的赫郎庙一带阵地并相机参战；第十七、第十八团分别负责保障战场北侧和西南侧的安全；第十二团为战役预备队。为统一指挥各参战部队，张云逸等还组织了以谭希林为司令员、王集成为政治委员的野战司令部。

---

① 中国人民解放军历史资料丛书编审委员会：《新四军·文献》（2），解放军出版社1994年版，第513页。

当时占据大桥镇的是第一七一师第五一一团第一营（营长韦刚）和定远县的土顽武装。张云逸等之所以要选择攻击大桥，是因为大桥的位置最突出，守卫大桥的韦刚之第一营是桂系军队精锐之一部，歼灭该部既不扩大反顽作战的规模，又可动摇整个路西的顽军。据时任第十一团团长的吴华夺回忆：在11月15日大桥战役野战司令部召集的作战会议上，谭希林传达了张云逸、罗炳辉两位首长的指示，同时还有第四师政治委员邓子恢发来的电报。"张、罗、邓三首长指示归纳起来，除了讲明全局斗争简况外，就是要求我们务必守好路西这座'华中西大门'。'守门'良策莫过于歼敌逐顽，假如消极防守，那就要被对方驱出路西。桂顽怕失元气是另有所图，我们对国家人民未来负责，也不能大打消耗仗，只有打他个相当规模的歼灭战，其余顽军将不打自退。大桥是对方的突出阵地，韦营又是桂顽的一把利刀，打掉了它，路西情况必将好转。"[①] 由此看来，张云逸等之所以决定组织大桥战役，是经过了深思熟虑的。

11月16日夜，第十一团向大桥发起猛攻，至次日攻克大桥，歼灭顽军大部，少数顽军在突围中亦被消灭。同时，第十六团在新张家伏击了企图增援大桥的桂系军队第五一一团第二营，将其全部歼灭。18日，第一七一师副师长兼第十游击纵队司令李本一率保安第六团800余人，向大桥反击，被第十二团击退。当天中午，第十三团乘顽军动摇之际以5个连的兵力收复广兴集。此后，国民党顽军被迫撤至广兴集以南至合肥东北的栏杆集一线固守待援。

此役，新四军第二师共歼桂系军队约2个营，其中毙伤520余人，俘300余人。对长期受桂系军队袭扰的第二师来说，能够一举歼灭其两个营，意义非同小可。新四军第二师在《一九四一年军事工作总结报告》中认为："这一战斗是我军在反顽斗争空前胜利的大战。它有着下面几个意义：（1）转变路西敌我的形势；（2）提高我军对桂顽作战的自信心；（3）给予桂军空前未有的严重打击；（4）提高路西群众对我军的信仰。"[②] 战后，张云逸与罗炳辉、郑位三等联名发去嘉奖电，表扬第二师参战各部在此次反顽作战中所取得的重大胜利，同时也要求参战官兵"必须胜而不骄"，并希望"更百倍努力，提高军事技术与战术素养，加强政治工作，组织与健全地方武装的配合，积极发动民众更大的帮助，接受战斗的经验教训，为击退反共军新的进攻及保卫路西抗日民主根据地而坚决胜利的斗争"[③]。同时，张云逸等还授予了在此次战役中表现突出的第十一、第十六团以"铁锤子团"的光荣称号，并分别颁发"铁锤子团"锦旗一面。

然而，大桥战役结束后仅一个多星期，李本一即率第一七一师第五一二团、

---

① 上海市新四军历史研究会、二师淮南研究分会编：《战斗在淮南——新四军第二师暨淮南抗日民主根据地回忆录》，上海文艺出版社2005年版，第332页。

② 中国人民解放军历史资料丛书编审委员会：《新四军·文献》（2），解放军出版社1994年版，第537—538页。

③ 军事科学院《张云逸军事文选》编辑组主编：《张云逸军事文选》，军事科学出版社2007年版，第197—198页。

第十游击纵队及保安第八团等部共4000余人，于11月27日分三路再次向路西抗日根据地中心区大举进犯，以图报复。28日，顽军向驻守在滁县赫郎庙一带的第十三团发起猛攻，并对该团第三营形成四面围攻之势。为增援第三营，第十三团团长林英坚亲率三个连向赫郎庙北部的顽军阵地突击，打退了顽军。但林英坚在作战中不幸牺牲。

接到林英坚牺牲的报告，张云逸心里非常悲痛。林英坚是安徽金寨人，1929年参加中国工农红军，1930年加入中国共产党。在鄂豫皖苏区参加过四次反"围剿"作战，后又参加了长征。全国抗战爆发后，他被派到新四军第四支队工作。1938年11月张云逸过江后，林英坚便一直在张云逸的领导下工作，先后担任过第四支队第七团、第五支队第十五团、第二师第十三团团长等职，是一名优秀的战斗指挥员。赫郎庙战斗结束后，第二师师部于1941年12月在盱眙县岗村为林英坚等举行了隆重的追悼大会，张云逸还专门为林英坚写了悼词。他在悼词中写道："为革命牺牲是最伟大的，为党牺牲是最光荣的！"[①]

赫郎庙战斗后，顽军虽再次侵占了路西中心区的定远藕塘集、得胜集和滁县太平集等地，但第二师路西部队遵照张云逸的指示，绕至顽军后方寻机给其以打击，最后迫使顽军不得不退出路西抗日根据地中心区，在周家岗、鸦窝集、广兴集一线与新四军形成对峙。这样，路西局面暂时稳定下来。1941年底，根据谭希林的建议，张云逸将在路西奋战了一年的第六旅调到路东休整补充，调第四旅到路西坚持斗争。

在路西进行反顽作战的同时，为对付日伪军对路东可能进行的"扫荡"，张云逸等采取了一系列防范措施。其一，实行机关精干化、军事化。即缩小各机关的规模，并将机关人员全都武装起来，以便随时应对各种情况。其二，确定分区驻扎和坚守的办法。即将路东根据地分为东、南、西、北区和中心区，将路东的党政军群各机关分驻各区，并规定各区地方武装要坚持各区，非至万不得已，不能离开本区。这样就避免了日伪军"扫荡"时，所有机关都挤在一处的不利局面。其三，改造地形。主要是对公路、桥梁、田沟、地沟等进行改造，使敌人无法顺利通过，以延缓其前进的速度，而根据地军民则可利用改造过的地形进行疏散转移、运动部队和袭击敌人。为此，张云逸与罗炳辉、郑位三等于1941年3月专门发布命令，就改造地形的目的、方法、区域划分等作了明确说明。改造地形的决定得到了根据地军民的大力支持。其四，加强对根据地军民进行反"扫荡"的训练。针对以往因侦察警戒不好或干部疏忽和警觉性不高而造成损失的教训，张云逸等要求各级干部平时一定要有高度的警觉性，一定要把地形摸熟，对敌人进行不间断的侦察，在敌人进行"扫荡"时要有分工协作的精神，能够从容应对，以便发挥整体的力量。对民众的训练，主要是学习坚壁清野、对敌侦察、送情报以及被敌人捉住时如何脱身等。上述措施的制定和施行，在路东抗日根据地军民以

[①] 萧志远主编：《江淮英烈传》第1辑，安徽人民出版社1990年版，第182页。

后的反"扫荡"中发挥了不小的作用。

自1941年春季起,驻天(长)仪(征)扬(州)地区的日伪军,为蚕食路东抗日根据地,扩大伪化区,不断增设据点,抢修公路。在判明敌人的企图后,张云逸决定集中第四旅第十二团、第五旅第十五团和路东各县联防司令部所属独立第四团等部,进行反蚕食作战,以巩固路东抗日根据地,并开展天仪扬地区的工作。从4月10日至15日,第二师各参战部队在罗炳辉的指挥下,相继袭击了仪征谢家集、金家集、刘家集等日伪军据点,并在十二里岔伏击了由仪征出援之敌,同时破坏了天长至芦龙镇的公路,歼灭日伪军270人左右。17日,第十二团在六合东北的金牛山击退了由扬州等地前来偷袭的700余日伪军,取得了反袭击作战的一次重大胜利。此战,共毙伤日伪军500余人,俘虏日军2人、伪军30余人,缴获了一批枪支弹药。

这次反蚕食作战,沉重地打击了路东的敌人,极大地振奋了根据地的人民,增强了第二师指战员对敌作战的勇气与信心,也提高了该师在淮南人民心目中的威望。战后,张云逸等给第十二团发了嘉奖令,罗炳辉还代表张云逸、郑位三专门到该团进行了慰问。

当然,这次反蚕食作战的胜利,也极大地震动和刺激了日军。为报复新四军,5月下旬日军开始陆续向路东地区增兵,至30日仅来安、天长、六合、盱眙等地的敌人即达5000人以上。另外,滁县增加敌人2000多人,嘉山亦有敌增兵的消息。日军在集结兵力过程中,还占领了天长之石梁、来安之张山、盱眙之半塔集、六合之竹镇及滁县之兴隆集等地。根据情报,张云逸等判断,日军即将对路东抗日根据地进行大规模"扫荡",以破坏麦收和抗日民主政权,消灭第二师主力。为此,张云逸等立即制定了反"扫荡"的作战方针:在敌人开始"扫荡"时,用小部队以阻击、纠缠、夜袭、伏击等战法,阻滞敌人前进,消耗、疲惫和迷惑敌人,掩护根据地民众实行坚壁清野;主力集中于机动位置,选择有利地形,待机歼敌;各部以游击战为主,不放弃有利条件下的运动战,在保存力量与争取胜利的原则下,独立自主地进行战斗。[①] 根据这一作战方针,张云逸等决定以第四旅旅部指挥第十二团和独立第四团打击由天仪扬地区出犯之敌;以第十一团打击由来安、六合地区出犯之敌;以抗大第八分校及天长、高邮、宝应地方武装活动于天高地区,监视敌人;路东各县联防司令部率地方武装及各机关活动于根据地中心区,协助群众进行破路、坚壁清野等工作;师部率第十团活动于盱眙县岗村、马坝之间,并将在淮宝地区活动的第五旅之第十四团调至岗村一带,准备打击由盱眙出犯之敌,并协同第十一团歼灭由来安向盱眙进犯之敌。新四军军部对此次路东反"扫荡"作战也十分重视,5月31日和6月3日分别致电第二师,提出要求,强调只要主力军、地方军及人民武装三方面密切配合,就

---

① 参见中国人民解放军历史资料丛书编审委员会:《新四军·文献》(2),解放军出版社1994年版,第501—502页。

可以取得胜利。

自5月28日起，日军第十一师团纠集2000余兵力，在2000余伪军配合下，由来安、天长、盱眙等地分路出犯。由于根据地军民作了充分准备，第二师参战各部在来安之老油坊山、王郢、小谢营，天长之石梁，盱眙之车棚等地，先后作战20余次，歼灭日伪军500余人，迫使日伪军于6月上旬结束"扫荡"，返回原防。此次反"扫荡"作战的胜利，沉重打击了敌人，使日伪军再也不敢随意对淮南津浦路东抗日根据地进行"扫荡"，路东也由此获得了一年多的稳定发展时间。

在指挥第二师保卫淮南抗日根据地的同时，张云逸还以大局为重，根据新四军军部的指示，派第五旅率第十四、第十五团配合新四军第三、第四师作战，发展淮宝和皖东北地区。

1941年春，新四军第四师在豫皖苏边地区反摩擦斗争失利后，撤至皖东北地区。6月8日，陈毅、刘少奇致电张云逸，要其派第五旅的两个团迅速进至洪泽湖以西的双沟（今江苏省泗洪县双沟镇）、管镇（今江苏省盱眙县管镇镇）以北，泗县、青阳以南地区，归第三师第九旅指挥，准备配合第九旅消灭深入津浦路以东的国民党顽军汤恩伯部，以确保皖东北地区。据此，张云逸令第五旅旅长成钧、政治委员赵启民率第十四、第十五团由淮宝地区西渡洪泽湖，进入泗县。随后，第十四、第十五团兵分两路继续西进，打击当地的日伪军和土顽武装，并发动群众，创建抗日民主政权。经过一系列战斗，第五旅恢复了皖东北的泗（县）南、泗北地区，发展了泗（县）五（河）灵（璧）凤（阳）地区。1941年7月，张云逸又派第四旅率第十、第十一团渡过淮河，进入淮阴、泗阳地区活动。后因淮南路西形势紧张，将第十一团调回淮南，留第十团在淮泗地区作战。8月23日，华中局决定，将第二师创建的淮宝抗日根据地交给第四师，划陇海铁路以南、淮河以北、运河以西、津浦铁路（铜山、蚌埠、凤阳段）以东为淮北苏皖边区（简称淮北区，即淮北抗日根据地），作为第四师活动地区，同时组织区党委及行政公署，后来又成立了淮北军区。

1941年，新四军第二师在张云逸等的指挥下，与日伪顽军及土匪武装共进行大小战斗500余次，缴获各种枪近3万支（挺）、子弹约6.5万发，俘虏日军12人、伪军1847人、顽军700余人，毙伤日军1462人、伪军1958人、顽军2313人，第二师自身伤亡了2381人。① 在日伪军和国民党顽军的轮番进攻下，淮南抗日根据地面积缩小，人口减少，财政经济亦发生困难，特别是路西地区面临着严重的困难局面。

1942年，淮南抗日根据地的形势从总体上来说没有太大的改变，仍处于日伪顽三面夹击之中。路东、路西日伪军据点共180余个，其中新增据点近30个。虽然日伪顽军对根据地发动大规模军事进攻的次数有所减少，但小规模的进攻仍然不断。为坚持路西，张云逸令第四旅与津浦路西各县联防司令部所属第十八团

---

① 此系根据罗炳辉1942年2月在华中局扩大会议上所作的《二师工作报告》所统计的数字。

抗日战争期间,张云逸(右)与陈毅(中)、彭雪枫在一起。

(1941年底由第六旅转隶联防司令部),独立第一、第二、第三、第五团(这四个独立团于1941年秋冬先后成立)等地方武装配合作战,寻机打击出扰之日伪军及国民党顽军。

1942年1、2月间,日伪军集中2000余人对定(远)凤(阳)怀(远)地区进行"扫荡"。根据张云逸等的指示,第四旅与路西地方武装在定凤怀地区不断打击出犯之敌。第十二团击溃了由定远县城向天长集"扫荡"的300余日伪军,夺回耕牛30余头,交还给群众。第十八团伏击了向定远永康镇据点运输军用物资的日军运输队,俘虏日军6人,缴获大批军用物资,并击溃了企图前来报复的日军一部,毙伤敌70余人。在第四旅的连续打击下,日伪军被迫结束"扫荡",返回原防。

之后,张云逸命令第四旅与路西地方武装在继续打击日伪军出扰的同时,尽可能拔除某些敌、顽及土匪武装的据点,进一步改善路西的斗争局面。3月6日,第十八团在怀远拐集击溃伪军一部,歼其50余人。3月下旬,第十一团连续袭击了定远城西的十八里岗、西三十里店、杨家楼等敌人据点,歼灭日伪军200余人。4月上旬,第十团在路西独立第四团(1942年春成立)和独立第五团的配合下,一举攻克土匪武装牛登峰部盘踞的定远杞岗据点,歼其200余人,仅牛登峰率三四人逃走。6月,第四旅一部袭击定远双庙子据点,全歼日伪军110余人。7月,第十团攻克土匪武装盘踞的定远谢家圩据点,歼灭其300余人,活捉匪首谢黑头。独立第三团夜袭凤阳城,抢出大批布匹及其他物资。经过半年多的作战,第四旅和路西地方武装有力地打击了路西敌、顽及土匪武装的嚣张气焰。

1942年10月，国民党顽军又调集第一七一师、游击第十纵队和保安第六团等部共六个团的兵力，向路西抗日根据地发起大规模进攻。为加强对路西部队作战指挥的统一领导，张云逸等研究决定，由罗炳辉率师部部分人员到路西组织野战指挥所，指挥此次反顽作战。10月下旬至11月初，罗炳辉指挥第四旅第十、第十一团和第六旅第十八团，经过10天的反击作战，歼灭顽军1500余人，打退了顽军的进攻。12月，第二师又粉碎了3000多日伪军对路西抗日根据地的"扫荡"。

1942年，路东地区相对稳定。在此形势下，张云逸要求调至路东的第六旅在1942年上半年抓紧时间进行休整补充，同时要求路东地方武装在继续打击小股出犯之敌的基础上，进入游击区和敌占区活动，发展路东抗日根据地。据此，路东地方武装在淮南苏皖边区军区（1942年1月由路东各县联防司令部改称）的指挥下，自1942年春起向日伪据点发起主动进攻。2月，独立第四团配合来安独立营夜袭来安东南的相官集，摧毁碉堡5座，全歼据点内的伪军90余人。4月，该团又一举攻克六合重镇东沟，歼伪军100余人。同年秋，独立第三、第四团向盘踞在六合新集的伪军发起进攻，俘伪军160余人，并收复该镇。在此期间，为配合新四军第一师在苏中进行的反"清乡"斗争，根据军部指示，张云逸指挥第六旅及路东地方武装于7月发起了天长—仪征—扬州公路破击战。各参战部队分别袭击了六合东沟，仪征十二圩、新城、龙河集、大仪集等敌人据点，歼灭日伪军数百人，从而打乱了其进犯苏中的部署，对进一步巩固路东抗日根据地也起到了积极作用。

从进行反"扫荡"作战，到能够主动向敌人出击，进而拔除日伪军的据点，这说明敌我力量正在逐渐消长，第二师的战斗力正在逐步增强。

在以军事手段打击来犯的日伪军和国民党顽军的同时，张云逸还注重开展敌军工作及对顽军的统战工作。

为了加强对敌军工作，张云逸于1941年秋通过内线关系搞来一本南京伪军代号为教导旅的电台呼号和密码，交给师部电台第三台使用。该电台原来负责第二师师部与延安的中央台和新四军军部的战报台之间的联络工作，此后即根据张云逸的指示，兼负侦听、破译伪军电报的责任。由于有了伪军电台的呼号和密码，第二师不仅在获取日伪情报方面受益颇多，而且对开展敌军工作也带来诸多的便利条件。为了加强对敌军的工作，同年11月张云逸等根据中央军委和新四军军部的指示，在第二师成立了情报处和日伪军工作委员会，并任命侯政为情报处处长，刘顺元为日伪军工作委员会主任。1942年1月，张云逸等根据太平洋战争爆发后日伪之间发生的裂痕和矛盾，及时研究制定了《敌伪军及伪组织工作人员来归保护条例》。该条例共七条，对于自愿到根据地来工作或生活的日伪军及敌占区人员的安置分别作了明确规定。为贯彻落实该条例，张云逸等第二师领导人与津浦路东各县联防办事处及淮南苏皖边区军区主要领导人还于同月联合发出训令，指出："查自日寇冒险发动太平洋战争，不惜与全世界民主国家为敌后，为补其人力、物力、财力之不足,乃加重敌占区民众之经济剥削,及抽调伪军,搜捕壮丁,送往国外,充当炮灰,故各地伪军及伪组织工作人员均大起恐慌,纷纷来归本部(署)。为加强敌伪工作,使敌伪军加速瓦解起见,特制定敌伪军及伪组织工作人员来归保护条例。除分别通令及布告周知外,合将原条例散发,仰切实遵照执行,并广为宣传为要。"① 该条例的颁布实行,对推动淮南抗日军民开展敌军工作起到了积极的作用。在开展敌军工作时,张云逸特别强调要加强对伪军的争取和瓦解工作,指出:"对伪军工作的基本方针为孤立日寇、使日寇不能扩大与巩固伪军","对已组成的伪军应采取加紧争取之方针"②,为此可利用日军歧视、虐待伪军的各种事实,通过写信、寄贺年片、送小礼物等方式广泛进行瓦解伪军之宣传鼓动工作。在张云逸的指导下,淮南抗日军民不仅与越来越多的伪军建立了联系,使之成为两面性的伪军,而且还争取了部分伪军主动前来投诚。

在反顽斗争中,张云逸既坚持自卫立场,又严格执行"有理、有利、有节"的原则,并一再呼吁桂系军队等停止向淮南津浦路西根据地的进攻,停止制造反共摩擦事件,团结一致共同抗日。为加强对桂系的统战工作,1941年5月,张云逸曾致电毛泽东、朱德、王稼祥等中央军委领导人,建议由中央电示在香港的负责同志,以他的名义请在香港活动的广西银行行长张少棠等与桂系关系密切的人物出面做李宗仁的工作。张少棠系李的亲信,与张云逸也有过交往。中央军委极为重视张云逸的建议,立即致电八路军驻香港办事处负责人廖承志出面做相应的联络工作。尽管此项工作最终收效不大,但张云逸通过此举再次向外界表达了中国共产党和新四军相忍为国、团结抗战的诚意。此后,张云逸仍设法利用各种渠道和机会对桂系进行统战工作。在1941年和1942年两年中,桂系军队及安徽国民党地方武装虽然不断在淮南津浦路西地区制造摩擦事件,但始终不敢把对路西的局部军事进攻发展成为对整个淮南抗日根据地的全面进攻,这与张云逸在其中所做的各种工作和努力是分不开的。

经过两年的艰苦奋战,在淮南抗日根据地人民的全力支持下,张云逸等胜利地完成了新四军军部赋予的坚持路西、确保路东的任务,为淮南抗日根据地的恢复和发展创造了有利条件,同时配合友邻部队发展了皖东北及淮泗地区。

四、加强根据地全面建设

在日伪顽的三面夹击之下,要完成坚持路西、确保路东的任务,中心一环就是加强根据地的全面建设,为此,张云逸花费了大量心血。

淮南抗日根据地横跨津浦铁路。路东比路西要稳定一些,因此路东根据地的建设比路西要快、要好一些。

---

① 《淮南抗日根据地》编审委员会编:《淮南抗日根据地》,中共党史资料出版社1987年版,第171页。
② 张云逸、饶漱石、赖传珠致新四军第一师电,1941年12月4日。

得民心者得天下。为了动员路东地区各阶级、各阶层的人民都来参加抗日根据地的建设,并为抗日根据地的建设出谋划策,1941年1月中旬,经过张云逸、邓子恢等的紧张筹备,路东各县联防办事处(1942年改称淮南苏皖边区行政公署)召开了第一届临时参议会,共有代表社会各阶级、各阶层利益的137名参议员与会。邓子恢代表路东各县联防办事处向大会报告了办事处自成立以来的工作情况,并指明了日后工作应当努力的方向。之后,在充分发扬民主的基础上,会议选举邓子恢为参议长,民主人士朱雨江、赵坚为副参议长,邓子恢、方毅为联防办事处主任、副主任;制定了《津浦路东各县联防办事处抗战时期施政纲领》《人权保障条例》《财产保护条例》《劳动保护条例》《教育保护条例》等加强根据地建设的法令法规。张云逸认为:"此次参议会成绩很好,一般参议员很满意。路东从此人心大定,以后路东工作还有新的开展。"①2月21日,张云逸与邓子恢向中共中央书记处并刘少奇、陈毅详细地报告了路东抗日根据地的地理条件、创建过程及当前的政权建设、地方武装建设、财政状况、经济状况、党的建设、文化教育共八个方面的情况,认为"路东根据地可谓建立了基础矣"②。

刘少奇看过这个报告后,对路东抗日根据地的建设情况比较满意。3月2日,他复电张云逸、邓子恢、罗炳辉、郑位三:"路东地方工作报告悉。根据地工作业已走上正轨。今后应着重下列的工作:一、深入组织工作。不论党与群众团体及乡保政权等,均须切实健全,与群众密切联系,建立支部经常工作与经常生活,及乡保政权的经常工作等。这须抽出干部来加以训练。二、广泛的教育工作。不论对党员对群众均须切实教育,大办学校与民众夜校等,提高干部与人民的民族觉悟及政治文化水平。三、开展敌伪区工作。成立敌伪区工作委员会,开办特别的训练班,选择同志与部队到伪占区去工作,发展游击战争及进行秘密工作。四、缩小机关,提高工作人员的质量与速度,抽出大批工作人员来训练,实行军事化,以便在紧张时能上火线作战。"③据此,张云逸等展开了根据地的全面建设工作。

对地方工作,张云逸主要抓大政方针的研究制定及对重大问题的解决方案,至于具体事宜则由中共皖东津浦路西区委、中共皖东津浦路东区委(1941年5月由路东省委改称)及各级政权机构去组织实施,他本人从不过多干预。但是,张云逸也抽时间参加一些地方工作会议,了解各项工作的进展情况,听取有关方面的意见或建议,有时还会到处走一走,看一看,倾听群众的呼声。如果发现地方工作中有什么问题,他会及时向当地的有关部门反映,并与之一起研究解决的方法。

在张云逸等的努力下,根据地的党、政、军、民等各机关和团体也都行动起来,各项工作相互配合、有条不紊地进行,从而使淮南抗日根据地的建设呈现出生机勃勃的崭新局面。

抗日民主政权得到进一步完善。路东各县联防办事处自1941年1月召开了

---

① 中国人民解放军历史资料丛书编审委员会:《新四军·文献》(2),解放军出版社1994年版,第475页。
② 中国人民解放军历史资料丛书编审委员会:《新四军·文献》(2),解放军出版社1994年版,第482页。
③ 中国人民解放军历史资料丛书编审委员会:《新四军·文献》(2),解放军出版社1994年版,第486页。

第一届临时参议会后，1942年5月又召开第二届参议会。路西各县联防办事处于1941年9月也召开了第一届临时参议会，1942年初召开了第二届参议会。通过召开参议会，参议员们就根据地建设所面临的各种问题纷纷发表意见，形成决议，从而使根据地建设的各种法规性政策逐步完善。在此基础上，根据华中局关于抗日民主政权"当力求符合三三制原则，仍当大胆吸收党外进步分子与中间分子参加"[①]的指示，张云逸等进一步吸收各抗日阶层的代表到参议会和抗日民主政权中工作，并加大对原有的各级政权、特别是基层政权民主改造的力度，废除保甲制度，划大乡为小乡，实行乡、保长选举制度。"据路东1942年2月统计，各县政府的干部，共产党员占33.9%，进步人士占19.4%，中间人士占28.9%，其他人士占17.8%；各区政府的干部，共产党员占33.7%，进步人士占20.7%，中间人士占24.9%，其他人士占20.7%；各乡公所干部，共产党员占23.7%，进步人士占17.6%，中间人士占40.2%，其他人士占18.5%。"[②]"三三制"原则的进一步贯彻落实，不仅使抗日民主政权更加具备了统一战线的性质，而且使其具有了更为广泛的社会基础。在抗日民主政府的指导下，根据地内的农抗会、工抗会、妇抗会、文抗会、儿童团等各种民众抗日团体也纷纷建立起来。至1941年底，路东、路西地区有组织的群众分别达14万余人和12万余人。至1942年10月，路东地区有组织的群众发展至30万人。与此同时，中共地方组织也得到发展。路东地区至1941年10月有7个县委、31个区委、402个支部，5038名党员；路西地区至1942年初有6个县委、3518名党员。

  根据地的经济得到较快的发展。在农业方面，进一步实行地主减租减息、农民交租交息的土地政策，既调动了农民生产的积极性，又争取了地主、富农参加抗日斗争。1942年，根据地遭受了严重的旱灾。为度过灾荒，张云逸除从第二师的存粮中拿出300担小麦交由政治部赈济灾民外，还号召根据地的党、政、军、民各机关立即行动起来，组织生产救灾。为鼓励根据地人民开荒生产，路东、路西抗日民主政府分别颁布了有关奖励生产的法令。部队也积极响应号召，投入生产运动。张云逸还与罗炳辉、郑位三致函路东参议会，决定以全师本年秋季生产收获的20%捐助救灾之用。经过共同努力，根据地军民最终战胜了灾荒，并促进了农副业生产的发展。在工业方面，张云逸等积极推动根据地发展工业，生产抗日军民所需的生活日用品和军需产品。据此，第二师先后创办了纺织厂、被服厂、卷烟厂、纸厂、榨油厂、手榴弹厂和修械所等。地方上也创办了一些工厂。在张云逸直接关怀下，新群烟草公司生产的"飞马牌"香烟，质量上乘，不仅深受淮南抗日根据地军民的喜爱，甚至还远销到其他抗日根据地及敌占区。从此，"飞马牌"香烟蜚声大江南北。

[①] 华中局致张云逸、郑位三、刘顺元等人的电报，1941年12月25日。
[②] 龚意农主编：《淮南抗日根据地财经史》，安徽人民出版社1991年版，第323页。

为促进工农业生产的发展,增加财政收入,张云逸还主张根据地要积极发展贸易。淮南抗日根据地进行贸易的基本方针是:"对内实行贸易自由,根据地内实行统一的累进税制,保护商人,发展贸易;对外实行贸易统制。"① 为促进贸易的开展,路西各县联防办事处在所属各县的一些主要集镇都设立了公营民生商店,淮南苏皖边区行政公署在天长设立了利华贸易公司,并在其他地区设立了一些分公司和门市部。此外,由于淮南抗日根据地与南京等地仅一江之隔,受日伪的各种经济政策影响较大。为稳定根据地的金融市场,淮南苏皖边区行政公署于1942年创办了淮南银行,发行了淮南币,并逐步建立起了独立自主的金融市场,对根据地经济的发展起到了极大的保护作用。

新民主主义的文化教育日渐深入。1941年2月21日,张云逸与邓子恢向中共中央并刘少奇、陈毅报告路东抗日根据地的概况时指出:根据地文化教育工作的方针是"实行国防教育,开展新民主主义的新文化运动"②,推行方法是恢复和增强各乡、保小学及改良私塾,开办学校和各种训练班等。在张云逸等人的推动下,根据地党、政、军、民等各方面都协力抓好新民主主义文化教育的开展,从而使根据地的文化教育呈现出前所未有的大好局面。至1941年底,路东已建有中学2所、小学271所,有学生1.5万余人;出版通俗读物28万余册、党内教育材料7582册;党训班、军训班、农训班、青训班、文教班等各种训练班的学生达4621人;此外,路东地区还建立了10个剧团。路西地区至1942年5月,共设立小学141所,有学生5056人,民众夜校45所,识字班86组③。为配合新民主主义文化教育的实施,根据地还举办了丰富多彩的体育活动。1941年秋,路东地区在天长县大通镇举办了青年运动会,来自盱眙、嘉山、来安、六合、天长、仪征、甘泉等县的运动员参加了比赛。张云逸出席了运动会的开幕式并作了重要讲话。"他号召根据地的青年,加强体质锻炼,投身到抗日战争洪流中去,为捍卫中华民族尊严和领土完整,保卫世界和平贡献力量。"④ 此次运动会对推动路东群众性文体活动的开展产生了积极影响。

根据地三结合的武装力量体制得到加强。早在1940年4月,刘少奇就曾指示张云逸等,要建设正规化铁的党军,建设巩固的主力军,使其战必胜、攻必克、守必稳,并就如何搞好部队建设提出了五点意见,即要有计划性、经常性、彻底性、不妥协性和实干加苦干的决心。自创建淮南抗日根据地起,张云逸等就在根据地实行主力部队、地方部队及民兵、自卫队相结合的武装力量体制。第二师组建后,张云逸考虑最多的就是军队的发展和建设问题。皖南事变后,张云逸在组建新四军第二师的同时,对所属各部进行过短期的军政整训。在此期间,他与邓

---

① 中国新四军研究会编:《永恒的记忆·华中抗日根据地史》,当代中国出版社2005年版,第181页。
② 中国人民解放军历史资料丛书编审委员会:《新四军·文献》(2),解放军出版社1994年版,第485页。
③ 参见《淮南抗日根据地》编审委员会编:《淮南抗日根据地》,中共党史资料出版社1987年版,第176、202页。
④ 万钧:《抗日时期的路东青年运动会》,载《天长文史》第3辑,1989年版。

子恢等人主持召开的第二师参谋工作会议和三·一八政工会议,都是为了加强部队建设。1941年5月4日,新四军军部致电各师领导人,要求抓紧时间整训部队,并强调:"只有这样使部队战斗力坚强,才能应付与适应将来艰苦斗争的环境,去完成自己的任务。"①关于如何整训部队,军部提了五个方面的意见:一是加强政治教育;二是建立健全部队的各项规章制度;三是加强部队军事教育;四是加强基层部队的党支部建设;五是改善领导方式。张云逸认为,军部的指示不仅适用于全军,也符合第二师的实际。

第二师刚组建时,排以上干部大都经历过土地革命战争,部队成分以贫农、雇农和工人为主,部队的军政素质相对来说要好一些。但随着作战伤亡的增加和新战士的大量补充,新成分越来越多,再加上部队长期分散活动,作战频繁,政治教育和军事训练跟不上,各种制度也不健全,部队中军阀主义、游击习气等不良倾向有所增长。此外,部队在作战中暴露出来的问题,诸如一些干部的组织领导和指挥能力不强,部队的技术战术水平不高,部队中有的组织纪律松懈等等,都足以说明对部队进行整训的紧迫性和必要性。

针对上述情况,张云逸与郑位三、罗炳辉等商定,整训不搞"一刀切",时机可由各部队根据情况灵活掌握;没有大块时间就挤时间,争取利用一切可能利用的时间进行整训;整训时一次无法集中太多的部队,可以轮番进行。同时,张云逸等还强调,整训中既要结合部队的实际情况,又要注意借鉴友军乃至日、伪、顽军的长处,对于部队中存在的不良现象或问题,力争做到有的放矢、对症下药;通过整训,要达到提高官兵的政治觉悟,强化政治委员制度和政治工作,建立健全参谋工作制度,加强组织纪律性,加强基层部队的党支部建设,提高技战术和指战员的体能,文化教育要上一个新台阶,提高后勤保障能力的目的。

为推动部队整训工作的开展,张云逸等狠抓党支部建设。为此,第二师政治部发出了"创造模范支部"的号召。张云逸在第二师召开的组织工作会议上指出:组织工作的一个重要内容是加强部队中党的工作,要加强部队中党的工作就必须加强支部工作,"只有把支部工作干好,才能使党的工作健强起来,因为支部是党的基本的组织,师政治部提出创造模范支部的号召是很正确的。"为加强党支部建设,张云逸要求对全体党员加强教育,提高其党性修养,充分发挥党员的先锋模范作用,使之能带领群众圆满完成各种任务。在张云逸等的推动下,第二师掀起了创造模范党员和模范支部的活动,使基层部队的党支部建设得到了很大的加强,党员的质量普遍提高。在此基础上,各部队大力发展中共党员,使党员的数量迅速增加。至1941年底,第二师共建有262个党支部,其中,第四旅59个,第五旅56个,第六旅48个,师直属队39个,联防部队60个。党员共8041人,占部队总人数的4%以上,平均每个支部有30名左右的党员。

---

① 中国人民解放军历史资料丛书编审委员会:《新四军·文献》(2),解放军出版社1994年版,第269页。

为了提高部队的文化水平,第二师针对指战员文盲多、文化水平低的情况,开展了扫盲工作,并规定了严格的学习制度。张云逸等强调扫盲工作要从教字和识字做起,持之以恒。为此,师政治部副主任张劲夫还亲自编写了一套文化课本,要求干部、战士认真学习。从此,第二师掀起了学习文化的热潮,"行军时,前面战士背后挂有识字牌,一面行军,一面识字;驻军时,每天除军事训练外,都要上文化课,按进度要求,认字写字"①。

在军事整训中,第二师提出了"平时多流汗、战时少流血"的口号,注重练技术、练战术、练体力。张云逸、罗炳辉等师领导不仅经常到训练场,而且军装、绑腿都穿扎得整整齐齐,以无声的行动教育指战员要注意平时军容风纪的养成。有时,他们还为指战员做动作示范,纠正训练中出现的问题。第二师对军事训练的要求非常严格,这在当时整个新四军中都是非常有名的。由于思想认识不到位,有些指战员对于这种严格训练曾产生过畏难或抵触情绪。张云逸了解到这一情况后,便与郑位三等人一起做思想解释工作,说明严格训练的必要性,从而使这些指战员逐渐消除了畏难或抵触情绪,愉快地投入到军事训练中去。

加强对干部的培养和交流,是第二师整训的一个重要内容。第二师各旅、团均设有教导队或短期训练班。据统计,1941年张云逸等选调了876人入抗大第八分校受训,同时从该校调出527名干部分配到其他单位工作。另外,张云逸等还从部队中抽调105名干部到地方工作。

经过不断整训,第二师的正规程度大大提高,各种制度都初步建立起来,政治工作逐渐深入,指战员的技战术水平得到提高,体能和行军力大大增强,官兵关系得到改善,部队的纪律性和执行命令的坚决性得到增强。第二师的整训,受到了新四军军部的充分肯定和赞扬。在1941年6月上旬新四军军分会举行的扩大会议上,陈毅专门表扬了第二师的整训工作,认为该师虽然历史较短,可是锻炼得很好,特别是通过整训使部队有了很大的进步,部队的战斗力也提高了。他在1941年7月10日发表的《论建军工作》一文中又对第二师的整训工作予以表扬。文章说:部队体魄锻炼非常重要,"二师在这方面很有成绩,值得表扬,我们的战士一般体格差,特别需要加强训练,造成雄赳赳气昂昂的威武姿势,准备同敌人格斗的本领"②。1941年12月,新四军军部在给中共中央的报告中指出:皖南事变后,新四军重新整编并经过了整训,从而打下了建军的基础,特别是第二师成为"全军建军的模范"③。这一评价是相当高的。

在对主力部队进行整训的同时,张云逸等注意大力发展地方武装。在保卫淮南抗日根据地的斗争中,张云逸等非常重视发挥地方武装的作用,有时令其配合主力部队作战,有时令其单独遂行战斗任务。当时,淮南地方武装分脱产与不脱产两部分。前者主要是各县独立营(团)及区、乡模范队(统称地方部队),后者

---

① 张劲夫:《抗日战争时期我在安徽的经历》,安徽人民出版社1998年版,第91页。
② 中国人民解放军历史资料丛书编审委员会:《新四军·文献》(2),解放军出版社1994年版,第884页。
③ 中国人民解放军历史资料丛书编审委员会:《新四军·文献》(2),解放军出版社1994年版,第934页。

主要是各区、乡的自卫队、青年队。能够投入作战的主要是前者,但后者在保卫根据地的斗争中也发挥了不小的作用,并且能为主力部队及地方部队补充兵员。不过,第二师刚组建时,地方武装数量不多,战斗力也不强,还难以担负起配合主力保卫根据地的任务。为此,张云逸决定进一步推动地方武装的发展和建设,以提高其战斗力。

新四军军部对淮南抗日根据地的地方武装建设也相当重视。1941年9月23日,陈毅、刘少奇曾就如何大力发展地方武装一事专门致电张云逸等,要求第二师准备在冬季再动员一批新兵约2000人补充主力部队。他们在电报中指出,如果主力部队经补充后还不充实,应适当缩编,而以发展地方部队为主,并强调:"要抽一批得力干部或主力之一部编入地方部队。要大大发展地方部队,提高地方部队的战斗力与政治水平";"一般要放弃收编地方部队补充主力的办法,使地方部队正规化亦不可过急,要以长期工作和斗争来逐渐提高地方部队达到主力的水平,并切实培养地方干部及外来的地方工作的好同志到地方部队负责"。[①] 对地方部队的要求是:在党的领导下;有好的群众纪律,执行党的政策;有战斗力及战斗积极性。除上述三条要求外,其他方面可以放松些,如军事、政治制度执行不要太严,并可允许战斗员请假回家,在部队中亦可实行相当的民主,不作大的战略调动等。11月7日,中央军委发出关于抗日根据地军事建设的指示,要求每个抗日根据地的军事力量均应包含主力军、地方军、人民武装(即不脱离生产的民兵、自卫队)三部分,并强调目前军事建设的中心注意力应放在地方军及人民武装的扩大与巩固上。

张云逸非常赞同中央军委、新四军军部关于大力发展地方武装的指示。他认为:我军大发展时期已经过去,"主力发展在目前情势下已不可能,但地方军则仍可发展与建立,故讲发展则以地方军为主,而主力则采取精兵主义"[②]。1941年12月太平洋战争爆发后,张云逸进一步强调,应当充分利用当前的有利条件,用一切力量从各方面提高部队的质量,增强战斗力,普遍建立地方军,大量发展人民武装。

根据中央军委和新四军军部的指示精神,张云逸与郑位三、罗炳辉、刘顺元、方毅等就如何发展地方武装进行了多次研究,形成共识。为理顺地方武装的领导与指挥关系,张云逸等决定各县独立营(团)在建制上仍隶属联防司令部;路西各县联防司令部及其所属地方武装由第二师第六旅统一指挥;将各县军事科改为县总队,直接领导脱离生产的模范队与不脱离生产的自卫队、青年队。关于地方武装的教育训练,张云逸等决定军事教育以军队的规章制度及基本的作战技能为主,政治教育以人民军队的优良传统、抗日民族统一战线等内容为主,训练方式采用集中训练与轮流调训相结合的办法,定期向受训人员集体授课。为提高路西

---

① 中国人民解放军历史资料丛书编审委员会:《新四军·文献》(2),解放军出版社1994年版,第511—512页。
② 军事科学院《张云逸军事文选》编辑组主编:《张云逸军事文选》,军事科学出版社2007年版,第199页。

地方武装的独立作战能力,张云逸等于1941年下半年决定将路西各县独立营扩建为独立团,每团下辖四至五个连。同年底,又决定将第六旅第十八团划归路西各县联防司令部建制,并调陈庆先任联防司令部副司令员,吕清任政治部主任,以进一步加强路西的地方武装力量。

在张云逸等的推动下,淮南抗日根据地的地方武装有了较大的发展。至1941年底,路西地方部队除了第十八团外,另组建了4个独立团,即独立第一、第二、第三、第五团;路东地方部队发展到4700余人。1942年路西又组建了独立第四团和淮西独立团[①],路东组建了独立第五团。此外,路西、路东还组织了大量的半脱产和不脱产的民兵和自卫队。

新四军军部对于淮南抗日根据地地方武装的发展和建设十分满意,并在1941年12月给中央军委的报告中指出:一年来新四军取得了很多成绩,"在地方武装方面,发动了敌后民众,创造了数个地方兵团及各区县地方自卫队,总数达数万以上,尤其在一、二两师地区,更蓬勃的生长,经过了战斗锻炼,已有相当的战斗力,成为保卫巩固华中不可缺少的组织部分了"[②]。陈毅在1942年召开的华中局第一次扩大会议上作报告时,还特别表扬了淮南地方武装在作战中所起的模范作用。他说:"津浦路东,来安、嘉山及其他某些地区边区人民的武装斗争,对敌伪采取顽强的自卫游击,背靠我中心区,向敌伪区进击,逐步前进,灵活回旋,终于使敌伪军不敢轻易下乡,陷于完全的防守地位。而我方则取得了巩固和发展边区的胜利。这是属于人民游击进攻的最好例子。""津浦路西定远、凤、怀一带,有四万至五万人民武装参加自卫战斗。使一切进攻抗日民主根据地的恶势力,受着不断打击,予我主力军以极大帮助。这是人民参战工作、人民独立防卫工作的范例。"[③]

执行精兵简政政策,是加强根据地建设的一项重要措施。为减轻抗日根据地人民的负担,爱惜和节省抗日根据地的人力、物力、财力,以利长期抗战,张云逸等积极贯彻中共中央于1941年冬发出的关于精兵简政的指示。

精兵简政是一项政策性很强的工作。它涉及部队和地方有关单位体制编制的调整、人员的去留和工作岗位的变动、工作思路的转换等许多重大问题。为做好此项工作,张云逸等第二师领导人以主要精力放在部队方面,地方的简政工作则交由地方工作领导人研究决定。

1942年1月9日,张云逸等向新四军军部报告了对第二师主力部队实行精简的意见,即将现有的8个主力团(第六旅第十八团已于1941年底改为地方武装)再裁去2个,保留6个主力团。14日,陈毅、刘少奇、赖传珠致电张云逸等,同意第二师的缩编方案,但同时强调:路西应留2个主力团,配合第十八团坚持,

---

① 淮西独立团,因其在淮南铁路以西地区活动而得名。
② 中国人民解放军历史资料丛书编审委员会:《新四军·文献》(2),解放军出版社1994年版,第934页
③ 中国人民解放军历史资料丛书编审委员会:《新四军·文献》(3),解放军出版社1994年版,第121—122页。凤、怀,指安徽省凤阳县和怀远县。

并留 1 个旅部指挥之；缩编时应设法调出团以上干部若干名，送华中局党校受训；团以下营、连干部，应抽一批好的加强地方武装，其余送抗大第八分校受训。据此，张云逸于 1 月 21 日主持召开了第二师军政委员会会议，对第二师及淮南抗日根据地如何进行精兵简政进行了专题讨论。31 日，张云逸将讨论的结果电告华中局：

1. 根据路东、路西根据地经常处于敌、顽两面夹击的具体情况，决定主力部队按五分之三、地方部队按五分之二的原则进行缩编。（1）主力缩编后，每旅下辖 2 个团（撤销第四旅第十二团、第五旅第十五团），每团保持 2000 人。（2）路东根据地的地方部队（包括地方党政一切工作人员与保安部队，民兵除外）保留 1.2 万人，其中 6000 人为联防部队（独立团、营、游击队），2000 人为保安武装，其余 4000 人为地方党、政、民运工作人员。路西根据地精简的情况由路西军政党委员会讨论决定后再告。（3）缩编机关人员补充连队。

2. 简政问题由路东、路西两个区党委自行讨论决定后，再告华中局核准执行。

3. 部队缩编后，将抽调大批军政干部到抗大华中总分校与华中局党校受训，另外，第二师亦正筹办参谋训练班、卫生训练班、电台及机要人员训练班。

除了张云逸在上述报告中提到的情况外，第二师在精简过程中还裁减了师、旅、团各级司、政机关的人员，合并了部分伙食单位，并将师供给部、军工部合并，撤销了印刷所，缩减了抗大第八分校及卫生部的规模。

与此同时，淮南抗日根据地地方行政机构也进行了精简。如路西各县联防办事处将原来所属的六个县重新划分为定（远）凤（阳）怀（远）、定凤嘉（山）、滁县、定远、合肥五个县，裁去各级政府不必要的老弱人员和一些平行机关，并重新制定了相应的规章制度。

精兵简政的实行，扭转了淮南抗日根据地"鱼大水小""头重脚轻"的状况，较好地解决了部队和地方机构庞大与社会经济承受力之间的矛盾，减轻了广大群众的负担，同时提高了主力部队的机动作战能力，进一步充实和加强了地方武装，使根据地的建设更加适合游击战争的需要，从而进一步密切了根据地党、政、军、民之间的联系。

华中局对新四军第二师暨淮南抗日根据地的工作给予了充分的肯定。1942 年 2 月，刘少奇在华中局第一次扩大会议上指出：第二师各部经过整训，已经成为"正规的党军"，因此，在多次反"扫荡"与反摩擦的战斗中，获得很大的胜利，并使部队有发展，初步建立了地方军；主力军"在军事上、政治上、组织上，均获得了相当大的成绩（这是值得其他各师学习的）"；第二师还抽调了一批干部，并以主力之一部去加强地方军，又以一批干部供给军部及其他部队，在财政上粮食上帮助其他根据地，以主力之一部经常到其他地区活动。根据地工作方面，在淮南津浦路西基本上坚持了原来阵地，在路东，已经相当深入地发动和教育了群众，大大改善了基本群众的生活，并在基本群众中切实地进行了组织工作，党和

■ 1942年，张云逸（左五）与陈毅（左六）、罗炳辉（右四）在淮南与新四军第二、第四师部分干部合影。

群众有了相当密切的联系，训练了较多的干部积极分子，又向敌后地区进行工作，获得了一些成绩，建立了一些人民武装，在政权上已部分地完成了改造工作，财政粮食工作及扩军工作都比较正规地进行了，因此，"皖东特别路东根据地的工作，与华中其他各根据地的工作比较，是最好的、最正规的"[①]。

---

① 刘少奇：《目前形势，我党我军在华中三年工作的基本总结及今后任务》，1942年2月。

第十三章 代理新四军军长（上）

一、初到军部

1942年3月19日，刘少奇奉中共中央之召离开华中，准备回延安工作。刘少奇走后，根据中共中央的决定，饶漱石代理华中局书记和新四军政治委员，陈毅代理新四军军分会书记。5月，饶漱石率工作组到第二师和淮南抗日根据地检查工作，后又由淮南去了第四师，直至9月才返回军部。在此期间，陈毅一人主持新四军军部和华中局的工作。尽管他不怕困难，勇挑重担，在工作中全力以赴，但由于工作头绪实在太多，还是感到有些力不从心。在此情况下，他曾致电张云逸、饶漱石：请"张于负责二师工作外，对军部工作亦宜留意，多提意见"，以便给其以帮助；提议以谭震林担任军政治部主任一个时期，这样"华中局及军部多有几个人才好办事"①。中共中央也认为有必要加强新四军军部的领导力量，遂决定调张云逸回军部工作，免去饶漱石所兼新四军政治部主任一职。10月26日，中央军委、总政治部发出了任命谭震林为新四军政治部主任的通知。

张云逸交代完工作后，于1942年10月中旬离开盱眙县黄花塘，向新四军军部驻地苏北阜宁县陈集乡停翅港进发。为确保张云逸的安全，新四军参谋长赖传珠于10月17日专门发出指示，要求沿途新四军各部派队护送张副军长到军部。途经淮北时，张云逸在泗县半城彭雪枫的第四师师部留住了一段时间，代表军部对该师及淮北抗日根据地的工作予以检查和指导。

11月9日上午，张云逸到达阜宁县停翅港西北的官路曹。为迎接他的到来，新四军军部、华中局特意在官路曹准备了一个热烈而又简短的欢迎仪式，组织了军部直属队、华中局党校及抗大华中总分校②的数百名人员在此列队迎候。陈毅、饶漱石、赖传珠等也都从数里之外的停翅港前来迎接。据当年参加过欢迎仪式的梁德圻回忆："当时，我是抗大华中总分校的一名干事。从华北初来，对一切都知

---

① 陈毅致张云逸、饶漱石电，1942年7月9日。
② 抗大华中总分校是以原抗大第五分校为基础成立的，陈毅兼任校长。该校于1942年6月1日开学。

之甚少。列队迎候的时间颇长,就陆续听到不少老同志讲述副军长的生平和历史。待到陈毅、饶漱石、赖传珠等首长陪着张副军长来到,当时的印象是'年老、矮小、慈祥',心中充满着崇敬的喜悦。"① 欢迎仪式结束后,张云逸在陈毅等人的陪同下来到停翅港新四军军部驻地。

11月10日晚,新四军军部为张云逸的到来召开了一个欢迎大会。会议由饶漱石主持,陈毅致欢迎词。陈毅在致辞中首先介绍了张云逸的生平和革命经历,说张云逸是模范的共产党员和模范的革命军人,具有忠诚于党、坚决执行和服从命令的优秀品质,具有高度的警觉性和虚心精神,号召新四军指战员以张副军长为榜样,向张副军长学习。最后,张云逸也在大会上讲了话。② 欢迎大会结束后,张云逸与与会人员一起观看了新四军政治部剧团演出的话剧《罪与罚》。

作为新四军副军长,张云逸的职责主要是协助陈毅领导新四军的军事工作。他虽然在军部年龄最大,但从不摆老资格、争名争利,而是甘当配角,主动配合陈毅的工作。据韦国清、张劲夫、胡立教等人回忆:张云逸同志一贯谦虚谨慎,对党中央的指示坚决执行,对毛泽东、周恩来、刘少奇、陈毅等同志都十分尊重,"他一贯重视维护领导核心,遵守集体领导的原则,从不突出自己。他总是兢兢业业地工作,诚诚恳恳地团结同志,他既是一个好'主角',也是一个好'配角'。当'主角'时能集思广义[益],从善如流;当'配角'时则主动配合,精诚合作。"③ 另据时任华中局秘书的岳夏(罗若遐)回忆:张云逸"在工作中从不突出个人,从不居功骄傲,而是随时随地尊重党的集体领导,尊重领导核心,尊重担任党政军正职的领导同志。有不同意见,总是摆在会议桌上提出或通过个别交谈的方式,以协商的口吻提出,从不在背后议论。他不论是对上级、平级还是下级,都能推心置腹,赤诚相待";"在每日华中局、军部的碰头会上,他总是按照通过的集体讨论的意见,提出补充意见和具体实施的措施"。④ 由于其一贯的谦虚谨慎及甘当配角的美德,回到军部工作后,张云逸同军部、华中局其他领导人之间的工作关系一直是比较好的。后来,陈毅曾亲切地称张云逸为"同志长兄",赞其"胸襟开阔","有大海容人之量"。⑤

张云逸离开第二师后,该师的领导干部需要重新配备。为此,张云逸到军部后不久即与陈毅、饶漱石、赖传珠等就此进行了反复研究。就在这时,新四军军部接到了中共中央于1942年12月1日发出的《关于加强统一领导与精兵简政工作的指示》。该指示要求各中央局、中央分局、区党委在1942年冬至1943年春切实做好加强各地统一领导及精兵简政的工作。在此之前,中共中央已于9月1日

---

① 梁德坼:《张云逸:见证百年中国历史风云》,载《铁军》2006年第11期。
② 参见李晓光:《张云逸年谱》,中共党史出版社2005年版,第106页。
③ 上海市新四军历史研究会、二师淮南研究分会编:《战斗在淮南——新四军第二师暨淮南抗日民主根据地回忆录》,上海文艺出版社2005年版,第65页。
④ 人民出版社编辑部编:《革命回忆录》(九),人民出版社1983年版,第166—167页。
⑤ 陈毅致张云逸的信,1952年6月9日。

颁发了《关于统一抗日根据地党的领导及调整各组织间关系的决定》，要求各抗日根据地建立共产党的一元化领导体制。据此，张云逸与陈毅、饶漱石、赖传珠等结合第二师的具体情况，对淮南抗日根据地及第二师的统一领导和精简整编问题重新进行了研究。

经过多次讨论，张云逸与陈毅、饶漱石等商定：派新四军政治部主任谭震林到第二师工作，以加强该师的领导力量；第二师以罗炳辉任师长、谭震林任政治委员，以韩振纪、詹化雨分别任正、副参谋长；由谭震林、罗炳辉、刘顺元组成中共淮南区委，以谭震林为书记，刘顺元为副书记；将津浦路西、路东两个区党委改为地委；第六旅与津浦路西联防司令部合并，第六旅旅长谭希林兼津浦路西联防司令部司令员、政治委员和中共津浦路西地委书记；第五旅与淮南苏皖边区军区合并，第五旅旅长成钧兼淮南苏皖边区军区司令员，第五旅政治委员赵启民兼淮南苏皖边区军区政治委员和中共津浦路东地委书记。12月2日，华中局电告新四军各师及所属各区党委："因副军长不能经常在二师一个地区工作，有时须代表华中局及军部到各地视察工作，有时须反［返］部，故不宜参加区党委。"① 中共中央书记处也根据这一实际情况，于1943年1月4日作出张云逸专任副军长一职、免兼第二师师长的决定。

1943年2月12日，华中局、新四军军部将商定的上述淮南抗日根据地及第二师实行一元化领导的方案上报中共中央。15日，中共中央书记处复电同意。

根据上述方案，淮南抗日根据地于1943年2月成立了淮南区党委、淮南行政公署和淮南军区。淮南行政公署主任方毅、副主任汪道涵。原津浦路东、路西联防办事处分别改为专员公署。汪道涵兼任路东专员公署专员，郑抱真任路西专员公署专员。第二师师部兼淮南军区领导机关，罗炳辉、谭震林分别兼任军区司令员、政治委员，韩振纪、詹化雨分别兼任军区正、副参谋长，第二师政治部主任萧望东、副主任余立金分别兼任军区政治部主任、副主任。原淮南苏皖边区军区和津浦路西联防司令部分别改编为淮南军区下属的津浦路东军分区和津浦路西军分区。第五旅旅部兼津浦路东军分区机关，第六旅旅部兼津浦路西军分区机关；第四旅作为全师的机动部队。至此，淮南抗日根据地实现了党的一元化领导。

新四军第二师领导人调整后，师原政治委员郑位三根据中共中央的指示，准备赴新四军第五师工作，师原参谋长周骏鸣赴延安学习。谭震林到第二师工作后，新四军政治部主任一职仍由饶漱石兼任。在此前后，新四军第一、第三、第四、第七师等部也都按照新四军军部、华中局的指示实行了精简，并重新调整配备了干部。1943年3月21日，张云逸与陈毅、饶漱石、赖传珠将新四军各师精简后的师、旅级干部配备情况向中央军委作了报告。

在张云逸回新四军军部工作时，华中日军正在策划一场大规模的"扫荡"行

---

① 中国人民解放军历史资料丛书编审委员会：《新四军·文献》(3)，解放军出版社1994年版，第957页。

动,目标直指新四军军部及新四军第四、第三、第二师活动的淮南铁路以东、陇海铁路以南、长江以北的广大地区。不过,由于一时间难以调集足够的兵力,日军在策划此次"扫荡"行动时制定了一个分步实施的方案。该方案计划先由北而南,即先对淮北区和苏北的淮海区进行"扫荡",将在这一地区活动的新四军主力部队向南压缩,防止新四军军部北移,然后再对苏北盐阜区进行"扫荡",形成南北合击之势,从而一举歼灭新四军军部及被其包围的新四军主力部队。据此,华中日军于1942年11月中旬纠集第十七师团、独立混成第十三旅团连同伪军共1.5万余人,对淮北、淮海及淮南定远地区同时展开"扫荡"。

日军的这次"扫荡"行动,很快就被陈毅、张云逸等察觉。11月18日,新四军军部发出指示,要求新四军各师做好反"扫荡"准备,并就如何进行反"扫荡"提出了一些具体要求。据此,新四军第四、第三、第二师等部,先后展开反"扫荡"作战。至12月中下旬,基本粉碎了日伪军对淮北、淮海及淮南定远地区的"扫荡"。

日军在对淮北等地进行"扫荡"的同时,于12月中旬起开始向苏北集结兵力,准备对盐阜区发动更大规模的"扫荡"。判明敌人的企图后,为避免与敌人硬拼,张云逸与陈毅、饶漱石等确定了如下的反"扫荡"部署:第一师准备向苏南机动;第三师在情况紧急时以一部向山东机动,以一部留在原地坚持斗争;第二、第四师及新四军军部以第七师活动的巢无地区及皖南为疏散机动方向;其余各部留原地坚持斗争。他们还决定新四军军部和华中局机关于12月25日转移。

在转移前的一段时间里,张云逸协助陈毅、饶漱石对新四军军部和华中局机关进行了精简。这次精简,既是为了贯彻落实中共中央关于实行精兵简政的指示,也是为军部和华中局机关转移作准备。在精简的过程中,机关的大批干部被充实到部队或地方工作;部分身体不太好的同志暂时回家休养;部分同志被派往敌占区,以做买卖等方式从事秘密工作;部分女同志被送到当地群众家里"打埋伏",待形势好转后再行归队;有些同志还主动将自己的孩子寄养到群众家里。

12月25日,张云逸与陈毅、饶漱石、赖传珠等率新四军军部和华中局机关离开阜宁县停翅港,踏上了向淮南转移的路程。

苏北虽然是新四军在华中建立的中心区,但由于日伪军不断"扫荡",新四军军部和华中局很难长期留驻此地。因此,给新四军军部和华中局找一个能够长期落脚的地方,以利指挥全局,也就显得十分必要。事实上,早在1941年7月,日军对苏北抗日根据地发动第一次大"扫荡",陈毅、刘少奇将新四军军部和华中局机关由盐城迁至阜宁后,就开始考虑将领导机关移至皖东的问题。8月10日,他们在给毛泽东并中共中央的电报中指出:"因苏北水网为敌控制,军部在阜宁,与华中交通甚困难,与盐河以北及运河西之交通亦不容易,且在敌人'扫荡'时,无法作大的转移。我们认为军部与华中局秘密移至皖东工作为好。因由皖东到淮河北岸,到苏北、华北,到赣、浙、闽,各地交通均比在阜宁转便利,并可设法经无为、桐城、宿松、蕲春等地与李先念联系,输送一批干部给李,加强李部在鄂东工作。又因皖东有山地，敌伪威胁较小，比较安全。"①17日，中共中央书记处复电陈毅、刘少奇：领导机关在最困难时移至皖东是可以的、必要的。因此，将新四军军部和华中局迁至淮南抗日根据地之事，可以说中共中央早就批准了。淮南津浦路东地区不仅地理位置优越，而且在1942年底的华中各抗日根据地当中，相对来说是最巩固和最稳定的。张云逸和刘少奇在这里工作过，饶漱石和陈毅也来过这里。1941年冬，陈毅曾来看望第二师指战员，并在黄花塘住过一段时间。他们都对这里的情况比较了解。这也是新四军军部和华中局机关迁至此地的主要原因之一。

在第三师第七旅一部的护送下，张云逸等由阜宁一路向西，渡过废黄河后，绕道淮阴城北，西渡运河进入淮北抗日根据地。接着，张云逸等又向南行进，经高良涧、蒋坝，在第二师第五旅一部的护送下，进入淮南抗日根据地。1943年1月4日，张云逸在骑马时不慎落马跌伤，所幸伤势不重。1月10日，张云逸等随新四军军部和华中局机关经东阳城安全抵达盱眙县的黄花塘。此后，这里即成为华中敌后抗日的指挥中心。

黄花塘位于盱眙县城东南约35公里处，当时只有几十户人家，分为上庄和下庄，村中有一个并不太大的水塘，周围是一片树林。就是这样一个普普通通的小村庄，由于新四军军部和华中局的到来而使其日后名扬天下。黄花塘村名的由来，更有一番故事。据民间传说，清朝时有一年山东大旱，庄稼颗粒无收，百姓们只能背井离乡。其中的一批山东人一路讨饭来到这里，在当地村民的帮助下，度过了荒灾，保住了性命。在他们返回山东前，为表示对当地人的谢意，在村里挖了一个水塘。由于是从早上开挖，到黄昏时才挖成，因此把这个水塘叫作"黄昏塘"。据1993年出版的《盱眙县志》记载：黄花塘原名黄晖塘，又名黄昏塘。抗日战争时期，当地军民在开展大生产运动中，将该塘深挖，增加蓄水量。经新四军第二师师长张云逸、副师长罗炳辉提议，黄昏塘改名为黄花塘。②这样说来，黄花塘的村名还是张云逸和罗炳辉给取的。

为迎接新四军军部和华中局机关的到来，第二师师部提前由黄花塘南迁至来安县的大刘郢。

到达黄花塘后，张云逸协助陈毅和饶漱石继续对军部直属单位和华中局机关进行精简和调整。1943年1月，抗大华中总分校由苏北移至盱眙县后，新四军军部领导人几经研究，决定停办该校，除了将部分干部送延安学习外，其余人员全部分配到部队和华中各抗大分校工作。抗大华中总分校就此撤销。随后，新四军军部又将供给部和卫生部合并为供卫部，以宋裕和任部长，崔义田、戴济民、齐仲桓任副部长。与此同时，华中局机关也进行了相应的调整，增设了敌区工作部（又称城市工作部，简称城工部）和情报部。

---

① 中国人民解放军历史资料丛书编审委员会：《新四军·文献》（2），解放军出版社1994年版，第291—292页。

② 参见盱眙县县志编纂委员会编：《盱眙县志》，江苏科学技术出版社1993年版，第688页。

华中局之所以增设敌区工作部和情报部，是由上海全部沦陷后的形势所决定的。1941年12月太平洋战争爆发后，日军占领了上海公共租界，整个上海沦陷。1942年夏，中共中央决定将中共江苏省委及其下属各级组织以及已经暴露身份的中共党员和干部，全部从上海撤退到淮南抗日根据地，以保存力量。据此，中共江苏省委及其他各级干部，从1942年秋季起陆续转移到淮南抗日根据地。在上海从事隐蔽战线斗争、负责情报工作的潘汉年等，也一同撤到了淮南抗日根据地。中共江苏省委撤至淮南后，在黄花塘东南几公里的泥沛湾顾家圩子举办干部训练班，集中由上海撤退到此的干部进行学习。后来，张云逸还到顾家圩子看望了刘晓、刘长胜等中共江苏省委领导人，并给中共江苏省委干部训练班作过辅导报告。1943年1月13日，中共中央指示华中局，撤销中共江苏省委，在华中局下面设立敌区工作部，负责领导上海、南京等大城市党的秘密工作和群众运动。3月，华中局敌区工作部成立，原中共江苏省委书记刘晓、副书记刘长胜分别任部长、副部长。4月，华中局又成立了情报部，潘汉年任部长。至此，新四军军部和华中局机关的精简调整工作告一段落。

经过精兵简政，新四军军部和华中局机关变得更加精干。1943年1月19日，张云逸与陈毅、饶漱石、赖传珠将军部和华中局精简的情况向毛泽东、朱德、王稼祥等中央军委领导人作了报告。报告指出：新四军军部直属队前后共进行了四次精简，精简前有16个直属单位，共3884人。此次（即第四次）精简，将军部第二科（即侦察科）与侦察队合并为一个单位，取消第三科（即通讯科）；医院移交地方办理；供给、卫生部合并；军政治部所属的鲁迅文艺工作团人员分到各师，以加强各师的文化娱乐工作；印刷厂解散，一部人员分散到地方隐蔽，一部人员分配其他工作；华中局与军政治部和报社合并为一个单位；华中抗大总分校撤销，精简下来的干部大部充实到华中抗大各分校，一部分送延安学习，学员回原单位分配工作；同时将军部和华中局的勤务员全部取消，由特务员或通讯员兼负勤务工作。经过精简，军部直属单位仅剩下9个，共1803人；精简前战斗员占总人数的31.6%，精简后占65.4%。

经过精简和调整，新四军军部和华中局机关分驻于黄花塘周围的村庄。军司令部驻黄花塘以西，军政治部驻黄花塘东南的大、小王庄，军供卫部驻黄花塘东南的常庄，军部直属特务团驻黄花塘西北的岗村，华中局城工部和新华社华中分社驻大王庄。黄花塘只住有陈毅、张云逸、饶漱石、曾山、赖传珠等军部、华中局领导及少数机关干部。当时，陈毅与饶漱石住的房子都是新盖的，张云逸住在当地一位叫徐景刘农民的家里。过春节时，张云逸还为房东徐景刘写了一副对联："堂开迎五福，老少均平安。"按照方位来说，陈毅住在水塘的东面，饶漱石及华中局宣传部副部长彭康等几位干部住在水塘的西面，张云逸、曾山、潘汉年等则住在水塘的南面。

从1943年1月到1945年2月的两年多时间里，新四军军部和华中局一直驻黄花塘。在此期间，出于保密的需要，军部及军部首长都使用代号。新四军军部的代号为"黄河大队"。陈毅使用过五〇一、九〇九的代号；张云逸使用过五〇二、七〇七的代号；饶漱石使用过五〇三、五〇五的代号；赖传珠使用过三〇三的代号。直到1945年2月28日，新四军军部和华中局才由黄花塘南迁至盱眙县的千棵柳。

在黄花塘，新四军军部和华中局领导新四军和华中各抗日根据地军民，展开了轰轰烈烈的抗日斗争。为纪念这段光荣的历史，中共盱眙县委、县政府于1965年将黄花塘村所在的原岗村公社更名为黄花塘公社（现改为黄花塘镇），并在黄花塘村兴建了新四军军部旧址陈列室。1985年，陈列室建成并对外开放。如今六十多年过去了，黄花塘新四军军部旧址已成为江苏省的重点文物保护单位。张云逸当年所居住的民房几经翻修完好如初，当年他使用过的方桌、小书橱等一些物品也被悉心地保存着。

二、参加整风运动

整风运动，是抗日战争时期中国共产党为加强党内思想政治建设而采取的一项重大举措。其宗旨是惩前毖后、治病救人；内容是反对主观主义以整顿学风、反对宗派主义以整顿党风、反对党八股以整顿文风。这次整风运动，是1942年4月从延安开始、继而逐步推广到敌后各抗日根据地的。根据中共中央、中央军委及总政治部的有关指示精神，八路军、新四军也进行了整风。

张云逸回新四军军部工作以前，华中局、军部以及所处环境相对安定的第二、第三、第四、第七师等单位已经开始了整风学习。张云逸到军部不久，就赶上日军对苏北地区进行大规模"扫荡"，华中局和新四军军部因忙于部署反"扫荡"，只好暂时停止整风学习。1943年初，华中局和新四军军部迁到黄花塘后，华中地区的各项工作重新走上正轨。在此情况下，张云逸与陈毅、饶漱石等决定对新四军1942年的整风运动进行一个小结，以便使新四军的整风运动能够沿着正确的方向深入开展。

根据华中局和军部所掌握的材料，张云逸与陈毅、饶漱石等发现，1942年新四军的整风运动，虽然在提高干部思想觉悟和转变工作作风等方面取得了一定的成绩，但还存在着许多缺点。例如：不少单位没有抓住反对主观主义以整顿学风这一中心环节来进行整风；没有按照不同的对象制订不同的学习计划；部队的主要领导同志没有亲自领导这一运动，而是把它交给宣传教育部门去组织进行；没有将整风的重点放在主要领导干部方面，一些主要领导干部在整风中没有进行彻底的自我反省；整风学习没有与实际工作相联系，缺乏应有的组织性和计划性；等等。由于这些缺点的存在，致使整风运动远未达到预期的效果。为此，张云逸与陈毅、饶漱石等研究决定，在1943年的春耕告一段落后，从5月开始，各根据地要把整风运动引向深入。据此，华中局于1943年4月10日发出《关于一九四三年整风学习的指示》，要求华中各战略区成立学习委员会，负责领导本地区的整风学习，规定各地的党政军领导干部要根据职务和文化水平的高低分成不同的学习小组，强调整风学习必须与自我反省和改造干部的思想方法与工作作风相联系。这样，新四军1943年的整风运动转入了联系实际，检查思想和工作，开展批评与自我批评的阶段。

1943年6月2日，中共中央书记处致电陈毅和饶漱石，要求利用新四军各师主要领导人到军部的时机，对他们进行一定程度的整风，以诚恳、坦白的态度相互开展批评与自我批评，打通思想，严格检查每个人的思想意识和党性，以便改善党的领导，增进领导干部之间的团结。6月27日，中共中央书记处再次致电陈毅和饶漱石："在布置生产及夏收任务后，你们除开一般的应付战争情况外，应集中力量于整风，进行干部教育与审查干部，务必在今年底至明年春，能达到深入整风、改造干部思想、清查坏人与巩固内部之目的。为此，你们须组织一切负责同志并你们自己，亲自参加与领导这个工作。这是你们目前的中心。"[①]

根据中共中央的指示和原定计划，8月13日陈毅召集"直属队各部首长会议，检查直属队的工作，及谈对领导与今后工作的意见"[②]。陈毅动员后，大家各抒己见，互相启发，发言越来越热烈。政治部的干部纷纷讲新四军的政治工作如何受到削弱，其意见集中到兼政治部主任饶漱石的身上。第二天的发言更加热烈，许多人的言辞相当尖锐而激烈。[③]会议上的这些情况，触发了饶漱石的敏感神经。

饶于8月18日从大刘郢搞农村调查回来后，认为陈毅"以检讨军直工作为名召集20余名部、科长会议来公开批评政治部、华中局及我个人"[④]，于是把陈毅在1929年主持召开红四军"七大"时选掉毛泽东的前委书记等事，在华中局和新四军军部有关人员中传播，说陈毅有反对毛主席、对抗党中央、反对政治委员制度、破坏党的团结及个人主义严重等十大错误，给人造成他是受中央之命来清算陈毅老账新账的强烈印象。陈、饶之间的矛盾公开后，"二人一连几个晚上争论到深夜甚至拂晓"[⑤]。

在此基础上，1943年10月16日下午，新四军军分会举行会议，"先由五〇一（陈毅）作自我批评，然后潘（汉年）等5人发表批评意见，晚7时散会。"[⑥]接着，饶漱石和陈毅分别向中共中央报告了事情的经过和各自的意见。

毛泽东接到陈、饶的电报后，于1943年11月7日主持召开了中共中央书记处会议。会议决定调陈毅到延安参加拟将召开的中共七大，就此谈通历史和现时的一些问题，新四军军长的职务由张云逸代理。次日，毛泽东致电陈毅并告饶漱石："（一）来电已悉。此次事件是不好的，但是可以讲通，可以改正的。（二）我

---

① 中共江苏省委党史工作办公室、江苏省档案馆编：《中共中央华中局》，中共党史出版社2003年版，第215页。
② 《赖传珠将军日记》下册，军事科学出版社2005年版，第637页。
③ 参见《陈毅传》编写组：《陈毅传》，当代中国出版社1991年版，第286页。
④ 《陈毅传》编写组：《陈毅传》，当代中国出版社1991年版，第287页。
⑤ 《陈毅传》编写组：《陈毅传》，当代中国出版社1991年版，第287页。
⑥ 《赖传珠将军日记》下册，军事科学出版社2005年版，第648页。

们希望陈来延安参加七大。前次你们来电要求以一人来延，那时我们不知你们间不和情形，现既有此种情形，而其基本原因，因为许多党内问题没有讲通。如陈来延安参加七大，并在此留住半年左右，明了党的新作风及应作重新估计的许多党内历史上重大问题，例如四中全会是错误的，四中全会至遵义会议期间王明宗派的新立三主义，1938年武汉长江中央局时期王明宗派的新陈独秀主义以及其他问题等，如对此问题充分明了，则一切不和均将冰释，并对党有极大利益。……陈来延期间内职务由云逸暂行代理，七大后仍回华中，并传达七大方针。"[①] 这就是发生在新四军历史上的"黄花塘事件"的大致经过。

陈毅接到毛泽东1943年11月8日要其赴延安参加中共七大的电报后，于11月25日离开黄花塘，踏上了去延安的路途。张云逸则先行赶到淮北新四军第四师师部，布置护送陈毅北上的任务，并在此送走了陈毅。12月4日，张云逸由淮北返回黄花塘。此后，张云逸以新四军代理军长的身份，在主抓新四军军事工作的同时，参与华中局的领导工作，与饶漱石、曾山、赖传珠等一起，继续领导华中地区的整风运动。

1944年2月1日，华中局指示所属各区党委，要求在1944年内完成整风、审干与防奸的工作，并规定：所处环境相对稳定的新四军第二、第三、第四师可采取机关学校化的办法对一切直属机关进行整风，即直属机关各部除留少数干部主持日常工作外，其他干部全部编入整风队，进行集体整风，同时开办地方与部队干部的整风班，轮流抽调地方县、区级和部队营、连级干部参加整风审查；所处环境不太稳定的第一、第五、第七师及第十六旅、浙东游击纵队，在不妨碍作战的条件下可到附近较稳定的邻区开办地方与部队干部整风班，轮流训练县、区与营、连级干部；旅、团及地委一级的干部可大批抽调到华中局进行整风。华中局还强调，各地的整风要根据不同环境、不同对象采取不同方法来进行。3月13日，张云逸与饶漱石、曾山就华中各地如何搞好整风工作作出进一步指示。张云逸等在电报中指出：华中各地整风的重点首先当放到营、连和县、区级以上干部身上，地委和团级以上干部可调至华中局整风。如果先把营、连和县、区级以上干部思想打通了，再依靠他们去帮助排、班与支部干部，则整个整风工作就会较容易开展下去；整风是耐心的说服教育工作，不宜采取突击运动，亦不宜采用"闪电战术"来进行；在审查干部中要特别谨慎，注意把握好分寸，每次审查的干部不要过多，方法也不要过严，在审查中发现有问题的干部后不要大肆声张，以免影响干部情绪，扰乱工作步骤，削弱部队的战斗力，增加日后工作的困难。

为深入了解华中各战略区的有关情况，以增强对整风运动指导的针对性，1944年3月20日至4月2日，华中局和新四军军分会召开了有各根据地代表参加的扩大会议。在各战略区代表报告各自有关工作情况的基础上，为肃清王明、博古右倾错误在新四军和华中地区的影响，张云逸于4月1日作了《关于王明博

[①] 刘树发主编：《陈毅年谱》上卷，人民出版社1995年版，第419页。

■ 1944年，张云逸（前排左四）与饶漱石（前排左三）等在淮南。

古路线问题的报告》。该报告首先从四个方面指出了王明、博古在长江局时的右倾错误：在军事上主张速胜论，反对持久战，主张运动战，反对游击战；在政治上迷信国民党，反对抗日民族统一战线中的独立自主原则；在组织上反对中共中央，在党内闹独立性；在干部政策上搞宗派主义。之后，报告总结了王明、博古的右倾错误在新四军和华中地区所造成的严重危害：一是受王明、博古错误的影响，项英没有坚决执行中共中央的指示，致使新四军在皖南事变中受到了重大损失；二是大后方很多地方的中共组织被破坏，许多共产党员被杀害；三是在全国抗战初期不执行中共中央向敌后发展的方针，致使新四军丧失了在华中发展的大好时机；四是大别山地区因受王明、博古的错误领导，中共的秘密工作和群众工作基本垮掉了。通过对王明、博古右倾错误的清算，使华中党政军领导干部的思想统一到以毛泽东为首的中共中央的正确路线上来，从而为整风的深入开展创造了条件。

紧接着，华中局和新四军军部于4月3日至20日召开了华中整风会议，华中局、新四军军部、第二师、淮南区党委等单位的六十多人参加了会议。在各单位汇报整风情况的基础上，曾山、潘汉年、赖传珠、张云逸、饶漱石等也都在会上作了发言。张云逸在发言中指出：军队整风要抓住自身的特点。军队是党的武装，军队的干部应是正派的，没有问题的。军队的整风非但不能妨碍战斗，相反要通过整风加强军队内部的团结和提高部队的战斗力。军队的整风要反对军事上的教条主义和经验主义，反对固执守旧、舍不得老一套的做法。军队的整风应根据各自的情况分别进行。在整风中，民主与集中应有适当的运用。上级应允许下级批评，下级批评对的上级要作自我批评，下级批评不对的上级都要作出解答。整风中要肃清个人主义思想，要使个人的利益服从党的利益。此外，整风中工农干部与知识分子应互相取长补短。

最后，会议对华中两年来的整风工作作了全面的总结，同时对审干问题进行了专题研究。会后，各战略区遵照华中局之前的指示，抽调大批地委和团级以上干部到华中局集中整风，同时，开办整风班，轮流抽调县、区级和营、连级干部参加集训，开展审查干部工作。由此，华中地区的整风运动转入了审干防奸阶段。

在整风的过程中，中共中央把打通华中局、新四军军部和各师主要领导人的思想作为整风的重要环节。4月3日，中共中央书记处致电华中局，要求在华中整风会议结束后，召集新四军各师主要领导人到华中局，用整风的精神对自己的思想和工作加以检讨，以便增进各主要干部间的团结，改善其领导方法。据此，张云逸与饶漱石决定于6月间举行会议，并一面通知各师主要领导人来华中局开会，一面就近指导第二师和淮南区党委的工作。

5月13日—17日，张云逸与饶漱石、曾山参加了淮南区党委召开的整风会议，并帮助第二师领导打通思想。他们于18日返回黄花塘，20日向刘少奇报告了淮南区党委和第二师的整风情况，认为淮南区党委和第二师主要领导人之间的团结已达到融洽无间的程度。

6月中旬，各师的主要领导人已陆续到达黄花塘。19日，由华中局、新四军军部和各师主要领导人参加的整风思想交流会正式开始。经大家讨论决定：每天上午的7点半至11点半和下午的2点半至4点半为开会时间，由参加会议的每个人作自我反省报告，并按饶漱石、刘炎、谭震林、黄克诚、张爱萍、彭雪枫、邓子恢、粟裕、曾希圣、罗炳辉、赖传珠、曾山、张云逸的顺序发言。至30日，除张云逸外，都发言完毕。7月1日—3日休会三天。4日，张云逸最后发言。

从7月5日起，会议转入第二阶段，先是对中共中央制定的"十大政策"进行集中学习和讨论，接着新四军各师领导人报告了对"十大政策"的执行情况，最后对新四军历史上的一些事件进行了检讨。其间，张云逸主要参加了对华中军事问题的讨论，并召集彭康和赖传珠等对华中的统一战线策略问题进行了检讨。此次会议持续了一个多月，对推动华中地区的整风运动乃至加强华中局和新四军的建设，都起到了十分重要的作用。

至1945年初，新四军大规模的整风运动基本告一段落。从总体上看，这一整风运动基本上是沿着正确方向前进的。当然，除了"黄花塘事件"和"扬帆案件"以外，在审干和防奸阶段，也出现过一些偏差。但在张云逸等的努力下，这些偏差很快就被纠正过来。

所谓"扬帆案件"是康生和饶漱石一手制造的冤案，但张云逸的一句话对挽救扬帆起了十分重要的作用。扬帆时任新四军第三师政治部保卫部部长。中共中央社会部部长康生在延安搞"抢救运动"时,有人说扬帆是国民党特务。于是,康生致电华中局,要求把扬逮捕,进行审查。饶漱石未经任何调查取证,即于1943年12月将扬关押起来,并组织了一个由他亲自负责的审查小组,对扬轮流进行审查,要其如实交待"特务事实"。扬说自己不是国民党特务,饶漱石就是不相信。据扬帆回忆:他按照饶的要求,对饶提出的十个问题作了书面答复,但连续交了几次答卷,都没有通过。无奈之下,他写了一个誓词交给饶。誓词说:如果自己参加过共产党及其外围以外的任何政治组织(中苏文化协会除外),甘愿受极刑。但饶还是不相信,将扬写的誓词退了回来,并召集新四军军部和华中局的一些干部参加对扬的"劝说会"。扬帆就此回忆说:"在座诸人异口同音,劝我坦白,仿佛已肯定我是内奸,只有张云逸副军长这样说:'你是特务赖不过去,不是特务不可乱说。'我在万种悲愁中,这一句话使我感动欲哭。"[①] 就是张云逸的这一句话,使扬帆没有"屈打成招"。后来,扬被关押了十个月后获释,饶漱石向扬赔礼道歉。

1945年3月,新四军政治部发出《关于整风善后工作的指示》,对于如何处理整风中遗留的一些问题作了明确规定。此后,新四军各部结合本单位的实际情况,对整风过程中造成的冤假错案进行了甄别平反,恢复了被错批、错斗、错捕同志的名誉和工作,并对其他一些有关问题也作了处理。1945年4月20日,中共中央扩大的六届七中全会原则通过了《关于若干历史问题的决议》,标志着全党整风运动的结束。八路军、新四军的整风运动也随之结束。

这次整风运动,对全党来说是一次马克思主义的思想教育运动,也是破除党内把马克思主义教条化、把共产国际决议和苏联经验神圣化错误倾向的思想解放运动。通过整风,使全党自觉地团结在毛泽东思想的伟大旗帜之下,团结在以毛泽东为核心的中共中央周围,从而实现中国共产党历史上的空前团结和统一,为夺取新民主主义革命的胜利奠定了重要的思想政治基础。对张云逸来说,经过整风,更加认识了王明机会主义先"左"后右的错误及对新四军造成的恶劣影响,更加坚定了一切从实际出发、理论联系实际、实事求是的思想路线,为其以后更加自觉地、创造性地贯彻执行中共中央关于新四军的各项决策奠定了基础。

三、在大生产运动和拥政爱民运动中

中国抗日战争进入战略相持阶段后,由于日伪军的不断"扫荡",各敌后抗日根据地面临着不同程度的经济困难。这样,开展大生产运动,走生产自救的道路,借以减轻人民负担,巩固抗日民主政权,也就成为中国共产党独立坚持敌后抗战的一项重要举措。为此,中共中央对八路军留守处于1938年开始的生产活动给予了充分肯定,1939年提出了"自己动手,生产自给"的方针。据此,八路军各部

[①] 扬帆口述、丁兆甲整理:《断桅扬帆:蒙冤二十五年的公安局长》,群众出版社2001年版,第105页。

陆续掀起了大生产运动。华中地区的新四军由于经济条件相对较好和军事斗争比较激烈，只有张云逸领导的第二师等少数部队从1942年起开展了以改善生活为目的的生产运动。

1943年春天，淮南、盐阜、淮北地区遭遇了严重的春荒，有的群众家里开始断炊，张云逸等动员部队拿出粮食救济群众。为克服经济困难，1943年2月13日刘少奇从延安致电陈毅、张云逸等，要求新四军军部和华中局应集中注意生产问题，凡部队和机关所需要的一切东西，都应设法自己动手及动员人民生产，要将财政经济的基础放在生产上，而不要放在税收与发行纸币上。据此，张云逸与陈毅、饶漱石等把开展生产运动正式提上了议事日程，专门讨论了生产救灾问题，并把"加紧生产运动"作为1943年春季工作的三大任务之一①。由于厉行节约与发展生产是相辅相成的两个方面，因此张云逸等在号召开展大生产运动的同时，强调要开展节约运动。3月，他们以华中局的名义发出了《关于开展生产运动的指示》，指出："厉行生产节约运动是当前敌后军民为克服日益严重的物质困难，积蓄力量，渡过黎明前黑暗的一个重要环节，是我华中全体军民当前严重的政治任务。"②

尽管华中局和新四军军部发出了关于开展生产运动的指示，但由于1943年华中的对敌斗争形势依然严峻，新四军各师所面临的情况也不尽相同，因此生产运动未能普遍和大规模地开展起来，只有军直机关和第二、第三、第四师进行了农业生产。

1944年3月13日，中共中央书记处电示华中局和新四军各师："在不妨害战斗与工作条件下，要使每一个战士与工作人员适合各人情况的都去参加一些生产劳动，为切实改善本部队本单位的生活而斗争"；"所有部队、机关、学校农业、手工业生产所得，应一律用以改善各该部队、机关、学校全体人员的生活"；"各部队、机关、学校的首长，均应亲自计划与组织生产，务使今年生产能获得显著成绩"。③

为贯彻落实中共中央的指示，张云逸与饶漱石、曾山、赖传珠等于4月1日研究决定：1944年新四军的生产运动要上一个新的台阶；军直属队及第二、第三、第四师在去年开展生产的基础上，生产任务再提高一些；其他各师和第十六旅则全面展开生产运动。其中，对军直属队1944年的生产任务作了这样的规定：（1）各机关、部队的生产要能解决8个月的伙食费，工作特别繁忙的机关除个别人员外，可自己生产解决4个月的伙食费。（2）无论部队、机关、学校人员均须种植青麻3斤，能够自织草鞋两双；吸烟的人员应自己种植烟叶。（3）在完成上

---

① 中共江苏省委党史工作办公室、江苏省档案馆编：《中共中央华中局》，中共党史出版社2003年版，第198页。
② 中共江苏省委党史工作办公室、江苏省档案馆编：《中共中央华中局》，中共党史出版社2003年版，第204页。
③ 中国人民解放军历史资料丛书编审委员会：《新四军·文献》（4），解放军出版社1995年版，第894页。

述任务的情况下，提倡与鼓励各单位人员在不妨碍工作、学习与身体健康的条件下，进行更多的生产；超过上述生产计划的部分，以70%归生产劳动者个人支配和使用，30%归该伙食单位。（4）经营商业必须经上级批准（营、连一律不准经商），且经商所得的利润85%归公家，15%归该伙食单位，用以改善生活；经商单位的主管领导要加强管理，以免发生各种不良现象。①

为推动大生产运动的开展，张云逸于1943年春主持召开了军部机关及直属队生产动员干部大会。他说："党中央和毛主席发出开展大生产运动的号召，在延安中央机关和留守兵团已取得丰硕的成果，为我们树立了榜样。我们军部由于受日伪扫荡的影响，没能及时开展生产，现在到了淮南，环境相对稳定，要不失时机的开展生产节约运动，一方面减轻人民负担，增加抗战的物质力量；另一方面，也可以改善机关部队的生活，增强指战员的体质，提高部队战斗力。各单位要立即行动起来，在生产节约运动中成为各师和各军区的榜样。"②为领导军部和直属队的大生产运动，还成立了由张云逸、赖传珠等组成的生产节约委员会。

张云逸不仅号召全军开展大生产运动，而且身先士卒，亲力亲为，为全军作出表率。据当时在军司令部工作的金冶、吴健回忆：

张云逸副军长当时已经50多岁了，他照样带头开荒、刨地、拾粪。大家照顾他的身体，不让他干重活，但他闲不住。他亲自喂了几只鸡，把下的蛋都攒起来，送到伙房供大家改善生活。他的房前屋后，种的西红柿，在司令部是长得最好的，我们经过他家时，他总要摘几个新鲜西红柿给我们吃。在军首长的直接影响下，司令部人员个个积极参加劳动生产。③

另据当时在军部通信连工作的杨瑞祥回忆：

当时，我们管番茄叫洋柿子，张副军长可总叫它的学名"番茄"。他很会侍弄番茄，告诉我们："给番茄上肥料，骨灰最好，上这种肥料，番茄长得又红又大。"他种的番茄长成后，大的重十二两。他种的辣椒、茄子、苦瓜长得也都好，真可以说是"硕果累累"！④

由于种西红柿种出了经验，此后张云逸不仅将之传授给部队的官兵，还介绍给当地的群众，从而使当地的老乡们也种出了长势喜人的西红柿。

在张云逸等的领导下，华中地区的大生产运动于1944年轰轰烈烈地开展起

---

① 参见中共江苏省委党史工作办公室、江苏省档案馆编：《中共中央华中局》，中共党史出版社2003年版，第255页。
② 李晓光：《张云逸年谱》，中共党史出版社2005年版，第111—112页。
③ 中共盱眙县委党史工作委员会编：《新四军军部在黄花塘》，江苏人民出版社1998年版，第550页。
④ 石瑛、汪浩等：《江淮烽火》，解放军出版社1985年版，第74—75页。

来。广大新四军指战员利用战斗和训练的间隙,开垦荒地,种植粮食、蔬菜及棉、麻、烟叶等经济作物,饲养鸡、鸭、猪、牛、羊等家禽和家畜,纺纱织布,熬盐,捕鱼,开办磨粉坊、豆腐坊、油坊等手工业作坊,以弥补部队的日常生活所需。据不完全统计,至1944年底,第四师开荒4600余亩,养猪1300余头。第一师和苏中地方机关开荒3.7万余亩。第十六旅在苏南溧阳、溧水地区开荒2000余亩。军部直属队和第二、第三、第四师都基本实现了全年蔬菜自给8个月,油盐、肉食自给4个月的目标。[①]此外,新四军各部在开展大生产运动的同时,还抽调一部分指战员帮助当地群众发展生产,使群众的生活得到了改善。

在领导华中抗日军民进行农业、手工业生产外,张云逸等还特别注重加强军工生产。皖南事变后,新四军再也没有从国民党当局那里得到过任何武器弹药,武器弹药的消耗除了从作战缴获中获得补给外,主要靠自己动手生产。自1944年春转入局部反攻后,随着新四军作战次数的日益增多,作战规模的不断扩大,各种物资消耗也随之大大增加,这就对军工生产提出了更高的要求。为此,张云逸等要求在进行农业、手工业生产的同时,加紧进行军工生产。据新四军军部概略的统计,至1944年8月,新四军共有从事军工生产的员工1800余人,每月平均生产枪榴筒86具、掷弹筒7个、手榴弹4.2万余枚,迫击炮弹1700余发,掷弹筒弹600个、枪榴弹2.7万余发、机步枪弹3.8万余发、驳壳枪弹7000发、燃烧弹60发、地雷410个、刺刀350把、信号弹200个。手榴弹可以全部自给;在材料不缺的条件下,迫击炮弹、枪榴弹、掷弹筒弹可自给70%左右;在有现成弹壳的条件下,步枪弹能自给40%。总的估计,各种弹药平均可以做到30%—35%的自给。[②]与此同时,新四军军工部门的同志还不断改进生产技术,逐一解决实战中遇到的难题。例如,为解决敌人坚固据点难以攻克的问题,新四军第二、第三师生产出了一种威力较大的带枪榴筒的枪榴弹;第二师还将迫击炮改造为平射炮,在作战中集中数门这样的炮,在200米的范围内实行抵近射击,可一举摧毁敌人坚固的据点;第四师生产出了平射、曲射两用炮;第一师仿造出了小型迫击炮及平射炮弹。

对于新四军军工生产所取得的成绩,张云逸等感到由衷的高兴。为此,他们一面将新四军在军工生产方面取得的经验向刘少奇及中央军委参谋长叶剑英、八路军前方总部参谋长滕代远报告,一面决定于1944年9月在黄花塘召开一次全军性的兵工生产会议,以交流和总结新四军各部在军工生产方面的经验,调动从事军工生产人员的积极性和创造性,推动军工生产的进一步发展。9月20日,新四军兵工生产会议开幕。第一、第二、第三、第四师和第十六旅及浙东游击纵队均派出代表与会。张云逸和赖传珠等军部有关领导人参加了会议。10月6日,会议结束。

[①] 参见徐君华主编:《新四军的组建与发展》,军事科学出版社2001年版,第496—497页。
[②] 参见中国人民解放军历史资料丛书编审委员会:《新四军·文献》(4),解放军出版社1995年版,第923页。

此次兵工生产会议听取了新四军各部代表关于军工生产情况的汇报,表彰了在研制武器弹药过程中多次身负重伤、仍然忘我工作的第二师军工部工务科科长吴运铎等一批军工生产战线上的先进典型。会议期间进行了枪榴弹、掷弹筒、平射炮、小迫击炮、平曲射两用炮等武器的射击表演,并展出了新四军各部自行研制的一些主要军工产品。张云逸在会上作了形势与任务的报告。他在报告中指出:新四军的兵工生产已经发展到一个新的阶段,手榴弹、地雷、刺刀、大刀、复装子弹等不仅各师军工部都能生产,旅和军分区的军工部也能成批生产;新四军在战斗中发展起来的这支优秀的军工生产队伍,不但能够仿造日军的武器,还能研制新的武器,在战争中发挥了强大的威力。今后军工部门必须进一步总结经验,互相学习,共同提高,造出更多更好的武器弹药来支援前方多打胜仗。[①]赖传珠代表新四军军部对新四军兵工生产的特点、过去新四军在兵工生产方面取得的成绩及有关的经验教训进行了总结,并对日后新四军如何进一步搞好兵工生产提出了具体的意见。新四军政治部秘书长邓逸凡在会上作了关于政治工作及工会工作的报告。

这次会议对推动新四军的军工生产产生了积极的影响。会后,新四军各部更加注重军工生产,先后健全、充实了军工生产的领导机构,增加了军工生产的人员,扩大了军工生产的规模。至全国抗战胜利前夕,新四军已拥有各类军工厂46个,从事军工生产的员工近万人,能修造的武器弹药多达30余种。[②]

在发展生产的同时,张云逸不忘开源节流,并将开展节约运动作为开展大生产运动的一个重要措施。1944年3月1日,他在第二师的供给工作会议上作了《克服浪费厉行节约》的报告。这个报告全文刊载在同年5月20日华中局宣传部出版的《真理》杂志第18期上。在这个报告中,张云逸充分肯定了第二师在生产运动中所取得的成绩,同时也指出该师供给工作中所存在的浪费行为,并分析了产生浪费现象的根源。他说:"我们有些同志只认识贪污是罪恶,浪费是小事,是不会犯罪的。但恰恰相反,浪费是极严重的事,它与贪污都同样是危害革命的行为。在我们的队伍中,一般的都有这样的倾向,认为贪污事大,浪费事小,对公开贪污的人是会反对,而不知暗中浪费的数目,日渐积累,其对革命的损害实与贪污者不相上下。"[③]因此,张云逸要求既要反对贪污,又要同浪费的恶劣现象作不倦的斗争,要求做供给工作的干部要把好财物的出口关,当用的则用,不当用的就是有单位来要也不能给。

为克服部队供给工作中存在的浪费现象,张云逸在报告中特别强调,一切干部,特别是供给干部及其主管领导,必须有全局意识,要上下兼顾,公私兼顾,军民兼顾,克服各种苦乐不均的现象。他说:"我们是革命的队伍,是一个大家庭,

---

[①] 参见北京新四军暨华中抗日根据地研究会编:《铁流·9——新四军后勤战线》,解放军出版社2003年版,第511—512页。
[②] 参见《新四军战史》编辑室:《新四军战史》,解放军出版社2000年版,第437页。
[③] 军事科学院《张云逸军事文选》编辑组主编:《张云逸军事文选》,军事科学出版社2007年版,第336页。

但我们的关系也是多方面的，如片面的了解问题，简单的处理问题，必会造成错误，会影响全家的生活。"[1]因此，作为这个"大家庭中的管家人"的供给干部在工作中就要"面面俱到"，既要照顾到上级，又要照顾到下级；既要照顾到军队的利益，又要照顾到人民的利益；既要照顾到自己和本单位的利益，又要照顾到别人的和公众的利益。

为了使部队做好供给工作，张云逸在报告中提出了三个办法。一是实行统一领导、分散经营的原则。他说，由于新四军身处敌后，作战频繁，没有固定的后方，情况变化又快，供给工作如过于集中，则不能应付瞬息万变的情况，因而必须分散，但分散后若没有统一领导，又弊病百出。所以，必须采取统一领导、分散经营的办法。所谓统一领导，就是统一规定任务，统一管理办法，统一定期检查，统一分配。只有统一领导，才能使全军步调一致并加强团结，才能消除部队间生活上的参差不齐现象。所谓分散经营，就是根据共同的计划，由各地根据具体的条件去经营。这样，既适合敌后斗争情况，又便利各地部队的供给。二是整理和健全供给机构。张云逸指出，供给工作的好坏对部队的巩固和战斗力的提高影响甚大，所以担任供给工作的干部必须纯洁，忠实于党的事业。凡是贪污浪费与教育不改者，必须立即处置。各级领导和政治机关应加强对供给部门的领导，增强对供给干部的政治教育，培养和审查供给干部，使各级供给机构健全起来。只有这样，才能保证不重复过去贪污浪费的错误。三是供给工作要做到会搞、会用、会管。张云逸强调，只有会搞、会用、会管，才能克服财经困难和浪费现象。会搞，就是要什么、搞什么，并且要搞得到、搞得好，不能无的放矢。为此，供给干部对于部队需要的东西，要进行调查研究。会用，有四个方面的要求：第一，要做到应该用的就用，不应该用的就不用；第二，要分轻重缓急，重要和紧急的先用，不重要和不紧急的后用；第三，公家有能力办得到、且对部队有益的就用，若公家的能力办不到、对部队无益的，就不用；第四，要做到物尽其用，不使东西随便轻易地浪费掉。会管，首先是要用会保管的人。管粮人、管钱人、管衣人都要选择得很适当。他们都应纯洁忠实，刻苦细心，为革命负责。其次要懂得并采取保管的正确办法，不致造成浪费。再次要选择好保管财物的地方。张云逸的这个报告，对加强新四军的供给工作乃至整个后勤建设，都有着重要的指导作用。

在参加大生产运动的同时，张云逸等还根据中共中央、中央军委的号召，领导新四军开展了大规模的拥政爱民运动。

拥政爱民运动，是拥护政府、爱护人民运动的简称。这一运动最早开始于1942年的陕甘宁边区，其目的是为了解决军政、军民关系中存在的一些不和谐因素，进一步密切军政、军民关系，加强军政、军民团结，以利坚持长期抗战。与此同时，陕甘宁边区政府领导当地的党政机关、人民团体和广大群众开展了拥护军队、优待抗日军人家属的拥军优抗运动。为了密切各抗日根据地的军民关系，

---

[1] 军事科学院《张云逸军事文选》编辑组主编：《张云逸军事文选》，军事科学出版社2007年版，第339页。

中共中央于 1943 年 10 月 1 日发出《关于减租生产拥政爱民及宣传十大政策的指示》，要求各根据地的党政军领导机关于 1944 年阴历正月普遍地举行一次大规模的拥政爱民与拥军运动。据此，张云逸等进行了专门的研究和部署。随后，新四军政治部、华中局分别于 12 月 5 日和 12 日发出《关于拥政爱民运动的指示》和《关于开展拥政爱民与拥军运动的指示》，决定 1944 年 2 月 1 日至 3 月 1 日（即阴历年前后）为华中地区的拥政爱民与拥军运动月，并对新四军如何开展拥政爱民运动提出了一系列明确的要求。

为使新四军指战员加深对开展拥政爱民运动重要意义的理解，张云逸于 1944 年 1 月 20 日在新四军直属队干部会议上作了题为《实行拥政爱民的办法》的报告。他在报告中回顾了新四军自成立以来所取得的成就后指出：如果没有华中敌后广大人民和抗日民主政府的支持和帮助，新四军要在华中敌后坚持六年艰苦抗战是不可能的；如果新四军能本着为人民利益而奋斗的宗旨，继续联系群众，团结群众，认真执行拥政爱民政策，做到军、政、民同心同德，融洽无间，那么新四军就将成为攻无不克、战无不胜的部队。关于如何开展拥政爱民工作，张云逸在报告中讲了五点意见：一是要在部队中加强拥政爱民的思想教育；二是定期举行军民联欢；三是努力开展生产节约运动，减轻人民的负担；四是节约民力，帮助人民耕种；五是加紧战备，保护人民生产。张云逸强调，不能只将上述五个方面作为拥政爱民运动月中开展的工作，而应将其作为部队一项经常性的工作。

在华中局和新四军军部的领导下，新四军各部在 1944 年春节前后，普遍开展了大规模的拥政爱民运动。新四军运用广大群众喜闻乐见的文艺演出等形式，对部队的拥政爱民公约和纪律进行广泛的宣传，并召集有当地党政机关和群众团体代表参加的座谈会、军民联欢会，听取地方政府和人民代表的意见，进行自我批评。各部队还派出检查组，到驻地居民中进行访问调查，如发现有侵犯群众利益或违犯抗日民主政府法令的事件，立即进行道歉和赔偿。此外，各部队还利用作战和训练的间隙，帮助驻地群众进行耕种土地、兴修水利、消灭虫害等生产救灾工作。以后，拥政爱民成为新四军一项经常性的工作。在新四军掀起大规模拥政爱民运动的同时，华中各抗日根据地党政机关和群众团体也掀起了拥军运动。

拥政爱民和拥军优抗运动的开展，进一步密切了华中抗日根据地军政、军民之间的关系，促进了军政、军民之间的团结，从而进一步增强了华中敌后的对敌斗争力量。

四、指导新四军整训

1944 年春季以后，随着八路军、新四军和华南抗日游击队陆续对日伪军发起局部反攻，作战的范围和规模不断扩大，攻坚战和运动战也逐渐增多。为适应战争形势的发展并为全面反攻作准备，中共中央于 1944 年 7 月 1 日发出《关于整训军队的指示》，要求各抗日根据地在一年的时间内，在不妨碍战斗与生产条件下，利用一切可能的间隙,特别是要抓住1944年11月至1945年2月这个整训的关键时期,轮番整训部队及民兵、自卫队,"把我军的军事训练与政治工作极大地提高一步,准备将来使我军发展一倍至数倍的条件"[1],以完成在全面反攻时夺取大城市与交通要道,最后驱逐日寇出中国,并对付国民党方面可能发动的国内突然事变的任务。

据此,张云逸与赖传珠于1944年8月3日专门研究了新四军的整训问题。8月5日,张云逸在华中局和新四军军部召开的各师主要领导人参加的会议上,作了《中央关于整训部队指示及我们的意见》的报告。8月22日,毛泽东、刘少奇、陈毅致电张云逸、饶漱石、赖传珠:新四军的整训应着重练兵、带兵、养兵、用兵四项,而以练兵为中心,练兵应着重提高战斗技术,同时在干部中应讨论带兵、养兵、用兵的方法,以创造新的管理方法,增强官兵体力及提高指挥艺术。这四项是当务之急,若能在一年内解决得好,新四军的战斗力即可提高数倍,这样便能满足应付战局变化的需要。9月26日,中共中央、中央军委又联合发出《关于民兵工作的指示》,要求各地在思想、组织与工作布置上重视民兵的教育训练工作,以提高其素质,使其既能成为广大群众性的武装组织,又能成为正规军的广大预备兵员,并对如何搞好民兵的军事训练提出了具体要求。

此次整训,与以往整训有着明显的不同。其一,这次整训是为了迎接即将到来的全面反攻;其二,这次整训强调要改变过去由领导包办的练兵方法,而采取群众性的练兵方法,充分调动广大指战员练兵的积极性;其三,这次整训的对象不但包括主力军和地方军,而且包括民兵和自卫队。针对此次整训的上述三个特点,张云逸与饶漱石、赖传珠等就新四军整训的时间、内容、对象和方法等问题作了明确的规定。

1944年10月,华中局正式发出《关于部队整训的指示》,要求新四军各部根据自己的具体情况,结合实战经验,在缺什么就教什么、用什么就练什么的原则下进行整训,以提高部队的战斗力;规定从1944年冬至1945年3月为第一期训练的时间,各师主力部队均应抽调一部在师部附近进行集中训练,以创造和总结经验,然后将之推广到部队。强调整训的内容,在军事方面以技术为主、战术为辅,在技术上主要是进一步熟练射击、投弹、刺杀、土工作业四大技术,在战术上以单兵动作为主,班、排动作次之,特种兵以技术训练为主,同时重视指战员体能的锻炼和提高;在政治方面以整风教育为主要内容,辅以时事教育及其他必要的政治文化教育。此外,指示还要求,在工作部署上,政治机关应与军事机关共同讨论,共同制订计划,克服过去军政不配合的现象,以保证整训计划的实施与完成;在纪律教育方面,应在打通思想、启发群众自觉的基础上严格军纪,并同山头主义、军阀主义等各种不良倾向作斗争,以达到不仅在军事生活上一致,而且在思想、政治和组织上也一致的目的。

---

[1] 中央档案馆编:《中共中央文件选集》第14册,中共中央党校出版社1992年版,第261页。

为推动新四军整训运动的开展，张云逸亲自督导新四军军部及直属队的整训工作。1944年10月，他在新四军直属队纪念新四军成立七周年的干部大会上作了《练兵的办法》的报告。报告首先分析了中共中央要求全军抓紧时机进行整训的原因：从客观方面来说，世界反法西斯战争即将取得最后胜利，为继续坚持敌后抗战，并为全面反攻准备力量，以便配合同盟国的军队最后打败日本侵略者，需要全军部队加紧整训，认真练兵，准备将来大发展的条件。同时，日军的装备和技术仍然强于我军，要战胜强敌，我军必须加紧练兵，提高技术战术水平，提高自身的战斗力。从主观方面来说，我军虽然经过了数年抗战的锻炼，获得了许多宝贵的作战经验，并具有英勇善战的革命英雄主义气概，但由于过去军事教育上犯了形式主义、教条主义的毛病，对于整训军队工作，有潦草从事、不求实际的缺点，许多血的经验教训没有及时地总结出来并以之教育部队，以致在过去的战斗中，因军事技术的不足，导致我们不少同志作了无谓的牺牲，也使我们失去了一些全歼敌人的机会。如果我们能够进一步提高军事技术，再加上我军的英勇气概，则我军的士气将更为高涨，我军的战斗力将更为强大，给敌人的杀伤必然增多，而我们的损失则必然减少。

在讲完军队整训的必要性之后，张云逸在报告中指出了练兵的内容：首先要练技术，但不是练现代化的高级技术，而主要是练目前要使用的技术——射击、投弹及白刃战（刺杀）技术。关于这三大技术，张云逸强调，除了要使指战员了解其使用方法和要领外，更主要的应该多练苦练，应当纠正过去重训不重练的偏向，只有多练苦练才能烂熟，才能发挥武器的效能。所谓"艺高胆大""熟能生巧"就是这个道理。

接着，张云逸对三大技术训练要达到的目标及如何进行三大技术训练作了阐述。关于射击，张云逸说，这是步兵杀伤敌人的主要技术，对射击的要求是瞄得快，打得中。我们要求一方面普遍提高射击的水平，另一方面应当每个班创造一个到两个神枪手。要达到这个要求，首先要学会射击的方法，即瞄准击发的要领及各种姿势与动作，应当练习在各种情况下利用各种地形地物的射击姿势及各种气候下的射击方法。由于战场上的敌人是活动的，因此一个好的射击手，不仅要打得中，而且要瞄得快，若瞄得太慢，就会丧失射击时机。至于机关枪、掷弹筒、炮兵、骑兵等的射击训练，同样要做到瞄得快，打得中，并能达成与其他兵种配合作战的目的。同时，射击不是单纯的与敌人拼火力，还应当与运动联系起来，以收互相配合之效。关于投弹，张云逸说，这是近战战术中主要的技术，对投弹的要求是投得远、投得准，最低限度要能普遍地投35米远以上，而且要很准确，当然投得愈远、愈准确则更好。练习投弹时不应当只是在操场上去练，还应当多在野外根据各种不同的情况和地形地物，进行立投、跪投、卧投或其他投掷姿势的练习。投弹还要注意拉火以后到投掷的时间。投快了，弹刚着地尚未爆炸，敌人可以拾起来再掷向我们；投慢了，就会炸伤自己，因此以弹刚着地就爆炸为最好。关于刺杀，张云逸说，这是步兵进行冲锋格斗时的动作，也是最后与敌人决胜负的动作，对刺杀技术的要求是练得有劲、敏捷，而且能持久。要达到这个要求，首先要练力，其次要练法，然后再把力与法结合起来。在训练中不必去追求形式的统一，应练些合乎战场实用的拼刺方法，并且要把这些技术与战术动作联系起来。这样，才能给敌人更大的杀伤，减少我们不必要的损失。张云逸强调，以上三大技术不仅要学会单独使用，而且要学会三大技术相互配合使用，以及与战术动作联系运用，这样才能发挥更大的威力，获得更大的效果。

张云逸在报告中指出，除了三大技术外，还应对土工作业进行训练。他说，土工作业也是近战必要技术之一，不论进攻或防御都有重大作用。在防御战斗中，可以利用工事发扬火力，杀伤敌人，阻止敌人的前进，以坚守阵地，同时减少自身的伤亡。在进攻战斗中，可以利用野战工事来发扬火力压制敌人，同时又能利用工事的掩护接近敌人。张云逸在报告中还指出，此次整训，主要是为了提高军事技术，但同时也要提高工作效能。在战斗部队，练习三大技术，提高技术，加强战斗力，是最基本的东西。而在各机关部门，学习本身业务，提高工作效能，是最重要的事情。但不论军事、政治、后勤等干部，在这次练兵中，均须尽可能参加，学会带兵、养兵、用兵的本领，加强军事生活的锻炼，达到人尽其能，学用一致的目的。

最后，张云逸在报告中详细阐述了此次练兵中应采用的方法，即如何练兵的问题。他主要提到了五种练兵的方法。一是要采取实事求是的方法。张云逸说，练兵应该从实际出发，否则不但于事无补，反而有害。如军部直属队有各机关、各部门与战斗部队之分，各部门及各部队之间都各有不同的特点，不能采取通盘一律的练法，否则便会脱离实际，达不到练兵的目的。二是要采取群众运动的办法。他要求改变过去由司令部与教员包办的做法，使练兵成为广大群众性的运动，使官兵视练兵为己任，自觉努力训练。同时指战员应在一起共同训练，采取干部教战士，战士教干部，战士教战士的互为师生的教学方法。在教练技术时，只强调技术高低之分，而无干部与战士上下级之别，谁有一技之长，谁比别人练得好，谁就有资格当教员，别人应当尊重他，学习他的技术，向他看齐。在练兵开始之前应抽调一部连排干部，集中到团部、营部，由部队领导亲自负责或指定适当人员负责进行短期训练，以便首先教好一批干部再回去教战士。三是练兵与实战相结合的办法。张云逸说，练兵不是为了练得整齐，练得好看，而是为了战胜敌人，因此这次练兵必须本着练兵与实战结合的原则去做。练兵就是战斗的准备，在练兵中可以总结战斗的经验教训。战斗就是练兵的实施，在战斗中可以考查练兵的成绩。应当彻底克服练兵与实战脱节的教条主义、形式主义毛病。譬如现在我们在敌后打游击，就要练打游击必需的动作。我们为着将来对敌全面反攻，准备打正规战，就要先学会打阵地战、运动战的动作。又如敌人现在采用碉堡政策，我们就要练打碉堡的办法。四是练兵领导的方法。张云逸强调，要深入调查研究，弄清情况，动员群众打通思想，使领导者了解部队实情，又使群众了解练兵的重要性。部队领导应亲自上课，亲自到操场，以身作则，领导练兵，掌握骨干，团结群众，采取一般号召与具体领导结合，领导与群众相结合等办法。五是抓典型带全体的练兵方法。张云逸指出，由于这次练兵是群众性的运动，因此在练兵中应注意选择与培养典型，如以连或团为单位，或以某个部门为单位选择几个好的射击手、投弹手、刺杀手、劈刀手等，作为全体练兵的标准，以推动练兵工作的进步。

张云逸的这个报告在1944年11月被新四军司令部出版的《军事建设》第6期全文刊载，成为指导新四军整训的一篇重要文献。

在张云逸的亲自督导下，新四军军部直属队及军部机关的整训运动取得了很好的效果。张云逸还将军部特务团整训的简要情形向新四军各师作了通报。他在给各师的电报中指出："军特务团由于开始掌握了新的练兵方法，群众的情绪提高，采取群众路线去进行，始终在高涨着，因此在短短的三个星期当中获得了不少的进步和成绩（如第一次射击每百发子弹中靶十五颗，第二次每百发子弹中靶六十颗，该部经验现正在整理，当另文来介绍）。"[①]

对军部机关的整训，当时在新四军军部工作的金冶回忆道："军部首长对军部机关的作风要求也很严格，部队练好军事技术，机关要练好本职业务本领，要求提高工作效率与质量，并要求严格遵守纪律。军部机关学生出身的干部多，生活比较散漫，路上见了首长，避而过之。张云逸副军长有办法，你不敬礼，我军首长先向你敬礼。在这样严师的熏陶下，军部机关的面貌焕然一新。"[②]

华中局和军部关于整训的指示下达后，有的师迅速行动起来，从1944年11月起对部队展开整训。但新四军大部由于当时仍在继续执行扩大根据地的任务，战斗比较多，部队调动频繁，还没有来得及进行整训或没有把整训当成中心工作来抓。1944年12月，张云逸收到几个地区关于部队整训情况的报告后，发现了其中的一些问题。在已经开始整训的部队中，除了个别部队稍有成绩外，多数部队还没有掌握新的整训方法，仍然由司令部包办，没有形成群众性练兵的热潮，而且在练兵中还提出了一些脱离实际的过高、过多和过快的要求。有的部队在没有进行射击基本要领训练的情况下，就要求进行实弹射击；有的在投弹训练未能达到投远和投准的情况下，就开始进行不同地形、敌情情况下投弹的训练；有的在三大技术没有分项苦练的情况下，就要求进行战术动作的训练。这些做法显然违背了训练的基本规律。另外，有的部队在对干部进行整训时，一开始就进行提高战术素养与实战指挥的训练。张云逸认为，整训必须解决战术用兵问题，但对干部的战术训练应在练好了技术以后才能进行。

为此，1945年1月16日张云逸与饶漱石、赖传珠致电各师：新四军在整训中或多或少地存在着形式主义、教条主义的弊病，若照这样的旧方法、老一套练下去，恐怕很难收到预期效果，也无法完成中共中央下达的整训任务。"凡环境允

[①] 军事科学院《张云逸军事文选》编辑组主编：《张云逸军事文选》，军事科学出版社2007年版，第426页。
[②] 金冶：《在统帅部的日子里》，华艺出版社1994年版，第53页。

许整训的部队又未完全采取新方法者，必须赶快回过头来深入动员，必须将新的练兵方法在各级干部及战士群众的思想中搞通。在思想准备方面多花费些时间是有代价的，只要一掀起群众自觉的练兵热潮，而又能以适当的组织形式和正确的方法巩固保证，并不断检查、总结、竞赛提高之，是会得到不可预计之优良成绩的。"[①] 因此，张云逸等要求各师接此电后，结合中共中央、华中局关于整训的指示，以及中共中央下发的八路军第三五八旅和晋绥军区整训的经验材料，详加研究与讨论，以改进目前的整训工作。据此，新四军各师开展了群众性的练兵运动。在主力军和地方军整训的同时，华中各地对民兵和自卫队也分期分批进行了整训。至1944年底，仅第四师兼淮北军区就训练民兵10万人。

在整训过程中，一些根据地还掀起了轰轰烈烈的参军热潮。据不完全统计，仅淮南、苏北军区及苏中军区第一军分区就有3.8万余人参军，淮北地区参军的县、区、乡、村干部就有840余人。[②] 在大扩军的基础上，新四军各部又组建了一批新的部队，以适应将来全面反攻作战的需要。

在得知新四军各部在整训中实行了扩军后，张云逸与饶漱石、赖传珠于1945年3月2日致电华中局所属各区党委，对大扩军后部队的主要任务及其编制、配置等问题作了明确规定。电报指出："一、经过去年大扩军后，江北各地今后主要任务应放到整训部队与发展民兵上面。估计在接近反攻时，华中敌后情况可能日趋严重，如果继续不断扩军，不但超过限度有丧元气，要影响将来应付最艰苦的局面，而且经济上也势将难维持。二、中央指示，部队编制目前一般仍宜采用千五六百人的中团制和千人左右[的小团制]。二千人以上大团制抗战初期华北采用过，并不合乎实际，可在将来配合盟军作战时始采大团制。三、大扩军后宜将主力、地方团、县区武装三者进行适当分散不集中的配置，仍是最好的储蓄力量的办法。四、各地于大发展后，应特别注意主力的培养与锻炼，只求数量的可能偏向必须及时防止和纠正。"[③] 据此，新四军各部在抽调部分兵力进行局部反攻的同时，继续进行部队的整训工作。

在张云逸等的指导与推动下，新四军经过整训，组织性和纪律性得到进一步加强，广大指战员的政治觉悟和技术战术水平得到进一步提高，部队内部的官兵关系更为融洽。广大民兵、自卫队的军政素质也得到了显著提高，从而成为主力军与地方军的强大后备力量。部队和民兵的整训，为尔后新四军的大发展与实行全面反攻作了切实的准备。

---

① 中国人民解放军历史资料丛书编审委员会：《新四军·文献》(4)，解放军出版社1995年版，第1057页。
② 参见中国人民解放军历史资料丛书编审委员会：《新四军·综述大事记表册》，解放军出版社1993年版，第132页。
③ 中国人民解放军历史资料丛书编审委员会：《新四军·文献》(4)，解放军出版社1995年版，第1058页。

第十四章 代理新四军军长（中）

一、巩固华中抗日根据地

1943年，华中敌后的形势依然比较严峻。日军在华中地区的总兵力约为21万人，其中一半左右是用来对付新四军的；华中地区的伪军20余万人几乎全部用来对付新四军。此外，华中地区的国民党顽军继续制造反共摩擦。张云逸等人的任务，就是率领华中抗日军民打退日伪顽的进攻，巩固抗日根据地。1943年1月28日，华中局发出《关于坚持敌后艰苦斗争的指示》，指出："从思想上、政治上、组织上动员全党千百倍提高自己的信心和警惕，准备在任何严重的环境下，咬紧牙关坚持敌后两年最艰苦的斗争，是目前华中全党最基本的战斗任务。"①

1943年2月12日，日军抽调第十七、第十五、第三十五师团及独立混成第十二旅团和伪军共2万余人，从宝应、兴化等地出动，开始对苏北地区发动春季大"扫荡"。此前，韩德勤主动派人与新四军第三师商谈反"扫荡"中两部协调行动的问题。实际上这是韩在为自己准备后路。为团结韩部继续抗战，第三师不念旧恶，与韩达成如下协议：当日军"扫荡"韩部时，第三师配合韩部作战；韩部困难时，可向新四军规定的地区转移，但对根据地的地方政府机关和民众团体不得加以侵害，日军"扫荡"过后即返回原防；当日伪军"扫荡"新四军时，韩方应原地不动。

日军对苏北地区的此次"扫荡"，首先打击位于淮安以东地区的韩德勤部。根据与韩德勤达成的协议，新四军第三师各部积极配合韩部作战。

张云逸与陈毅、饶漱石、赖传珠高度关注这次规模空前的"扫荡"，并于2月16日致电黄克诚等："我们的中心任务为坚持与保卫根据地，粉碎敌人'扫荡'，并适当配合友军作战，扩大我政治影响，以促进全国团结和国共关系之改善。"电报还指出，若韩部于日军"扫荡"时被迫向新四军防区转移，新四军可划出一定

---

① 中国人民解放军历史资料丛书编审委员会：《新四军·文献》（3），解放军出版社1994年版，第43页。

地区给其休整，但应"责之严守我制度与不得破坏群众组织，并于'扫荡'后即时退返原防"。①在日伪军的打击下，驻扎在宝应县曹甸镇及淮安县车桥、泾口镇一带的韩德勤部大部被歼，残部均向北突围至涟水以东的新四军防区。从17日开始，敌人转移兵力，寻歼新四军第三师。在根据地群众和友邻部队的支持与配合下，至4月14日新四军第三师取得了这次反"扫荡"的胜利。

在反"扫荡"作战期间，遵照张云逸等的指示，新四军第三师对退入淮阴、涟水、苏家咀之间的韩德勤部供应粮草，接济经费，充分表达了中共方面与其团结抗日的诚意。然而，韩德勤恩将仇报。日军停止对其"扫荡"后，该部既不返回原防，也不"原地不动"，以策应新四军第三师的反"扫荡"作战，反而于3月3日西进，侵占了第三师淮海根据地中心区泗阳县里仁集（今泗阳县里仁乡）、程道口等地，完全违反了此前双方达成的协议。3月中旬，韩德勤又率其第八十九军、独立第六旅和保安第三纵队等部西渡运河，侵入第四师淮北抗日根据地中心区泗阳县之莫唐圩、界头集、金锁镇、山子头一线，并逮捕根据地的干部，杀害新四军伤病员，强缴根据地地方人员的枪支。与此同时，国民党第三十一集团军副总司令王仲廉率五个团的兵力从阜阳、蒙城地区越过津浦路东犯，准备与韩德勤部会合于淮北地区，夺取洪泽湖两岸，建立新的反共基地。

为驱逐韩德勤，阻止王仲廉部东进，张云逸等决定以第四师主力、第二师第五旅第十三团、第三师第七旅第二十团等部进行自卫反击作战。在第四师师长彭雪枫、政治委员邓子恢的统一指挥下，3月18日0时至14时，新四军参战部队全歼了侵入山子头地区的韩德勤部独立第六旅和保安第三纵队，活捉了韩德勤部一千余人。

韩德勤被俘后，因怕新四军问罪于己，先是不敢承认自己是韩德勤；待新四军准备将其释放时，韩担心安全没有保障，又承认自己是江苏省政府主席，并表示不愿意走，要求见第四师首长；在第四师师部，韩德勤对自己的反共行径百般狡辩，要求新四军为其掩饰战败被俘的情节，归还其人枪，并要面见新四军首长，如果不答应其要求，韩就"杀身成仁"，并吃了几十根火柴，欲求自尽。由于如何处理韩德勤的问题事关重大，张云逸等于18日请示中共中央如何处理。21日，毛泽东、刘少奇致电彭雪枫、邓子恢并陈毅、饶漱石：韩德勤被俘前，蒋介石令王仲廉星夜援韩，韩被俘后尚无反应。你们应准备释韩，但暂时不释，待王仲廉及重庆反应明了后再行处置。②23日，中共中央书记处召开会议，决定："如韩同意西去，则发还一部分人枪就地解决问题；如韩不同意西去，则暂留一时期，待国民党表示态度后解决。"③与此同时，蒋介石于19日命令王仲廉部4月5日前赶到洪泽湖地区。22日，王仲廉部推进至灵璧县北部。在此形势下，陈毅于23日

---

① 中国人民解放军历史资料丛书编审委员会：《新四军·文献》（3），解放军出版社1994年版，第452、453页。

② 参见中共中央文献研究室编：《刘少奇年谱》上卷，中央文献出版社1996年版，第416页。

③ 中共中央文献研究室编：《刘少奇年谱》上卷，中央文献出版社1996年版，第416页。

12时离开黄花塘,接着夜渡洪泽湖,于25日到达第四师师部,代表军部处理韩德勤问题。

围绕处理韩德勤的问题,中共中央与新四军军部和第四师领导人之间,紧急磋商,目的是何时放韩对形势更为有利。26日,赖传珠"向五〇三(饶漱石)提出,韩(德勤)事无法隐瞒,解决问题不能以韩为主,局部解决困难,王(仲廉)西返不可能,因此以不放为有利"[①]。为此,张云逸与饶漱石、赖传珠致电陈毅和第四师领导人,主张暂不释韩。27日,陈毅两次致电饶漱石、张云逸、赖传珠并转中共中央,主张在与韩进行谈判的同时,恢复韩与顾祝同的电台联络,以试探蒋介石的态度;同时,由于重庆方面见到韩有下落并且没有被俘,必然鼓动王仲廉部东进,新四军可站在自卫的立场上再歼其一部。28日,刘少奇就处理韩德勤问题致电陈毅、彭雪枫、邓子恢并张云逸、饶漱石:你们应努力争取韩德勤与我订立一个协定,之后即可释放韩德勤,并送其回原部队;对王仲廉东进部队应取先礼后兵策略,于适当时机予以打击,使其在路东不能立足。当日,张云逸与饶漱石、赖传珠致电陈毅、彭雪枫、邓子恢并报刘少奇:完全同意刘28日电示,只有采取此方针对我最有利。29日,中共中央书记处致电张云逸、饶漱石转陈毅:"陈二十七日两电悉。同意陈所提办法处理韩、王问题。""如陈估计韩留苏北比较有利,韩去路西反为不利时,即可使韩留苏北。但不论如何,均必须与韩订立一个秘约,方不上当。""对王仲廉须先礼后兵,不必急打。"[②]事实上,汤恩伯得到韩德勤被俘的消息后,于3月28日命令王仲廉部由津浦路东地区西返。

根据中共中央的指示,4月1日新四军释放了韩德勤。2日,陈毅致电张云逸、饶漱石、赖传珠并转中共中央:韩德勤已于昨天下午送其归队,彼第一步到运河两岸收集旧部,恢复办公;双方签订友好协定;请华中局、军部通知各地,对韩部应采取友好协助态度。4日,韩的代表吕汉卿与彭雪枫秘密签订了"韩副总司令与新四军陈军长晤谈备忘录"。根据这一备忘录,韩德勤同意不再策动津浦路西的国民党军向东进犯,新四军则划出淮阴附近的部分地区由韩部驻守,以衔接到其曹甸原防。不久,韩德勤将其鲁苏战区副总司令部和江苏省政府机关搬到了安徽阜阳。至此,韩德勤部完全撤出了苏北地区。

在整个抗战的过程中,如何处理与国民党顽军的关系,始终是张云逸等面对并须认真处理的问题。根据中共中央的指示,陈毅、张云逸等通过捉放韩德勤,既打击了其消极抗日、积极反共的反动气焰,迫使其最终表示与新四军合作抗日,又避免了事态的进一步扩大,从而维护了国共合作抗日的大局。

在指挥新四军各部进行反"扫荡"作战的同时,张云逸还参与指导了华中敌后抗日军民进行的反"清乡"斗争。

[①]《赖传珠将军日记》下册,军事科学出版社2005年版,第616页。
[②] 中国人民解放军历史资料丛书编审委员会:《新四军·文献》(3),解放军出版社1994年版,第566页。

为达到把华中变成继续进行侵华战争的重要后方基地,强化汪伪政权"以华制华",掠夺战略资源和人力资源"以战养战"的目的,日军从1941年起在华中抗日根据地实行"清乡"。为此,汪精卫等组织了"清乡"委员会,他们把日本帝国主义在朝鲜和中国台湾、东北实行过的各种殖民统治办法,以及蒋介石"三分军事七分政治"等"围剿"红军的办法都搬了出来,制定了一整套毒辣的"清乡"办法,即首先进行旨在消灭抗日军民的"军事清乡",接着进行通过编组保甲等手段强化治安的"政治清乡",然后进行"经济清乡"和"思想清乡",企图通过军事"清剿"、政治欺骗、经济掠夺和思想奴化,实现由点线的占领到面的占领。因此,反"清乡"斗争是新四军和华中抗日根据地人民所经历的一场特有的斗争。

在对苏南实施"清乡"的基础上,日军第六十师团师团长小林信男和汪伪政权"清乡"委员会秘书长李士群,纠集了日伪军1.6万余人,准备于1943年4月开始对新四军第一师兼苏中军区之第四军分区即(南)通如(东)海(门)启(东)地区进行"清乡"。为此,张云逸与陈毅、饶漱石、赖传珠于1943年3月16日致电第一师、第十六旅和浙东指挥部:"敌寇对苏中'清乡',曾经作过较长期之准备和动员,在军事、政治、经济、文化、特务各方面作过相当充分部署,而且对内战'剿共'经验与苏南'清乡'经验作过综合的研究。因此,你们对此次空前严重与高度复杂的敌寇'清乡',必须有明确的估计和充分的准备。""'清乡'与'扫荡'是不同的。'清乡'不仅在于动员配备优势武力以打击驱逐我主力,而且在于动员配备一切军事、政治、经济、文化、特务各方力量,彻底破坏我地方党政群众组织,摧毁我根据地,把我根据地彻底伪化、殖民地化。因此,我们也只有动员军事、政治、经济、文化、锄奸保卫等各方面的力量,开展反'清乡'斗争,才能粉碎敌寇的'清乡'。"①4月8日,张云逸与陈毅、饶漱石、赖传珠又致电粟裕:可参考第十六旅在苏南反"清乡"的经验,动员群众及民兵大破敌之竹篱笆,并将其烧毁,以打破日伪军用竹篱笆围圈进行"清乡"的计划。②

据此,苏中区党政军民齐心协力,在1943年4月至1944年2月接连粉碎了敌人的"第一期清乡""延期清乡"和"高度清乡",巩固了苏中抗日根据地。在此期间,根据张云逸等的指示,苏南、浙东、豫鄂边区等地的新四军也粉碎了敌人的"清乡",苏北、淮北等地的新四军则粉碎了敌人的"蚕食"活动。

据统计,1943年新四军各部在张云逸等的领导下,共作战4500余次,歼灭日伪军3.6万余人,沉重打击了日伪军,同时击退了国民党顽军对抗日根据地的多次进犯,从而坚持与保卫了华中抗日根据地,度过了华中抗战最困难的时期,为新四军在1944年转入对敌攻势作战创造了条件。

---

① 中国人民解放军历史资料丛书编审委员会:《新四军·文献》(3),解放军出版社1994年版,第257—258页。

② 参见刘树发主编:《陈毅年谱》上卷,人民出版社1995年版,第407页。

1944年春，日军抽调50余万兵力（其中从华中地区抽走8个师团），发动了旨在打通从中国到越南的大陆交通线的豫湘桂作战。与此同时，为巩固其在华中的统治，日军又新组建了一批部队，使其在华中地区的总兵力仍保持17万人左右，并不断对华中各抗日根据地发动"扫荡"。尽管如此，日军深知其战斗力已大为下降，不得不缩小防区，扩充伪军，将一些次要据点交由伪军守备。张云逸等根据敌我力量此消彼长的情况和中共中央的指示，于1944年至1945年上半年，在领导华中各抗日根据地粉碎敌人"扫荡"和"清乡"的同时，不失时机地指挥新四军发起攻势作战，实施局部反攻。

在反"扫荡"方面，1944年张云逸等在领导华中各根据地军民进行反"扫荡"和反"清乡"的基础上，成功地粉碎了日伪军于12月间对苏北地区发动的大"扫荡"。12月上旬，日军为掩护由河南调至苏北的伪军第二方面军孙良诚部南下阜宁和盐城地区，调集第六十五师团一部连同伪军共6000余人向涟水、阜宁、滨海等地进行大规模"扫荡"。张云逸等与黄克诚研究后，决定以第三师兼苏北军区主力一部配合地方武装进行反"扫荡"作战，将第三师主力集中于阜宁、滨海、灌云等地，阻击孙良诚部南下。至12月10日前后，新四军第三师兼苏北军区部队共歼灭日伪军3000余人，不但粉碎了敌人的"扫荡"，而且将南下的孙良诚部压缩于阜宁、盐城一带。

发动攻势作战方面，在张云逸等的领导下，1944年新四军第一师兼苏中军区部队先后进行了春季攻势和夏季攻势作战，并于12月间派出一部兵力渡江南下，进军东南；新四军第四师兼淮北军区部队从8月开始发起恢复豫皖苏边抗日根据地的攻势作战；新四军第三师兼苏北军区部队以及第十六旅和浙东游击纵队等部，也都发起了攻势作战。据不完全统计，1944年张云逸等人指挥新四军对日伪军作战6582次，攻克敌据点570处，摧毁敌碉堡764座，毙伤俘日伪军5万余人，迫使伪军反正1800余人[①]，收复了大片国土，基本制止了日伪军对华中抗日根据地的进攻，沟通了津浦路东各抗日根据地的联系，改善了各地区的斗争局面。

在中国抗日军民和其他同盟国军队的共同打击下，1944年底至1945年初，日本法西斯开始走向末路。为作最后挣扎，侵华日军根据其大本营的指示，开始收缩兵力，以确保其在华北、华中和华南沿海的重点地区。根据国内外形势的变化，毛泽东于1944年12月15日在《一九四五年的任务》的讲话中指出：1945年全中国唯一的任务是配合同盟国打倒日本侵略者，并强调解放区[②]军民1945年首要的任务是"消灭敌伪，扩大解放区，缩小沦陷区"。

1945年春，日军开始向京、沪、杭和华中沿海地区收缩兵力，将一些据点交

---

① 参见中国人民解放军历史资料丛书编审委员会：《新四军·文献》（4），解放军出版社1995年版，第37—38页。

② 毛泽东在《一九四五年的任务》的演说中，将敌后抗日根据地称为解放区。此后，解放区一词被广泛使用，并成为敌后抗日根据地一词的替代语。

由伪军守备。张云逸与饶漱石、赖传珠等根据中共中央的指示,决定抓住华中日军调整部署的有利时机,集中新四军部分主力向敌守备薄弱的城镇和交通要道发动进攻,以扩大解放区,缩小沦陷区。

新四军第三师兼苏北军区部队趁伪军孙良诚部刚抵达苏北、立足未稳之际,自1945年1月下旬起主动发起攻势,至3月中旬共歼灭该部1200余人,解放了灌河以北广大地区。4月下旬,该师针对日军撤出阜宁,防守阜宁的伪军内部矛盾突出,且城内粮草缺乏的情况,集中11个团的兵力发起阜宁战役,仅用三天即攻克阜宁城及其外围日伪军据点20余处,歼灭伪军2400余人,收复村庄580余个,扩大了苏北解放区。

苏中军区部队于2月下旬向盘踞在高邮、宝应、兴化、盐城之间的伪军据点发起进攻,歼灭伪军900多人,解放了兴化、高邮、宝应地区2400平方公里的水网地带。4月下旬,苏中军区部队又在高邮以东地区伏击调防的日伪军,一举歼敌1800余人。

新四军第二师兼淮南军区和第四师兼淮北军区部队,在张云逸等的直接部署和指挥下,粉碎了日伪军打通淮河至运河水运交通的企图。1945年2月,日军由淮阴、天长、高邮等地集中了5000余人向淮河下游和三河沿线进犯,企图打通淮河至运河的交通,以切断淮南、淮北、苏中解放区之间的联系。张云逸等人一面指挥新四军第二、第四师以伏击、截击、围困等手段积极打击进犯之敌,一面令新四军第一、第三师分别向江都、高邮、淮阴等地发动攻势,钳制日军。在新四军的打击下,向淮河下游和三河沿线进犯的日伪军于4月中旬被迫向高邮、五河等地撤退。新四军第二师兼淮南军区部队则趁势发起反击,接连拔除10余处日伪军据点,至4月底歼灭日伪军近800人,扩大了津浦路东解放区。为进一步扩大淮北解放区,新四军第四师兼淮北军区部队于4月中旬起对泗县、灵璧、睢宁、涡阳等地的日伪军发起了历时近一个月的攻势作战,破袭了泗县、灵璧等地的部分公路,共歼灭日伪军3000余人,拔除日伪军据点20余处,解放了1200平方公里的国土。

1945年5月8日,德国法西斯战败投降,欧洲战事结束。6月,美军攻占冲绳岛,打开了进攻日本本土的南部通道。在中国战场,侵华日军在解放区军民的不断打击下,困守于大中城市、交通要道和沿海一带。日本法西斯的灭亡指日可待。为作垂死挣扎,日军大本营于5月底进一步收缩在华兵力,并从华北和华南抽调8个师团进入华中,使华中地区的日军兵力增加到62万余人。同时,日军还将在山东的伪军第三方面军调到安徽蚌埠和淮南一带。

张云逸等研究了国内的形势后认为:"敌伪集中兵力准备决战,故在华南、华中各地主动放弃许多城市和地区。但长江下游与津浦路沿线,除非经过决战失败,似不致轻弃。"① 据此，张云逸等决定乘日伪军向沿海、大城市和主要交通线收缩之际，令新四军继续对敌守备薄弱的城镇据点展开积极进攻，以进一步扩大解放区。由此，新四军各部展开了更为猛烈的夏季攻势。

为歼灭盘踞在宿县西南地区的伪军第四方面军一部，扫除开辟宿（县）蒙（城）怀（远）地区的障碍，新四军第四师兼淮北军区部队于5月下旬集中1.3万余人的兵力发起宿（县）南战役，至7月1日共歼灭伪军1900余人，不仅巩固了涡河以北地区，而且开辟了宿南新区，使淮北津浦路西解放区的8个县连成一片。此外，第四师兼淮北军区还集中地方武装9个团，在主力一部的配合下，于6月至7月进行了睢宁战役，攻克睢宁县城及其外围伪军据点17处，歼灭伪军2200余人，收复国土300余平方公里。

在进行宿南、睢宁战役的同时，新四军第三师兼苏北军区所部及苏中军区部队继续向伪军第二方面军发动攻势，先后在苏北盐阜、淮海和苏中淮安地区攻克其据点数十处，争取近1000名伪军反正。至7月底，新四军第三师兼苏北军区部队已解放了盐城、阜宁以东的全部地区，使淮海区扩大了一倍。

此外，新四军第二师兼淮南军区部队于5月争取了嘉山县伪保安大队反正，并乘势攻入该城；6月又攻克六合县东沟镇伪军据点，全歼伪军1个营约400人。

新四军第七师兼皖江军区部队于7月间一度收复至德（今东至）县城，并解放了彭泽、至德之间部分地区，拔除了巢湖南岸巢（县）盛（家桥）公路沿线部分日伪军据点。

在1945年的春、夏季攻势中，张云逸等指挥新四军先后解放阜宁、睢宁等县城及其他日伪军据点100余处，歼灭日伪军3万余人，并争取4700余伪军反正，将日伪军进一步压缩到华中的主要城镇、交通要道附近及沿海地区，进一步扩大了华中解放区。

1944年至1945年上半年，新四军积极发动对日攻势作战，但国民党顽军却趁机侵犯解放区，使新四军不得不在对日举行攻势作战的同时，对顽军进行自卫反击作战。

盘踞在苏中东（台）泰（县）兴（化）三角地区的国民党长江下游挺进军陈泰运部，于1944年上半年同"清乡"的日伪军相配合，先是不断进犯苏中军区第四军分区的南如海启地区，残杀抗日军民，之后又派出特务窜入苏中军区第三军分区进行破坏活动，并有配合日伪军对泰县、如皋、海安等地进行"清乡"的企图。在此形势下，张云逸于7月8日致电毛泽东、刘少奇和陈毅，请示是否可以对陈泰运部予以打击。毛泽东在张云逸的这一电报上批示："在陈泰运确实配合敌伪向我进攻时，可在自卫立场上予以打击，但不能离开自卫立场。"② 8月26日，毛泽东与刘少奇、陈毅联名电示饶漱石、张云逸：对陈泰运部可站在自卫立场上采

---

① 军事科学院《张云逸军事文选》编辑组主编：《张云逸军事文选》，军事科学出版社2007年版，第472页。
② 中国人民解放军历史资料丛书编审委员会：《新四军·文献》（4），解放军出版社1995年版，第110页。

取坚决斗争的方针，在必要时甚至可以将其歼灭。据此，张云逸令新四军第一师兼苏中军区做好讨伐陈部战役的准备。8、9月间，陈泰运部勾结伪军对苏中军区第三军分区实行封锁，并配合伪军向驻紫石（今海安）县仇湖以南地区的新四军部队发动进攻，企图消灭在该地活动的新四军，控制整个东泰兴三角地区。为消除苏中抗日根据地的这个祸患，张云逸根据自卫原则，集中新四军第一师兼苏中军区6个团的兵力，于9月下旬至10月底进行了讨陈战役，一举歼灭该部2300余人，从而控制了东泰兴紫（石）四县交界地区，贯通了苏中军区各军分区之间的联系。

1944年6月，新四军第二、第七师乘日军拆除淮南铁路南段铁轨之际，向该段铁路沿线的日伪军展开攻势作战，拔除了部分日伪军据点。桂系第七军第一七一师不但不配合新四军作战，反而偷袭新四军第二师巢北支队①，使该部遭受很大损失。7月中旬，桂系军队占领了苏皖交界的江（浦）全（椒）地区，并对巢（县）合（肥）地区展开"清剿"，从而切断了新四军第二师与第七师的联系。同时，桂系第四十八军第一七六师自桐城、庐江一带东犯，企图与第一七一师东西对进，将新四军第七师挤出皖中地区。

为粉碎桂系军队的企图，张云逸等准备在淮南津浦路西地区择机组织一个自卫反顽战役，恢复第二师与第七师的联系，并巩固淮南津浦路西地区。7月26日，张云逸等将这一意见电告毛泽东。随后，张云逸与饶漱石、赖传珠研究了具体的作战部署。30日，张云逸等致电第二师，要求于8月20日前完成自卫反顽作战的各项准备工作。8月2日，中共中央复电张云逸等：同意在淮南津浦路西组织一个自卫反顽战役，但强调："目前宜集结必要充分兵力专门整训，精研包围歼灭办法，俟彼来攻，让其前进至适当地点，我用全力歼灭其一部，然后找机会再歼其一部，打出威风来，否则不易解决问题。"②据此，张云逸令新四军第二、第七师按照中央的指示精神，加紧进行反顽作战的准备。

8月下旬，新四军第七师击退了桂系军队和安徽国民党地方武装近2000人向巢（县）无（为）中心区周家大山阵地的进攻，毙顽军300余人，守住了阵地。11月10日，日伪军以6000余人兵力向淮南津浦路西抗日根据地的中心区定远县藕塘、张桥等地进行"扫荡"。13日，桂系军队第一七一师连同安徽国民党地方武装共8000余人紧随日伪军之后，向淮南路西根据地进犯。面对日伪顽的联合进攻，张云逸等首先指挥第二师兼淮南军区主力以灵活的游击战术粉碎了日伪军的"扫荡"，随后又集中第二师第五旅及淮南军区津浦路西军分区部队对付进犯的顽军，并于20日在定远县占鸡岗一举歼灭了第一七一师及地方土顽武装2000余人。几天后，第二师第四旅又攻克了周家岗等地的顽军据点，歼灭顽军300余人。为夺回周家岗，顽军集中了约7个营的兵力向周家岗等地进攻。11

---

① 1943年12月，新四军第七师原巢湖支队调入淮南抗日根据地后改称巢北支队，并改隶新四军第二师。1944年9月，该部重新调归第七师建制。

② 中国人民解放军历史资料丛书编审委员会：《新四军·文献》（4），解放军出版社1995年版，第747页。

月25—27日，张云逸等连电第二师，要求集中主力歼灭来犯的顽军一路或一部，以确保周家岗等地，并相机恢复江（浦）全（椒）地区。张云逸等在电报中强调：对于新收复的地区，不要分兵处处把守，而应择其要点筑垒扼守，以便能集中主力进行整训和机动；自卫战应注意有节与适可而止的原则，以免造成连续作战的局面，于大局不利。据此，第二师派兵在周家岗以南孤山一带严阵以待。顽军见无隙可乘，只得在孤山以南的三合集至西王集一带构筑工事，与第二师形成对峙。

1945年2月，驻巢县、桐城的桂系军队第一七一、第一七六师，趁新四军第七师在皖中无（为）东地区进行反"扫荡"之际，向巢无和（县）含（山）解放区发动进攻。面对日伪顽的同时进攻，张云逸等指示新四军第七师兼皖江军区领导人谭希林、曾希圣等，要求首先粉碎日伪军的"扫荡"，然后再以内外线相结合的战法打击和袭扰进犯的顽军，同时命令第二师向顽军第一七一师发动进攻，以策应第七师的作战。3月初，第二师相继拔除了第一七一师在定远、全椒等地的据点10余处，歼灭顽军近1000人，迫使其暂时停止了向皖中解放区的进攻。然而没过多久，桂系军队又调集第一七一、第一七六师准备再次进犯淮南津浦路西及巢（县）南地区，并增调驻合肥的第七军第一七二师至皖东参战。

此时，张云逸等正考虑抽调新四军第二师主力执行向东南发展的战略任务。而长期楔入淮南津浦路西和皖中地区的桂系军队不仅威胁着这两块解放区的安全，且使第二师主力无法渡江南下。为改变这种不利局面，打通第二师与第七师之间的联系，巩固巢南地区，并相机解决淮南路西问题，以便执行新的发展任务，张云逸与饶漱石、赖传珠决定，集中第二、第七师主力在淮南津浦路西组织一次较大规模的自卫反顽战役。为保证作战的胜利，张云逸等还决定将第三师第七旅调至淮南津浦路西参战，同时为加强皖中地区的作战力量，还决定第三师组建独立旅，调至皖中参战。据此，第七旅于3月中旬由淮北地区南下，4月初到达淮南津浦路西地区。第三师从第十旅兼淮海军分区第二、第三支队和地方武装中抽调部队，于4月4日在江苏泗阳县组成了以覃健为旅长的独立旅。之后，独立旅由苏北南下皖中。

由于这次是新四军空前规模的反顽作战，为加强对战役的组织和领导，张云逸等决定组织路西反顽战役指挥部，以第二师政治委员谭震林和第七旅旅长彭明治分别任正、副指挥，统一指挥参战的新四军各部。同时，张云逸与饶漱石、赖传珠率领从军部抽调部分人员组成的精干指挥机关，于4月6日由千棵柳①出发，经来安县自来桥过津浦路，于10日到达定远县的大赵家，部署作战任务。当天，谭震林及第五旅旅长成钧、政治委员赵启民等都赶到大赵家会合。11日，张云逸在大赵家主持召开了作战会议，决定采取围城打援的战法，力求在运动战中歼灭顽军第一七一师主力。13日，第七、第五、第四旅移至定

---

① 新四军军部于1945年2月28日由黄花塘南迁至今盱眙县的千棵柳。

远县大桥一线，覃健率独立旅到达盱眙县的古城，张云逸令独立旅休息两天即西进参战。

14日晚10时左右，反顽战役打响。第五旅包围了驻王子城及其附近村庄的桂系军队一个团，第四、第七旅插至王子城以西和以东地区，准备打援。15日，第五旅第十五团开始对王子城实施迫近作业，并将外围村庄占领。16日，驻梁园的桂系军队一个团（两个营）向王子城西南的富旺集增援，被第四旅包围于大小鲁庄；驻三官集的桂系军队一个团（两个营）向王子城东南的黄疃庙出犯，遭第四旅阻击不得前进。张云逸、赖传珠等得知新四军包围了王子城和大小鲁庄的两处顽军，便打电话提醒谭震林等，前方部队不宜多处包围顽军，否则使兵力分散，不好机动出击。桂系第七军第一七一师师长曹茂琮见两个团被包围，一个团进攻受阻，于17日再令其两个团向黄疃庙增援。双方展开激战。被包围于大小鲁庄等地之顽军则趁机突围，第四旅发起追击。第七旅于18日占领黄疃庙后，亦向退却之顽军发起追击。至21日，反顽作战结束。

此次反顽作战，新四军以8个团对桂系军队5个团，在兵力上并不占绝对优势，再加上既想攻城，又想打援，作战重点不突出，因而未能形成歼灭战，而打成了击溃战。尽管如此，新四军以伤亡2500余人的代价歼灭桂系军队第一七一师等部3600余人，给其以应有的教训。在此期间，新四军第七师含和支队东进苏皖交界的江浦、全椒地区，策应路西反顽作战，并先后攻克、逼退顽军据点多处，23日与第三师独立旅在江浦石村庙会师。此后，第三师独立旅南下皖江地区，加强了第七师的作战力量。

二、恢复豫皖苏边抗日根据地

豫皖苏抗日根据地，是由彭雪枫领导的新四军第四师的前身——新四军游击支队创建的。1941年2—5月，新四军第四师在与国民党顽军汤恩伯部进行反摩擦作战受挫后，被迫放弃这一地区，退至津浦路东的淮北苏皖边区。此后，"打回路西去，收复豫皖苏边区"，便成为新四军第四师全体指战员一个矢志不移的信念。

1944年4月中旬，日军实施豫湘桂作战计划，先后向河南中部和西部地区发动进攻，至5月25日占领了郑州、漯河、洛阳、卢氏、陕县等30多座城市。在不到40天的时间里，第一战区的国民党军队竟损失了20多万人，丢掉了4万多平方公里的国土，被迫退至洛宁、嵩县以西的伏牛山区。

国民党军的溃退，为第四师恢复豫皖苏边抗日根据地在客观上创造了条件。为此，4月下旬和5月上旬，第四师领导人两次致电新四军军部，请示能否恢复豫皖苏边区。然而，在对日军的整个作战计划、作战目的及作战结果尚不完全清楚的情况下，张云逸等认为，可以进行恢复豫皖苏边根据地及向河南发展的必要准备，但部队不必急于行动，并于5月4日致电中共中央："我们除令四、五、七师仍继续加强原有地区巩固工作外，并进行必要之准备，特别是在顽战区地下党工作，以静待整个情况之变化，不宜过早行动。如果敌人打通平汉路后，我们之方针如何？请示为盼。"①

中共中央完全同意张云逸等的建议，并于5月11日致电华中局并转豫鄂边区党委，北方局并转冀鲁豫分局：在日军的大举进攻下，估计"河南平汉路以东及河南大部地区已成敌后地区，而国民党汤恩伯等部业已大败，溃散者颇多。河南秩序紊乱，人民抗日武装必然蜂起"。"国民党在敌人进攻及国内国外各种压力之下，最近又对我党表示好感。林伯渠、王若飞同志已应国民党之邀请前赴重庆进行谈判。""因此，八路军、新四军各部目前决不应向河南推进，以免引起和国民党方面的磨擦，妨碍大局。"然而，应派一定数量的干部和党员去河南，"参加与领导河南人民抗战，应该组织抗日游击队及人民武装，建立根据地保卫家乡"。"为此，北方局、华中局、冀鲁豫分局应分担发动与指导河南及皖北人民抗日游击战争的任务。中央决定：在郑州以西地区，由北方局负责；平汉路以东之豫东地区，由冀鲁豫分局负责；豫南及皖北地区，由华中局及豫鄂边区党委与淮北区党委负责。"②据此，张云逸等于5月19日以华中局的名义发出指示，要求新四军第四、第五师分别查明情况，作好发动与指导豫南、皖北人民进行抗日游击战争的部署，同时要求各区党委准备抽调一批河南和安徽籍的干部，以待将来派到豫南和皖北开展工作。

从5月下旬起，日军暂停在河南的军事行动，开始向湖南发动进攻。在局势已经明了的情况下，中共中央对发展河南的工作重新进行了研究和部署。6月23日，刘少奇与陈毅联名致电张云逸、饶漱石并新四军第五师领导人："五师今后发展方向应该确定向河南发展，完成绾毂中原的战略任务。这一任务完成，使我华中、华北、陕北呵成一气，便解决了我党我军颠扑不破的战略地位。"③电报同时要求第四师可以一部西越津浦铁路，到安徽西北地区待机，但不宜向河南急进。7月9日，陈毅又致电张云逸、饶漱石、赖传珠：中共中央前后两电，一要第四师越津浦铁路西进，开展涡阳、蒙城等地的工作，一要第五师准备向河南和湘鄂赣边发展。将来日军若打通了浙赣铁路，则第十六旅、第七师和浙东部队还要向江南发展。请你们与各师就此进行商议，预作准备，并将商定之具体意见从速电告中共中央。据此，张云逸等与正在黄花塘参加整风会议的各师领导人（第五师除外）开始研究进军河南的方案。

在此之前，第五师师长李先念、政治委员郑位三等曾于7月3日致电张云逸、饶漱石、曾山并刘少奇、陈毅："我们对河南发展的可能和需要，完全同意"，但"我们现在存在几个困难，确与发展河南的任务矛盾"④，这就是严重的财政困难、

---

① 张云逸、饶漱石致中共中央电，1944年5月4日。
② 中国人民解放军历史资料丛书编审委员会：《新四军·文献》(4)，解放军出版社1995年版，第301页。
③ 中央档案馆编：《中共中央文件选集》第14册，中共中央党校出版社1992年版，第259页。
④ 中国人民解放军历史资料丛书编审委员会：《新四军·文献》(4)，解放军出版社1995年版，第399页。

根据地不够巩固以及严重缺乏干部。由于这三大困难，第五师至少在半年内仍以巩固原有根据地为主；对于发展河南，只能派出约7个连的兵力，暂在信阳、罗山境内推进这方面的工作，并拟组织河南工作委员会领导此项工作。张云逸等接到第五师的来电后，于7月6日以华中局的名义复电指出："根据中央指示发展河南，打通八路军、新四军联系，为我党目前颠扑不破的战略方针。因此，五师必须争取时间，迅速准备向北发展的一切条件"；"我们深悉你们目前集中力量进行巩固工作之重要，但目前五师向北发展客观顺利条件，对五师与全国今后发展前途均有极大意义，不可错过"。①

中共中央在研究了第五师的电报后，考虑到该师目前的状况，同意其在半年内以巩固原有地区为主、以发展河南工作为辅的请求。关于发展河南敌后的工作，中共中央要求第五师首先沿平汉路两侧向北发展，求得与华北八路军打通联系，以便中央能派干部到第五师工作，同时要求第五师派得力干部去领导河南工作委员会。7月10日，中共中央将上述决定电告第五师并华中局。

张云逸等在讨论进军河南敌后方案时，"除一致拥护先机完成贯通中原的战略方针外"②，最终形成了三个方案。第一方案是：若目前向河南敌后大规模进军不致影响全局，则新四军除第二、第五师另派部队向北发展外，还可集中十个步兵团、一个骑兵团，由第四师地区向豫东挺进。为此，需要八路军冀鲁豫军区派遣大批部队向睢（县）杞（县）太（康）地区挺进，以为策应。第二方案是：若目前还不宜以过大兵力向河南敌后行动时，可先由第四师派遣三个步兵团附一个骑兵团，由江苏铜（山）南、安徽宿（县）北一带越过津浦路，向萧（县）永（城）砀（山）地区挺进，首先恢复原豫皖苏边根据地，继而与睢杞太打成一片；另以一个步兵团由宿南、涡（河）北间越过津浦路，进行钳制作战，尔后两部再会合。第三方案是：若目前只可用较小部队西进，则最少需以一个主力团向萧永砀地区挺进，开展游击战争，发动群众和恢复根据地。

经过比较研究，张云逸等觉得第二方案比较可行，并认为若能恢复豫皖苏边根据地，并与睢杞太打成一片，便可沟通新四军与八路军的联系，随后新四军再以此为基础大举西进，协同八路军南下，再由新四军第五师派兵北上，便可打通第五师与八路军、新四军的全面联系，中共中央赋予的贯通华中、华北和陕北之间联系的战略任务即可实现。据此，张云逸等令第四师在半个月至一个月内做好西进的准备，同时要求各根据地迅即抽调河南一带的地方干部到华中局集训，准备随军出发。7月11日，张云逸与饶漱石、曾山、赖传珠将上述意见电告中共中央。

7月25日，中共中央复电华中局并告北方局、山东分局：（1）北方局已决定由八路军太岳军区派两个团南渡黄河进入豫西地区开展斗争；冀鲁豫分局已派一

---

① 中国人民解放军历史资料丛书编审委员会：《新四军·文献》（4），解放军出版社1995年版，第231页。
② 中国人民解放军历史资料丛书编审委员会：《新四军·文献》（4），解放军出版社1995年版，第306页。

个营加强睢杞太地区；新四军第五师抽七个连沿平汉线向河南发展；华中局提议在新四军第四师抽五个团进入永城、夏邑、萧县、宿县地区建立阵地，打通与睢杞太的联系，并相机控制新黄河以东地区。（2）新四军第四师西进部队应配置百名以上的地方干部，由师长彭雪枫、政治部主任吴芝圃率领，经集训后西进。（3）新四军第三师派一部进入淮北地区。（4）八路军鲁南军区可接收运河支队地区，以便第四师向西发展；冀鲁豫军区应相机派出一部打开微山湖西岸局面，以策应第四师在南面的发展。（5）中央正准备派遣一批干部到河南及湘、鄂等地工作，以配合新四军向河南敌后发展。此电表明，中共中央事实上批准了张云逸等提出的新四军进军河南敌后的第二方案。

同日，中共中央还发出了《关于发展河南敌后工作的指示》。该指示指出："此次向河南发展与以前发展华北和华中的情况均有不同，情况更复杂，我军政策应照顾敌伪友我诸方面，更灵活的去适应具体情况，成功关键取决于此。"[①] 为此，中共中央要求在发展河南的工作中应注意下列各点：第一，各部发展河南，要善于插入敌、顽之间的空隙地区，在敌伪区及其边沿区开展工作；第二，发展新区首先应着重政治宣传，争取同情，建立并扩大武装，以自己的力量扫除阻碍，使局面初定，随后再转入组织和领导群众斗争，以建立根据地；第三，迅速发动群众开展抗日运动和减租减息运动，严肃群众纪律，为人民多做好事，与人民同甘共苦；第四，以我为主建立抗日政权，但要善于吸引当地进步人士和开明士绅出来做事，作我之助手；第五，应注意容纳和吸收当地专门技术人才和知识分子。

接到中共中央7月25日的电报后，张云逸与饶漱石、赖传珠及彭雪枫、邓子恢等开始研究第四师西进河南敌后的具体计划，并最后商定：由彭雪枫、吴芝圃、张震率第四师第十一旅的两个团、第九旅的一个团、萧（县）铜（山）独立团及骑兵团，从萧（县）铜（山）地区西进，首先解决国民党地方顽军苏北挺进军第十三纵队刘瑞歧部、第二十八纵队刘子仁部，恢复萧（县）夏（邑）永（城）地区，再打通与睢杞太地区的联系；由宿（县）东游击支队派一个大队，配合宿西游击队，向宿西发展，另由泗（县）五（河）灵（璧）凤（阳）独立团派一个营进出淮上，此二路为牵制方向；第四师抽调原路西工作干部数十名，配备好萧县、永城、宿西、夏邑、砀山等县之党政机构，随同出发；经费上先自带一个月的粮款，一个月内不在当地筹粮；为统一领导此次行动，由彭雪枫、吴芝圃、张震三人组成行动委员会，以彭雪枫为书记；淮北路东地区由邓子恢和淮北行政公署主任刘瑞龙二人主持工作，邓并指挥路东部队进行整训，军事上以第九旅旅长韦国清为淮北军区参谋长。

为配合第四师主力西进，张云逸等决定调第三师第七旅和第一师第十八旅第五十二团进入淮北作为机动力量，同时命令第二、第七师予以策应。为解决第四

---

① 中央档案馆编：《中共中央文件选集》第14册，中共中央党校出版社1992年版，第289页。

师西进部队的经济困难,张云逸等专门拨给该部 200 万元。

1944 年 8 月 15 日,第四师主力在彭雪枫、张震、吴芝圃的率领下誓师西进,之后越过津浦路,在相继歼灭、击溃几股国民党顽军后,于 8 月下旬进至萧永地区。27 日,彭雪枫、张震、吴芝圃致电张云逸、饶漱石、赖传珠:为在永(城)夏(邑)边歼灭阻我西进的顽苏北挺进军第二十八纵队刘子仁部,提议增调两团西进。次日,张云逸与饶漱石、赖传珠复电指出:同意调第九旅第二十六团赴路西参战;你们目前主要任务是争取巩固已得胜利,完全肃清萧永边残存的顽军力量,并发动群众,建立抗日政权,稳定这一西进的立足基地,此任务完成后再逐步西进。据此,彭雪枫等指挥第四师西进部队在萧永宿地区连续发动攻势作战,拔除了一批伪军据点,随即展开根据地的建设工作。至 9 月上旬,第四师西进部队建立了萧县、永城、宿西 3 个县、15 个区的抗日民主政权,组织了 1000 余人的地方武装,为继续西进打下了基础。

为阻止新四军西进,夺回萧永宿地区,国民党顽军准备以骑兵第八师、暂编第六十二师、暂编第三十师由涡河以南北犯,以陇海路北之苏北挺进军耿继勋、刘瑞歧两部越路南犯,以津浦路东之第三十三师段海洲部及苏北挺进军第六纵队苗秀霖部越路西犯,企图从南、北、东三面夹击第四师西进部队。在得知顽军的上述企图后,张云逸等多次致电彭雪枫等,就反顽作战作出部署,并将有关情况及时电告中共中央、中央军委。

9 月 10 日,中央军委致电张云逸、饶漱石:为巩固第四师西进的成果并对顽军实施各个击破的方针,第四师西进部队应立即在萧夏永地区布置战场,准备迎击来犯之顽军;第四师在津浦路东的部队应待段、苗两部西犯后,派得力部队尾进,配合西进部队将其消灭于萧永地区;第三师第七旅应进入泗南、灵璧一线,准备必要时过路增援;在宿西的游击队应加强活动,牵制涡阳、蒙城的顽军;第五师北进部队应尽可能向北推进;八路军冀鲁豫军区部队负责消灭陇海路北的耿、刘残部并打通与彭雪枫部的联系,其水东地区的部队就地开展游击活动,牵制豫东的顽军,防其全力向萧夏永地区进犯。电报最后指出:"新黄河以东地区,为我华北、华中的联系枢纽,战略上极为重要,目前已成为顽我必争。我军必须在连续不断的战斗胜利中,才能完全巩固该地区的发展……各部作战上之配合,统归彭师长指挥。"① 据此,张云逸等就第四师西进部队的反顽作战作出部署,并令第三师第七旅做好随时到路西参战的准备。

根据张云逸等的指示,第四师西进部队于 9 月 11 日集中 3 个团在夏邑县太平集以东的八里庄、小楼子、张庄一线歼灭顽苏北挺进军第二十八纵队 1000 余人。次日,第四师第九旅、第三师第七旅各两个团及第一师第五十二团在第七旅旅长彭明治、第九旅旅长韦国清的统一指挥下,于宿县东北地区截歼由灵璧高楼、渔沟西犯的段、苗两部 1000 余人,从而打乱了国民党顽军三路进攻

---

① 中国人民解放军历史资料丛书编审委员会:《新四军·文献》(4),解放军出版社 1995 年版,第 332 页。

第四师西进部队的计划。不幸的是，彭雪枫于11日凌晨在指挥八里庄战斗时，被流弹击中牺牲。

接到彭雪枫牺牲的消息，张云逸与饶漱石、赖传珠极为悲痛。他们深知第四师指战员对彭雪枫师长的感情，为不影响作战，连发数电给第四师西进部队。其中一封电报是发给第四师参谋长张震、政治部主任吴芝圃及西进部队各旅、团领导人的，电文如下：

> 惊悉雪枫同志光荣牺牲，极为痛悼。但在前线战局紧张，你们应以战事为重，切勿受情感影响。至于前方指挥，着由张震同志负责，政治领导着吴芝圃同志负责，你们须团结一致，接受张、吴领导为要。
>
> 张饶赖
> 十一日十八时

另一封电报是发给张震、吴芝圃的，电文如下：

> 接张、吴急电。痛悉雪枫同志于追击李光明残部时光荣牺牲，噩耗传来，深为震悼！盼张、吴负责妥为装殓，派员护返师部，另期举行盛大追悼外，仰传达前方全体指战员，更加加紧团结，服从张参谋长指挥，誓竟彭师长遗志。查我军西进，不出兼旬即（歼刘瑞歧精锐，击溃刘子仁全部，先后俘李光明等千数百人，并缴获极多）获此伟大胜利。我们深信我前线指战员，在张参谋长、吴主任指挥下，必能粉碎敌顽进攻，巩固萧永夏抗日基地，并完成与八路军打成一片的光荣任务。特委托张、吴代表我们向前方各受伤同志表示慰问，并祝他们早日恢复健康。
>
> 张饶赖
> 九月

与此同时，张云逸与饶漱石还于9月11日晚上向毛泽东、刘少奇等人报告了彭雪枫牺牲的消息及新四军军部暂令张震指挥第四师西进部队的决定。至于第四师师长的人选，张、饶请中共中央决定。

在长期的革命战争中，特别是在新四军的创建与发展过程中，张云逸与彭雪枫结下了深厚的革命友谊。自1931年7月张云逸率红七军进入中央苏区、归红一方面军建制后，即与时任红三军团第六师政治委员的彭雪枫相识。虽然张云逸在年龄上比彭雪枫大了十几岁，但这并没有成为两人交往的障碍。当时，彭雪枫给张云逸留下了一个"年轻有为"的良好印象。全国抗战爆发后，彭雪枫一手创建了新四军游击支队，并率部开辟了豫皖苏边抗日根据地。虽然在1941年反摩擦斗争中遭受挫折，但他没有气馁，随后率部转战淮北苏皖边区，使其逐渐发展成为一个独立的战略单位。彭雪枫也在战斗中成长为能独当一面的新四军高级将领。

对于彭雪枫,张云逸作过这样的评价:"雪枫同志十几年来一贯表现忠诚为党,热爱人民,勇于负责,聪明果断,作风雷厉风行,而对干部与战士则极其友爱,在战阵中则英勇善战,制服敌人,平时则专心学习……成为文武兼长,军事政治并茂之我党我军重要干部。"[①]为缅怀彭雪枫的丰功伟绩,延安和淮北各界在1945年2月先后为其举行了隆重的悼念活动。为纪念彭雪枫同志,张云逸专门撰写了《悼彭雪枫师长》一文,于1945年2月5日刊登在新四军第四师创办的《拂晓报》上。在这篇文章中,张云逸高度评价了彭雪枫革命和战斗的一生,号召新四军全体指战员向彭雪枫同志学习,学习他优秀的革命品质和自我批评精神,以完成其未竟的革命事业。

彭雪枫牺牲后,中共中央于1944年9月13日决定:调新四军第三师副师长张爱萍任第四师师长,第四师第九旅旅长韦国清任第四师副师长,并由韦国清赴津浦路西统一指挥反顽作战,张爱萍兼第九旅旅长驻津浦路东。据此,张云逸与饶漱石、赖传珠商定,以韦国清率第九旅第二十六团赶赴路西并统一指挥路西部队,淮北路东的部队则由彭明治统一指挥。不久,韦国清率第二十六团到达路西,与张震、吴芝圃会合。

遭受新四军的打击后,国民党顽军竟策动驻徐州、商丘的日伪军对第四师西进部队进行"扫荡"。在韦国清的统一指挥下,第四师西进部队粉碎了1000余日伪军对萧永地区的"扫荡",10月7—8日又在砀(山)南刷集、关帝庙等地歼灭了顽苏北挺进军第三纵队800余人,打通了与陇海路北八路军的联系。

10月12日,国民党暂编第一军军长王毓文令暂编第十四师、骑兵第八师、苏北挺进军等部向萧永地区推进,准备以分进合击的战法消灭第四师西进部队。鉴于此次顽军投入的兵力较大,路西的新四军部队在兵力对比上不占优势,为确保反顽作战的胜利,张云逸等令彭明治率第三师第七旅的两个团赴路西参战,并组织了以韦国清为司令员、彭明治为副司令员、张震为参谋长、吴芝圃为政治部主任的路西战役野战司令部,以统一对路西部队的作战指挥。张云逸等还就反顽作战的方针作出指示,要求新四军参战部队在顽军主力分头前进时,以移动防御钳制与阻击其一路,另集中优势兵力歼其一路。

自10月14日起,顽军分别由涡阳、蒙城、永城以西及徐州西北出动,从南、西、北三面向萧永地区的新四军西进部队进逼。在路西战役野战司令部的统一指挥下,新四军西进部队自15日起向顽军发起反击。至10月30日,将三路进犯之顽军全部击退,并将由涡阳、蒙城方向北犯的顽军主力赶回涡河以南。此次反顽作战共歼灭顽军3600余人,基本上恢复了豫皖苏边抗日根据地。其间,八路军冀鲁豫军区一部奉命南下,在泗河以北地区与新四军西进部队会合。

11月1日,中共中央致电张云逸、饶漱石:顽军被击败后,估计暂时不会再大举进攻,新四军西进部队应抓紧时间休整,继而分头进行涡河北岸的群众工作,

---

[①] 军事科学院战争理论和战略研究部编:《彭雪枫纪念文集》,解放军出版社2007年版,第55页。

以巩固涡河以北阵地；新四军军部与淮北区党委应速派大批干部去路西，帮助建立地方武装与政权及进行群众工作；同时，新四军西进部队应在八路军南下部队配合下迅速打通与水东地区的联系。据此，张云逸等于11月6日以华中局名义致电张爱萍、邓子恢：路西除抽调部队协同南下之八路军相机西进打通与水东地区的联系外，应集中力量发动群众，建立地方武装，建设抗日政权及发展党的组织。

根据中共中央和华中局的指示，新四军西进部队自11月起大刀阔斧地展开恢复地区的全面建设工作。同时，第四师第十一旅与骑兵团还由涡（河）北龙山集北上，开辟了商丘、亳县、永城之间的地区。至1944年底前后，新四军西进部队在路西恢复了3200余平方公里的根据地，建立了近2万平方公里的游击区以及永城、夏邑、萧县等8个县的抗日民主政权，成立了淮北行政公署第二专署及淮北军区第二军分区，组建了一批群众抗日团体及地方武装，解放人口250万。

自1944年8月起，张云逸等根据中共中央指示精神，指挥新四军第四师主力及第三师第七旅在八路军一部的配合下，经过4个多月的艰苦奋战，先后歼灭日伪军和国民党顽军1.3万余人，控制了津浦铁路以西、陇海铁路以南、商（丘）亳（县）公路以东、涡河以北的广大地区，完成了恢复豫皖苏边抗日根据地的任务，扩大了新四军战略反攻的前进基地。

三、发展东南

组织新四军主力一部渡江南下，进军浙江，发展东南，既是中共中央、中央军委1944年赋予新四军军部和华中局的一项重大战略任务，也是张云逸在对日反攻作战中关注的另一重大问题。

发展东南是在发展苏南、皖南和浙东的基础上展开的。张云逸到新四军军部工作时，发展浙东的工作已经具有了相当的基础。

皖南事变后，中共中央就把发展浙东作为发展江南的一个重要组成部分。1941年2月1日，毛泽东、朱德、王稼祥在给刘少奇、陈毅的电报中指出："关于浙东方面，即沪杭甬三角地区，我们力量素来薄弱，总指挥部应增辟这一战略基地，经过上海党在该区域创立游击根据地（以松江等处原有少数武装作基础）。"① 4月，日军为加强对中国东南沿海的控制和封锁，派兵占领了杭甬路两侧地区。在此形势下，中共中央要求华中局和新四军军部组织开展上海、杭州、宁波直至福州的游击战争，并准备成立一个战略单位。据此，华中局和新四军军部决定在沪杭甬间的浙东地区建立抗日游击根据地，并把这个任务交给时任江南区党委书记、

---

① 中国人民解放军历史资料丛书编审委员会：《新四军·文献》（2），解放军出版社1994年版，第256页。甬，是宁波的别称。总指挥部，指华中新四军八路军总指挥部。

新四军第六师师长谭震林负责。5月起,中共浦东工委领导的抗日武装根据江南区党委的指示,陆续进入浙东敌后开展抗日游击战争。1942年夏,华中局和新四军军部根据日军发动浙赣战役、占领了浙江大片地区的新形势,决心进一步发展浙东敌后的抗日游击战争,并令中共皖南特委原书记谭启龙到浙东主持工作。6月下旬,谭启龙到达浙东。不久,华中局、新四军军部又增派何克希、张文碧、刘亨云等一批干部赴浙东工作。随后,经华中局、新四军军部批准,成立了以谭启龙为书记的中共浙东区委和以何克希为书记的浙东军政委员会,以及由何克希任司令员、谭启龙任政治委员的第三战区三北(指余姚、慈溪、镇海三县姚江以北地区)游击司令部,统一领导浙东敌后的抗日游击战争。至1943年夏,中共领导的抗日武装初步建立了包括四明、会稽、三北和浦东4个地区在内的浙东抗日根据地。

尽管中共领导的浙东抗日武装为适应敌后斗争的环境,一直没有公开使用新四军的番号,但这支部队的发展壮大及浙东抗日根据地的逐步建立,还是引起了日伪军和国民党顽军的仇视。不但日伪军频繁对其加以"扫荡",国民党顽军也多次想消灭这支抗日武装。自1943年11月起,第三战区司令长官顾祝同根据蒋介石"限期剿灭浙东奸匪"的命令,调集1.2万余人的兵力对中共领导的浙东抗日武装发起大规模进攻。在此形势下,为号召浙江人民坚持团结抗战,凝聚和发展抗日力量,制止国民党顽军的进犯,张云逸等人决定在浙江公开打出中国共产党和新四军的旗帜,并于12月22日下令,将中共领导的浙东抗日武装统一整编为新四军浙东游击纵队,任命何克希为司令员,谭启龙为政治委员,刘亨云为参谋长,张文碧为政治部主任。1944年1月,浙东抗日根据地的最高行政机关——浙东敌后临时行政委员会也宣告成立,并颁布了施政纲领(草案)。从此,浙东抗日根据地的建设进入一个新时期。

浙东游击纵队建立后,如何加强该纵队与苏皖边新四军第十六旅的联系,以便进一步扩大江南阵地,并能在日伪顽进攻时互相策应,是张云逸接下来要考虑的问题。1944年2月14日,张云逸和饶漱石、赖传珠致电谭启龙等,要求在广泛发展浙东游击战争的同时,纵队主力分散转向鄞县(今宁波市鄞州区)以西、沿海及绍兴以北地区开展工作,设法与活动在安徽郎溪、广德地区之新四军第十六旅打通联系,同时以一部兵力发展沿海岛屿的游击战争。4月,张云逸等再次致电谭启龙等:浙东游击战争应当以向敌后发展为中心,特别是向西北打通与第十六旅及向东北打通与上海浦东地区的联系,具有重要的战略意义;为此,浙东游击纵队应加强嘉兴至杭州铁路以东、钱塘江以北(即海北)地区的工作,积极收集和研究这一地区的有关情况,做好向该地区发展的准备;军部准备派第十六旅以一部深入安吉、长兴、武康间活动,以策应你们的行动,以便日后两部能打通相互之间的联系。据此,浙东游击纵队不久即派出部队开赴海北,陆续在海宁、海盐等钱塘江北岸地区建立了游击基点。

就在张云逸等筹划如何打通浙东游击纵队与第十六旅联系的时候,美军提出了在中国东南沿海登陆的作战设想,从而使得中共中央下决心大力发展东南。

1944年8月,驻延安的美军观察组人员开始与毛泽东、朱德等中共领导人商讨关于将来美军在中国东南沿海登陆时新四军能否配合作战的问题。美军观察组人员之所以提出这个问题,是为了减少美军的伤亡。为了加速打败日本法西斯的进程,毛泽东等欣然表示同意。为此,毛泽东于8月21日致电张云逸、饶漱石、赖传珠:"美军准备在中国登陆,要求和我军配合作战。""美军在中国登陆时间,据有些美国人估计已不在很远。因此,请你们认真布置吴淞、宁波、杭州、南京间,特别是吴淞至宁波沿海及沪杭甬铁路沿线地区的工作,广泛地发展游击战争及准备大城市的武装起义。一师及苏中、苏南的党在此工作上应担负很大责任。"①据此,张云逸等于8月26日致电第十六旅和第一师,提出了向东南发展的两个步骤:第十六旅第一步进占武康、安吉、吴兴(今浙江省湖州市)之间的地区,第二步再向京杭公路以东、沪杭公路以北及苏(州)嘉(兴)铁路以西地区发展游击战争,建立游击基地,以便掩护和支持城市工作。

然而,发展东南仅靠浙东游击纵队和第十六旅,兵力显然不够。正在这时,日军为防止美军在中国浙江东部沿海登陆,于1944年8—10月了发动浙东作战,相继占领了丽水、温州、福州等地,闽、浙两省沿海地区沦陷,这就使得新四军抽调部分主力渡江南下,在敌后建立抗日根据地,配合盟军登陆作战成为可能。为此,中共中央于9月27日致电华中局,对发展东南作出新的部署:浙东游击纵队向沿海地区发展,浙东区党委加强富春江沿岸地区的工作,准备迎接第十六旅南进;第十六旅除将中心工作放在太湖西南岸地区外,应沿(南)京杭(州)公路逐渐南伸天目山地区,造成夹钱塘江与浙东相呼应的战略态势;"估计到苏南地区现有兵力不敷分配,且必须加强干部,建议派叶飞、朱克靖等同志率两个主力团,由华中局抽调苏南、浙江一批干部随同渡江,汇合十六旅,共同担任南进任务。""建议恢复六师师部,以叶飞任师长。苏南区党委名单及六师军政人选,请考虑提出交中央核准,将来六师师部可设在天目山。"②

派新四军主力一部渡江南下,可以说是中共中央关于发展东南的重要举措。张云逸等表示完全赞成,并于10月9日以华中局的名义致电苏中区党委,要求速将抽调第一师部队南进的相关部署报告华中局。

时任苏中区党委书记、新四军第一师师长兼苏中军区司令员的粟裕,在分析研究了中央的指示精神及华中局的来电后,向华中局建议由他率部执行南进任务,留叶飞在苏中主持工作。张云逸等考虑到粟裕曾在苏浙一带工作过,对那里的情况更为了解,便同意了他的建议。10月23日,张云逸等以华中局的名义将粟裕主动请缨的建议及华中局的意见电告毛泽东、刘少奇和陈毅,请中央定夺。

---

① 中国人民解放军历史资料丛书编审委员会:《新四军·文献》(4),解放军出版社1995年版,第150页。
② 中国人民解放军历史资料丛书编审委员会:《新四军·文献》(4),解放军出版社1995年版,第549—550页。

24日，中央军委复电华中局：（1）同意由粟裕率两个团发展苏浙，必要时还应从第一、第二师中再抽调部队南下，所有苏南及浙江地区的新四军统由粟裕指挥；叶飞留苏中主持工作。（2）新四军（第五师除外）当前的任务是向南（苏浙）、向西（豫东、皖北）发展，除已派出的部队外，将来仍须派出部队。（3）美军有在杭州湾登陆的可能，而且时间可能很快，应十分注意发展宁波、杭州、上海三角地区的工作，以便配合美军作战。11月2日，毛泽东、刘少奇又致电张云逸、饶漱石、赖传珠：（1）设立苏浙军区，以粟裕为司令员、谭震林为政治委员，统一指挥苏南及浙江的工作，必要时还可设立中央分局领导之；（2）准备从新四军第一、第二、第三、第四师中再抽调五六个团渡江南进；（3）从新四军直属队及华中各抗日根据地抽调大批干部，经过两三个星期的训练后陆续派往苏浙地区工作；（4）具体部署各大城市的工作；（5）对苏浙各地区的工作作出具体布置。

根据中共中央、中央军委的指示，张云逸等于11月12日将粟裕、叶飞等找来黄花塘，共同研究新四军向南发展及坚持苏中抗日根据地的问题。经过多次讨论，华中局和新四军军部形成了以下关于发展东南的初步方案。

关于发展东南的军事部署：由粟裕率新四军第一师第一团（后改为第七团）和特务第一、第四团3个团及300余名干部渡江南下，配合第十六旅进占吴兴、长兴、安吉、武康之间的地区，作为向浙西天目山发展的前进阵地，然后再抽调1个团东渡富春江，打通与浙东游击纵队的联系，继而向东夺取象山沿海地区，接着沿海岸南下，打通与浙南游击队和中共福建省委的联系；明年春天再派5个团（其中第二师抽调2个团，苏中军区抽调3个团）南下。

关于开展苏浙地区的工作问题：派苏中第四地委副书记陈伟达及苏中（南）通海（门）工委书记顾复生到浦东工作，以加强对中共浦东地委的领导，同时由苏浙军区派出部队深入杭州、嘉兴地区开展工作，打通与浦东的联系；中共苏（州）常（熟）太（仓）地委和镇（江）丹（阳）武（进）地委，负责开展沪宁铁路沿线的工作。

并于开展大城市工作的问题：宁波由浙东区党委负责，杭州由苏南区党委负责，南京由淮南区党委负责，上海由华中局直接负责。

关于苏浙及苏中地区的统一领导问题：粟裕率部南下后组织江浙指挥部，以粟裕为司令员，谭震林为政治委员，在谭未南下前由粟以华中局代表名义指挥苏南、浙江新四军及苏南、浙江地方党的工作；粟裕南下后，叶飞、钟期光参加苏中区党委，并以叶为书记，陈丕显为副书记；天目山局面打开后，可考虑恢复第六师师部及建立浙江部队新的指挥机关问题。

11月20日，张云逸等以华中局的名义将上述方案电告中共中央。

在这封电报中，鉴于新四军要同时执行西进、南下两个任务，兵力不够分配，张云逸等提议八路军派两三个团到淮北，并将在山东的新四军第三师第二十三团调回淮北，以便第三师主力能够接防苏中和淮南，从而使第一、第二师主力能够大部抽出南下。为解决干部不足的问题，张云逸等还请求中共中央从八路军或中

■ 抗日战争时期，张云逸（中）与罗炳辉（右四）、钟期光（右一）等合影。

央机关中抽调几个师级的军政干部到华中工作。

11月26日，中共中央复电华中局，同意张云逸等关于发展东南的各项部署，并指出："新四军西进、南下两个任务中，应以南进发展苏浙皖地区为主要任务，江北兵力应尽可能抽调向南。在豫东、皖北方面现有兵力大概已经够用，无须再加兵力。""各根据地机动兵团抽走以后，应由老的地方独立团提升若干为机动兵团，再由老的独立团留一部分作底子，成立新的独立团，担任地方守备。八路军暂时没有部队抽调南下，师级干部明春延安可派几个到新四军。"①据此，张云逸等只能自己解决部队南下和就地坚持所需要的兵力问题。

就在张云逸等组织粟裕率部南下之时，刘少奇、陈毅又于12月26日致电饶漱石、张云逸、赖传珠，提出了新四军将战略重心移至江南的意见：（1）为使新四军能在全面反攻时占领芜湖、南京、上海、杭州等各大城市，新四军目前必须大力着手发展苏、浙、皖、闽、赣地区的工作，华中局及新四军今后的主要任务是发展长江以南地区。（2）为发展苏、浙、皖、闽、赣地区的工作，新四军主力开始分批南下，粟裕率三个团第一批南下；叶飞（或谭震林同去）准备率第二批去，嗣后视情形再从第二、第三师抽调部队作为第三批南下。派去南下的部队每团均应留下三分之一的底子，番号仍旧，使其在原地继续发展。（3）全面反攻开始后，新四军除留一部在江北防御国民党顽军外，主力均应南渡长江，以达成

---

① 中国人民解放军历史资料丛书编审委员会：《新四军·文献》（4），解放军出版社1995年版，第559页

"破敌、收京、入沪,配合盟军登陆等任务"。(4)华中局和新四军军部应预有准备,于将来适当时期进入江南去主持全局,而江北现地应于军部南移后成立一个独立工作的大单位,负责江北工作,并担负起华中战略后方的重大任务。(5)华中局和新四军军部应开始考虑江北大军区的人选,将来这个单位仍是华中局下面一个极其重要的战略单位。(6)中央决定将华中前后来延安的100余名干部全部派回华中工作,另从延安抽调400名左右的干部来华中工作,并调东南各地的新知识分子约400人同来。对以上意见你们详加考虑并电告中央。①

对于刘少奇、陈毅提出的上述意见,张云逸等人还来不及详加讨论,因为这时他们正在关注着粟裕率部渡日军长江封锁线这一重大军事行动。

在突击准备的基础上,为确保部队安全渡江,粟裕于12月中旬再次由苏中到达黄花塘,与张云逸等研究确定:渡江的时间为12月27日晚上,由粟裕和陶勇分别率队从仪征和江都地段启航,在镇江东西两侧登陆,然后直插太湖西南的长兴地区。当时,日伪军在长江两岸的据点林立,江中又有日军舰艇昼夜巡逻,7000多人的队伍能否安全渡江,实在令人担忧。因此,从27日晚上开始,张云逸就密切注视着部队的渡江情况,并与饶漱石、赖传珠等商讨处置各种意外情况的方案。然而,令张云逸感到欣慰的是,在粟裕的周密部署和指挥下,第一师的3个团全部安全渡江,并先后到达浙江长兴地区与第十六旅会合。1945年1月7日,张云逸与饶漱石、赖传珠向中央军委报告了粟裕率部南下并与第十六旅会合的情况。

部队到达长兴地区后,张云逸与饶漱石、赖传珠于1月13日向粟裕及第十六旅、浙东游击纵队领导人转发了中央军委关于成立苏浙军区的命令,任命粟裕为军区司令员,谭震林任政治委员(未到职),刘先胜为参谋长,统一指挥苏南与浙东的新四军部队。1月25日,华中局决定由粟裕暂时兼任苏皖区党委(由原江南区党委改称)书记,并以华中局代表的名义指导浙东党委的工作。2月5日,苏浙军区在长兴县宣告成立。第十六旅、浙东游击纵队及第一师首批南下部队分别整编为苏浙军区第一、第二、第三纵队。第一纵队司令员王必成,政治委员江渭清;第二纵队司令员何克希,政治委员谭启龙;第三纵队司令员陶勇,政治委员阮英平。另在茅山、太滆地区分别组建第一、第二军分区。

处理完新四军第一师首批南下部队的有关事宜后,张云逸等才回过头来讨论刘少奇、陈毅于1944年12月26日发来的指示电。为集思广益,张云逸与饶漱石、曾山、赖传珠还于1945年1月将新四军第一、第二、第三、第四师负责人召集到黄花塘,一起讨论向江南发展和坚持原有根据地的问题。经过几天讨论,华中局、新四军军部与各师的领导人就向南发展与坚持原有阵地等问题达成一致意见。2月3日,张云逸等以华中局的名义致电中共中央:

---

① 参见中国人民解放军历史资料丛书编审委员会:《新四军·文献》(4),解放军出版社1995年版,第561页。

1. 根据目前浙江的敌顽情况，苏浙地区的新四军应首先进占吴兴、长兴、武康间之敌后地区，并于任务完成后相机派两个主力团东渡富春江，打通与浙东的联系。与此同时，派第一师的另外两个团由江北到皖南活动，相机恢复皖南，以便调动和分散国民党顽军，达到控制天目山的目的。

2. 为继续向南发展，拟于2月底派第一师第五十二团南下，3月初派谭震林率第二师第五旅的三个团南下。此后，视情况再派叶飞于3、4月间率第一师的另外三个团南下。4月底可由第三师从淮海区抽调两个团组成一个新的旅，由抗大第五分校校长谢祥军率领归第七师指挥，担负发展皖南的任务。若江南局面打开了，还需从江北抽调主力南下。

3. 第七师目前的基本任务，除了监视桂系军队和巩固江北阵地外，今后的主要发展方向为江南，特别要加紧开展芜湖、宣城等地的游击战争，造成恢复皖南阵地与将来控制黄山山脉和能够占领芜湖的条件，并向赣东北开展游击战争。为此，决定从第三师之淮海区抽调两个团归第七师指挥，担任发展皖南的任务。由于淮北、淮南、苏中、苏北都有一部分部队被敌顽牵制，不能调动，为准备更多的兵力向南发展，建议或将淮北津浦路西地区交八路军管理（新四军第四师仍留第十一旅协同坚持），或由八路军派两个主力团到陇海路以南，同时将在山东地区活动的第三师第二十三团调回华中。如此，全面反攻开始后，现有华中新四军各师主力（除第四师第十一旅及第五、第七师监视桂系军队外）均可南下，而现有地区可由现在与今后提升的各地方兵团担任警备任务。

4. 准备从江北抽调党政军民等大批干部到江南工作。

5. 为解决经费困难，华中局决定于半年内从第一、第二、第三、第四师抽出法币10万元作为发展经费，拟于5月前在华中发行统一货币。

6. 谭震林率部南下后，淮南区党委书记由罗炳辉暂代，并增加黄岩、方毅为区党委委员。叶飞率部南下后，将苏中、苏北两区党委合并，以黄克诚为书记，陈丕显为副书记，直辖盐阜、淮海区地委及苏中第一、第二、第三地委。叶飞未走前，领导关系暂不变，但仍以黄克诚为华中局代表，协同叶飞、陈丕显处理苏中有关事宜。新四军军部与华中局南移后，江北另成立分局和军区，以黄克诚负责为宜。关于各地党政负责干部的重新配备，待各师主要负责人返回商讨后再作决定。

7. 决定于半年内从江北各地抽调50%—80%的外来干部担任向南发展的任务，同时华中局及各地党委开办专门学校，以培养干部。

为使中共中央更加了解新四军军部关于发展江南和就地坚持的全面部署，2月5日张云逸与饶漱石、赖传珠又致电毛泽东、朱德、刘少奇：

第一师自粟裕率3个主力团南下后，军部决定再抽第一、第五十二团和特务第二团及1个地方兵团，共4个团8000人左右，继续南进。第五十二团约2月底可由淮宝区出动。叶飞率其余3个团在3月至5月间可出动。第一师主力抽走后，苏中准备以地方武装为基础，至5月补充和扩建9个新的主力团，同时各县仍保留警卫团或独立团的编制。叶飞南下后，拟将苏中与苏北军事机构合并为一战略指挥机关，由黄克诚负责，但对外仍保持第一、第三师的番号。

第二师拟于3月初由谭震林率领第五旅的3个团约7400人南下。第四旅在原有第十、第十一团的基础上准备成立第十二团。第五旅抽走后，在淮南津浦路西成立第十七团，连同原有的第十八团，作为重组第六旅的基础。在淮南津浦路东成立独立第三团，连同原有的独立第四团，作为重组第五旅的基础。此外，第二师还保持1个特务团。谭震林南下后，拟对第二师及其所属各旅领导成员进行调整。

第三师淮海区有4个支队，拟从该区抽调主力一部组建2个新团编成一旅，由谢祥军任旅长，准备开赴皖南地区活动。如第三师第二十三团调回华中，可补充第七旅1个团，使该旅达到8000人左右，作将来的机动兵团。

第四师的主力有第九旅的3个团、第十一旅2个团、淮北军区第三军分区之第一、第二团（准备以该两团为基础成立第十二旅），以及骑兵团和特务团。地方兵团除了萧县独立旅外，另有10个独立团、5个独立大队等。如八路军能抽调2个团到淮北津浦路西，则第九旅主力在必要时亦可南进。[①]

从上述两份电报可以看出，张云逸等已就向南发展及坚持江北阵地有了通盘考虑。可以说，中共中央关于发展江南，以"破敌、收京、入沪"和配合美军登陆的作战设想，实在是令人鼓舞，张云逸等为此也开动脑筋，提出了关于发展江南的大胆设想。

然而，中共中央的复电未到，张云逸等却收到了粟裕于2月6日发来的关于准备向浙江孝丰进兵的电报。

为了打通与浙东的联系，继而向南发展，粟裕曾于1945年1月17日致电张云逸等，提出了发展东南的两个作战方案：一是全力攻占孝丰及其东南、西南地区，继而控制天目山，然后再经武康、德清、杭（州）嘉（兴）湖（州）地区打通与浦东和浙东的联系；二是以第一纵队进兵天目山以北的莫干山，由安吉、递铺以东向武康、德清及余杭以北地区发展，随后向东深入杭嘉湖地区，打通与浦东、海北的联系，最后再向南打通与浙东的联系。

张云逸等对粟裕提出的这两个方案进行了认真研究。孝丰位于天目山北麓，是苏南、皖南与浙西往来的要冲，位置十分重要。控制了孝丰，就能控制天目山、进而迅速打开浙西的局面，部队日后向杭嘉湖地区发展也就没有了后顾之忧。但是，孝丰当时由国民党军驻守，攻打孝丰不但在兵力上没有把握，还有陷于僵局的可能，而且夺取孝丰在政治上对新四军不利。相比之下，由莫干山东进比较有把握。权衡利弊后，张云逸、饶漱石、赖传珠于1月20日电告粟裕，同意实行第二作战方案。

---

① 参见中国人民解放军历史资料丛书编审委员会：《新四军·文献》（4），解放军出版社1995年版，第574—576页。

然而，苏浙军区部队准备于1月底向莫干山地区前进时，粮食供应发生困难。为此，粟裕于2月6日致电张云逸、饶漱石、赖传珠，建议改向孝丰进兵，控制天目山，以解决粮食问题，并打下向东南发展的基础，为此还建议江北的后续部队要尽快南下。

2月7日，张云逸等电告粟裕并报中共中央：国民党顽军在天目山附近有近5个师的兵力，若进兵孝丰，必将陷于连续战斗，不仅在政治上不利，而且不利于打通与浙东的联系。因此，你们目前不要主动挺进顽区进行作战，除以一二个团迅速前往浙东打开局面外，迅速派部队控制安徽宣城一带地区，以确保苏南、皖南的联系及江北部队南下时的交通安全，因谭震林将率三个团经皖南进入苏南。

新四军主力渡江南下，担负着"破敌、收京、入沪"的目的，必然要扩大江南阵地。驻浙西天目山地区之第三战区国民党军顾祝同的部队，也在考虑时机成熟时收复沪宁杭地区，必然不能允许新四军在江南扩大地盘和有过大的兵力。这样，国共在江南的军事冲突就不可避免。粟裕提出的进兵孝丰的问题，使张云逸等不得不考虑如何与国民党顽军作战乃至新四军主力是否移至江南的问题。为此，张云逸等又于2月10日致电毛泽东、刘少奇和陈毅。电文如下：

毛、刘、陈：

丑江及虞致粟①[电]计达，再补充下列意见：

一、根据各方考虑，我们感到发展东南，控制苏南、浙江，远较发展河南、控制中原为难。且美军在华中沿海登陆可能较快，我们所有准备时间可能较各地为短促。国民党自中原战役后，在河南、皖东北力量较为减弱，但在江南力量基本未变。今天国民党以夺取南京、杭州为目标，在大别山与天目山仍保持优势兵力，大别山桂顽兵力较为分散，后方空虚，对我威胁较小，但天目山国顽保有强大兵力，又占有优越阵地（山地与有广阔后方），为我向南发展的主要障碍。为了确保将来占领上海、南京、杭州与发展东南起见，非集中主力，准备迟早与该顽决战，并求得在决战中歼灭其主力一部或大部（五十二师或包括六十二师），则很难迅速打开局面。

二、准备将来与天目山国顽决战的地点问题。在浙赣路敌情不变的条件下，我们认为，以吸引国顽到皖南为最好，在苏南敌后次之，在浙西天目山对我最不便。因为皖南敌人据点不多，有较广阔战场，我有七师及江南根据地与敌后作依靠，山地少，粮食有办法，群众条件好（桂顽被吸引到皖南，则苏南我军亦易突入浙江内地）。苏南敌后地区虽小，不便集中较大部队决战，但顽亦不敢以大部队深入我敌后根据地，我易掌握主动地位（但非一二次决战能解决问题）。浙西敌后则地区狭隘，交通发展，又为水网区，或无工作基础，不能集中大兵团作战，且易遭敌人夹击。浙西顽区则多占山岭，缺

---

① 丑江，指2月3日；虞，指7日；粟，指新四军苏浙军区司令员粟裕。

少粮食，顽有强固工事，可以源源接济。我军为平原地区生长部队，多不惯平［山］地战，部队的集中和增援与粮食的接济和运输易［亦］同样有受敌山［人］夹击之顾虑。过去皖南失败除坚守路线原因外，对平［山］地战与粮食少未予充分准备和估计，是有影响的。

三、如果短期内敌人不进攻浙东南，则我对浙西地区的发展，可能很迟缓，且不会很大。往浙东部队在短期内能否完全通过，尚无把握。如果苏南一二个主力团不能迅速与浙东会合，则浙东与浙江发展将很有限。新四军将来活动中心既在江南，而沪、宁、杭三角地区在美军登陆与日寇溃退之前，估计是不能容纳较大部队的。而浙西、浙东均多山、粮食少，群众工作弱。故为了争取时间，确保将来控制天目山与打下群众基础，建立江南我军巩固阵地起见，均有迅速发展皖南的必要。目前皖南国顽兵力比较薄弱，而发展皖南都［则］是调动分散浙西国顽最有效的时机。

四、发展皖南估计要七个团的兵力。四师三个团拟调皖南，控制铜、繁、南、宣①敌后，并与苏南打成一片。必要时，拟抽七旅担任发展皖南任务（发展皖南，没有坚强主力很难完成）。请中央考虑，由八路军南下担任淮北路西发展任务，以便七旅南下，是否可行，请速示，以便作进一步的打算。华中部队在数量上虽达三十万之多，但须经过很好的整训，才能机动参战，而战斗力较强者不多，我们今后当责令各地加紧整训。

五、发展东南，确保占领上海、南京、杭州的任务，不但较发展任何其他地区更为困难，而且也较迫切。华中各方同志在执行这个伟大而光荣任务时，均表示异常兴奋和亲密团结，盼陈军长及各师军政干部能提早动身，而不要延至春后夏初，其他各方干部盼即能分批起程，估计将来敌人对长江的封锁是一定要加严。

张、饶、赖②

张云逸等在这封电报中，在提出为打开江南局面，必须与第三战区的国民党军主力决战，而且决战的地点最好在皖南，因此在应大力发展皖南等意见的基础上，指出了发展江南困难较大，沪宁杭地区在美军登陆与日寇溃退之前，是不能容纳新四军较大部队的，从而向中共中央表达了在发展东南的问题上应持积极和审慎的态度。

然而，张云逸等接连发出了几封关于发展东南的请示电，均不见中央的回音。就在这时，粟裕指挥苏浙军区第一、第三纵队于2月中旬进行了天目山第一次反顽作战，歼顽军1700余人，夺取了孝丰，控制了天目山北部地区。

2月24日，中共中央经过长时间的深入考虑终于发出了致华中局的电报。其

---

① 铜、繁、南、宣，指安徽省铜陵、繁昌、南陵、宣城。
② 军事科学院《张云逸军事文选》编辑组主编：《张云逸军事文选》，军事科学出版社2007年版，第437—439页。

主要内容包括:

1. 肯定了张云逸等在发展东南工作中积极而审慎的态度。认为华中局"积极布置南进,同时又根据情况审慎考虑具体步骤,这种精神完全正确,中央和你们是一致的。"

2. 指出日军为保卫沿海,对顾祝同部进行"扫荡"的可能性很大。在此之前,粟裕部占领莫干山后,暂不深入突进,以巩固现地为主;谢祥军可率两个团即去皖南,贯通皖南与苏南的联系并兼顾皖南沿江西上至鄱阳湖的游击战争;浙东部队仍就现地向敌后发展。将来日军大举"扫荡"顾祝同部及美军在沿海登陆时,苏浙军区应派兵进入闽、浙、赣敌占区活动。

3. 要求在半年时间内进一步加强苏南地区的工作,特别是要做好深入发动群众,开展减租减息,训练人民武装,培养本地干部的工作,以使新四军能够在江南生根落脚。同时,要大力加强城市工作,并派遣多支武工队,深入京、沪、杭之敌后开展游击战争,建立隐蔽的游击支点和广泛进行半公开的或秘密的居民工作,还应谨慎地去开展伪军和顽方敌后的工作。"总以布满敌后空隙、掌握一切农村为目的",以作为将来夺取大城市的基础。

4. 指出"震林、叶飞两部现应在原地待机渡江,到四月后,看情况再定行期,当敌寇大举攻顾或盟军登陆时再转移,亦不会丧失时机"。叶飞率部南下后,苏中军区仍应保持,可由管文蔚、钟期光、陈丕显等重新组织军区领导班子。目前可委托黄克诚指挥苏中工作。谭震林未南下前,第二师领导人员不变,谭走后再考虑调整该师的领导班子问题。"至于军部南移,更是以后的事,看将来情势再决定如何实施你们的拟议。"

5. 明确了"二十三团建制即划归山东,不调回华中。八路军为准备应付可能的苏联参战,不能顾及陇海以南。淮北路西方面应由四师负责,目前发展皖北、豫东,打通水东,并准备以一部向中原西进是四师的任务。三师主力留作机动部队,一、二师担任南进,五十二团可即南下,但苏中应留下一个到二个主力团,那一带的坚持对整个江北有战略意义"。

6. 决定调整华中局等领导机构。中共中央提议华中局拟补充张云逸、赖传珠、刘晓、粟裕、谭震林、邓子恢、黄克诚、潘汉年、罗炳辉为委员,连同陈毅、饶漱石、曾山共13人成立委员会,以陈毅、饶漱石、张云逸、曾山、赖传珠5人组成常委,原来的新四军军分会撤销。"上述人员你们可提出意见,然后由中央最后决定"①。

如果说在此之前,中共中央和华中局都主张新四军以主力迅猛发展江南,那么在张云逸等的建议下,中共中央这一指示则开始对发展东南持谨慎态度,即是

---

① 中国人民解放军历史资料丛书编审委员会:《新四军·文献》(4),解放军出版社1995年版,第587—590页。

否把新四军主力大部调入江南,要看形势的发展。应当说,这是中共中央关于发展东南战略部署的一次重大调整。

中共中央之所以作出这一部署调整,是因为在日军尚未进攻浙赣路之前,如果新四军以主力大举南渡,必然刺激日军,引起日军推迟进攻浙赣路并对新四军进行大举"扫荡",国民党顽军也会趁机对新四军大举进攻,这样新四军在江南能否站住脚就成了问题。但如果兵力不大,即不会给日顽双方造成很大刺激。

此时,谭震林已根据华中局、新四军军部之前与其商定的意见,做好了率部于3月初南下的准备。收到中共中央的上述电报后,张云逸等致电谭震林和叶飞,要他们延期出动。2月26日,张云逸、饶漱石、曾山、赖传珠又联名致电粟裕:"在敌未向浙赣路进攻前,谭震林、叶飞部均暂缓出动","若顽向孝丰地区局部反攻,你们可集中主力歼其一部或一路,以达将其击退的目的,但不必穷追。如顽大举反攻,则可退出孝丰城,一面用少数部队以游击战术与顽纠缠,一面集结主力待顽进到对我有利地区给予打击,但切忌硬拼。今天对敌故意暴露我力小是有利的"。①

粟裕则从迅速打开江南局面出发,于2月28日致电华中局,建议新四军后续部队尽早南下,并指出:第二师若因路西反顽需要而一时无法离开,则请令叶飞部仍如期南来;为避免过于刺激顽方,可将叶部或苏浙军区第一、第三纵队控制于宣长路以北休整与打击敌伪之"扫荡"、蚕食,以巩固原有地区。3月2日,张云逸等电告粟裕,中共中央之所以令谭震林、叶飞两部暂缓南下,主要是为了不过分刺激日顽双方,并要粟裕暂缓派苏浙军区主力向浙东开进。但粟裕认为日伪军发现新四军渡江南下后,正在长江加强防守,时间一长恐更难渡江,仍坚请叶飞部南下。

为此,张云逸、饶漱石、赖传珠于3月4日复电粟裕:"如果叶部早出动,确有刺激敌顽、推迟敌行动、增加我困难的极大可能,中央从这点出发电令叶、谭延期待机,是非常重要的";"但敌正加强交通控制,如不争取时机,将来又有遇阻之危险,你们从这点出发的建议也是正确的。我们为慎重起见,一面将你电报报中央请示,一面电令叶准备于本月底出动。俟中央复电即告你。"②同日,张云逸等人以华中局名义致电中共中央,请中央定夺。

中共中央在研究了粟裕的建议后,于3月11日复电华中局:"叶部可即令其南渡,谭部仍留现地待机。粟、叶两部以加强苏、浙、皖交界根据地工作为主要任务。从茅山到太湖西岸迄天目山这一广大地区的工作,应保证在半年至一年内使群众工作能比较深入,打定我党、我军向东南发展的巩固基础。大举入浙暂缓,静观变化。粟、叶两部在南面不要主动向顽方进攻,〔以免〕引起对外不良影响。如其来犯,则还击歼灭之。"③据此,4月7日,叶飞率由苏中军区第一团、特务第二团和江(都)高(邮)独立团组成的教导旅及一批地方干部,渡江南下,下旬

---

① 张云逸、饶漱石、曾山、赖传珠致粟裕电,1945年2月26日。
② 张云逸、饶漱石、曾山、赖传珠致粟裕电,1945年3月4日。
③ 中国人民解放军历史资料丛书编审委员会:《新四军·文献》(4),解放军出版社1995年版,第596页。

到达长兴地区，与苏浙军区会合。之后，叶飞任苏浙军区副司令员，教导旅改编为苏浙军区第四纵队，廖政国任司令员，韦一平任政治委员。

在叶飞率部南下之前，粟裕指挥苏浙军区第一、第三纵队于 3 月间又成功地进行了天目山第二次反顽作战，歼灭顽军 1700 余人，控制了孝丰、安吉、武康、德清、余杭、临安、长兴等 10 个县的大部或一部，基本打开了浙西的局面。

在粟裕部取得天目山第二次反顽作战胜利前后，张云逸与饶漱石、赖传珠等一面指示粟裕抓紧时间做好浙西新开辟地区及苏南地区的工作，特别是要注意做好建党、建政及建立地方武装、组织群众等方面的工作，巩固已得阵地，一面与粟裕等人商讨由浙西打通与浙东，进而再由浙东打通与浙南、福建联系的时机，并及时帮助解决粟裕部在向东推进过程中遇到的各种困难和问题。

粟裕部进入天目山地区后，部队粮食遇到了很大的困难。根据张云逸等人的指示，苏浙军区采取分兵就粮的办法，自 4 月中旬起以一部返回苏南活动，以一部向杭嘉湖地区进军，并逐步打开了这一地区的抗日斗争局面。5 月 19 日，第四纵队一部渡过富春江，进入金（华）萧（山）地区，与第二纵队会师，从而打通了与浙东的联系。

在此期间，张云逸还与饶漱石、赖传珠、曾山等就中共浙南特委和福建省委的工作作出部署。3 月 21 日，华中局就浙南的发展方向与任务作出指示，要求浙南特委以瓯江以南敌后地区及瓯江以北沿海、沿山地区为主要发展方向，并用武工队的组织形式，以山地为依托逐步向北推进，通过建立广泛、隐蔽的游击基地和秘密组织的方式，打通与浙东的秘密交通线。4 月 2 日和 5 月 17 日，华中局又先后就福建的斗争方针和发展方向等问题作出指示，要求福建省委设法跳出国民党顽固派的包围圈，以向敌后、沿海一带及浙南为主要发展方向，以不过分刺激日顽的组织形式与斗争方法，在抗日救国保家乡、反对苛捐杂税等口号下，去动员和组织群众开展游击战争，加强日伪军工作及福州、厦门和敌后沿海地区的交通要道工作，建立隐蔽的游击根据地，扩大影响，发展壮大自身的力量，以迎接新四军主力的到来，使整个东南沿海地区的解放区连成一片。

然而，第三战区司令长官顾祝同不甘心在天目山作战的失败，根据蒋介石的密令，调集约 7.5 万人的兵力，准备分三路向新四军苏浙军区部队发动第三次进攻，以求将新四军消灭或驱逐至长江以北地区。为达此目的，第三战区副司令长官上官云湘亲自担任总指挥，第二十三集团军总司令李觉担任前敌总指挥。在得到日伪军答应配合作战的承诺后，国民党顽军即从 5 月下旬开始，向活动于富春江西岸的苏浙军区第四纵队发起进攻，并切断了浙西与浙东新四军的联系。与此同时，日军以 1 个多旅团的兵力在伪军的配合下，对天目山和杭嘉湖地区展开"扫荡"。

面对这一严峻的形势，张云逸与饶漱石、赖传珠于 6 月 3 日致电粟裕并报中共中央："对顽应采取诱其深入，歼其一部或一路，以杀伤其气焰和粉碎其进攻的方针","同时在对顽自卫战中,应避免硬拼和与顽拼消耗,且不宜死守阵地"。①同时,新四军军部还电令第七师皖南支队积极活动,以策应苏浙军区部队的反顽作战。

根据张云逸等确定的诱敌深入的作战方针,粟裕指挥部队相继放弃了新登、临安、天目山地区,将主力集结于孝丰及其西北地区。国民党顽军误以为新四军在溃逃,立即派兵跟踪追击。从6月19日起,粟裕指挥第一、第三、第四纵队向跟踪而至的顽军突然发起反击,激战至23日,共歼灭顽军6800余人,迫使顽军全线撤退并放弃了临安。至此,苏浙军区又取得了天目山第三次反顽作战的胜利,从此在江南站稳了脚跟。不久,苏浙军区再派第四纵队东渡富春江,在富阳与浙东的第二纵队会合。

天目山第三次反顽作战胜利后,是继续调江北部队南下,还是以江南现有部队巩固已有阵地,是摆在张云逸等面前需要抉择的一个问题。对此,张云逸等经过慎重考虑,选择了后者。之所以如此,是因为在粟裕、叶飞部南下以前,欧洲战事正处于最后决战阶段,美军提出准备在华登陆的作战设想时,曾希望能得到中共方面的配合,日军为打通大陆交通线与阻止美军登陆,发动了豫湘桂战役和浙江作战,并准备"扫荡"浙赣路的国民党军。在此形势下,华中局、新四军军部和中共中央都主张新四军迅速猛烈地向江南发展。然而,叶飞部南下后不久,美国、日本和中国国民党的情况都发生了变化,江北新四军主力不宜再大批调入江南,以免刺激敌顽。这样,已调入江南的新四军部队只有巩固现有阵地,以待形势变化。

为此,张云逸等于7月19日以华中局的名义致电粟裕:"在叶南下后不久,欧战即告结束,美国对华公开采取扶蒋压我的方针,日寇为集中兵力准备决战计,亦已停止对顽挺进攻击,反而采取撤兵、诱降、策动内战的方针。此时国顽亦企图利用新的形势,对我加强军事、政治压力,三战区在专门反共获得敌人局部谅解条件下,迅速集中精锐部队,打算驱逐我浙西、浙东、皖南突击部队。在此种新的条件下,如果我们仍采取迅速猛进的方法执行向南发展任务,则必将削弱对敌后之敌后的发展和巩固,则正中敌、顽毒计,并有使我被迫与顽进行单纯决战与连续战斗,陷自身于严重困难的可能。所以,在此新的形势下,我们对南发展的基本任务虽仍未变,但在执行步骤与方法上已明确提出,以巩固苏南、发展敌后之敌后、休整主力为主的方针,并指出,不要继续挺入顽区主动寻找决战,而应采掌握扩大敌、顽矛盾与诱顽深入而歼之的方针。""在此新的形势下,我们向南发展方针为何基本不变?因为我们估计到,只要日本内部不会过早中途发生意外事变(如政变求和或自动投降等),则目前这种局势是不能持久的。""所以采取巩固苏南、开展敌后之敌后各方面工作为主的方针,正是为了争取时间,消除我江南内部的严重弱点,替将来形势转变与大步发展准备良好与可靠阵地。""因此,

---

① 中国人民解放军历史资料丛书编审委员会:《新四军·文献》(4),解放军出版社1995年版,第626页。

你们应……有计划地加强苏南、皖南、浙西、浙东敌后之敌后工作，广泛采用武工队方法，深入敌后之敌后一切地区，团结群众，建立隐蔽游击根据地，以扩大我今天活动范围，准备明天普遍发动地方武装起义的条件，并把上述地区当作将来向前大发展的巩固阵地。你们只有首先争取时间，发展、巩固江南阵地，才算真正立于进退两便与不败的境地。"[①]

据此，谭震林、谢祥军等部停止渡江南下。粟裕则指挥苏浙军区部队就地发展，以待时局之变化。

从迅猛发展江南到对向南发展持审慎态度，张云逸等坚持对上负责与对实际负责的一致性，反映了其对贯彻中共中央关于发展东南战略决策的高度负责精神。而对向南发展持审慎态度，又为抗战胜利后把新四军的基本阵地从江南收缩至江北打下了基础。

[①] 中国人民解放军历史资料丛书编审委员会：《新四军·文献》（4），解放军出版社1995年版，第656—657页。

第十五章 代理新四军军长（下）

一、指挥新四军全面反攻

从 1945 年 6 月开始，国际国内形势的发展令张云逸喜忧参半。

喜的是中国抗日战争和世界反法西斯战争的最后胜利已经为期不远。自 1945 年 2 月苏美英签订对日作战的《雅尔塔协议》后，7 月中美英又发表了敦促日本立即无条件投降的《波茨坦公告》，中国抗日战争的胜利指日可待。从国内来说，6 月 11 日中共七大胜利闭幕。这次大会确立了"放手发动群众，壮大人民力量，在我党的领导下，打败日本侵略者，解放全国人民，建立一个新民主主义的中国"①的政治路线，制定了争取抗战胜利和建设新中国的一般纲领和具体纲领，并将毛泽东思想确立为中国共产党的指导思想写进新党章。同时，大会总结了中国共产党领导武装斗争特别是抗日战争的经验，论述了人民军队和解放区战场创建、发展的过程及其在抗战中的伟大作用，阐明了人民军队的建军宗旨、原则，人民战争的基本内容和人民战争的战略战术，并向全党提出了要准备实行从抗日游击战争到抗日正规战争的战略转变的任务，以迎接抗日战争的全面反攻。在抗战即将胜利的历史转折关头，中共七大的召开，其意义是不言而喻的。张云逸虽然没有参加这次会议，但仍然当选为 44 名中共中央委员之一。这是张云逸政治生活中的一件大事。张云逸的当选，是党对其在长期革命工作中所作贡献的一种充分肯定，也是党对其能够执行七大路线的一种信任。还有一点让张云逸感到高兴的是，经过一年半的局部反攻，华中解放区得到日益扩大和巩固，新四军在大江南北的兵力也发展到约 30 万人。7 月 30 日，在延安的陈毅致电张云逸、饶漱石："华中干部百余名及新调南来工作者约 600 均准备于 8 月初东来，估计 10 月初可到军部，我亦定 8 月初动身回来，请令路西淮北四师注意打通陇海路北的联系工作，以便通行。"②接到陈毅的这封电报，张云逸顿感心头一亮，新四军长期未能解决的干部

---

① 《毛泽东选集》第 3 卷，人民出版社 1991 年版，第 1101 页。
② 刘树发主编：《陈毅年谱》上卷，人民出版社 1995 年版，第 445 页。

问题终于有望得到解决。

忧的是国民党力量的强大存在和美国开始采取扶蒋反共的反动政策。另外，由于蒋介石坚持国民党一党独裁，国共谈判陷入僵局。这一切都意味着中国革命还有一段艰难的路程要走。为此，1945年6月11日张云逸等在给新四军第七师政治委员曾希圣的电报中明确指出："在美国采取扶蒋压共与日寇诱降策动内战的条件下，国顽在政治上和军事上向我加强压力，特别向我边沿地区加强军事进攻与特务活动是必然的，这点特别应加注意和警惕。"① 8月3日，张云逸又电告粟裕、叶飞等："目前华中（同时全国也是如此）形势仍在变化中，好坏两种可能与前途都存在，尚未达到最后决定的阶段。在日寇对华中继续保持最后挣扎条件下，只要苏联对日尚不采取直接行动，与美、英人民特别是中国人民对英、美反动派和蒋介石的积极压力尚未达到应有的程度，则华中形势这种反复变化与摇摆，可能是暂时不会终止的。"② 基于上述判断，张云逸等要求新四军各师领导人本着一切从最坏处作打算、向最好处努力的基本精神，去部署各方面的工作。同时，张云逸等还告诉粟裕、叶飞等：在目前全国与江南局势没有更加明确地对我有利的转变以前，华中局暂不准备增兵江南，以免将来万一局势逆转时，增加困难；在中共中央没有新的指示以前，江南仍采取巩固现有阵地和发展敌后之敌后的方针。

在中国抗日军民的共同努力下，到1945年8月中国抗日战争终于迎来了最后的胜利时刻。8月6日和9日，美军用原子弹分别轰炸了日本广岛和长崎。8月8日，苏联对日宣战，次日出兵中国东北。8月9日，毛泽东发表了《对日寇的最后一战》的声明。8月10—11日，朱德总司令连续发布了延安总部的七道命令。这些指示，要求八路军、新四军及一切人民抗日武装对日举行全面反攻，猛烈地扩大解放区，缩小沦陷区。8月10日，日本政府向同盟国发出乞降照会。这一切都预示着中国的抗日战争即将结束，国共两党的最后较量即将开始。

在抗战就要胜利的关键时刻，新四军全面反攻的主要方向指向哪里？中共中央当初要粟裕、叶飞部南下的目的是"破敌、收京、入沪"，那么在抗战就要胜利时，这一战略计划还要不要贯彻？这些都是张云逸等新四军领导人必须考虑的全局性问题。

毫无疑问，新四军如能在最后反攻作战中收复南京、上海等江南大城市，对新四军乃至全国形势的发展无疑具有重大的影响。不过，蒋介石也必然派重兵收复沪宁杭地区。为慎重起见，张云逸等于8月10日向中共中央发出了请示电。全文如下：

中央：

如果日寇即无条件投降，我们派大兵入上海、南京恐又生变，不派兵入

---

① 军事科学院《张云逸军事文选》编辑组主编：《张云逸军事文选》，军事科学出版社2007年版，第472页。
② 军事科学院《张云逸军事文选》编辑组主编：《张云逸军事文选》，军事科学出版社2007年版，第481页。

城,又丧失有利影响。中央方针如何,盼即示遵行。

张饶曾赖
未灰①

中共中央于当日复电华中局:日本无条件投降,无可避免,实现在即,新四军在华中立即实行下列部署:(1)第二师准备夺取津浦线蚌埠至浦口段;第四师准备夺取徐州;第三师主力即日向津浦线集中,准备与第二、第四师共同夺取津浦线,并巩固其占领。(2)第七师准备夺取芜湖;苏浙、苏中军区部队准备夺取沪宁、沪杭甬之线。(3)以上两项行动,均采取重点主义,集中主力去占领大城市和要点,津浦线至少集中10万至15万人的兵力,沪宁线至少集中7万人的兵力。此外,各中小城镇据点由专署、分区、县政府及地方部队动员民兵就近占领之。(4)第五师集中全力进占信阳、武汉之线。(5)军部即日发表江苏、安徽、浙江三个省主席及上海、南京两市市长的任命公告;第五师师部即日发表武汉市市长及湖北省主席的任命公告。(6)占领城市后,立即委派官员接收公共机关,出榜安民,维持秩序,发动群众,推行新政,武装群众,开展统一战线工作,坚决镇压一切反抗分子。(7)以战胜者的姿态,用军、师首长名义,就近令各日伪军投降,违令者即坚决解除其武装。(8)在津浦线一面进占城市,一面要有准备击退国民党顽军李品仙、何柱国部与我争夺城市的计划;江南也要有击退国民党顽军顾祝同部来犯的准备。中共中央在电报中指出:"如日本投降实现时,你们立即照上述方针办理,如敌继续抵抗,你们亦应积极准备实施上述方针,以免将来临事仓卒。"②

这个指示的精神,是要新四军集中17万到22万人的兵力同时向西(津浦线)、向南(沪宁线)夺取大城市和交通要道,可谓气魄非凡。然而,新四军当时并不具备这样的实力。

当时,华中各解放区除日军外,还有大批伪军。仅在苏中解放区,就有孙良诚、颜秀五、陈泰运等大股伪军2万余人,若不解决,将成为新四军的心腹之患。而要消灭这些大股伪军,有时光靠地方武装还不行,必须动用一部分主力。所以,扣除用于消灭大股伪军的兵力,新四军能够抽出用于攻占大城市和交通要道的兵力最多不能超过12万人。而江南第三战区司令长官顾祝同掌握的国民党军兵力达9个军之多,本来就多于江南新四军,并且还在不断得到闽浙赣地区国民党军的增援,这就使新四军在夺取沪宁杭地区时面临着较大的压力。

据此,张云逸等以华中局的名义于11日致电中共中央:"对同时担任向南、向西任务,颇有兵力不足、顾此失彼之感。"但"为集中兵力占领南京及准备击退顾祝同来犯,与彻底消灭苏中伪顽起见,我们由七师抽三个团渡江夺取芜湖"。同

---

① 军事科学院《张云逸军事文选》编辑组主编:《张云逸军事文选》,军事科学出版社2007年版,第484页。未灰,指8月10日。

② 中国人民解放军历史资料丛书编审委员会:《新四军·文献》(5),解放军出版社1995年版,第42页。

时,以苏浙军区各部夺取南京并阻止国民党军进入上海;苏中军区部队必要时渡江南下增援苏南;第三师第七旅控制江北浦口,第八旅由黄克诚率领协同苏中军区作战并彻底解决伪军,第十旅协助地方武装收复淮阴等地后向淮北机动;第二、第四师担任夺取津浦铁路徐州至浦口段的任务,建议收复徐州的任务由八路军担任。在这一电报中,张云逸等还特别指出:"我们估计国顽仍将尽一切可能与力量和我争夺大城市,新内战将严重,地区可能首先在苏中。因此,我们盼八路军能有部队增援,并盼中央给我们详细指示。"①

尽管张云逸等决定在消灭苏中大股伪军的同时,尽量加强向西、向南作战的兵力。然而,无论如何,以苏浙军区和南下增援的力量去夺取南京、上海,力量明显不足。特别是张云逸等提出"国顽仍将尽一切可能与力量和我争夺大城市,新内战将严重",使中共中央不得不重新考虑对新四军的战略部署。

事实上,在朱德总司令发出七道命令的同时,8 月 11 日,蒋介石也发出了三道命令:命令国民党军"积极推进,勿稍松懈";命令各地伪军"负责维持治安","趁机赎罪";命令八路军、新四军及中共领导的一切抗日武装"就原地驻防待命",不得对敌伪"擅自行动"。据此,江北第十战区司令长官兼第二十一集团军总司令李品仙所属的桂系军队与第十战区副司令长官兼第十五集团军总司令何柱国所部向津浦路及蚌埠、徐州推进,江南第三战区顾祝同所部向沪宁杭地区推进。这就意味着,随着抗战的即将结束,国共的军事冲突就要开始。

鉴于江南地区国共力量对比悬殊,国民党军必然要与新四军争夺沪宁杭地区,新四军又难以同时兼顾向西、向南的作战任务,中共中央遂于 8 月 12 日复电华中局:第一,"江南力量就现地向四周发展,夺取广大乡村及许多县城,准备内战战场。江南各大城市不作占领打算";"浙东力量仍在原地扩展,内战失利时准备转到浙南"。第二,"江南在内战胜利(打几个大胜仗)后就原地继续扩展,长期坚持,此种可能很大。但如在内战中失利,不可能在现地坚持时,应准备开入闽浙赣,创造新局面"。"决不退回江北"。第三,"江北力量全部留江北,不再派兵去江南,任务为力争占领津浦路及长江以北、津浦以东、淮河以北一切城市,消灭伪军,准备与李品仙、何柱国作战,并以有力部队配合八路军占领陇海路。"②

同日,中央军委也致电华中局:"江北方面,应将津浦路以东,长江以北,陇海以南,运河两岸,这一整块地区打成一片,占领所有城市,解放所有地区,打定长期巩固根据地的基础。苏中负责解决孙良诚、李明扬、陈太[泰]运等伪顽各部,二师予以协助。二、三、四师主力则迅速出动,巩固占领津浦线,对徐州、蚌埠两点之占领,主要由二、三、四各师负责,八路只能配合。必需如此,才能控制津浦线,贯通华北,取得对付李品仙、何柱国的优势。七师皖南部队,要打

---

① 华中局致中共中央电,1945 年 8 月 11 日。
② 中央档案馆编:《中共中央文件选集》第 15 册,中共中央党校出版社 1991 年版,第 234—235 页。

通与苏南联系，造成整块农村的连接，七师巢无地区，于敌伪投降，准备就地坚持，不能坚持时可退集二师地区协同作战。"①

中共中央、中央军委 8 月 12 日的这两封电报，表明中共中央开始放弃在江南夺取南京、上海等大城市的原有计划，同时也明确了新四军的战略重点是发展巩固江北的基本阵地，即长江以北、津浦路以东、陇海路以南地区。应当说，在蒋介石必然以重兵夺取南京、上海等大城市的情况下，中共中央的这一战略决策是正确的。

根据中共中央的指示，张云逸等一面部署各地迅速组建机动作战兵团，一面筹划对日全面反攻作战和准备打击国民党顽军的进犯。

在组建机动作战兵团方面，张云逸等要求新四军主力部队不再兼军区和军分区，使主力能够遂行机动作战任务，各地重新组织军区和军分区机构，并抽调地方武装编组新的兵团，以便主力机动后能担任原地区之坚持任务。据此，苏中军区将第一、第三、第四军分区所属的 17 个步兵团编成第一、第二、第三旅，同时各军分区又组建了一批新团；第二师将淮南津浦路东军分区及其所属部队编成独立旅，重新组织津浦路东军分区机关；第三师解除第八、第十旅所兼盐阜、淮海军分区的任务，重新组建盐阜、淮海军分区，第七旅由 2 个团增编为 3 个团，第十旅所辖的支队恢复为团的番号；第四师决定以淮北军区第三军分区武装为基础组建第十二旅，同时将第十一旅由 2 个团增编为 3 个团。

在对日全面反攻方面，张云逸等在 8 月 11 日以新四军军部的名义向华中各地的日伪军发出向新四军投降的通牒后，一面部署新四军各部在大江南北迅速夺取广大农村和县城，一面开展对日伪军的争取工作。

由于国民党军主力远在西南大后方，一时调动不及，为阻止新四军在华中受降和进占大城市与交通要道，蒋介石不惜使用一切手段，将华中地区的各色伪军收归门下。8 月 12 日，蒋介石委任南京伪国民政府行政院副院长兼上海市市长周佛海为国民党军事委员会上海行动总队总指挥，令其负责上海、杭州一带的"治安"。14 日，又委任伪军第一方面军司令官任援道为南京先遣军司令，令其负责苏州至南京一带的"治安"。随后，驻扬州、蚌埠、徐州的孙良诚、吴化文、郝鹏举等大股伪军以及其他一些杂牌伪军，先后接受或等待国民党的收编，成为顽化伪军。他们在解放区内占据要点，为蒋介石"看家护院"，成为国民党军队抢夺抗战胜利果实的急先锋。这样，争取华中地区的部分伪军能够向新四军投诚，即成为对日全面反攻作战的一个重要内容。

为此，张云逸等指示华中局情报部和各区党委敌工部，大力开展争取伪军反正投诚工作。在华中局情报部和中共淮南区委敌工部的共同争取下，伪首都警卫军第三师师长钟剑魂，于 8 月 13 日率所部 3000 人在六合县钟家集起义，后来改编为华中解放第一军。据此，张云逸等认为，只要工作做得好，争取部分伪军反

---

① 中央档案馆编：《中共中央文件选集》第 15 册，中共中央党校出版社 1991 年版，第 237 页。

正或起义还是有可能的,并于 8 月 14 日电示各区党委及新四军各师,要求用一切方法争取伪军反正,并准备于敌签订投降条约后,普遍动员各解放区军民收复敌据点与消灭顽化伪军,同时收缴其武装。

根据张云逸等的指示,各区党委及新四军各部积极展开争取伪军的工作。张云逸也派出新四军司令部参谋处的冯少白科长化名洪隆,到南京做伪军的策反工作。8 月 15 日,他又令淮南军区南下先遣支队政治委员沙文汉率部渡江进至南京郊外栖霞山地区,策应冯少白的策反工作,并准备配合第二师等部接管南京。尽管这次策反工作没有成功,但新四军在策反其他伪军方面还是收到了一定的效果。在张云逸等的直接指导与中共淮南甘泉县委的大力工作下,伪南京航空训练处中校飞行教官周致和、黄哲夫等 6 人,于 8 月 20 日成功驾驶原汪精卫座机"建国"号从扬州西郊机场飞到延安。周、黄等人到达延安后,受到毛泽东、周恩来、朱德等中共领导人的亲切接见。张云逸等获悉周致和等人安抵延安后,立即将此消息电告甘泉县委书记程明,并指示其继续做好伪空军人员的策反工作。不久,南京伪航空训练处少将副处长白景丰等 17 人又先后反正,并由甘泉县委和甘泉支队派人护送至新四军军部。张云逸抽空专门接见了反正人员。后来,根据各地报告的争取伪军工作的情况,张云逸又及时发出指示,要求各地在与伪军接洽谈判时,一定要加强对伪军的侦察,力争弄清其真实意图,并提高警惕,避免受骗上当,以致造成不应有的损失。日本签字投降后,在新四军的军事打击和政治争取之下,又有部分伪军先后反正或起义。

1945 年 8 月 15 日,日本天皇裕仁以广播"终战诏书"的形式宣布日本无条件投降。同日,朱德以中国解放区抗日军总司令的名义电令日军中国派遣军总司令官冈村宁次,要其命令所指挥的日军(除被国民党军包围的外),立即停止一切军事行动,向八路军、新四军和华南人民抗日游击队投降。然而,蒋介石为垄断受降权,独吞抗战胜利果实,也于 8 月 15 日致电冈村宁次,要他命令在华日军维护占领区秩序,等待国民党军队受降,不准日军向八路军、新四军等共产党领导的军队投降缴械和交出物资及其占领区。美国总统杜鲁门于当天发布的通令中,也只承认蒋介石享有在中国(除满洲)受降的权利。在此之前,美国将军麦克阿瑟还以远东盟军总司令官的名义命令在华日军不得向中共领导的抗日武装力量缴械。

为粉碎蒋介石垄断华中地区受降权的企图,张云逸等以华中局的名义致电日军中国派遣军总司令部,要其派出代表前来接洽华中地区日军投降的有关事宜。与此同时,张云逸等于 8 月 15 日以华中局的名义电告各区党委:"日本已投降,蒋介石命令日军暂保武装,维持秩序,待他接收,鼓励日寇拒绝向我缴枪,并制造内战口实。除淮北、淮南路西、江浙、皖中各主力部队立即准备应付内战外,各地方军与民,应即动员全部力量向各据点通牒,限其二十小时内投降,并集中力量选择一二次要敌人据点,实行军事进攻,破坏其交通,断其接济,逼其缴械,并可用各种策略手段,争其向我投降缴械。对伪军据点则采坚决打击消灭方针。"①

8月15日当天,中共中央致电华中局,就与日军代表谈判时应注意和把握的事项作出明确指示,要求在与日军代表谈判时必须设法使冈村宁次愿意被华中解放区包围的日军向新四军投降,并注意阐明下列各点:一是一切接洽投降事宜应遵照朱德总司令于8月15日向冈村宁次下达的命令进行;二是江南地区日军如愿向新四军投降,可开至江北新四军指定的地点,解除武装,新四军保证尊重其人格;三是在冈村宁次如愿意接受朱德总司令8月15日命令并决心投降时,中共方面愿意安排冈村宁次派代表飞往延安签订投降事项。

8月17日上午,张云逸和饶漱石、曾山等由盱眙县千棵柳赶到六合县竹镇,下午亲自指导新四军代表与冈村宁次的代表——日军中国派遣军总司令部参谋主任桥岛进行谈判。由于冈村宁次坚持其投降的对象是重庆而非延安,只把与华中局的谈判作为与蒋介石讨价还价的筹码,致使谈判毫无结果。通过这次谈判,张云逸更加深刻地认识到,虽然"日寇投降大势已定,但敌狡猾多端,正在玩弄手段,其武装部队不会轻易就范",因此他要求新四军部队对于"接洽日军投降事宜不应有过高希望,应提高警觉,可用第三者灰色面目与之接洽,以免上当"。②根据张云逸等的指示,新四军各部加紧对日伪军作战,迫使其由小据点向大据点和交通要道撤退,从而使华中各解放区日益扩大。

在准备反顽作战方面,张云逸等根据中共中央的指示,决心集中新四军第二、第三、第四师主力夺取津浦路浦口至徐州段,同时准备对企图抢占蚌埠和徐州的桂系李品仙部和何柱国部实施反击作战。

与此同时,为扩大新四军的基本阵地,8月17日张云逸、饶漱石、赖传珠电示苏中军区和第三师,要求苏中军区集中力量首先解决主要方向上的伪军,并抽调主力一部配合第三师消灭驻守淮阴、淮安、宝应的伪军,并收复这些城市,以打通苏中与苏北两区之间的联系。两天后,张云逸等就如何解决伪军再次致电苏中军区:"一、在敌寇不愿缴械投降前,如我硬攻,敌会顽抗,故应先解决伪军,对敌暂取逼降办法。二、主力使用要有重点,且须避免浪战,以便进行继续的战斗,否则人力物力恐有不能持久之虞。三、要打的伪军据点,应注意选择:(一)有战略意义的;(二)有胜利把握的;(三)打此个可以争取其他的。四、运河线之淮安、淮阴、宝应,如控制在我手,其意义极大。苏中部队于控制宝应后,即派刘(按:指刘飞)旅北上配合三师夺取两淮(按:指淮阴和淮安)。五、其余主力应集中先解决兴化及泰县以北可能攻克的伪据点。次要方面则用一部主力,配合地武、民兵封锁围困。六、应利用投降之伪官兵如李化南等,广泛争取其他伪军工作,并允许他争到多少,即编归他部下指挥。"③

这时,苏中地区的伪军孙良诚部为免遭被各个歼灭的命运,采取集中兵力固

---

① 中国人民解放军历史资料丛书编审委员会:《新四军·文献》(5),解放军出版社1995年版,第64页。
② 张云逸、饶漱石致苏浙军区第二纵队领导人谭启龙、何克希等人的电报,1945年8月18日。
③ 中国人民解放军历史资料丛书编审委员会:《新四军·文献》(5),解放军出版社1995年版,第82页。

守待援的办法，一面固守宝应等地负隅顽抗，一面等待国民党援军的到来。苏中军区部队一时难以将其消灭。鉴于此，张云逸等于8月21日电令苏中军区抽调4个主力团并指挥苏北的6个地方团，夺取更有意义的淮阴和淮安，对苏中的日伪军暂以一部主力配合地方武装进行打击和围困。

在张云逸等的指挥下，新四军各部经过10余天的反攻，取得了不小的战果。在江北，新四军第二师及淮南地方武装分别收复嘉山、盱眙、六合、来安、天长、定远6座县城，切断了津浦线；淮北地方武装解放了泗县县城；苏北地方武装攻克了沭阳、涟水、宿迁等县城；苏中军区部队收复了高邮三垛、泰兴黄桥、泰县姜堰等30多处日伪军据点；第七师及皖江军区部队攻克了无为县城。在江南，苏浙军区部队解放了金坛、溧水、溧阳、长兴等县城；皖江军区的皖南部队一度攻入芜湖市。从8月10日至22日，新四军各部共歼灭日伪军1.5万余人，收复17座县城和近200个重要集镇，取得了全面反攻第一阶段作战的胜利。

到1945年8月中旬，国内形势开始发生变化。一方面由于日军和大股伪军集中在大中城市和交通要道，拒绝向八路军和新四军投降；另一方面蒋介石在美国的支持下，正指挥国民党军向大中城市和交通要道推进，使八路军和新四军夺取大城市和交通要道的计划难以实现。同时，蒋介石还于8月14日、20日、23日三次电邀毛泽东赴重庆谈判，商谈国内和平问题。

根据形势的变化，中共中央、中央军委于8月22日发出《关于改变战略方针的指示》，指出："我军应改变方针，除个别地点仍可占领外，一般应以相当兵力威胁大城市及要道，使敌伪向大城要道集中，而以必要兵力着重于夺取小城市及广大乡村，扩大并巩固解放区，发动群众斗争，并注意组训军队，准备应付新局面，作持久打算。望各地按具体情况逐步转变思想与部署。"[①]

据此，新四军军部放弃了在江北夺取蚌埠、滁县等城市的计划。张云逸与饶漱石于8月25日致电华中各区党委：目前方针，一般不作争夺大城市与重要交通要道的打算，而集中全力收复一切较小县城、市镇与农村，同时准备集结主力对进犯的国民党顽军打几个漂亮的歼灭战以转变局势；对大城市，应大量组织群众，进行和平、民主、团结的工作，争取我党的地位，以便将来与国民党进行民主合法斗争，造成大城市与国民党区的民主群众运动与解放区的民主武装斗争相结合，进而推动中国革命前进的局面。

这样，新四军各部于8月23日开始了第二阶段的反攻作战。

在此形势下，中共中央决定陈毅回华中工作。陈毅于8月25日乘美军观察组飞机离开延安，准备经太行返华中。次日，中共中央致电张云逸、饶漱石等：陈毅昨天飞抵太行解放区，转赴华中，其态度很好，一切问题均谈通，中央决定陈毅任新四军军长、华中局副书记，饶漱石任新四军政治委员、华中局书记，其余不变。28日，毛泽东、周恩来、王若飞等赴重庆谈判。

---

① 中央档案馆编：《中共中央文件文集》第15册，中共中央党校出版社1991年版，第243页。

蒋介石一面邀请毛泽东赴重庆谈判，一面派李品仙、何柱国、顾祝同率国民党军向华中解放区大举进犯。从保卫毛泽东等人的安全出发，张云逸等于8月27日致电中共中央："李、何、顾三顽大军都在挺进中。我正部署给以有力的打击。如果打得好，对我党与国顽谈判是有极大作用的。但在毛主席亲自赴重庆时，打击国顽，不知有何危险否？请即电示。"① 同日，中共中央复电华中局："顽军向我解放区进攻，必须给以坚决打击，求得消灭其一部或大部以至全部。只要在自卫原则下能打胜仗，这与国民党进行谈判是有利的。但在方式上仍可先礼后兵，争取更多政治资本。"②

据此，张云逸等决定按照原定计划，集中新四军第二、第三、第七师主力，准备对进犯津浦路浦口至蚌埠段的桂系李品仙部实行自卫反击作战。同时，中共中央还决定由林彪指挥新四军第四师和八路军冀鲁豫军区部队及山东军区一部，对准备抢占徐州的何柱国部作战。但由于李品仙部进占蚌埠时没有经过解放区，而是在日伪军的接应下进占蚌埠，使新四军求歼其一部的计划未能实现。此后，在黄克诚、谭震林的建议下，新四军第二、第三师主力撤回原防，攻打较大的日伪军据点。同时，由于何柱国部推进速度较快，无法防止其进占徐州，对其作战的计划也被迫取消。第四师主力也转入了对日伪军的作战。

新四军各部在第二阶段反攻作战中，对日伪军发起了更加猛烈的进攻。苏中军区所部分别收复了宝应、兴化、东台、靖江、启东等县城，控制了北起淮安、南迄高邮100多公里的运河沿线，仅解放兴化一战即歼灭日伪军5700余人。第二师和淮南军区部队攻克10余处日伪军据点，并向凤阳、怀远和南京推进。苏北军区部队扫清了淮阴城外围的日伪军据点，开始围攻淮阴城。第四师和淮北军区部队解放永城、五河县城，并向宿县、怀远、蚌埠及陇海铁路徐（州）砀（山）段推进。苏浙军区部队收复了郎溪、高淳、广德、南汇等县城，并将三北、四明两地的日伪军基本肃清，控制了溧（水）武（进）公路。第七师和皖江军区部队攻克了多处日伪军据点，使皖江解放区与苏浙解放区连成一片。

在8月9日至9月2日的全面反攻作战中，新四军各部共收复县城30余座，攻克重要集镇400余个，歼灭日伪军2.8万余人，占领了武汉周围和南京、太湖、天目山之间及长江以北苏皖地区的许多县城及广大乡村，进一步扩大和巩固了华中解放区，粉碎了蒋介石独吞华中抗战胜利果实的企图。

二、参与谋划上海武装起义

在指挥新四军对日伪军实行全面反攻的同时，张云逸还参与谋划了上海武装起义。由于在谋划起义的过程中保密工作做得非常好，从而使这次起义的谋划过

---

① 中国人民解放军历史资料丛书编审委员会：《新四军·文献》（5），解放军出版社1995年版，第135页。
② 中国人民解放军历史资料丛书编审委员会：《新四军·文献》（5），解放军出版社1995年版，第136页。

程成为一段鲜为人知的历史。

准备在上海发动武装起义,配合新四军解放上海,是华中局于1944年下半年作出的一项重大决策。

自1944年春八路军、新四军和华南抗日游击队陆续向日伪军发起局部反攻后,敌后抗日根据地周围的日伪军开始向大中城市和交通要道附近收缩。在此情况下,毛泽东于1944年4月向各战略区发出了要注意大城市和交通要道的工作,要把城市工作和根据地工作提到同等重要地位的号召。同年6月5日,中共中央发出《关于城市工作的指示》,指出:"不占领大城市与交通要道,不能驱逐日寇出中国。不争取在日寇压迫下的千百万劳动群众与士[市]民群众,瓦解伪军伪组织,并准备武装起义,不能配合军队与农村占领大城市与交通要道。"① 为此,中央要求各地必须改变过去不注重或不大注重城市工作与交通要道工作的观点,强调在可能时以里应外合的办法收复大城市。为加强对城市工作的领导,中共中央于9月1日决定成立以彭真为部长的中央城市工作部。9月4日,中共中央又发出《关于建立城市工作部门的指示》,要求地委以上各级党组织立即建立城市工作部(简称城工部),专门负责城市及交通要道的工作。10月下旬至11月上旬,中共中央专门召开城市工作会议,就如何开展大城市和交通要道的工作进行了研究部署。1945年5月3日,彭真受中共中央的委托,在中共七大上作了《关于敌占区的城市工作》报告,对如何开展敌占区的城市工作作了全面系统的阐述。

根据中共中央的指示精神,华中局利用1944年6月中旬至8月中旬召开高干会议的时机,召集与会的新四军各师领导人对华中地区敌占城市和交通要道的工作进行了研究。其间,毛泽东与刘少奇、陈毅于8月3日致电华中局,要求抓紧部署开展上海、杭州等城市的工作及沪宁铁路两侧地区的工作。8月17日,张云逸与饶漱石致电毛泽东、刘少奇等,报告了新四军恢复苏南及已将活动发展到上海周围的情况。毛泽东接电后非常高兴,于8月21日致电张云逸、饶漱石、赖传珠:"苏南有发展,甚慰。美军准备在中国登陆,要求和我军配合作战","请你们认真布置吴淞、宁波、杭州、南京间,特别是吴淞至宁波沿海及沪杭甬铁路沿线地区的工作,广泛地发展游击战争及准备大城市的武装起义"。②

根据中共中央的指示,张云逸与饶漱石、曾山、赖传珠等结合华中局高干会议讨论的意见,就如何开展上海、南京、杭州、宁波4个城市及沪宁、沪杭甬等交通要道的工作进行了专门研究,决定由中共上海地下党和苏中、苏南、淮南、浙东4个区党委来分别完成任务。具体分工是:上海的工作主要由上海地下党负责;南京至镇江铁路沿线包括浦口沿江地区的工作,由淮南区党委负责;镇江至上海铁路沿线及沿江地区的工作,由苏中区党委负责;南京、杭州两市及其附近

---

① 中央档案馆编:《中共中央文件选集》第14册,中共中央党校出版社1992年版,第243页。
② 毛泽东致张云逸、饶漱石、赖传珠电,1944年8月21日。

地区的工作,由苏南区党委负责;宁波、浦东以及沪杭甬铁路沿线地区的工作,由浙东区党委负责。

8月26日,华中局将以上部署电告各区党委,要求立即抽调干部成立城工部,并强调指出:各区党委除选派干部利用各种社会关系,打入各城市及交通要道机关内部,建立党与群众的秘密工作外,还应当派遣大批武装部队,组织武工队及游击队,向上海、南京、杭州、宁波近郊与沿沪宁、沪杭线及沿江沿海一带广泛开展游击战争,"造成将来武装包围上海、南京、杭州、宁波城市,配合城市武装起义,里应外合收复上述城市的可靠基础"[①];各根据地应对一二个较大集镇的已有管理办法进行研究,以积累管理城市工作的经验,并经常召集有关铁路、河道、公路及城市工作等方面的会议,总结并推广成功的经验;在开展城市与交通要道的工作时,必须反对急躁与盲动的偏向。根据华中局的部署,各区党委陆续成立了城工部等组织,分别展开工作。

在上述4个城市中,张云逸更加关注对全国影响最大的上海。为此,他与饶漱石、曾山及华中局城工部部长刘长胜等研究后决定:目前在上海的工作主要是发动群众,组织地下军,进行武装起义的准备;将来时机成熟时,再以里应外合的方式配合新四军解放上海。

为尽快在上海组织起地下军,华中局城工部分批抽调上海地下党各系统负责人,到淮南抗日根据地接受培训;同时从原来由上海撤到淮南抗日根据地的干部中抽调人员派回上海,充实和加强上海工委等各级组织。此外,华中局城工部还邀请了90多位在上海工人中有影响的老同志和失业人员,到淮南抗日根据地参观学习,以便使他们回到上海后能够团结群众,配合组织地下军。

为加强对上海城市工作的领导,张云逸与饶漱石、曾山等于1944年11月研究决定:上海城市工作由华中局直接负责;调在苏中地区工作的陈伟达和顾复生到浦东淞沪地委工作,以陈任淞沪地委书记兼新四军浙东游击纵队淞沪支队政治委员,以顾任淞沪地区行政公署专员。

1945年2月后,淞沪支队主力在司令员朱亚民、政治委员陈伟达和顾复生等的率领下,陆续由浦东进入浦西青浦地区,继而以青浦观音堂为中心,积极向昆山、嘉定、苏州、松江等地发展,淞沪支队余部留在浦东坚持斗争。

经过几个月的努力,上海地下党先后在工人较为集中的浦东、沪西、沪东、南市、吴淞及郊区的杨行、龙华等地组织起了数支地下军。至1945年上半年,仅上海地下党工人运动委员会(简称上海工委)系统组织的地下军即已发展到260余人。此外,上海工委还通过他们团结了上千名工人积极分子。

据时任上海工委书记的张祺回忆:"工人地下军不设立正规军队的建制,参加方式也是相机行事,不要求一致。可以向本人(党员和群众)明确是中国共产党领导的工人地下军;也可以以兄弟会、互助会形式,先把队伍搞起来,只要求他

---

① 中国人民解放军历史资料丛书编审委员会:《新四军·文献》(5),解放军出版社1995年版,第227页。

们服从领导。"①

之后，上海地下军开始大量收集日伪军的情报，同时通过伪军购买了一批枪支、弹药，并派队员到淞沪支队学习使用武器，为举行起义积极准备。

在组织地下军的同时，上海地下党还利用读书会、兄弟会、互助会等方式，对上海伪警察进行争取工作，在伪警中建立了"新友同盟会"和"新警同仁会"的秘密组织，团结了二三百名伪警。

在指导开展上海城市工作的同时，张云逸等还努力打造有利于举行上海武装起义的外部环境。1945年8月3日，张云逸与饶漱石致电粟裕、叶飞等："江南阵地不仅对于将来反攻收复上海、南京占有特殊地位，而且对于将来粉碎内战阴谋也有极大作用"，所以华中局、新四军军部"对向南发展，控制沪、杭、宁三角地区方针基本不变"。②据此，苏浙军区在原有的基础上继续向上海外围发展。

8月10日，日本政府向同盟国发出乞降照会。当天晚上，张云逸与饶漱石、曾山、赖传珠等根据中共中央关于夺取津浦路南段和沪宁铁路及沿线大城市的指示，召开有关部门负责人参加的会议，研究发动上海武装起义的问题。当时，张执一已经入睡，但也被唤醒前去参加会议。

张执一，原为中共豫鄂边区襄河地委书记、新四军第五师兼鄂豫皖军区所属襄河军分区政治委员。他于1944年冬来新四军军部汇报工作，后由于军部与第五师的交通联系被桂系军队切断，便暂时留在军部。据他回忆：1945年8月10日那天晚上会议结束时，"饶漱石通知曾山（可能还有副军长张云逸）、刘长胜和我留下谈话，宣布：华中局决定派我以中共中央华中局和新四军代表名义，首先化装潜入上海，负责组织上海人民武装起义，接应新四军解放上海"；"饶当众宣布，决定作为上海起义的领导机关为上海党政军委员会，以我为书记，参加者有陈伟达、朱亚民、顾复生（时为淞沪地区行政专员）等同志，其他人选俟起义时选择各部分起义领导者参加。根据华中局决定，起义成功后，即宣布成立上海人民解放军总司令部，以陈伟达为总司令，我为总政治委员。"他还回忆道："新四军军部命令我调动上海郊区的新四军淞沪支队三千余人枪，分散地隐蔽进入上海市区，发动与配合群众举行武装起义。担任进攻上海的正规军，将是以粟裕将军为首的集结在天目山地区的新四军一师部队。"③

另据时任华中局城工部秘书兼干部科科长的张承宗回忆：1945年8月10日子夜，我也被找去开会。饶漱石传达了中央指示，说日本可能很快投降，并宣布华中局决定新四军准备进攻华中地区大中城市，准备进占上海。为此，命令城工部所有干部立即回沪，发动群众，准备武装起义，里应外合，迎接新四军。接着，曾山宣布成立中共上海市委，以刘长胜任书记，以张执一、张承宗、陈伟达、陈

---

① 张祺：《上海工运纪事》，中国大百科全书出版社上海分社1991年版，第130页。
② 军事科学院《张云逸军事文选》编辑组主编：《张云逸军事文选》，军事科学出版社2007年版，第481页。
③ 中国人民政治协商会议全国委员会文史资料研究委员会编：《革命史资料》（5），文史资料出版社1981年版，第12页。这里所说的"一师部队"，实际上是指苏浙军区的部队。

祥生为委员,并决定由刘长胜任上海市市长。①

这样,准备举行上海武装起义的工作全面展开。

8月11日,张云逸等电令苏浙军区以主力一部向沪宁线开进,策应上海武装起义;决定由黄克诚、叶飞、罗炳辉分别担任苏、浙、皖三省主席,由粟裕、方毅分别任南京市市长和副市长,由刘长胜、张执一分别任上海市市长和副市长。

8月12日,新四军代军长陈毅、副军长张云逸、代政治委员饶漱石发布对上述三省两市主要领导人的委任命令,并授权新华社华中分社对外公布;张云逸与饶漱石、曾山、赖传珠致电朱亚民、陈伟达和顾复生,要求乘日本宣布投降与上海秩序混乱之际,利用各种关系,首先派部分武装隐蔽进入上海市内,以工人区域为中心,在团结社会各阶层、摧毁日伪政权、恢复秩序、解决粮食问题等口号下,广泛组织工人自卫队,实行自卫,争取大批伪军、伪警反正,并视群众条件与敌人力量的变化来提高斗争方式,直至没收汉奸粮食,缴除伪军、伪警武装,建立民主政权。张云逸等在电报中指出:"如果上海群众运动已有很大发动与个别工人区域已被我控制,则浦东大部部队即可开入上海。盼将当面情况即告我们。张执一已于昨日动身来浦东。"②同日,为准备接管上海等大城市,新四军政治部根据张云逸等人提出的意见,发出了《关于执行城市政策与严格纪律的命令》。

与此同时,张执一、张承宗于8月11日赶到上海,向上海地下党传达了华中局关于准备举行武装起义的指示。随后,张执一、张承宗与上海工委负责人张祺到达青浦观音堂,与顾复生商讨了青浦游击队从沪西配合上海武装起义的问题。

当时,上海地下党掌握的力量并不多。据张祺回忆:在伪警察系统,有党员二三百人和一批积极分子,中共地下党员掌握着戈登路(今江宁路)伪警察分局军械库的钥匙,内有枪约2000支。在上海工委系统,有党员近800人,分布在市政、交通等部门及一些主要工厂中;在沪西、沪东、沪南、浦东、吴淞等地和一些工厂建立了一支200多人的工人地下军,有几十支短枪和淞沪支队支援的近百颗手榴弹。③

与之相比,日军在上海及其周围约有15万人,伪军在上海有伪税警团1.2万余人和保安团几千人。国民党在上海市区纠集地痞、流氓、无赖等组成的数支"工人忠义救国军"有上千人,在市区周围还有大批形形色色的游杂武装。

张执一、张承宗等分析了以上形势后致电华中局:上海武装起义必须在苏浙军区主力赶到上海并对上海发起攻击时才能举行,否则难以成功。

然而,8月12日中共中央已经调整了对新四军的战略部署,放弃了要新四军占领江南各大城市的打算。8月16日,中共中央又致电华中局,要求暂缓执行上海武装起义的计划,并指示上海地下党以群众面目和上海总工会筹备会的名义,发动广大工人及各阶层人民召开抗战胜利庆祝大会,成立上海总工会,在上海市

---

① 参见秦义民编:《浦江风云》,汉语大词典出版社2001年版,第117页。
② 张云逸、饶漱石、曾山、赖传珠致朱亚民、陈伟达、顾复生电,1945年8月12日。
③ 参见张祺:《上海工运纪事》,中国大百科全书出版社上海分社1991年版,第136页。

区张贴刘长胜为市长、张执一为副市长的布告。①

根据中共中央的指示，张云逸等指示上海地下党暂不发动起义，仍采取隐蔽精干的政策，不以新四军身份出来活动，而继续以人民面目活动，加紧进行起义的准备工作。

遵照中共中央、华中局的有关指示，上海地下党一面加紧地下军的组织工作，一面发动各行各业的群众进行公开斗争，准备迎接新四军的到来。很多工厂中都贴出了"欢迎新四军""欢迎刘长胜市长"的标语。从8月13日至17日前后，沪东、沪西、南市、闸北等地工人纷纷行动起来，要求日伪工厂发放解散费和生活维持费，向日伪工厂展开清算斗争。为了保护工厂，沪东、沪西纺织机器厂的工人还占领了工厂，以防止日伪破坏和盗窃物资。同时，沪西、沪东工人还分别召开了各有数万人参加的庆祝抗战胜利大会，并成立了庆祝抗战胜利筹委会。此外，教师、学生、职员也都纷纷召开庆祝抗战胜利大会，成立筹委会。"到了这个地步，革命的洪流已不可遏止"，"整个上海在高呼：'天亮了！大家起来砍萝卜头！'（当时群众称鬼子为'萝卜头'）"②

张云逸等密切注视着上海形势的发展变化，对上海的工作及时予以指导。8月16日，张云逸、饶漱石就上海工作方针致电朱亚民、陈伟达并转张执一、陈祥生：（1）如果上海群众运动高涨，在浦东的淞沪支队主力就可进入上海，以配合群众起义；（2）如果起义后情况有利还可将群众起义由工人区域推广至全市区；（3）如果起义后情况不利，部队与工人可转入农村坚持游击战争，以壮大自己。18日，华中局认为上海武装起义的时机已经成熟，遂要求上海地下党迅速开展起义工作，准备从一个工人区到全部工人区，按照统一战线政策吸引各阶层人民参加起义，同时要求在上海近郊发动农民起义，以响应上海市区的工人起义。③华中局在给张执一、陈伟达等人的另一封电报中强调："只要上海群众条件成熟，你们应当力争在国民党未入上海与全市形势极度混乱时，发动群众武装起义。这对国际国内都有极大的意义。同时，万一起义后不能继续在城市内长久坚持时，亦可转入乡村，广泛开展游击战争，对我们仍是有利的。在起义前后应向伪军伪政权伪警威胁与进攻，但不要主动进攻日寇，可能造成鬼子中立。"④同日，张云逸、饶漱石还电示张执一、陈伟达等，要求严格把握一切依靠力量、依靠群众的原则，大胆而又谨慎地部署起义工作，并强调只有做好了这方面的工作，使自己手中有了可依靠的力量，才能更好地发动上海市内工人与市民参加起义，才能更有办法夺取上海近郊的农村。

为慎重起见，张云逸、饶漱石等人于8月18日夜又以华中局名义致电粟裕并告张执一：（1）不管上海群众能否起义，党的组织均应采取隐蔽方针，以便长

---

① 参见秦义民编：《浦江风云》，汉语大词典出版社2001年版，第117页。
② 参见秦义民编：《浦江风云》，汉语大词典出版社2001年版，第118页。
③ 参见张祺：《上海工运纪事》，中国大百科全书出版社上海分社1991年版，第138页。
④ 华中局致粟裕并张执一、朱亚民、陈伟达的电报，1945年8月18日。

期坚持；上海武装起义后，应立即向外界公开刘长胜、张执一为正、副市长的消息（在刘未到上海时由张代理市长），并广泛张贴安民布告，以号召群众参加起义。(2) 身份已暴露的上海地下党的干部目前应积极领导和参加公开的群众运动，准备起义或于起义后形势对我不利（不能在城市继续坚持）时，领导工人及武装起义的市民转入农村，广泛开展游击战争，夺取农村。(3) 即使举行武装起义或万一起义后不能继续在城市坚持时，上海市区内的各工厂均应保持个别未暴露身份的工人干部，以作长期隐蔽坚持之打算。

8月19日上午，张云逸、饶漱石等综合各方面的情况，以华中局的名义发出举行上海武装起义的训令。其内容如下：

浙东、江浙、浦东：（粟转张陈诸陈①），

（一）根据已有群众力量可即发动上海武装起义，即使不能长期坚持，亦可退至农村开展游击战争，胜利仍有把握，故无须顾虑。

（二）可用庆祝日本投降名义，首先在工人区域召集群众大会，举行示威游行等方式发动群众起义，起义后即占领工人区域并缴除附近伪军武装。

（三）华中局决定张执一、陈维[伟]达、陈祥生、浦东支队（按：即淞沪支队）及上海党各一负责人，共五人组织行动委员会，统一领导武装起义，张执一任书记，陈维[伟]达副之。

（四）起义的公开指挥机关由陈维[伟]达任总司令，并从各企业有威望老工人领袖中及反正伪军、伪警中有威望的领袖各提拔数人任副总司令，张执一任政委，陈祥生为上海总工会委员长。各大工厂、各区域、各重要街道均应有总指挥，当挑选工人中有威望领袖任总指挥官。

（五）已动员江南各地武装策应你们了。

华中局
八月十九日九时四十分

之后，张云逸等又电示张执一、陈祥生：(1) 上海起义后除对顽抗不愿缴械投降的伪军、伪警应坚决消灭外，要广泛吸收各阶层各界人士参加政权。(2) 在反动武装尚未完全解决与革命秩序未完全恢复前，上海的财政、税收、金融、海关、邮电等一切行政、经济社会机关，只要其服从我之命令，一切暂时照原利用，以待将来逐步改造，免致混乱。(3) 上海伪保甲制及帮会、流氓、宗教团体应很好掌握和利用，但对坚决助顽反我的大流氓应采取杀一儆百的策略，以震慑和争取之。

为确保起义的成功，张云逸、饶漱石、曾山等决定派刘长胜到上海，以加强对起义的领导。同时，他们还研究了如何解决上海日军缴械投降的事宜。由于

---

① 粟张陈诸陈，分别指粟裕、张执一、陈祥生、诸亚民（即朱亚民）、陈伟达。

上海当时仍驻有很多日军，若起义武装同时向伪军和日军发动进攻，很难取得胜利。为此，张云逸等人还于8月19日当天致电张执一、陈祥生：设法派人与日军接洽，争取使日军暂时保持中立，只要日军不协助伪军与起义人民作战，则起义武装可暂不向日军进攻，对上海日军缴械投降事宜可暂用谈判的方式进行。同时，华中局还致电粟裕并转谭启龙，要求立即通令江南各地方武装在各地积极活动，夺取农村，迅速扩大群众起义范围，并设法破坏铁路交通，使敌伪不能向上海增援，以配合上海群众的武装起义。

在发出关于举行上海武装起义的一系列指示后，张云逸、饶漱石等以华中局的名义向中共中央作了详细汇报。电报全文如下：

中央：

（一）日本宣布投降后数小时内，我即派出大批干部出发到了上海。

（二）上海我可武装、控制力量总共廿万人，计：水电、邮政、电车、电话、铁路工人我能掌握大部分，日本工厂十万失业工人我可动员，沪东、沪西各可动员数万，沪西大部分巡警我可控制。资本家不愿助我，怕内战。中间分子观望。敌人多集中主力，伪方只有税警团、保安队维持秩序，甚恐惶。

（三）根据目前主客观力量，可以发动群众武装起义，即使将来万一不能长期坚持，也可退到农村，发展游击战争取得胜利。

（四）因此，华中局于今晨正式发出训令，上海工人、市民与近郊游击队实行武装起义，缴除伪军、伪警武装，占领上海，但不主动向驻守不动的日军攻击，建立各阶级民主联合的上海市政府。

（五）各种对上海指示即可源源转达中央，并盼指示。

华中局

八月十九日

在这一电报中，华中局所提出的上海地下党可以武装和控制的力量总共有20万人这一数字，实际上远远超出了上海地下党实际可能控制的力量。造成这一问题的原因，主要是饶漱石听信了陈祥生的一面之词。

对此，张承宗曾回忆说："8月10日夜在华中局的会议上，饶漱石曾说陈祥生已在上海组织了十万工人，当时我们心里就嘀咕，刘长胜还和我说，饶漱石撇开城工部，另派陈祥生单独一人去上海工作，居然一下子就拉起十万人的队伍简直不可思议。因为当时上海环境险恶，组织分散，如果不通过组织，要团结广大群众，实在难以想像。"[1]

那么，陈祥生所说的他已掌握了10万工人的数字究竟是如何来的呢？据张祺回忆：在一次由张执一主持，张承宗、陈祥生和他本人参加的会议上，陈祥生道

---

[1] 秦义民编：《浦江风云》，汉语大词典出版社2001年版，第116页。

出了其中的真相。"陈祥生在会上先说了小沙渡劳工医院的关系,又讲出沪西内外棉纱厂一个工人的名字,说这个工人掌握着3000群众。听他这么一讲,我才恍然大悟。因为那个工人是工委系统的一个党员,陈祥生同她可能认识,她在的那家厂里有3000工人,陈就胡编说她掌握了3000人。在我们追问下,陈只得承认所谓掌握10万人就是这样推算出来的。大家弄清了这出把戏,都十分气愤。因为陈这样做,不但骗取了大量活动经费,而且更重要的是将贻误起义的大事。"①

后来,刘长胜到达上海后,张祺向他汇报了陈祥生弄虚作假的情况。刘长胜听后,要他立即起草一份电报,用淞沪支队的电台将此情况电告华中局。同时,他还让张祺去青浦了解淞沪支队的情况,并研究了工人地下军与淞沪支队如何配合行动的问题。张祺到青浦后,找到朱亚民、陈伟达等淞沪支队领导人。经了解,淞沪支队的实际力量还不到2000人,与号称的3000人也有出入。刘长胜了解到上述情况后,"认为单凭淞沪支队、工人地下军和其他方面的少数力量,难以确保起义的胜利,即使拿下部分地区,要守住也是十分困难的,而且将会有较大的伤亡"②。于是,他将所了解到的情况向华中局作了如实的汇报,但这是以后的事了。

8月20日,中共中央批准了举行上海武装起义的计划。这封复电是由毛泽东起草的。

华中局:

　　你们发动上海起义的方针是完全正确的,望坚决彻底执行此方针,并派我军有力部队入城援助。其他城市如有起义条件,照此办理。

中央
八月廿日十时

毛泽东在当天还给华中局另外发了一封电报,要求华中局迅速发动京、沪、杭三角地区数百万农民举行武装起义,以策应上海群众的起义,并从江北、江南分别派出数十支武工队及大批军政干部,到各县作为起义的领导核心。

从毛泽东起草的上述两封电报可以看出,尽管中共中央放弃了要新四军占领江南各大城市的打算,但从未否定城市群众的武装起义,相反还鼓励华中局这样做。这让张云逸等人备受鼓舞。

根据中共中央的指示,张云逸等立即下令,要苏浙军区从浙东调两个团、从苏南调一个团,要苏中军区第四军分区调一个团,星夜赶赴上海,支援上海群众的武装起义;要张执一等立即坚决而勇敢地发动上海群众举行起义,并在起义后立即发动群众设法破坏飞机场,迅速扩大胜利。

张云逸等深知,发动上海武装起义不仅涉及上海的各种政治力量,还可能涉

---

① 张祺:《上海工运纪事》,中国大百科全书出版社上海分社1991年版,第137页。
② 张祺:《上海工运纪事》,中国大百科全书出版社上海分社1991年版,第139页。

及与盟军的关系，可谓牵一发而动全身。为此，张云逸等于 8 月 20 日当天还以华中局名义电告张执一、陈祥生：（1）起义前后设置单独的电台，用淞沪支队电台的密码与华中局、新四军军部进行联络；（2）发动起义后需派代表与各方面进行联络，以争取其与我合作，对坚决反我的顽伪及其特工人员，可选择一两个主要通敌有据的、以汉奸罪名公开打击或逮捕之，但不要乱抓乱杀，以免造成混乱；（3）如果美军在上海登陆，应当即派人与之进行联络，要求其尊重我建立的政府，并派人与集中营里的英、美、苏各方人士进行联络，广泛建立国际、国内各界统一战线。

就在上海武装起义的各项准备工作紧锣密鼓地开展之时，8 月 19 日陈伟达、朱亚民等致电华中局，认为上海市区缺乏起义的骨干武装，若立即发动起义，仅凭淞沪支队、上海地下军及群众力量难以占领整个上海，估计最多只能占领一两个工人区，因此请示是否待新四军主力到达后再发动起义。

8 月 20 日夜，张云逸、饶漱石致电朱亚民、陈伟达："十九日电悉。我们已令浙东两个主力团及江南一个主力团赶赴上海增援起义，你们部队应向上海近郊挺进，作为上海群众起义武装骨干，因上海武装起义时〔对〕国际国内影响与中国革命前途均有极端重大作用，故必须贯彻，不可动摇。"①

8 月 21 日，张云逸、饶漱石又以华中局名义致电张执一、陈祥生："上海起义对国际国内影响与对中国革命前途均将起决定作用，同时起义后即使不能长期坚持，亦可退到农村开展游击战争，争取胜利，故万不可犹豫动摇，必须坚决贯彻。"②

同日，张云逸、饶漱石又致电张执一、陈伟达、朱亚民："我们已速令浙东、江浙主力兼程开沪策应起义，如你们估计现有力量可能占领一二个工人区，盼立即占领几个工人区，并迅速推广到全市，不必等待主力到达才发动，但在主力未到前可不必向伪军集中攻击，而先集中全力推广群众组织与武装群众。"③

这时，苏浙军区领导人粟裕、叶飞根据华中局的指示，制定了策应上海群众武装起义的方案：准备派第二纵队副司令员张翼翔率领两个主力团、叶飞率领第四纵队第十支队（相当于团）前去增援上海群众武装起义；留苏浙区党委副书记金明在苏南主持地方工作；同时将军区主力分散于沪宁铁路沿线活动，以策应上海群众的起义行动。

若单从策应上海群众起义的角度来说，粟裕等人的意见是完全可行的。但张云逸等所考虑的是，苏浙军区既要抽调兵力增援上海的群众起义，又不能对全面反攻作战及应对国民党顽军来犯的部署产生太大的影响。因此，张云逸等以华中局的名义复电指出："（一）同意金明留苏南主持地方工作，由叶飞率十支队向沪急进。俟叶到达后，由叶任上海武装起义的总司令。（二）江南主力仍应在宣（城）

---

① 张云逸、饶漱石致朱亚民、陈伟达并告粟裕、叶飞电，1945 年 8 月 20 日。
② 华中局致张执一、陈祥生电，1945 年 8 月 21 日。
③ 张云逸、饶漱石致张执一、陈伟达、朱亚民电，1945 年 8 月 21 日。

长（兴）路与栗［溧］武路一带收复据点，准备战场，打击来犯之顾顽。无锡至丹阳一线，主要由当地地方武装（如丹北、苏常太、江南）担任发动地方群众起义，响应上海起义。（三）叶飞出发后，如果江南主力又分散到沪宁路沿线活动，则不但有分散力量、减弱应付顾顽的危险，而且也有引起我们主力与日本尚未投降的军队陷于正面冲突的可能，这两种都对我不利的，因此不要因为上海起义变动主力原来的部署。"① 与此同时，张云逸等还致电粟裕并转谭启龙：同意张翼翔率第二纵队两个主力团前去增援上海群众的武装起义，部队立即北渡钱塘江，向上海挺进，愈快愈好，并派一两名熟悉上海情况的负责干部随同前往，第二纵队司令员何克希应星夜赶往上海。

可是这时，何克希正率第二纵队主力一部向宁波城外推进，来不及转赴上海。得知这一情况后，张云逸和饶漱石立即调整部署，决定令谭启龙率第二纵队两个主力团与张翼翔一道立即北上，留何克希在浙东主持全局。

根据华中局的部署，张执一与上海工委书记张祺等迅速拟定了起义的详细方案。具体步骤是：由上海工委首先在沪西地区动员群众，配合上海地下军占领信义机器厂，作为发动武装起义的据点；接着，以戈登路伪警察局内的地下党员做内应，夺取该伪警察局军械库的2000支枪武装工人；继而再兵分两路，一路解决曹家渡的伪警察局，一路解决普陀伪警察局，然后向市中心进发。其他地区的工人地下军和中共地下组织在此基础上采取相应的行动，配合新四军进占上海。②

之所以选信义机器厂作为起义的据点，是因为这里存有大量的粮食，可以解决起义人员的吃饭问题，同时该厂地处沪西工人区，也便于起义后取得淞沪支队的配合。

由于华中局此前曾有明确指示，不管上海群众能否起义，中共组织均应采取隐蔽方针，故而张执一与张祺等人并没有将起义计划传达给上海地下党的所有党员，知道内情的只有相关的少数负责干部。在研究如何发动群众时，张执一与张祺等人决定以清算日伪罪行、要求复工等既符合当时实际情况又不至于暴露此次行动真实目的的口号，来动员群众，号召他们到信义机器厂举行示威游行。

8月23日清晨，上海群众的武装起义行动开始了。携带着武器的沪西工人地下军队员60余人，高呼着"没收汉奸财产""我们要吃饭"等口号，带领着由沪西地下党动员来的2000多工人冲进了信义机器厂，并迅速控制了工厂里的电话、制高点，设立了起义指挥部。随后，地下军人员与广大工人在工厂内坚守待命。起义指挥部还做好了袭击普陀伪警察局的准备。

占领信义机器厂的消息传开后，大批工人在沪西地下党的动员下源源不断地赶来增援，工厂内最多时聚集了7000多人。下午16时左右，上海工委书记张祺匆匆赶到信义机器厂，向起义指挥部传达了一个令人意想不到的命令：停止起义，

---

① 华中局致粟裕、叶飞、金明电，1945年8月21日。
② 沈以行等主编：《上海工人运动史》下卷，辽宁人民出版社1996年版，第299—300页。

撤离群众。

尽管大家对这一突如其来的命令感到大惑不解，但还是坚决执行了命令。在起义指挥部的安排下，工人地下军队员首先撤出了工厂，随后7000多名工人也分批撤出工厂。上海的武装起义就此中止。

停止上海武装起义，是中共中央根据当时国内形势的变化而作出的一个正确的决定。

中共中央之所以作出这样的决定，主要是当时伪上海市市长、大汉奸周佛海已接受了蒋介石的委任，率领伪军阻止新四军接收上海；同时蒋介石也委派了官员前去接收上海，国民党军的大部队也正日夜兼程向上海开进。在此形势下，若仍发动上海武装起义，已不是从日伪手中接收主权，而是变为反对蒋介石，必然会遭到其镇压。如此，不但上海地下党会受到摧残，就连进攻上海的新四军部队也有被消灭的危险。另外，毛泽东于8月20日收到了蒋介石发来的第二封邀请其去重庆谈判的电报。为顺应国内外的和平潮流，此时也不宜举行反蒋的武装起义。基于以上考虑，中共中央于21日果断作出了停止上海武装起义的决定，并于当天中午和晚上分别给华中局发出两封十万火急的电报，命令中止上海起义的行动。

中共中央在21日中午发给华中局的电报中指出："浙东主力到上海有被消灭危险，不如仍在浙东，困难时可退浙南。日本投降条约即将签字，蒋介石已委任上海官吏。在此形势下上海起义变为反对蒋介石，必被镇压下去，宜改为［动员］群众组织各种团体，发动清查汉奸斗争，立即建立群众性及新华日报上海版两种报纸，分开出版，而不建立政府"。中共中央在21日晚给华中局的电报中指出："关于上海起义问题，我们过细考虑结果，认为在目前起义对我们和人民是不利的。应即照本日午电停止起义，保存我们在工人中及其他人民群众中的组织基础，以便将来能够进行民主运动。目前应该组织工会及其他人民团体，迅速出版新华日报上海版及其他进步报纸刊物等。党的组织尽可能保持秘密状态，只有站不住［脚］的党员才准备撤退。关于浙东部队应准备在情况严重时转到浙南。"①

据此，张云逸等立即以华中局的名义发出停止上海武装起义的电报。电文内容如下：

张陈诸粟叶谭管丕②：

（一）今日日本代表已到后方与何应钦谈判，估计日本投降条约即将签字，蒋介石已委任上海市长。在此形势下，上海起义变为反对蒋介石，可能被镇压下去，故宜将武装起义改为广泛建立各种群众团体，发动清查汉奸斗

---

① 中共中央致华中局电，1945年8月21日。
② 张陈诸粟叶谭管丕，分别指张执一、陈伟达、诸亚民（即朱亚民）、粟裕、叶飞、谭启龙、管文蔚、陈丕显。

争,树立我党在上海群众的合法基础,以便在盟军登陆和国民党到达上海后与国民党进行合法斗争,并立即建立群众性的报纸及新华日报上海版两种报纸,公开出版,而不要建立我们领导的市政府。

(二)为了发动群众夺取农村,策动上海群众斗争,收缴伪顽武装,扩大部队,江浙军区(按:即苏浙军区)可派另一同志率一个次要团到上海附近一带活动,因为叶率老一团(按:指由原苏中军区第一团改编的苏浙军区第四纵队第十支队)前往将要影响对顽战斗。

(三)浙东部队即停止出发,留原地活动。

华中局
八月廿一日

8月22日晨6时,张云逸、饶漱石等人又以华中局的名义电告张执一、陈祥生、朱亚民、陈伟达:华中局决定取消关于武装起义的决定。

虽然华中局于8月21日、22日两次发出关于停止上海武装起义的指示,但由于通信联络不畅,直到23日下午才真正停止了起义行动。

据张承宗回忆:"当时上海和华中局电讯联络须通过淞沪支队,淞沪支队得到电报,刘长胜、陈伟达立刻向上海进发。由于交通关系,刘长胜、陈伟达分别赶到上海已晚了一天,所以直到23日下午3时前上海地下党'工委'并没有接到停止起义的指示。从21日至23日,起义的计划还在切实地执行着。"①

对于接下来的事情,张祺作了这样的回忆:8月23日,"群众刚刚占领信义铁工厂(按:即信义机器厂)才几个小时,刘长胜急匆匆赶到我家,向我传达了中央关于停止上海武装起义的电报,要求将武装起义改为清查汉奸斗争,尽可能保持秘密状态,防止暴露党组织。我急忙赶到信义铁工厂时,已经是下午4时左右。我在工厂附近见到了参加组织这次行动的高骏,要他转告大家,立即停止行动,布置工人地下军和起义群众撤离工厂,把占领工厂的7000多群众引向清算日伪[罪行],要求复工的斗争中去。于是,群众分批列队走上街头,高呼'要工做''要饭吃'的口号。在不明真相的人看来,认为只是失业工人要求复工的游行,谁也不知道那是停止起义的退兵之计。由于地下党员高度严守党的机密,国民党又正在忙于准备接收,以致他们对工人地下军准备起义和停止起义的情况,竟一无所知,这不能不说是一个奇迹。"②

对此,张承宗也指出:"党的纪律性是这次退兵之计成功的关键,严格的保密工作使鼻子伸得很长的重庆方面来的特务对这次起义毫不知情。而广大群众,直到今天也只是对1927年上海工人的三次武装起义耳熟能详,对解放战争时期上海人民迎接解放的斗争记忆犹新,但对这次引而未发的武装起义却知之

---

① 秦义民编:《浦江风云》,汉语大词典出版社2001年版,第120页。
② 张祺:《上海工运纪事》,中国大百科全书出版社上海分社1991年版,第141页。

不多。"①

中共中央在作出停止上海武装起义决定的同时，于8月22日发出《关于改变战略方针的指示》，要求各战略区放弃夺取大中城市和交通要道，以主要兵力夺取小城市及广大乡村，同时要求各地党委继续积极派人去大城市发动群众、争取伪军、出版报纸、布置党的秘密工作，以争取中国共产党在城市中的地位。

据此，张云逸、饶漱石等人一面着手处理停止上海武装起义的善后工作，一面就上海地下党日后的工作方针、政策等问题重新进行研究部署。

8月22日，张云逸等致电谭启龙并告粟裕、叶飞：谭启龙、叶飞停止率部增援上海；浙东部队及谭本人均留浙东当地活动，如将来困难时，可退到浙南地区活动。

8月24日，张云逸等以华中局的名义就停止上海武装起义后的工作方针、政策致电粟裕、叶飞等：（1）今后上海地下党的工作方针，主要是广泛发动群众、组织群众，建立工会及其他各种群众团体，开展群众性的反汉奸运动与改善生活的经济斗争。（2）在以广泛的群众运动为基础和个别工人区域由我们实际控制的条件下，以和平（反内战）、民主（反独裁）、团结（反分裂）三大口号与社会各阶层、各党派建立广泛的统一战线。（3）党的组织必须隐蔽秘密，不可公开和暴露，但必须在广泛的群众运动基础上来秘密发展党员，在各工厂、各企业、各街道建立秘密党的组织。（4）要很好掌握党的政策。一方面要放手发展工人苦力、店员、学生、市民等群众组织，另一方面要很好掌握统一战线政策，以争取各阶层人民的同情和影响。（5）对一般的革命文化人士应令其保持灰色面目，不要暴露身份，可要他们转入各级文化教育机构及各社会机关里去工作，以合法身份开办工人学校，教育工人，并用各种可能形式开展民主运动来团结各阶层中间分子。（6）立即设法办一种群众性质的报纸和《新华日报》上海版。《新华日报》以党的面目出现，可派已暴露的党员干部出来主持，争取合法存在。（7）立即在国民党组织、国民党有关人士及社会团体中开展情报工作，并做好在形势变化时仍能隐蔽秘密工作的准备。（8）应派身份暴露的党员干部利用各种关系去开展近郊的农村工作，建立党的支部与党的组织，武装工人纠察队，准备于形势严峻时转到农村开展游击战争或转移到江北解放区。（9）可从资产阶级对我同情分子中获得经费，并可建立贸易商业机关来作为掩护和解决将来经费上的困难。

发出上述指示后，张云逸、饶漱石紧接着又电告朱亚民、陈伟达等："（一）同意你们向淀山湖发展，你们部队可西移，但你们应将电台留上海附近，以保持上海与军部的联系。（二）刘长胜已来沪，我们仍在原地区，上海主要负责同志不要轻易离开上海，有要事可派次要干部来。（三）关于上海工作方针，今晚我们已发出详细指示，望朱（亚民）陈（伟达）保证迅速转交张（执一）陈（祥生），勿误。

---

① 秦义民编：《浦江风云》，汉语大词典出版社2001年版，第120—121页。

(四)群众组织形式在上海可普遍组织工会与各业群众团体,但不必组织政权。"①

8月29日,中共中央发出《关于在国民党占领的大城市与交通要道进行合法斗争的指示》。《指示》指出:凡我不能切实占领的大城市与交通要道中的工作,必须仍作长期打算,积蓄力量,以待将来;趁此日伪投降,国民党统治尚未建立和稳定的混乱期间,我们在城市与交通要道,应尽可能留下不暴露的力量,并须派遣大批干部到国民党重要的军事、政治、经济、文化、党务机关和铁路、工厂、矿山、市政、银行、学校里边开展工作,以合法斗争团结群众,以便将来更有力的进行民主运动。从这份电报可以看出,张云逸等人在停止上海武装起义后对上海工作所作的部署是完全符合中共中央意图的。

不久,张云逸等人又指示上海地下党,把在准备武装起义过程中部分暴露身份的共产党员和地下军成员撤至青浦,并准备随淞沪支队一同北撤。10月,在上海市区和郊区活动的地下军成员及部分在准备起义过程中身份暴露的地下党员陆续集中到青浦,继而随淞沪支队一道撤往山东解放区。至此,停止上海武装起义的善后工作全部结束。

尽管上海武装起义由于日本宣布投降后国内形势的迅速变化而被迫中止,但是酝酿、谋划起义的整个工作,促进了上海人民革命力量的发展,使上海地下党有了更加广泛而深厚的群众基础,同时也培养和锻炼了一批工人运动的干部,从而为抗战胜利后中国共产党领导上海人民继续进行革命斗争创造了有利的条件。1949年5月,上海人民配合人民解放军一举解放了上海,上海从此回到了人民的怀抱之中。

三、打击拒降的日伪军

中国人民经过艰苦卓绝的长期抗战,终于迎来了胜利的时刻。1945年9月2日,同盟国在日本东京湾的美国"密苏里"号战列舰上就日本投降举行了受降仪式。至此,中国抗日战争暨世界反法西斯战争宣告胜利结束。

日本签字投降后,中国抗日战争作为一个历史阶段已经完结。然而,蒋介石为独吞抗战胜利果实,在垄断对日受降权的基础上,一面邀请中共领导人毛泽东等赴重庆谈判,一面令国民党军大举向解放区推进,同时命令冈村宁次以中国战区日本官兵善后总联络部长官的身份,指挥华北、华中等地的日军协同国民党军向解放区进犯,阴谋消灭中国共产党领导的抗日武装力量。于是,日本签字投降后,在中国就出现了被解放区军民包围的日伪军仍在继续顽抗,拒不向八路军、新四军等人民抗日武装投降,甚至还主动向解放区进攻的怪事。在华中,驻江苏南通的日伪军5000余人,夺占了新四军苏中军区部队已经解放的海门县城。驻徐州的日伪军在徐州东南的徐三庄、牌坊等地重新建立了据点。驻南京栖霞镇的日

---

① 张云逸、饶漱石致刘长胜、张执一、朱亚民、陈伟达电,1945年8月24日。

军于9月7日分三路出扰,沿途烧杀抢掠。在浙东,日军协同伪军在宁波、镇海、余姚等地修建碉堡工事,增设据点,并四处抢粮烧杀,还扬言近期内将向浙东解放区进行大"扫荡"。此外,还有一部分被新四军包围的伪军依照蒋介石的旨意,占据淮阴、淮安、盐城、泰兴、高邮、扬州等城市,凭借着坚固的城防工事负隅顽抗,准备配合国民党军队进犯华中解放区。

在此形势下,为打通淮南、淮北、苏北、苏中四块解放区的联系,张云逸等决心拔除淮阴、淮安、盐城等伪军据点,并先后指挥新四军发起了两淮、盐城、高邮等战役战斗。

如何收复两淮,是张云逸等部署新四军全面反攻时一直思考的一个问题。淮阴和淮安两城相距不到20公里,为苏北政治、经济、文化中心和交通要冲,具有十分重要的战略地位。日本宣布投降后,日军撤出了两淮,但两淮又被伪军潘干臣、吴漱泉部(潘、吴两部分别被蒋介石加委为国民党第六路军第二十八师和淮安独立旅)占据。1945年8月,新四军向华中地区的日伪军发起全面反攻后,黄克诚等根据华中局和新四军军部的指示,准备集中新四军第三师主力首先攻取两淮,然后再打下盐城。后因准备对付李品仙主力向津浦路的进犯,第三师主力西调。

第三师主力西调后,张云逸等并没有放弃收复两淮的打算。8月17日以后,张云逸、饶漱石、赖传珠连电苏中军区,要求抽调四个主力团并指挥苏北军区六个地方团,担负夺取两淮的任务。8月23日,张云逸等又根据中共中央、中央军委8月22日《关于改变战略方针的指示》,决定仍由新四军第三师负责攻取两淮,并令该师第十旅立即返回苏北执行此任务。

8月26日,第三师第十旅及师直属特务团等部由洪泽湖东岸的高良涧、蒋坝(今均属洪泽县)等地北返,准备攻打淮阴。为保证攻城作战的胜利,第三师令苏北军区射阳独立团、淮阴警卫团和涟水警卫团从东、北两个方向配合第十旅作战。第十旅等部至8月31日将淮阴外围的伪军据点全部拔除,9月6日对淮阴发起总攻。经两小时激战,全歼守城伪军第二十八师师长以下8600余人。

在第十旅等部收复淮阴前后,关于如何进行津浦路作战,张云逸等新四军领导人与黄克诚、谭震林及中共中央进行了一番有益的探讨。

张云逸等原打算集中第三师的第七、第八旅与第二、第七师主力,打击可能沿津浦路东犯的桂系李品仙部,但部队在淮南津浦路两侧集结半个月后,却未见李品仙部有东犯的迹象。据此,黄克诚认为国民党军正忙于夺取大城市和交通要道,一时还顾不上向华中解放区进犯,如果第二、第三师主力再等下去,就会失去肃清解放区内残余日伪军的有利时机。为此,他同谭震林商量后,于9月3日联名致电华中局和新四军军部,建议将第二、第三师主力调回津浦路东,夺取铁路一段,牵制国民党军,以策应第四师在徐州附近的作战,同时分别抽调第二、第三师主力一部回苏北和苏中,肃清日伪,从而将苏北和苏中解放区连成一片。另外,黄、谭二人还建议将第七师主力调到淮南津浦路西地区,以便使第二师主力能够机动作战。

黄、谭二人的建议虽然有其道理,但张云逸等认为,国民党军暂时未向江北华中解放区进犯,并不等于其日后不来进犯。国民党军在占领蚌埠与交通要道后,有可能在一两个月内即向华中解放区大举进犯。若第三师主力调回了苏北,待国民党军大举进攻华中解放区时,再从苏北调回淮南,不仅往返费时,增加了部队的疲劳,还使第三师在苏北和淮南都打不好仗。另外,中央军委此时正在考虑由林彪、萧劲光统一指挥,以新四军第四师配合八路军冀鲁豫军区夺取徐州的作战方案。张云逸等不能确定的是,一旦徐州战役打响,新四军除了第四师参战外,中央军委是否还要求新四军增派其他兵力。如果届时还需要新四军增派兵力,集结在淮南的第三师显然不宜调返苏北。

经过反复研究,张云逸等于9月3日夜复电黄克诚、谭震林并报中共中央:(1)在桂系军队进入蚌埠行动中既无歼灭机会,同意第三师第七、第八旅在津浦路东嘉山县明光镇以东之石坝、盱眙以西之仇集地区休整待机,准备战场;第二师留一个旅在路西,协同淮南军区津浦路西军分区坚持路西的斗争,以一个旅担负控制津浦路一段的任务。(2)已令第七师作参战准备,是否转移俟中央电示后决定,即使中央同意该师转移,也应将其调至津浦路东进行整训,而不宜放在路西。(3)无论如何第二、第三师主力必须坚决寻找适当机会给桂系军队以歼灭性的打击,这对华中局面与全国谈判均有极大意义,因此第三师主力不宜调返苏北。次日,他们又将黄克诚、谭震林的意见转报中共中央。

9月6日,张云逸等致电刘少奇,再次陈述了第三师不宜调回苏北的理由。电文如下:

少奇同志并转中央:

请考虑林、肖(指林彪、萧劲光——编者按)到达后,徐州战役如果除四师参战外,还要我们增加兵力否?又请估计目前全国形势,国顽取占蚌埠市与交通要道后,在一两个月内有向我根据地大举进攻可能性。因三师部队返苏北扫清敌伪据点,往返运动作战及休息最少须要有一两个月之时间。如在一两个月以内又有将三师主力西调的必要,惟恐徒劳往返,两边打不到仗。如何?请专示。

张饶曾赖
9月6日

在发出上述电报的当天,张云逸等接到了刘少奇于9月5日起草的电报。刘少奇在电报中指出:"敌人伪军与顽军合作,接引顽军进占大城市与交通要道,我欲阻止顽军前进已很困难或不可能。而桂顽进占城市与要道后,暂时亦不会向我根据地深入,进攻我军。因此,我欲求得歼灭顽军一路,暂时恐无机会,以此配合谈判更无可能。在此情况下,请你们考虑黄、谭意见,将三师部队(或再增加二师之一部）抽调集中，扫清苏北敌伪据点，造成将来作战的有利条件，似乎是必要的。否则，主力部队将陷于无事可做的被动地位。以［前］谭、黄主张三师部队首先肃清苏北敌伪后再行西调的意见，似乎也是对的。我对华中情形不清楚，请你们考虑决定。至于三［四］师部队则仍应执行原来计划。七师主力则以集中到皖东为好，但可考虑留曾希圣在皖中坚持。"①

9月7日，刘少奇又致电张云逸、饶漱石、曾山、赖传珠，就是否调新四军第三师回苏北作战一事作出答复。电文如下：

张、饶、曾、赖：

鱼电悉。依目前情况估计，阻止何柱国进入徐州已不可能，四师对何柱国恐也打不到。李品仙、何柱国进入徐州、蚌埠后，忙于解除敌人武装，向交通线两侧伸展巩固其交通线，估计暂时亦不会向我根据地深入进攻。那时除我控制津浦或陇海铁路各大段，能够求得与顽军主力作战外，恐难有其他方法与顽军作战。似此，目前一时期，不论二师、三师、四师，均以依照当前情况作适当之分散作战为有利，望你们考虑决定。

刘少奇
申虞②

同日，中央军委电告华中局、山东分局和冀鲁豫分局：估计阻止何柱国部进入徐州已无可能，目前在徐州附近的新四军及冀鲁豫、山东军区的八路军各部应根据当前情况进行作战，扩大解放区，消灭拒降的日伪军，为将来的作战创造有利条件。中央军委在电报中还指出，待林彪、萧劲光到达冀鲁豫军区后，再重新研究、制订夺取徐州的作战计划。后来，中央军委根据国内形势的变化，于9月下旬放弃了夺取徐州的计划。

根据刘少奇及中央军委的指示，张云逸、饶漱石对新四军各部重新进行了部署：令谭震林率第二师第四、第五旅返回津浦路东，扫清淮南路东解放区内残余的日伪军，并设法防止南京的日伪军出扰；令黄克诚率第三师主力返回苏北，扫清苏北解放区内残余的日伪军；令第四师继续在淮北津浦路西地区休整待机。同时，张云逸等人还令第七师以主力一部坚持皖中，一部开赴淮南解放区。

淮阴解放后，第三师第十旅和苏北军区部队准备攻打淮安。9月11日，黄克诚率部返回苏北时途经千棵柳，与张云逸、饶漱石等就攻取淮安一事交换了意见。张云逸等原计划以第十旅和苏北军区部队进行两淮战役。但淮阴解放后，张云逸等考虑以这些部队同时进行夺取淮安和苏北盐场的作战。之所以要夺取苏北解放

---

① 中国人民解放军历史资料丛书编审委员会：《新四军·文献》（5），解放军出版社1995年版，第157页。
② 中国人民解放军历史资料丛书编审委员会：《新四军·文献》（5），解放军出版社1995年版，第159页。鱼电，指张云逸等人于1945年9月6日致刘少奇并中共中央、请示新四军第三师是否调回苏北的电报。申虞，指9月7日。

区东北部的盐场，一是食盐是解放区军民的生活必需品，二是食盐买卖也是华中解放区的大宗经济收入。以第十旅等部同时夺取淮安和盐场，张云逸等感到必胜的把握不大。这时，既然第三师主力要返回苏北，同时完成这两个任务已不成问题。经与黄克诚商量，张云逸等决定：以第三师第七、第八旅和苏北军区部队攻打淮安；以第十旅和第三师特务团解决响水口至陈家港一线的伪军苏淮特区警备第一师徐继泰部，控制苏北盐场。据此，第三师第七、第八旅于9月15日赶到淮安城外，接替第十旅，准备攻打淮安，第十旅则挥兵北上。

驻守淮安的伪军吴漱泉部，企图凭借淮安的坚固城防顽抗到底，对第三师限时投降的通牒不予理睬。在政治争取无效的情况下，攻城部队于9月22日上午8时向吴漱泉部发起总攻，至下午3时全歼守军五千余人。至此，两淮战役胜利结束。

在围攻淮安的同时，第十旅与苏北军区地方武装一部于9月18日向盘踞在苏北解放区东北部的徐继泰部发起进攻，攻克了响水口、大伊山、新安镇（今属灌南县）、陈家港等地的据点，歼灭伪军近一千人，收复了运河、串场河流域的一些集镇，控制了苏北盐场。至22日前后，苏北解放区除盐城等少数几个伪军据点外，其他地区均获得解放。

盐城也是一座历史古城。1941年皖南事变后，新四军曾在这里重建军部。当年7月，盐城被日军占领，新四军军部被迫迁移。日本宣布投降后，盐城由伪军第二方面军第四军赵云祥部一万余人驻守。为了固守盐城，赵将其第三十九师部署于盐城东南的伍佑镇，将军部和第四十师及保安团等部部署于盐城及其西北的新兴镇和东北的南洋岸（今南洋镇）等地，成犄角之势。

张云逸等原打算第三师主力解放淮安后，趁势攻占盐城，以彻底扫清苏北解放区的残余伪军。然而，淮安解放前夕，中共中央就发布了"向北发展，向南防御"的战略部署。据此，张云逸等决定将黄克诚第三师第七、第八、第十旅和独立旅全部北调山东，同时将苏中军区的三个团调至苏北陈家港，以保护苏北盐场的安全。此后，由于张云逸等忙于部署"向北发展，向南防御"事宜，解放盐城之事只能向后推迟。但是，张云逸等很清楚，盐城必须拿下，而且是越快越好，否则必成新四军江北基本阵地的心腹之患。

新四军第三师北上山东后，张云逸等决定以苏中军区部队一部、从江南转移到苏中地区的苏浙军区第三纵队和苏北军区盐阜军分区主力一部进行盐城战役。为统一作战指挥，张云逸等还决定组织战役指挥部，以苏中军区司令员管文蔚、政治委员陈丕显任指挥部的司令员和政治委员，以苏浙军区第三纵队司令员陶勇任指挥部的副司令员。

作战方案确定后，张云逸与饶漱石、赖传珠于10月19日向苏中军区下达了盐城战役的作战命令。

命令下达后的第二天晚上，张云逸等接到了中央军委于10月18日发出的关于破袭交通线、迟滞国民党军向解放区进犯的指示。据此，张云逸与饶漱石、赖传珠等决定调新四军第二师第四旅，第四师第十一、第十二旅，苏中军区教导旅及苏浙军区第三纵队，对津浦路徐州至蚌埠段进行破击，同时调整了对盐城战役的部署，由苏中军区抽调三个旅与苏北军区盐阜军分区部队共同担负夺取盐城的任务。

在管文蔚、陈丕显等的统一指挥下，苏中军区抽调第一、第二、第三旅和苏北军区盐阜军分区抽调的3个主力团，于10月30日晚向驻守盐城的伪军发起进攻，在占领了伍佑等地后，于11月8日对盐城发起总攻。在军事打击和政治争取之下，伪第四军第四十师等部六千余人在军长赵云祥的率领下于10日反正。次日，新四军举行了入城仪式，盐城遂告解放。

盐城解放后，反正的伪军于11月16日开至东坎镇（今属滨海县）进行整训，后被编为华中解放第四军。赵云祥本人则于11月11日随苏中军区副政治委员兼政治部主任吉洛从盐城前往淮阴新四军军部。15日，张云逸等热情地接见了赵云祥，对其率部反正表示欢迎。赵云祥在与张云逸等的谈话中，表示愿意亲自去做争取孙良诚率部反正的工作，而且说很有把握。张云逸等便同意了他的请求。然而，当赵云祥到达扬州后，非但未能说服孙良诚反正，反而被孙扣押。这是赵本人及张云逸等始料不及的。后来，孙良诚率部投靠了国民党军。

在指挥新四军消灭苏北和苏中拒降伪军的同时，张云逸等还根据中共中央、中央军委的指示，指挥第二、第四师对津浦铁路南段和陇海铁路东段进行了破击，以阻滞国民党军队向解放区的进犯，并乘机拔除铁路沿线的部分日伪军据点，消灭拒降的日伪军。从10月7日至13日，新四军第二师破坏了津浦路滁县东南之乌衣镇至凤阳东北之临淮关段；第四师破坏了津浦路宿县至五河县固镇段、宿县至铜山县三堡镇段以及陇海铁路东段的部分地段，歼灭伪军近千人。此外，第四师及淮北军区部队还解放了灵璧、萧县县城及宿县东北多处据点，歼灭伪军四千余人，并争取了永城以西鄠城地区的伪军第四方面军第十八师四千余人投诚，后该部被编为华中解放第二军。

从9月上旬至11月上旬的两个月中，在张云逸等的指挥下，新四军以军事打击与政治争取的方式双管齐下，共歼灭伪军1个军、6个师（其中1个军部、2个师反正）、3个旅及地方保安团、县大队等3.8万余人[①]，破坏了津浦铁路南段及陇海铁路东段部分地区，迟滞了国民党军沿津浦铁路北犯解放区的行动，解放了除徐州、蚌埠、扬州、高邮、南通等几座孤城外的江北广大地区，进一步巩固和扩大了华中解放区。

12月，新四军又集中15个团的兵力，采取攻城与打援相结合的战法，发起高邮战役，一举攻克高邮及其以南30公里处的邵伯镇，并拔除扬（州）泰（州）公路沿线10余处日伪军据点。此役，新四军共歼灭日军1200余人、伪军8000余人，解放了高邮城，从而拔除了残留在江北华中解放区腹地的最后一个日伪军据

---

① 徐君华主编：《新四军的组建与发展》，军事科学出版社2001年版，第525页。

点。高邮的解放，使淮北、淮南、苏北、苏中解放区连成一片。至此，张云逸等人在日本签字投降后提出的扫清江北拒降日伪军，创造江北大片解放区的作战目标得以实现。

在全民族抗战中，张云逸始终与新四军广大指战员奋战在大江南北，为新四军的组建、发展与壮大，为华中敌后抗日根据地的创建、巩固与发展，为新四军作战的不断胜利，作出了重要贡献。新四军组建时，仅有 1 万余人，到抗战胜利时，新四军已有主力部队 21 万余人、地方武装 9.7 万余人，另有民兵自卫队 96 万余人，并创建了苏北、苏中、苏南、淮北、淮南、皖江、浙东、豫鄂边 8 个抗日民主根据地（解放区），解放了 25.3 万余平方公里的国土和 3400 余万的人口。新四军先后对日伪军作战 2.46 万余次，毙伤日伪军 29.37 万余人，俘日伪军 12.42 万余人，另争取日伪军反正 5.4 万余人；同时，对破坏抗战、蓄意制造反共摩擦的国民党顽军实行自卫反击作战 3200 次以上，毙、伤、俘国民党顽军 14.3 万人以上。

第十六章　落实"向北发展，向南防御"

一、未雨绸缪

抗战胜利前夕，中共中央和中央军委于1945年8月12日决定：新四军的战略重点是发展巩固长江以北、津浦路以东、陇海路以南的基本阵地；放弃夺取江南的大城市，但夺取津浦铁路徐州至浦口段及沿线大城市。

既然如此，那么为了确保战略重点，当江北需要时可不可以从江南抽兵至江北？另外，在国民党军的包围进攻下，基本阵地以外的其他新四军各部在难以坚持时要不要实行局部的战略转移？这些都是张云逸接下来考虑的问题。

也就在8月12日，新四军军部获悉：国民党军第十战区司令长官兼第二十一集团军总司令李品仙，准备以第二十一集团军副总司令张淦指挥第七军等部共四个师以上的兵力，从安徽立煌（今金寨县）等地出发，与新四军争夺津浦铁路蚌埠至浦口段。

据此，张云逸等认为，从河南开始东渡新黄河的国民党军第十五集团军总司令何柱国部，必然同时向徐州及淮北津浦线进犯，以策应张淦部的行动，新四军要占领津浦铁路徐州至浦口段，就必须先将李、何两部击退。为此，张云逸等于8月12日致电中共中央，决定集中新四军第二、第三、第四师主力与李、何两部在津浦铁路以西地区"决战"。次日，中共中央复电同意。

集中新四军的三个师与李品仙、何柱国两部作战，事关重大。然而，兵力够不够用？各师能否担负起各自的作战任务？整个作战胜算如何？如万一作战失利，后果如何？这些问题使张云逸等彻夜未眠，反复讨论研究。

当时，新四军在江北的情况是：

首先，解放区内的伪军还没有解决。在苏中、苏北、淮北等地共有孙良诚、郝鹏举、吴化文及颜秀五、潘干臣、刘相图、李明扬、陈泰运等伪军共计20个师。这些伪军都与国民党保持联络，并准备接受蒋介石的改编。如果不将其消灭，江北阵地就难以巩固。而以苏中军区的力量，很难单独解决其辖区内的孙良诚、李明扬、陈泰运和颜秀五等部。

其次，由于形势变化太快，各师执行任务确有实际困难。第四师由于其第十一旅补充、第十二旅编组三个团需要时间，张爱萍等提出非从八路军冀鲁豫军区或其他地方增加三个团，则难以完成夺取徐州、控制淮北津浦线的任务。黄克诚等也要求山东八路军南下作战，首先协助第三师消灭孙良诚部，以除后患。

再次，根据以往的作战经验，此次与桂系李品仙部作战尚感兵力不足。桂系部队在国民党军中是比较有战斗力的部队。1945年春，新四军以第二师全部加上第三师的第七旅，尚不能解决桂系五个主力团，这次以第二师全部加上第三师的三个旅，也很难击退桂系四个师以上的兵力。

另外，1945年江北地区灾荒严重，如万一津浦路作战不能奏效，又不能彻底消灭解放区内的伪军，且一旦在军事上难以保持淮南解放区，新四军在经济和粮食上将遇到无法支持的困难。

根据以上情况，张云逸与饶漱石、曾山、赖传珠联名于8月13日上午致电中共中央：

> 我们经过整晚反复考虑，一致认为如果八路军不能南下增援，江南部队又决不退回江北，仅靠江北现有力量，完成占领津浦路东及长江以北一切城市，消灭伪军并击退李品仙、何柱国来犯，是颇感困难的。为确保江北与有把握击退国顽来犯的任务起见，只有从江南调回两个旅到江北，而江南则留下两个旅担任之（七师江南部队除外），并于必要时开往闽浙赣，创造新局面。①

当时，苏浙军区共辖四个纵队，其实也就是四个多旅。从江南调两个旅回江北，就等于抽走了江南的一半主力。

应当说，张云逸等人的这一建议是十分大胆的。因为中共中央虽然于8月12日放弃了夺取江南大城市的打算，但仍然明确指示江南新四军"决不退回江北"。这说明中共中央仍然把粟裕部作为江南一翼，在国民党军发动全面内战时起战略牵制作用。以新四军主力在江北，一部在江南，夹江配合，这是毛泽东为新四军谋划的新的战略格局。而张云逸等建议从江南抽兵至江北，则与毛泽东的战略构想不尽一致。

对于这一点，张云逸等人是清楚的。然而，他们的考虑是，既然新四军的战略重点是巩固江北，津浦路西作战又事关江北能否巩固，那么只要江北需要，江南就要服从江北。只有这样，才能确保战略重点。应当说，张云逸等人的这种考虑也是很有道理的。所以，中共中央接到张云逸等的电报后，认真考虑从江南调兵至江北的利弊得失，几天时间没有回电。

---

① 军事科学院《张云逸军事文选》编辑组主编：《张云逸军事文选》，军事科学出版社2007年版，第496—497页。

张云逸等一面请示，一面把从江南调两个旅到江北的计划付诸实施。14日，张云逸等致电苏浙军区司令员粟裕、副司令员叶飞："你一个纵队可以渡江返苏中担任肃清伪顽任务，另一个纵队可由淮南渡江到路东地区参战，在安全有保障条件下越快越好。""由谁带队北返、谁留江南指挥及江南部署如何，盼速告。"

然而，中共中央主席毛泽东经过几天考虑，16日以个人名义致电张云逸等：津浦路作战"以打胜战为目的，不以占地为目的。津浦能全占则全占之，不能则占一部，又不能则让顽伪全部代替了日寇位置，亦胜于过去局面。只要日寇投降，大局于我有利。""江南兵力不调动，有坚持现地，扩展胜利，创造苏浙皖边纵横百里广大根据地，威震江南（江北军亦如此）之极大可能。""与其调两个旅至江北，不如留在江南夹江配合为有利。"①

既然毛泽东明确表态，从江南调两个旅至江北的行动只好停止。张云逸等于16日电告粟裕等："一切组织照原，所有最近军部决定江南部队北上后一切有关组织人事变动的命令均取消。"②

是否从江南调兵至江北，不是一般的兵力调动问题。它反映了毛泽东与张云逸等在如何创造对新四军更加有利的战略格局问题上的不同看法。对此，毛泽东认为应当"夹江配合"，张云逸等则主张集中主力于江北。

按照毛泽东"夹江配合"的战略构想，张云逸等一面指示江南部队夺取广大乡村和县城，准备迎击国民党军来犯，一面利用江北的现有主力筹划对桂系李品仙部的作战，同时以地方部队和主力一部收复失地。

在"夹江配合"的战略构想下，令张云逸等最担忧的是浙东部队和第七师的处境。

位于浙东地区的苏浙军区第二纵队主力，地位孤悬，东面是大海，西面是富春江，北面是杭州湾，与苏浙军区主力和上海的浦东、浦西部队无法直接联系，一旦国民党军发动进攻，该部只能向浙南转移。从最困难的情况考虑出发，张云逸等以华中局的名义于8月22日致电中共浙东区委书记兼苏浙军区第二纵队政治委员谭启龙："如将来情况困难，主力可转浙南龙跃③地区创造新地区。此点仅告少数高级干部作思想准备。目前应派少数干部及短小武装去该地了解情况，沿路建立隐蔽的游击基点，以应付将来可能到来的严重局面。"

8月28日，毛泽东、周恩来、王若飞等飞赴重庆，与国民党进行和平谈判。但蒋介石毫无诚意，以拖延手段争取时间，来控制交通要道，收缴日军武装，同时分割包围解放区，以达各个击破之目的。

到9月中旬，国民党军第七十、第八十八军主力分别向奉化、诸暨及枫桥推进，对苏浙军区第二纵队主力实施战略包围。在此情况下，张云逸等于9月14日致电粟裕、叶飞和中共苏浙区委副书记金明："我们认为浙东部队应作挺进浙南、

---

① 军事科学院《张云逸军事文选》编辑组主编：《张云逸军事文选》，军事科学出版社2007年版，第501页。
② 军事科学院《张云逸军事文选》编辑组主编：《张云逸军事文选》，军事科学出版社2007年版，第500页。
③ 龙跃，时任中共浙南特委书记。

就地坚持、转移浙西等三种准备。"①

新四军第七师部队横跨长江南北,其皖南支队、沿江支队均活动于长江南岸地区。在江南部队不能移兵江北的前提下,形势逆转时这两支部队只能向皖南转移。为此,张云逸等要求皖南支队和沿江支队"将来情况严重,主力无法就地坚持时,可经胡明②地区挺入黄山山脉去开展游击战争,建立根据地","并事先作一些必要的准备"。③

第七师主力虽然位于江北的皖中地区,但脱离新四军的基本阵地,处境不利。特别在桂系国民党军第七军副军长李本一部于1945年7月攻占了和(县)含(山)地区后,第七师与淮南第二师的联系被切断,第七师师部、随营学校、第十九旅,和含支队和南下支援第七师的第三师独立旅,都集中在巢湖以南、长江以北的巢(湖)无(为)地区。在国民党军开始抢占安庆、蚌埠,李本一部又不断由东向西压迫的形势下,第七师主力处境孤危。

正是基于对第七师前途的考虑,张云逸等把对桂系李品仙部的作战与解决第七师的处境问题联系起来考虑。

1945年8月下旬,中共中央、中央军委决定由林彪、萧劲光统一指挥新四军第四师、八路军冀鲁豫军区部队和山东军区一部,准备对抢占徐州的国民党军何柱国部作战,并要新四军军部独立担负对李品仙部的作战。为此,张云逸等研究决定:在淮南津浦路西地区集中新四军第二、第三师,由第二师政治委员谭震林和第三师师长兼政治委员黄克诚统一指挥,与李品仙部作战,同时抽调第七师主力北上参战。这是在抽调苏浙军区两个旅不成的情况下,张云逸等为解决对桂顽作战兵力不足的问题而采取的又一措施。

应当说,抽调第七师主力北上淮南,是张云逸等经过深思熟虑、富有远见的一招棋。

在张云逸等看来,调第七师主力北上参战,不仅有利于打破桂系国民党军李品仙部的进攻,而且对第七师主力的去留都有好处。如果在津浦路西能打大胜仗,第七师主力返回巢湖以南是不成问题的,但若整个战役打得不好,将来巢南形势必然严重,而第七师主力趁与桂系作战的时机向二师靠拢也是有利的。据此,张云逸等于1945年8月28日致电第七师兼皖江军区师长兼司令员谭希林、政治委员曾希圣:"你们应作主力转移参战及地方以主力一部就地坚持的两种打算。"

由于重庆谈判已经开始,新四军只能站在自卫的立场上对国民党军实施反击,而李品仙部在向蚌埠推进时力避经过解放区,使新四军第二、第三师无法与其在津浦路西"决战"。

然而,在国民党军向津浦线推进的情况下,第七师逐渐陷入其战略包围。从

---

① 军事科学院《张云逸军事文选》编辑组主编:《张云逸军事文选》,军事科学出版社2007年版,第523页。
② 胡明,时任中共皖南旌(德)泾(县)太(平)中心县委书记。
③ 张云逸、饶漱石致谭希林、曾希圣的电报,1945年8月22日。

军事角度看，到这时第七师完全可以实行战略转移，向第二师靠拢。但在国民党军未发动大规模进攻前就主动放弃皖中解放区，又事关全局，势必对国共和谈及稳定解放区的军心民心产生不利影响。

正是怀着这种复杂的心情，张云逸等于9月2日致电谭希林、曾希圣：我们反复考虑第七师处境，有三种打算：第一，大部主力向第二师靠拢，留下主力一部配合地方坚持，即准备组织若干游击队向大别山挺进，开展游击战争。第二，全部主力原地坚持观变，万分不利时可向大别山、皖南及其他可能生存和发展的地区打开新局面。第三，大部主力向皖南，但从整个局势打算不如向第二师靠拢为有利。如同意向二师靠拢，时间愈早愈好。"但向二师转移，须进行如下准备：1. 立即准备船只，侦察路线情况。2. 部队必须精干，免受牵累。对不便随军行动人员，可化装或以小部队经江（苏）浙军区到江北。3. 此事绝对秘密，主要以主力参战口号和姿态进行动员，否则可能影响群众与干部坚持信心。"①

同日，张云逸等又把第七师大部主力北上参战、一部主力原地坚持的打算上报了中共中央。在此情况下，谭希林、曾希圣、谭震林和黄克诚纷纷致电新四军军部，都主张第七师大部主力立即向二师转移。

由于情况紧急，9月3日张云逸等又致电中共中央：

> 如果在桂顽进占蚌埠之前我无机会给以打击，则今后战场可能转到津浦路西侧或津浦路东。似此，则七师经巢湖转移二师困难极大（但目前七师只有经合肥以西地区始可转到二师）。因此，我们主张七师除留部分坚强主力配合地方坚持皖中地区与组织几个精干游击队挺进大别山活动外，大部主力则于桂顽进占蚌埠时转到二师路西。但七师大部主力转移后，皖中阵地仍可能很快变成游击区域或甚至丧失。中央对七师大部主力转移有何指示？盼速复。②

中共中央代理主席刘少奇4日复电张云逸等："七师主力在目前立即向二、三师主力集中，以便形成强大的突击力量是好的，如无特别困难应即刻执行。但这不是放弃皖中地区，应留一部主力坚持皖中，以待将来决战胜利后主力仍回到皖中，扩开皖中局面。在目前除开派小的武工队去侦察大别山内地情况外，暂时不要派大部队向大别山活动，以便桂顽放心倾巢东进，造将来向大别山进攻的有利条件。"5日，刘少奇又致电张云逸等："可考虑留曾希圣在皖中坚持"。

中央批准第七师主力转移后，谭震林、黄克诚表示：第二师可派出四旅到合肥东北之白龙厂及其以南地区接应，同时第二师巢北支队已派出数十名便衣与七师联系。

---

① 军事科学院《张云逸军事文选》编辑组主编：《张云逸军事文选》，军事科学出版社2007年版，第515页。
② 军事科学院《张云逸军事文选》编辑组主编：《张云逸军事文选》，军事科学出版社2007年版，第517页。

然而，第七师有作战经验的老部队本来就少，这次又要把主力调走，留下坚持的困难可想而知。为此，张云逸等于6日致电曾希圣："为了稳定人心军心起见，中央及华中局均主张你和李步新仍暂留皖中坚持"，"盼你们多方鼓励坚持干部，镇静渡过此困难转变关头，华中局对你们全部坚持同志表示亲切的慰问。"

由于第七师按照张云逸等的指示，事先做好了船只等各方面的准备，主力转移相当顺利。9月8日，师长谭希林率独立旅、第十九旅（欠第五十六团）及师直一部北渡巢湖，接着从合肥、梁园之间北上，10日24时在白龙厂以南、众兴集以北地区与第二师第四旅会合，之后转移到津浦路东地区。

由于情况变化，打何柱国部的作战计划被迫取消，李品仙部也未打到。尽管如此，第七师主力的成功转移，为后来第七师全部顺利转移减轻了压力，创造了条件。

正当张云逸等为浙东和第七师的安危而寝食不安之际，中共中央对全国战略部署调整的酝酿趋于成熟。

根据冀热辽军区和胶东军区关于东北地区情况的汇报，1945年9月7日中共中央致电华中局并告山东分局："目前开展东北工作十分重要，延安及华北各地已派大批干部及部队到东北去工作。望从华中东北干部中抽调一批派到东北工作，并立即分别集中，指定负责人率领，经山东分局送往东北。但到东北干部须改换便衣，并以非共产党员面目去工作，其方法另告。"9月14日，中共中央根据朱德会见苏军马林诺夫斯基元帅的代表贝鲁罗索夫中校的情况，召开了政治局会议，确立了争取控制东北的方针，决定成立以彭真为书记的中共中央东北局。15日，中共中央致电各中央局，决定从华北、华中抽调100个团的干部到东北工作，其中华中为20个团。同日，刘少奇致电张云逸、饶漱石："去东北干部已从各地抽调约二三千人，并已组织东北局，但干部尚未到达。华中能去东北者应速去。目前东北情况很好发展，要华中配齐廿个团的干部送东北，能否作到，望告。"

由于华中地区东北籍和在东北工作过的干部很少，为了完成中央赋予的任务，张云逸等决定"将延安送华中干部全部改送东北"①。在此基础上，张云逸等还以华中局的名义于9月18日致电各区党委："中央决定华北、华中立即派一百个团的干部（从副班长、班长、排、连、营、团长及事务人员、政治工作人员均须配齐）去东北，并分配华中调派廿个团的干部均不带武器穿便衣，伪装劳工到满洲找东北局，再发展和装备。"据此，华中各地迅速行动起来，挑选了2500名干部随邓克明的冀鲁豫军区第二十一团北上，进入东北后被分配到松江、嫩江等北满地区。

由于争取控制东北成为全党的紧急任务，在此基础上如何创造更加有利的战略格局，成为全党高级干部共同关心的问题。在此形势下，黄克诚于9月14日致电华中局转中共中央和中央军委，提出在蒋介石毫无和平诚意的情况下，中共应主动放弃一些地区，集中力量创造有铁路有城市的大片战略根据地。为此，他提

---

① 中共中央致驻重庆的中共谈判代表团的电报，1945年9月18日。

出应把东北创造成总根据地,把晋察绥创造成第一战略根据地,把山东创造成第二战略根据地,其他地区则为第二战略根据地的卫星。"为执行上述方针,山东应调三万人到五万人去东北,华中应调三万到六万人去山东,在河南和平原主力的一部,应调山西。江南一个师主力中应调回江北,只以一部留在江南活动,一师为新四军之坚强部队,目前向顽作战,毫无希望,估计将来被截断之后,会被迫打游击,以坚强之主力去打游击极为不利,故应迅速北调。"①应当说,黄克诚对江南新四军的处理意见与张云逸等先前调两个旅渡江北上的意见不谋而合。

在全国战略格局面临调整的情况下,16日中共中央致电华中局:"谈判正进行中,全国内战危险虽仍较大,但和平局面仍有可能。你们在苏南、浙东、皖南三地部队,如果和平实现,有转移江北之可能。望你们立即注意控制北上通路,保证北上安全,准备于将来适当时机渡江北上。望即拟具体意见电告。"17日,张云逸等以华中局的名义致电中共中央:

九月十六日电悉。

(一)此次国顽进占大城市与交通要道,一般避免经我地区,且藉敌作掩护,故求打胜仗转移局势、便利谈判已不可能。依据目前各方情况判断,国顽拟对我采取控制交通、分割地区、求得各个击破的方针。

(二)如果在过去情况与我战略要求下,苏南、浙东、皖南部队决留原地有重大意义,且已收到很大效果(如收复许多县城地区,提高我政治地位)。但在今天新的情况下(如对顽已打不到,扩大地区已达一定限度,山东急须派大批主力前往东北,为应付内战危险须集中主力等),如果江南主力分散各地,似将害多利少。故我们提议将江南一师大部主力调回江北集中,江南各地则仍留一部主力配合地方武装坚持原地斗争。

(三)如果中央同意一师大部主力可速返江北,我们提议浙东、皖南除各留一部坚强主力配合地武就地坚持外,浙东可抽两个团约三千人转移到苏南,皖南部分主力则可转向巢南地区。苏南除留下一师一个主力旅(三个团)约七千人及浙东两个团,配合苏南全部地方兵团坚持苏南斗争外,可抽调两个主力旅(共六个团计一万四千人)即返苏北,并于粟、叶中留下一人主持苏南工作。

(四)按照目前情况与顽军进展速度,浙东主力转移应在半月左右完成,苏南主力向江北转移亦不宜延至一个月以上,否则安全无保证,且可影响留下坚持之部队与干部的情绪。因此,我们主张浙东、苏南主力转移,时间越快越好。

(五)我们曾估计在全国谈判中,江南主力过早转移,可能发生不良影响。但苏南留下主力与地方兵团,除县区武装外,有一万二千人,如国顽以较小

---

① 《黄克诚军事文选》,解放军出版社2002年版,第375页。

部队向我进攻,则仍有歼其一二个团的把握;如顽大举向我进攻,在万不得已时,主力可组成若干坚强挺进队,分向闽浙赣、浙南与黄山地区打开新局面。

(六)上述各点,是否可行,盼速示复。我们已注意北上交通安全准备。

在这封电报中,张云逸等仍主张将江南新四军主力调往江北。特别是"如果江南主力分散各地,似将害多利少""将江南一师大部主力调回江北集中"的建议,迅速融入中共中央的战略决策。

9月19日,中共中央致电驻重庆的中共谈判代表团,在通报了华中局上述意见后指出:"我们觉得浙东与皖南部队及党政应全部转移(只留秘密工作者),留一部坚持有被消灭危险。苏南部队如要转移,第一步转移主力,第二步亦全部转移。请你们考虑是否可以此作为一个对国党让步姿态出现。"同日,中共谈判代表团致电中共中央:"浙东、苏南、皖南、皖中部队北撤,同意你们及张、饶计划,越快越好,此间已当作一个让步条件,向对方提出,且有好影响。"

也正是在此基础上,中共中央于9月19日最终形成了"向北发展,向南防御"的战略方针,即一面调兵进入东北,一面将江南新四军等部撤至江北。

从1945年8月10日到9月19日这一个多月,是张云逸一生中最紧张的时期之一。如果说从8月12日开始,中共中央把新四军的战略重点从同时夺取津浦铁路徐州至浦口段和沪宁杭地区,转变为只发展巩固江北的基本阵地,是一项英明和正确的战略决策,那么张云逸等此后提出从江南调两个旅至江北,组织第七师主力的转移,则是对这一战略决策的进一步完善。如果说从"夹江配合"到"向南防御",是中共中央根据全国形势特别是国共和谈情况所进行的艰苦探索的结果,那么这一结果也包含了张云逸等对浙东、皖南、苏南和皖中新四军前途的担忧。

张云逸等根据全国形势变化所提出的"江南主力分散各地,似将害多利少","将江南一师大部主力调回江北集中"的建议,对中共中央最后定下"向南防御"决心,进而将江南新四军和第七师主力全部撤至江北的基本阵地,无疑起了至关重要的作用。

二、指挥新四军北撤

1945年9月20日,中共中央致电华中局:"同意你们提议,浙东、苏南、皖南部队北撤,越快越好。此事已在重庆谈判中当作一个让步条件提出,且有好影响。""估计江南、皖中可以撤出四五万人,以此加强苏北、皖东,则苏北、皖东主力应即迅速向山东开动。关于南面撤退计划及北面进兵计划,望你们决定电告。陈、饶到山东后,将来华中分局的名单亦望你们提出,或即以谭震林、邓子恢等同志负责。""南面撤兵是公开的,但北面进兵是完全秘密的。望在内部讨论及动员时注意。"

方针既定,接下来就是如何将新四军苏浙军区和第七师安全撤至新四军的基本阵地。

中共中央发出"向北发展,向南防御"的战略方针时,华中局和新四军军部正向淮阴搬迁。9月19日上午,军部由江苏盱眙县的千棵柳出发,当晚到达岗村,20日经中渡、蒋坝到达高良涧,21日进入淮阴城。①

22日上午,张云逸等连续召开会议,讨论部署江南新四军和第七师主力的北撤问题。

当时,苏浙军区共6.5万人,第七师共2万余人(不含由谭希林带走的主力)。在国民党军已经开始对这些部队实施分割包围的情况下,指挥近10万人的部队实行战略转移,不亚于组织一个大规模的战役。对此,张云逸等主要抓了两件事:一是组织新四军各部交替掩护后撤;二是部署南方各地留下必要兵力坚持原地斗争。

关于组织苏浙军区部队的北撤,张云逸等于22日作出部署:浙东部队(第二纵队)撤退的方向是经苏南到江北,其步骤为"首先以极大部分主力及高级干部为第一批转移,除弹药、经费、冬衣外,力求轻装,愈快愈好;第二批以少数主力掩护一切可能撤退的武装、地方干部及可能随带的资材撤退"②。苏浙军区主力的撤退步骤为:粟裕率领第一、第三纵队迅速集结,立即出动;叶飞、金明率第四纵队及江南全部可能转移的部队和地方干部,作第二批转移,时间在浙东部队转移到苏南安全地区之后。

由上可以看出,这一转移计划的主旨是要求每个纵队自身和各纵队间都实行交替掩护,即在每个纵队中以第二批掩护第一批转移,在苏浙军区部队中又以第四纵队掩护第二纵队转移。这样就可使各部队在转移时互相关照,首尾策应,避免被国民党军各个击破。

第七师的转移也是如此。张云逸等发布"即刻集结部队,准备安全交通,候令出发"③的命令后,位于江南的沿江支队和皖南支队,在第七师江北部队的策应下,渡江北上,向师部靠拢。

在指挥部队北撤的同时,为保留江南和皖中等地的革命斗争火种,从9月下旬至10月上旬,张云逸等以华中局的名义就如何坚持原地斗争作出全面部署:"胡明地区如能生存以不撤退为原则"④;浙东应留下短枪百支、长枪数十支及电台一部,"以四明山、会稽山为基地分散坚持"⑤;苏南应留下相当于三个营的力量、皖南除胡明部外再留下相当于三个主力连的兵力、皖中也留下相当于三个连的力量,

---

① 参见《赖传珠将军日记》下卷,军事科学出版社2005年版,第835—836页。
② 军事科学院《张云逸军事文选》编辑组主编:《张云逸军事文选》,军事科学出版社2007年版,第525页。
③ 华中局致粟裕、叶飞、金明并曾希圣、李步新的电报,1945年9月22日。
④ 华中局致曾希圣的电报,1945年9月23日。
⑤ 华中局致粟裕、叶飞、曾希圣、李步新、谭启龙、何克希并中共中央的电报,1945年9月28日。

以山地、湖泊为基地，向国民党薄弱区开展游击战争。[①]

在张云逸等的精心部署和指挥下，苏浙军区和七师部队发表了由华中局起草的《告党员书》和《告别民众书》，挥泪告别了用鲜血培育的一块块抗日热土和解放区的父老乡亲，踏上了转移的征程。

在北撤的过程中，七师的转移最为顺利。

接到撤退命令后，曾希圣迅速收拢和含、沿江支队，准备船只，布置开展大别山游击战争和就地坚持。皖南支队原打算经苏南转至江北，但由于日伪军封锁了去苏南的道路，被迫改由皖南渡江北上，向师部靠拢。这样，第七师要转移的部队和地方党政干部共计2万余人，利用所能搜集到的船只北渡巢湖，一次运3000人需要往返8次。而桂系国民党军李本一部准备于10月1日向皖中解放区的汤沟、三官殿、无为等地进攻，同时准备封锁长江，以阻止皖南支队北上。为避免不必要的损失，张云逸等根据曾希圣的请求，第二次派出第二师第四旅伸出接护。皖南支队于9月29日北渡长江与和含支队在白茆洲会合后，10月3日晚第七师开始北渡巢湖，5日晚全部到达湖北岸的西山驿地区，之后在第四旅的接护下安全到达淮南津浦路东地区。

苏浙军区主力的撤退，还算基本顺利。

位于苏南和长兴地区的苏浙军区主力，距江北虽然只有几天路程，但转运物资需要耗费时日。这时，新四军军部准备把苏浙军区的三个主力旅即第一、第三、第四纵队，北调山东。为此，张云逸等于9月26日致电粟裕、叶飞："你们行动在略事布置秘密工作后，最好从早出动。第一批与第二批出动部队不宜隔离太长，免受顽方截击。""后方笨重器材（有些不能运的可不要）可陆续运至五、六分区，以便随后北运，免拖累主力行动。五、六分区部队与地方工作，仍归还苏中的领导，俾使掩护物资及浙东部队，并配合苏中坚持斗争和我争取较长时间布置党的秘密工作。"

根据军部的指示，粟裕决定10月5日率部出发。这时，国民党军已经占领南京、镇江、浦镇等地，并准备截击北撤的新四军。张云逸等于7日致电粟裕、叶飞："镇江及其以西地区均已为顽军接收控制，你们应决心在镇江以东地区渡江北来为好，但北撤部队务须有战斗准备，以便应付任何情况。"[②]

正如张云逸等所料，苏浙军区主力北撤时遭到了国民党军的拦击。10月5日，粟裕指挥第三纵队从宜兴地区出发北上。第一纵队从茅山根据地出发跟进。部队到达江阴以西的申港和常州以北的魏村时，遭到伪警备第六纵队和伪税警团的拦击。第三纵队当即将其歼灭或击溃，打开了北上的通道。随后，第三、第一纵队在西石桥地区渡江北上。

由叶飞率领的第四纵队，担任着策应浙东第二纵队北上的任务。10月11日，

[①] 华中局致新四军苏浙军区和七师的电报，1945年10月2日。
[②] 军事科学院《张云逸军事文选》编辑组主编：《张云逸军事文选》，军事科学出版社2007年版，第559页。

当第二纵队和地方干部大队渡过钱塘江后,叶飞率部从长兴地区出发北上,16日渡江进至泰兴地区。15日,第四纵队一部在夜渡长江时,因超载和船舱进水,发生了轮船沉没事件,纵队政治委员韦一平等800余人不幸遇难。16日,张云逸等将这一情况向中共中央作了汇报。

如果说第七师和苏浙军区主力的转移还算顺利或基本顺利,那么浙东第二纵队的转移则遇到了很大的麻烦,遭到了国民党军重兵的围攻。

1945年9月下旬,国民党军第二十五集团军占领了德清、武康(位于今德清县西部),并向淞江前进,封锁了浙东部队通过富春江经浙西去往苏南的道路。浙东部队只能北渡钱塘江或杭州湾,经浦东、浦西、苏(州)常(州)太(仓)地区北移。由于第二纵队再加上地方干部共计1.5万人,船只又少,谭启龙和第二纵队司令员何克希要求从山东、苏中解放区抽调船只帮助转运,或直接将部队经海路运往江北。

然而,此时山东的船只正在运兵东北,从苏中调集船只经海路转运部队容易遭到国民党军舰的攻击。为此,张云逸等于9月23日致电谭启龙、何克希:"山东、苏中船只另有任务,且乘船有全部被俘虏的危险。你们必须坚决迅速经海北、浦东、浦西到苏南转江北,叶副司令仍率主力在苏南等候掩护你们。你们必须坚决迅速转移,不可延误,免遭损失。至于老弱病员,则可化装到苏南或乘海船到苏中。"①

这封电报的意思很清楚,时间就是胜利,要求第二纵队不要等待外援,利用现有船只立即组织渡海。但考虑到浙东部队确有实际困难,张云逸等又一面从苏中、浦东调集船只,一面致电谭启龙、何克希:"我们虽已电令苏中、浦东船只去浙东(胶东船只另有任务,不能调浙东),但可能性极小,还望你们自己到处努力设法解决,如船只过少则可分批渡海。"②据此,第二纵队分三路从三北地区③向杭州湾南岸进发,准备渡海北撤。

为消灭新四军浙东部队于钱塘江口,国民党军先后调集第一二四、第七十九、第四十、第一〇八师等部南追北堵。9月29日拂晓,国民党军第七十军一部和浙江保安团及伪军,袭击了在周巷集结的第二纵队第五支队。第五支队坚决反击,将其击退。30日,第二纵队先头部队两千余人由杭州湾北渡。国民党军第一二四师两个团由杭州北上,第七十九师一个团由淞江南开硖石(今海宁市),进行合围。10月2日,先头部队在硖石东南袁化镇附近与国民党军激战竟日,才突出重围。

得知这一消息后,张云逸等于3日致电第二纵队:"在江边候渡部队,如有船立即北渡,如船不够即以一部迅速北渡,其余未渡者即转回原地游击坚持,并寻

---

① 军事科学院《张云逸军事文选》编辑组主编:《张云逸军事文选》,军事科学出版社2007年版,第529页。海北,指浙江省嘉兴至杭州铁路以东、钱塘江以北地区。
② 军事科学院《张云逸军事文选》编辑组主编:《张云逸军事文选》,军事科学出版社2007年版,第546页。
③ 指浙江省余姚、慈溪、镇海三县的姚江以北地区。

机挺进浙南或其他地区活动,切勿久停江边,致遭损失。望令未渡部队机断专行为要。""我已经北渡部队,如遇敌阻击时,应分路努力向苏北或与叶部会合后再北上。""无法北渡部队,应该公开宣传国民党背信弃义,一面向毛主席［表示］允许我军北撤,一面集中大军阴谋歼灭我军,以激公愤,争取同情。"

张云逸等一面指挥第二纵队北渡,一面向中共中央通报情况并提出建议。3日,张云逸等以华中局的名义致电中共中央:"浙东部队向海北、浦东撤退,因缺乏船只及遇风雨,只有一部约两千余已渡钱塘江。如果风向有利,苏中大批船只可如期赶到,则北渡钱塘江不成问题。""我浙东部队战斗力较弱,转移道路较远,而时间又较仓卒,在顽全力阻击下可能遭到损失,请中央考虑可否转毛主席向蒋方抗议制止。""我们已令谭何警戒及破坏沪杭铁路阻顽前进,如遇顽军进攻,除以一小部与顽纠缠、牵制与迷惑顽军外,其余应取捷径北进,必须时可分成三四或五六路北进,使顽目标分散。"同日,张云逸等又致电朱德、刘少奇:"我们拟向全国人民控诉国民党,高呼企图歼灭浙东部队,因恐时间来不及,请中央代为起草发出广播。"①4日,中共中央向中共谈判代表团摘要通报了张云逸等3日的这两封电报。但鉴于国共和谈正在进行,通报时只提到"请考虑向蒋提抗议",并未提及"向全国人民控诉国民党"的内容。

在国民党军围追堵截的情况下,第二纵队何去何从必须尽快抉择。为此,张云逸等一面向第二纵队通报国民党军的调动部署情况,一面给以切实指导。5日,张云逸等致电谭启龙:"前电顽情来自密谍,不一定完全可靠,盼你们根据当面情况决定行动。如果当面情况并无重大变化即应尽量北渡,只有在万不得已毫无办法时,未渡江部队始可转回原地坚持或分向浙南开展局面。"

事实上,在国民党军第七十军已经占领余姚、周巷的情况下,第二纵队已无退路,只能向前。4日拂晓,第二纵队另一部北渡至海盐澉浦登陆时,遭到国民党军第七十九、第一○八师共7个团的围攻。第二纵队血战16小时,伤亡213人,才杀出重围。6日,第二纵队全部渡过钱塘江,分路向北挺进。由于情况紧急,第二纵队从6日16时开始中断了与军部的电台联络。9日,第二纵队与浦西部队会合。直到这时,其与军部的电台联络才得以恢复。此后,第二纵队主力在张云逸等的指挥下,突破国民党军的层层拦截,于10月20日在常熟东北地区渡江,次日进入南通、海安地区。

第二纵队是苏浙军区出发最早但到达江北最晚的部队。随着第二纵队主力北渡长江,张云逸心中的一块石头才终于落了地。

10月29日,张云逸等致电中共中央并新四军军长陈毅:"谭启龙到军部。浙东部队除最少数尚未渡江外,苏南、皖南、皖中、浙东约七万部队、地方武装与干部,均已胜利到达江北、皖东地区。""由于长途行军,部队多感疲劳。又由于转移仓促,多未装备冬衣,一时解决不易。故北上计划在时间上大部感到困难,

---

① 军事科学院《张云逸军事文选》编辑组主编:《张云逸军事文选》,军事科学出版社2007年版,第551页。

现正尽力使几个主力旅提早入鲁。"

从重庆返回延安的毛泽东得知新四军北撤成功，备感欣慰，10月31日起草了中共中央致张云逸等电报："庆祝七万部队胜利地到达江北、皖东。这些部队必须穿上冬衣，恢复疲劳，向他们解释形势任务，鼓励士气，整顿纪律，不必仓卒出发。几个已经恢复疲劳、士气高涨的主力旅，则应提早入鲁。"①

苏浙军区和第七师主力北撤后，留在原地坚持的部队，积极开展游击战争。

苏浙军区主力转移时，留下了约两个营的兵力，成立了苏浙皖新四军留守处（兼中共苏浙皖工作委员会），由第一军分区副司令员熊兆仁任留守处司令员兼工委书记，下辖茅山、太（湖）滆（湖）、郎（溪）广（德）、浙西分工委。第二纵队转移时，也留下了少数武装，由中共浙东区四明地委副书记刘清扬等人领导，在四明山等地分散坚持。第七师主力转移时，成立了由胡治平任主任的第七师留守处，由杨明率两个主力连重返皖南，联络胡明部一起坚持皖南斗争，同时派桂林栖赴大别山，与钟大湖部会合，成立了由桂林栖任书记的中共皖西工委。

这些部队除少数损失外，大都坚持了下来。他们紧紧依靠人民群众，及时改变斗争策略，同国民党反动统治展开不屈不挠的斗争，牵制了国民党部分正规军，直接配合了江北解放区的斗争，并在刘邓、陈粟、陈谢三路大军挺进中原和渡江战役中发挥了重要作用。这一局面的形成和成绩的取得，与张云逸等在组织撤兵江北的同时高度重视坚持原地斗争是分不开的。

三、调兵入鲁

抗日战争的胜利，为八路军和新四军先机控制东北创造了极为有利的条件。

为了抓住这一千载难逢的机会，进而把东北建成稳固的战略基地，打破国民党的长期战略包围，中共中央于1945年9月19日决定从山东抽调六万兵力进入冀东和东北，从华中新四军（第五师除外）抽调八万兵力北上山东和冀东，同时决定林彪去热河，八路军山东军区司令员兼政治委员罗荣桓到东北工作，新四军军长陈毅、政治委员饶漱石等到山东工作，由谭震林、邓子恢等组织华中分局。

根据这一战略决策，张云逸等一面组织新四军北撤，一面调兵北上，并把调兵北上逐步作为新四军全部工作的重中之重。

当时，争取东北既千载难逢，又十万火急。9月10日战略部署调整的指示刚刚发出，中共中央获悉美国海军将在天津登陆，准备帮助蒋介石夺取北平、天津并争夺东北。为先机夺取冀东，控制国民党军从陆路进入东北的门户，中央军委于20日命令山东军区"以不少于三万基干兵团，限电到一星期内到乐亭、秦皇岛（该处尚有敌两千）一线登陆，协同冀热辽军区扫清冀东伪顽军"。同时命令新四军"立即抽调三万五千基干兵团，限电到后廿天内到达鲁南之蒙阴地

---
① 军事科学院《张云逸军事文选》编辑组主编：《张云逸军事文选》，军事科学出版社2007年版，第574页。

区待命。"①

出兵冀东，这只是"向北发展"的第一步。根据中央军委的出兵要求，张云逸等首先考虑到了刚刚打完两淮战役的新四军第三师。该师不仅位于苏北，距离山东近，而且是由八路军第一一五师第三四三、第三四四旅等一些老部队发展起来的，人数多，装备好，战斗力强，由该师担任北上山东的任务是再合适不过了。23 日，中央军委根据张云逸等的意见，决定调第三师北上。28 日，黄克诚率第三师第七、第八、第十旅和独立旅及 3 个警卫团共 3.5 万人，陆续由淮阴地区出发。

战略部署的调整，不仅涉及兵力的大规模调动，还涉及罗荣桓等去东北与新四军军部北移山东等问题。由于出兵东北主要靠山东，罗荣桓将以主要精力调集部队向东北进发，并准备随时与部队一同前往。另外，由于国民党军何柱国部和第十战区副司令长官李延年部，准备由徐州沿津浦路北犯，新四军必须派兵北上山东接防，山东军区才好抽兵向东北进军。为此，罗荣桓和山东军区副政治委员黎玉，于 9 月 22 日提出新四军先抽调三个团到陇海路以北之鲁南地区接防的建议后，一再要求陈毅、饶漱石、张云逸等速去山东，以便完成工作交接。

然而，此时陈毅正在由冀鲁豫军区赶回华中的路上，张云逸、饶漱石等正在组织部队南撤和北进，一时难以抽身。无奈之下，张云逸等一面根据中央的指示精神通知陈毅由单县直赴山东，一面提出"如果罗即须起程，可以不必等候，一切请黎玉同志主持"②，并派中共苏北区委组织部部长向明、新四军第三师政治部副主任张劲夫和华中局财经委员会委员朱毅等，前往山东接洽。应当说，这也是没有办法的办法。

在确定第三师北上的同时，为完成从华中地区抽调八万兵力北上山东的任务，张云逸等研究了一个新四军分四批入鲁的计划，并以华中局的名义于 9 月 25 日上报中央军委。

这个计划是：第一批由黄克诚率领新四军第三师四个旅北上；第二批由罗炳辉率领第二师的第四、第五旅北上；第三批由粟裕率领王必成旅和陶勇旅（即苏浙军区第一、第三纵队）北上；第四批由叶飞率廖政国旅（即苏浙军区第四纵队）和由苏中军区部队编组的三个旅北上。

张云逸等认为，将这 12 个旅在华中补足 9 万人，按途中减员 1 万人计算，到达山东时也能保证还有 8 万人。在这些部队中，除苏中新编组的 3 个旅以外，基本上都是新四军的主力部队。

接到这个电报后，中共中央于次日复电华中局："江南撤退，但江北必须保持，不可放松。如我在苏中、苏北、皖东不能击退顽军进攻，则对全国战略形势将受

---

① 中央军委主席团毛泽东、朱德、刘少奇、周恩来、彭德怀致罗荣桓、黎玉、饶漱石、张云逸的电报，1945 年 9 月 20 日。
② 军事科学院《张云逸军事文选》编辑组主编：《张云逸军事文选》，军事科学出版社 2007 年版，第 534 页。

影响。你们北上部队除三师四个旅以外,第二批二师两个旅,是否再令九旅北进,因九旅原在山东行动。粟裕两个旅可作为北进预备队,看山东形势,须要时即调赴山东,不须要时可留华中工作。叶飞一个旅必须留苏中、苏北,因华中须仍留必要的主力部队。如果将来山东方面须要更多兵力,可从华中派些次要的部队北上。因目前谈判已无结果,大的内战可能爆发,那时苏北、皖北在全国战略上仍居很重要的地位。"①

中共中央在这封电报中主要讲了两层意思,一是华中地区必须留下一部分主力部队,二是第二批入鲁的部队不是两个旅而是三个旅,即除第二师的第四、第五旅外,还增加了第四师的第九旅。

根据中央的第一层意思,张云逸等研究后于10月6日提议粟裕留华中,帮助谭震林、邓子恢,任军区司令员,第一师(苏浙军区主力)北上部队由叶飞统率。8日,中共中央复电:"同意粟裕留华中任司令,叶飞率江南部队北上"。

中共中央建议调九旅到山东也是很有道理的。一是因为第九旅是由韦国清等领导的山东八路军陇海南进支队等部队发展起来的,对山东特别是对鲁南的情况比较了解,便于部队行动和作战;二是第九旅位于淮北,到山东距离近;三是第九旅既是第四师的主力部队,也是新四军的主力旅之一,能够胜任北上山东接防的任务。根据中共中央的指示精神,张云逸等于9月26日命令第九旅由第四师副师长韦国清率领,到鲁南归陈毅军长直接指挥,担任鲁南防务。

要第九旅出动的命令刚刚下达,9月28日中央军委根据美军将在烟台、威海、秦皇岛登陆和国民党军由徐州已开始北上的消息,一面要山东军区加快从海上向东北运兵的速度,一面电告张云逸等:"除令三师去冀东外,请再令三个旅迅速到鲁南接替山东部队防务,参加津浦战役。"

北面的情况紧急,南面的情况也发生了变化。这时,第七师准备北渡巢湖,曾希圣多次致电新四军军部,请求派有力部队接应。为不使第七师在北撤时遭受不必要的损失,张云逸等于29日致电中央军委:"二师在七师部队未到达路东前,只能抽调五旅会合九旅共两旅到鲁南。"已令五旅10月1日由六合出发,九旅10月3日由永城出发,"四旅须候七师部队到达路东后,方能出动。"10月1日,中共中央复电华中局:"同意五旅、九旅即去鲁南,四旅暂缓北上。"

的确,中共中央要新四军军部派三个旅迅速北上,是当时山东形势的需要。10月3日,国民党军霍守义部及骑二军、吴化文等部先头部队五千人到达滕县,准备待其主力到达后继续北上。在此情况下,如果不能阻止国民党军北进,"向北发展"就难以成功。为此,中共中央于10月6日致电罗荣桓、黎玉、张云逸、饶漱石等:"目前切断津浦路兖州至徐州段非常重要,望罗、黎妥加部署,张、饶令华中部队速调山东参战。否则顽军北进到济南、天津,即将妨碍我军北调及战略

---

① 刘崇文、陈绍畴主编,中共中央文献研究室编:《刘少奇年谱》上卷,中央文献出版社1996年版,第503页。

计划的执行。又为指挥熟悉便利计，罗荣桓暂留山东，饶漱石暂留华中，待各方部署妥善后，再按中央决定调动。"①

据此，张云逸等命令第五、第九旅兼程北进，陈毅于10月5日到达山东解放区首府临沂后，迅速组织津浦前线野战军，发起津浦路徐济段战役，阻止国民党军北上。

为阻止国民党军北上，张云逸等于10月4日致电第二师、第四师："彻底破坏铁路，迟滞蒋军北进，具有全国战略意义，已如军委九月三十日电示。我华中对津浦、陇海铁路破坏无大成绩，军委三日六时电已提出批评。""为彻底破坏陇海路徐砀段、津浦路徐浦段铁路，以迟滞蒋军东进北进，决使用二、四师大部主力（除执行新任务部队）执行此战略任务。"

根据张云逸等的部署，第二师以三个主力团、三个地方团及民兵，由淮南军区政治委员萧望东统一指挥，于10月7日开始破坏津浦路蚌埠至浦口段铁路。第四师则以四个主力团、三个地方团及各县区队及民兵，于8日开始破坏津路徐州至蚌埠段；由张爱萍指挥十一旅两个团并配合民兵，破坏陇海铁路徐州至砀山段。至10月中旬，仅第四师破坏津浦铁路徐州至蚌埠段就达一百多公里。新四军的破路行动，对迟滞国民党军北进、配合由陈毅指挥的津浦路徐济段战役起了重要作用。

中共中央决定罗荣桓暂留山东及新四军军部暂留华中，无疑对山东向东北进兵和新四军主力北调山东起到了积极作用。

为完成出兵山东和坚持新四军江北阵地这两项战略任务，张云逸等一面调兵北上，一面编组部队。除黄克诚的第三师和地方部队外，张云逸等于10月中旬计划编组21个旅，即：浙东旅；江南王必成、陶勇、廖政国、钟国楚4个旅；苏中刘清松、陈玉生、胡秉云、张震东4个旅；第二师的五旅、六旅和罗占云的独立旅；第四师的第十一、第十二旅和张震球的独立旅；盐城谢祥军旅；已经北上的第四师第九旅和准备北上的第二师第四旅；第七师的第十九、第二十、第二十一旅。每个旅编7000至7500人。

在这21个旅中，头等旅7个，即王必成旅、陶勇旅、廖政国旅和第二师的第四、第五旅及第四师的第九、第十一旅；二等旅7个，即钟国楚旅、刘清松旅、陈玉生旅、胡秉云旅、第四师第十二旅、罗占云独立旅和第七师十九旅；三等旅7个，即浙东旅（原苏浙军区第二纵队）、张震东旅、张震球旅、第二师第六旅、谢祥军旅和第七师的第二十、二十一旅。至10月16日，有的旅已经编成，有的旅正在编组中。

另外，抽调大批干部北上山东也是张云逸等的一项主要工作。

当时，出兵东北主要靠山东，因此山东有大批部队和干部向东北进发。为此，罗荣桓和陈毅多次致电华中局，要求派大批军政干部到山东工作。10月8日，张云

---

① 刘崇文、陈绍畴主编，中共中央文献研究室编：《刘少奇年谱》上卷，中央文献出版社1996年版，第509页。

逸等复电陈毅：准备将皖中、苏浙、浙东3个区党委约1500名干部抽调山东，其中区党委的干部有金明、向明、李步新、刘顺元、谭启龙等，地委级干部20名。此后，罗荣桓、黎玉、陈毅又提出从华中调15个军区的副司令和副政委北上山东。为此，10月13日张云逸等以华中局的名义致电罗、黎、陈："我们为了便利了解双方情况与需要，前派各干部前往接洽。现陈军长已到达，上述干部请山东分局于其了解情况后另行分配工作。""黄克诚临走前，我们已要他向你们建议，对华中干部到山东后，一般的先任副职或暂时作较下层的实际工作，以便了解情况，搞好各方关系"，"延安派返华中大批军事干部均已转派东北工作，华中军事干部亦不多，从华中抽调十五个军区副司令、副政委很困难，抽宣传及党政干部则较容易一些。""华中能抽调到山东干部多少，须待苏南、浙东、皖中全部转移到江北后始能详告。"

正当张云逸等一面编组部队，一面与陈毅等讨论如何调动干部时，10月13日，中共中央根据粟裕已到江北，第七师已到皖东，浙东部队已开始北移，苏南部队不久也可以全部北移，胶东部队已大批渡海的情况，致电陈毅、罗荣桓并张云逸、饶漱石等："请你们立即定出第二期北进计划。""除前期已决定出冀东（山东三万人，黄克诚三万五千人）和东北（山东出三万人）之部队外，中央决定第二期再向东北出兵五万人，主要由山东部队中抽调，新四军能去一部分亦甚好，在十一月十五日前出动完毕。""关于第三期出动计划及山东、华中的部署与作战，请你们妥为筹划电告。不论华中和山东，均必须保留二三个主力旅，出东北的部队中亦必须有几个老的主力旅。"①

中共中央这个电报的精神，是要华中尽可能再出兵东北，又要留下一定数量的主力旅在华中就地坚持。这不仅涉及出兵东北的问题，还涉及如何坚持山东和华中的问题。张云逸与饶漱石、曾山、谭震林、邓子恢、赖传珠仔细研究了中央的指示精神后，于10月17日联名致电中共中央：

第一，华中抽调部队入鲁计划：第一批为黄克诚师4个旅及第二师的第五旅和第四师的第九旅，计6个旅约5万人。第二批为王必成旅、廖政国旅、钟国楚旅、浙东旅、七师3个旅，计7个旅约6万人至7万人。在以上部队中，除黄克诚师的4个旅外，以王、廖、钟等3个旅编为叶飞纵队，以第五、第九旅及浙东旅编为罗炳辉、韦国清纵队，以第七师3个旅编为一个纵队。

第二，留华中坚持的部队，计有陶勇旅、第四旅、第十一旅3个头等旅，5个二等旅，4个三等旅共计9万人。在这些部队中，拟以陶勇、刘清松、谢祥军3个旅编为新的第三师，归苏皖军区直接指挥，担任华中机动任务；以苏中3个旅编为新的第一师；新的第二师以第四旅及其他2个旅组成；新的第四师以十一旅及另外新编成的旅组成。

第三，如果华中入鲁部队需保有三四个主力旅，在山东作为突击力量，则华

---

① 刘崇文、陈绍畴主编，中共中央文献研究室编：《刘少奇年谱》上卷，中央文献出版社1996年版，第513页。

中只能从次要旅中抽调几个团到东北。如果目前从华中派次要部队入东北无大作用，则我们主张第二期派到东北部队，均由山东抽调。如果中央认为可从华中入鲁部队4个头等旅中，抽上2个头等旅配一二个次要旅派往东北，请速示，以便准备。

18日，中共中央复电张云逸等并告陈毅、罗荣桓、黎玉："同意你们第二期部队入鲁计划，但望先头纵队能迅速起身，以便山东部队亦能迅速出动。""华中所留部队除以新三师三个旅归军部直接指挥担负机动任务外，应再从各师抽调三个旅共六个旅四万到五万人，组织华中野战军，由粟裕、谭震林组织野战司令部指挥之，作为突击力量。其他各师各编两个正规旅，再加地方部队担负守备任务。在鲁中、鲁南亦应组织一个五万人的野战军。将来这两个野战军并配合冀鲁豫野战军，即可担负平汉路以东、长江以北、大海以西的作战任务。""派赴东北部队，请陈罗黎就山东及华中部队情况提出计划电告，但山东的正规军应留二三个师在山东。如此则可从华中派赴山东的三个纵队中派一个纵队到东北，最好派叶飞纵队到东北，但王必成旅可留山东，另从罗韦纵队或七师纵队中抽一个旅编给叶飞。"

根据这一指示，山东军区此后则将其8个师中的6个师全部调往东北，只留下第四、第八师。张云逸等则命令第七师第十九旅首先由淮南向宿迁出动，该师其他各旅完成整编后向淮阴集中，随后跟进；叶飞部渡江后速开淮安；浙东部队渡江后速到涟水一带集结。

10月20日，中共中央决定罗荣桓等立即去东北，由陈毅兼任山东军区司令员，以山东分局副书记黎玉代理分局书记。22日，陈毅、黎玉致电中共中央并华中局，就华东地区如何组织野战军提出建议：第一，由于山东将来的作战方向一是鲁南津浦线，二是胶济线。津浦线所需的5万至6万人的野战军拟由新四军入鲁部队组成，并编成4个纵队，计8个旅24个团5万人；胶济线则以山东第四、第八师为骨干，3个月内可组成5万人至6万人的野战兵团。第二，华中除叶飞纵队3个旅北上及再有8个旅入鲁外，尚余10个旅，可集中5个旅成立3万人的机动兵团，并陆续扩充至5万人。第三，由于黎玉需要协助陈毅组织津浦路战役，请饶漱石、张云逸、曾山、赖传珠、张鼎丞诸同志，分几个人先到临沂工作。

按照这一建议，从华中抽调入鲁的部队，就不是包括叶飞纵队3个旅在内的7个旅，而是除叶飞纵队外再调8个旅共11个旅。这一考虑是基于华中已编成了21个旅。但实际情况并非如此。

张云逸等以华中局的名义于10月23日致电陈毅、黎玉等并报中共中央："一、华中原拟编二十一个旅，但已组成的仅十七个旅。除第一、第二批入鲁九个旅外（黄师在外），华中留下共十二个旅，能执行机动者最高七个旅。因此，第二批目前只能按前电抽调七个旅入鲁。二、如抽调叶飞纵队到东北，则十一月十五日到达登船地点已来不及。为免延误时间，妨碍任务之执行，我们提议到东北五万部队应由山东抽调。三、江南、浙东、七师部队北撤后，部队疲劳并须编组，冬衣大部未解决。我们尽可能先将王旅、廖旅及十九旅提早出发，赶到鲁南参战

（十九旅最早十一月东日（旧）由宿迁出动，王旅须东日到达宿迁，廖旅须灰日（10日）由宿迁出动）。其余至少要推迟半个月，因为部队编组及准备冬衣等麻烦甚多。张饶曾赖须陷日（30日）华中局扩大会议后方能入鲁。"

次日，中共中央复电陈毅、黎玉并华中局："华中部队大调动之后，可能影响人心动荡。又华中可能为蒋介石最先向我进攻之地，如华中现有地区不能确切保障，不独影响山东局势，且对全国形势及国共谈判均极不利，故必须首先在华中组织一个强大的野战军。华中抽调到山东的部队，除黄克诚部及叶飞三个旅外，暂以五个至六个旅为限，不宜抽调太多。"①

由于叶飞纵队担任进军东北的远征任务，关于该纵队应如何组成，使张云逸等颇费了一番脑筋。10月25日，中共中央致电华中局："叶飞远征军组成情况如何？"10月31日以前能否出发？"中央希望该军十一月下旬到达胶东并准备开始渡海。望令已编好之旅立即出发，其余续进。"

张云逸等原打算由王必成、廖政国、钟国楚等旅组成叶飞纵队，但王必成旅又要留山东，钟国楚旅多新兵，难以远征，从第七师抽调部队又怕拆散了其建制，最后决定从浙东部队中抽调何克希旅补充叶纵，但另一个旅从哪里抽调还在商量研究。另外，按照中央编成一个旅出发一个旅的要求，廖政国旅最早于12月初才能到达胶东，浙东旅由于尚未完全渡江，冬衣尚未补充，则至少推迟半个月。

根据这种情况，张云逸于10月26日致电中共中央，建议就叶纵出动问题采取三种办法：一是改调第七师全部到东北，如此则其先头部队11月1日可出动，全部于11月底可赶到蓬莱；二是由叶飞先率廖旅出动，浙东旅跟进，但时间推后；三是如果上述两个办法都不行，则最好由山东增调部队去东北。

为了协调东北、山东及华中各地的需求，中共中央于10月28日致电华中局及罗荣桓、陈毅、黎玉等：山东除留第四、第八师作基干不外调外，竭力争取出足五万人，分陆路、海路到达东北，愈快愈好；"华中叶飞纵队仍照前议去东北，出足三个旅九个团及一个直属团共两万人或再多一点，其中至少要有三个至四个主力团。出发时间可推迟十天至十五天，衣服装备均须办足（但须轻装，不要笨重），恢复疲劳，鼓励士气，整顿纪律，带足政治工作及地方工作干部，以叶飞为司令员，赖传珠为政治委员，取黄克诚路线去东北。""华中调赴山东之野战军，须调足六个旅十八个团约四万人。"

根据中央的指示，张云逸等一面加紧对第七师的整补，一面迅速研究叶飞纵队的组建工作。经过协调，最后决定把由刘飞率领的苏中军区教导旅补充叶纵。11月10日，叶飞纵队在涟水完成整编并改称第一纵队，其所辖廖政国旅、刘飞旅和何克希旅依次改称第一、第二、第三旅，全纵队2.2万余人。

此后，张云逸等还根据中共中央10月29日的指示，将原第二师的第四旅调

---

① 刘崇文、陈绍畴主编，中共中央文献研究室编：《刘少奇年谱》上卷，中央文献出版社1996年版，第519页。

归山东罗炳辉、韦国清纵队，将原第一师的王必成旅调归华中野战军，以尽量照顾原来部队的隶属关系，进而增强部队的团结，提高战斗力。

就这样，张云逸等经过两个多月的紧张工作，除黄克诚的第三师外，北调山东的部队计有：由叶飞、赖传珠率领的第一纵队，下辖第一、第二、第三旅；由罗炳辉、韦国清率领的第二纵队，下辖第四、第五、第九旅；由谭希林、曾希圣率领的第七师，下辖第十九、第二十、第二十一旅，共计8.5万人。如果加上黄克诚的新四军三师3.5万人，共计12万人。至1945年12月，随着这些部队和大批干部先后北上山东，调兵入鲁的任务胜利完成。12月6日，叶、赖纵队奉命留在山东，此后也加入了山东野战军的战斗序列。

四、"搭台唱戏"

随着抗战的胜利，"向北发展，向南防御"战略方针的提出以及新四军军部北移山东，华东地区的党政军各级领导机关面临重大的调整或重新组合。张云逸作为华中局委员和新四军副军长，参与了华东地区党政军各级领导机关的组建工作。

中央局，是中共中央派驻各战略区的最高领导机关。1945年8月20日，中共中央召开书记处会议，决定将华中局改为华东局，以饶漱石为书记，同时准备将新四军军部改为华中人民解放军总司令部。新四军军部称谓的改变，意味着中共中央根据抗战胜利前蒋介石拒绝改组国民政府、美国实行扶蒋反共政策和国民党准备内战的情况，准备同国民党分庭抗礼。同日，华中局致电中共中央，认为华中局历史名称甚久，外间来华中地区接洽者多来华中局，如改换名称，恐有不便，主张华中局名称最好不改，建议第五师地区的中央局称中原局，并同意将新四军军部改为华中人民解放军总司令部。但鉴于国共和谈就要开始，中共中央于8月26日致电华中局："华中局、新四军名称均不改为有利。"同日，中共中央还决定陈毅任新四军军长和华中局副书记，饶漱石任华中局书记和新四军政治委员。

8月22日，陈毅由延安返华中前致电饶漱石、张云逸，将中央书记处初步考虑过的其中包括饶漱石、张云逸、曾山、陈毅等25人的华中局新名单作了通报，并根据中共中央主席毛泽东关于华中局可达到30人左右，每年开会一次，以代替过去的扩大会议，以及对老干部、地方干部和特别优秀的新干部应大胆提拔一些的指示，请考虑增删意见，电告中央，以便作最后决定。由于对日反攻已经开始，如何增加华中局委员的问题被暂时搁置。

9月19日，中共中央发出"向北发展，向南防御"的战略部署。根据这一部署，山东分局改为华东局，陈毅、饶漱石等北上山东，华中局改为华中分局，由谭震林、邓子恢等组成，受华东局领导。

据此，张云逸等认为，只有待江南部队和第七师安全转移，北上山东的部队与华中分局大体组成，各方工作部署完毕以及谭震林、邓子恢对各部情况大体熟悉后，华中局及新四军军部的主要干部才能北上山东。之后，张云逸等即开始了华中分局、华中军区和华中野战军的组建工作。

在与谭震林、邓子恢商谈的基础上，张云逸、饶漱石、曾山等于10月6日联名致电中共中央：

一、组织华中分局与苏皖军区，统一领导江北党政军工作。

二、江北苏皖地区必须尽力坚持控制，对国顽进犯必须采打击和歼灭方针。因此，提议粟裕留下帮助谭、邓，一师北上部队由叶飞统率。

三、华中分局以邓子恢、谭震林、粟裕任常委，其他委员尽量吸收各区党委负责同志与优秀地方干部参加（俟粟到后再提名单电中央审查批示）。

四、根据谭震林提议与我们和谭、邓商讨，对华中分局及苏皖军区分工为：邓子恢任书记并政委，谭震林任副书记、副政委兼政治部主任，粟裕任司令员，钟期光任政治部副主任，宋时轮任参谋长。我们对上述分工无具体意见，请中央决定。

五、由于江北各区打成一片，交通畅达，为便利统一财政及贯彻各种政策，节省大批干部调赴山东及加强下层起见，我们建议取消区党委及军区一级。华中分局直辖九个地委，苏皖军区直属九个军分区。各师主力脱离地方，各行政公署暂采联合办公办法，或筹备组织苏皖行政最高机构。目前在华中分局下组织财经委员会，邓子恢为书记，及政权工作委员会，李一氓为书记。以便贯彻和统一华中财经及党的各种政策。上述各点是否有当，请示。

10月8日，中共中央复电张云逸等："同意粟裕留华中任司令，叶飞率江南部队北上，并同意成立苏皖行署或边区政府，统一行政。同意主力部队脱离地方，并取消几个区党委。但如有必要，保留一二个区党委将较分局直接指挥九个分区又指挥主力部队（指挥单位太多）在工作上似较方便，望你们考虑决定。"

10月19日，粟裕到达华中局。在充分研究讨论的基础上，张云逸等以华中局的名义于22日上报了华中分局28人组成名单。其中，包括中共福建省委书记曾镜冰、中共浙南特委书记龙跃和徐海东等。24日，中共中央复电华中局并告陈毅、黎玉：华中分局不必指定人过多，如福建、浙南秘密党的同志无法到会不必提出，不知徐海东近来病情如何，如徐到山东养病亦可不加入，同意以邓子恢、谭震林、粟裕、张鼎丞、刘晓5人组织华中分局常委，以邓为书记兼政委、粟为司令、张鼎丞为副司令、谭为副书记兼副政委组织华中军区，粟、谭到前方工作指挥野战军，邓、张留后方工作。

根据中共中央10月8日和24日指示，张云逸与饶漱石、曾山、赖传珠、粟裕、谭震林立即研究了华中野战军和地方武装的组成，并把研究的意见于25日上报中共中央并告陈毅军长：

第一，华中野战军由4个纵队组成：第一纵队由苏中抽调5个团组成，以张藩为司令员，吉洛（姬鹏飞）为政治委员；第二纵队以第四旅等5个团组成，以刘先胜为司令员，余立金为政治委员；第三纵队以陶勇旅等5个团组成，以陶勇为司令员，政治委员暂缺；第四纵队由第四师抽调5个团组成，以张震为司令员，赖毅为政治委员；将第四师骑兵集中编成骑兵旅，将华中炮兵组成炮兵团。以上全部兵力在4.5万人以上。

第二，苏中仍建立军区，以管文蔚为司令员，陈丕显为政治委员；淮南仍组成军区，以周骏鸣为司令员，萧望东为政治委员；苏中、淮南军区及盐阜、淮海和淮北东、西军分区归华中军区直接指挥。

10月27日，中共中央复电张云逸等，同意华中野战军及苏中、淮南军区的人事安排。同日，华中局向各地发出通知，公布了中共中央10月24日关于华中分局和苏皖军区的人事任命，告以华中分局及苏皖军区即日开始工作。28日，张云逸与饶漱石联名致电华中地区各部队：

> 奉中央命令，原华中地区改为苏皖军区，任命粟裕、张鼎丞为正、副司令，邓子恢、谭震林为正、副政委。所有留在华中新四军部队，统归苏皖军区司令部指挥。仰即遵照为要。

就在华中局公布苏皖军区人事任命的同时，粟裕于27日两次致电中共中央，提出由张鼎丞任军区司令员，自己改任副职，并建议华中部队北调不应过分分割部队建制。10月29日，中共中央致电华中局并告陈毅、黎玉：粟裕27日两电提议是有理由的，"中央同意以张鼎丞为华中军区（不称苏皖军区）司令，粟裕为副司令并兼华中野战军司令"。"各师建制应尽可能不分割，请华中局考虑四旅调山东归罗韦纵队，二旅王必成留华中野战军。""华中局原来负责人须有一人留华中工作，请你们考虑是否留曾山在华中。"10月31日，中共中央又致电华中局："曾山可在华中多留一个时期，仍任组织部长，不任书记。"

根据中共中央的指示，华中分局由邓子恢、张鼎丞、谭震林、曾山、刘晓六人为常委，邓为书记，谭为副书记，曾山为组织部部长。华中军区以张鼎丞为司令员，邓子恢为政治委员，粟裕为第一副司令员，张爱萍为第二副司令员，谭震林为副政治委员兼政治部主任、刘先胜任参谋长。华中野战军以粟裕为司令员，谭震林为政治委员，刘先胜为参谋长，钟期光为政治部主任。此外，1945年11月苏皖边区政府宣告成立，李一氓任主席。

随着华中党政军领导机关的组成，新四军军部和大批干部从11月10日起，分批赴山东。[①]18日后，张云逸、饶漱石率新四军军部最后一批人员由淮阴出发。

---

① 参见军事科学院《张云逸军事文选》编辑组主编：《张云逸军事文选》，军事科学出版社2007年版，第576页。

这样，随着华中局主要领导人和新四军军部北上山东，如何组织华东局也就正式提上了议事日程。

11月13日，中共中央致电饶漱石并告陈毅、黎玉、邓子恢、张鼎丞、粟裕、谭震林："你到山东后，任华东局书记兼政委"。这样，饶漱石除任华东局书记和新四军政治委员外，还兼任山东军区政治委员。12月2日，饶就新四军军部是否与山东军区合并、是否再单独组织山东野战军指挥机构以及如何组织华东局等问题请示中央。次日，中共中央复电饶并告陈毅、张云逸、黎玉："新四军军部可与山东军区合并，但对外名义不取消。山东野战军另行组织指挥机构。华东局名单请你会同陈、张、黎玉提出电告。"

根据中央指示，张云逸、饶漱石到达山东后，于12月上旬赶赴津浦前线的万木石，就华东局组成等问题与陈毅、黎玉协商，并于12月13日由陈、张、黎、饶联名致电中共中央：我们考虑后，建议华东局由陈毅、张云逸、黎玉、饶漱石、舒同5人组成之，如中央认为须稍加扩大，我们将在山东地方干部、四方面军及野战军干部中选择之，如果名单要扩大，华中分局是否要有人参加华东局常委？18日，中共中央复电陈、张、黎、饶："华东局除所提五人外，还应稍加扩大，望从地方上、四方面军干部中、野战军及华中局选择适当名额提交中央批准，但总数以不超过十五人为限。所提五人可为华东局常委并开始执行常委职务，以饶漱石为书记，陈毅、黎玉为副书记。"

根据华东局不超过15人的原则，陈毅、张云逸、饶漱石、黎玉研究后又以华东局的名义于21日致电中共中央：华东局除5个常委外，再建议渤海军区政治委员景晓村、原山东分局组织部部长李林、鲁中军区司令员王建安、胶东军区司令员许世友、津浦前线野战军参谋长宋时轮、山东军区参谋长陈士榘以及罗炳辉、张鼎丞、邓子恢、曾山等10人为委员；另外山东地方上的张光中等、野战军的叶飞和粟裕等是否考虑吸收加入华东局？26日，中共中央复电华东局："华东局名单除同意前提五个同志外，可增加郭子化和李林，其他人均暂不加入，待工作一时后再行考虑华东局增加委员问题。"

这样，华东局由陈毅、张云逸、黎玉、饶漱石、舒同任委员和常委，由郭子化（时任山东省政府委员）和李林（曾任原山东分局组织部部长）任委员，以饶漱石为书记，陈毅、黎玉为副书记。

与此同时，陈毅、张云逸、饶漱石、黎玉还研究了新四军军部与山东军区合并后的分工、山东野战军的人事安排以及把从华中调入山东的叶赖纵队、罗韦纵队和第七师编组为山东野战军第一、第二、第三纵队等问题，并于12月21日以华东局的名义上报中共中央。26日，中共中央、中央军委复电华东局，同意将华中入鲁部队编组为三个纵队及其人事安排。1946年1月7日，中央军委致电各战略区："（一）兹决定新四军军部与山东军区合并。任命新四军军长陈毅兼山东军区司令员，副军长张云逸兼军区副司令员，四军政委饶漱石兼军区政治委员，原军区副政委黎玉兼任军部副政治委员，陈士榘兼任军部军区参谋长，舒同任军区军部政治部主任，唐亮任军区军部副主任。（二）山东野战军以陈毅为司令员，黎玉为政委，宋时轮为参谋长，唐亮为政治部主任"。

据此，新四军兼山东军区下辖滨海、胶东、渤海、鲁中、鲁南5个军区；津浦前线野战军改称山东野战军，下辖第一、第二纵队和第七（以后不再称第三纵队）、第八师共7万余人。

此外，由黎玉任主席的山东省政府照旧行使职权。

随着中共中央华东局和新四军兼山东军区的组建，华东地区的党政军各级领导机关最后完成。建立这些领导机构，可以看作是搭台。只有台子搭好了，才好唱戏，才能上演此后的苏中战役、鲁南战役、莱芜战役和孟良崮战役等一幕幕威武雄壮的历史活剧。

在搭台过程中，张云逸作为一位德高望重的长者，为上下所信任。为搭好台，他与其他同志一起，上下沟通，不遗余力。华中的台子搭好了，他就北上山东，华东局组建后，他就回后方临沂主持新四军兼山东军区的工作。

12月21日，华东局致电中共中央："我们在前方集会并报告了华中、山东的情况，解决了山东全省部署及机构合并诸问题，出席了前方干部会议，并略谈七大情形（在全省另定期传达）及华中、山东整风情形。现张、饶、黎、舒回临沂部署实施工作，陈留前方主持。临沂不时分人来前方，加强工作。"同日，张云逸、饶漱石、黎玉致电中共中央并张鼎丞、邓子恢、粟裕、谭震林："我们于马日（21日）离开野战军回临沂军部，以后有电报给我们，请直发我们电台。"

第十七章　为争取和平民主而战

一、参与指挥阻顽北上

1945年12月上旬，张云逸北上山东到达津浦前线时，正值八路军、新四军阻止国民党军北上的关键时期。

抗战胜利后，蒋介石为抢占华北和东北，指挥大量国民党军沿平汉、津浦等铁路北上。为确保"向北发展"成功，由刘伯承、邓小平指挥的晋冀鲁豫军区部队，于1945年10月21日发起邯郸（平汉）战役，至11月2日歼灭国民党军3万人，阻止了国民党军沿平汉线北上；由陈毅、黎玉指挥的津浦前线野战军于10月18日发起津浦路徐（州）济（南）段战役，至12月上旬先后攻占邹县、大汶口，在界河以北伏击国民党军吴化文部3个师，在韩庄、藤县地区歼灭日伪军4000余人，截断了津浦铁路。

然而，蒋介石为打通津浦路，进而向东北运兵，准备再调6个军开赴徐州，使华东战场的国民党军由原来的7个军增加到13个军。据此，中央军委于1945年12月6日致电陈毅、饶漱石、张云逸、黎玉等："似此，津浦全线、山东、苏北整个解放区战局形势将严重紧张起来。这种局势于月底或来年一月初即可到来，你们一切部署必须针对着粉碎蒋顽这一严重进攻，且须乘着蒋主力尚未全部集中时，先机求得各个歼灭其有力部分是必要的。叶赖纵队停止进入东北任务，着留山东参加这一带有决定性的战斗。"10日，中央军委又致电陈毅、张云逸、饶漱石："据各方情报，蒋顽将集中力量打通津浦路。""对于你们的战略要求，是消灭顽军主力，阻止顽军北上。如不能完全阻止顽军北上，亦须大量消灭顽军。""为加强津浦路作战，叶赖纵队以使用在津浦方向为好。"

根据中央军委的指示，张云逸、饶漱石到达津浦前线后，与陈毅、黎玉研究了形势，就整个津浦路的作战部署联名于12月11日致电中共中央并告张鼎丞、邓子恢、粟裕、谭震林及叶飞、赖传珠：令第八师迅速攻克藤县，第五旅监视临城并负责打击其出援部队，第九旅迅速扫除临枣路上的据点，第四、第十九、第二十、第二十一旅待机休整；叶赖纵队以5天准备时间，即西开攻占泰安、兖州；

粟裕、谭震林率王必成纵队、陶勇纵队、张震纵队迅速破袭津浦路南段，力求控制 100 至 200 里铁道，相机歼灭北上之国民党军一个师至两个师；华中应对高邮一面包围歼灭，一面争取孙良诚迅速反正；徐州以东及以西陇海路的破击任务，由地方部队担负之，华中如能抽 2 个独立旅加强该两段的破袭则更好；以鲁中和渤海军区部队分别在胶济线和济南以北的津浦线配合作战。① 次日，中央军委复电同意。

在上述作战部署下，津浦前线野战军第八师从 12 日开始进攻藤县，经 3 天激战，歼灭国民党军第十九集团军第二前进指挥所及暂编第一旅 9000 余人。在攻城作战中，第八师师长王麓水光荣牺牲。与此同时，第二纵队第九旅等部攻占小窑，收复陶庄，使枣庄、临城等地的国民党守军陷于孤立。

1945 年 12 月 22 日，为调停国共争端，美国总统特使马歇尔到达重庆。1946 年 1 月 10 日，停战协定签订，政治协商会议召开，毛泽东和蒋介石分别向所属部队下达停战令，规定从 1 月 13 日午夜起停止一切军事冲突。

然而，蒋介石为在停战令生效前尽量多占地盘，命令所部"星夜前进，抢占战略要点"，并以徐州地区的第五十一军、第三十三集团军、第六路军、第二十八军和第九十八军，编为两个梯队进攻峄县、台儿庄地区。

为挫败蒋介石在停战前抢占战略要点的企图，山东野战军和华中野战军第六纵队，于 1946 年 1 月 8 日开始，对进犯鲁南解放区的国民党军实施反击。到 13 日午夜前，先后攻克宁阳、韩庄，包围了兖州、泰安、临城和枣庄。

至此，津浦路徐济段战役胜利结束，共歼灭国民党军

■ 1946 年，张云逸（中）与赵健民（右一）、黎玉（左二）、杨勇（右二）、刘智远（左一）等在山东。

---

① 参见军事科学院《张云逸军事文选》编辑组主编：《张云逸军事文选》，军事科学出版社 2007 年版，第 578—580 页。

2.8万人，控制铁路200公里，粉碎了国民党军打通津浦路的企图，掩护了"向北发展"，有力地配合了中国共产党争取和平民主的斗争。

华中野战军根据中共中央和陈毅、张云逸等的部署，以第七、第八纵队等部于1945年12月中下旬进行了高邮战役，歼灭日伪军9000余人，使华中解放区的苏北、苏中、淮南、淮北地区连成一片。之后，第八、第九纵队等部于1946年1月11日至13日，又进行了陇海路东段破击战役，歼灭日伪军2800余人，控制大许家至白塔埠130余公里的铁路，使山东、华中两大解放区连成一片。

与此同时，张云逸部署鲁中军区主力在胶济线作战，于1月12日攻占淄川、博山的所有煤窑、工厂，包围了张店。

在中央军委和陈毅、张云逸等的指挥下，山东野战军和华中野战军英勇作战，使蒋介石在停战令生效前尽量多占地盘的迷梦彻底破产。

津浦路徐济段战役期间，曾发生了一件震惊全国的事情。这就是在军事压力和政治争取之下，国民党新编第六路总司令郝鹏举率部2.2万人，于1946年1月9日在台儿庄附近的马兰屯起义。郝鹏举之所以能够率部起义，是与张云逸等长期重视瓦解敌军工作分不开的。

郝鹏举原为西北军将领，深得冯玉祥的赏识。1930年蒋介石、冯玉祥、阎锡山中原大战时，郝在关键时刻叛冯投蒋。全国抗战爆发后，郝又于1941年2月投靠了南京的汪伪政权。1943年9月，汪伪集团派郝到徐州，出任苏淮特别区行政长官。1944年1月，汪伪政权在苏淮特别行政区的基础上设立淮海省，郝出任淮海省省长兼保安司令，以后又兼任汪伪军事委员会驻徐州绥靖主任公署主任。1945年6月，郝又兼任伪军第八方面军上将总司令，所辖伪军达5万余人。

1943年夏，张云逸和新四军代军长陈毅、代政治委员饶漱石，在江苏盱眙县黄花塘接待了民主政权同盟中央委员张云川先生。张云川主动提出愿意争取郝鹏举。经研究，新四军军部郑重委托张云川进行此项工作。此后，对郝部的争取和策反工作主要由中共淮北区党委和新四军第四师兼淮北军区负责，由党委书记、政治委员邓子恢亲自掌握。在邓子恢制定的内外结合、派人打进去与拉出来相结合、争取上层与争取下层并重的方针下，经过长期工作，对郝部的争取逐渐取得成效。1945年8月15日，日本宣布投降，16日蒋介石委任郝为国民党新编第六路军总司令。郝善于见风使舵，反复无常，他一面投靠蒋介石，一面又与中共拉关系。然而，蒋介石大肆进攻解放区并趁机消灭杂牌军的内战政策，使郝面临着一次新的抉择。

抗战胜利后，蒋介石把原西北军冯治安部、刘汝明部和李兴中部调至内战前线，加上原西北军的第三十、第三十二军，以及由伪军改编的郝鹏举、张岚峰、吴化文、庞炳勋、孙殿英、孙良诚等部，在郑州、徐州由平汉、津浦、陇海三条铁路所组成的"双十字间"，集中的几乎全是西北军，蒋的用意是不言而喻的。但在邯郸战役中，国民党军第十一战区副司令长官兼第八军军长高树勋率部一万余人于1945年10月30日在马头镇起义，第十一战区副司令长官兼第四十军军长马法五等部负隅顽抗,结果兵败被俘。这一正一反的鲜明对比,使郝鹏举等一些国民党军将领看清了自己的出路所在。

1945年12月2日,在重庆的周恩来致电陈毅、张云逸、邓子恢等,告以西北军的情况,要求大力加强争取西北军的工作。11日,张云逸与陈毅、饶漱石、黎玉致电张鼎丞、粟裕、邓子恢、谭震林,就争取国民党军的工作作出具体部署。该电指出:"为了粉碎蒋介石对我进攻及争取和平民主团结实现,对争取杂牌军(特别是西北军)反对内战、同情我们或暂守中立,是有极端重大意义的。""对国民党军队各方关系,均应很好掌握利用。但历史经验证明,争取军官是对争取国军有决定作用。"[①]

随后,华中分局书记邓子恢派出有关人员赶到鲁南前线,参加对郝部的争取工作。华东局、新四军军部和山东军区成立了鲁南前线"国军工作委员会",由津浦前线野战军第七师政治委员曾希圣任书记,津浦前线野战军参谋长宋时轮等任委员,在陈毅的直接领导下,负责对国民党军的分化瓦解工作,特别是争取郝部的工作。

从1945年12月下旬开始,根据蒋介石"星夜前进,抢占战略要点"的指令,国民党军徐州绥靖公署主任顾祝同,命令陈大庆第十九集团军的第五十一军为左路,冯治安的第三十三集团军为中路,郝鹏举的第六路军为右路,向鲁南解放区进攻。稍有军事常识的人很容易看出,蒋介石的嫡系陈大庆部西靠微山湖,东有冯治安部的掩护,又有铁路运输,不会受到八路军、新四军的直接攻击,唯有郝部所经之地岗峦起伏,位置突出,最容易受到攻击。而顾祝同多次督促郝部打头阵,迅速攻占台儿庄一线。到这时,郝部陷于进退维谷的境地。前进,必然遭到八路军、新四军的猛烈反击,可能全军覆灭;后退,则违抗军令,必定受到军法制裁。为保存实力,郝遂托人与中共联系,并写信要求与陈毅会谈。

也正是在此形势下,1945年12月29日,宋时轮作为陈毅的全权代表赴郝部会谈。之后,陈毅、宋时轮一面向中共中央、华东局报告情况,一面电令第八师开赴台儿庄附近集结,同时调华中野战军第六纵队赶到陇海路,以便军政兼施,使郝部除起义外别无他途。1946年1月4日晚,陈毅在峄县县城会见了郝鹏举,郝提出应逼迫冯治安部起义、消灭陈大庆部、相机夺取徐州至海州之线的意见。次日,陈毅、宋时轮将情况向中共中央和华东局作了汇报,要求中共中央、华东局迅速指示,"并请饶(漱石)、黎(玉)、张(云逸)、舒(同)4人中至少来两人,带朱克靖与大批工作人员与5千万元,赶来前方,加强领导。"[②]7日晚,为了打消郝的疑虑,促成起义,陈毅在高皇庙与之举行了第二次会谈。这时,临沂新四军军部和津浦前线野战军收到了中共中央1月6日致陈毅、宋时轮并张云逸、饶漱

---

① 军事科学院《张云逸军事文选》编辑组主编:《张云逸军事文选》,军事科学出版社2007年版,第583—584页。

② 中国人民解放军历史资料丛书编审委员会:《解放战争时期国民党军起义投诚·沪苏皖浙赣闽地区》,解放军出版社1994年版,第68页。

石的电报。电报说:"关于郝部起义,望迅速决定并执行。打下徐州,恐不可能。迫冯一起干,恐亦来不及。望即令郝单独起义。在郝起义后解决陈大庆部,已属很大胜利,对局势即有很大影响。"①

根据陈毅、宋时轮 5 日电和中共中央的指示,张云逸、饶漱石、黎玉、舒同四人经过商量,决定由饶漱石、舒同带一批工作人员和郝部所需要的经费赶赴津浦前线。9 日晚,陈毅、饶漱石、舒同与郝在峄台公路上的米庄会见,商定了有关郝部起义后保持原编制不变等问题。当晚,郝赶回马兰屯后立即召开军官会议,宣布起义。郝部起义,沉重打击了蒋介石的内战气焰。

二、围绕"停战"的斗争

从 1946 年 1 月 13 日午夜起,国共双方在关内基本实现了停战。然而,大打虽然停止,小打却从未间断。对张云逸等来说,面临的斗争局面更加复杂。

根据停战协定,由国民党政府第二厅厅长郑介民、第十八集团军参谋长叶剑英、美国驻华代办罗伯逊三人任委员的军事调处执行部(简称军调部),于 1946 年 1 月 14 日在北平正式成立。军调部在张群(后张治中)、周恩来、马歇尔"三人会议"的领导下,负责调处国共军事冲突、恢复交通、解除伪军武装和遣返日俘、监督执行整军方案等事宜。此后,华东地区的饶漱石、舒同、陈士榘、宋时轮、韦国清、鲁中军区副司令员兼参谋长邝任农和华中人民代表团团长黄逸峰等,也被调去参加军事调处工作。

由于华中分局受华东局领导,华中野战军在战略上受新四军兼山东军区和山东野战军司令员陈毅指挥②,陈毅、张云逸和黎玉不仅要负责山东解放区的工作,还兼顾华中解放区的工作。

停战令下达后,新四军兼山东军区和华中军区所属野战军、地方军和民兵,从 1 月 13 日 24 时起停止了一切军事行动,并按照中共中央的指示,开始从事减租减息、发展生产和练兵等工作。然而,国民党军却违背停战协定,趁机进攻、蚕食解放区。

在华中解放区,国民党军除在南通、泰州等地不断向新四军阵地发动猛攻外,1 月 15 日占领华中军区第八军分区的萧县县城。为此,张鼎丞、邓子恢、谭震林于 15 日致电毛泽东、刘少奇、朱德并陈毅、张云逸、饶漱石,请示此后如遇此种情况如何处理。次日,中共中央复电张、邓、谭并告陈、张、饶:"我对停战令必

---

① 中国人民解放军历史资料丛书编审委员会:《解放战争时期国民党军起义投诚·沪苏皖浙赣闽地区》,解放军出版社 1994 年版,第 70 页。
② 1946 年 1 月 2 日,张鼎丞、粟裕、邓子恢、谭震林、曾山致电中共中央并报陈毅、饶漱石、张云逸:"建议中央确定华中分局、野战军建制与指挥系统,如归军部建制,则军委对野战军行动最好经过军部,以便我们执行命令,一所遵循,如军部指挥是通过陈还是通过饶、张,亦请明示。"1 月 4 日,中共中央致电张鼎丞、粟裕、邓子恢、谭震林并告陈毅、华东局:"华中野战军在建制上属于华中军区,在战略行动上受陈毅同志指挥,你们野战军经常的位置及战略性的行动,须事先取得陈毅的同意并报告军委。"

须坚决执行，不向对方作任何军事进攻，不给对方以任何借口，但必须提高警惕性，防止对方大小的突然袭击，坚持自卫原则，坚决打击破坏和平、向我进攻之敌。在十四日午前一点以后对方侵占我之地方，应据理抗议，在先礼后兵后，要求迅速撤退，否则我必驱逐其出境。但同时我军于十四日午前一时后占领对方地区，亦应作为上述交换条件自动撤退。"

中央的指示虽然没有错，但问题在于：由于八路军、新四军兵力有限，不可能在解放区边缘处处设防，进而对国民党军的每次进攻都能做到有效反击；况且，八路军、新四军严格遵守停战协定，不向国民党统治区进攻，当然也就没有什么地方可与国民党作为交换；再则，在国民党军蓄意进犯解放区的情况下，即使将问题提交军调部，军调部派出执行小组，而由于国方代表的反对或阻挠，问题也难以解决。这样，国民党军得寸进尺，将使解放区军民处于不利的地位。如何有效制止国民党军的进攻和蚕食，是张云逸等于停战令生效后开始考虑的一个问题。

进攻华中解放区的同时，国民党军第八军一部在胶济线上于1月16日由潍县进至昌乐，其先头部队已渡过弥河继续向西推进。在没有得到军调部同意的情况下，国民党军的行动显然违反了停战协定关于停止军事调动的规定，是有意制造军事冲突。据此，张云逸、饶漱石、黎玉和陈士榘联名于16日致电毛泽东、刘少奇："顽于停战命令下达后在华中及鲁中仍悍然向我进攻，如顽在三四日内仍向我出击，我除严守阵地外，对枣庄之伪军，是否可以反击，请即示。"

人不犯我，我不犯人；人若犯我，我必犯人。这是对待国民党军不遵守停战协定行为的最有效办法。当时，由伪军改编而成的国民党山东挺进军第三十二纵队王继美部3500余人被山东野战军包围于枣庄，已靠空投度日，拿下枣庄对山东野战军来说可谓易如反掌。以枣庄作为交换条件迫使国民党军从胶济线等地撤退，也不失为一个解决问题的办法。然而，进攻枣庄虽出无奈，但又事关全局，必须由中央定夺。中央军委于18日复电张云逸等："顽伪如不遵守停战命令，继续向我进攻者，应坚决给以打击，但必须坚持自卫原则。对枣庄据点不宜进占，因我方已向调处执行部及重庆提出，十四日一时以后国共两军双方所占之地均退回原防，此一交涉可能获得马歇尔同意。"据此，攻打枣庄之议只好作罢。

此后，国民党军进犯解放区挑起军事冲突的事件越来越多。无论是山东还是华中地区，几乎天天都有国民党军进犯解放区并请求指示的电报。为解决国共军事冲突，军调部在华东地区就先后设立了第四（徐州）、第七（济南）、第十四（临沂）、第十五（德州）、第十六（泰安）、第十七（淮阴）执行小组，为恢复交通还设立了第十八（泊头）、第二十一（高密）、第二十二（枣庄）、第二十四（徐州）小组。

国民党军不断进犯、蚕食、骚扰解放区，激起了解放区军民的极大愤慨。华中军区于1946年2月21日致新四军兼山东军区并中央军委的电报，即可见一斑："占我沱河、濠城之桂顽一三八师甚为猖狂。一百军占我大桥（江都），捕我人员。南通顽四十九军占如皋东之白蒲、林梓外，近又占我海门之霸头、天补及长乐各镇并大抢。上述违令行为,均已先后报告钧部,曾请徐州小组制止,但至今未答。最近沿江顽调动频繁,似有大举进占企图。而我地区辽阔,不能到处分兵把守,顽则乘机进袭,每次均达其侵占任务。虽能集中力量夺回,但数次汇报,均未允许,使顽更猖。除将详情另行报告北平专派蚌埠及扬州、南通小组外,究应如何应付?如果在其大举进攻中我们必须予以反击时,其反击方向如何?军部是否统一作战部署?或由我们自行议定部署,速请示。"

面对国民党军的违法行为,华中军区提出准备给国民党军予以反击,使其知难而退,这种心情自然可以理解。然而,从争取和平民主的大局出发,张云逸只能根据中共中央、中央军委的指示,指导部队正确开展"停战"斗争,不给国民党以任何借口。围绕"停战"斗争,张云逸等采取的主要对策是:

首先,将国民党军违反停战令的事实真相及时向中央军委、军调部和执行小组汇报。由于饶漱石是叶剑英办公室的顾问,及时向叶、饶报告情况,揭露事实真相,并请求对策,对遏制国民党军的进攻无疑具有一定的作用。1946年1月24日,张云逸与陈毅、黎玉、舒同、陈士榘在山东峄县同军调部驻徐州小组的美方代表黑里斯、中共代表王世英、国民党代表李树正会见,并向他们提供了国民党军违反停战令向解放区进攻的确实材料,从而使自己在"停战"斗争中处于有利地位。

其次,按照中共中央的指示精神,指导部队冷静开展"停战"斗争。针对华中军区2月21日请示电,25日张云逸与陈毅、黎玉致电张鼎丞、邓子恢、粟裕、谭震林并中共中央以及叶剑英、饶漱石:"各电悉。震林已回,谅悉全国情形。对顽进攻你区,因此事要由中央、叶饶决定方针,我们亦同属不明全情,故迟未作复。而且顽方此种进攻可能是一种激将法,含有挑起内战的阴谋,故应冷静处理不宜急躁,即是说严守自卫原则,不落其圈套中。因此,对发动反击,仍宜谨慎,你们可自行部署。军部此时局不宜提出整个部署,但局部的反击办法亦应谨慎进行,先告中央指示。前催徐州到沿江考察未获同意,现黄逸峰回称北平执行部已决定派专组驻淮阴。此事实现即可了解实情,制止国方违法行为。"①此后,军调部向淮阴派出第十七执行小组,负责调处华中地区的国共军事冲突。

遵照中共中央关于"必须巩固华中现有地区","中央机关将来可能迁淮阴办公"②的指示,到3月初华中野战军第六纵队驻高邮一带,第七纵队驻姜堰一带,第八纵队驻盱眙一带,第九纵队驻淮北灵璧,使新四军在长江北岸和淮北地区的力量得到加强。不仅如此,1946年3月22日,张云逸与陈毅、黎玉等还以新四军兼山东军区和山东野战军的名义,向各军区、各部队发出指示,要求鲁南军区和第二纵队等部对徐州,鲁中军区和第一纵队对济南,渤海军区对天津、德州,胶东军区对青岛,滨海军区对海州,华中军区对南京、苏州、扬州,加强谍报侦察,

---

① 军事科学院《张云逸军事文选》编辑组主编:《张云逸军事文选》,军事科学出版社2007年版,第591页。
② 中共中央致陈毅的电报,1946年2月2日。

以便随时掌握国民党军的情况,防止其突然袭击。该指示最后指出:各部队应加强自卫行动的准备,"对部队应加强训练和战斗教育,以备内战万一重起时,能应付裕如,但不可藉此向国方挑战,任何情况我军应严守自卫原则,由顽方担负破坏和平的责任,只在顽方发动进攻时,我方才予以坚决、干净、彻底的消灭。"

随着军事斗争准备的加强和军调部执行小组在华东地区的逐一设立,国共军事冲突在此后的一个时期内得到一定程度的缓解。这是中共中央和张云逸等从争取和平的大局出发,充分利用军事、政治等手段,在"停战"斗争中取得的一个成果。

再次,利用记者采访机会,向世人揭露国民党假和平真内战的面目。1946年4月,在赴延安述职期间,张云逸接受了新华社记者的采访,并就记者提出的华东地区国共双方执行停战令的具体情形等4个问题作答。他列举了如下事实:国民党军从1946年1月13日至3月25日向山东解放区进攻180多次、占领村庄400余个,向华中解放区进攻更加频繁,占领城镇97处;国民党军还以空运、化装成"交通部复路工程队"等手段,偷运部队1万余人到济南、德州;根据停战协定关于恢复交通的规定,华东解放区内的铁路已大部修复,而国民党军则加紧修筑碉堡;为解决国民党军被包围之济南、泰安、枣庄、兖州等城市的粮煤困难,1946年2月25日饶漱石与济南执行小组美方代表雷克上校,在北平签订了关于泰安粮食交通等问题的协议,之后山东解放区的农村开始与这些城市进行粮煤贸易,以解民困,但这些城市的国民党守军却与民争食,乘机囤粮,仅临城守军囤积的粮食足供其半年之用;国民党特务活动猖獗,采用暗杀中共方面人员等手段,企图破坏和平民主事业。新华社记者将所采访的内容以《华东国民党军方违约行动在临沂答记者问》为题,刊登在1946年4月16日的中共中央机关报——《解放日报》上。①

张云逸所陈述的这些无可争辩的事实,对揭露国民党假和平真内战的面目,教育全国人民,进而更好地进行争取和平民主的斗争,无疑具有重要意义。

在"停战"斗争期间,张云逸与陈毅十分关心罗炳辉的身体健康。当时罗身患疾病,血压增高,无法进行紧张工作,如何安排他的工作,是张云逸和陈毅不得不考虑的问题。其实,早在1945年10月13日,张云逸与饶漱石、曾山、赖传珠就致电陈毅:"因罗近来身体多病,不宜担任紧张繁重工作,将来二师以四、五旅和四师一个旅组织之,由韦国清任师长,罗拟调山东华东局任军区或其他对他健康较适当的工作为宜,请你考虑决定。"北上山东后,针对罗炳辉病情加重的情况,张云逸与陈毅于1946年3月30日联名致电刘少奇:"现第二纵队已由韦国清代理,今后培养韦作二纵的中心,罗不宜回去。因此,考虑罗的工作,提任华中军区副司令为宜。罗因气候关系,亦愿回华中。同时,如留山东,在我们附近则

---

① 参见军事科学院《张云逸军事文选》编辑组主编:《张云逸军事文选》,军事科学出版社2007年版,第593—597页。

更好照料，能否提任山东军区第二副司令兼新四军第二副军长。另外，宜派其参加国大，并于将来取得国军军职。前山东国大名额较少，不及列入，可否由中央名额设法？以上是我俩意见，特请示你，希见复。"4月4日，中共中央复电华东局："同意以罗炳辉为山东军区第二副司令兼新四军第二副军长，但罗不必参加国大。"就这样，罗炳辉出任新四军兼山东军区第二副司令员。6月21日，罗因脑溢血病逝于山东兰陵。

三、飞赴延安

1946年4月3日，张云逸与黎玉、邓子恢、曾山和中共福建省委书记曾镜冰等，乘坐军调部提供的美军飞机由临沂经北平赴延安述职，并准备参加中央召开的会议，陈毅等到机场送行。① 当天，飞机在北平降落，之后张云逸等向叶剑英、饶漱石汇报了国民党军进犯解放区的情况，研究了军调工作。7日，张云逸一行飞抵延安。

张云逸刚到延安，就参加了中共中央组织的悼念"四八"烈士的纪念活动。

1946年4月8日，参加与国民党谈判的中共政协代表王若飞、政协宪草审议委员会代表秦邦宪和新四军军长叶挺、解放区职工联合会筹备会主任邓发、著名教育家黄齐生先生等，乘飞机从重庆飞往延安，不幸在山西兴县黑茶山罹难。

叶挺的不幸遇难，使张云逸悲痛万分。大革命时期，张云逸与叶挺在广州相识。八一南昌起义失败后，叶避居澳门。全国抗战爆发后，张奉命赴澳门，劝叶出任新四军军长。这对苦闷的叶来说，"不啻大旱之遇云霓"。此后，他们一起组建新四军军部，整编部队，出师抗日。为贯彻中共中央"发展华中"的指示，叶主持成立了由张任指挥的新四军江北指挥部，随后抗日烽火燃遍淮南大地。皖南事变后，叶身陷囹圄，张等无时无刻不在挂念军长。1946年3月4日，蒋介石迫于形势，同意恢复叶的自由。5日，叶致电中共中央，要求重新加入中国共产党。7日，中共中央复电接收叶为中共党员。同日，张与陈毅、饶漱石致函叶："皖南事变钧座身陷囹圄，正义不屈，五年冤狱，饱尝摧残，海天怅望，无任关注。顷得钧座已恢复自由之消息，全军将士无不悲喜交集，谨电慰问，并祈珍摄，早日返部，为盼为祷。"谁料，叶刚刚恢复自由，就在黑茶山罹难，怎不叫张云逸痛心？！

4月19日，中共中央在延安举行了"四八"烈士公祭大会，张云逸为陪祭人之一。同日，山东解放区军民一万余人在临沂大众剧场举行"四八"烈士追悼大会。陈毅、饶漱石、张云逸、黎玉联名送了挽联："顾现实，国家多事，人民多难，反动多狂，诸先烈在九泉之下安能瞑目；想当年，富贵未淫，贫贱未移，威武未

---

① 《邓子恢传》编辑委员会：《邓子恢传》，人民出版社1996年版，第314页；刘树发主编：《陈毅年谱》上卷，人民出版社1995年版，第457页；《回忆邓子恢》编辑委员会编：《回忆邓子恢》，人民出版社2006年版，第179页。

屈,给同志作一贯无上典型。"

20日,张云逸在延安《解放日报》发表《纪念叶挺同志》一文。在这篇文章中,他回顾了叶挺光辉战斗的一生,赞扬了叶挺的优良政治品质,号召全体同志"要更亲密地团结起来,在毛主席领导之下,积极继续奋斗,一定要将法西斯猖狂的气焰打击下去,将停战协定,政协五项协议及整军方案贯彻下去,争取和平民主的完满实现。"①

从1946年4月7日至6月6日,张云逸在延安住了两个月。在此期间,他除了参加中共七届一中全会外,主要做了三件事。

第一,参加中央召开的关于土地问题的工作会议。

这次会议是在复杂的历史背景下召开的。抗日战争时期,为了团结全国各阶层人民一致抗日,中共中央将土地革命战争时期的没收地主土地的政策改变为减租减息政策。抗战胜利后,在反奸、清算、减租、减息的斗争中,有的地方的农民直接从地主手中获得了土地,基本上解决了或正在解决土地问题。与此同时,一部分汉奸、豪绅、恶霸、地主逃到城市,大骂解放区的群众运动;有些中间人士则对此产生怀疑;中共党内也有少数人认为群众运动过火。在此形势下,减租减息政策要不要改变?改变到什么程度?需要中央有一个明确的态度。

毫无疑问,实行土地改革,废除封建土地所有制,是中国共产党在新民主主义革命时期的一项基本任务,但在不同历史时期,由于中心任务不同,中国共产党的土地政策又不尽相同。从这种意义上说,土地政策又是一种策略,而策略必须服从战略,必须服从服务于中国共产党在特定历史时期的中心任务。抗战胜利后,中国共产党依据国内外形势的变化,确定了争取和平民主的基本方针,这就意味着中国共产党与代表大地主、大资产阶级利益的国民党是合作而不是破裂关系。正因为如此,抗战胜利后中共中央并没有立即改变减租减息政策。但从1946年4月中旬蒋介石在东北发动大打开始,国共关系急剧恶化,内战的阴云笼罩着整个中国。为应付可能到来的全面内战,中共中央在土地政策上不能不有所改变,但这种改变又不能与争取和平民主的基本方针相悖。

正如刘少奇在会议上所说:"今天不支持农民,就要泼冷水,就要重复大革命失败的错误,而农民未必'就范'。失去农民又仍然得罪了地主,对我们将极不利。另一方面,要看到这是一个影响全国政治生活的大问题,可能影响统一战线,使一部分资产阶级民主派退出与我们合作,影响我们的军队、干部与国民党军队的关系,影响国共关系与国际关系。"②这就是说,新的土地政策既要考虑保护农民利益,又要兼顾争取和平民主统一战线这两个方面。这就是中央召开土地问题工作会议的背景。

---

① 军事科学院《张云逸军事文选》编辑组主编:《张云逸军事文选》,军事科学出版社2007年版,第602页。
② 刘崇文、陈绍畴主编,中共中央文献研究室编:《刘少奇年谱》下卷,中央文献出版社1996年版,第42页。

也正是为了解决新形势下的土地政策等问题，前来延安准备参加整军会议的山东解放区的张云逸、黎玉，华中解放区的邓子恢、曾山，以及晋冀鲁豫军区副政治委员薄一波等，向中央汇报了各解放区的情况。中央则要求他们先参加中央召开的土地工作会议，讨论制定新的土地政策。

在充分征求意见的基础上，1946年5月4日刘少奇主持召开中央会议，讨论通过了中共中央《关于土地问题的指示》（即《五四指示》）。这个指示把抗日战争时期的减租减息政策改变为实行"耕者有其田"的土地改革政策。它提出了18条原则，其主要精神是：一方面坚决拥护群众在反奸、清算、减租、减息、退租、退息等斗争中，从地主手中获得土地；另一方面又要对中小地主、富农及开明绅士等给以适当照顾，进而达到既能团结90%以上的人民群众，打下未来自卫战争坚实的群众基础，又能最大限度地防止农村阶级关系的大动荡，借以巩固争取和平民主的统一战线。

文件形成后，晋冀鲁豫、华中和山东解放区主管土改工作的薄一波、邓子恢和黎玉参加了文件的最后修改。①

《五四指示》发出后，各解放区加紧贯彻落实。1946年5月，华东局召开了十多天的高干会议，讨论如何执行《五四指示》。陈毅在总结发言中指出："我们曾想把会议拖到黎、张回来，使我们能听到中央关于'五四'指示的讨论，更正确的掌握中央的精神，对我们帮助一定很大，但是他们也因时局与交通的关系，拖迟了，我们等不及他们了，也是会议的一个缺陷，我们仍是不潦草，以负责的精神完成了大会的任务。"②

此后，根据1946年9月1日华东局《关于彻底实行土地改革的指示》，土地改革运动在山东解放区开展起来。

第二，参加中央召开的整军会议。

参加整军会议，向中央汇报山东解放区的军队整编复员工作，是张云逸等赴延安的主要任务。

1946年2月25日，根据军队国家化的原则和政协决议，国民党政府代表张治中、中国共产党代表周恩来、美国顾问马歇尔共同签署了《关于军队整编及统编中共军队为国军之基本方案》（简称《整军方案》）。根据这一方案，全国整军在18个月内完成，分为前12个月和后6个月两个步骤。第一步，在前12个月内将全国陆军编为36个军108个师，按照5∶1的比例，国民党政府军为90个师，中共部队为18个师。第二步，在后6个月内，再将全国陆军由36个军108个师缩编为20个军60个师，仍按5∶1的比例，国民党政府军为50个师，中共部队为10个师。国共双方多余的部队立即复员，每月复员裁撤总量的1/12，于12个月内完成。国

---

① 参见刘崇文、陈绍畴主编，中共中央文献研究室编：《刘少奇年谱》下卷，中央文献出版社1996年版，第42页。

② 山东省档案馆、山东社会科学院合编：《山东革命历史档案资料选编》第16辑，山东人民出版社1984年版，第535页。

共双方应在 3 至 6 星期内，向张、周、马三人军事小组报送拟保留和复员部队的表册。此外，《整军方案》还就每期整军国共双方的军队在全国的配置作了规定。

根据《整军方案》，3 月 6 日中共中央致电华东局、晋冀鲁豫局、华中分局并告聂荣臻、贺龙："无论将来情况如何，我们均须精兵简政，减轻民负，方有利于解放区之巩固与坚持。你们三处兵额最大，负担极重，如何实行精简，应速决定方针。我们意见，第一期精简三分之一，并于三个月内外完成。被精简人员武器，有计划的妥善的分配到农村生产中去。第一期完成后，取得经验，第二期再精简三分之一。这样是否妥当及采取如何具体办法，望于电到十日开会讨论，制定方案，并派员来延报告，做成最后决定，然后立即实施。晋察冀方面前已提出大致的方案，望根据恩来所告，再行考虑，制定详细方案，由荣臻尽快携来中央讨论。晋绥方面，请贺立即筹划，并偕荣臻一道，乘飞机来延开会为盼。"

根据中央指示，陈毅、张云逸、黎玉于 3 月 5 日至 14 日在临沂召开了关于部队整编复员工作的高级干部会议。会议研究制定了整编复员方案，华东局决定由张云逸、黎玉赴延安向中央汇报，参加中央召开的整军会议。在整军会议讨论确定了整军原则的基础上，1946 年 5 月，张、黎向中共中央提交了《关于山东部队整编复员工作报告》[①]。根据这份报告，至 1945 年 12 月，山东解放区的主力军为 219670 人，地方军 104386 人，再加上新四军兼山东军区机关和由华中军区转来的 1 个纵队共 3 万人，总计在鲁兵力 354056 人。而到 1946 年 4 月底，主力军共复员与减员 106186 人，地方军复员与减员 80589 人，主力军与地方军一共还剩 167281 人。如果在复员和减员总数 186775 人中扣除主力军和地方军四个月战斗减员和非战斗减员 40767 人，实际复员 146008 人。

这样的复员数量超过了中共中央的规定，更超过了《整军方案》的规定。这只能说明中国共产党对争取和平民主的真诚。不过，值得庆幸的是，山东解放区的复员数量虽大，但并没有伤筋动骨，基本上保持了部队的战斗力。以主力军为例，1945 年底虽有 249670 人，扣除减员和转入地方军的人数，到 1946 年 4 月底实际复员 75889 人，其中 65633 人为后勤人员，其余大多为老弱病残者，1945 年 12 月底以前山东野战军各纵队、各师的建制仍然保持不变。

为做好复员工作，山东省成立了总复员委员会，华东局、山东省政府、山东军区于 4 月 4 日发出《为复员告全体党政军民书》，山东省政府、山东军区于同日制定了《复员工作条例》。《条例》指出："为着贯彻全国和平建设的方针，并彻底执行整编军队基本方案，我军复员工作正开始着手进行，从四月份起于六月底七月初完成全省全军十万人的复员。"[②] 但由于国民党军在东北大打，在关内小打，全面内战的危机日益严重，此后解放区的整编复员工作被迫停止。

[①] 参见军事科学院《张云逸军事文选》编辑组主编：《张云逸军事文选》，军事科学出版社 2007 年版，第 605—608 页。

[②] 山东省档案馆、山东社会科学院合编：《山东革命历史档案资料选编》第 16 辑，山东人民出版社 1984 年版，第 287 页。

第三，参与中共中央、中央军委关于山东作战问题的决策。

停战协定签订后，国共军事斗争的焦点在东北。而东北能否实现停战，又直接影响着关内的军事斗争。

从1946年3月下旬开始，蒋介石以"接收主权"为名在东北发动大打。4月18日，东北民主联军开始了为期一个月的四平保卫战。为实现东北停战，29日，民盟提出中共军队退出长春，国民党只派行政人员接收长春，不得派军队进入，同时国共重开谈判，依据政协决议和整军方案的精神解决东北问题。周恩来表示可以考虑，马歇尔表示可以接受，但蒋介石坚持"打下长春，再谈停战"，致使东北大打愈演愈烈。

为此，中共中央于4月30日致电陈毅等："蒋介石拒绝马歇尔、民盟和我们三方同意之东北停战方案，继续在东北进攻并继续运兵。在此情况下，拟调叶飞纵队赴东北，请立即调查海运情形并计算多少时间可渡海完毕，电复。""同时，我五师有被攻击之危险，如蒋军发动向五师之攻击，我山东方面须攻击泰安、兖州、枣庄及其他孤立之顽伪而歼灭之，请调查此种可能情形，电告。"这样，为配合东北民主联军在东北的斗争并准备对付国民党军进攻中原解放区，山东解放区准备实施反击作战。

5月4日，陈毅、舒同致电中共中央和在延安的张云逸、黎玉：认为时局有两种可能：一是国民党军进攻中原解放区，中原军区部队突围，时局仍是打打即停的局面；二是国民党军进攻中原解放区，并从各方挑衅强迫中共接受大规模内战，从全局考虑，将内战约束在一定的范围内是有利的。为对付第一种可能，山东部队以夺取枣庄、泰安、大汶口、张店四点为有利，叶飞纵队应迅速调往东北。为对付第二种可能，山东应采取"北攻南守"战略，集中力量攻占济南，而对徐州方面采取防御，同时叶飞纵队仍留山东。23日，陈毅又致电中共中央，详细阐述了采取"北攻南守"战略的理由，认为国民党军在济南和胶济线兵力薄弱，而在徐州的兵力较强，如此以山东野战军第二纵队和第七师等部对徐州之国民党军采取运动防御，同时集中第一纵队、第八师等部共三十余团"围攻济南，至多一个月可以攻克。攻济任务达成，以主力南下迎击顾祝同或北上攻平津，一部东进收复胶济全线，则全局取得主动自由，便利自卫和持久"。

为应付蒋介石可能发动的大规模内战，到底应采取什么战略，事关全局和以后的整个作战，意义非同小可。为此，毛泽东征求张云逸和黎玉的意见，张毫无保留地谈了自己对"北攻南守"战略的看法。他认为，从山东解放区面临的情况看，采取"北攻南守"战略确有道理，但为稳妥起见，还是首先歼灭除济南以外的国民党军的孤立据点为有利。毛泽东听取了张云逸等人的意见后，于5月30日起草了中央军委致陈毅的电报："梗（23日）电所提意见经与张、黎研究，拟以首先消灭泰安、大汶口、兖州地区吴化文部一万二千人，张店、周村、南定地区张景月部一万二千人，德州王吉祥部六千人共三万人为有利。一则时局发展是逐渐的，不是突然的，我宜从小的打起，显得有理，不宜从大的打起，显得无理；二则消灭上述三部后看顽方如何动作,然后决定我主力使用方向,方不陷于被动;三则我打吴化文时,济南、徐州均可能增援,我打张景月时,济南、潍县均可能增援,我可于运动中消灭增援之敌。以上意见提供你们考虑,如有新的重要理由望电告。"

根据中央军委的指示,华东局立即召开各区党委领导参加的会议,并拟就一个照会,准备于6月5日分致南京的张治中、周恩来、马歇尔三人委员会及北平的军调部,如至10日不得答复,11日即开始夺取泰安、大汶口、周村、张店、德州、枣庄(兖州因城防坚固暂不攻取)。5月31日,中共中央致电华东局:"陷(30日)电悉。国民党在东北扩大战争,占我四平、长春、吉林等十余城,现正向哈尔滨进攻中。在关内五个月来占我村镇数百处,近日又占我安次、萧县、夏邑、定远,攻我水东。本日悉,北平十一战区司令部不用事先任何通牒,即出动数万兵力进攻我冀东三河、宝坻、香河、宁河等县。因此,你们已用不着事先提出照会,即可动手攻取泰安、大汶口、张店、周村、德州、枣庄等地,战况随时电告。"6月1日,中共中央致电华东局:"(一)经考虑后同意你们辰梗电所提战略方针,但应首先夺取泰安、张店、周村、大汶口、德州诸点,然后进攻济南,望照此进行部署及各项准备工作。(二)在夺取泰安等地后,如那时情况不宜于打济南时,可临时决定不打。"

据此,新四军兼山东军区和山东野战军于1946年6月7日至16日进行了讨逆战役。胶东军区部队攻克了胶县、高密,鲁中军区部队和渤海军区部队一部攻克张店、周村,山东野战军第一纵队和鲁南军区部队攻克泰安、大汶口,山东野战军第七、第八师,第二纵队及鲁南军区部队一部攻克枣庄,渤海军区部队主力及晋冀鲁豫军区第十一军分区部队攻克德州,共歼灭伪军三万余人,从而使山东国民党军孤悬于济南、兖州、潍县、青岛等战略据点,削弱了其进攻的力量,有力地配合国共和谈,并在战略上支援了中原解放区和东北民主联军的斗争。

此外,张云逸还就华中解放区如何做好自卫战争的准备,积极向中共中央献计献策。6月6日,中共中央致电华中分局并告陈毅:"目前我们方针是力争和平,但你们的工作必须是一切都准备打。除练兵、生产及群众工作三项中心外,据张云逸说你们应立即生产大量水雷及地雷,准备大量黄色炸药(山东应送一部炸药给华中,并派人去华中训练),物资及粮食应预为准备及收藏。"

张云逸的意见融入中共中央、中央军委的战略决策,对山东解放区取得讨逆战役的胜利和华中解放区做好自卫战争的准备,都起到了直接的作用。

1946年6月6日,张云逸离开延安,带领郭化若等一批到华东工作的干部于7月上旬到达临沂。

第十八章　坐镇临沂

一、指导胶济线作战

张云逸到达临沂后不久,韩碧又生了一个儿子,这让他心里特别高兴。之所以如此,不仅因为自己54岁得子,更因为妻子韩碧因此而病情略为好转。1945年韩碧生下一个女儿,取名远明,聪明伶俐,人见人爱,夫妻俩更视为掌上明珠。谁知,她一岁半时得了急病,由于缺医少药,韩碧只能眼巴巴地看着心爱的女儿死在自己怀里。这沉重的打击,使长期为丈夫担忧、又坐过国民党监狱的韩碧精

1945年,韩碧与女儿远明合影。

1945年，张云逸与女儿远明合影。

神失常了。1946年7月20日（农历六月二十二日）小儿子的出生，给她带来了欢乐，使她的病情得到缓解。由于自己是广东人，张云逸为小儿子起名张广东，以后改名为张光东。

然而，这时全面内战已经爆发，张云逸顾不上家人，迅速投入了作战。

早在1946年6月19日，中共中央就指出："观近日形势，蒋介石准备大打，恐难挽回。大打后，估计六个月内外时间，如我军大胜，必可议和；如胜负相当，亦可能议和；如蒋军大胜，则不能议和。因此，我军必须战胜蒋军进攻，争取和平前途。"[1]

关于如何对付蒋介石的全面大打，1946年6月22日中共中央制定了《全局破裂后太行和山东两区的战略计划》（以下简称《两区战略计划》）。根据这一计划，全面内战爆发后，晋冀鲁豫野战军和山东野战军分别以豫东和徐州地区为主要作战方向，着重调动国民党军于野战中歼灭之，相机占领开封、徐州，此后如形势有利（不一定占领开封、徐州），即渡淮河向大别山、安庆、浦口之线前进。这一计划的精神是"着重向南"，敌进我进，将进攻解放区的大部国民党军抛在北面，处于战略被动地位，利用国统区的人力物力支援战争，使老解放区不受破坏，同时保障中原军区部队突围时不致被消灭或吃大亏。

根据这一战略部署，新四军兼山东军区于6月下旬召开干部会议，确定由陈毅、宋时轮率山东野战军主力南下作战，同时成立胶济前线指挥部，由鲁中军区司令员王建安、政治委员向明统一指挥山东野战军第一纵队和鲁中军区第四、第九师在胶济线作战，并决定新四军兼山东军区政治部主任舒同前往胶济线"实地调节"。

---

[1]《毛泽东军事文集》第3卷，军事科学出版社、中央文献出版社1993年版，第277页。

张云逸到达临沂时，山东野战军主力正准备南下作战。7月11日，陈毅、张云逸、黎玉根据国民党军桂系部队两个师开始进攻淮北的情况，判断这是国民党军进行战略侦察，为此致电张鼎丞、邓子恢、谭震林、宋时轮并报中共中央及刘伯承、邓小平："对桂顽进攻淮北应有反击准备，但鲁南大军仍不宜此时南下，以免暴露我军企图。""胶济线，微日（5日）我军仅出动三个团准备试攻，尚未打好，现令其休整待机，切忌浪战"①。13日，中央军委复电指出：（一）陈张黎真子电判断及部署均正确，对桂顽进攻淮北，应有反击准备，但鲁南大军仍不宜此时南下，以免陷于被动地位。""刘邓所部亦在现地整训待机，不要轻动。""待敌向我苏中、苏北展开进攻，我苏中、苏北各部先在内线打起来，最好先打几个胜仗，看出敌人弱点，然后我鲁南、豫北主力加入战斗，最为有利。""山东对胶济方面休整待机力戒浪战之部署亦是正确的。"②

陈毅与张云逸等商量完前后方的工作部署后，于7月12日离开临沂赴鲁南前线。由于饶漱石参加军调部工作未归，中共中央决定由陈毅代理华东局书记，新四军兼山东军区的工作则由张云逸和黎玉主持，张、黎并负责指导胶济线作战。

当时，国共双方在胶济线的兵力情况是：国民党军共有5个多军；新四军兼山东军区有山东野战军第一纵队，鲁中军区第四、第九师，渤海军区第七师，胶东军区第五、第六师。

从1946年6月21日开始，国民党军第二绥靖区司令官王耀武，以第十二军等部守济南，以第五十四军和第九十六军及暂编第十二师由青岛西犯，以第七十三军和第九十六军两个师由济南东犯，以驻潍县的第八军主力东西策应，企图东西对进，打通胶济线。在胶济线东段，胶东军区部队顽强阻击，在给敌以杀伤后于7月2日放弃即墨县城，但仍然保持着胶县和高密。在胶济路西段，由于力量对比悬殊，国民党军至7月11日先后占领周村、张店、淄川、博山。

为打击进犯胶济线西段的国民党军，胶济前线指挥部准备集中兵力歼击淄、博之敌，后因情况变化，7月10日改为攻青（州）打援。为此，张云逸等致电舒同、王建安等，提出"我部队如过于疲劳或准备不足，不必过急行动。""我以四个团对青州敌三个团，力量对比如何？"③供部队参考。但因胶济前线还没有建立起强有力的统一指挥，指挥员间战术思想不统一，各部队首次配合作战，动作不协调，攻青打援计划无法实现。

为能集中兵力进行胶济线作战，张云逸调渤海军区第七师东进参战，并根据舒同的报告多次调解各方关系。为解决战术思想不统一等问题，舒同以第一纵队、第七师和渤海军区第三军分区第十四团组成北兵团，由第一纵队司令员叶飞、副政治委员谭启龙指挥，在胶济线以北地区作战；以第四、第九师和鲁中军区第一、第二、第三军分区部队组成南兵团，由王建安、向明指挥，在胶济线以南地区作

---

① 军事科学院《张云逸军事文选》编辑组主编：《张云逸军事文选》，军事科学出版社2007年版，第613页。
② 《毛泽东军事文集》第3卷，军事科学出版社、中央文献出版社1993年版，第340页。
③ 山东军区致陈毅的电报，1946年7月12日。

战；自己和赖传珠以鲁中军区司令部为基础组成胶济前线指挥部。

在此情况下，中央军委于7月22日致电陈毅、宋时轮并告张云逸、黎玉，提出了第一纵队的使用方向问题，即让其担任北线作战，或让其在北线打几仗再调至南线，或马上调至南线使用于向大别山发展。23日，陈毅与张云逸、黎玉分别提出了自己的意见。

陈毅的意见是，如对胶济线作战无严重影响，"主张立即南调"。张云逸和黎玉的意见是，"（一）如整个战局允许，则叶赖部队在北线打几个好仗，再看情况决定留北或南去，如此对今后坚持与准备上有利，且顽军对胶济线长驱直入，我未予以打击，形成顽军骄傲、军民懈气，顽必进一步扩张地区，如再未能予以痛击，顽将移津浦线南北对进，我又无多的主力阻击，可能重占津浦路全线，对［向］南发展恐受影响，如叶赖能留北线，山东可再组织一个纵队（九个团）可以坚持现状。（二）如整个战局发展需要向南机动并可以错乱敌人的布置，调动胶济、陇海敌人，使我能在南线打出个决定局面，则叶赖亦可南下。（三）如果大打三五个月我尚不能取得决定的胜利，而引起三面压力又进入和平调解局面时，我北线之交通线富庶区可能为国民党占了便宜。因不了解全局关键，如能［执］行第二条对山东、河北较好，请中央决定。"经过一番电报来往，陈毅和中央军委分别于26日和28日都同意第一纵队留胶济线作战。

国民党军打通胶济西段后，其第五十四军又攻占了胶县、芝兰庄一线。整个胶济线只有高密一段为胶东军区部队控制。

针对国民党军在胶济线占领区修筑工事、四出抢掠的情况，张云逸、黎玉与新四军兼山东军区副参谋长袁仲贤于7月26日致电各军区并报中共中央和陈毅、宋时轮：今后作战方针，应"争取长期与敌纠缠斗争，钳制敌人，与地方武装、民兵结合，开展游击战争，迷惑、消耗与调动敌人，寻求弱点，集中主力，以大打小，歼灭其一部，积小胜成大胜，务使我主力打击其主力"[①]。同时要求胶济线西段作战的具体部署由舒同与王建安、向明和渤海军区司令员袁也烈等商决，但七师与九师可南北策应，统一指挥仍归王建安、向明负责；胶东军区主力仍应布置于胶县、高密、潍县之间独立作战。30日，张云逸等根据胶济线国民党军开始分散的情况，准备在鲁中军区部队的配合下，由第一纵队和第七师攻击驻淄、博地区的国民党军第九十六军。

正值此时，为执行《两区战略计划》，7月31日陈毅决定调第一纵队南下。从全局考虑出发，张云逸等表示同意。8月初，第一纵队开始南下。8月4日，舒同起程南返临沂。

第一纵队南下后，胶济线敌强我弱的形势更加严重。为此，中央军委于8月13日致电陈毅、张云逸、黎玉："望令胶济沿线我军积极动作，就分散之敌举行攻击，

---

① 军事科学院《张云逸军事文选》编辑组主编：《张云逸军事文选》，军事科学出版社2007年版，第619—620页。

每次歼敌一个营至一个团,希望八九两月内该线共能歼敌两个至三个旅。"应当说,这是中央军委根据胶济线的实际情况为张云逸等规定的作战目标。

据此,张云逸、黎玉、舒同、袁仲贤于8月23日致电胶东军区司令员许世友、政治委员林浩及袁也烈、王建安并报陈毅和中共中央:"各兵团在交通线上各自集中必要的主力,寻找敌人较薄弱的一点或数点,坚决打击而歼灭之。""凡无把握的仗不打,打即必须歼敌并应集中优势打敌,一般是四打一或以三打一,力戒分散使用兵力,以免处于薄弱地位。"24日,张云逸等又指示各区党委、各部队:在胶济线应采取逐渐削弱敌人的方针,以逐渐改变战局。

根据张云逸等制定的长期与敌纠缠、寻找弱点、集中兵力、以大打小、积小胜为大胜的作战方针,8月22日至24日,王建安、向明指挥鲁中和渤海军区部队,乘国民党分散兵力、维护胶济线西段交通的时机,对侵占邹平、文祖、埠村之国民党军反击获胜。与此同时,渤海军区第七师一部还攻克了邹平县城。

中央军委十分欣赏张云逸等为胶济线制定的作战方针,并对部队所取得的胜利给以鼓励。8月27日,中央军委致电张云逸、黎玉、袁仲贤并告陈毅、宋时轮:"未有(8月25日)电悉。攻克邹平甚慰。望鼓励各部对胶济线敌军择其分散部分展开攻击,各个歼灭之。"29日,中共中央又致电陈毅、张云逸、黎玉等:"鲁中九师攻击文祖、埠村获胜,鲁中警备旅攻击危家庄获胜,望传令嘉奖,即使是小胜利,亦足以长人民之志气,灭敌人之威风,故应当嘉奖。鼓励一切正规军、地方军及民兵发挥积极性,多打胜仗,各个击破与大量歼灭敌人。要告诉山东及华中全党全军,必须大量歼灭王耀武(十四个旅)、薛岳(卅五个旅)、汤恩伯(十五个旅)三部之正规军,方能解决问题。"在这个电报中,中共中央为胶济线规定了以歼灭国民党军五个旅为第一步目标。

中央军委在8月13日为胶济线规定的歼敌目标是8、9两月歼敌二至三个旅,现在又变成了五个旅。这既是大规模作战的需要,也是中共中央对张云逸等和军区部队的期望。对此,张云逸和黎玉等作了认真研究,并将研究的结果于9月6日上报中共中央。

为完成歼敌5个旅的任务,张云逸等先规定鲁中和胶东军区各歼敌4个团、渤海军区歼敌2个团,共10个团。他认为,根据国民党军在胶济线共有5个军,其中4个军担任守备的情况,"我胶济线各兵团完成任务是有充分可能的"[①],并根据国民党军战斗力的情况,准备先打战力较弱的第九十六、第五十四军,再打战力较强的第八、第七十三军。为此,张云逸等除要求各部队认真贯彻集中优势兵力、各个歼灭敌人的作战原则外,还分析了军区部队善于攻坚、但还不善于野战的特点,提出今后部队的努力方向是增强野战锻炼,使部队"不仅善于攻坚杀敌,而且也能在运动中更多的歼灭敌人(此点各兵团较差)"[②]。

[①] 军事科学院《张云逸军事文选》编辑组主编:《张云逸军事文选》,军事科学出版社2007年版,第636页。
[②] 军事科学院《张云逸军事文选》编辑组主编:《张云逸军事文选》,军事科学出版社2007年版,第636页。

尽管全面提高部队的战斗素质，还有一段较长的路要走，但针对部队的作战特点，提出其努力的方向，这就抓住了部队建设发展的关键。

攻占胶济线西段后，蒋介石命令王耀武迅速打通胶济线东段。从9月下旬开始，驻胶县的国民党军第五十四军与驻潍县的第八军，再次东西对进，向高密等地发动进攻。为此，张云逸等于9月29日指示胶东军区以部分武装牵制第八军，集中主力打击第五十四军，同时命令鲁中、渤海军区部队在胶济线西段发动攻势，配合东线作战。

为保卫高密，胶东军区部队在胶县与高密间及灵山地区先后与国民党军激战10天，歼其4000余人，击落飞机1架。鲁中和渤海军区部队在明水地区向国民党军第九十六军发动攻击，吸引第十二、第七十三军来援，有力地配合了东线作战。尽管国民党军占领了高密、昌邑等地，于10月10日打通了整个胶济线，但却付出了8000余人的代价。

在张云逸等的指挥下，新四军兼山东军区部队自全面内战爆发至9月19日，三个多月中共作战200余次，歼灭国民党军第五十四军4个多团、第九十六军2个多团、第八军2个营、第七十三军3个营、第二绥靖区1个补充团、独立第十师2个团、第十二军5个排和第五十一军2个连，相当于3个师（旅）的兵力，击溃第七十三军1个团和第二绥靖区2个补充团，共歼灭国民党军1.87万人，缴获各种炮84门、重机枪60挺、轻机枪388挺、冲锋枪213支、步枪5000余支，各种炮弹2000余发，各种子弹40余万发[①]，有力地配合了山东野战军在淮北、华中野战军在苏中的作战。

国民党军打通胶济线后，从10月中旬开始又把第四十六军从海南岛陆续运抵青岛，使胶济线的国民党军达到6个军。

张云逸等根据国民党军增兵胶济线和美国要求撤退其烟台、威海地区侨民等情况，判断国民党军的下一步行动是进攻胶东，攻占烟台、威海等港口，断绝山东解放区与东北的战略联系。据此，他于10月20日命令第九师秘密进至安邱（今安丘）与诸城之间，靠近第四师隐蔽待机，配合胶东作战或打击南犯诸城之敌。为迷惑敌人，张云逸等要求鲁中军区第四、第九师使用滨海军区警备第一、第二旅番号，鲁中军区第一、第三军分区部队则使用第四、第九师番号。21日，张云逸等致电各军区并中共中央："胶东是我与东北连系的枢纽，对今后我军反攻与争取最后胜利是有极重要的战略意义。我必须动员胶东全部力量，以最大的努力，粉碎敌人的企图，坚持胶东阵地。我鲁中、渤海部队在战役上当予以有力配合，但主要还是决定胶东党政军民的共同努力。"[②]

11月1日，国民党军第五十四军由胶县向平度进攻，被胶东军区部队阻击于平度以南的东马丘、北河庙、兰底一线。与此同时，第八军第一六六师沿烟（台）

---

① 山东军区致中央军委并东北的电报，1946年9月19日。
② 军事科学院《张云逸军事文选》编辑组主编：《张云逸军事文选》，军事科学出版社2007年版，第654页。

潍（坊）公路前进，其主力第一〇三师和荣誉第一师东渡胶莱河，准备与第八军在平度会合。胶东军区第五、第六师歼敌4000余人后于3日放弃平度县城。

为配合胶东军区作战，根据张云逸等的部署，王建安、向明指挥鲁中军区第九师于4日攻克安邱县城，歼灭国民党守军3500余人，连同两次打援共歼敌近4000人，迫使第五十四军放弃平度，调回胶县、高密、砟山、安邱一线。9日，中央军委致电张云逸、黎玉等："安邱仗打得很好，望传令嘉奖。再打二三个这样的仗，胶东局势即可改变。"

国民党军占领平度后，王耀武把第四十六军由青岛车运胶县、高密，准备令其再占平度，同时令第八军于5日向掖县进攻，以攻占龙口。

为粉碎国民党军的企图，张云逸、黎玉于7日致电许世友、林浩、王建安、向明并报中央军委：准备以胶东军区"有力一部配合地武采取运动防御抵抗，达到消耗迟滞八军之目的，以便王向、许林等主力首先打击五十四军，消灭其分散受伤之一个师，转变胶东战局。"① 次日，中央军委复电陈毅、张云逸、黎玉："你们以一部阻滞八军，以主力歼击五十四军于胶济线上之意见很对。"

许世友鉴于第八军孤军北上，骄狂无比，为杀其威风，保卫龙口，指挥第五、第六师尾追第八军北上。这样，从5日开始至11日，第五、第六师和胶东军区警备第三旅等部，在掖县西南的泗河、粉子山、凤凰山、土山、十里堡等地，顽强抗击国民党海、陆、空军的联合进攻，击落飞机2架，在歼灭第八军4200余人后撤离掖县，粉碎国民党军攻占龙口的计划。

至此，平（度）安（邱）战役胜利结束，共歼灭国民党军1.5万余人，粉碎了其攻占烟台、威海的企图。与此同时，渤海军区第七师于13日攻克齐东县城，歼灭国民党守军2300余人。

国民党军进攻胶东受挫后，不得不巩固胶济沿线占领区。胶东、鲁中和渤海军区部队经过半年作战，也需要休整补充。从1946年11月30日开始，各军区根据部署，以战备姿态进行整训。

鉴于胶济线逐步形成较大规模的作战，随着平安战役接近尾声，建立胶济线野战军的问题开始提上议事日程。1946年11月10日，张云逸与舒同联名致电毛泽东、朱德、刘少奇："我们一再提出胶东、鲁中地区抽调四个师或五个师组建胶济线野战兵团，以便集中打击敌人（许世友、王建安、袁仲贤也有此请示意见）"，如中央同意，"请即电华东局，以便早日执行"②。12日，中央军委致电华东局并陈毅、陈士榘："张舒所报意见甚是。胶济线组织野战军现在是必须的，从速组成为好。"

从山东回到华中的谭震林也认为应该组织胶济线野战军。14日，张鼎丞、邓子恢、曾山、粟裕、谭震林致电陈毅、张云逸等并报中共中央："谭由山东回来

---

① 军事科学院《张云逸军事文选》编辑组主编：《张云逸军事文选》，军事科学出版社2007年版，第677页。
② 军事科学院《张云逸军事文选》编辑组主编：《张云逸军事文选》，军事科学出版社2007年版，第679页。

后我们觉得，胶济线之战争我胶东、鲁中、渤海三个区域之主力有统一指挥之必要"，"如果以十二个或十五个团组成胶济线野战军以统一指挥，是可以展开更有效的歼灭战。以过去数月之战果看来，胶东各兵团战力最强，但不善于打歼灭战。因此，以胶东兵团为中心组织胶济线野战军是为善策。"

12月上旬，陈毅从鲁南前线返回临沂。张云逸与陈毅等讨论了组建胶济线野战军的问题。他们根据鲁中和胶东部队暂时不愿出境作战的情况，认为"现在必须克服分散的地方主义，走向集中主力、打开局面的新道路"，并决定由鲁中军区第四、第九师与胶东部队集中作战，以打击国民党军第八、第五十四军，如能歼灭其一至二个旅，则局势好转，之后再集中胶东、鲁中和渤海三个军区兵力，扩大战果，并组成胶济全线野战司令部。[①]

也正是在此基础上，12月11日，张云逸和黎玉致电舒同、许世友、林浩、王建安、向明并陈毅和中央军委："为了集中胶东、鲁中主力打击敌人，统一指挥，特决定成立胶济东段指挥部，以许世友为司令，王建安为政委，林浩、向明为副政委，并以向明兼主任，王一平为副主任，张仁初为参谋长，叶超为参谋处长，舒同为华东局、军部驻指挥部代表，协同许王统一指挥。"[②]

建立集中统一的指挥机构，组建胶济线野战军，使成为一个强有力的作战集团，这是张云逸等近半年来指导胶济线作战得出的正确结论。

二、料理后方

在指导胶济线作战的同时，张云逸还以相当的精力做好新四军兼山东军区的各项工作，以保证战争能够顺利进行。

第一，主持扩军工作。

全面内战爆发后，随着作战规模的不断扩大，迅速发展壮大部队并及时为野战部队补充兵员，成为军区的一项重要工作。1946年8月13日，陈毅致电中央军委并告张云逸、黎玉："我们在六月初即准备于八月份完一万五千人补充野战军，当时为顾及不妨群众运动，均从民兵、地武中抽升，现已到预定日期，大体已就绪，请张黎催令各地送前方。前方四个纵队，希望每个纵队能满足二千人预定，申酉戌（9、10、11日）三个月动员新战士三万人作第二期补充。请华东局即开始布置动员，希望酉月初即能有一万五千人送前线。"

根据陈毅的指示及地方武装急需大力加强的实际，张云逸、黎玉、舒同于8月25日以华东局的名义向各地发出《目前建军与补充兵员的指示》。《指示》首先确定了扩兵与养兵相结合的原则，即各军区的部队不得超过本地区人口的1%，整个山东军队（包括野战军和地方军）不超过山东解放区人口的1.5%，地方脱产人

---

① 陈毅致中共中央并告华中的电报，1946年11月26日。
② 军事科学院《张云逸军事文选》编辑组主编：《张云逸军事文选》，军事科学出版社2007年版，第687页。

员不超过解放区人口的0.5%。根据这一原则，华东局规定：第一，普遍恢复县大队和区中队，县大队为400人，区中队为30人，边沿区可成立独立小队，中心县区武装应准备随时升级，随时再成立新的县大队和区中队，各县的人民武装部和警卫连也准备随时升补。第二，各军分区成立一个补充团，人数为2000人，以准备在10月间补充野战军，各军区争取再成立一个警备团。第三，在保持各地警备部队的同时，应准备增设新的野战师，以便逐渐将其编成野战纵队，这是建军的一个目标。为此，要求"胶东再建两个旅；鲁中于年底再建一个师，与四、九师准备组成一野战纵队；渤海再建一个师，连七师共六个团，为野战主力，并保持三个警备旅；鲁南一个师并保持两个警备旅；滨海一个师，再建两个独立团；军直一个旅由各团抽进。以上各主力师应保持七千人，警备团一千五百人"。

在抓好建军工作的基础上，张云逸、黎玉、舒同于10月21日致电陈毅、陈士榘并山东野战军各纵队：

> 已准备每旅补充一千人，均由鲁中、鲁南、滨海、滨北负担。望即各抽派一套干部（政治上能团结新战士的）前来，以便指定地区接收。①

由于山东解放区的土改工作刚刚起步，为做好野战军的兵员补充工作，张云逸等于11月中下旬主持召开了由鲁中、鲁南、滨海区党委和地委以上干部参加的华东局扩兵会议，讨论如何扩补兵员问题，并具体分配任务，确定步骤，限期完成。②会议决定，明年（即1947年）1月扩军3万人，以1万人补充华中野战军，明年春耕后再从地方武装中抽调2万—3万人作第二期补充，另外山东野战军要把俘虏的国民党军一部补充自己，这样即可保证华东部队在明年冬季以前的兵员需要。③

为提高新兵质量，华东局于9月2日决定设立新兵训练处，由贺敏学具体负责。此外，为动员复员军人重新入伍参战，陈毅、饶漱石、张云逸、黎玉于1947年1月6日以新四军兼山东军区的名义发布训令，号召在乡的荣誉军人"凡三等残废身体条件许可"者，"自觉的向各级政府登记或自行向所在的军分区机关报到，以便能按照身体状况和工作经历，分配在前后方担任适当工作。"④

此后，在"一切为了前线，一切服从于前线胜利"的口号下，各地结合土地改革运动，动员广大人民群众积极参军参战。1946年秋冬，山东解放区补充野战军的新兵2万人，扩大地方武装6万人。这6万人再加上原有和后来扩建的地方武装，为组建华东野战军第八、第九、第十纵队，补充第一、第三、第七纵队奠

---

① 军事科学院《张云逸军事文选》编辑组主编：《张云逸军事文选》，军事科学出版社2007年版，第656页。
② 参见华东局：《为争取自卫战争彻底胜利完成新兵扩补与训练计划组织与工作大纲》，1946年12月1日。
③ 陈毅致中共中央并告华中军区的电报，1946年11月26日。
④ 山东省档案馆、山东社会科学院合编：《山东革命历史档案资料选编》第18辑，山东人民出版社1984年版，第203页。

定了基础。

不仅如此，张云逸等还向西北野战军输送兵员。1946年11月，晋绥军区司令员贺龙、政治委员李井泉、副司令员周士第派张仲翰、曾涤率第三五九旅一部到山东扩军，12月间到达邯郸地区。12月23日，张云逸与陈毅、黎玉致电中共中央转贺龙、李井泉、周士第："张、曾两同志到邯郸，我们已去电欢迎来鲁面商一切。新兵前决定在渤海军区扩补，约明春可集中，但须训练一时期方能带走，特告。"此后，第三五九旅一部在渤海军区扩军的基础上，组成渤海军区教导旅，由张仲翰任旅长、曾涤任政治委员。经过一段时间训练后，1947年7月张云逸等将渤海军区教导旅在河北武安移交西北野战军。该旅此后改称独立第六旅，隶属西北野战军第二纵队。

第二，大力加强民兵建设。

民兵是三结合武装力量体制的基础和重要组成部分。大力加强民兵建设，对主力军、地方军的发展，乃至巩固解放区，都具有十分重要的意义。1946年8月1日，张云逸等在以华东局名义发表的《为彻底粉碎国民党反动派的进攻争取第二次自卫战争胜利告同胞同志书》中，提出全华东150万民兵的任务是到前线打仗和巩固后方。[①] 为加强民兵建设，张云逸等采取了两个重要措施。

一是建立由民兵组成的子弟兵团。为使民兵能够真正成为野战部队的有力助手，1946年9月1日张云逸等以华东局的名义发出《关于目前人民武装工作的决定》。在这一《决定》中，张云逸等提出在民兵制度的基础上，建立由民兵自愿参加的子弟兵团。每县可组成一个或若干个，到前线参战的时间一般不超过三个月。各地应"依照服务期限，后方实行分批动员，前方实行分批复员，以使前方子弟兵团，能经常保持三分之二较有活动经验的民兵，三分之一的新成份，不致于影响完成任务。各军区可依照作战计划的需要，交人武系统动员若干子弟兵团，分别配属各野战兵团（师或旅以上单位），适当分配各种次等任务（如：外围游击爆炸，战区警备，打扫战场，押解俘虏、物资，护送伤员等）"。《决定》还规定："凡积极上前方参战民兵，其待遇除基本上按省政府'战时民兵待遇'指令执行外，并注意其菜金、给养、鞋子、旱烟、治疗等适当之照顾。"[②] 据此，各县普遍建立了子弟兵团。

建立子弟兵团，是对民兵制度的一大发展。它不仅保障了主力的作战胜利，而且轮训、锻炼了民兵队伍，增强了其实战经验，提高了主力军、地方军的兵员素质，从而保障解放战争能够胜利进行。在莱芜战役中，随军行动的子弟兵团就达40多个，在战役中发挥了重要作用。

二是建立评功评奖制度。华中野战军第一师第一旅第二团于1946年8月创造

---

① 山东省档案馆、山东社会科学院合编：《山东革命历史档案资料选编》第17辑，山东人民出版社1984年版，第212页。

② 山东省档案馆、山东社会科学院合编：《山东革命历史档案资料选编》第17辑，山东人民出版社1984年版，第274—277页。

了立功运动的经验后，新四军兼山东军区不仅将这一经验向部队推广，还将之运用于民兵建设。1946年10月10日，陈毅、张云逸、饶漱石、黎玉以新四军兼山东军区和山东省政府的名义，发布《关于山东民兵自卫队开展"立功运动"暂行办法》，号召全山东民兵在自卫战争中发扬革命英雄主义精神，"每人立一件功劳"，"人人立功，事事立功"。

在开展立功运动的基础上，陈毅、张云逸、饶漱石、黎玉和新四军兼山东军区人民武装部部长朱则民，又于1947年1月1日发布《关于奖励民兵自卫队有功个人和集体的命令》。《命令》规定：荣立特等功和一等功的个人（干部在内），可获得银质"飞机"奖章和"火车头"奖章；荣立特等功和一等功的集体可获得红色绸质"八一"奖旗和"七一"奖旗；荣立二等功的个人或集体可获得二等功奖状或红色绸质"五一"奖旗；荣立三等功的个人或集体可获得三等功奖状或白色银质"一一"奖旗。

奖励制度建立后，新四军兼山东军区将之首次运用于奖励参加鲁南战役的民兵自卫队的有功集体和个人。1947年1月1日，陈毅、张云逸、饶漱石、黎玉发布《山东军区嘉奖令》，给完成作战任务出色的鲁中军区沂南县子弟兵团记特等功一次，发"八一"奖旗一面，奖励手榴弹1000枚、步枪弹200发，并给该团第一连连长张秀海记特等功一次，发"飞机"奖章一枚；给顽强坚持沿边区和敌后斗争的鲁南军区高运成、金维三爆炸射击大队记特等功一次，发"八一"奖旗一面，同时给该大队大队长高运成记特等功一次，发"飞机"奖章一枚，给该大队副大队长金维三和队员王纪克记一等功一次，发"火车头"奖章一枚。

评功评奖制度，更加激发了广大民兵的革命英雄主义和集体主义精神，使他们更加勇敢、积极地投入保卫解放区的各种斗争。

第三，重视炮兵建设。

在热兵器时代，炮兵被誉为"战争之神"。人力加强炮兵建设，对攻城破阵、减少部队伤亡、加快战役战斗进程，具有至关重要的作用。为此，张云逸十分重视炮兵建设。

全面内战开始时，据不完全统计，新四军兼山东军区所辖地方部队和野战纵队共有野炮8门、山炮41门、步兵炮和平射炮12门、高射机关炮1门，远远不能满足作战的需要。为此，1946年9月间，张云逸找到新四军兼山东军区司令部参谋处长陈锐霆，讨论如何加强华东的炮兵建设，并提出最好成立一个炮兵司令部，专门抓华东炮兵部队的建设。由于陈是学炮兵出身的，张云逸要他负责华东炮兵部队的建设并抓好炮兵司令部的筹建工作。

据陈锐霆回忆：

> 经过短期的酝酿，在张云逸副军长的建议下，新四军兼山东军区炮兵司令部于1946年10月在山东省临沂城成立，任命我兼炮兵司令员，并暂以参谋处兼炮兵司令部，负责华东炮兵指挥及管理教育，加强炮兵建设，一个机

构，两块牌子。司令部成立之初，军区向部队发了通报，指出了战争需要炮兵的迫切意义，依照火炮数量之多少编组，够一个连的就编一个连，够一个营的就编一个营，够一个团就编一个团，同时，要求各部队加强物色炮兵技术人员作教员，抓紧搞好炮兵技术训练。[①]

华东军政大学成立后，张云逸又指示炮兵司令部对其炮兵大队负技术业务领导之责。当时，华东军政大学的炮兵大队只有1门山炮、1门野炮、1门日式榴弹炮和1部测远机、1部方向盘和2个剪形镜，教学设备极为简陋。为解决骡马炮兵学习驭马但又缺少马匹的问题，张云逸就把第四大队（上干队）的马匹调出来，供炮兵大队教学使用。对此，陈锐霆回忆道："更使人感动的是，他还把自己多年的坐骑、一匹健壮的高大骡子，也送给了炮兵大队，说是让它也为建设炮兵出力呢！"[②]

在张云逸的努力下，华东野战军后来以华东军政大学的炮兵大队学员和鲁南等战役缴获的装备，建立了特种兵纵队，并以陈锐霆为司令员。

第四，参与领导土地改革。

《五四指示》发出后，各解放区开始进行土地改革。然而，由于认识和理解的不同，各解放区具体落实《五四指示》的情况也不尽相同。

1946年7月28日，华东局副书记、代理书记陈毅致电中共中央，提出对富农自耕土地不宜变动的意见。8月8日，中共中央致华中分局并陈毅、张云逸、黎玉："我们认为陈毅俭（7月28日）电对于富农自耕土地不宜推平的意见是正确的。因为我们还没有全国政权，而解放区正处在战争环境，为了孤立地主，稳定中农，顺利进行土地改革，为了减少敌对分子，使解放区内部巩固，以便更广泛动员各阶层群众，粉碎蒋介石的进攻；为了与京沪蒋区广大反蒋阶层与民主分子的反内战反独裁运动密切配合，扩大对解放区的同情，孤立蒋介石反动派的政治地位，我们必须自觉的向富农让步，坚持中央不变动富农自耕土地的原则。但在已经解决并取得多数人民同意的地方，不要再变动。此外，对待一般中小地主亦与对待汉奸豪绅恶霸有所区别。在土地问题已经解决的地方，应保障一切地主必需生活，除少数反动分子外，应对一切地主采取缓和态度。这些步骤，对解放区之巩固是必须的，因而就保证了农民群众的基本利益。各项过左意见是不利的，望你们加以注意。"

8月27日，中共中央又提出关于在土改中征购地主多余土地的问题，以征求各地的意见，并强调在土改中要保证地主的必需生活和决不侵犯中农利益等问题。在此基础上，华东局根据中共中央的指示精神和山东的实际情况，于9月1日发出了《关于彻底实行土地改革的指示》（以下简称《九一指示》），张云逸、

[①] 陈锐霆：《走过百年》，中共党史出版社2007年版，第99页。
[②] 陈锐霆：《走过百年》，中共党史出版社2007年版，第101页。

黎玉于9月11日将情况向中共中央汇报,并将《九一指示》通过新华社电台秘密发往延安。

9月21日,中共中央致电张云逸、黎玉:"真(11日)电悉。(一)你们由新华台秘发来的土地指示,尚未收到。中央关于征购土地提议,有些地区要求暂缓发表,以免影响群众的反奸清算运动。有些地区要求提早发布,其主要目的是为了在老区内解决抗日地主抗属地主的土地。我们将各地意见研究之后,认为目前暂不公布为有利,等过了阳历年各地将土地问题基本解决之后,再看情况决定发布问题。(二)但未皓(8月19日)电的基本精神,同样可以运用在群众的反奸、清算运动中。特别是(甲)保障地主在土地改革后的必需生活,给他们留下不少于中农或多于中农每人所有的半倍到一倍的土地;(乙)一般的不动富农土地,坚决实行五四指示的原则;(丙)中农必须使之在土地改革中得到利益,决不能侵犯中农利益,如侵犯了中农的土地者,必须退还和赔偿。目前当山东的群众运动已经发动起来,有些地区已经基本上解决了土地问题之时,领导对上面三个问题,更须加紧注意。此外关于分配土地问题,必须适当处理,务使贫农、雇农得到应有的土地;发地照,解决贫雇农的耕畜家具种子,提高群众生产热忱,准备明年生产等问题,应迅速解决。务使明年解放区的生产运动,有一极大的发展。(三)目前山东应否由政府制定法令公布,你们可根据具体情况和需要来决定,但如果征购的主要目的,是为了解决抗日地主和抗属地主的土地,则暂可缓。因为在基本的解决了土地之后,是否紧接着解决抗日地主抗属地主的土地,此问题值得慎重考虑。"

从以上的电报可以看出,中共中央的精神仍然是兼顾农民利益和巩固争取和平民主的统一战线这两个方面。根据中共中央的指示精神和《九一指示》,山东解放区掀起了土地改革运动,至1946年底,使一千多万农民分得了土地。[①]而土改的进行,极大地激发了广大农民进行生产和参军支前的积极性,从而使解放战争的胜利建立在稳固的基础之上。

第五,大力加强军火生产。

工欲善其事,必先利其器。除人的因素外,武器装备对战争的胜利无疑具有重要的作用。解放军的武器装备一靠战场缴获,二靠自己生产。为搞好解放区的军火生产,张云逸可谓不遗余力。

在加强各军区军火生产的同时,张云逸等着力抓好在大连的军火生产。

1946年11月12日,中央军委致电黎玉、张云逸等:"据大连同志来电如下:(一)大连没收之工厂二百余家。(二)在兵工上有最新式设备而俱全的,有数个可生产炮、机枪、步枪弹可开工。(三)这里有大量日本技术人员,如有得力干部来主持,三天后,即可开始生产。据以上情况,该地较有保障的制造械弹,你们能自派干部携带一部资本,前去该地开办兵工及医院设备,作为营业生意,除自用外,各

---

① 参见《黎玉回忆录》,中共党史出版社1992年版,第244页。

解放区可向其订货，随时亦可偷运。如何办理，由你们自己决定。"①

接到这封电报，张云逸等喜出望外。尽管在9月间张云逸等奉中央军委指示，命令胶东军区从东北安东（今丹东）等地抢运回各种子弹993万发、各种炮弹2.95万发、步枪1.4万支、92式重机枪145挺、炸药16万斤②，华东局已开始在大连进行小规模的兵工生产，但还远远不能满足战争的需要，如能在苏军占领、国民党无法染指的大连地区建立一个永久性的大型兵工企业，使之能够源源不断地向解放区提供武器装备和弹药，对华东乃至整个南线作战就显得十分必要。

为此，张云逸与黎玉等其他华东局常委研究后，决心克服困难，勒紧腰带，挤出钱在大连开办兵工企业。就这样，华东局先后派出华东财经办事处副主任朱毅以及李一氓、刘顺元等大批干部，携带资金，赴大连开办兵工企业。据时任中共旅大地委书记的韩光回忆："1947年，华东局、东北局共同决定，利用大连近代化工业基础，发展兵工生产。由旅大地委向苏军当局交涉，接管了以大连化工厂、大连钢厂为主体的一些工厂。华东局、东北局先后派来大批干部并投入大量资金，建立了我党领导下的第一个大型兵工联合企业——对外称'建新公司'（当时东北有7个兵工生产基地，大连是最大的一个）"③，并由朱毅任总经理。建新公司于1947年7月1日成立后，1948年就为淮海战役及其他战场提供了23万发后膛钢质炮弹。所以后来粟裕说："华东的解放，特别是淮海战役的胜利，离不开华东民工的小推车和大连制造的大炮弹。"④

张云逸等一面组织在大连开办兵工企业，一面组织转运军火。由于国民党占据北宁路和承德等地，直到平津战役前东北与华北的战略联系始终未能打通。这样，联结山东半岛和辽东半岛的海路，就成为将东北军火运往关内各解放区的唯一通道。正因为这条海路对国共双方都至关重要，国民党军企图打通胶济线并进攻胶东，张云逸等指挥新四军兼山东军区部队进行坚决反击，其目的之一就在于此。

在确保这条"黄金"海路的同时，张云逸等组织力量，将东北军火先运来胶东，再分发转运各解放区。从下面的一组电报，可见一斑：

1946年7月9日，张云逸与陈毅、黎玉、袁仲贤致电中共中央："东北步枪已来两千支，现先抽步枪一千支、子弹五万发，由渤海转冀中送延安。"

7月12日，张云逸等致电中共中央转冀鲁豫军区并刘伯承、邓小平："此间元日（13日）送太行炸药一万斤，并配有导火索、雷管，约删日（15日）可抵济宁市政府，请专车到济宁接收，转送太行。"

8月16日，张云逸等致电中共中央转刘伯承、邓小平："已送子弹十万发、炸

---

① 中国人民解放军历史资料丛书编审委员会：《后勤工作·文献（3）》，解放军出版社1997年版，第102页。
② 中国人民解放军历史资料丛书编审委员会：《后勤工作·文献（3）》，解放军出版社1997年版，第93页。
③《韩光党史工作文集》，中央文献出版社1997年版，第138页。
④ 中共中央党史资料征集委员会、中国人民解放军辽沈战役纪念馆建馆委员会、《辽沈决战》编审小组合编：《辽沈决战》（上），人民出版社1988年版，第587页。

药七千斤至梁邱,并已告鲁南动员民夫赶运至济宁。候子弹到达,再运四十万、三千斤火药。"

8月19日,张云逸等致电中央军委转刘伯承、邓小平:"胶东灰电称:收到东北运鲁步枪八六一○支,弹药一九○万发,四一炮弹二○○○,信管一万三千余,九二炮弹一千及其他工具物资。现先拨步枪三千支、每支附子弹百发,四一炮弹千发,信管五千个,九二炮弹五百发,给刘邓、延安等地。已着渤海将上述武器运渤海,其余物资继续分配。请即着刘邓处组织人员至渤海,前来接收转运。"

8月20日,中央军委致电张云逸、黎玉并刘伯承、邓小平:"太行方面弹药极缺,望用全力组织运输,送子弹五百万发(七九弹、六五弹各半)、炮弹一万发至菏泽应用勿误。输送情形望告。"

8月29日,张云逸等致电中共中央转刘伯承、邓小平并报陈毅、宋时轮:"我送之子弹十万发、炸药一万斤已送至滕〔藤〕县,正往济宁运送中。大批子弹、炮弹到胶东不久,因目前大雨,汽车、牛车、挑夫均难行走,运输上倍加困难。临沂所存子弹再送出四十万发,用牛车、小车、毛驴赶运。胶东所到弹药已令于九月初送过胶济路,随到随送。如今后十天内无雨,估计可使运输仍畅。望刘邓派人经常与滕县联络。"

9月10日,张云逸等致电刘伯承、邓小平并报中央军委:"我们收到四一炮弹八千发,九二式炮弹二千发,各拨你们一半,由渤海转交你们。"

1947年4月3日,张云逸等致电刘伯承、邓小平和中共中央:"自丑号(2月20日)至寅(3月)底由胶东运渤海转刘邓六五子弹一百八十四万发,九二子弹二十三万,九九子弹十万,七九子弹二十万,共二三○万,山炮〔弹〕千,甘油炸药五万斤。另再令胶东拨TNT炸药万斤。"

从这些电报可以看出,从东北运来的军火除满足华东解放区的需要外,主要运往晋冀鲁豫解放区,其次是陕甘宁解放区,基本上是整个南线解放区。这些军火对取得解放战争的胜利起到了极为重要的作用。而张云逸等则正是组织各级部门和民工把这些军火运往前线的人。

第六,参与制定后勤保障的各项规章制度。

全面内战爆发后,1946年7月1日华东局发布命令,号召全体党政军民坚决执行13项紧急战斗任务,争取自卫战争的胜利。其中,关于后勤保障工作,命令规定:"所有解放区居民必须用一切力量积极支援前线,参加各种战时勤务工作,保障前线粮食柴草、担架运输的及时供应。"[①]

随着作战规模的逐步扩大,为保证前线作战的需要,张云逸、黎玉、舒同等还以华东局、山东省政府、山东军区的名义,于9月2日发出《关于成立省支前委员会的联合通知》,决定由13名委员组成山东省支前委员会,以军区副参谋长

[①] 山东省档案馆、山东社会科学院合编:《山东革命历史档案资料选编》第17辑,山东人民出版社1984年版,第109页。

袁仲贤为主任，以省参议会副议长马保三、军区后勤部副部长蔡长风为副主任，协调军地，做好后勤保障工作。

由于解放战争是以大规模的运动战为主，后勤保障的运输线之长和供应地点的经常变动，为支前工作带来了一定的难度，同时也出现了个别部队不爱惜人力物力的现象。为动员一切人力物力支援前线，同时要求部队尽量节省人力物力，以利战争能够持久，陈毅、张云逸、饶漱石、黎玉以山东省政府、山东军区的名义，于9月20日发出《关于在自卫战争中动员使用人力及运输工具办法的命令》，10月28日又发出《关于自卫战争中前后方部队民兵民伕粮草供给问题的联合指示》，对动员使用人力及运输工具的办法、前后方粮草的组织供给与粮草的布置、前后方及民兵民夫供给制度手续等问题作了严格规定，从而使后勤保障工作开始走向规范化、制度化。

与此同时，做好新四军兼山东军区各后方机关、兵站、医院、军工厂、被服厂等单位的工作，也是加强后勤保障工作的重要方面。为此，1946年9月5日，张云逸与陈毅、饶漱石、黎玉、舒同等专函慰问各后方机关，要求他们要高度发扬革命英雄主义精神，做好后勤保障工作，并指出："后方的流汗与前方的流血战斗是同等地重要，只有前后方的一致努力才能获得更大的胜利。"① 在"军首长专函慰问"的鼓舞下，各后方单位和个人充分发挥积极性和创造性，加紧生产，提高质量，把前方需要的弹药、粮秣、被服等物资，源源不断地及时供应上去，从而保障了前方的作战。此外，张云逸与陈毅、饶漱石等还于9月1日发出命令，将鲁中军区在渤海军区的各后方机关、部队的组织和建制进行调整，理顺关系，归口管理。②

后勤保障工作的加强，使国民党军彻底陷于人民战争的汪洋大海。

第七，稳定起义部队。

全面内战爆发后，在国民党军的大举进攻下，采取各种办法稳定起义部队，也是巩固解放区的一项重要工作。

1946年7月中旬，张云逸在临沂接见了中共上海工委派赴山东的李乾奎。李是奉命到即墨县南泉车站去策反国民党交警第十五总队第一大队王一藩部的。张云逸与新四军兼山东军区政治部联络部部长王贯一，询问了有关王部起义的准备情况，随后安排胶东军区南海军分区派人护送李进入王部驻地。8月11日，王一藩大队长率部450人③举行反内战起义，成立了民主救国军独立总队。17日，张云逸与陈毅、黎玉、舒同致电慰问王部："欣闻贵队拒绝内战，举义南泉，与解放军及人民站在一边，决心为独立和民主而奋斗，殊甚嘉慰。尚希继续努力，号召一切爱国蒋军退出内战，使独立和平民主的新中国早日实现。"次日，山东省参议会、山东省政府也电贺王一藩举义。后因收到王备述起义初衷的来函，张云逸与陈毅、

---

① 新四军兼山东军区出版的《军政报》，1946年9月5日。
② 军事科学院《张云逸军事文选》编辑组主编：《张云逸军事文选》，军事科学出版社2007年版，第631页。
③ 张云逸、黎玉、袁仲贤致中央军委的电报，1946年12月26日。

黎玉、舒同复函王："此次义举不特予反动派特务政治以有力打击，更为今后爱国军人指出一光明大道，顷奉手函，备悉初衷，环诵再三，至为钦佩。"① 在张云逸等的大力工作和鼓励下，王部义无反顾，即使在国民党军猛烈进攻山东解放区的情况下，也坚决同人民站在一起，因此名垂史册。

与王部相比，郝鹏举部则走上了一条完全相反的道路。

郝鹏举率部起义后，1946年1月14日，山东《大众日报》发表了《郝鹏举将军率部两万余人起义，发表宣言退出内战》的消息，同时刊登了郝鹏举等于1月14日发表的起义宣言。19日，陈毅、张云逸、饶漱石、黎玉、舒同、陈士榘以新四军兼山东军区的名义，电贺郝部的和平义举。但鉴于郝部在停战后公开宣布起义，再向全国发表郝等的起义宣言已不合时宜，中共中央同意陈毅、张云逸、黎玉、舒同2月23日电的意见，确定"不便公开宣传，尤不能照高树勋一样宣传"②。但郝对此耿耿于怀，虽经陈毅、张云逸等一再解释，仍不能冰释。此后，郝部移驻山东莒县于家庄一带整训。为帮助郝部改造，华东局和新四军兼山东军区特派山东野战军政治部联络部部长朱克靖为驻郝部联络代表，并先后派出几批政工干部。

然而，一年后在国民党军大肆进攻山东解放区的情况下，郝又率部叛变。这是解放战争时期国民党军起义部队的唯一特例。

全面内战开始后，郝"主动"要求率部参战。1946年7月初，新四军兼山东军区同意郝部从莒县南移山东解放区的竹庭县（今江苏省赣榆县）徐班庄一带。7月中旬，张云逸根据陈毅的指示，由郝统一指挥滨海军区警备旅和第六军分区部队，打击国民党军由海州之出援部队，相机夺取灌云、海州，配合山东野战军主力南下作战。但郝部南开后，国民党军政人员对其威胁利诱，劝其反共投蒋。郝见国民党军气势汹汹，则转而与他们打得火热。

早在1946年7月28日，华东局就向中共中央反映了郝部异动的征候。中共中央对郝部的政策是，在内战日益扩大的情况下，应尽一切可能与采取一切办法留住郝部，但如经反复劝说无效，则来去自便，不扣留其一人一枪。为争取郝部，中共中央通过新闻发表了郝鹏举等人的起义通电③，8月20日中共中央致华东局，将郝部正式定名为华中民主联军。与此同时，为侦察郝部与蒋方的秘密联络，9月间张云逸指示新四军兼山东军区情报处侦听人员去徐班庄附近掌握情况。

为了稳住郝部，11月下旬张云逸来到徐班庄做郝的工作。在一次军官大会上，张云逸开诚布公，晓以大义，阐述了当前形势，指明了国民党必败、共产党必胜的前途，希望郝部认清形势，识大体，顾大局，坚持走人民的道路，不要被国民党军气势汹汹、貌似强大的表象所迷惑。他最后表示："只要你们愿意站在人民一边，我党和人民是不会亏待你们的。如果你们不合意，要走，我党的方针还是

---

① 刘树发主编：《陈毅年谱》上卷，人民出版社1995年版，第470页。
② 中共中央致陈毅、张云逸、黎玉、舒同的电报，1946年2月28日。
③ 中央军委致陈毅、张云逸、黎玉的电报，1946年8月13日。

'来则欢迎，去则欢送'。"①但郝虚与委蛇，口头上表示坚决跟共产党走，既与国民党彻底决裂，就义无反顾。

12月下旬，为准备配合鲁南战役并防止郝部异动，陈毅、张云逸等派山东野战军第二纵队开赴新安镇以南地区。然而，反复无常、本性难移的郝鹏举，下决心要背叛人民，人民再诚心也是留不住的。

1947年1月，国民党军大举进攻山东解放区，国民党军徐州绥靖公署主任薛岳也给郝送来了国民党军第四十二集团军总司令的头衔。在此情况下，郝终于走上了背叛人民的道路。1月26日，郝首先扣押了朱克靖等7名政工干部，尔后率部叛逃。此后，郝部被改编为国民党军第四十二集团军。由于郝的出卖，朱克靖于1947年10月被杀害于南京。然而，郝的好梦不长。1947年2月6日，华东野战军第二纵队等部突然对郝的总部及其第一、第三师驻地白塔埠发起反击，至7日即全歼其2个师，生俘郝以下6000余人。郝怎么也想不到，刚刚叛逃11天就当了解放军的俘虏。之后，国民党军对山东发动重点进攻。在北撤过程中，郝因逃跑被击毙。②

三、整理东江纵队

1946年7月5日，东江纵队2583人在司令员曾生的率领下，乘坐美军585号、589号、1026号3艘登陆舰，从广东大鹏湾到达山东解放区的烟台港。这支部队是根据中共代表廖承志与国民党代表皮中阆上校和美国代表柯埃上校，于4月2日达成的关于广东东江问题的协议而北撤的。7月9日，张云逸与陈毅、饶漱石、黎玉、舒同致电祝贺。

为了把这支坚持华南抗战的部队整理好，使之在解放战争中发挥其应有的作用，张云逸、黎玉于9月5日致电中央军委："前电请示东江纵队来临沂休整是否同意，请即复。"在得到中央军委的批准后，张云逸等通知东江纵队由烟台南下临沂，并要曾生提前来华东局汇报情况。

不久，曾生来到华东局。这时，曾的心情是复杂的。华南抗日游击队北撤部队虽然是以东江纵队名义北撤的，并以东江纵队为主，但里面还有珠江纵队的部分部队和韩江纵队、广东人民抗日解放军、广东南路人民抗日解放军的部分干部。其中，曾生、王作尧和杨康华分别是东江纵队的司令员、副司令员兼参谋长和政治部主任，林锵云和谢斌分别是珠江纵队的司令员和副司令员，罗范群、谢立全和刘田夫分别是广东人民抗日解放军的政治委员、副司令员兼参谋长和政治部主任。由于抗战时期各部队分散在广东各地独立进行游击战争，多年来形成的地域或山头观念一时难以消除，使曾生感到棘手。因此，他准备在向华东局汇报情况

---

① 中国人民解放军历史资料丛书编审委员会：《解放战争时期国民党军起义投诚·沪苏皖浙赣闽地区》，解放军出版社1994年版，第351页。

② 赵勤轩、康青星：《朱克靖传》，中共党史出版社2006年版，第340—341页。

时，建议北撤部队不再保留东江纵队的名义，把部队交华东局处置，他本人或进华东党校学习，或由组织另行分配工作。

曾生到达临沂后，张云逸找他谈话。据曾生回忆：

> 九月九日，我到达华东局驻地（临沂县东高都），新四军副军长兼山东军区副司令员云逸同志亲切接见了我。我向他报告部队北撤的情况后，谈了上述的想法。张副军长当即指出我的想法不对头。他传达了党中央和华东局的意图，指出东江纵队的名义还要保留，部队不但不能分散，而且经过学习提高后还要组织新的战斗部队，在华东战场锻炼提高，在战斗中成长壮大，将来打回华南去，解放两广、解放全中国。张副军长一席话，给我指明了方向，也给北撤部队指明了方向。①

在与曾生谈话的基础上，张云逸、黎玉于9月10日主持召开华东局会议。参加会议的有华东局委员郭子化，宣传部部长彭康，城工部部长杨一辰、副部长王尧山，调查研究室主任魏文伯，直属机关党务工作委员会书记张文韬，保卫委员会副主任胡立教，大众日报社社长匡亚明等。会议贯彻中共中央确定的"保存华南骨干，提高干部质量"的方针，在专门听取了曾生关于北撤部队情况的汇报后，决定了整理东江纵队的五点意见：（1）东江纵队名义保留；（2）战斗部队编为东江纵队教导团，仍由东江纵队司政机关统率；（3）地方干部、技术人员分别送党校及侦听、卫生、通讯学校学习；（4）军队干部编成一个队在华东军政大学学习；（5）东江纵队教导团统归华东军政大学指挥教育。

为迎接东江纵队到达临沂，9月30日新四军兼山东军区政治部主办的《军政报》专门出版了《欢迎东江纵队特刊》，并发表了张云逸《欢迎东江纵队》的文章。文章首先指出，东江纵队"不惜背井离乡，远涉重洋，由万里迢迢的广东，来到了山东解放区"，是"为了坚持党的和平方针，忍让为国"。随后，文章热情讴歌了东江纵队的抗日业绩，并特别指出，"当日寇发动太平洋战争时，我东江纵队积极配合盟国作战，曾牵制了敌人四个师团的兵力，并营救出大批盟军航空人员，国民党要人，华侨巨子与文化名流，提高了我党我军在国际上的信誉"。文章号召全体指战员要学习东江纵队"为了革命，抛弃了一切，离别了自己的爷娘与可爱的故乡"之"忠贞为党为人民的精神""艰苦奋斗的精神"以及"八年来在孤悬敌后的环境中，建立民主根据地，与敌伪顽斗争的丰富经验"，"打破自己的家乡观念"，"干脆彻底的粉碎反动派进攻，保卫山东解放区"，并希望东江纵队全体同志利用这个北撤的机会，认真总结经验，"把自己更提高一步"，"为革命事业，奋斗到底，以符华南与全国人民的热望"。

10月1日，东江纵队到达临沂以北附近地区。张云逸等一面组织华东局和山

---

① 《曾生回忆录》，解放军出版社1992年版，第485页。

东省政府派人到东江纵队作报告,一面与罗范群、杨康华等人谈话。在与各部队领导人充分谈话的基础上,19日张云逸、黎玉和舒同将华东局关于整理东江纵队的五点意见上报中共中央。

中共中央批准同意华东局的五点意见后,10月下旬由曾生、王作尧、谢立全、谢斌等率军政干部、妇女干部和勤务人员1100余人及编入教导团的指战员约1000人,开到华东军政大学的所在地莒县大店地区编队入学。林锵云、罗范群、刘田夫率地方干部170余人到华东党校学习。此外,还有200余专业技术干部,分别进入各种专业技术学校和训练班学习。

张云逸对入华东军政大学学习的东江纵队的干部和战士非常关心。当时,他兼任华东军政大学校长。为了便于领导,在他的建议下,曾生被华东局任命为华东军政大学副校长,负责掌管北撤部队所在的第四、第五大队和教导团的学习和训练。据曾生回忆:

> 张云逸非常关心北撤干部和战士的学习,他分别接见了第四大队(团营干部队)的负责人王作尧、谢立全同志;第五大队(连排干部队)的负责人谢斌、杨康华同志;教导团的负责人邬强、陈达明同志。他接见时指出:干部学习首先要搞好整风,端正思想,然后学习毛泽东主席的军事思想。团营干部着重学好战斗指挥和司令部工作;连排干部着重学好连排战术和五大军事技术。教导团的战士,将来是扩建部队的基层骨干,要在搞好思想教育的基础上,重点搞好军事训练,着重五大军事技术的训练。①

此后,东江纵队北撤人员在华东军政大学等地一边学习,一边工作。1947年3月初,张云逸在沂水县坡庄找到曾生,向他交代任务并研究工作部署。张指出:"当前要做好两件事,一是部署从山东到广西的交通线;二是派干部去南麻接收在莱芜战役中解放的国民党军第四十六军的广西籍战士二千人,准备组建两广纵队"②。不久,曾生派去的干部即接收到广西籍国民党军俘虏近千人,组建两广纵队的工作也由此开始。4月,华东军政大学转移到渤海军区的阳信县,东江纵队在乐陵县完整地接收了一个一千余人的新兵补训团。在中共中央的关怀和张云逸等人的大力帮助下,两广纵队于1947年8月1日宣告成立,由曾生任司令员,雷经天任政治委员,林锵云任副政治委员,姜茂生任参谋长,杨康华任政治部主任,下辖三个团。此后,两广纵队转战华东战场,参加了著名的豫东战役、济南战役和淮海战役,1949年3月转隶第四野战军,以后又参加了广东战役。

把东江纵队北撤部队整理并扩建成两广纵队,使之能够在华东和中原战场屡

---

① 《曾生回忆录》,解放军出版社1992年版,第487页。
② 《曾生回忆录》,解放军出版社1992年版,第491页。

建战功，在解放广东的作战中成为一支生力军，这是张云逸等对中国人民解放军建军的又一贡献。

四、筹建华东军政大学

治军先治校。张云逸历来重视院校建设，即使在紧张的战争环境中，他仍然把加强院校建设作为培养干部、提高干部素质、推进部队全面建设的重要环节。

华东军政大学是在山东军政学校、华中雪枫大学和整理东江纵队的基础上建立起来的。在筹建华东军政大学的过程中，张云逸倾注了大量心血。

抗战胜利后，在山东有山东军政干部学校，在华中有雪枫军政大学和苏北公学。新四军军部北移山东后，山东军政干部学校（也叫山东军政学校）继续兴办，并由张云逸兼任校长。华中野战军成立后，还建立了随营学校。1945年12月，华中军区将雪枫军政大学、华中野战军随营学校及苏北公学合编为华中雪枫大学，由张爱萍任校长，余立金任副校长。

在此基础上，为培养大批干部，张云逸等开始考虑筹建华东军政学校的问题。1946年1月12日，他与陈毅、饶漱石、黎玉、陈士榘致电毛泽东、朱德、彭德怀："为今后培养干部，特别是技术干部，华东拟建立军政学校，在华中、胶东（包括供给渤海）、鲁南（包括供给鲁中、滨海）各设分校，拟请由中央军委统一规定名称及指示。如何，盼复。"中央军委接到这个电报后，于1月18日复电指出："同意办军事政治学校，其名称暂为八路军华东军事政治学校，至于何地设分校由你们决定，如苏北不适用八路军名义时，用新四军名义亦可。"①

由于国共和谈和整军等原因，华东军事政治学校并未建立起来，但它反映了张云逸等要筹建华东地区最高军事学府的愿望，并为此后建立华东军政大学奠定了思想基础。

1946年9月，两淮失守，华中军区机关和华中雪枫大学等单位北撤山东。10月，东江纵队由烟台南下临沂。这就为建立华东军政大学在客观上创造了条件。据此，为加强对华东战略区干部教育训练的集中统一领导，9月间张云逸等报请中央军委批准，决定以华中雪枫大学、山东军区军政学校和东江纵队一部为基础，再加上淮南随营学校和山东通信学校，组成华东军政大学。

11月5日，张云逸与舒同在莒南县大店东北的树林里，宣告了华东军政大学的成立。新四军兼山东军区政治部主办的《军政报》于11月25日对华东军政大学的成立进行了报道：

> 为适应自卫战争新形势的需要，创造大批坚强干部以加强军事建设，争取自卫战争的彻底胜利，华东军政大学已于最近成立。该校原系山东军政学

---

① 军事科学院《张云逸军事文选》编辑组主编：《张云逸军事文选》，军事科学出版社2007年版，第588页。

校、华中雪枫大学及东纵一部合并组成,汇合了曾在黄河、长江、珠江三大流域与敌斗争的健儿,共达×千余人。该校于本月五日举行中队以上的首次干部会议,军首长亲临指示。余副校长报告开会意义后,军部张副军长宣读中央军委(会)关于任命该校主要负责干部的命令:张副军长云逸兼任校长,原雪枫大学校长余立金任第一副校长,东纵曾司令员任第二副校长。继山东军区政治部舒主任作政治报告。

又九日该校校部召开大队以上之干部会议,根据"贯彻毛主席的战略战术思想"与"教与学、学与用相结合的基本方针,研究教育计划"。在教学方法上,强调采用"官教兵,兵教兵,兵教官"与"大家教,大家学"的群众路线。该校为使各队教学经验能交流,并出刊四开铅印《军大导报》。(军大导报社)

11月25日,华东军政大学在大店召开庆祝学校成立及第一期开学典礼大会。张云逸与袁仲贤检阅全体人员后发表讲话。张云逸着重阐述了"一切为了战争,一切为了前线,一切为了胜利"的办校方针,要求全体人员把思想统一到适应战争这个总要求上来。次日,在华东军政大学干部会上,张云逸又作了长达数小时的报告,主要讲了三个问题:一要认识不良思想的来源及克服的必要性;二要领会毛泽东战略战术思想;三要提高政治思想和加强组织纪律性。张云逸的这些讲话,进一步明确了办校的指导思想和方针,从而保证了学校多出快出符合战争需要的合格人才。

华东军政大学下设训练部、政治部、校务部,并招收了第一期学员共5000人,编为8个学员大队、1个教导团。其中,第一大队下辖6个中队,由原山东军区军政学校编成;第二大队下辖7个中队,由华中雪枫大学编成;第三大队下辖6个中队,由淮南随营学校编成。这3个大队的学员主要是野战部队的连排干部、战斗骨干和青年学生。第四大队为上干队,下辖4个中队,主要由华中野战军和东江纵队的营团干部编成。第五大队下辖7个中队,主要为东江纵队的基层干部和战斗骨干。第六大队为炮兵大队,下辖6个中队,主要训练炮兵基层干部和战斗骨干。第七大队原准备接收被解放过来的原国民党军军官,后由军区另作安排。第八大队为通信大队,下辖3个中队,主要训练报务员和通信分队的基层干部。教导团即东江纵队的教导团,主要培训战斗骨干。

为加快培训干部,1947年2月20日华东局发出《关于军政大学半年内培养5000干部的决定》。华东军政大学为使学员在受训期间增强实战锻炼,还将教导团和第五、第六大队调往前线参加鲁南战役。在此基础上,以第五大队为基础组成两广纵队,以第六大队为基础组成特种兵纵队。至5月,除通信大队由于专业性强、学习时间长转入第二期学习外,第一期共毕业学员4500人。6月,华东军政大学第二期开学并调整编制,将原来的8个学员大队改编为1个军事研究班和5个大队。军事研究班主要训练野战部队的师团级军政干部,第一、第二大队主要培训连营政治干部，第四大队负责训练解放军官。第二期共招收学员 3291 人。为适应战争形势发展的需要，学校采取了"短期速成"的方针，学制不固定，一般为 2—6 个月。

华东军政大学的开办，为部队输送了大批军政指挥干部和技术人才，基本满足了部队的需要，实现了张云逸等治军先治校、在战争中学习并赢得战争的愿望。

五、谋划华东战局

临沂是山东解放区的首府。围绕保卫临沂，张云逸站在局部看全局，进而向中央军委和陈毅等献计献策，谋划整个华东战局。

1946 年 7 月中旬，徐州地区的国民党军在进攻淮北解放区的同时，不断派兵进犯台儿庄地区。8 月 2 日，国民党军以第二十八、第五十九、第七十七 3 个整编师的兵力，再次向台儿庄地区推进。这时，鲁南军区只有警备第八旅、滨海警备旅 2 个团和一些地方武装。中央军委在听取了陈毅、宋时轮和张云逸、黎玉两方面的意见后，于 14 日决定：由胶济线南下的山东野战军第一纵队使用于鲁南方向，负责歼灭国民党军整编第五十九师。这样，第一纵队遂停止南下淮北，而担任保卫临沂的任务。

全面内战开始后，整个华东战场面临两个主要问题。第一，在国民党军同时向山东和华中解放区进攻的形势下，如何处理外线出击与保卫解放区的关系？是继续采取敌进我进的外线出击作战方针，还是将之逐步调整为内线歼敌的作战方针？第二，如何处理山东战场与华中战场的关系？即到底应在苏中、淮北还是在鲁南集中兵力歼敌？当战局发展到山东或华中必须割舍一面的时候，到底应割舍山东还是华中？

围绕这些问题，中共中央、中央军委与华东各方深入探讨。张云逸、黎玉、舒同作为新四军兼山东军区的领导人，也参加了如何打开华东战局问题的讨论，并为最终形成内线歼敌的作战方针以及山东野战军与华中野战军集中兵力作战发挥了积极作用。

至 1946 年 8 月下旬，山东野战军主力于泗县战斗后转至泗阳东北地区休整，华中野战军进行的苏中战役接近尾声，而徐州地区的国民党军正沿陇海路东进。这就意味着国共两党在华东战场上的新一轮较量即将开始。

从既有利于巩固鲁南解放区，又有利于尔后整个南线作战的考虑出发，张云逸与黎玉、舒同、袁仲贤于 8 月 26 日致电中央军委并陈毅："最近各方实际情况变化我们都不甚了解，但徐之顽仍沿陇海路继续东进，似有控制陇海东段，分割我华中、山东解放区，再行向北打通、南北夹击进攻企图，达到各个击破之目的。如果顽进占陇海路乘虚先犯临沂，而胶济、东海两方同时配合（现有这情报），则给我威胁较大。万一临沂有失，鲁南可能变为游击区，华中斗争更形孤立，今后困难将多。因此我们建议，目前野战军在淮北如无好仗可打，应将主力北靠陇海线休整，准备歼灭东进的顽廿八军和七十四军，以使陇海东段打通。这样，野战军对华中、山东作战可机动，对刘邓作战亦有配合。所见如此，是否妥当请考虑。"①

从后来的形势发展看，张云逸等对国民党军作战企图的判断是正确的。从这一判断出发，他建议山东野战军如果在淮北没有好仗可打，应北撤陇海路附近作战，进而保卫鲁南解放区，对华东及整个南线作战都具有重要意义。实际上，他的建议开始触及内线作战与外线出击的关系问题。

中央军委接到这个电报后于27日致电陈毅，提出了山东野战军主力或切断津浦路，调动敌人打野战，继续执行《两区战略计划》，或照张、黎主张在陇海线上歼敌的两个方案。陈毅根据敌情变化及淮北、苏北地区大雨成灾、道路受阻的情况，报经中央军委批准，决定在原地待机歼敌。

9月初，在蒋介石的严令下，国民党军第三绥靖区司令官冯治安以整编第七十七师为北路，以整编第五十九师为中路，以整编第二十八师及预三旅为南路，开始会攻台儿庄至宿羊山一线。

针对这种情况，9月5日，中央军委致电陈毅："望派第八师即回鲁南受叶飞指挥协同一纵作战。"6日，中共中央又致电陈毅并告张云逸、黎玉，张鼎丞、邓子恢："请你们考虑调第八师即回鲁南，暂时受叶飞指挥，协同一纵及两个地方旅组成鲁南前线。"

6日，张鼎丞、邓子恢向中央建议第八师不能北调，最好叶飞纵队南下，以便集中主力作战。7日，陈毅复电中央：经与张鼎丞、邓子恢研究，决定9、10两月在淮北地区集中兵力歼敌，建议第八师不北调。中央军委于8日回电同意第八师暂不北调，以便集中兵力在淮海歼敌，并与华中野战军南北配合，巩固两淮，开展战局。

在第八师不北调的情况下，不仅鲁南解放区难以确保，山东和华中解放区的联系也将被切断，对今后的作战将极为不利。为此，9月8日，张云逸、黎玉致电陈毅、宋时轮并中共中央：国民党军以冯治安部北进钳制一纵和鲁南军区部队，以汤恩伯部钳制华中野战军，以李延年部主力东进，现已攻占睢宁、宿县及台儿庄，下一步可能继续打通陇海路东段，以切断华中解放区与山东解放区的联系，然后再沿运河南下，逐渐压迫山东野战军及华中野战军于苏北水网狭窄地区决战。因此，目前李延年部东进的13个旅对山东和华中解放区威胁最大。为打开华东战局，张、黎主张应集中兵力打破李延年部，并提出三个作战方案：第一，华中野战军收复如皋、海安后，主力北移，会同山东野战军，分两批歼灭李延年主力；第二，以山东野战军主力靠近陇海路（沭阳以北地区），协同叶飞纵队先歼灭李延年部2—3个旅，再协同华中野战军消灭其主力；第三，以山东野战军

---

① 军事科学院《张云逸军事文选》编辑组主编：《张云逸军事文选》，军事科学出版社2007年版，第629页。

主力一部转到敌后泗（县）、灵（璧）、睢（宁）地区，选择其弱点各个击破之，使李延年部有所顾忌，不敢放胆前进，借以争取时间休整部队与调集主力，寻机再战。①

张、黎建议的中心思想是，由徐州地区东进的李延部13个旅对山东和华中解放区威胁最大，华中野战军应由苏中北上，会合山东野战军，在淮海地区歼灭李延年部，要么就出击外线，使其不敢放手东进。

如果说张、黎等8月26日的电报对李延年部东进的战略企图作出了准确的判断，那么9月8日的这封电报则提出了应对的办法。但在战争初期，由于对如何集中兵力以及在什么地方集中兵力的看法不尽一致，张云逸等只能提出自己的建议，以凭决策。

从9月10日开始，国民党军乘山东野战军主力北渡六塘河移至沭阳以南地区，华中野战军主力正攻海安的机会，集中整编第七十四、第二十八师和第七军沿运河向淮阴进攻。为确保淮阴和苏鲁联系，陈毅、谭震林等一面调兵增援淮阴，一面致电中央军委要求山东野战军第一纵队南下。但中央军委于18日指出："八师南下，如叶赖纵队再南下，则鲁南全无保障。你们现在正集中山野全军及一、六师，五旅，皮旅，如此大兵力，如尚不能打开局面，即使叶赖南下，亦将难起作用。你们不要只顾苏北，忘记山东。"

尽管山东野战军主力全力南援，但由于国民党军炸毁了淮阴城北的王营大桥，使山东野战军南援受阻，而华中野战军主力由海安北上又来不及，19日晚华中解放区首府淮阴失陷。

淮阴失守后，华中解放区的整个运河以东地区成长蛇形，不利于华中野战军机动作战。为改变华中局势，张鼎丞、粟裕、邓子恢、谭震林于9月20日致电中共中央并陈毅、宋时轮、张云逸、黎玉：建议集中华中和山东两个野战军首先攻下宿迁，然后执行《两区战略计划》，向西恢复淮北，攻占津浦路，配合晋冀鲁豫野战军主力包围徐州，在运动中各个歼敌。

接到这个电报后，张云逸、黎玉、舒同于21日致电张、粟、邓、谭并报中共中央和陈毅："淮阴失守后苏中地区不利我主力机动，淮海地区（沭阳东北到灌云都是水淹）因大水淹敌迅速东进可能性大，打好仗机会不多，且亦不便大部队行动。""淮海敌已比较薄弱，徐州敌再无多机动兵力，若我华中、山东野战军全力向淮北出击，一纵亦配合作战，我之力量超过敌人，且有山东后方供应补给便利，定可战胜，对全局有利。我们同意张粟邓谭齐（20日）电意见。"② 同日，陈毅也表示同意。

在张云逸看来，只要山东和华中野战军集中兵力作战，无论是在淮海地区歼敌，还是出击淮北，均可达到既能保卫解放区又能大量歼敌的目的，而只有这样

---

① 见军事科学院《张云逸军事文选》编辑组主编：《张云逸军事文选》，军事科学出版社2007年版，第638—639页。

② 军事科学院《张云逸军事文选》编辑组主编：《张云逸军事文选》，军事科学出版社2007年版，第640页。

才能打开华东战局。

9月22日—23日，中共中央批准两个野战军由陈毅、粟裕等统一指挥，向淮海行动，打开战局。此后，陈毅报经军委批准，又决定先在苏北运河以东地区打一二个较大的胜仗，再出击淮北。

国民党军在进攻两淮（淮阴、淮安）的同时，冯治安部于9月初攻占了多义沟、台儿庄、车辐山一线。在此基础上，从10月7日开始，国民党军以整编第二十六师附第一快速纵队为左翼，以整编第七十七师为中路，以整编第五十九师为右翼，向鲁南文峰山、牛山等地发动进攻。张云逸命令第一纵队前往阻击。第一纵队虽与国民党军激战竟日，但由于第一次遭遇坦克，缺乏打坦克的经验，奉命撤出战斗。国民党军遂于8日占领峄县、枣庄。

面对鲁南形势吃紧及华中野战军主力为解决冬衣又南下涟水、马厂地区，陈毅主张或者山东野战军主力回师鲁南，华中野战军留淮海区作战，或者全军入鲁作战①。粟裕则认为，应集结山东和华中野战军主力沿陇海路西进，威胁徐州，直逼津浦，并求得于邳县、睢宁、铜山地区与蒋军主力决战，迫敌回援，以解鲁南之危，并减轻淮海地区的压力。②

在此情况下，中央军委于10月14日致电张云逸、黎玉："敌占峄县、枣庄，你们判断其动向将如何，该敌是否将很快进攻临沂？现在沭阳地区山野、华野两军，以在淮海地区作战为宜，还是以入鲁歼敌为宜？假如入鲁，以两军集中入鲁为宜，还是以山野返鲁、以华野在苏北为宜？你们对敌人进攻已作何种应敌部署，均盼分析电告。"

16日，张云逸、黎玉、舒同、袁仲贤复电中央军委：估计进攻鲁南之国民党军有11个旅约8万人，如无新增部队，其出击力量最多6个旅。国民党军下一步或北上打通津浦路，或东进打通陇海路并进攻临沂，以断绝山东和华中野战军的后勤补给，并以东进的可能性为最大。"我们意见，目前我华野、山野主力仍以集中力量求得歼敌一部以改变华东战局为有利。如山野北上入鲁，则华野亦恐难连续战斗，且山野入鲁后如敌即乘此进占沭阳与陇海线，将对整个华东战局不利。""鲁南我军兵力除一纵（不充实）外，尚有鲁南之警八旅（三个团）及滨海警备旅两个团。为统一作战，我们意见拟以一纵队司令部为基础组成一临时鲁南前线指挥所，以叶飞任司令、郭化若为副司令兼参谋长、傅秋涛为政委、谭启龙为副政委。"③此外，张云逸等还把对付国民党军进攻的三种作战预案向军委作了汇报。

张云逸等的意见很清楚，即同意集中山东和华中两个野战军在淮北地区作战。这一建议与陈毅15日的意见不谋而合。中央军委批准陈毅关于集中山东和华中野

---

① 刘树发主编：《陈毅年谱》上卷，人民出版社1995年版，第474页。
② 《粟裕文选》编辑组编：《粟裕文选》第2卷，军事科学出版社2004年版，第168页。
③ 军事科学院《张云逸军事文选》编辑组主编：《张云逸军事文选》，军事科学出版社2007年版，第646—647页。

战军主力在淮北地区作战的意见后，10月19日致电张云逸等："同意以一纵司令部为基础组成鲁南前线指挥部，以叶飞为司令员，傅秋涛为政委，谭启龙为副政委，郭化若为参谋长，望迅速组成以利作战。"

这时，中共中央10月1日发出的《三个月总结》党内指示传到山东。这个指示详细地总结了1946年7月全面内战爆发以来的一系列经验，提出了人民解放军在今后的作战方针和作战任务，指出了人民解放军在克服一个时期的困难以后必然能够取得胜利。

10月21日，华东局召开部务会议，集体学习这一指示。张云逸在发言中指出："这个指示总的精神是全面战争的动员，它指出了对战争应有充分的胜利信心。国际国内的形势均对我有利，全解放区军民要树立不动摇的信心。"他还特别指出："全面抵抗这是政治上的口号，但在军事上是以集中优势兵力以求歼敌之效，而不能将政治口号理解为在军事上也到处抵抗，而分散主力。全面动员才能奏全面抵抗之胜利，但抵抗也要进攻。山东须消灭敌人十四个旅，集中优势兵力歼敌的方针执行得好坏，就决定能否进行任何工作，就决定战争之胜败。过去我们的毛病是还不够集中力量。革命几十年证明，毛泽东同志的作战方针是正确的。"①联系战争实际，张云逸的发言是耐人寻味的。

至10月23日，国民党军整编第二十六师集结枣庄，其一部附坦克11辆、汽车20余辆已进至郭里集，并向老百姓打听去兰陵的道路；整编第七十七师完全集结峄县；整编第五十九师的2个营到达大小黄庄，其1个旅位于台儿庄至临沂的公路上；台儿庄以南、陇海路附近的国民党军也在做东进的准备。据此，张云逸等判断国民党军不久将东犯临沂。

27日，张云逸、黎玉致电中共中央："临沂为我鲁省之政治中心，又为军事地居。临沂之边为数条公路之交叉点。我们决心用一切可能的力量保卫，不轻易放弃。现在临沂准备守备，并令一纵及鲁南十师在兰陵、峄县间部署打击猛进之敌，并沿台临公路布置野战阵地，节节抵抗，争取时间，待南面主力回夹击该敌而消灭之。如主力不能以援，亦可给敌以严重打击，使其不敢继续深入。但如临沂、胶济之敌可能在一定时间向我山区突击。我内地机关后方林立，兵力较薄弱，且难于过大地集中使用。因有关以后战局，望多指示。"中央军委于29日复电张云逸、黎玉："布置甚妥，陈率八师即日返鲁，必能加强歼敌力量。"

也就在张云逸等向中共中央发出电报的同一天，27日国民党军从枣庄、郭里集、峄县、台儿庄全线向鲁南解放区发动进攻。张云逸指挥第一纵队和鲁南军区第十师（由鲁南军区警备第八旅改称）全力抗击。为诱敌深入，第一纵队和第十师主动放弃了峨山、税郭、兰陵。国民党军整编第七十七师于28日占领了苍山与峄县交界地区的傅山口。30日，叶飞本想再诱敌深入到向城，再寻机歼敌。但向城距东面的卞庄（今苍山县县城）才十几里，过了卞庄就能很快到达临沂。为此，

---

① 军事科学院《张云逸军事文选》编辑组主编：《张云逸军事文选》，军事科学出版社2007年版，第685页。

张云逸与刚刚到达临沂的陈毅商量后，命令叶飞立即出击。第一纵队于当日击溃国民党军整编第七十七师，歼其2000余人。

10月30日，陈毅随第八师北上到达临沂。这时，曾山也到了临沂。由于国民党军同时对胶济线和鲁南发动进攻，并企图南北配合，会攻临沂，使山东解放区的形势顿时严重起来。为此，陈毅、张云逸、黎玉、舒同和曾山经过协商，于30日联名致电中共中央、山东野战军和华中野战军："为保卫鲁南和临沂，请速命二纵北上，愈快愈好。""整个华东局势，计胶济线、淮北、鲁南、苏中四个作战线，目前不集中山野、华野全力彻底解决一面，战局难以改变，仍主张首先全力解决鲁南、鲁中之敌为宜，可先完成消灭四个至六个旅的计划，如是南下亦可解淮北之危。"

而此时华中野战军于东台防御战后正在进行涟水保卫战。31日，中央军委表示："二纵（韦国清）行动须待涟南战役结束后，方能考虑。"

在国民党军大肆进攻山东和华中解放区的形势下，不仅陈毅、张云逸、粟裕、谭震林等考虑着破敌之策，中共中央、中央军委也在考虑如何才能打开华东战局。

10月29日中共中央致电陈毅、张云逸、黎玉："关于战争趋势估计电告：（一）薛岳及王耀武尚有多少进攻力量；（二）当前任务是给该两敌以严重打击，首先停止其进攻，然后收复失地，为此要求你们在鲁南及胶济两线，于今后三个月内外歼敌约六、七个旅，有此把握否；（三）兵员及弹药之补充尚顺利否；（四）如敌切断陇海路，我粟谭主力是否尚可在苏中坚持斗争，以便在内线作战中继续大批歼敌。"

这个电报说明，中共中央鉴于苏中、定陶等战役依托解放区即能大量歼敌的经验，开始考虑把出击外线的作战方针向先内线再外线的方向调整，并要陈、张、黎对华东战场的发展趋势及中央所提问题发表意见，以供中央决策。

接到这个电报后，张云逸与陈毅、黎玉结合中央军委10月14日电，经过研究于11月1日复电中共中央，在分析了国民党军在华东战场的总兵力计23个军，能用于进攻的兵力只有10个军等情况后，指出：

> 华中方面扩大新兵和动员民夫达到空前程度，再扩新兵亦很困难，目前只能以扩大地武的方式准备坚持现地，以便部队转入主动。……山东方面近来扩大六万地武，清剿了数十股武装特务，扩大了两万新兵。今冬到明春如临沂不失守，尚可扩大六万人到主力。……如临沂、诸城失守，则两大粮食区、人口密集区丧失，影响很大，明春公粮即难持久。
>
> 第二期敌深入我区作战，其战法有所改变，即放弃找我主力决战的方针，大胆挺进，避实击虚，而企图避免有生力量的损失，求得多占地区，使我兵粮来源[减]少，造成我大兵团作战之困难，目前在政治上亦虚张声势。这恰与我相反，即我方不惜撤出某些地区，以采取歼灭其有生力量，扩大我之有生力量。故地区得失与有生力量之消长成为敌我斗争之核心。

> 敌采取避实击虚办法收效甚大，使我主力疲于奔命，敌进攻某地，主力赶到变成消耗战。如涟水之战，如主力不增援，则地区随即沦陷。……八师北开，如不能歼敌仍将造成丧失地区而不能歼敌有生力量之劣势。又我主力集中六万人以上在一个地区超过两个月，当地民夫、粮食即无法支持。山野、华野主力集结淮海计月余，即陷于出击困难、待敌不至、敌南攻南援、北攻北援的被动形势。……华野留沭阳、涟水一带尚可在内线打一二仗，惟消耗战多，运动战必难。而山野（包括二纵及七师北调）、一纵会合鲁南可能歼击冯部及二十六师之一部，惟也难彻底解决该战场。……如仅山野全回鲁，临沂亦难长期确保。华野留淮海，则盐城、兴化等地在两个月内也难保持。
>
> 今后作战意见：陈初由华中分局回来与张邓粟谭曾均多次商讨过，认为华东四个战线胶济、鲁南、淮北、苏中若能解决一方面，局势便改变，能再解决一二个方面则全局胜利。目前分散迎敌不足以制服敌避实击虚狡计（因敌调动在白天，有汽车、公路、胶船利用，我夜晚走用民夫运很笨重，另外俘虏兵开小差，解放区特务、地主报信，敌易于查明我之部署等），故目前应决心留部队坚持华中局面，坚决集中王陶师、韦师配合八师、一纵、鲁南部队约十万人，以一个月时间彻底粉碎鲁南之敌，消灭他三个军到四个军，则全局可以改观。……不打淮北而打鲁南的理由，即淮北战场不好（渡河困难，民夫、粮食供应困难）。敌在涟水渡河作战有空军、炮兵掩护均吃亏，我渡运河困难当更多。但如打鲁南之敌，到年底运河上流可以徒涉，插入淮北有后方依靠，比较稳当。如鲁南打破，则王陶韦叶四个师出淮北，鲁南部队即可转入胶济线形成近二十个团的拳头，可以改变胶济局面。九月底十月初比较难执行，因华野棉衣未解决，后方及地武未部署，但此时执行亦要忍痛暂放弃一面，留皮旅、五旅、九纵在涟水，仍可迟滞敌之前进。
>
> 上述方针仍是执行中央集中兵力的原则，但需要统一认识。中央指示决心去执行，才能主动反击，以战胜敌人。①

这个电报明确指出，华东战场的主要作战方向是山东而不是华中，应首先集中山东和华中野战军主力歼灭进犯鲁南之国民党军，然后依托山东解放区出击淮北和胶济线。这样，就只能忍痛割舍华中一面，由华中野战军主力一部配合地方武装在华中坚持。

但中央军委此时为关照华中战局还难以下这个决心，仍由山东野战军主力位于苏北地区，兼顾山东和华中两个方面。

11月上旬，鲁南之国民党军调整部署，准备占领向城，进窥临沂。陈毅决心乘国民党军调整部署之际，以第一纵队、第八师和鲁南军区第十师、第三军分区

---

① 军事科学院《张云逸军事文选》编辑组主编：《张云逸军事文选》，军事科学出版社2007年版，第669—671页。

武装，对台儿庄、枣庄一线的国民党军整编第五十一、第二十六、第七十七、第五十九、第五十二师进行反击，以打退其对鲁南的进攻。

反击战从10日开始，至12日结束。但由于兵力不足，仅歼其2900余人，无法全歼整编第七十七师。

有感于台枣路反击战因兵力不足未能形成歼灭战，张云逸、黎玉、舒同于14日致电中央军委并张鼎丞、邓子恢、粟裕、谭震林：台枣路作战虽取得胜利，但仅是击溃敌人，"不能乘胜开展歼灭战的主要原因仍是兵力不足"。如再增加三个旅，则可初步解决鲁南战局。"目前华中我集结兵力有四十四个主力团（山野在内），暂在华中无大仗可打，如能乘此机会将山野（二纵、七师共四个旅或三个旅）请转鲁南，迅速歼灭廿六师、七七师全部，再出以主力沿运河转向淮北作战，则可转变战局。目前华中主力仍可保持集结，以防御当前之敌，尚可维持当前局面。但目前整个战局，在敌人重新调动兵力下，究何时再大举进攻，在此期间有无可能转移一部兵力在鲁南主动打仗，特提供中央考虑迅速决定。否则，鲁南形成长期对峙消耗局面，主力亦受牵制，将来敌人再增兵，徐海对进，则于我不利。且临沂重镇为山东与华中枢纽，支援华中大批粮食及其他供应，必须使鲁南安定并保持陇海线，才能源源供给华野、山野，支持今后几个月的大战。"①

次日，邓子恢、谭震林等复电表示，鲁南兵力不足是一个事实，但战争的重心仍在华中，希望军部应坚持以华中为主，不再调兵北上。

中央军委对山东和华中两方面的意见并未表示态度。

此后，华中野战军进行了淮（阴）沭（阳）路反击战和盐（城）南反击战。这样，山东野战军和华中野战军主力在客观上逐渐集中，为两军联合进行宿北战役奠定了基础。

11月中旬，国民党军为配合"国民大会"的召开，拟订了一个"结束苏北战事"的军事计划，集中25个半旅，准备于12月13日同时分四路向苏北、鲁南解放区进犯。其中，以整编第六十九师（欠第九十九旅及第九十二旅一个团）、整编第五十七师的预备第三旅、整编第二十六师的第四十一旅及正由冀鲁豫战场东调的整编第十一师共6个半旅，由宿迁向沭阳、新安镇进犯；以整编第七十四师等部共5个旅（师），由淮阴重犯涟水；以整编第六十五师等部共5个旅，由东台再犯盐城、阜宁；以整编第七十七师等部共9个旅，由峄县、枣庄、台儿庄向郯城、临沂进犯。

针对以上情况，张云逸赶赴鲁南前线，与陈毅和山东野战军参谋长陈士榘研究后，认为整编第十一师增援宿迁后，由宿迁东犯沭阳的国民党军将为其主要的一路，为此于12月7日致电张鼎丞、邓子恢、粟裕、谭震林并报中共中央告黎玉：

---

① 军事科学院《张云逸军事文选》编辑组主编：《张云逸军事文选》，军事科学出版社2007年版，第683页。

如宿迁敌人东犯沭阳确已出动，山野拟集中叶纵、八师、警旅全力南援，以由北向南配合华野由南向西北歼灭该路敌人，尔后再看情况回击鲁南东犯敌人。如此，华野主力（一、二、六、七师）应集结涟水附近适当机动位置，山野（叶纵、八师、警旅）集结陇海路北、沂河沿岸机动位置，便于以三天行程内赶上进入战斗，同时可以照顾全面情况（涟水与沭阳、鲁南与沭阳）和不至于过早暴露我之企图使敌不进，不然仅巩固南去不能解决问题，又陷于分散平分兵力成把口态势。①

进行宿北战役的计划以后又经陈毅、粟裕等进一步研究，上报中央军委批准。12月15日至19日，山东野战军和华中野战军联合进行了宿北战役，在宿迁以北地区歼灭国民党军整编第六十九师等部2.1万人，充分显示了两支野战军集中兵力作战的优势。

在宿北战役进行的同时，张云逸指挥新四军兼山东军区部队保卫临沂。

12月12日，鲁南国民党军整编第二十六、第五十一、第七十七师等部，由峄县、台儿庄地区分三路东犯。14日，国民党军整编第七十七师重占兰陵。这时，第一纵队、第八师已南下参加宿北战役，张云逸手中只有鲁南军区第十师、滨海警备旅和一些地方武装，难以抵挡国民党军的进攻。

为保卫临沂，15日张云逸、黎玉、袁仲贤致电陈毅、陈士榘并中央军委："敌有积极进攻临沂之企图。保卫临沂，对苏北作战及全国政治上有重大意义。因此，将胶济线作战计划推迟，决调九师加四师一个团及鲁中炮兵团，星夜乘汽车赶运回临沂作战。如此，可保临沂，歼灭一部，再待你们胜利回师后彻底歼灭该敌。如何，速告。"② 17日，中央军委复电张云逸、黎玉并告陈毅、粟裕："同意调九师加四师一个团及鲁中炮团保卫临沂。"

鲁中军区司令员王建安接到命令后，率第四、第九师的4个团由胶济线星夜南返。国民党军则于15日攻占向城，18日占领下庄。而下庄距临沂只有60多里，国民党军即将兵临临沂城下。鉴于临沂保卫战就要开始，为防万一，张云逸下令将临沂飞机场破坏。

宿北战役接近尾声，华东战局处在了一个十字路口。

这时，是继续执行《两区战略计划》，向淮北出击，调动徐州地区的国民党军于野战中歼灭之，迫使进攻山东和华中解放区的国民党军回援，还是继续进行早已开始的内线作战，先将进攻鲁南的国民党军歼灭，然后再向外出击？对此，中央军委与华东各方又进行了一番电报来往。

12月18日，张云逸、黎玉、舒同致电中共中央：此次山东野战军与华中野战军联合作战，在苏北首获大捷，战局转变即将开始。今后作战的基本方向应为向

---

① 军事科学院《张云逸军事文选》编辑组主编：《张云逸军事文选》，军事科学出版社2007年版，第685页。
② 军事科学院《张云逸军事文选》编辑组主编：《张云逸军事文选》，军事科学出版社2007年版，第688页。

淮北、徐州推进，但在步骤上应首先歼灭鲁南之敌，并且目前是最好的时机。如此，临沂可以确保，鲁南可以巩固，又便于胶济线的纠缠斗争，这是山东野战军和华中野战军第二步出击淮北，得到源源不断的后方补给，进而有依托的巩固推进的重要条件。我们除与陈毅、陈士榘电商外，特提供中央参考。①

同日，中央军委致电陈毅、粟裕等：宿北战役胜利，"整个苏鲁战局好转，涟水暂失将来可以收复，也一定要收复。但第二步作战，似以集中主力歼灭鲁之敌，并相机收复枣峄台，使鲁南获得巩固，然后无顾虑地向南发展，收复苏北、苏中一切失地。究应如何，望按实情处理"。②

但陈毅、粟裕于18日致电中央军委，提出宿北战役结束后，山东野战军和华中野战军立即渡运河西进，恢复淮北局面，逼近津浦铁路和徐州，迫使鲁南和两淮的国民党军后撤回援。

19日，陈毅、粟裕又考虑于宿北战役后先打正在北进的国民党军整编第七十四师，为此致电张云逸、黎玉等：打了第七十四师之后，或大部回援鲁南或西进，俟依情况决定。请张、黎令第十师、警旅全力阻敌东进，并坚决调部队保卫临沂。一定要经过残酷斗争，则局势才可完全好转，望做各种准备。

这样，围绕宿北战役后山东野战军和华中野战军的下一步行动，就有了两种主张。中央军委于18日复电同意陈毅、粟裕的意见，19日又将这一决定向张云逸、黎玉、舒同、张鼎丞、邓子恢、谭震林以及刘伯承、邓小平通报。

由于事关重大，尽管中央军委已有明确态度，但张云逸、黎玉仍斗胆直谏，力主下一步应首先歼灭鲁南之敌。20日，他俩联名致电中共中央并陈毅、粟裕：

现将此间情况及我们意见提出供参考：

一、鲁南之敌五十七师分布于台儿庄、邳县、官湖之线，七十七师位于兰陵及以东一线，二十六师及快速纵队位于洪山、向城、卞庄、贾庄之线，五十一师位于枣庄、税郭一线，临枣、临韩有新到一个师接二十五师之防，敌正在分散向东向北进攻临沂与沂河平原。

二、我对七十七、五十九、五十一等师仅有地方小部队节节抗击，二十六师及其快速纵队再能阻击三四天，则可集中主力四个团再加五个团共九个团求得歼灭二十六师之一部，则可保卫临沂。如宿沭战役结束后，能迅速调三、四个旅回师更能求得大部歼鲁南之敌，这是最好时机。

三、因此，我们再次提议，宿沭战役已基本结束，应抽出一纵、八师休两三天即回师鲁南夹击，可获大胜。即使七十四师、一七一旅败军进攻沭阳，现留苏北部队亦是有足够的力量歼灭之，如此鲁南、沭阳之敌均可解决，并不妨碍向西计划，且优点甚多。如：

---

① 军事科学院《张云逸军事文选》编辑组主编：《张云逸军事文选》，军事科学出版社2007年版，第689页。
②《毛泽东军事文集》第3卷，军事科学出版社、中央文献出版社1993年版，第581页。

1. 可歼灭二十六师及其快速纵队有生力量，根本转变战局。
2. 包围冯部可逼之起义，更可安定郝部。
3. 可实行胶济线作战计划，保卫烟威（四、九两师再回去）。
4. 可保证苏北之粮食大量供应（淮海灾荒）与郯马、临沂区（现每日需民夫大车运送粮食，直到明春都是如此，对淮北进军更为一最大问题）。
5. 半年作战经验，我军行动需要用大批炮弹、手雷、粮食、民夫、民兵等及时供应，今后将更加依赖鲁南努力，只有巩固鲁南才能保证。

四、鲁南目前的困难值得注意：
1. 主力少甚显空虚；
2. 胶济线敌主力占优势；
3. 机关林立，后方麇集，兵工厂、伤病员、学校、机关干部、各纵后方、残废、俘虏、家属，华中转移（申月①来二万人，还要来一批）老幼残废共约十一万人以上，颇感人满之虞。故以照顾长期有力作战打算，以我人力、物力、财力有限，均需在战局转变前，首先求得巩固现在阵地，才好顺利而持久的开展局面和更好的支持华东斗争。我们同意中央指示，先解决鲁南之敌，再准备半月休整向淮北挺进，如此亦不至丧失时机，如何望示。②

同日，张云逸、黎玉又致电山东野战军并报中央军委："敌廿六师及快纵已进占卞庄、贾庄，距临沂六十里，视其似向临沂进攻。如明日继进，我在苍山阻击不住，敌可能于廿二号进至临沂近郊。四、九师只能调四个团南援。""冯治安部已占邳县，望陈粟多调两个旅北上，即可歼敌二个旅。"

21日，陈毅、粟裕致电张云逸等，仍然决定先求歼由涟水北上的整编第七十四师，然后再回师鲁南。

在此形势下，山东野战军参谋长陈士榘、政治部主任唐亮于22日致电中共中央：以鲁南第十师和滨海警备旅5个地方团及鲁南第三军分区武装，难以阻止国民党军3个整编师17个团的东进。特别是整编第七十七师已逼近临沂东南的马头，而山东军区在此无一兵一卒。万一马头失守，郯城不保，则苏鲁联系被切断，沭阳亦难坚持，临沂也将丢失。因此，建议仍按原计划集中山东野战军主力回援鲁南，于击溃鲁南之敌，减轻侧后顾虑，稳定郯、马战局后，再配合华中野战军合歼苏北之敌，并乘胜出击淮北，此种形势更为有利。

陈毅、粟裕等本想于宿北战役后再歼灭国民党军整编第七十四师，以稳定华中局势，但整编第七十四师到达涟水西北地区后即停止不前，以等待阜宁地区的国民党军三个整编师到达后再一同北进。

在国民党军以八个旅由东南进攻沭阳并有整编第十一师配合，及冯治安部进

---

① 申月，指9月。
② 军事科学院《张云逸军事文选》编辑组主编：《张云逸军事文选》，军事科学出版社2007年版，第690—691页。

攻临沂的情况下，不仅沭阳无法保持，鲁南也很危险。有鉴于此，陈毅、粟裕等于 24 日先后两次致电中央军委和张云逸、黎玉，刘伯承、邓小平，分别作出两个决定。第一个决定是以山东野战军主力第一纵队和第八师回援鲁南，同时以华中野战军第一、第六师出击淮北。第二个决定是集中山东野战军和华中野战军主力回援鲁南，待歼灭鲁南之敌后再南下淮北。

接到第一封电报后，中央军委于 24 日复电陈毅、粟裕等："主力似不宜分散，如放弃七十四师不打，似宜集中二十五个团（包括四师、九师、十纵[①]、警旅在内）左右兵力于鲁南地区歼灭二十六师，迫退冯治安部，然后相机出淮北为有利。"[②] 接到第二封电报后，中央军委又于 25 日致电陈毅、粟裕等："将一、六、八师，一纵北调，歼灭二六师及冯治安很好，很有必要，望坚决执行。""鲁南战役关系全局，此战胜利即使苏北各城全失亦有办法恢复。你们必须集中第一、第六、第八、第四、第九、第十各师及一纵、警旅等部，并有必要之部署准备时间，以期打一比宿北更大的歼灭战。"[③]

这时，陈毅、张鼎丞、邓子恢已到临沂与张云逸、黎玉会合。他们五人会商后于 25 日致电山东野战军和华中野战军，表示同意中央军委 25 日电，请粟裕、谭震林速率华中野战军第六师等部北上。27 日，粟裕率部北上鲁南。

直到这时，山东和华中野战军在什么地方集中兵力作战的问题才得以最后解决。正如陈毅于 1947 年 1 月 1 日向中共中央报告宿北战役的情况及经验教训时所指出的："原定计划打了六九师之后再打十一师，求得彻底歼灭后好部署第二步。""由于要守涟水，六师不能参战，陶师从盐城开涟水亦未赶上，故造成盐城失守，涟水亦陷，而十一师未亦能歼灭，为此役最大缺点。由于要尽量保持华中盐阜地区，我未能贯彻集中大兵的主张，数月来用于牵制的兵力太大，今后可多用兵去突击（由于华中城镇沦陷，包袱放下）。""山东部队常不安心南下作战，华中部队亦不肯入鲁作战，数月来的矛盾由于战局演变现已解决。今后可集中从鲁南向南打，部队编制番号须统一。""今后应确定"以战养战""以战教战""打一仗进一步的思想"。[④]

从全面内战爆发至 1946 年底，围绕如何处理山东与华中战场的关系、在什么地方集中兵力作战以及如何执行《两区战略计划》等问题，新四军兼山东军区、华中军区、山东野战军和华中野战军领导人，各抒己见，对问题有一些不同的意见和看法，都是正常的。不过，从 1946 年 10 月底至 11 月初，张云逸等所提出的集中山东和华中野战军主力先解决鲁南之敌再南下淮北作战的意见，更加符合华东战场的发展趋势，因而被陈毅、粟裕等和中央军委最后采纳。由此也就带来了鲁南战役的胜利，并为中共中央、中央军委最终确立内线歼敌的作战方针起到重

[①] 十纵，指鲁南军区第十师。
[②]《毛泽东军事文集》第 3 卷，军事科学出版社、中央文献出版社 1993 年版，第 589 页。
[③]《毛泽东军事文集》第 3 卷，军事科学出版社、中央文献出版社 1993 年版，第 591 页。
[④] 陈毅致中共中央的电报，1947 年 1 月 1 日。

张云逸（前右）与陈毅（后左二）等在鲁南战役缴获的坦克前留影。

要作用。

1947年1月2日至20日，山东野战军和华中野战军在峄县、枣庄地区歼灭国民党军整编第二十六、第五十一师及第一快速纵队5.3万人，缴获坦克24辆、汽车470余辆、各种火炮200余门，取得鲁南大捷，并为建立华东野战军特种兵纵队奠定了基础。

六、参与组建华东军区和华东野战军

鲁南战役不仅创造了华东战场一次歼灭国民党军两个整编师和一个快速纵队的先例，也使华中野战军、华中军区和华中分局都集中到了山东。由此，成立组织指挥统一的华东军区和华东野战军的工作，也随之全面展开。

华东地区的部队整编，是奉中共中央、中央军委的指示进行的。早在淮阴失守后山东野战军和华中野战军准备集中向淮北行动时，1946年9月23日中共中央就致电陈毅、张鼎丞、邓子恢、谭震林："山野、华野两军集中行动，两个指挥部亦应合一。提议陈毅为司令员兼政委，粟裕为副司令员，谭震林为副政委。如同意即公布（对内）执行。正副参谋长以何人为宜，由你们酌定电告。"

由于战局的演变，山东野战军和华中野战军合二为一的愿望未能立即实现。但宿北战役后，随着华中地区的党政军机关北上山东，陈毅等开始重新考虑这个问题。1946 年 12 月 23 日，陈毅、张鼎丞、邓子恢、粟裕、谭震林联名致电中共中央和华东局：建议华中分局与华东局、华中军区与山东军区、华野与山野合并，使华中与山东统一领导与统一收支。25 日，中共中央复电同意，并指示"华中分局委员必须有一二个负责人留华中（率轻便之领导机关）"。随后，各领导机关的合并工作正式展开。12 月 24 日，饶漱石也从延安出发南返山东。

1947 年 1 月 16 日，陈毅、谭震林、陈士榘致电中央军委并刘伯承、邓小平："张黎、张邓正在山东商讨华东部队补充、整编及行动问题。饶昨到泰安，日内可到临沂并来前方。"23 日，陈毅、粟裕、陈士榘致电中央军委并刘伯承、邓小平："我们集议后，饶张诸同志昨回临沂部署地方机关的合并，我们在前线部署整编部队，并准备休整两星期打欧震部。"

这两封电报清楚地说明，鲁南战役还在进行时，张云逸、黎玉与张鼎丞、邓子恢就开始商讨山东野战军和华中野战军的补充、整编和下一步行动问题。鲁南战役结束后，1 月 21 日饶漱石、张云逸、黎玉、张鼎丞、邓子恢等到达郯城以北的前海营，与陈毅、谭震林、陈士榘等一起开会，讨论研究了野战军和军区合并等问题。22 日，饶漱石、张云逸等返回临沂，部署地方机关的合并，陈毅、陈士榘和 23 日从前线回来的粟裕等则负责野战军的整编。

这样，从 1947 年 1 月 21 日起，新四军兼山东军区、华中军区、山东野战军和华中野战军番号撤销，成立了华东军区和华东野战军。华东军区领导机关以原新四军兼山东军区领导机关为基础加山东野战军指挥部一部组成，华东野战军指挥部以原华中野战军指挥部和华中军区司令部加山东野战军指挥部一部组成。华东军区司令员陈毅，政治委员饶漱石，副司令员张云逸，副政治委员黎玉，参谋长陈士榘，政治部主任舒同，副参谋长袁仲贤、周骏鸣（原淮南军区司令员），副主任唐亮、张凯（原新四军兼山东军区政治部组织部部长）。华东野战军司令员兼政治委员陈毅，副司令员粟裕，副政治委员谭震林，参谋长陈士榘，政治部主任唐亮，副参谋长刘先胜（原华中野战军参谋长）、张元寿（原华中军区副参谋长），副主任钟期光（原华中野战军政治部主任）。

华东军区下辖鲁南、鲁中、胶东、渤海、苏中、苏北军区，华东军政大学和东江纵队、淮北支队、滨海军分区，共约 30 万人。

华东野战军下辖 9 个步兵纵队和 1 个特种兵纵队：以原山东野战军第一、第二纵队和第八师整编为第一、第二、第三纵队，以原华中野战军第一、第六、第七师整编为第四、第六、第七纵队，以鲁中、胶东和渤海军区主力整编为第八、第九、第十纵队，以现有火器组成特种兵纵队。2 月 1 日陈毅、粟裕等向中央军委报告了华东野战军的组建方案。次日，中央军委复电同意组建 10 个纵队。这样，华东野战军达到 27 万人。此后，华东野战军又把原华中野战军第七、第十纵队改编为第十一、第十二纵队，留置苏中、苏北地区执行敌后游击战的任务。

部队整编时，华东野战军面临两个作战方向，一是陇海前线，二是胶济前线。为改善胶济线的作战形势，根据张云逸等以前关于建立胶济线野战军的设想，在1月23日《华东野战军整军方案》中，计划以鲁中指挥部与胶东军区之一部组成华东野战军胶济前线指挥所，统一指挥第八、第九、第十纵队在胶济线作战，同时以华东野战军指挥其他纵队于陇海路前线作战。1月24日陈毅、饶漱石、张云逸、黎玉致电中央军委："现决定由胶东、鲁中各调六个团（两个师）组织胶济路野战军，任命许世友为司令员，王建安为政委，为胶济线突击兵团。请即批准，以便执行。"次日，中央军委复电同意。

华东野战军指挥机关虽于1947年1月下旬建立，第一、第二、第三、第四、第六、第七纵队也随之建立起来，但各纵队的兵员补充，特别是第八、第九、第十纵队和特种兵纵队的组建，直到莱芜战役后才全部完成。此后，张云逸等根据中央军委关于大力充实野战军的指示，做好地方武装升级和新兵入伍工作。莱芜战役后，按照整编计划，正式建立了第八、第九、第十纵队和特种兵纵队。张云逸等还从胶东军区抽调2个基干团补充第一纵队，从渤海军区抽调1个团补充第六纵队，从鲁中军区抽调2个团补充第七纵队。这样，除第十纵队暂为2个师外，其他纵队都是3个师9个团。1947年上半年，张云逸等先后动员5万新兵补入主力。[①]

与华东军区和华东野战军建立的同时，华中分局并入华东局。1947年2月12日饶漱石在给中共中央的电报中提出"华中分局各常委均参加华东局为常委"[②]。后经中共中央批准，原华中分局常委除曾山（为华东局委员，后为常委）外，均为华东局常委。这样，新的华东局常委为饶漱石、陈毅、张云逸、黎玉、舒同、邓子恢、谭震林、粟裕、张鼎丞、刘晓，并以饶漱石为书记，陈毅、黎玉为副书记。

新四军兼山东军区与华中军区的下属各部门合并后，1947年1月23日，张云逸与黎玉、陈士榘出席了华东军区军工部成立大会。他动员兵工战士要更好地搞好兵工生产，艰苦奋斗，用实际行动支援解放战争。3月29日，华东军区在鲁南坡庄召开鲁南军区、鲁中南军区和滨海军分区兵工会议，"张云逸副司令员与袁仲贤副参谋长等讲了话，促进了兵工生产的发展"[③]。

新的华东局的组成以及华东军区和华东野战军的建立，使华东的军事斗争进入一个新的阶段。

---

① 陈毅、粟裕、谭震林致中共中央的电报，1947年7月19日。
② 中共中央组织部、中共中央党史研究室、中央档案馆合编：《中国共产党组织史资料》第四卷（上），中共党史出版社2000年版，第285页。
③ 中国人民解放军历史资料丛书编审委员会：《后勤工作·回忆史料（1）》，解放军出版社1994年版，第903页。

第十九章 转战山东

一、孟良崮战役前后

华东野战军（以下简称华野）组成后，华东战场进入更大规模的歼灭战阶段。

鲁南战役后，国民党军统帅部于1947年1月下旬制订了鲁南会战计划，调集了19个整编师（军）49个旅近30万人于徐州以东、胶济路以南地区，并以整编第十九军军长欧震指挥8个整编师（军）21个旅（师）为主要突击兵团，在台儿庄、新安镇、城头一线分三路由南向北进攻，以第二绥靖区副司令官李仙洲指挥3个整编师（军）共9个旅（师）为辅助突击集团，自胶济线的明水、周村、博山地区由北向南进攻，另以8个整编师（军）守备陇海、津浦和胶济沿线，企图南北夹击，与华东野战军在临沂附近决战，进而占领山东解放区。

针对这种情况，陈毅、饶漱石、张云逸、黎玉集体研究后，于2月2日致电中央军委："我们为集结优势兵力歼灭进犯鲁南之敌，已由胶济抽调五个师南下参战。王建安率四九两师本（冬）日到临沂，许世友率五六两师、宋时轮率七师刻正准备南下中。"①次日，中央军委复电，同意将王建安、许世友、宋时轮三部南调，并指示集中优势兵力，各个歼灭敌人。

据此，陈毅、粟裕、谭震林于2月5日拟定了攻郝（鹏举）打援、诱敌深入和移兵北线求歼李仙洲部三个作战方案。6日，中央军委批准了求歼李仙洲部的作战方案。同日，中央军委还致电陈毅、饶漱石、张云逸、黎玉、粟裕、谭震林："你们应在临沂建筑必要防御工事，以便在有利情况下，在临沂附近歼灭敌人。这样做对于在必要时放弃临沂并不矛盾。峄枣工事应一概平毁。"②

根据中央军委的指示，华野以第二、第三纵队伪装主力，由陈士榘指挥在临沂以南地区阻击南线国民党军，同时调主力秘密北上；张云逸则亲自指挥华东局、华东军区机关和群众疏散撤退，并部署东江纵队教导团在临沂东南的埠前、兰墩

---

① 军事科学院《张云逸军事文选》编辑组主编：《张云逸军事文选》，军事科学出版社2007年版，第704页。
② 《毛泽东军事文集》第3卷，军事科学出版社、中央文献出版社1993年版，第657页。

一线构筑野战工事，配合南线主力摆出一副准备决战的样子。

在南线第二、第三纵队的阻击下，华野主力迅速北上，于 2 月 20 日发起莱芜战役，至 22 日上午国民党军整编第四十六师缩进莱芜城，与第七十三军主力会合。"22 日夜，华东军区调研室，截获国民党第二绥靖区司令官王耀武命令李仙洲于 23 日突围，向吐丝口、明水靠拢的情报。华东军区值班作战股长高咏欣当即向张云逸报告，张云逸指示立即直接报告在淄川大矿地的陈毅司令员。高咏欣一字不漏地用电话报告了敌情的原文，华野首长根据这一情况，决定了诱敌深入我预设'口袋'的战法，将敌彻底歼灭。"① 至 23 日，莱芜战役胜利结束，共歼灭国民党军第七十三军、整编第四十六师等部 5.6 万余人。连同南线及胶济沿线作战，共歼灭国民党军 7 万余人，缴获各种火炮 350 余门，汽车 50 余辆。

莱芜大捷后，华野转入整训。张云逸和华东局、华东军区的其他领导人，于 3 月初到达华野指挥部所在地——淄川大矿地蒲家庄，与华野领导人一起，学习讨论中共中央 2 月 1 日发出的《迎接中国革命的新高潮》党内指示，并研究决定：除抓紧时间组成第八、第九、第十纵队和特种兵纵队并进行兵员补充外，华野应召开高级干部会议，学习中央指示，讨论如何完成今后的作战任务；从渤海军区运粮 1 亿斤至 2 亿斤到胶济路以南，以供华野之需。据此，华野于 7 日至 12 日召开了师以上干部会议（即大矿地会议）。陈毅、粟裕、谭震林抽时间到各纵队去研究和帮助工作；饶漱石、张云逸、黎玉、舒同抽时间到渤海、胶东军区布置工作。

3 月 18 日，华野特种兵纵队在沂南县苍南坡（一说苍子坡）宣布成立。张云逸、邓子恢、张凯代表华东局、华东军区和华野出席了成立大会。

3 月 25 日出版的《军政报》对此进行了专门报道："本月十八日，为全军瞩目的华东第一支机械化部队——特种纵队光荣诞生，在 × 地隆重举行成立大会，华东党政军首长均亲临参加，该纵队下分榴弹炮团，野炮团，骑兵团，工兵营，警卫营，汽车大队，坦克队等兵种，纵队司令为陈锐霆同志。成立大会之日，上午召开全纵干部大会，到会五〇〇人，由张副军长首先报告特纵成立之艰巨，希各同志永远不要忘记为夺取这些宝贵武器而辛苦流血的其他兄弟部队，死难英雄，要好好学习技术，完成党与军赋与的光荣任务。次即由邓政委作长达七小时的政治报告……下午又在 × 地举行成立典礼，军政治部张副主任代表军首长接受全纵敬意，并提出熟练技术，认清时局，亲密团结三大号召，从第一支人民机械化部队的基础上发展到几十个，几百个特种部队，华东局及省政府代表亦相继致以热烈贺辞，次在该纵队陈司令领导下会场宣誓为人民尽瘁，又通过致毛主席朱总司令电，当时军大文工团演出《晴天》助兴，该纵并出动坦克五辆，榴炮八门，野炮六门莅会展览，极尽壮观。"

从 1947 年 3 月开始，国民党军统帅部鉴于在全国各战场进攻失败，遂利用华东野战军集中山东以及 3 月 15 日在河南花园口堵住黄河决口、使黄河重归故道的

---

① 李晓光：《张云逸年谱》，中共党史出版社 2005 年版，第 157 页。

形势，把"全面进攻"改为对山东和陕北的"重点进攻"。

在山东战场，国民党军调集了24个整编师（军）60个旅（师）45万人，组成了以整编第七十四师、第五军、整编第十一师（均为蒋介石的"五大主力之一"）为骨干的3个机动兵团，由陆军总司令顾祝同统一指挥，采取"密集靠拢，加强维系，稳扎稳打，逐步推进"的作战方针，企图与华野决战，或迫使华野北渡黄河进入华北，进而达到攻占整个山东解放区的目的。

针对国民党军的调动部署情况，陈毅、饶漱石、黎玉、张云逸、粟裕、陈士榘集体研究后，于3月4日致电中央军委并刘伯承、邓小平等，对今后作战提出两个方案：第一个方案，集中华野和刘邓大军在津浦线兖州至济南间与敌决战，如能歼敌四五个军，即可使敌收缩甚至转入全面守势，利于提早反攻并转入外线，但与有准备之敌进行决战，比较吃力，且伤亡必大。第二个方案，华野转入鲁南歼敌，为此建议刘邓军向东南出击，截断陇海路，与华野形成对徐州之钳形攻击，迫使位于徐州以北津浦线上的敌人南返，华野再全力于运动中歼灭之，但辗转南北需时较长，转入外线的时间亦需推迟。华野转入南线作战又有两个突击方向：向临沂东南至海州间地区，歼灭整编第七十四师；或以全力由临沂与枣庄间插入敌纵深，攻占台儿庄运河线，歼灭该区之敌。

在以上两个作战方案中，之所以都与"转入外线"相联系，是因为早在鲁南战役刚刚结束，中共中央于1947年1月24日致电陈毅、饶漱石及华东局并告刘伯承、邓小平："我们已令刘邓缩短内线作战时间至四月底为止，准备五月开始（包括休整时间在内）向中原出动转变为外线作战。华东方面亦请按此计划办理，努力争取于五一以前在内线解决蒋军主力，并完成外线作战的一切准备（弹药、新兵、干部、经费等）。"①

在中共中央、中央军委和毛泽东看来，全面内战开始后华东地区和刘邓大军的内线作战，都是为转入外线作战创造条件。尽管毛泽东依据战争形势的发展变化，一再推迟出击外线的时间，将外线作战方针逐步调整为先内线再外线的作战方针，但在指挥内线作战的同时，他的眼睛一直在盯着外线，并要南线诸军身体力行。正因为如此，陈毅、张云逸、粟裕等在考虑莱芜战役后的下一步作战行动时，不得不与"外线作战"相联系。

接到陈毅、张云逸等的上述电报后，毛泽东在替中央军委起草的复电中指出："至下一步行动，目前可从几个方案考虑，待敌情发展再行决定。但考虑行动应以便利歼敌为标准。不论什么地方，只要能大量歼敌，即是对于敌人之威胁与对于友军之配合，不必顾虑距离之远近。转入外线作战时间现亦不必考虑，因五师主力一部已渡河到达太岳，一部正待机北渡，鄂西王树声部一部已去湘西，一部留原地。因此，中央原令你们提早转入外线援助五师之计划，现可改变，大约本年

---

① 《毛泽东军事文集》第3卷，军事科学出版社、中央文献出版社1993年版，第638页。

全部时间均可用于内线作战。"①

由此,《两区战略计划》被暂时中止,出击外线的作战方针最终调整为内线歼敌的作战方针。这是一个重大的战略转变,对解放战争的胜利发展具有极其深远的意义。正如毛泽东在《解放战争第二年的战略方针》中所指出:第一年作战"我军正确地采取战略上的内线作战方针,不惜付出三十余万人的伤亡,大块土地的被敌侵占,使自己随时随地立于主动地位,因而争取了歼敌一百十二万人,分散了敌军,锻炼和壮大了我军"②。

而张云逸等于宿北战役后力主先歼灭鲁南之敌再南下淮北的主张,对于中央军委将出击外线的作战方针调整为先内线再外线的作战方针,并最终形成内线歼敌的作战方针,发挥了积极和重要的作用。根据这一方针,华野于4月下旬在泰安、蒙阴地区歼灭国民党军2万余人后,又于5月中旬取得了孟良崮战役的胜利,歼灭蒋介石"五大主力之一"整编第七十四师等部3.2万人。

孟良崮战役后,5月22日华东局召开支前工作会议。

山东的支前工作经过了一个逐步摸索经验的过程。全面内战爆发后,胶济线和临枣线虽有战争,但规模不大,所以支前工作仍沿用抗战时期分散游击战争的经验。从宿北战役开始,特别是鲁南战役,这才是山东调动大批民工支援前线的开始。宿北战役后,华东的主要战场转到山东,战争供应突感繁重,尤其是事先无组织无计划,人力、粮食都是临时紧急动员。经过宿北、鲁南战役,在支前工作上普遍感到劳民伤财,因而才有健全支前组织和全面组织人力的思想。为此,华东局于1947年1月首先改组了省支前委员会,并增调大批干部设立人力、粮食、民站、政治各部及秘书处等经常性工作部门,授权山东省支前委员会全权统一领导支前工作,并命令各行署、专署、县府均建立支前机构,初步建立各种制度,如统一人力的调度制度,统一粮食的调度制度和支付手续。莱芜战役后,张云逸等又研究确定了民工使用制度和管理教育制度,如在团以上建立担架队,每纵队配备常备民工担架500副,每纵队配备随军常备民工3000人,规定了常备民工服务期限(半年一期)和复员手续,规定了部队对民工队的生活照顾和政治待遇。因此支前工作也有很大进步,如加强民工的组织和教育,根据民工的性质不同分编随军、常备、临时三种民工组织,加强民工中的骨干配备,实行民工普遍轮训,进行阶级、政治、时事、军事教育,开展立功运动,开始注意支前与生产的结合,大量的民工出发后,组织半劳力和妇女生产,并保证出工家庭之生产,实行各式各样的计工算账,并设立了民站网,保证民工食宿,治疗民工疾病,使民工较前大为巩固,并使直接在前方服务的民工达到15万人。

这次会议就是在总结以往经验的基础上,研究如何协调前后方的关系。邓子恢、黎玉、饶漱石先后发言。最后,张云逸指出:支前委员会经历了3个时期。

---

① 《毛泽东军事文集》第4卷,军事科学出版社、中央文献出版社1993年版,第1页。
② 《毛泽东选集》第4卷,人民出版社1991年版,第1229—1230页。

第一个时期,没有执行机关,只是突击,浪费人力物力大,证明不行。第二个时期,有了专门权力机关,起了很大作用,但也存在不少缺点。第三个时期,部队和地方双方情况了解了,省政府可以在后边指挥了。今后要规定人力动员标准和统一筹划粮食问题。"支前委员会是党领导人民为部队服务,解决人力物力的机关","没有这个机关不行,不能完成战争供应任务"。"战争是长期的,没有后方征粮及人力组织是不行的,两者应互相结合,无前便无后,无后也无前。作战时均是支前,支前 15 万人对山东来说还是少数,大量的工作还在后边。前方应照顾后方,后方要强调支前。"①会议决定,后方应进一步调动民力,筹集粮食,做好支前工作,部队应开展节约使用人力物力的教育。

随着战局向山东境内推进,国共双方的军队达到上百万人,山东解放区的人力物力资源消耗严重。如何最大限度地调集人力物力财力支援战争,是张云逸等必须考虑的一个重大问题。为此,除进行土改、发展生产、动员广大人民群众参军参战和积极支前外,张云逸等还作出了军队和地方党政机关停止经商的重大决策。

抗日战争时期,为了减轻人民负担,减少财政开支,各根据地曾规定部队和地方党政机关发展生产以补助经费开支。由此,各部队和地方党政机关在发展农业和手工业生产的同时,开始了经营活动。应当说,这是在特定历史条件下被迫采取的方针。当然,也是正确的方针。但随着抗战的胜利结束,解放区的扩大以及对中小城市的接收,各部队和地方党政机关派出大批人员经商,形成了从生产自给到贸易自给,造成了与民争利,混乱市场,流弊丛生等严重问题。其主要表现是:投机垄断,操纵市场,使物价高涨和北海币跌价;买卖公家所需物资,高抬市价,甚至公开舞弊,使公家支出增加;利用部队和地方党政机关名义破坏政策,破坏法令,走私漏税,削弱对敌经济斗争力量;各单位自由支配经营所得,从而破坏了财政供给制度;部门之间苦乐不均,影响工作情绪,影响团结。

为纠正从生产自给变为贸易自给所造成的混乱现象,集中一切财力应付大规模战争,张云逸等以华东局的名义于 1947 年 5 月 13 日发出了《调整部队机关生产工作的决定》,决定部队供给由地方政府保证,部队不得再经营贸易;各部队所经营的商店由各区党委和华东局财经部整理合并;此后部队生产以农业、手工业及运输(包运货物)为限。

在停止军队的经营活动后,张云逸等认为地方党政机关的经商活动也必须停止。为此,6 月 20 日张云逸等又以华东局的名义发出《关于结束部队机关生产贸易自给任务的决定》,规定:(1)截至 7 月 30 日止,各地各级党政军部门所经营的企业,一律移交地方各级工商局。(2)各机关各部队以后的一切开支均由公家支付,其所有生产自给任务一律解除。(3)各部门过去开支难以报销者,可据实呈报上级,经核准后予以报销。(4)各部门所需外来物资,统由工商局负责采购。(5)今后机关生产以原有编制人员直接从事业余生产为限,如种菜、推磨、运粮、

---

① 刘瑞龙编:《第三野战军后勤文献选编》上卷,金盾出版社 1997 年版,第 532—533 页。

纺织、编织等，不得专设生产人员，不得开设工厂，以杜绝囤积原料、变相投机之弊。（6）各部队各机关以前因生产而占用的土地，除自行开垦者外，一律交由当地农会统一分配（自垦者最好也主动献出）。（7）以后各级党政军民机关及脱离生产之工作人员，一律不准作商业行为，除其家属原本经营商业者外，亦不得利用家属出面变相经营。

这一政策的出台，对于集中一切财力支援战争，进而粉碎国民党军的重点进攻，无疑起到了重大作用。

另外，由于战役规模逐步扩大，战斗的残酷性增加，如何加强大批残废军人的管理工作，变得越来越重要。为此，1947年4月28日华东局作出《关于加强优荣工作的决定》，指出："为了加强华东地区的荣军工作，特决定成立一个华东荣军管理委员会，并决定以张云逸同志参加，并代表华东局统一领导此工作。"5月1日，新四军兼山东军区、华中军区、山东省政府、苏皖边区政府联合发出《关于统一和加强华东荣军工作的决定》，并决定成立由11名委员组成的华东荣军管理委员会，以张云逸、魏文伯、罗应怀、梁竹航、孟东波为常委，以张云逸为主任、孟东波为副主任。荣军待遇和管理工作的加强，对稳定军心以及地方部队升级为野战军及补入野战部队起到了重要作用。

6月10日，华东局成立对敌斗争与地方武装、民兵建设和参军研究会，由张云逸任召集人，专门研究在国民党军重点进攻之下的地方武装、民兵建设及扩军问题。这时，华东军区调研室获悉：国民党军整编第二十五师向顾祝同报告，要在其占领区抓捕民兵送徐州集训后补充部队，并建议其他部队仿行。为粉碎国民党军抓捕民兵的计划并坚持敌占区的斗争，张云逸批示："通令各军区撤退时，应将民兵带走，留一部精干者。"①

6月下旬，张云逸随华东局和华东军区机关由坡庄转移到诸城县寿塔寺。寿塔寺，位于诸城县城以南。在这里，华东局为检讨山东一年来的土改工作，并审查华东局过去对于土改的方针和路线，于1947年6月下旬至7月上旬召开扩大会议。参加会议的有华东局书记饶漱石，副书记黎玉，常委张云逸、邓子恢、张鼎丞、舒同，以及山东省政府党组成员。

在饶漱石的主持下，会议首先由主持山东土改工作的黎玉作自我批评，接着张鼎丞、舒同、邓子恢、张云逸先后发言。饶漱石多次发言，错误地批判了黎玉在土改中的所谓"富农路线"错误。

所谓"富农路线"，指华东局在《九一指示》中，规定中小地主可留下比中农多半倍的土地，抗日地主与军、工、烈属之属于豪绅地主者，可留下比中农多一倍的土地，结果造成地主多留地、留好地，富农自耕土地未动，干部与军、工、烈属普遍多分土地、多得果实，无地和少地的雇贫农少分地、分孬地或得不到土地，使土改流于形式、流于不彻底。

---

① 李晓光：《张云逸年谱》，中共党史出版社2005年版，第160页。

据此，会议认为：华东局过去在土改指导上发生了严重的错误，"这个错误不是一般的方式方法的错误，而是方针路线的错误：在土改政策上是右的富农路线，在执行方法上是限制群众路线，在领导方法上是自满自足与官僚主义。正因为华东局过去指导上存在着这种原则上的错误，便使得山东土改普遍存在不彻底与富农路线的严重现象"①。

为纠正山东土改中的"富农路线"问题，华东局于1947年7月7日发出《关于山东土改复查新指示》，规定土改中应采取"中间不动两头平"的办法，即中农和靠勤劳起家的新富农的土地财产不动，而使雇农、贫农与地主、旧富农按人口平分土地。

应当说，这时实行"中间不动两头平"的土改办法没有错，过去《九一指示》对中小地主等给以适应照顾也没有错。问题在于，由于形势的发展变化，使人难以历史地看待问题，并且太过于看重个人责任。

如前所述，山东解放区的土改是根据中共中央《五四指示》进行的，《九一指示》中关于中小地主可以留下比中农多半倍的土地、抗日地主等可以留下比中农多一倍的土地以及一般不变动富农的土地等规定，都是请示过中央的。其目的无非是为了既解决农民的土地问题，又要巩固争取和平民主的统一战线。按照后来平分土地的标准，《九一指示》与《五四指示》一样，是由减租减息政策向平分土地政策的过渡，不可避免地带有不彻底性。而这种不彻底性在当时是符合中国共产党争取和平民主基本方针的，因而是合理和必要的。1946年11月，中共中央根据国民党单独召开伪国大的情况，把争取和平民主的基本方针改变为战争解决问题的基本方针。在此形势下，对地主、富农等的各种照顾当然要有所改变。也正是在这种情况下，中共中央于1947年5月1日致信华东局领导人，提出为了满足农民的土地要求，对中小地主等的照顾必须出于群众自愿，对富农的土地不能不动，但打乱平分及中间不动两头打乱平分的办法各地必须慎重采取。所以邓子恢讲："刘少奇同志的信来了，大家认识才渐趋一致。"②但即使如此，也不应把所谓"富农路线"的问题归咎于黎玉同志个人。

《五四指示》发出后，就全国而言，除晋冀鲁豫和华中解放区的土改比较彻底外，山东、晋察冀和晋绥解放区的土改都不彻底。③这说明，各解放区对《五四指示》的理解和落实情况是不平衡的。有的按《五四指示》做并请示中央，有的在实际操作中超过了《五四指示》的规定。超过《五四指示》规定的，符合了后来形势发展的需要，按《五四指示》做的，则落后于后来形势的发展，土改也就显得不彻底。而这种"不彻底"恰恰根源于《五四指示》本身的"不彻底"。这种"不

---

① 山东省档案馆、山东社会科学院合编：《山东革命历史档案资料选编》第19辑，山东人民出版社1984年版，第131—132页。
② 山东省档案馆、山东社会科学院合编：《山东革命历史档案资料选编》第19辑，山东人民出版社1984年版，第132页。
③ 刘少奇致中共中央的电报，1947年8月4日。

彻底"只能根据形势的发展和中共中央基本方针的变化而逐步调整。因此，把土改发展过程必然出现的"不彻底"问题归咎于黎玉同志个人，是不客观的。

由于张云逸既参与了以前山东土改政策的制定，会前又知道了中央的新精神，因而他在参加会议及发言时的心情是复杂的。

1948年，黎玉被戴上了"山头主义""宗派主义"和"富农路线"的政治帽子；1986年3月13日，中共中央为其彻底平反。

二、策应"大举出击"

1947年6月30日，由刘伯承、邓小平率领的晋冀鲁豫野战军主力南渡黄河，随即发起鲁西南战役，揭开了人民解放军战略进攻的序幕。

为配合刘邓大军的行动，根据中央军委关于向敌远后方出击的指示，华野于7月初兵分三路：由陈士榘、唐亮率第三、第八、第十纵队向鲁西挺进；由叶飞、陶勇率第一、第四纵队向鲁南挺进；华野指挥部率第二、第六、第七、第九纵队和特种兵纵队，位于沂水至悦庄公路两侧地区，对付进犯鲁中山区之敌。由此逐渐形成了华东野战军陈唐叶陶五个纵队协同刘邓大军作战的局面。

蒋介石为保持其对山东的重点进攻，仍然集中九个整编师（军）于鲁中山区，并继续向东向北进攻。

在此形势下，为打破蒋介石"东攻西守"的策略，陈毅、粟裕于7月10日向中央军委建议，刘邓大军切断陇海和津浦铁路，与陈、唐会师打大歼灭战。同日，陈士榘、唐亮也致电陈、粟并华东局，建议集中兵力，放手打大歼灭战。

张云逸、邓子恢、张鼎丞、舒同和袁仲贤在部署后方工作的同时，也密切关注着战局的发展，思索着破敌之策。

当时，他们掌握的情况是：国民党军以9个整编师共25个旅集结于临沂至蒙阴公路以北山区，另有桂系国民党军2个师由汤头、葛沟沿沂河东岸向沂水县城前进。由于交通受阻，雨季已到，国民党军不但供给极端困难（第五军和整编第六十四、第六十五等师已无存粮，均电催空运），而且山区村庄房屋少，国民党军士兵多要露宿，必然影响情绪。同时，华东军区地方部队仍控制着要道山岗，并向敌之交通线开展游击，使敌困难增多。顾祝同曾一度要将欧震兵团西撤，但蒋介石7月6日电令仍照原计划攻沂水。7月9日，范汉杰向顾祝同建议，部队到东里店后只留一部兵力进攻，主力撤回新泰、蒙阴间，防止兖州至泗水的补给线被切断。

据此，张云逸、邓子恢、张鼎丞、舒同和袁仲贤联名于7月11日致电中共中央并陈毅、饶漱石、黎玉、粟裕、谭震林："敌上下矛盾无信心，如我断其补给线，敌可能恐慌混乱。因此，建议刘邓军主力由郓城向津浦线（约五天可到），会合陈士榘兵团，横扫津浦，再向山区进攻。我二、六、七、九四个纵队由东向西夹击，叶陶纵队亦同时回攻，求得将敌大军围困在山区夹击而歼之。如将此顽大部歼灭，全国局面必起基本变化，长江以北可传檄而定。目前，刘邓先向东后向南为宜。"①

但中央军委和毛泽东的想法是，由于国民党军要寻求与华野在山东决战，其正面兵力绝对集中，因此不应再采取集中兵力作战的方针，而应采取出击其远后方的方针，待敌分散后再寻机各个歼灭。另外，蒋介石重点进攻的目的，是将战争继续引向解放区，来尽情地消耗解放区的人力物力财力，用解放区的骨头熬解放区的油，让解放军即使取得若干的军事胜利，但在战略上难以持久。

为粉碎蒋介石企图把战争继续引向解放区的方针，中央军委于7月23日致电刘邓、陈粟谭并华东局：刘邓军于鲁西南战役后，下决心不要后方，以半个月行程，直出大别山，建立根据地，吸引敌人打运动战；陈赓、谢富治集团于8月下旬出豫西，建立根据地，吸引胡宗南一部打运动战；叶飞、陶勇两纵队取道鲁西、皖西、皖南，出闽浙赣，创立闽浙赣根据地，并考虑组织东南分局，邓子恢、张鼎丞、曾山前往主持；陈粟谭率鲁中主力并于刘邓到大别山后，指挥陈唐担任整个内线作战任务。

这就是中央军委的战略进攻计划。这个计划的目的是将战争引向国民党统治区，将进攻山东、陕北等解放区的国民党军拖出解放区，使解放区得到喘息，同时利用国统区的人力物力财力来支持长期战争，用蒋介石的骨头熬蒋介石的油。

这一方针与张云逸等集中兵力打大歼灭战的想法完全相反。由于事关重大，张云逸、邓子恢、舒同等饶漱石、黎玉从华野指挥部回来后，一起研究了中央军委的这个电报，并以华东局的名义于7月25日致电中央军委并陈粟谭。在这个电报中，他们首先表示"一致拥护中央发展大别山和闽浙赣的方针"，随后提出如下建议：叶陶两纵是否先由鲁南开回鲁中进行休整补充然后南下，或先留内线作战一个时期，待歼敌二三个师后再南下；如果先在内线作战一个时期为有利，可否从各纵队中抽调熟悉江南情况的部队，组成若干个小团先期南下，配合曾镜冰、胡明、龙跃等开展游击战，然后叶陶再行南下；另外，能否把陶勇纵队换成另外一个纵队随叶纵南下；由于华东各方工作正在开始转变中，邓子恢、张鼎丞、曾山不宜全部调走，东南分局可暂由张鼎丞、叶飞、曾镜冰等组成，以后视情况发展再扩大。

27日，陈粟谭也表示同意中央23日的新方案，并向中央军委建议，"在大兵未南下前，可否派若干先遣队首先进入大别山和闽浙赣"，"叶陶两纵，叶去陶留为妥"。他们还认为，"如果我们能在内线再歼其机动旅十至二十个，将对外线歼敌有极大之便利。要求得在内线歼敌是完全可能的，仅是捕捉战机问题"，而"迅速插入敌后作大发展，是能逼敌迅速回头，减轻正面压力及解放区人民痛苦，但完全没有根据地作依托，在目前之大规模作战是困难太大"。

中央军委采纳了张云逸、邓子恢等和陈粟谭关于叶陶两纵先在内线作战一个时期的建议，7月27日决定叶陶"在两个月后再行南出"，9月24日又决定停止

---

① 军事科学院《张云逸军事文选》编辑组主编：《张云逸军事文选》，军事科学出版社2007年版，第710页。

执行叶陶出闽浙赣的计划，但对他们集中刘邓大军和华野打大歼灭战的建议则不予采纳，仍然坚持刘邓大军挺进大别山和陈谢集团挺进豫西。7月29日，中央军委致电刘邓、陈粟谭并华东局等："现陕北情况甚为困难（已面告陈赓），如陈谢及刘邓不能在两个月内调动胡军一部，协助陕北打开局面，致陕北不能支持，则两个月后胡军主力可能东调，你们困难亦将增加。"①

中央军委既已决定向国统区大举出击，各部只好服从。

为适应大举出击、经略中原的需要，根据中央军委的指示，8月间陈毅、粟裕率华野第六纵队和特种兵纵队西进，与陈唐叶陶五个纵队组成华野外线兵团（也称西线兵团或西兵团），执行外线作战任务，由许世友、谭震林指挥第二、第七、第九纵队和新成立的第十三纵队，组成华野内线兵团（也称东线兵团或东兵团），执行山东内线作战任务。

随着华野主力一分为二，华东局和华东军区于8月上旬在掖县（今莱州市）徐家也一分为二。8月5日，饶漱石、张鼎丞、黎玉、曾山、袁仲贤致电中共中央："云逸、子恢、舒同以全力组织西兵团供应，华东局领导中心暂设东面，俟西面布置完毕，后方中心另作决定。"② 这就是说，由张云逸、邓子恢、舒同率华东军区和华东局机关一部转移渤海地区，全力做好西兵团的后勤保障工作，由饶漱石、黎玉、张鼎丞、曾山率华东局领导中心暂留胶东，待西面工作布置就绪后，华东局领导中心是在胶东还是在渤海再作决定。

由于陈毅、粟裕于8月5日建议华东局应移驻渤海建立补给支前中心，张云逸、邓子恢、舒同致电华东局，提议饶漱石等是否来渤海主持工作。8月6日，饶漱石、张鼎丞、黎玉、曾山致电张云逸、邓子恢、舒同："鼎丞帮助胶东贯彻土改，曾支持财政短时均不能离开。另协助东兵团组成，调整各方关系，加强党内团结，漱石以留在东面为宜。因此，东面暂以漱石、黎玉、谭、曾组成工委，统一领导胶东、滨海、鲁南工作。在张、邓、舒走时已有商议，如你们无意见即照行。""同意华东局领导中心设在渤海，提议以邓子恢代理书记，候布置完毕即正式宣布。"但由于华东局正副书记均在胶东，华东局领导中心设在渤海显然不合适。经过协商，华东局领导中心仍设在胶东，前往渤海的张云逸、邓子恢、舒同等组成华东局工作委员会（简称华东局工委或华东工委），在张云逸、邓子恢的主持下，进行华东局委托的工作，并直接领导渤海地区。

1947年8月上旬，张云逸等在掖县的虎头崖登船渡海，经莱州湾至羊角沟登陆，之后进入阳信县商家店地区。

---

① 《毛泽东军事文集》第4卷，军事科学出版社、中央文献出版社1993年版，第158页。
② 中国人民解放军历史资料丛书编审委员会：《中国人民解放军组织沿革·文献（3）》，解放军出版社2007年版，第295页。

第二十章　在华东工委

一、整理渤海

华东工委到渤海地区主要有三项任务：一是建立华东补给支前中心，支援华野西兵团作战；二是检查渤海解放区的土改；三是"整理军直"[①]，即整理华东局、华东军区机关和各军区、各野战纵队在渤海地区的后方机关。

张云逸、邓子恢率华东工委进入渤海地区后，1947年8月11日陈毅、粟裕率华野第六纵队和特种兵纵队进入惠民地区。张云逸、邓子恢等与陈毅、粟裕商定了华东工委支援华野西兵团作战的具体补充方案。

为全力支援华野西兵团作战，华东工委于8月中旬召开后勤工作会议，具体研究了渤海需要保障的人数和各项补给数字：除特种兵纵队和第十纵队后方人员外，需保障的人数计华野西兵团15万人，各纵队后方3万人，后方医院3万人，建制民工4万人，总计25万人；每月菜金和各种开支计25亿元（系按鲁中价格计算，鲁中比渤海价格贵一倍）；华野西兵团需要民夫10万人，渤海供应5万人（冀鲁豫军区供应5万人），现动员4万人，下月再补充1万人；每月向华野西兵团供给八三迫击炮弹2万发、八一炮弹5000发、六○炮弹1万发（9月开始供给）、手榴弹5万发；等等。

由于华野西兵团在7月作战中物资消耗及减员较多，又担任开辟黄河以南、淮河以北、平汉路以东、运河以西之新区的作战任务，9月1日，陈毅、粟裕致电张云逸、邓子恢，饶漱石、黎玉等并报中共中央和邯郸局（即中共中央晋冀鲁豫局）："我们最缺的是政权、地方群众干部，没有财经、粮秣干部，手上没准备基金。大军将有一个时期转战数百里，不能停足。为了解决此困难，请张邓、饶黎迅速调一批地方群众政权干部，至少二千名，由廿到卅名区党委、军区干部率领，携带一部基金，拟迅速来此帮助工作，以便迅速打开局面。""我们仍主饶黎率华东局速转至滨海、鲁中，或待敌东进时再西插渤海指挥，独立师及十师望能西进

[①] 邓子恢致中共中央并报中央工委并告华东局、华中工委的电报，1948年1月30日。

归建。我们军需补给及新兵,望张邓按商定迅速向聊城输运。"

张云逸、邓子恢等虽制订了支援华野西兵团作战的后勤保障计划,但由于初到渤海,各种工作刚刚展开,有的尚属摸情况阶段,除从华东局、华东军区抽调曾希圣等一批干部到达陈粟处外,其余如军需和新兵等要求一时还难以全部满足。

针对华野西兵团面临的困难,中共中央、中央军委一面要求陈粟从根本上改变依靠后方接济的思想,迅速建立无后方作战的思想,一切补给靠前线,一面于9月22日就华野及渤海区建制重新划分作出决定:

"由于目前华东地区与渤海隔断及陈粟西兵团执行新战略任务,特将华东野战军及渤海区重新区分如下:一、陈粟西兵团改为晋冀鲁豫野战军,受晋冀鲁豫中央局领导,除现辖之第一、第三、第四、第六、第八、第十纵队外,王秉璋纵队划归其直辖。二、渤海区暂时划归晋冀鲁豫中央局领导。三、陈粟张邓四同志加入晋冀鲁豫中央局为委员,邓小平仍为中原局书记兼晋冀鲁豫中央局书记,薄一波为晋冀鲁豫中央局第一副书记并代理书记,陈毅为该局第二副书记。陈粟代表该局负责指导黄河以南、运河以西、平汉以东、淮河以北地区之党政军民工作,以利直接支援前线。张邓代表该局指导渤海地区工作。四、晋冀鲁豫中央局负责统筹刘邓、陈粟两野战军及陈谢兵团的后勤供应。在目前,除供应刘邓、陈谢两军不可放松外,应将供应陈粟野战军工作放在紧要地位。五、华东野战军东兵团改为华东野战兵团,由许谭负责指挥,受华东局直接领导,辖第二、第七、第九、第十三纵队。"①

这样,张云逸、邓子恢等及渤海地区暂归中共中央晋冀鲁豫局领导。

渤海地区刚划归中共中央晋冀鲁豫局领导,华东野战兵团就于10月上旬进行了胶河战役,扭转了胶东战局。鉴于胶东形势开始好转,国民党军兵力空虚,华东局于10月9日致电中央军委并请转朱德、刘少奇:"在目前条件下,渤海军区主力大部似应集中,打开黄河以南广大地区,并配合鲁中、胶东军区部队,求得控制胶济线西段全部或一部,打通渤海、胶东、鲁中三地区交通,以改善山东局面。因此,建议暂将渤海军区主力仍归华东局直接指挥一个时期。如此对晋冀鲁豫毫无妨害,对华东则帮助甚大。"据此,中共中央于10月10日又决定:"在胶东胜利、山东局面可以打开情况下,渤海区应归还华东局领导,但供应陈粟方面之工作,则仍归邯郸局领导,使陈粟方面之供应统一由邯郸局负责。"②

这样,张云逸、邓子恢等和渤海军区划归中共中央晋冀鲁豫局领导不到一个月,又归华东局领导,但渤海对华野西兵团的后勤保障工作仍归中共中央晋冀鲁豫局领导。

张云逸等及渤海军区隶属关系的前后变化,只是他到达渤海后的一个插曲。

---

① 中共中央、中央军委致刘伯承、邓小平、徐向前、滕代远、薄一波、陈毅、粟裕、张云逸、邓子恢、饶漱石、黎玉、张鼎丞、曾山(并转许世友、谭震林)并告刘少奇、朱德,叶剑英、杨尚昆的电报,1947年9月22日。

② 中共中央致邯郸局、华东局并告陈毅、粟裕,刘伯承、邓小平,朱德、刘少奇的电报,1947年10月10日。

事实上，他与邓子恢等到渤海后，立即展开工作。其工作大体可概括为整党、整财、整军三个方面。

整党是与土改结合进行的。在听取渤海区党委汇报的基础上，从8月21日至9月25日，华东工委召开了地委以上干部参加的扩大会议，主要是传达华东局关于土改的新指示，深入研究部署华东工委的工作。会议期间，张云逸、邓子恢发现下面在土改中有乱抓、乱杀、乱没收的现象，普遍存在强迫命令、各种摊派使群众负担过重等问题。比如，有的干部为完成支前任务，要各村农民在家待命，不准外出，对发展生产影响很大；有的干部借优抗拥军之名贪污敲诈；有的干部在设立村联防时搞摊派，一个二三十人的村联防队所需要的经费竟比一个村上缴的公粮还多几倍。这里既有工作的方式方法问题，也有思想、组织不纯的问题。

据此，张云逸、邓子恢等研究决定，为缓和群众的对立情绪，暂停土改，停止扩军（原拟扩军1万补充华野西兵团），停止优抗拥军，取消联防，禁止摊派，将秋季公粮从3.5亿斤减少到2.5亿斤。

10月初，参加中央土改会议的华东局民运部部长张晔回到渤海。为传达中央土改会议精神，华东工委于10月8日在阳信县李家桥（后移惠民县何家坊），召开县级以上干部（每县5名主要干部）参加的渤海区土改整党扩大会议，至1948年2月25日结束，历时138天。

会议分三个阶段进行。第一阶段，传达学习中央土改会议精神；第二阶段，进行整党，解决组织不纯问题；第三阶段，部署土改复查。

邓子恢主持了在第一阶段的会议，共传达讨论了7天。会上，不少干部对渤海区党委的意见甚多。10月21日，张云逸、邓子恢、舒同向华东局、中共中央工作委员会（以下简称中央工委）报告了会议反映出来的问题："渤海地区的土改问题异常严重，从去年7月开始是右，与华东局的'九一指示'不谋而合，今年7月接受华东局的'七七指示'，又出现了'左'的行动，一概'扫地出门'、'一锅端'，扫了中贫农；每会必斗，每斗必打，每打必死；大部分地区土地问题基本没有解决，群众是在发动，只是小众，不是大众行动；军政干部不少干涉土改。究其原因：渤海干部成分异常复杂，选用干部不重视阶级出身，组织路线有错误；区党委掌握方针上是右倾的，立场是不稳的。对今后渤海土改的方针，他们提出，在土地分配标准上，采取中间不动两头平的方针；在土地分配方法上，采取以行政村为单位，抽多补少，抽肥补瘦；在生产资料上，一般不采取扫地出门的办法；在组织群众上，坚决停止'贫代会'那种大呼隆的方式，而采取个别串连、逐步发展的方式，不用行政力量搬石头，而强调领导群众自己去搬石头。为了贯彻执行这个方针政策，他们提出：要依照土地会议精神，在此次会议中，用打通思想，调整组织，执行纪律三种办法达到整编队伍，改造党的领导机关的目的。为此，他们建议，对区党委、地委的领导成员进行调整、充实、加强。"[①] 华东局和中央工

---

① 《邓子恢传》编辑委员会：《邓子恢传》，人民出版社1996年版，第340页。

委都肯定并称赞了这个报告。

应当说,这个报告讲了"左"和右两方面的问题,但基本精神是反右,这就为会议定了基调。特别在整党问题上,对党内思想不纯、组织不纯看得过于严重,强调阶级出身,使很多地主、富农出身的干部人人自危,造成会议气氛紧张。

1947年11月6日,中共中央政治局委员康生来到渤海(以后任华东局第二副书记),主持第二阶段会议,表现就更"左"了。在他的主持下,会议集中检查渤海区党委在土改中"富农路线""宗派主义"和剿匪反特斗争中的右倾错误。经过检查批判,1948年1月9日华东局作出决定:撤销景晓村渤海区党委书记兼渤海军区政治委员、李人凤渤海行署主任的职务;免去王卓如渤海区党委副书记兼军区第一副政治委员的职务,改任行署主任;撤销李震区党委社会部部长兼行署公安局局长的职务。这次受到组织处理(撤换或调训)的区党委、地委和县委干部达到一百人。与此同时,华东局工委将在此次会议中新发现的积极分子及华中、鲁中在渤海的干部分配到各县委,使之成为进行土改的核心。渤海土改整党的这些失误,第一阶段张云逸、邓子恢负主要责任,第二、第三阶段康生负主要责任。

从1948年1月2日起,会议转入第三阶段,讨论《中国土地法大纲》及群众路线问题。先由康生、邓子恢作报告,然后分组讨论,最后会议总结。

会议结束后,各县又召开了土改整党会议,随后采取建立核心、逐步发展、突破一点、带动全局的办法开展土改。地委集中力量突破一个县,县委集中力量突破一个区,以后再逐步展开。由此,按人口平分土地的土改运动在渤海区逐步开展起来。

在整顿财政方面,张云逸、邓子恢通过实施"三大方案",取得了显著成绩。

当时,山东解放区面临严重的经济困难。胶河战役前,山东解放区的127个县城(新划的)中就有104个县城被国民党军占去,不仅各种税收全停,而且各地的粮食物资损失严重。计渤海损失公粮4000万斤,物资80亿元;胶东损失公粮4000万斤,物资40亿元(北海币);滨海损失公粮1000万斤,物资40亿元;鲁南、鲁中的粮食和物资除大部消耗外,几乎全部损失。①

张云逸、邓子恢刚到渤海时,发现群众负担极重,财政面临危机。1947年9月间,在渤海吃饭的人数,计军直7万人、华野后方5万余人、荣军1.5万人、俘虏5000人、渤海军区教导旅7000人、渤海军区部队9.5万人、地方人员6.5万人、鲁中和鲁南难民3万人、民夫4万人,共37万余人,另有马9000匹。一些单位虚报人数甚至贪污浪费现象非常严重。当时预算,10、11、12三个月的开支再加上供应华野西兵团,收支相抵外,要亏空110亿元。为此,9月30日,张云逸、邓子恢、舒同致电中央工委:"目前渤海财政已面临严重危机,10月份已难维持。渤海货币流通量至少200亿元,现银行出的票子不仅已经用光,而且连纸边

---

① 饶漱石关于山东各方面情形给毛主席的综合报告,1948年9月3日。

及收集的次纸,也只能印40亿元,勉敷一月之需。为减轻人民负担,支持长期战争,除坚决实行土地改革、发展生产外,正用全力开展精简节约运动,否则前途危险。"

为克服财政危机,华东工委决定结合整党及"三整三查"①,实行"三大方案",并于1947年10月10日至30日召开了驻渤海的高级干部会议。会议的主要内容是:第一,传达中央土改会议的精神;第二,报告今后的战略方针;第三,研究财政经济问题。邓子恢在政治报告中提出克服财政困难的三个办法:厉行精简,核实人数;降低待遇,厉行节约;集中资材,统一财力物力的使用。这就是精简编制、降低供给标准和清理资材的"三大方案"。

张云逸在会上作了《坚决反对山头主义、本位主义与贪污浪费》的发言。他在发言中指出:

> 为贯彻执行华东局工委高干会议所通过的克服目前财政困难的三大方案——"精简编制"、"供给标准"、"清理资财",我们必须坚决反对山头主义、本位主义与贪污浪费的思想和行为,因为它是最妨碍三个方案执行的敌人,如果不把这个敌人彻底清除,就不能保证三个方案实现。
>
> 山头主义、本位主义的恶劣表现是:它力主分散自由,反对集中统一,它只看到个人与单位部分的利益,没有看到阶级的群众的整体利益,只顾自己的享乐,不管别人的困难。……如作战部队需要弹药,需要粮食与被服鞋子,大多从几百里外运上去,有时还来不及运上,而在其附近则有现存的许多弹药许多粮食许多被服鞋子,但那是属于某一地区某一部队或某一部门的,除非它的直接首长,虽有上级的命令也不能动;或是属于某一生产机关的,你要,先拿钱来才行。到情况紧张时,搬运不及,供给了敌人。又有些单位在情况变化时,把运输工具运送自己的破烂家具或物资,而不肯接受抢运有关战争的重要资材的任务,甚至接受了任务,竟有马上用汽车送自己私人的东西,然后回报汽车已出发了,没有办法,以欺骗上级。还有如受时效限制的药品(配尼西灵),当时野战医院后方医院迫切需要,但紧紧抓着不放,宁可失去时效,变成废物。战场缴获的器材,则任意消耗,或拆藏另件,致有用之物成了废料。一年来,因山头主义本位主义而造成的损失,至少可供给战争半年以上的需要,这耗费了我们多少战士与人民血汗!
>
> 山头主义本位主义又是贪污浪费的温床,造成了贪污浪费,助长了贪污浪费。……贪污浪费的现象也极为严重:直接贪污,编造假账、浮报开支,侵占俘房财物等案犯,华东军区军法处就押了好几起;至于借口机动而多报名额,吃几天饭报一个月等,把所得擅自浪费,则颇为普遍。更由于过

---

① "三整三查",指地方上整党运动中的"三整三查",即查阶级、查思想、查作风,整顿组织、整顿思想、整顿作风。

去规定的生产自给任务过重，大家又趋于商业投机，辗转循环，不仅与民争利，而且主要赚公家的钱，客观上是变相的集体贪污。随便开支，不遵守制度，造成严重的浪费；机关与机关之间苦乐不均，影响团结；在一个机关或部队中干部与战士之间的生活悬殊，影响干部战士的团结，甚至因此而引起浪费竞赛，你吃得好，我吃得更好，你排场阔绰，我比你更阔——特别在和平时期，这个现象颇为严重。此外，对保护公物不负责任，致霉烂损失，其浪费的数量也很大。其中也有借损失为名贪污一部分的。我们在这次会议中所得材料，这一年来单在渤海地区一切后方机关与部队贪污浪费损失的即达一百三十万万元之巨，这统计数字一定使大家大吃一惊。[①]

在列举了山头主义、本位主义和贪污浪费的现象以后，张云逸深刻剖析了这三种现象产生的社会根源、历史根源以及它与官僚主义和自由主义的关系，最后指出了解决问题的办法。

舒同在总结报告中提出了克服财政困难的七大原则，即全党当家、首长负责、支部保证、严格纪律、赏罚严明、群众路线和民主作风。

就在会议结束的当天，华东局于10月30日发出了《关于贯彻高干会精神及具体执行三大方案的决定》，指出："这是克服当前财政严重困难，减轻人民负担，支持长期战争，争取战争胜利的重要关键，全党全军必须贯彻执行。"[②]11月2日，华东工委还成立了以李林为主任委员、张凯为副主任委员的华东整理委员会，负责"三大方案"的执行落实工作。

此后，"三大方案"在渤海和整个华东地区得到迅速贯彻。

根据邓子恢1948年1月20日致中共中央的电报，以及张云逸、邓子恢1月31日致中央工委的电报，至1948年1月底，渤海区执行"三大方案"告一段落。在精简方面，各单位共减13万人，其中1.2万战斗人员去前方，2000多名干部南下，1000多人到华东军政大学学习，复员常备民夫5万人，释放俘虏的国民党军下级军官7000人，还成立了1个1000多人的华东军区警卫团，被精减下来的人员多用于发展生产。至1947年12月底，在渤海吃饭的人数由原来的37万余人减少到24.5万人。

在清理资材方面，华东军区各直属单位及华野、鲁中和鲁南军区各后方单位共清理出资材40亿元，粮草折价23亿元；渤海军区清理出资材80亿元。每月开支由原来的25亿元下降为12亿元。这样，仅清理出来的资材，扣除10、11、12三个月的开支，还有节余，财政困难已经度过。

在降低生活标准方面，一般公杂开支平均减少了50%—80%，指挥员与战斗

---

① 山东省档案馆、山东社会科学院合编：《山东革命历史档案资料选编》第19辑，山东人民出版社1984年版，第441—443页。

② 山东省档案馆、山东社会科学院合编：《山东革命历史档案资料选编》第19辑，山东人民出版社1984年版，第418页。

员的生活接近平衡，节约与遵守制度的习惯开始养成，军民关系、官兵关系得到改善，并为进行土改创造了条件。

另外，根据1948年9月3日饶漱石《关于山东各方面情形给毛主席的综合报告》，至1948年上半年，整个华东地区取消由各党政军机关掌握的旧粮票6亿斤（折合北海币1800亿元，机关掌握的作废，散布民间的旧粮票则以旧换新），清理出来的物资折合北海币500亿元；全山东脱离生产及全部吃公粮的人数由80万人减少到60多万人；除野战军外，从华东局开始一律吃大灶，取消中灶、小灶；野战军每人每日吃粮2.6斤，减少了4两，地方每人每日吃粮2.4斤，减少了9两，半年共节约粮食3000万斤；共精减出2万勤杂和后方警卫人员参加主力，抽出1.2万名干部参加发展新区工作。

总之，通过实行"三大方案"，既克服了财政危机，又完成了各后方机关的整党任务。

中共中央对山东克服财政困难的经验极为重视，并于1948年7月15日将此经验通报给各个战略区："去年底，山东的财经状况是相当严重的。经过去年敌人的重点进攻，除渤海黄河以北地区外，其余地区的国民经济受到严重摧残，特别是大鲁南区域，十室九空，田园荒芜，庐舍为虚，农民嗷嗷待哺，而战争仍在紧张进行，战费紧迫，开支扩大。另一方面，旱灾在前，各灾继之，春荒又将来临，虽然粮食奇缺，但不能不拨出大批粮食救灾，虽然财政困难，也不能不停止烧酒的专卖，改做平粜粮店，因而税收减少一半以上。""在这严重情况下，华东局向该区全党同志提出了'三大方案'，即（一）减低生活标准，以紧缩开支（尤其是紧缩和节约特别费）；（二）精简机关，整理编制，以减缩后方机构，扩大前方战士；（三）清理资材，整理公粮公草，建立统一金库，实行严格的预决算制度等。并以身作则，坚决执行。因而一方面度过财政难关，救济了春荒，开展了生产运动，正在医治战争创伤和积蓄力量，以恢复元气。""可见我们的财政状况虽极困难，但只要正视困难，从最坏的情况出发，健全制度，坚决执行，我们是有足够的办法渡过财政难关的。"

在整军方面，张云逸、邓子恢于1947年11月间派出一批工作团，由舒同率领到渤海军区及两个主力师去检查，开始是传达与检讨"三大方案"，发扬民主，一般下层干部与战士，极感兴奋。在民主检讨中，不仅检举出了贪污浪费、山头主义和本位主义问题，而且检举出了极严重的军阀主义和官兵对立等问题。如连级干部都有小厨房，每餐几个菜，而战士喝盐水汤。为改变这种状况，张云逸、邓子恢、舒同研究决定，结合"三查三整"①，在连队成立士兵委员会（名为学习委员会），发动战士对干部与党员之检讨。有一个团经过战士之审查，竟撤换与调整了八十多个连、排、班干部，同时选出了同样数量且为战士所爱戴的干部，战士

---

① "三查三整"，指中国人民解放军在开展新式整军运动中的"三查三整"，即查阶级、查工作、查斗志，整顿组织、整顿思想、整顿作风。

的阶级觉悟与积极性异常高涨。许多战士把自己原来准备开小差都坦白出来，并表示今后坚决为人民而战。

张云逸、邓子恢、舒同遂把士兵委员会变成经常制度，由士兵委员会自己管伙食、管娱乐、管学习，自己维持纪律，一切连、排、班长之升降，都经过士兵委员会，党员之吸收与清刷也征求士兵委员会与军人大会的意见。邓子恢在1948年1月20日给中共中央的电报中说："我们认为，这种制度是加强部队团结、防止军阀主义、提高战斗力的最好制度。"毛泽东于1月28日对此批示："在一切官兵关系恶劣、纪律不好、战斗力薄弱之部队，应采取渤海整军经验，组织士兵委员会，放手发动士兵群众的民主运动，只有益处，没有害处。"①

也正是在吸收了渤海、晋察冀军区和西北野战军整军经验的基础上，1948年1月30日中央军委发出《军队内部的民主运动》指示，2月17日中央军委和总政治部发出《关于在部队中建立士兵委员会的通知》，3月8日中共中央又发出《关于试验组织士兵委员会的指示》。此后，士兵委员会在全军逐步建立起来。而士兵委员会（以后称革命军人委员会和军人大会）的建立，使广大战士的积极性得到充分发挥，对解放战争的胜利发展起到了重大的推动作用。

在张云逸、邓子恢的领导下，华东工委在整党、整财、整军工作中，所创造的整财、整军经验，或被中共中央和中央军委所采纳融入决策，或向全党全军推广。

当然，渤海整军是与1947年冬全军开始的新式整军运动相结合的。为开展"三查三整"，1948年1月渤海军区召开了政治工作会议。张云逸于1月24日在会上作了《目前建军中几个基本要求》的报告。在这个报告中，张云逸主要讲了"人民解放军及其与旧军队根本区别""人民解放军的特点""人民解放军与土地改革的关系""在渤海部队中曾经发生破坏土改运动的严重现象""人民解放军执行命令一般原则"和"目前在建军中几个基本要求"六个问题。在讲到人民解放军与土地改革的关系时，张云逸指出：土地改革既是中国民主革命的主要任务之一，也是人民解放军发展壮大和中国革命战争胜利的先决条件之一，因此人民解放军指战员必须拥护、支持并认真参加土改。在讲到目前建军中几个基本要求时，他又指出：一要保证党在军队中的绝对领导；二要认清目前的革命基本任务，是反对帝国主义、反对封建主义和官僚资本主义，因而必须赞成土改；三要保持无产阶级思想的纯洁性；四要在组织上有明确的阶级路线；五要加强铁的纪律；六要发扬民主作风。张云逸的这个报告，针对性很强，对渤海军区开展新式整军及推动部队帮助地方进行土改起到了巨大的推动作用。

在渤海整军期间，张云逸于1947年11月21日至24日，还奉命赶赴河北省饶阳县南善仁村，向朱德总司令汇报华东部队的建设、作战和军事工业等情况，后又到达河北省晋县北侯城村，同晋察冀军区副司令员萧克座谈华北部队的后勤

---

① 《毛泽东军事文集》第4卷，军事科学出版社、中央文献出版社1993年版，第378页。

保障和城市攻坚等问题。

1947年12月下旬至1948年1月中旬，为配合晋察冀野战军进行平汉北段破击战，牵制天津之国民党军，张云逸与康生、邓子恢、周骏鸣一起，由廖容标指挥渤海军区部队一部向天津海河南岸的葛沽、新城、咸水沽及静海、陈官屯一带出击。

支援华野西兵团作战是华东工委的主要任务之一。在西兵团的兵员补充主要依靠俘虏的情况下，华东工委对西兵团支援主要是军火供应。据饶漱石、张云逸、邓子恢、周骏鸣1948年4月18日致中央工委的电报，仅1948年前3个月，华东工委组织力量，将山炮弹3500余发、八二炮弹2万余发、六〇炮弹4万余发、各种炸药24万余斤及大量子弹，运至鲁西南地区黄河北岸的朝城，再转运华野。

在整理渤海的同时，张云逸、邓子恢等还对恢复与加强华中地区的工作十分关注。

随着刘（伯承）邓（小平）、陈（毅）粟（裕）、陈（赓）谢（富治）三路大军逐鹿中原局面的形成，恢复并加强华中地区的工作势在必行。

1947年9月12日，华东局决定组建中共华中工作委员会（简称华中工委），以统一领导和加强华中地区的工作。

在此基础上，为加强对华中军事斗争的领导，张云逸、邓子恢于10月17日致电华东局，建议设立华中指挥部，统一领导第十一、第十二纵队。26日，华东局复电张、邓并告陈毅、粟裕并中央军委："（一）现华中暂不另设指挥部，十二纵行动暂由十一纵指挥。（二）对内华中各军分区及华中各部队一切行动归华中工委统一领导，对外仍用华中军区名义。"

但经过一番电报来往，中央军委和华东局最后同意张云逸、邓子恢的意见，决定在华中设立指挥部。11月10日，华中工委和华中指挥部同时成立。华中工委以陈丕显为书记，华中指挥部以管文蔚为指挥、以陈丕显为政治委员。11月间，又成立了以曹荻秋为主任的华中行政办事处。华中地区党政军领导机关的成立，使该地区的军事斗争进入一个新的阶段。

鉴于华中地区的军事斗争对陈粟大军在豫皖苏地区的配合作用日益明显，11月22日张云逸与饶漱石、康生、邓子恢致电中共中央，建议恢复华中分局，统一领导长江以北、陇海路以南、津浦路和淮南路以东地区的工作。中共中央对这个建议极为重视，并于28日致电中央工委、华东局及康生、邓子恢和邯郸局："陈粟区域（黄河以南、运河以西、平汉及淮南铁路以东、长江及淮河以北）人口二千余万，党政民工作亟须加强。请你们考虑子恢率华中分局机构去陈粟处，加强该区及苏中、苏北之领导，明年秋冬或后年春夏陈粟主力出江南时该机构则随军南进。"

12月1日，张云逸、邓子恢致电中共中央：康生来此后，邓率一部分干部南下陈粟处很有必要，建议在华东局领导下成立华中分局，以陈毅为书记，并建议华东局将在山东的原华中分局干部立即调渤海集中，然后南下。

这时，为减轻刘邓大军在大别山的压力，调动分散中原地区的国民党军，中共中央正考虑由粟裕率华野三个纵队渡江南进，同时把华中变成一个重要战场。为此，1948年1月30日中央军委决定，由韦国清率华野第二纵队于2月下旬南下，与华中地区的第十一、第十二纵队会合，组成苏北兵团，以韦为司令员，陈丕显为政委，受陈毅、粟裕指挥；由许世友、谭震林率第七、第九、第十三纵队为山东兵团，担任山东战场作战任务，受华东局节制。从将来粟裕兵团渡江南进的需要考虑出发，1948年2月8日中共中央通知成立华中分局，以陈毅为书记、邓子恢为副书记。

张云逸等要求成立华中分局，是出于配合刘邓、陈粟、陈谢三路大军经略中原的考虑，而毛泽东等中共中央领导人是为了将来渡江南下。

后来，由于毛泽东等接受了粟裕暂不渡江的建议，中共中央开始考虑晋察冀与晋冀鲁豫两大战略区的合并及中原局的力量如何加强的问题。1948年5月9日，中共中央决定：晋察冀与晋冀鲁豫解放区合并为华北解放区；除华中解放区现辖境地外，凡陇海路以南、长江以北直至川陕边区均为中原军区；陈毅、邓子恢调中原工作，陈毅任中原局第二书记、中原军区和中原野战军第一副司令员（仍兼任华野司令员兼政治委员），邓子恢任中原局第三书记。

这样，华中分局没有成立，华中工委仍归华东局领导，由华野第二、第十一、第十二纵队组成的苏北兵团①在建制上仍属于华东军区，但在作战上受华野指挥。

由于邓子恢马上就要到中原工作，为协调粟裕兵团和华野第十纵队的补充等问题，5月中旬张云逸、邓子恢赶赴胶东，与饶漱石、黎玉、张鼎丞、曾山、袁仲贤等研究决定：从胶东、鲁南、渤海军区抽出五个团，以三个团补充粟兵团，以两个团补充第十纵队。之后，张云逸、邓子恢又立即返回渤海。

二、一项重要建议

张云逸坐镇临沂时，就如何处理山东战场与华中战场的关系等问题不断向中共中央、中央军委献计献策，后来到了华东工委，他仍然站在局部看全局，就如何开展南线战局向中共中央、中央军委提出合理化建议。

刘邓、陈粟、陈谢三路大军挺进中原后，为破坏中国人民解放军经略中原的战略计划，蒋介石在中原地区以若干兵力固守点线，集中86个旅66万人组成6个机动兵团，进行攻势防御，与刘邓、陈粟、陈谢三路大军形成拉锯状态。在此形势下，如何打开南线战局，是中央军委和毛泽东考虑的一个重要战略问题。

为打开南线战局，粟裕于1948年1月22日致电中央军委，提出在中原地区采取忽集忽散的战法，集中三路大军打歼灭战，能有两三次歼灭战，则形势可能变化。毛泽东则认为解放军在中原地区打歼灭战的时机尚不成熟，要改变中原战

---

① 1948年3月苏北兵团成立后，华中指挥部同时撤销。

局，唯有继续使用向敌人战略后方出击的战法，派兵向长江以南挺进，以吸引中原地区的国民党军20—30个旅回防江南，进而把中原变成华北，把江南变成中原。为此，他于1月27日起草了中央军委致粟裕的电报，提出由粟率华野三个纵队以跃进方式分几个阶段到达闽浙赣的意见，并要粟"熟筹见复"。

粟裕经过考虑，于4月18日致电中共中央、中央军委并华东局，仍然建议集中三路大军在中原黄淮地区打几个较大的歼灭战，同时在淮河以南、长江以北敌人的近后方派出强有力的游击兵团（每路多则1个旅，少则1个团），辗转广泛游击，配合正面主力作战，在长江以南敌人的深远后方派出多路坚强的远征游击队（每路至多3000人，至少1000人），破坏国民党的战争潜力；如集中兵力歼敌，则建议华野主力佯攻（或真攻）济南，以吸引国民党军第五军北援而歼灭之，尔后除以一部相机攻占济南外，主力进逼徐州，与刘邓会师，寻求第二个歼灭战。

为此，粟裕于4月30日在河北省阜平县城南庄向毛泽东等当面汇报了上述意见。5月5日，毛泽东在为中央军委起草的致刘伯承、邓小平并告华东局的电报中，仍然认为渡江南进"是正确的坚定不移的方针"①，同意粟裕部暂不渡江，4—8个月内在中原地区作战，是由于粟部立即渡江有困难，以求歼第五军等部为目标，这是为渡江南进创造条件。

张云逸、邓子恢在赴胶东同饶漱石等商量工作期间，看到了粟裕的这封电报。在中央军委对粟裕部是否渡江南进已有明确态度的情况下，他们结合山东兵团刚打下潍县的情况，于5月27日致电中央工委转中央中共、中央军委：

> 我们看了粟卯巧（4月18日）电，对今后战况估计与所提野战主力、游击兵团、远征游击队三种作战方针认为很好，我们近几月来有此同感。在长江、黄河之间须有几个大歼灭战，才能解决中原问题并保证粟叶兵团顺利南渡。又今日我已攻克潍城，目前敌情将有新的变化，如乘胜再将济南攻下，山东战局基本解决。此后，可从山东再调二、三个纵队到华中恢复原有地区，长江以北便可逐渐控制在我手中，使南进部队能得到后方的补充，接济较为便利。所见如此，谨电上陈，是否妥当，请考虑卓裁。②

毛泽东看完张、邓的这封电报后，在"如乘胜再将济南攻下，山东战局基本解决"的旁边批示："这是估计过高的。"

这说明毛泽东并不同意张云逸、邓子恢对南线战局的看法。

其实，在此之前，彭德怀于5月21日也致电毛泽东：从目前情况看，粟裕部按原计划渡江问题值得考虑，不如先不渡江，而集中五六个纵队出中原作战，以求得打开鄂豫皖局面。

---

① 《毛泽东军事文集》第4卷，军事科学出版社、中央文献出版社1993年版，第459页。
② 军事科学院《张云逸军事文选》编辑组主编：《张云逸军事文选》，军事科学出版社2007年版，第720页。

然而，对战局乃至战争规律的不同认识，只能统一于战争的实践。

事实上，在为渡江南进创造条件的过程中，华野主力在中原野战军（以下简称中野）的配合下，于6、7月间取得豫东战役的胜利，歼灭国民党军9万余人。这个战役充分证明，人民解放军完全有能力在黄淮地区打大歼灭战。为此，中共中央于7月13日改变了粟裕部在中原地区作战4—8个月的决定，指示粟裕等"不歼灭五军、十八军不走"。而华野山东兵团于7月中旬攻克兖州后，使济南国民党守军陷于孤立，为华野举行济南战役创造了条件。

也正是在此形势下，中共中央于1948年9月召开政治局会议，正式决定战争第三年（从1946年7月算起）人民解放军仍然全部在长江以北和华北、东北作战，从而为举行战略决战奠定了基础。

由此我们可以这样认为，直到这时中央军委和毛泽东才最终接受了粟裕、彭德怀和张云逸、邓子恢的建议。

发扬民主，将帅协谋，是人民解放军取得解放战争胜利的重要原因之一。而将帅协谋，对于毛泽东来说，是要善于集中下级和全党的智慧，这种集中有时是直接采纳下级的意见和建议，有时则需要通过战争实践的检验再把下级的意见和建议融入中央的战略决策；对于下级指挥员来说，要坚持实事求是原则，能够创造性地执行中央的决议和决定，并敢于从实际情况出发，对中央的决议和决定提出不同的意见和建议，进而使中央的战略决策更加符合实际情况和战争规律。这正是中国共产党之所以具有强大的生命力和活力之所在。而张云逸、邓子恢等则正是敢于对中央的决议和决定提出不同意见的人。

发出上述电报后，邓子恢赶往濮阳，5月30日与陈毅等前往中原。邓子恢走后，康生、舒同、周骏鸣等也前往青州与华东局会合。张云逸为处理善后事宜，暂留渤海。在此期间，他冷静地思考了华东地区的各项工作，并于6月7日致信饶漱石和华东局诸同志：

一、目前华东情况已经好转，我完全取得主动。但现在敌尚退守坚固据点，准备作持久挣扎……因此，我们目前作战方针是：对于孤立而又易于攻破的敌人据点，或战略战术上有关的敌人据点，应分别先后打下（如沂水、苏村、日照、石臼所、蒙阴、淄博等），使我们后方获得巩固，作为长期战争的依靠；对于其它据守的敌人，应普遍展开游击战争，深入土改，发动群众配合军队斗争，以乡村包围城市，以中小城市包围大城市，使敌人陷于孤立。再看当时具体情况，分别逐渐各个击灭，不宜急于求速效。在战术上应注意研究夜间战斗、攻坚战斗，集中兵力，集中使用各种火力和统一各种火力的指挥，步炮协同，爆破动作进逼作业等。

二、中央决定，[按]军队占总人数四分之三，地方四分之一，主力军占军队人数三分之二，地方军占三分之一的原则来整编部队。我们山东现应有军队人数共三十七万五千人，要以三分之二编主力军，则占二十五万人。除现在四个纵队外，我认为大鲁南、胶东、渤海（现已有两个师）三个军区各再编一个纵队（暂由军区指挥）。所余人数再编为独立旅或团，看具体情况决定为军区或军分区建制，坚持原地斗争。

三、过去我们前后方的后勤工作不统一，浪费很大，毛病百出，我认为必须依朱总司令指示强化统一。我去冬赴冀中与萧克同志等谈，晋察冀军区后方组织是：设后勤司令部，军区参谋长兼司令，财办主任兼政委，掌握财政后勤司令部，参谋长主持日常工作，主要为野战军服务，前方需要什么，由后勤司令部负责供给。野战军司令部不设庞大的后勤组织，主要重心负责指挥作战与整训部队，设一副参谋长指导后勤工作（如兵站勤务等）。这样前方野战军司令部机关轻便，利于行动。我认为在解放区内线作战，这样组织很好（当然到大举反攻外线作战时要改变），请考虑。

四、现在敌人据点建筑多有地堡和核心工事。为克复这工事，就前次与总司令及萧克同志谈，攻石家庄敌人的地堡采取抵近射击收效甚大，这就是利用地形地物或近迫作业，接近敌人地堡（多是夜间）到百米以内的距离（因距离远看不见地堡），以炮兵抵近射击，一炮就可打掉一个地堡。

五、我与军大研究班学员同志谈，据他们说，过去我们攻村庄或攻据点时，各种火力多不集中使用，射击又没有统一的火力指挥和统一的射击计划，便不能发挥火力应有的效果。因此，我认为现在我军的装备已接近现代化，各部队都有各种炮、掷弹筒、枪榴弹、重机枪、轻机枪等火器。为了统一指挥各部队各种武器，在组织上（如连、营、团、师、纵队、野战军司令部）均应增设火力指挥员，专任指挥各种部队的火力进行战斗。在连、营、团指定副连长、副营长、副团长（参谋长）兼负统一指挥火力之责。在组织战役或战斗时，则由火力指挥员依总的作战计划，拟出射击计划和步炮协同动作计划，由首长决定执行。各级首长则指挥火力队、突击队、钳制队三部分的动作。在苏联步兵条令中，也是有火力队、突击队、钳制队的组织的。最近，我曾与美国的留学生谈美军兵种，不是步、骑、炮、工、辎，而是火力兵种（各种炮兵）担负破坏防御工事，杀伤敌人，开辟进攻道路的任务；运动兵种（坦克车、装甲车、骑兵等）担负突击包围迂回的任务；占领兵种（步兵）担任占领、修复和阵地的任务。上述两种组织较科学，可作我们参考。

六、这次检查渤海部队，干部的成分不纯实是惊人，我想其他区的部队也难例外。为了改造、纯洁、巩固部队，为了保证无产阶级的领导，必须培养提拔贫雇农成分干部代替旧的干部。我们认为，团以上各级指挥部要有轮训班，在贫雇农成分中选择年轻、聪明、勇敢、能造就的同志分别抽调训练，培养新的干部。同时，在部队（地方军在内）中每连调三个年轻有为的贫雇农、工人成分到军大受训半年，准备充任排级干部，毕业后派回连队任副排长，在战斗中学习战斗指挥后再升任正排长，这样可改造部队干部成分，特别是俘虏成分多的部队更要如此。这次军长回来谈，一、四纵队前在鲁南战役中处境比较困难，俘虏成分逃亡比较多，但解放区贫苦的新战士这时对巩固部队起很大作用，工农干部表现多能受苦，能做模范，能照顾战士生活。①

这封信涉及对山东境内的国民党军所应采取的作战方针以及建军、作战、军区后勤建设和干部队伍建设，充分反映了张云逸作为战区指挥员注重调查研究、深入思考华东战略全局问题。这就为此后大力加强华东军区的全面建设奠定了基础。

随着刘邓、陈粟、陈谢三路大军挺进中原，进攻山东解放区的国民党军被大量调出。山东兵团遂于1948年3—4月连续进行了周张战役和潍县战役，解放了胶济路西、中段地区，使济南、青岛、烟台等地的国民党守军陷于孤立。

随着山东解放区的逐渐恢复，华东局从胶东移驻益都（今青州），华东工委也将完成其历史使命。饶漱石在1948年5月8日《给毛泽东和刘少奇同志综合报告》中指出："自淄博与昌潍两战役后，山东北起渤海、西自沂蒙山区、南至陇海、东抵于海，包括两千多万人口的广大地区以内，已完全无敌人（青岛、烟台、福山三个据点除外）。""我们拟于最近将华东局与华东工委合并，并于春耕后召集各区党委、地委负责同志会议，根据中央会议精神检讨各种政策问题，以减少错误。"②

处理完渤海的善后事宜，张云逸率华东工委最后一批人员于6月中旬东进益都与华东局会合。至此，华东工委撤销。

---

① 军事科学院《张云逸军事文选》编辑组主编：《张云逸军事文选》，军事科学出版社2007年版，第722—725页。

② 山东省档案馆、山东社会科学院合编：《山东革命历史档案资料选编》第20辑，山东人民出版社1984年版，第174—176页。

第二十一章　战略决战前后

一、全面加强华东建设

华东工委撤销后，华东局于 1948 年 6 月下旬至 7 月上旬召开高干会议，讨论研究华东的全面建设问题。

会议研究了恢复鲁中、鲁南地区工作的问题。进攻山东解放区的国民党军被刘邓、陈粟、陈谢大军吸引到中原地区后，恢复鲁中、鲁南等地的工作势在必行。

对恢复鲁中、鲁南等地的工作问题，早在 1947 年 12 月 14 日，张云逸与康生、邓子恢就曾致电华东局，建议鲁中、鲁南解放区与滨海军分区（后来又增加泰西专区）合并为大鲁南解放区，并就大鲁南如何执行"三大方案"提出具体意见。18 日，饶漱石、黎玉、张鼎丞复电指出："我们同意建立大鲁南区党委，但向明、杨一诚均在西兵团，如果舒、向、杨不速回来，无法进行，盼速令舒同返回。""你们对大鲁南执行三大方案的意见，我们完全同意，但各干部多留渤海，我们数人颇感困难，请即令舒主任回来。"[①]

在张云逸等的建议下，潍县战役后恢复大鲁南解放区的工作正式提上了议事日程。为此，华东局高干会议决定重建鲁中南地区的党政军领导机关。根据会议决定，1948 年 7 月 27 日以康生为书记的鲁中南区党委，以李乐平为主任的鲁中南行政公署，以傅秋涛为司令员、康生为政治委员的鲁中南军区同时成立。鲁中南党政军领导机关的成立，为恢复发展农业生产、军工生产及动员人民群众参军支前奠定了基础。

加强华东建设的第二个重要举措是决定成立华东军区后勤司令部。

过去华东军区没有统一的后勤部或后勤司令部，军区之下设有供给部、卫生部、军工部、兵站部和军械处。正如张云逸于 6 月 7 日致信饶漱石和华东局诸

[①] 山东省档案馆、山东社会科学院合编：《山东革命历史档案资料选编》第 19 辑，山东人民出版社 1984 年版，第 515 页。

同志的信中所指出的那样：由于"前后方的后勤工作不统一，浪费很大，毛病百出"。为了解决这些问题，根据张云逸的建议，华东高干会议决定成立华东军区后勤司令部，下辖兵站、卫生、供给部和军械处（后改称部），将原来的军工部交华东财办工矿部管理。

之所以把军工部交华东财办工矿部，是因为各军区的军工生产规格不统一，产品质量差，并且造价昂贵。一发炮弹的经费等于一个中农一年的收入，华东军工生产的开支占了山东财政开支的一半。而交给华东财办，则"供应原料便宜"。为了解决这些问题，这次会议决定将军工部交华东财办工矿部统一管理。

即使保留下来的兵站、军械、供给、卫生四个部（处），对其工作也进行了调整。

首先是兵站部。华东军区成立之初就设有兵站部，后来又把运输公司合并进来，但运输工作搞得不好。这次会议决定把兵站部与运输公司分开，运输公司隶属华东财办，实行企业化管理，其任务是把后方的军火和物资运往兵站，再由兵站运到前方。为保证向前方运输，运输公司把最好的72辆汽车和180辆马车转交兵站部。由于运输公司实行了企业化管理，原来一辆汽车运700斤物资就抱怨拉得多，以后拉1200斤也行。实践证明，这一决定是正确的。

其次是军械处。过去军械处对前方的武器弹药情况了解不够，以致造成不小的浪费。这次会议规定，军械处的任务一是随时统计前方各种武器的多少，以便指导华东财办工矿部进行生产，二是规定了各种武器和部队携行的弹药基数，前方部队每次打仗消耗和缴获多少，相差照补，余额交军械处，以避免浪费。

再次是供给部。过去供给部管工厂和商店，对部队供给研究照顾差，以后归到华东财办管理。这次会议决定，供给部拨归华东军区建制，专管部队供给。一切被服生产归华东财办，供给部门专门深入部队研究供给标准。各军区造预算和决算，统一由华东军区支领报销。

最后是卫生部。自卫战争以来，华东地区的伤病员达到16万人。过去一个医院要借七八千副门板，才能展开工作。这次会议决定，由于山东大部分地区已经解放，为完成今后更为繁重的救治任务，华东军区要建设一所和平医院，主要治其他医院不能治的病，另外利用益都等地的教堂建几所较好的后方医院，在军分区各建一所医院的基础上，各军区建设一所中心医院。

1948年8月1日，张云逸与陈毅、饶漱石、黎玉发布《华东军区关于成立后勤司令部的命令》，"决定建立后勤司令部，辖供给部、卫生部、军械部、兵站部，后勤司令部兼兵站部工作，下直辖第一、第二兵站处。原兵站本部机构撤销，其干部由后勤司令部另行分配工作"。这样，以周骏鸣兼司令员、邝任农为副司令员的华东军区后勤司令部于8月1日宣告成立，从而结束了华东军区没有后勤部的历史。

在决定成立鲁中南党政军领导机关和华东军区后勤司令部的基础上，华东局高干会议还就加强地方武装建设等问题进行了研究。

7月6日，张云逸在会上作了《对山东人民武装今后工作的意见》的发言。在这个发言中，他首先指出，民兵自卫队是"半军事性质的不脱离生产的群众武装组织"，"是人民解放革命战争中主要力量之一"，"巩固后方，支持前线，是民兵自卫队武装最基本的任务"。之后，他结合民兵直接配合主力作战开始大大减少的情况，指出"民兵今后的发展方向不是像过去宝塔式地向子弟兵团发展，而是在现有民兵基础上普遍地发展，转为国民后备兵，支援人民解放的革命战争"，动员参军的方式也"由临时突击的参军运动，转到经常性的教育工作，使其自觉自愿踊跃参军，以保证人民解放军能及时得到源源补充"①。

使民兵建设朝着"转为国民后备兵"的方向发展，这是一个全新的理念。它反映了张云逸随着战争形势的发展，对民兵建设问题的新考虑。

他认为，山东解放区人口2700万，土地改革后，应将18—35岁的青壮年依义务原则编为民兵，将36—40岁者依义务原则编为自卫队。"第一步以自愿原则从民兵中动员为国民后备兵，如能做到百分之一，则全山东可经常保持约有三十万国民后备兵，如战争需要补充，则从国民后备兵中采取义务与自愿结合、征调与动员结合的原则，实行征调，集中训练后即补充前线人民解放军。第二步是经过土改、整党及民主生产运动深入，又加强民兵的政治教育，使其政治觉悟，了解参军为自己应尽的义务后，即将全部民兵都转为有组织的有制度的国民后备兵，作为雄厚的后备兵源。这个发展方向与工作步骤是有可能实现的，我们要有计划有步骤有组织地向这个方向努力前进。但目前条件尚未成熟之前，仅作为领导与工作同志思想准备，还不能过早对群众宣传，以免引起对群众误会和思想混乱，以免今后工作发生困难。""为了取得经验，推动全局，可以军区为单位由人民武装部选择工作基础好的乡或区（经过土改完成的），派得力工作队协同当地民兵自卫队干部，在党委的领导下着手进行试验。"②

应当说，张云逸的这个发言，提出了一旦大规模的战争过去后民兵建设应如何发展的问题。事实上，尽管战略决战还没有开始，他就站在华东局部提出了战略决战乃至全国大规模作战结束后民兵建设应如何发展的问题，并开始了从志愿兵役制到义务兵役制的尝试，与中华人民共和国成立后的民兵建设和兵役制度的改革相吻合，可谓意识超前，高屋建瓴，难能可贵。

在这个发言中，张云逸还对现有的民兵自卫队要加以整理教育，对已经垮掉的民兵自卫队要经过审查予以恢复，对没有民兵自卫队的地区应着手建设等问题提出了具体要求。

在他的努力下，华东解放区的民兵建设走上恢复和健康发展的道路。

华东局高干会议结束后，张云逸等开始考虑并着手处理华东的军工生产、处理俘虏机构的建立和扩军等问题。

---

① 军事科学院《张云逸军事文选》编辑组主编：《张云逸军事文选》，军事科学出版社2007年版，第729—730页。

② 军事科学院《张云逸军事文选》编辑组主编：《张云逸军事文选》，军事科学出版社2007年版，第731页。

国民党重点进攻山东时，军工生产遭到严重破坏。1947年冬山东形势最紧张时，黄河以南除胶东的荣成、文登两个县城外，其他县城都曾被国民党军侵占，军工生产的机器大部埋藏，整个山东的军工生产几乎陷于停顿。山东解放区大部恢复后，张云逸等指示各地把掩埋的机器挖出来，恢复军工生产。

1948年7月19日，张云逸致电朱德总司令，汇报了山东的军工生产情况及渤海的库存。以刚刚恢复军工生产不久的鲁中南为例，该区1948年6月生产六〇迫击炮弹3000发，手榴弹5.5万枚，七九子弹3万发；7月计划生产八二迫击炮弹7000发，八一迫击炮弹2000发。这说明山东的军工生产正逐步恢复，并稳步增长。

为加强军工生产，华东局于8月上旬召开有中央军委后勤部长杨立三参加的军工会议。

8月10日，张云逸等以华东局的名义将会议研究的情况致电中央军委：枪炮一般地要停止生产，主要生产弹药。而生产弹药必须努力提高其质量，再求数量之扩大。1948年下半年计划生产八二迫击炮弹17万发（内有加重弹8000发），六〇弹20万发，五〇掷弹30万发，高级炸药手榴弹65万枚，黑色炸药手榴弹5万发，工兵用40%—50%甘油炸药20万斤，坑道爆破硝铵炸药7万斤及其他武器弹药一部。1949年上半年计划生产八二迫击炮弹26万发（内加重弹1.9万发），六〇弹26万发，高级炸药手榴弹80万发，工兵甘油炸药30万斤及其他武器弹药一部。

8月14日，中央军委复电华东局："关于军工生产计划，你们采取一般地停止生产枪炮，集中力量生产弹药并提高质量的方针是对的。惟在弹药上，仍望你们集中更大的注意力于增加生产八二迫击炮弹及八二加重迫击炮弹，六〇、五〇小炮弹，手榴弹及工兵炸药并提高其质量上面。以上五种数量，如今年下半年不可能增加，望考虑明年上半年计划依来电再增加三分之一。"

根据中央军委的指示，张云逸等指示各兵工厂开足马力，加紧军工生产。而山东军工生产的加强，再加上大连的军工生产，直接为豫东、济南和淮海战役的胜利奠定了重要基础。

抓好处理俘虏机构的建立和扩军工作，也是张云逸等加强军区建设的一个重要方面。

1947年冬至1948年春是山东解放区最困难的时期。为克服战争消耗、国民党军的屠杀破坏、土改中一度出现的乱打乱杀现象及自然灾害造成的严重困难，华东军区曾停止扩军，并公开宣布非经华东军区和山东省政府决定，各地不得进行扩军。这样，华东野战军的兵员补充，除主要依靠俘虏和一部分后方机关精简下来的人员外，还要靠地方部队的升级。1948年上半年，华东军区从山东地方部队共调出6个团，其中3个团补充粟裕兵团，2个团补充第十纵队，1个团调拨华北军区，如果再加上胶东军区重新组建的新编第五、第六师，共计4.4万人。

到 1948 年 7 月，华东军区地方武装虽有 30 万余人（其中山东为 22 万余人，华中为 8 万余人），但扣除渤海纵队、鲁中南纵队和胶东重新组建的新编第五、第六师近 9 万人，华东军区各级机关近 8 万人及院校 1 万余人，山东各县区武装只有 4 万余人，实难再抽调部队补充野战军。而如果从农村进行扩军，又势必影响恢复发展生产和土改的进行。因此，在 1948 年 6、7 月间召开的华东局高干会议上，对张云逸等提出的在雨季扩大新兵 2 万人补充野战军的计划，各地负责干部均感困难。

针对各解放区面临的兵源困难，1948 年 7 月 17 日中共中央发出《关于兵源补充问题的指示》，指出："今年华北，华东，东北，西北除个别地方原定扩兵计划准予完成外，其余均不应扩兵。乡村人口大为减少。冀南太岳会门活跃。肥乡（冀南）遵化（冀东）发生地主领导的暴动。各区扩兵（包括东北在内）均已至饱和点。支前供应和后方可能性之间发生极大矛盾，此项矛盾如不解决，则不能支持长期战争。故今年后方原则上不应扩兵，明年是否扩一点兵，还要看情形才能决定。今后前线兵源全部依靠俘虏及某些地方部队之升格。""今后攻城野战所获俘虏可能大为增加，各区及各军应用大力组织俘虏训练工作，原则上一个不放，大部补充我军，一部参加后方生产，不使一人不得其用。我军战胜蒋介石的人力资源，主要依靠俘虏，此点应提起全党注意。"[①] 在这个指示中，中共中央还提出济南解放后由华东军区提供一万人枪补充中原野战军。

由于如何处理俘虏政策性很强，又是华东军区将来面临的一个很大问题，张云逸等对中央指示作了研究后，于 8 月 24 日以华东军区的名义致电中央军委："我们完全同意今后处俘原则，一个不放，大部补充部队，小部参加生产。但有几点尚请明确示遵，即（一）一般老弱者可组织参加生产，但对完全没有劳动能力的老弱残废以及有慢性传染病者，似应以放走为宜。（二）俘虏家属如不能参加生产或无其他作用者应就地遣散，重伤号除军官外亦可向敌方送走。（三）俘虏军官，我们意见仍照过去中央工委会议所提原则处理，经过良好训练后，向济南、徐州、青岛、海州及敌占区有计划的陆续分批放走。前两项留之无益，反增加负担，放之可扩大宣传影响。后一项对瓦解敌军工作仍有必要。是否有当，请示。"

其实，华东野战军以俘虏补充自己早已开始，只是效果有时不太理想。山东兵团在周张、潍县和兖州 3 个战役中所获俘虏很多，补充到部队的却很少。究其原因，一是处俘机构少。3 月间华东军区将新兵训练处 3 个新兵团的全部干部补充到粟裕兵团，准备渡江南下，只留下 1 个新兵团的架子。由于缺乏收容俘虏的机构，俘虏大批逃散或被释放，补充到粟裕兵团的也只有 6000 余人。二是有的部队所获俘虏大多是由土匪和地主武装改编而成的国民党地方部队，而非正规军，补充到部队后也难以巩固。如山东兵团第九纵队挑选了 5000 个较好的俘虏，在两个

---

① 中央档案馆编：《中共中央文件选集》第 17 册，中共中央党校出版社 1992 年版，第 250 页。

月整训中即逃亡2000多人。由于部队俘虏成分多，各兵团和纵队干部大都要求以翻身农民补充部队。

这样，张云逸等就面临了野战军应该大量补充俘虏而各部队又要求补充翻身农民的矛盾。

根据中央指示和下面部队的要求，张云逸等于7月28日以华东局、华东军区的名义致电中央军委："我们决定于济南解放后，从山东拨出一万人、一万枪补充刘邓。不管华东情况如何困难，我们保证完成此项任务。""我们正重新恢复新兵训练处，并决定以林维先任处长，王彬为副处长，动员大批干部，准备可以一次接收二万至三万新兵或俘虏之机构，以应将来围攻济南接收大批俘虏之需，并坚决执行军委对俘虏一个不放、大部补充部队、小部参加生产的方针。""由于各纵队各师俘虏成分多，山东、苏北兵团均要求翻身农民补充部队。我们为满足部队需要，曾于巳巧（6月18日）发出指示，要求各地在夏防口号下充实扩大各地方武装，以便将来升级补充主力。本月初又在高干会上反复讨论于雨季中扩大新兵二万补充主力之计划，各地负责同志均甚感困难，最后决定：（子）每区党委只选择一个分区或若干县有重点试行扩军，其他地区仍暂停扩军。（丑）仍采先行扩大充实地武然后升级补充主力的办法。（寅）如雨季扩军两万有成绩，则在今冬或明年春耕前再准备完成扩军五万人之计划。""如果中央批准我们冬季可以进行局部扩军，则我们可将所扩的新兵按照三三制分配，即山东、苏北、粟裕兵团各分配三分之一。又今后山东俘虏除一半补充山东兵团与山东地方部队外，其他一半则集中训练，作补充中原部队之用。上述局部扩军计划与今后华东俘虏和新兵的分配原则是否可行，请示。"

中央军委于7月30日复电华东局："午俭（7月24日）午敬（7月28日）两电均悉。同意你们关于扩军的三条决定及三三制的分配计划。敬电所提意见及俭电所提建立处俘机构均甚好，望即付之实现。只俘虏军官，在分别放留两种中，留者除去年申马（9月21日）电所规定的范围外，还应加入生产一项。如下级军官中，有可能参加生产者，即应依照你们组织生产办法处理。来电均已转发各地参考。"

在获得中央军委同意后，张云逸等一面组织扩军，一面筹建处俘机构。8月22日，张云逸、康生和袁仲贤致电中央军委，拟将新兵训练处改称后备兵团训练司令部，下辖教导师和4个步兵师，准备常训3万—4万新兵和解放战士，并上报了后备兵团的干部配备。27日，中央军委和总政治部复电同意。

1948年9月1日，陈毅、张云逸、饶漱石、黎玉、舒同发布命令，决定成立华东军区后备兵团训练司令部，由林维先任司令员，王彬任副司令员兼教导师长，龙潜任副政治委员兼教导师政治委员，李学勤任副参谋长，汪沙川任政治部主任。

华东军区后备兵团训练司令部的建立，从根本上解决了如何处理俘虏及华东野战军的兵源补充问题。军区建设的全面加强，又直接为济南战役和淮海战役的胜利奠定了坚实基础。

二、活捉王耀武

经过两年多的艰苦努力，华东军民终于迎来了"打到济南府，活捉王耀武"的胜利局面。

经过豫东战役和兖州战役，华东野战军共歼灭国民党军 15 万余人，不仅孤立了济南国民党 10 万守军，而且实现了华东野战军内外线兵团的会合，为夺取济南创造了有利条件。此后，华东局、华东军区、华东野战军和山东省政府，全力做好夺取济南的各种准备。

兖州战役刚刚结束，康生、张云逸、张鼎丞等就于 1948 年 7 月 17 日召开华东局会议，专门研究夺取济南后的城市接管问题。会议研究决定：由曾山（后由刘顺元）兼任中共济南市委书记，张北华为副书记，郭子化兼市长，徐冰为副市长，袁仲贤兼警备司令，袁也烈、邝任农、林维先兼第一、第二、第三副司令；将华东军政大学 2500 人、山东兵团 3 个教导团开往济南，担任警戒；把正在益都受训的山东各地的小学教师 3000 人开入济南，维持社会秩序；从潍县、坊子等地抽调 2000 名干部，负责接收各重要机关和仓库。以后又成立了以谭震林为主任、曾山为副主任的济南军事管制委员会。

兵马未动，粮草先行。为做好支前工作，8 月 20 日华东局发出通知，决定成立以郭子化为主任、袁仲贤为副主任的山东省支前委员会。9 月 12 日华东局又批准成立了以傅秋涛为主任、周骏鸣为副主任的鲁中南支前委员会兼山东省支前委员会前方办事处，统一领导前线的后勤保障工作。至战役开始前，各级支前组织动员了 50 万民工，1.4 万副担架，1.8 万辆大小车辆，筹备粮食 1.4 亿斤，做好了支前的各种准备。①

8 月 25 日至 29 日，华野前委在曲阜召开扩大会议，研究制定了攻城打援的作战部署，确定以 7 个纵队加部分地方武装共 14 万人组织攻城兵团（又分为攻城西集团和东集团），以 8 个纵队和部分地方武装共 18 万人组成阻援打援兵团，攻城作战由山东兵团司令员许世友、兼政治委员谭震林、副司令员王建安指挥，整个攻城打援作战由粟裕指挥。

为减少攻城破坏，把济南较为完好地交给人民，陈毅、饶漱石、张云逸、舒同于 9 月 6 日代表华东军区向济南各界市民公布了《约法七章》，宣布了中国共产党的城市政策和奖惩政策。山东兵团政治部根据《约法七章》，于 9 月 7 日制定了城市纪律——《入城十大守则》。张云逸等还签发了《华东军政大学命令》，对干部和学员的入城纪律分别提出要求。

9 月 16 日，济南战役打响。经过七天激战，至 23 日攻城部队攻占了除千佛山、马鞍山和王舍人家以外的全部外围据点，迫使国民党军整编第九十六军

---

① 根据 1948 年 11 月 27 日饶漱石《给毛主席的综合报告》，济南战役总共动员民工 514 万、担架 2.5 万余副、挑子 8.6 万余副、小车 8.7 万余辆、大车近 2.5 万辆、牲口 4.9 万余头。

军长吴化文率部 2 万余人宣布起义，控制了飞机场和商埠，攻进外城并准备向内城攻击。

在战役胜利进行的形势下，中央军委于 9 月 20 日致电华野和山东兵团并告华东局、华北局："吴化文起义后，我军进一步攻城达到最紧急情况之时，王耀武很有可能率其死党突围而出，向天津或青岛或向临沂等处逃跑。你们在部署上必须预先估计到此种可能情况，从各方面布置，勿使敌人漏网，达到全歼目的。"

据此，华野阻援打援部队为防止济南守军向东南临沂、菏泽等方向逃跑作出部署。

9 月 23 日，饶漱石、康生、张云逸、舒同致电各军区、昌潍警备司令部并许世友、谭震林等："我为彻底歼灭王匪不使漏网及防止其向我内地窜扰，各军区除即饬令在敌可能逃窜之道路沿线上，所有驻扎之机关、部队随时作战斗准备外，并应立即作严密的战斗布置，尤其鲁中南二分区在西营、埠村、文祖、吐丝口、莱芜、新泰、蒙阴、泰安带，渤海三分区在龙山、堰头镇、章丘、邹平、长［白］山、周张线，潍坊警司应在昌潍、安丘一线，立即动员基干地武、民兵，作重点布置，一面准备堵击截击，以达配合主力歼灭溃散逃窜残匪之目的，一面掩护后方医院、兵站、仓库、俘管处、支前机关及地方党政机关之安全，并与前方作战部队密取联系。胶东应随时严密监视青岛方面敌情变化，并应在胶高地区妥善布置，军直警备旅除保护军直机关的安全外，并在益都方面作严密部署。各部接电后，请将部署情形立即电告我们。""南线主力已有部署，惟东面防务空虚、部队太少，建议许谭能抽一部主力控制章丘、邹平之线及长白山地区，以便堵击东窜之敌。"①

24 日黄昏，解放军攻占济南。25 日早晨，山东兵团前委致电各攻城纵队的领导人并报华东局、中央军委及粟裕、陈士榘、唐亮、张震："济市全部解放，大批高级军官至今尚无下落"，"王耀武至今不知去向"，必须严格清查。在攻城部队对济南实行全面盘查的情况下，饶漱石、张云逸等一面令谭震林率军管会于 9 月 26 日入城接管，一面命令各地严查王耀武的下落。

天网恢恢，疏而不漏。在张云逸等的严密部署下，国民党军第二绥靖区中将司令官王耀武化装逃跑时被活捉。

9 月 28 日上午 8 时，逃出济南的王耀武化装成商人，带着化装的 4 名卫兵，乘坐 2 辆大车到达寿光县东南的弥河渡口，被正在桥东值勤的公安人员刘金光、刘玉民和张宗学 3 人截住。经过仔细盘问，刘金光等判断他们绝非商人，也绝非普通的国民党军官，遂将其带到寿光县公安局。该局局长李培之、审讯股长王登仁和干事王洪涛经过巧妙审问，最后迫使王耀武供认不讳。

29 日，康生、张云逸、舒同致电中共中央："顷接昌潍警备司令部来电话：王耀武及其卫兵四人化装潜逃至该地区寿光地带，已被地方武装察觉逮捕，送至该

---

① 军事科学院《张云逸军事文选》编辑组主编：《张云逸军事文选》，军事科学出版社 2007 年版，第 741—742 页。

警备司令部，嗣将其与陈毅同志在济南合影照片相对，确实无讹。王本人亦承认，并要求送至军区政治部谓：其与陈、黎在济南时相识。已由此间派汽车去昌潍警备司令部押解。特告。"

济南战役虽于 24 日结束，但抓住了王耀武才算画上了一个圆满的句号。

济南战役不仅使华北、华东两大解放区连成一片，为举行淮海战役创造了条件，而且开创了人民解放军夺取国民党军有重兵把守且有坚固设防的大城市的先例。9 月 29 日，中共中央致电陈毅、饶漱石、张云逸、粟裕、谭震林、许世友、王建安诸同志并转华东人民解放军全体同志们："庆祝你们解放济南歼敌十万的伟大胜利。"此次战役"证明人民解放军的攻坚能力已大大提高，胜利影响已动摇了蒋介石反动军队的内部，这是两年多革命发展中给予敌人的最严重的打击之一"。

战役结束后，华野山东兵团根据中央军委 9 月 24 日批示，于 10 月 10 日授予第九纵队第七十三团以"济南第一团"、第十三纵队第一〇九团以"济南第二团"的光荣称号。10 月 3 日，华东局、华东军区和山东省政府发出嘉奖令，对捕获王耀武有功的寿光县公安局及李培之、王登仁、王洪涛、刘金光、刘玉民和张宗学通令嘉奖。

济南战役共俘虏国民党军 4.7 万余人。张云逸等兑现以前的承诺，决定从俘虏和缴获中向刘伯承、邓小平的中原野战军提供 1 万人枪。然而，9 月 25 日中央军委致电华东局、华东军区并告中原局及粟裕、陈士榘、唐亮、张震，许世友、谭震林、王建安："据刘陈邓来电，认为华野西兵团不甚充实，而所担作战任务重大，估计此次济南俘虏除吴化文部外，能补入部队者也不会很多，故提议免去从济南俘虏中抽兵一万补充刘邓兵团的任务，而争取济南俘虏中绝大部分补充华野各纵。我们认为刘陈邓这一提议甚好"。"惟前议从济南胜利中拨给刘邓兵团一万部队的武器计划，仍不取消。望许谭王负责，从攻济各纵缴获中抽出步枪五千枝，轻机枪二百挺，重机枪五十挺，八二迫击炮十八门，以加强刘邓兵团的装备。"

刘邓虽有提议，军委虽有指示，但张云逸等考虑到刘邓大军千里跃进大别山后，长期无后方作战，部队减员较大，1 万人枪决不能少。最后，经过一番电报来往，张云逸等将 1 万名俘虏经华东军区后备兵团训练后，以 5000 人补充徐向前、周士第兵团，以 5000 人经山东单县转交刘邓。[①] 其余俘虏，除补充华野各纵队外，均编入华东军区后备兵团。

三、在淮海决战的日子里

济南战役结束后，华野和中野的下一个攻击目标是位于徐州地区的刘峙集团。

当时，刘峙集团及其附近地区的国民党军共有 80 万人，而华野、中野加部分地方部队才 60 万人，举行战略决战的条件并不十分成熟。然而，在中央军委的指挥下，在解放战争胜利形势特别是辽沈战役的鼓舞下，在人民群众的大力支援下，

---

① 饶漱石、张云逸、舒同致刘伯承、陈毅、邓小平的电报，1948 年 11 月 14 日。

华野和中野密切配合，每战役必集中优势兵力，先后将黄百韬兵团、黄维兵团和杜聿明集团（邱清泉、李弥、孙元良3个兵团）一一消灭，从而取得了淮海决战的胜利。

由于淮海战役规模空前，中央军委成立了以刘伯承、陈毅、邓小平、粟裕、谭震林为常委并以邓小平为书记的淮海前线总前委，要求华东局和华东军区、中原局和中原军区以及华北军区之冀鲁豫军区，全力以赴，支援作战。

从1948年11月6日战役发起到1949年1月10日战役结束，张云逸与华东局和华东军区的其他领导人一样，废寝忘食，全力做好华野作战所需的粮草供应、弹药补给、兵员补充、民工支前、医院调整和俘虏收容等工作。

关于粮食供应问题，根据华野准备攻歼淮阴、淮安、海州、连云港地区国民党军的"小淮海"战役计划，华东局调集了2.5亿斤粮食在运河以东，并将华中的粮食集中在涟水、沭阳地区，将山东的粮食集中在郯城以北。

淮海战役开始后，由于黄百韬兵团从新安地区西撤，战局移至运河以西，原定的运粮路线和粮站失去作用，粮食一时供应不上。为此，张云逸等以华东局的名义于11月9日作出决定："部队粮食如因后方一时供应不上，即应以团为单位就地动员征集（地方则就地运送），并应责成团政委负责签署发给收据，保证战役结束后由地方政府偿还。"①这样，部队经过三五天就地筹粮，从11月12日开始又恢复了后方供应。到11月22日黄百韬兵团被歼，粮食供给没有发生大的问题。

然而，随着战役由"小淮海"向"大淮海"发展，后方的粮食供应面临着很大的压力。11月16日，中央军委致电中野、华野领导人并华东局、中原局、豫皖苏分局、苏北工委、华北局："中原华东两野战军必须准备在现地区作战三个月至五个月（包括休整时间在内）。"当时，华野及前方民工上百万人，从济南战役结束至11月19日即用去粮食1亿斤。从11月份开始，除华中筹集粮食5000万斤、鲁中南运粮7000万斤外，华东局准备再从渤海南运粮食1.3亿斤，共计3.5亿斤，但还不能满足华野5—6个月用粮的需要，并且随着运输线不断增长，就是有粮也运不上去。为此，张云逸等以华东局和华东财办的名义于11月19日致电中共中央并华北财委会："特此请求中央通知中原局负责保证中原部队与工作人员及华野转中原地区作战部队的粮食，并请中央通知华北局转令冀鲁豫地区，调一亿斤粮支援徐州战役。"中央将此电报转告后，25日华北局令冀鲁豫区党委拨运小米1亿斤。在此基础上，徐州解放后，华东局和华东支前委员会还组织力量抢修了徐州以北的茅村等大桥，以便使铁路运输由兖州直达徐州。这样，不仅加快了运粮速度，而且大大节省了民力。

根据1949年11月20日华东支前委员会《济南、淮海、渡江京沪三大战役支援工作总结（草稿）》，在整个淮海战役中，据不完全统计，山东、华中、冀鲁豫及豫皖苏支援华野及其民工所付出的粮食即达5.4亿多斤，除剩余外，实用粮4.3

---

① 华东局致粟裕、谭震林、陈士榘、张震、王建安、管文蔚、陈丕显并中央军委的电报，1949年11月9日。

亿多斤。山东共运出原粮 2.3 亿多斤，华中运出原粮 5773 万斤，就地筹借 6521 万斤，冀鲁豫运出原粮 1.4 亿多斤，豫皖苏运出原粮 4448 万多斤。①

正由于张云逸等采取了后方运粮、就地筹集与通过中央协调其他解放区支援等办法，从而基本上解决了华野的用粮问题。华野追击杜聿明集团时，虽然一度出现断粮，部队大部靠就地筹借，第一、第四纵队及医院两天中每天只吃一顿饭，但经各方赶运及汽车运粮，马上就恢复了粮食供应。

关于弹药补给，根据华野准备求歼黄百韬兵团于新安地区的作战计划，战前就研究确定：除各纵队携行轻重武器各 2 个基数②的弹药，华野后勤部和各兵团控制重 2 个基数、轻 1 个基数的弹药外，华东军区后勤司令部还控制重 8 个基数、轻 1 个基数的弹药。以上共计为重 12 个基数、轻 4 个基数的弹药预备消耗量。③

弹药虽然比较充足，但随着战线西移，如何将之运往前方，是张云逸等需要考虑的问题。为了保证前线的弹药补给，除由军区后勤司令部兵站部部长唐少田掌管的 72 辆汽车和 180 辆马车担任第一线运输外，张云逸等还准备以地方上的汽车运输公司担任第二线兵站的运输，以商人营运汽车担任第三线兵站的运输。

11 月 11 日，华野切断了黄百韬兵团西撤徐州的道路，将其包围于碾庄地区，并随之展开攻击。在此情况下，粟裕于 13 日致电中央军委和华东局等："由于敌人高度集中，需要加强炮火，同时全军进入淮北，粮草运输均感困难。因此，请军委、华东局能多给我们几个基数的炮弹及炸药（我们预备两个基数已用去一个，而军区续送者至今未到）。请华东局令汽车部队加紧我们的运输，以适应战机。"次日，中央军委致电华东局等："淮海战役正在胜利发展中，目前有由歼灭黄百韬兵团扩大到歼灭邱、李两兵团并继续夺取徐州之极大可能。这一胜利如能获得，将决定蒋介石反动统治首先是江北防线的崩溃。""望华东军区得电后速集中一切汽车火速运兵站第一线所存之弹药两个基数，限戌篠（11 月 17 日）赶到前线，同时并由后方加运两个基数弹药于戌哿（11 月 20 日）前赶到兵站第一线，兵站第一线亦应前移至台儿庄、邳县地区。如何执行，望即告。"

15 日，张云逸等以华东局的名义复电中央军委："我们决集中一切力量支援前线，已令运输公司一次调汽车四十五辆，限今晚到临沂归唐少田统一调度，专门运输弹药。""已令立三④、周骏鸣将我们后方全部弹药，按照基数规定数量，配好若干基数，以源源运往前线。"

在华东局的领导下，华东军区后勤司令部在整个战役中雇用商人汽车 145 辆，

---

① 后勤学院学术部历史研究室、中国人民解放军档案馆编：《中国人民解放军后勤史资料选编》第 5 册，金盾出版社 1992 年版，第 901—902 页。
② 根据中央军委 1948 年 8 月关于基数标准的规定，所谓一个弹药基数指：手榴弹（每个战斗人员）4 颗，步枪弹 40 发，轻机枪弹 500 发，重机枪弹 1000 发，掷弹筒弹 20 发，五〇、六〇炮弹各 50 发，八二迫击炮弹 40 发，山野炮弹 30 发。
③ 后勤学院学术部历史研究室、中国人民解放军档案馆编：《中国人民解放军后勤史资料选编》第 5 册，金盾出版社 1992 年版，第 901—902 页。
④ 立三，指正在帮助华东后勤工作的中央军委后勤部部长杨立三。

运输公司汽车 273 辆，征调华东军政大学和后备兵团等单位的汽车 10 辆，再加上自己的汽车 72 辆，共计 500 辆汽车；同时雇用了商人马车 183 辆，运输公司马车 706 辆，胶东民工马车 306 辆，再加上自己的马车 180 辆，共计 1375 辆马车。① 这些汽车、马车或运送弹药，或转运伤员，或运输其他物资。在求歼黄百韬兵团时，弹药保障没有发生问题。

11 月 25 日，中野将东进增援的国民党军黄维兵团包围于双堆集地区。与此同时，华野主力进至徐州以南，阻击由徐州之敌南援和李延年、刘汝明兵团由蚌埠北援。30 日，杜聿明集团由徐州向河南永城方向西逃，12 月 4 日被华野主力包围于青龙集、陈官庄地区。

随着华野转至徐州以南、以西地区作战，运输线增长，弹药补给开始发生困难。12 月 3 日，粟裕、陈士榘、张震致电华东局并报中央军委：杜聿明集团被围攻于萧县以西地区，"请军区急送八二迫炮弹三十万发、山炮弹五万发、炸药三十万斤（并附足够导火索、雷管）到徐州以东大湖车站附近，我们派仓库接收。军区虽已先后送来十二基数弹药，但不能及时。现此间收到军区约四个基数且不全，致影响作战甚大，并请送全军两个基数步弹"。

因前方作战需要，粟裕等对华东军区的后勤保障提出意见自在情理之中，但由于战线拉长，华东军区对华野的弹药供应一时跟不上也情有可原。12 月 5 日，中央军委致电华东局，华北局，刘伯承、邓小平、陈毅，粟裕、陈士榘、张震并告邓子恢、李达："查华东局、军区在此次大会战的支前后勤工作中，确已尽最大力量，而一部分弹药犹未能及时送到（照粟陈张电所说）者，确因此战规模超过预计，战斗的连续又如此紧迫，兵站线又愈伸愈长，故如此大量的弹药，不可能咄嗟立办，必须前后方密切配合，解决此种困难。"在这一电报中，中央军委提出了华野、中野所可能使用的最大用弹量，并要求前线严守射击纪律，切戒浪费。

正在这时，徐州解放并发现了国民党军的弹药库，解决了弹药供应紧张的燃眉之急。张云逸等遂于 12 月 4 日以华东局的名义授权华野前委直接分配在徐州缴获的弹药物资。此后，根据中央军委的指示，华野从这批缴获中获得各种炮弹 5.5 万发、子弹 520 余万发、炸药 10 万公斤、电话线 40 万米、防毒面具 7500 具，中野获得炮弹 3000 发、子弹 120 余万发、汽油 1000 桶。②

与此同时，张云逸等指示华东军区后勤司令部调整运力，加快弹药的前运速度。《第三野战军、华东军区后勤运输部一年来工作概况报告（1948 年 10 月～1949 年 11 月）》在总结完成运输任务的原因时指出："华东局及军区首长，对淮海战役的运输抓得紧，一天几次电话检查，并规定兵站线的电话时间，去供兵站人员联

---

① 后勤学院学术部历史研究室、中国人民解放军档案馆编：《中国人民解放军后勤史资料选编》第 5 册，金盾出版社 1992 年版，第 521—522 页。

② 后勤学院学术部历史研究室、中国人民解放军档案馆编：《中国人民解放军后勤史资料选编》第 5 册，金盾出版社 1992 年版，第 909 页。

系情况。"①

在张云逸等的努力下,从淮海战役开始至1948年12月底,从华东军区发出的弹药总数,计三七口径以上各种炮弹71.5万余发,各种口径子弹1382万余发,炸药72.5万斤,手榴弹107万余发。②从而保证了作战的需要。

为前线部队补充兵员,也是张云逸等在淮海战役期间考虑的一个重要问题。

1948年11月15日,张云逸等以华东局的名义向各区党委发出指示,决定在山东地区完成6.5万人的扩军计划,计渤海10个团3万人(现有1万人除外)、胶东5个团1.5万人、鲁中南5个团1.5万人、昌潍特别区2个团5000人,限1949年3月底以前完成。

华东局的扩军计划刚刚下达,前线就开始要求补充兵员。11月18日,粟裕、谭震林等致电华东局并华东军区:为连续作战,建议渤海纵队南下运河线待命,由淮海地区抽调3个团补充第十二纵队,把动员的新兵集结于台儿庄一线以补充部队。次日,张云逸等以华东局和华东军区的名义复电同意,并决定从胶东、渤海、鲁中南抽调7个基干团补充前线。

鉴于华野在围歼黄百韬兵团的过程中伤亡较大,为使华野在今后数个月内能够补充解放区新兵,张云逸等于11月21日以华东局的名义致电粟裕、谭震林等并华中工委并报中央军委:计划在山东动员11万地方部队补充主力,共分3期完成,1949年春天以前分6批出发完毕;华中的补充计划由华中工委自定。③23日,中央军委复电同意,并指示要保证这一计划完全实现。

根据这一计划,张云逸等令鲁中南军区参谋长赵一萍率鲁中南警备第三、第六、第十六团,竹庭独立团以及济南警备第四团,于12月12日由台儿庄以东地区进至徐州东南房村地区;令华东军区后备兵团司令部步兵第一师师长郭廷万、副政治委员徐在先率领渤海4个新兵团,于12月12日由藤县进到徐州东北的常庄地区;令胶东军区第二军分区司令员邓龙翔、参谋长俞加林率3个基干团由烟台出发,于12月15日赶到临沂。

至12月中旬,只有赵一萍所率的5个团补充了华野。这当然不能满足前线的需要。造成后方一时不能迅速补充前方兵员的主要原因:

一是11万人的扩军计划不可能一蹴而就,须有一个过程。二是后方部队集中开进需要时间。三是青岛国民党军的出扰,影响了胶东基干团的南下。为牵制胶东基干团南下,配合杜聿明集团作战,驻青岛的国民党守军进攻胶东,并以4个团窜犯胶县至薛家岛一线,严重威胁华东后方机关的安全。张云逸等遂不得不将由胶东南下3个基干团暂留滨海,配合胶东部队作战。四是防止天津国民党守军

---

① 后勤学院学术部历史研究室、中国人民解放军档案馆编:《中国人民解放军后勤史资料选编》第5册,金盾出版社1992年版,第523页。
② 华东军区向中央军委所作1948年11、12两月综合报告,1949年1月9日。
③ 山东省档案馆、山东社会科学院合编:《山东革命历史档案资料选编》第19辑,山东人民出版社1984年版,第329—330页。

南逃，对华野的兵员补充也产生了一定影响。12月13日，中央军委致电华东局并告粟裕、谭震林、林彪、罗荣桓："东北主力入关，正在部署切断北平、天津、塘沽数点间的联系，准备攻击平、津、塘（唐山敌人正在撤退），如果敌人别处无路可逃，而由天津经济南向青岛逃走时，你们即须担负阻击之责，以便配合我追击大军歼灭于济南一带。"次日，张云逸等以华东局的名义致电中央军委并粟裕、谭震林：准备以胶东纵队的2个师6个团及南海军分区3个团，加上刚刚起义不久的原国民党何基沣部4个团，共13个团，对付青岛之敌5个师；同时准备以渤海军区特务团、济南的2个警备团（另外3个警备团守济南），刚刚起义不久的原国民党军张克侠部2个师6个团，以及准备南下补充主力的胶东3个基干团，共12团，担任配合阻止天津之敌南逃的任务；"如果时间可能延至下月上旬，则黄维兵团已经歼灭，徐州至济南已经通车，建议从南线抽调两个纵队北返参战"。由于胶东的这3个基干团最初留滨海配合胶东部队作战，后又被调至济南，因而无法南下补充华野主力。至12月中旬，这3个团才由济南乘火车南下。

北面需要兵力，南面更需要兵力。为此，张云逸等同意粟裕等12月6日的提议，把济南战役中起义的原国民党军吴化文部从济南调赴淮海前线参战。与此同时，张云逸等令渤海第二批新兵4个团于12月4日出发，20日左右到达滕县附近。

由于干部缺乏，12月5日张云逸等以华东局、华东军区的名义致电粟裕等："所有基干团、新兵团的干部、枪支，原则上仍应大部（连以上全部）还归各个军区，以便迅速率领第二期新兵继续补主力。"12月11日，粟裕、陈士榘、张震致电华东局并报中央军委："目前部队除不充实即行合并建制与边俘、边补、边打，最大困难无骨干溶俘。碾庄俘虏有当副班长者，当连排干部无法解决，一月之中已提升三次。"为此建议：在前方部队干部极端缺乏的情况下，新兵团、基干团团以上干部返回军区，营以下干部应留在前方，并建议由各军区、军政大学抽调一批连排干部补充前方。12日，张云逸等以华东局的名义致电华野、中央军委："我们认为补充主力的基干团、新兵团连以上干部仍宜归还军区，否则第二期、第三期即无骨干，将受严重影响。因后方干部亦已十分缺乏，必须有步骤培养升补，否则就可能使扩军及发展地武工作脱节。"前方需基层干部确实迫切，"我们除济南战役后由华东军大调补华野一千另三十五人（已经曲阜南下）外，短期内由华东后方实无法调。"据此，华野于黄维兵团被歼后，把各补充团的连以上干部和枪支交还华东军区。

在张云逸等的努力下，整个淮海战役期间，山东扩充兵员约18万人，华中3.5万人。其中，已补入主力的共13个团2.3万人，准备补入主力的共4.7万余人，[①]从而基本保证了前线补充兵员的需要。

淮海战役离不开人民群众的大力支援。为确保战役的胜利，张云逸等在规定随军民工在新的顶替民工未到达前不得复员的同时，以华东局的名义于11月20

[①] 华东军区向中央军委所作1948年11、12两月综合报告，1949年1月9日。

日向华中工委、各区党委、地委、市委发出指示,号召华东全体党政军民,立即紧急动员起来,造成广大群众支援战争的热潮,以保证支前任务的完成。在"一切为了前线""部队打向前,小车推向前"的口号下,人民群众踊跃支前。据不完全统计,在淮海战役中,为保证华野作战,以山东、苏北为主(仅在冀鲁豫与豫皖苏动员了3700余人)共动员民工225万余人。其中,随军的常备民工10万余人,有担架近1.3万副、挑子9924副、小车6242辆;二线民工53万余人,有担架5.6万副、挑子3万多副、小车9.5万辆、大车573辆;后方临时民工161.7万余人。①他们冒着枪林弹雨,忍着风雪饥寒,抬担架,运粮食,送弹药,拉物资。运输线上,人潮如涌,车轮滚滚,夜以继日,川流不息,从而保证了华野乃至整个淮海战役的胜利。所以,陈毅后来说:淮海战役的胜利是人民群众用小推车推出来的。

伤员的收治工作,也是不容忽视的重要问题。战前,华野和华东军区卫生部门预计淮海战役伤亡总数为6万人,以60%为入院人数,大约有3.6万人,除由华野各野战医院收容1.3万人,华东军区所掌握的医院收容1万人外,苏北医院收容七八千人。②但随着战役规模的扩大,为满足前方收治伤病员的需要,张云逸等以华东军区的名义于1948年11月26日致电中央军委及粟裕、谭震林等:准备再从后方医院中调整出6个医院,可收治伤员1万余人;紧缩后方机关卫生单位,组成3个临时后方医院,同时提议华野卫生部门组成2个临时医院,这样可收治伤员1.1万余人;在济南、潍县、新安和海州等地动员城市医护人员组织3个新院,可收治伤员8000人。"以上计划可能共收三万人,正分途进行中,是否有当请示。"29日,中央军委复电:"关于医院布置计划甚妥,望即照此执行。"③

在张云逸等的努力下,从淮海战役第二阶段开始,华东军区共组成了40个医院(军队35个、地方5个),共可收容伤员8.5万人。④在淮海战役中,这些医院与中原军区的医院共收治伤病员11万人,⑤从而满足了救治伤员的需要。

淮海战役中,华野抓获的国民党军俘虏动辄数万人,并且随军前进。各军区的处俘机构虽先后派往前方,但又与作战部队前后脱节。如何做好处理俘虏的工作,也是保证战役能够顺利进行的一个方面。

为此,张云逸等以华东局和华东军区的名义于1948年12月11日作出决定:除胶东对青岛敌军工作委员会和徐州市委联络部酌留少数干部坚持工作外,其他

---

① 后勤学院学术部历史研究室、中国人民解放军档案馆编:《中国人民解放军后勤史资料选编》第5册,金盾出版社1992年版,第645—646页。

② 后勤学院学术部历史研究室、中国人民解放军档案馆编:《中国人民解放军后勤史资料选编》第5册,金盾出版社1992年版,第340页。

③ 中国人民解放军历史资料丛书编审委员会:《后勤工作·文献(3)》,解放军出版社1997年版,第546—547页。

④ 华东军区向中央军委所作1948年11、12两月综合报告,1949年1月9日。

⑤ 中国人民解放军历史资料丛书编审委员会:《淮海战役·综述·文献·图表·大事记》,解放军出版社1989年版,第35页。

地区的敌军工作干部应立即全部集中，于 20 日前分配到各俘管处工作；华东军区成立解放军官训练教导总团，军区联络部正副部长兼任该团正副政委，统一处俘与敌军工作，各军区俘管处改归总团建制；各俘管处在前方接俘期间编入战斗序列，统一受华野政治部领导，第二线在徐州设总团办事处，受华东支前委员会领导，统筹俘虏接收、调拨、转运并与前后方联系，第三线设总团处俘委员会，统一调处俘虏训练、争取和处理工作，在后方第四线上的总团随时接受华东局和华东军区的领导。同日，中央军委将华东局和华东军区加强俘管机构的决定转发各战略区和各野战军参考。12 月 16 日，华东局、华东军区政治部又作出决定，规定在前方接俘期间，后备兵团各补充师在业务上受华东军区解放军官训练教导总团指导（训俘期间例外）。据此，华东军区于 12 月间成立了以季方为团长、刘贯一为政治委员的解放军官教导总团。这样，就形成了前后衔接、俘管训一体的处俘领导机构。这一机构的建立，对做好俘虏工作及为解放军补充兵员无疑具有重要意义。

也正是在中央军委的领导下，在华东局和华东军区、中原局和中原军区的努力下，从多方面创造了战胜国民党军的各种条件，从而使华野、中野在淮海战役中取得了歼灭国民党军 55.5 万人的空前胜利。

1949 年 1 月 17 日，中共中央致电刘伯承、陈毅、邓小平、饶漱石、张云逸、粟裕、谭震林、陈赓诸同志，华东人民解放军和中原人民解放军全体同志们：淮海战役使"南线敌军的主要力量与精锐师团业已就歼"，"使淮河以北地区完全解放，使淮南一带地区大部入我掌握。凡此巨大成绩，皆我人民解放军指挥员与战斗员、人民解放军与人民群众，前后方党政军团结一致，艰苦奋斗所获的结果，特向你们致以祝贺和慰问"。[①]

四、兼任山东军区司令员

杜聿明集团被歼后，华野下一步就是渡江南进。为了提前做好部队南下的各种准备，淮海战役进入尾声时，张云逸等即开始考虑华野的兵员、弹药、被服、粮食、钞票、医药、电信器材、运输工具和其他各种物资的补充问题。

当时，除兵员补充较有准备外，华东军区后勤部所掌握的弹药已悉数运往前方；华东局财经办事处所存的西药过去认为可用半年到一年，但经过淮海战役的大量消耗，已不足三个月之用；经费和所存电料等亦成问题。据此，张云逸与康生、曾山、舒同于 1949 年 1 月 4 日致电已到达西柏坡准备参加中共中央政治局会议的陈毅、饶漱石并报中共中央："现我们除清理仓库，加紧生产，尽力采购，厉行节约，以加紧准备外，为了不致有误南进供应，请饶陈速与中央商定解决办法，

[①] 中国人民解放军历史资料丛书编审委员会：《淮海战役·综述·文献·图表·大事记》，解放军出版社 1989 年版，第 265 页。

并请将中央整个准备工作的方针、步骤及华东应负的具体任务及早电告,以便我们计划哪些能够自己完成,哪些须请中央统一准备。"①根据张云逸等的建议,1月7日,毛泽东、朱德、周恩来与刘伯承、陈毅、饶漱石等在研究中野和华野联合举行渡江作战的同时,专门研究了两大野战军的保障问题。

饶漱石回到华东局后,向康生、张云逸通报了1949年1月6日至8日召开的中央政治局会议情况,并一起研究了华东军区的军队建设问题。

当时,华东军区的所属部队,除鲁中南纵队、渤海纵队、江淮3个旅及何基沣、张克侠、吴化文3支起义部队准备合编为野战军外,计有胶东纵队(2个师拟编为第三十二军,归华野建制)及1个警备旅、23个基干团和县区武装7万人。为了有重点地加强城防、海防和将来南下占领新区的需要,张云逸与饶漱石、康生于2月6日以华东局的名义致电中央军委:准备建立11个警备旅,各军分区都成立一个警备团;"拟在胶东尽量物色曾在海军服务或具有一定条件的人员开办海军训练班(可能有七八百人),准备将来建设海军基础";"从去年十一月以来,整个扩军计划除十五万人补充主力(山东十一万五千,华中三万五千)外,山东另有五万人(胶东、鲁中南各二万,渤海一万)建设地方武装,苏北亦已布置(数字不详)。为照顾解放区生产所必需的劳动力,决定大规模扩军应告结束。如上述计划兵力尚感不足时,可由各区视情况举行带经常的个别扩大"。

这时,中原和华东野战军分别于1949年2月5日和9日改称第二、第三野战军(以下简称二野、三野)。

2月12日,张云逸与饶漱石、康生根据1948年11月1日中央军委《关于统一全军组织及部队番号的规定》,以华东军区的名义又致电中央军委:华东军区所辖之胶东、渤海、鲁中南、苏北、江淮5个三级军区及昌潍特区名称仍旧;各三级军区所辖之军分区以序号命名的改按所辖地区或司令部所在地命名;拟建11个警备旅,山东5个为警备第一至第五旅,江苏6个为警备第六至第十一旅,另外准备将来在安徽建5个警备旅,为警备第十二至第十六旅;各军分区警备团的番号,则由三级军区自行排列。

收到上述两个电报后,中央军委于2月19日致电饶漱石、康生、张云逸:"丑鱼(2月6日)丑文(2月9日)电悉。(一)同意于补足华野十五万新战士及动员五万新战士建设地方武装之后,即行结束大规模扩军工作。(二)同意丑文所拟华东军区所属各三级军区、市区、军分区、特区的称号,及新建军区所辖之十一个警备旅及三级军区所属各警备团的番号排列方法。(三)同意开办海军训练班。"

这样,淮海战役结束后,张云逸等除加紧军工生产外,大力加强建军和扩军工作,以保证三野能够顺利渡江南进。

根据二野、三野联合发起渡江战役的战略构想,中央军委于2月11日—12日指示淮海前线总前委照旧行使领导军事及作战的职权,华东局应南下徐州召开会

---

① 军事科学院《张云逸军事文选》编辑组主编:《张云逸军事文选》,军事科学出版社2007年版,第766页。

议，讨论苏浙皖鲁及宁沪杭地区主要干部配备问题。

据此，饶漱石、康生、曾山于2月14日到达徐州，次日与刘伯承、陈毅、邓小平、粟裕、谭震林、宋任穷举行会议，专门讨论了以后作战将先占城市后占乡村、军队既是战斗队又是工作队以及华东各地的主要干部配备问题。

关于山东地区的干部配备，刘、陈、邓、饶、康、曾、粟、谭、宋于2月15日致电中共中央、中央军委并告张云逸、舒同、郭子化等："我们建议山东如果组织中央分局，则以康生、张云逸、傅秋涛、向明、郭子化、许世友、彭康等七同志组织山东分局为宜，并以康生任书记兼政委及主席，傅任第一副书记兼第一副政委，向任第二副书记兼第二副政委及组织部长，张云逸任山东军区司令，许世友任第一副司令，袁也烈任第二副司令兼参谋长，王集成任政治部主任。"

这样，张云逸作为华东军区副司令员兼任山东军区司令员就基本确定下来，只待中央最后批准。

事实上，2月15日华东局会议后，山东分局、山东军区的成立工作即随之展开。

3月1日，华东局发出通知：经中央批准，山东分局业已成立，除分局委员中央最近即可发表外，康生为分局书记，向明为组织部部长，彭康为宣传部部长，李士英为社会部部长，刘贯一为秘书长。① 与此同时，从2月20日起，华东军区与山东军区正式分开办公。3月3日，华东军区司令员陈毅、副司令员张云逸、政治委员饶漱石、政治部主任舒同发布命令：奉中央军委电令，决定成立山东军区，下辖胶东、渤海、鲁中南三个军区及济南警备司令部、昌潍保安司令部。②

2月下旬，张云逸作为中共七大中央委员，从青州启程前往西柏坡，出席了3月5日—13日召开的具有重大历史意义的中共七届二中全会。毛泽东向全会作了工作报告。会议讨论了彻底摧毁国民党的统治，夺取全国胜利，把党的工作重心由乡村转到城市，以生产建设为中心任务等问题。

会议结束后，张云逸与康生一起于3月19日返回青州，按照中共中央和华东局的部署，抓紧传达中共七届二中全会的精神和正式成立山东分局、山东军区及组建新的山东省政府等工作。

3月20日，中共中央山东分局举行第一次会议，正式成立山东分局和山东军区。康生通知了中央批准的分局名单和军区名单及具体分工（只待中央批准的电报到达后再正式公布）。会议讨论了新的山东省政府如何组成及传达中共七届二中全会精神的步骤等问题。③

---

① 山东省档案馆、山东社会科学院合编：《山东革命历史档案资料选编》第22辑，山东人民出版社1984年版，第211页。

② 山东省档案馆、山东社会科学院合编：《山东革命历史档案资料选编》第22辑，山东人民出版社1984年版，第227页。

③ 山东省档案馆、山东社会科学院合编：《山东革命历史档案资料选编》第22辑，山东人民出版社1984年版，第324页。

21日，中共中央批准山东分局、山东军区和山东省政府组成名单的电报到达青州。25日—27日，山东分局召开了有各区党委、各军区、行署、潍坊市委、昌潍地委、第三十二军、后备兵团各负责同志，以及直属机关县团以上干部共347人参加的扩大会议。会议"首由康生传达毛主席报告及二中全会决议，继由张云逸传达中央关于华东组织的决定，宣布山东分局、山东军区、山东省政府名单，继则讨论，最后由康生总结"①。

中共中央山东分局由康生、张云逸、傅秋涛、向明、郭子化、许世友、彭康、李林、袁也烈9人组成，暂不另设常委，以康生任书记，傅秋涛任第一副书记，向明任第二副书记兼组织部部长。山东分局归华东局领导。

山东军区由张云逸兼任司令员，康生任政治委员，许世友任第一副司令员，袁也烈任第二副司令员兼参谋长，傅秋涛任第一副政治委员，向明任第二副政治委员，王集成任政治部主任。山东军区归华东军区建制。

山东省政府由康生任主席，郭子化任第一副主席，方毅任第二副主席。

30日，张云逸又出席了山东省人民政府行政委员会与参议会驻会委员会召开的联席会议，推选了新的省长、副省长与各厅厅长；通过了准备召开人民代表会议的决议及由康生任主任委员、郭子化任副主任委员的21人筹备委员会名单；通过了接受华东局关于纪念革命烈士筹建纪念塔的决定，成立由张云逸任主任委员、郭子化任副主任委员共21人组成的山东省革命烈士纪念塔建筑委员会，指导建筑济南、徐州、临沂、烟台等地的纪念塔、纪念堂。

1949年4月5日—7日，山东分局、山东军区和山东省政府机关由青州移驻济南。

随着山东党政军机关的成立，特别是渡江战役发起后，张云逸把工作的重点转到肃清山东境内的国民党军残余上来。

淮海战役后，国民党军在山东还盘踞着青岛和长山列岛。按照先攻陆地后攻海岛的作战顺序，张云逸首先开始筹划解放青岛的作战。

国民党青岛守军为第十一绥靖区刘安琪所部，辖第三十二、第五十军等部。随着人民解放军发起渡江战役和太原战役，国民党青岛守军已显示出弃城逃跑的征候。至1949年4月25日，山东军区获得的情报是：驻沧口机场的国民党军飞机已全部南飞；驻青岛的美国军队已全部离陆登舰，准备随时撤离；国民党军第二〇四师已全部由青岛南撤；刘安琪于23日召开紧急会议，决定两周内撤离青岛；美国侨民将于25日离开青岛。这样，国民党在青岛守军还剩5个师3万人左右，分驻即墨、城阳、青岛等地。

据此，张云逸等以山东军区的名义致电中央军委并华东军区："我为迫敌速走，是否可对青敌发动威胁性攻击。目前可集中十二个团作战，即以三十二军全部六个团，胶东可抽六个地方团，兵力可与敌相等。现敌分散守备，我集中进攻，在

---

① 山东省档案馆、山东社会科学院合编：《山东革命历史档案资料选编》第22辑，山东人民出版社1984年版，第361页。

战术上处处能占优势，稳步前进，拔一点算一点，敌全撤，我便能迅速进入青岛，并能防敌破坏。是否有当，请示复。"

中央军委于 28 日复电山东军区并告华东局、粟裕和张震："同意对青岛举行威胁性攻击，第一步集十二个团，对基干据点试行攻击，得手后看情形再决定第二步行动。其目的，是迫使敌人早日撤退，我们早日占领青岛，但又避免与美军作战（此点应与部队干部讲明白）。"

在这封电报中，中央军委指明了攻青作战的特殊性，即既要逼迫国民党军早撤，又要避免与美军作战。之所以要避免与美军作战，是为了不给美国进行军事干涉提供借口，以减少中国革命的阻力。

根据中央军委的指示，张云逸等于 4 月 30 日决定，以第三十二军第九十四、第九十五师 6 个步兵团、1 个炮兵团，警备第四旅 3 个步兵团，警备第五旅 1 个步兵团及胶东军区 2 个基干团、1 个榴炮营，担任攻青任务。最初，张云逸、康生考虑由许世友赴前线直接指挥，后改由第三十二军军长谭希林、政治委员兼政治部主任彭林、副军长刘涌、参谋长赵一萍指挥。

攻青作战从 5 月 2 日开始。经过一个月的作战，共歼灭国民党军 2000 余人，迫使和争取国民党军 3 个团投诚或起义，使美丽的青岛于 6 月 2 日回到人民的怀抱。

青岛解放后，张云逸等开始筹划解放长山列岛的作战。

位于渤海海峡上的长山列岛，由南北长山岛和砣矶岛等 17 个岛屿组成，居民 1.5 万人。国民党军自 1947 年 9 月底占领长山列岛后，不断加修工事，企图以此为基地，封锁渤海海峡，切断华北、东北和山东之间的海上交通。至 1949 年 6 月，国民党军在长山列岛共驻有 1500 人，拥有各种舰艇 10 艘。

为打破国民党军的海上封锁，建立起海防，张云逸、康生、许世友、袁也烈于 1949 年 6 月 22 日致电华东军区并中央军委，提出攻取长山列岛的两个作战方案：一是以山东军区警备第四、第五旅实施偷袭；二是以第二十四军 1 个师、1 个炮团和警备第五旅，首先采取偷袭，偷袭不成则以主力强攻。

27 日，粟裕、周骏鸣、张震复电同意第二方案，并认为由第二十四军派出 1 个师，协同警备第四、第五旅攻取，较为稳妥。30 日，中央军委同意粟裕等的意见。

作战方案确定后，张云逸、康生派许世友于 7 月赶赴胶东前线，指挥第二十四军第七十二师，警备第四、第五旅和华野特纵榴炮团，实施渡海作战。7 月 19 日，张云逸、康生等山东军区领导人发布了《长山列岛战役政治动员令》。作战从 8 月 11 日开始至 20 日结束，解放军一举攻占了长山列岛。

然而，就在解放长山列岛作战发起前，张云逸接到了中共中央要他立即北上的电报。他遂由济南到达北平。

第二十二章 主政广西（上）

一、受命南下

1949年7月22日，中共中央电告张云逸，为筹划进军两广，中央考虑组成中共中央华南分局，由叶剑英、张云逸和方方分任第一、第二、第三书记，要求张云逸与叶剑英一起，准备于8月上旬动身，中旬或下旬到达广东南雄。①由此，张云逸正式接受了南下的任务。

早在参加中共七届二中全会期间，张云逸在与毛泽东、刘少奇等人交谈的过程中，就了解到中央将来要派他到广西主持大计。张云逸虽是广东人，但在广西做过较长时间的革命工作，与广西各界多有交往，并能够说广西话②。中央派他去广西主持工作，可谓知人善任。

了解到中央的工作安排后，张云逸的心情久久不能平静，他盼望着能够早日回到他熟悉而久违的广西。所以，他1949年4月给饶漱石的信中写道："现决定我留鲁工作，地方我满为愿意，但我年已逾50，当兵精力已经不足，我的想法乘这时机参加山东一个城市工作，实习党的城市政策，取得一些经验，将来南去工作较好。"③

随着第四野战军向中南进军的开始，张云逸的愿望很快就变成了现实。接到中央的电报后，张云逸于8月7日由济南启程，乘火车到达北平。④此前，中共中央已致电华中局和华东局，告诉准备成立中共广西省委，拟由张云逸任书记；同时规定华南分局受华中局领导，广西省委受华南分局领导。⑤为此，中央军委分别于10月和12月解除他的山东军区司令员和华东军区副司令员职务。

---

① 李忠杰主编，中共中央党史研究室编：《杨尚昆年谱（1907—1998）》上卷，中共党史出版社2007年版，第683页。
② 见1938年张云逸填写的履历表。
③ 中共文昌县委党史研究室编：《张云逸研究史料》，广西人民出版社1994年版，第317页。
④ 军事科学院《张云逸军事文选》编辑组主编：《张云逸军事文选》，军事科学出版社2007年版，第782页。
⑤ 中国人民解放军军事科学院编：《叶剑英年谱》，中央文献出版社2007年版，第552页。

张云逸原来考虑，在北平不会待多长时间就要与叶剑英等一起南下，所以北上时只带了秘书和警卫参谋，连妻子韩碧都没有随行。到北平后，毛泽东考虑到张云逸身体虚弱，鉴于第四野战军主力和陈赓第四兵团于宜沙和湘赣战役后正在休整，便要他暂留北平，休养一个月，待参加完新政协会议，再赴广西。①

随后，张云逸住进北平景山东街的一处宅院，一面休养，一面与各方协商，抽调人员，组建广西省委。

当时，中央对广西省委只明确了张云逸一个人，省委其他人选都还没有着落。除中共中央组织部正协助从各战略区抽调接管广西的各级干部外，张云逸自己也开始物色合适人选。他认为，第一野战军的陈漫远、第三野战军的韦国清和第四野战军的莫文骅、李天佑等，都是广西人，并且都参加过百色起义，如能把这些兵团级干部找来组建广西的党政军机关，那是再好不过了。为此，张云逸开始与各方协商。

时任第三野战军第十兵团政治委员的韦国清，广西东兰人，早年随韦拔群参加农民革命斗争，后参加百色起义，军政兼优，是张云逸的爱将。为了调他来广西，张云逸与华东局数度函电往来，并与在北平准备参加新政协会议的华东军区司令员陈毅商谈。但由于韦国清当时正率部进军福建，脱不开身，华东局不予放行。无奈之下，张云逸只好表示"韦国清可从缓"②。

在中组部的帮助下，经过一个多月的努力，省委的班子终于组建起来。1949年9月22日，中共中央批准广西省委组成名单，张云逸任省委书记兼省政府主席，陈漫远任第一副书记兼省政府第一副主席、莫文骅任第二副书记、何伟任第三副书记、李楚离任第四副书记，省委书记、副书记组成广西省委常务委员，黄永胜、雷经天、李天佑等16人为省委委员。

广西省委初建时，工作机构只设立了秘书处、组织部、政策研究室和广西日报社③，各主要成员还分散四方：张云逸在北平；陈漫远正在山西赶往北平的路上；莫文骅在湖南的第十三兵团部；何伟在武汉；李楚离在湖南。广西省委机关暂驻武汉，办公地点设在汉口的万国饭店，由何伟暂时主持。④

在组建广西省委的同时，张云逸还与各方协商，抽调省委、省政府各部门的干部。本来，中央决定由华东局负责抽调赴两广的干部，⑤但由于华东新区也大量需要干部，很多工作需要协调。为此，张云逸于8月27日致信陈毅、饶漱石："我在你们领导下工作多年，我的一切，你们是了解的，一旦离开去独立工作，真有兢兢业业之感。为了执行新的任务中少犯错误，只有恳切要求你们在华东范围内设法抽调

---

① 军事科学院《张云逸军事文选》编辑组主编：《张云逸军事文选》，军事科学出版社2007年版，第782页。
② 军事科学院《张云逸军事文选》编辑组主编：《张云逸军事文选》，军事科学出版社2007年版，第782页。
③ 中共中央组织部、中共中央党史研究室、中央档案馆合编：《中国共产党组织史资料》第5卷，中共党史出版社2000年版，第657页。
④ 中共中央组织部、中共中央党史研究室、中央档案馆合编：《中国共产党组织史资料》第5卷，中共党史出版社2000年版，第641页。
⑤ 军事科学院《张云逸军事文选》编辑组主编：《张云逸军事文选》，军事科学出版社2007年版，第784页。

1949年,张云逸(前左一)南下路过武汉时,与刘伯承(后左一戴眼镜者)、邓小平(前左三)等一起游览武汉公园。

一些得力干部给我们。关于党务、群众、宣传、财经工作,我是不甚熟悉的,都恳求每部门配备能独立工作的得力干部一二人,还要请物色一个政治秘书,经常助我。想你们总会答应我这迫切的请求!"① 同时,张云逸还给华东局秘书长魏文伯写信,请他代为物色合适人选,就近向饶漱石、陈毅提议调出。②

鉴于华东方面一时难以抽调大批干部赴广西,张云逸不得不考虑从其他地区抽调。同时,考虑到非广西籍干部很难调出的情况,在征得中央同意后,张云逸请中组部向各中央局和分局发电,要各地尽力抽调广西籍干部。③ 他还分别致电陈漫远、莫文骅、李天佑,在自己知道的范围内联系抽调广西籍干部④。

在中组部的通力协助下,经过张云逸和省委其他成员的多方努力,省委省政府机关主要领导人选基本得到解决。华东方面共调出中高级干部42人。华北方面,中组部动员了河北省委社会部部长、省公安厅厅长覃应机率河北省公安厅29名干部南下广西。

---

① 军事科学院《张云逸军事文选》编辑组主编:《张云逸军事文选》,军事科学出版社2007年版,第782页。
② 中共文昌县委党史研究室编:《张云逸研究史料》,广西人民出版社1994年版,第319页。
③ 军事科学院《张云逸军事文选》编辑组主编:《张云逸军事文选》,军事科学出版社2007年版,第786页。
④ 张云逸给华中局转莫文骅的电报,1949年9月22日。

精诚所至，金石为开。黄荣夫妇就是在张云逸的感动下前往广西的。黄荣，广西凤山人，参加过百色起义，曾做过张云逸的警卫队员，时任华东电讯管理局副局长兼上海市电讯局局长。当魏文伯等询问他是否愿意回广西工作时，他考虑自己已在华东工作多年，对是否回广西颇为犹豫。张云逸南下经过上海时，亲自去做他的工作。张云逸说："人家东北都支援广西，你是广西人，怎么不回去？"黄荣考虑到自己是张云逸的老部下，夫人又是张云逸在新四军时帮忙介绍的，张云逸还为他们举办过婚礼，遂被张云逸的热情所感动，携全家一起随张云逸回到了广西。①

在北平期间，张云逸参加了中国人民政治协商会议第一届全体会议。

会前，他参加了会议的一系列筹备活动，并被指定为由代表华南地区的中共党员所组成的第八组书记。1949年9月21日，一届政协会议开幕，张云逸被选为会议主席团成员和常委，并担任国旗、国徽、国都、纪年方案审查委员会委员。9月30日，进行大会选举，他当选为中央人民政府委员。当日下午6时，他随毛泽东等到天安门广场参加了人民英雄纪念碑奠基典礼。

10月1日，他作为华南人民解放军的首席代表，登上天安门城楼，参加了中华人民共和国开国大典。

10月19日，中央人民政府委员会在北京召开第三次会议。会议决定成立中央人民政府人民革命军事委员会，选举毛泽东为主席，朱德、刘少奇、周恩来、彭德怀、程潜为副主席，张云逸等22人为委员。次日，张云逸在中南海颐年堂参加了由毛泽东主持的中央军委第一次会议。

随后，张云逸就启程南下广西。临行前，他写信给饶漱石，请敦促华东方面调赴广西的人员早日动身。②

按照计划，张云逸南下第一站是济南，陈漫远随行。他之所以要到济南，一是要带上家眷，二是要带领由山东分局选调的一部分干部南下。

山东军区司令员许世友为张云逸等送行，并从军区警卫团抽出训练有素的钢八连护送张云逸到广西。

随后，张云逸、陈漫远一行乘火车经徐州、郑州到达汉口，与何伟所率的省委机关会合。

这时，李楚离从湖南赶来了，莫文骅利用广西战役发起前的间隙也从第十三兵团部赶到汉口。10月底至11月初，张云逸在汉口接连开了三次会议，研究部署如何开展广西工作的一系列问题。③

为配合四野主力即将发动的广西战役，张云逸主持拟制了《中共广西省委告广西人民书》，揭露国民党和桂系李宗仁、白崇禧统治广西的罪恶，阐明中国共产党的政策，号召人民群众迅速行动起来，支援解放大军进军广西。

---

① 中共文昌县委党史研究室编：《张云逸研究史料》，广西人民出版社1994年版，第493页。
② 张云逸给饶漱石的信，1949年10月16日。
③ 张云逸给林彪的电报，1949年11月5日。

为使人民群众更加直观地了解中国共产党的各项基本政策，张云逸等还研究拟制了进入广西的三十多条标语口号，准备随大军南下时到处张贴。如：肃清土匪特务、建立革命秩序！严惩破坏人民财富工矿企业和交通的李白匪帮！首恶必办、胁从不问、立功受奖！实行公私兼顾、劳资两利、城乡互助、内外交流的经济政策！严禁奸商投机操纵、捣乱市场损害人民的生活！拥护人民币，人民币是唯一合法的货币；学校迅速复课、商店照常营业、工厂继续开工！教师、学生、科学家、著作家、艺术家、新闻工作者、出版工作者团结起来，为恢复发展文化教育事业而奋斗！各民族一律平等、实行互助等。

在汉口，张云逸还召集了第四野战军南下干部队广西工作团会议，[①]与第二野战军司令员刘伯承、政治委员邓小平就如何开展新区工作交换了意见。

汉口聚会后，广西省委领导成员分头行动：莫文骅回第十三兵团指挥所部进军广西；陈漫远、何伟、李楚离率省委机关和南下干部队及钢八连，随解放大军经湖北、湖南进入广西；张云逸则于11月5日由武汉启程，经上海、广州进入广西。[②]

在上海，张云逸与饶漱石、陈毅等进一步协商，最后落实了抽调干部的问题。11月23日，张云逸率这批干部由华东军区一个警卫排护送，乘火车南下，12月3日夜到达广州。[③]

张云逸还在火车上的时候，1949年11月29日中国人民革命军事委员会任命张云逸为广西军区司令员兼政治委员，黄永胜兼第一副司令员，李天佑兼第二副司令员，彭明治兼第三副司令员，莫文骅兼第一副政治委员，吴法宪兼第二副政治委员兼政治部主任，曾国华兼参谋长。广西军区隶属第四野战军兼华中军区，军区机关由第十三兵团部兼，下辖龙州、玉林、梧州、武鸣、百色、南宁、平乐、柳州、宜山、桂林10个军分区。

在广州，张云逸向叶剑英汇报情况后，叶剑英在南园酒家为张云逸一行接风洗尘。[④]张云逸还见到了第十五兵团政委赖传珠。他们两人在新四军长期共事，结下了深厚的情谊。闲暇时两人互相拜访，每每交谈到深夜。

广州是华南的政治、经济和文化中心，也是爱国民主人士比较集中的地方。为建设新广西，张云逸广泛联络在广州和香港的广西籍爱国民主人士，希望他们能够回去出力。在他的盛情邀请下，知名民主人士雷沛鸿、陈此生、陈良佐、雷荣珂、莫乃群、陈雄等，以及王力教授和他的儿子秦似，与他一同乘船沿西江溯流而上，返回广西。

担任这次护送任务的，除华东军区的一个警卫排外，还有刚从两广纵队抽调的广西籍战士比较集中的一个营。后来，张云逸把钢八连、警卫排和这个营，再

[①] 采访张远之、王婷夫妇记录，2008年10月10日。
[②] 张云逸给林彪的电报，1949年11月5日。
[③]《赖传珠将军日记》下册，军事科学出版社2005年版，第1095页。
[④]《赖传珠将军日记》下册，军事科学出版社2005年版，第1095页。

加上粤桂边纵队一部，编成了广西省人民政府警卫团。

张云逸离开广州时，广西战役已接近尾声。西行途中，他坐在船舱里，望着两岸的青山绿水，想到从参加发动百色起义到今天自己接管广西，整整二十年过去了，自然是感慨万千。他既想到为建立新中国而英勇献身的韦拔群等革命先烈，也想到了自己亲自派往广西开展地下工作和武装斗争的廖联原等人。

全面内战爆发后，根据中共中央的指示精神，张云逸与陈毅派遣廖联原等干部回广西开展地下工作和武装斗争。到广西解放时，由廖联原任司令员兼政治委员的桂中游击支队，已发展到几千人。为此，离开广州前，张云逸通知廖联原到梧州汇报工作，并将主力集结于桂平县江口镇待命。①

张云逸对随行的人员说："广西地下党的同志在极端困难的条件下长期坚持斗争。有一段时间曾经与中央失掉联系。这么困难的情况下，仍能坚持下来，是非常不容易的。这是广西一支重要的革命力量。你们算是南下干部，一定要同他们团结，依靠他们工作。他们有什么困难，要关心帮助他们解决。"②

12月16日，张云逸一行到达梧州。③廖联原汇报情况后，张云逸充分肯定他的工作，认为几年来没有被敌人吃掉，反而搞起了几千人的队伍，实在不容易；指示廖部编入正规军，参加剿匪、反霸、土改活动。④当他看到廖联原穿的衣服已经很破旧时，便派人取来一套新军装给他换上，并当即决定由广西军区拨10亿元（旧币）为廖部添置服装和其他生活设备。

当晚，张云逸一面让雷经天带上两条香烟去慰问廖的随行人员，一面与廖联原深入交谈，了解广西情况，并与他同榻而眠。雷经天原为两广纵队政治委员，现被派往广西任省政府副主席。

由于广西刚刚解放，交通不便，土匪未剿，张云逸决定省委各主要领导同志暂时分散活动，在各地帮助工作，并分派何伟在桂林，莫文骅在南宁，李楚离到柳州，陈漫远留梧州。一个时期后，再集中到南宁。

这时，陈漫远也赶到了梧州。张云逸遂与陈漫远、雷经天一起，研究确定了广西各军分区、警备司令部、地委、市委和市政府的组织问题；支前运输问题；巩固社会治安，解决游杂武装及帮会武装的问题。

在梧州，张云逸还召开了两次座谈会，分别听取工人代表和工商界代表的意见，向他们宣传省委、省政府的政策。⑤

广西解放，百废待兴。而令张云逸感到棘手的是金融问题。因此，他在1949

---

① 廖联原回忆材料，1981年11月10日。
② 黄荣、韦纯束、骆明、廖联原：《张老永远活在我们心中——纪念无产阶级革命家、军事家张云逸诞辰一百周年》，载1992年8月14日《广西日报》。
③ 张云逸给叶剑英的信，1950年4月15日。
④ 黄荣、韦纯束、骆明、廖联原：《张老永远活在我们心中——纪念无产阶级革命家、军事家张云逸诞辰一百周年》，载1992年8月14日《广西日报》。
⑤ 张云逸给叶剑英的信，1950年4月15日。

年 12 月 27 日给华中局第一书记林彪、第三书记邓子恢的电报中说:"各地接收情形一般尚好,剿匪、征粮、收税已有初步布置,惟金融问题是一个困难问题,正在研究中。"

根据商定的部署,陈漫远留梧州,12 月 28 日张云逸与雷经天乘汽船从梧州前往桂平。船行至藤县濛江镇时,张云逸听说此地是当年洪秀全领导的太平军进攻永安州经过的地方,便命令停船,登岸后来到街市,看看商店,与群众交谈一番。①

1950 年元旦,张云逸一行到达桂平县江口镇。桂中游击支队早已列队在金田中学操场等候视察。当张云逸、雷经天等领导登上主席台时,全场爆发出热烈掌声和欢呼声。张云逸在讲话中向全体指战员提出三点希望:第一,由游击队转为正规部队后,要努力学习政策,学习纪律,学习文化,向野战军学习,把自己建设成为地方主力部队;第二,遵守纪律,严格执行三大纪律八项注意,坚决杜绝违反群众利益的事;第三,肃清残匪,帮助农民减租减息,之后再实行土地改革。②

这天中午,张云逸在江口镇的一家饭店招待桂中游击支队连以上干部,下午又与他们进行了座谈。张云逸在听取他们的意见后强调指出:在即将开展的土地改革运动中,要认真贯彻执行党的政策,对地主阶级不是从肉体上消灭,而是从政治和经济上打倒,因此要团结党外知识分子和一切可以团结的人,注意区别对待,不要搞一刀切,更不能搞报复主义。

张云逸的讲话,通俗、简练、明快,给大家留下了深刻的印象。多少年后,时任桂中游击支队副政治委员兼政治部主任的韦纯束回忆说:张老"位高不倨,待人亲切,平易近人,既像慈母般关怀下级,又像严父对我们提出严格要求,使我受益匪浅"③。

2 日,张云逸等离开江口镇,经桂平、贵县于 4 日到达南宁,与莫文骅、黄永胜等会合。④

二、总体工作思路

张云逸进入广西后,省委领导人分散各地,以抓主要城市带动各地工作,同时野战军正在分散剿匪。尽管面临着剿匪,征粮,支援越南人民的解放斗争,恢复生产、交通和社会秩序,帮助农民度过春荒,建党建政,发动群众,以及加强地方武装建设等各种问题,但他首先把主要精力放在了解广西的基本情况,与省委一班人沟通思想,进而把中央的指示与广西的具体实际相结合,形成自己的总

---

① 韦纯束:《常驻心间的怀念》,载《铁军风采》2002 年第 3 期。
② 张云逸在接见桂中游击支队全体指战员大会上的讲话,1950 年 1 月 1 日。
③ 韦纯束:《常驻心间的怀念》,载《铁军风采》2002 年第 3 期。
④ 张云逸给叶剑英的报告,1950 年 4 月 15 日。

体工作思路上。

1950年1月16日,陈漫远、何伟、李楚离等也到达南宁。张云逸遂召开了广西省委第一次会议,初步讨论了1950年的工作。1月20日,张云逸赴汉口参加中南军政委员会会议。其间,他一面参加会议,一面批阅广西各地发来的文电,并根据中南军政委员会的工作指导方针,结合对广西情况的初步了解,逐渐形成了自己对广西的总体工作思路。为此,他向中南局汇报了对广西情况的认识和工作指导原则[①]。3月初,张云逸回到广西后,在省委会议上把自己的总体思路概括为:"今年广西主要是剿匪、发动群众,实行双减、生产、救灾,中心的问题是发动群众。"[②] 3月24日,张云逸在广西省委高干会议上,作了题为《以全力发动群众剿匪反霸结合生产节约救灾双减为创造土改条件而斗争》的讲话,把自己的总体工作思路作了全面阐述。

张云逸认为,发动群众是打开广西局面的主要手段和根本办法,如果不发动群众,一切工作都无从谈起。然而,广西不仅是新区,与老解放区不同,而且是桂系李宗仁、白崇禧起家和多年经营的地方,与其他新区相比又有其不同的特点。这就决定了在广西发动群众的工作,必然要走一段艰难的路,必须有长期和耐心的思想准备。他说:广西的解放,"从发动群众的观点上看,从群众自己解放自己的观点上看,仅仅是打下自上而下发动群众的基础,仅仅是万里长征走完了第一步。而群众的彻底解放尚有赖于我们去作长期的艰苦的群众工作"。

从这一基本考虑出发,他指出了进入广西两个多月以来在发动群众工作上存在的缺点和错误:第一,征粮与发动群众结合不够。有的地方形成单纯要粮,而不是发动群众基础上的征粮;第二,部队在处理战斗队与工作队的关系上有偏差,在剿匪过程中,有些部队发挥工作队的职能不够,而只强调了战斗队的职能,不是发动群众与剿匪相结合,而形成了单纯的军事行动;第三,宣传工作和政治攻势的力度不够,由于没有用政治攻势打开剿匪局面,党的政策还没有完全为广大群众所了解,使一些群众对我抱有怀疑态度;第四,各部门工作中还存在着严重的无纪律无组织现象,游击习气和轻敌麻痹思想,在一部分干部中严重存在;第五,剿匪中存在的乱捕乱杀乱打现象,给敌人进行造谣破坏、煽动暴乱以可乘之机。对以上问题,张云逸主动承担了责任。

为发动群众,张云逸对广西社会的基本成分进行了分析。

一是匪特。张云逸认为,在全国胜利的形势下,匪特内部是动摇的。经过我军的军事打击与政治瓦解,周祖晃、莫树杰、张光玮、莫敌、霍化南、赖慧鹏等率部投诚,一些参加暴乱的地主开始悔过自新,就是特务分子有的也开始向我们表示要立功赎罪。如果我们继续采取军事进剿与政治瓦解相结合,匪特将会更加动摇与分化。

---

① 张云逸工作笔记。
② 张云逸在广西省委会议上的讲话记录,1950年3月6日。

二是地主阶级。张云逸说：从整体上讲，地主阶级的本质是极端反动的，必须消灭，但具体说来又可分为三种情况：一种是坚决反动到底的；一种是在大势所趋之下表示向我们靠拢的；一种是可以暂时中立的。对此，我们应采取正确的策略，运用各方面的力量，尤其是统一战线的力量，坚决扑灭极端反动分子，同时采取各种办法，尽量争取他们中的人向我们靠拢或暂时保持中立，以减少我们发动群众的阻力，最后消灭地主阶级。

三是人民大众。张云逸不同意广西人思想封闭落后的说法，认为这是由于我们宣传工作不普遍不深入所造成的；一部分群众跟着地主恶霸当土匪是被裹胁的，这只是暂时的现象，绝大多数群众是反对匪特暴行的。如果我们广泛宣传党的政策，揭破匪特、地主恶霸的罪恶，积极发动和领导农民生产救灾，解决他们当前的春荒困难，人民大众跟我们走是没有问题的。

当然，广西各地工作的发展是不平衡的。有的地区交通便利，物产丰富，人口众多，有的地区则交通不便，土地贫瘠，人口稀少；有的地区过去我们有武装斗争的基础，有的地区过去我们只有党的地下工作，不少地区我们则没有任何工作基础；现在有的地区已在我们的领导之下，有的地区我们还没有建立政权。这就要求我们针对不同地区的情况采取不同的方针与政策。

在分析了上述情况后，张云逸提出了1950年要开展的四项主要工作。

一是清剿土匪。

这是1950年上半年的中心工作。

张云逸指出：对匪特暴乱，必须坚决镇压。只有坚决镇压，才能保护人民利益。同时，必须充分估计广西剿匪的长期性与残酷性，必须有步骤有计划地将剿匪与发动群众结合起来，使剿匪与改造乡村政权和解决民枪问题一并解决。只有这样，剿匪才能成功。不然我来匪走，我走匪来，是达不到剿匪目的的。由于土匪是没有群众基础的，土匪内部也是动摇的，只要我们正确执行党的"首恶必办，胁从不问，立功受奖"的政策，灵活运用策略，争取分化匪众，孤立匪首，土匪是不难消灭的。

至于剿匪的办法，张云逸指出：对股匪必须有重点地采取集中优势兵力、奔袭穷追、围剿聚歼的战法；消灭股匪后，即分散驻剿，结合发动群众清剿散匪，进行反霸挖掉匪根，并在发动群众的工作中，有计划地将群众武装起来，使其能够认识自己的力量，能够防匪自卫，这样才能使剿匪不再走回头路。

张云逸提醒各级干部，在地主武装未解除、农民尚未充分发动之前，随时都有发生暴乱的可能。各级干部万勿麻痹，要提高警惕，否则要遭受损失。必须充分估计到，地主叛乱可能随着农民运动的发展而不断发生，特别在农民优势尚未树立以前，更是如此。为了发动群众，减少农民的损失，消除其对地主武装的顾虑，对敌人应当采取各个击破的方针，有步骤地逐渐解除地主的武装，是十分必要的。

解除地主武装的办法，首先，在镇压其公开武装反抗的同时，收缴其武装，没收其财产，分给农民。其次，在反霸、减租减息及局部镇压地主叛乱时，再解除一部分地主的武装。最后，在农民已经发动并初步得到武装时，即可在防匪自卫的口号下，把地主枪支转到农会领导下的民兵手中。其具体办法可采取农代会或各界代表会议决议的方式进行。

为了达到剿匪与发动群众、改造乡村政权的目的，在缺少地方干部的情况下，必须在部队尤其是主力部队中，贯彻既是战斗队又是工作队的思想，将一部分主力部队彻底执行工作队的任务，抽出大批干部做地方工作。只有这样，才能解决地方干部缺乏的问题，才能解决剿匪工作与地方工作不协调的问题。因此，部队干部必须真正认识实行主力部队地方化的极端重要性。

二是恢复生产、节约救灾。

由于农业歉收和白崇禧桂系部队的破坏，1950年春广西部分地区出现严重灾荒。为此，张云逸提出必须大力恢复工农业生产，先恢复平桂、八步、合山、田东的矿业，梧州炼油厂、柳州皮革厂、桂林水泥厂及一部分手工业，在恢复农业生产的同时，大力恢复桐油、花生、苎麻、甘蔗以及畜牧等生产。

关于节约救灾问题，张云逸认为要采取多种办法解决。除在有条件的地区开展减租退租运动外，还可以采取向地主借粮的办法。即首先通过整理过去的公产入手，从地主、富农经管的这些财产中拿出粮食分给农民，分配的具体办法可以组织农民进行民主评议，借以提高其觉悟。如果这样仍不能解决农民的借粮问题，第二步即在农民觉悟提高的前提下，再转为直接向地富借粮或挤黑地、算合理负担。在我们给农民撑腰的形势下，农民敢于揭发地富，地富不敢隐瞒，农民是能够从地富手中借到粮食的。

由上可以看出，张云逸所采取的借粮办法，是把解决春荒与发动农民结合起来。这是从广西具体情况出发提出的救灾办法。

此外，张云逸还提出了其他一些救灾办法。如：发动群众分族田，以救济本族的贫民；鼓励农民开垦荒地，并规定三年不纳租，五年不缴粮，政府还要帮助其解决开荒用的农具、耕牛和种子；从公粮中拿出一部借给农民；部队、机关每人每天节省一两和二两粮食救济灾民；发动社会互助，提倡社会节约；等等。

三是整顿干部队伍。

强调集中统一，克服游击习气，反对无政府、无组织、无纪律状态。

张云逸在分析了整个干部队伍的情况后认为：广西的干部主要由本地干部、外来干部两部分组成。本地干部工作热情高，在征粮等工作中发挥了重要作用，是建设广西的重要力量，但由于长期在敌后游击战争环境，对党的现行政策不够熟悉，对各种正规建设缺乏经验，工作中出现了一些偏差。外来干部一方面缺乏对本地干部的帮助精神，另一方面对各地的具体情况缺乏必要的调查研究，在贯彻党的政策的过程中有时凭主观臆断去决定问题，工作中也出现了一些偏差。这是不少地方出现乱杀人、乱花钱、乱用人现象的基本原因。

据此，张云逸指出：为了迅速纠正违反政策的现象，迅速建立巩固的革命秩序，必须从整理内部开始，首先强调集中与统一，克服游击习气，克服无纪律无政府状态，迅速建立起集中统一的财政制度、用人制度和处理犯人制度。下边的机动权必须收回，杀人、用人和用钱权必须集中到省委、省政府，严禁各种违反政策的事件发生。对混进革命队伍的特务分子和各种坏分子，当即着手清洗，有的可以送交公安部门处理。只有我们内部纯洁统一了，才有办法结合发动群众整理村、乡两级，才能真正完成发动群众的任务。

张云逸说，为了使下面少犯错误，各领导机关除向下级布置工作时要详细具体并派干部下去帮助外，下级机关必须将工作情况及时向上级请示报告。在目前新区情况复杂、老干部少、新干部多的形势下，必须理顺上下级关系，坚决杜绝上下级不融洽的问题。对违反政策的干部，要使之受到应有的处分，并向群众公开承认错误，以挽回影响。我们只有发扬自我批评的精神，才能改进工作，才能得到广大群众的同情。

四是建立联系群众的各界代表会议制度。

张云逸说，各界人民代表会议，是我党密切联系人民群众，贯彻党的政策，建立政权民主制度的一种组织形式。各级党委与政府，必须重视这个组织。没开过各界人民代表会议的县、市，应迅速准备召开这种会议，并遵照中南军政委员会的规定，各县、市每三个月左右开一次，省一年开一次，必须有准备地经过人民代表会议选举协商委员会，再由协商委员会推选常务委员会驻会工作。我党的政策与政府的重要法令和措施，必须通过人民代表会议讨论，取得他们的同意后，再协力推行。这是非常重要的。

至于各县、市各界人民代表会议的人数，应根据各县、市的大小及工作进展情况而定，大到两百人，少至数十人。代表须包括共产党及民主党派、工人、农民及其他劳动者、学生、文化教育界、工商业界、青年、妇女、人民政府、人民军队、民主人士、少数民族、海外华侨等，代表中的党员及完全可靠的左翼分子，应超过二分之一，以便团结大批中间分子及争取一部可能争取的右翼分子向我们靠拢，增加我们的力量。

在开会前应组织筹备会，吸收群众中的积极分子与党外民主人士共同协商，加强各种准备工作。

除在省、县、市召开各界人民代表会议外，区、乡两级政府，则须认真普遍地召开农民代表会议。这个会议是密切政府与农民关系的最好组织，能团结和领导农民参加民主政治工作，解决他们当前迫切需要解决的事情，如生产救灾、退租、退押金、整公产、整旧农贷牛贷、借粮、借种子、放农贷以及剿匪自卫等。各种事情都经过农代会议讨论解决，以取得农民的拥护。特别要在会议中发动农民进行诉苦运动，提高其阶级觉悟，成立各级农民协会筹委会或农民协会。在工作开展到一定阶段时，应由农代会议选举乡、村人民政府，改造乡、村政权，巩固人民的胜利。

之后，张云逸对如何进行这四项工作，也作了大体的时间划分和步骤规定：

（1）从现在起，首先以大力组织农民恢复生产，对贫苦和受灾的农民实行救济，解决其生产困难，不荒芜土地，争取今年的丰收。为使人民能够安心生产，必须将生产与剿匪结合起来进行，剿匪是为了保护生产。（2）春耕过去后，集中力量剿匪，结合发动群众，清匪反霸，武装农民，争取将地富手中的武装转移到农会手中。（3）秋后进行反霸双减，在发动群众的基础上进行村选，发动改造村政权运动并进行秋征。（4）要开好几个全省规模的代表会议。5月召开全省工代会，6月召开全省农代会，7月召开全省青年、妇女代表会，8月召开全省各界人民代表会。从现在起即在群众中准备这些工作。

张云逸指出，除抓好四项主要工作外，还要搞好整理财政、推销公债、统一编制、统一收支、维持教育、推动文化运动和成立中苏友好协会等工作。当然，由于各地工作发展不平衡，工作时期的划分只能是大概规定，不能机械执行，剿匪、反霸、双减也不能截然划分为三个阶段，各地必须根据具体情况有重点地布置工作，不能平均使用力量。在以上工作中，除整理财政外，其他工作均应当通过各种代表会议去进行。这样，既可联系群众，又可将我党的政策法令交群众去贯彻执行，还可解决工作繁重与干部少的矛盾。上述工作做好了，也就为下一步进行土改准备了条件，铺平了道路。

为了顺利推行并做好上述工作，张云逸对各级干部提出两个要求：（1）要严格执行党的政策。在做每一件工作的时候，既要结合情况找出解决问题的具体办法，又要把这些办法与党的政策相对照。符合政策就做，不符合政策就不做。他说：政策是争取群众最有力的武器，"希望我们同志认真研究每一个具体的政策，团结应当团结的人民，这就是党性。党性坚强的标准，不单是要终其身、坚其志为人民为无产阶级斗争到底，而且要严格的执行党的政策"。（2）要加强团结。目前必须克服三种思想倾向：一是因强调广西落后，语言不通，民性强悍，土匪扰乱，交通不便，工作困难，而抱有临时观念，工作不安心。二是以功臣自居，追求地位，贪图享受。三是不进行调查研究，不注意研究政策，在工作和同志关系上犯主观主义和感情用事。这些都是妨碍团结和工作的大敌，必须坚决克服。

他号召各级干部，必须从政治和组织原则的高度要求自己，处处为人民利益着想，开展批评与自我批评，团结带领广大人民，建设人民自己的新广西。

此后，张云逸即按照这一总体工作思路，推动广西各项工作的开展。

三、清剿土匪

广西是一个边远省份，这里山多、水多、民族多，交通不便，经济文化相对落后，土匪、惯匪较多。为保家护院，保护商队，一些居民和商人也开始拥有枪支。在广西，枪支甚至可以在市场上公开买卖。李宗仁、白崇禧统治广西期间，大肆鼓吹"大广西主义"，有计划地组训民众，不仅使一些人产生了盲目排外心理，还使地主恶霸掌握了大批武装。由于上述各种原因，造成了广西历史上的土匪多和民枪多。

解放前夕，白崇禧自知难以抵御解放军进军广西，为日后与共产党周旋，以待时局之变，遂派出部队和大批军政人员，在广西组织了桂北、桂中、桂南、桂西、桂东五个军政区，以及桂北纵队、桂南纵队等游击武装。这些地方部队和游击武装在广西战役后大部分潜伏下来。随着桂系主力在广西战役中的覆灭，大批散兵也流窜为匪。据统计，解放之初，国民党残匪、散兵、惯匪、恶霸地主武装大小有218股9万多人。①国民党特务更是有计划地潜伏，他们勾结土匪，胁迫群众，制造暴乱，占山为王。李天佑在省委会议上谈到广西土匪的特点时指出："（1）反动基础强大，其他各省看不到这种情况；（2）民枪多，超出任何省份，大部掌握在地富手里；（3）民族较多，封建排外思想浓厚，过去封建军阀割据所造成。"②

面对广西的严重匪情，张云逸清楚地认识到：广西虽然解放，但并不等于新政权就站稳了脚跟；只有彻底肃清土匪，才能打下各项工作的基础。然而，当时广西的各种地方武装非常庞杂，如果搞不清什么是土匪武装和非土匪武装，就无法开展剿匪。为此，1949年12月3日，在广西尚未全部解放时，张云逸等就以广西省委的名义发出了关于收剿敌匪与整建地方武装工作指示。到达南宁后，他与莫文骅等进一步分析了广西境内存在的各种地方武装，并把这些武装分成六类而采取不同的处理办法：一是我党领导发展起来的滇桂黔边纵队、粤桂边纵队等游击武装。对其要帮助整训，进行政策教育，纠正报仇乱杀现象；暂时停止扩大其规模，保持原建制，划归各军分区指挥，投入剿匪。二是靠近我党的反蒋武装。对其采取的基本办法是：编散或不容存在。其中，如有个别可以改造为人民武装的，可派骨干掌握提高。对少数民族武装，要慎重处理。三是趁形势混乱发展起来的投机武装。对其应采取不信任的态度，尽快改编或使其放下武器。四是自称民主党派领导的武装。根据中国共产党与各民主党派达成的协议，这类武装必须接受人民解放军改编，否则即证明它不是民主党派建立的队伍，而是借民主党派的名义保存反革命的力量，必须坚决予以消灭。五是人民自卫武装和民枪。毫无疑问，民枪的大量存在既有其自卫防匪的一面，也是社会不稳定的一个因素。但由于我们在广西还没有建立稳固的基础，许多地区军队还没有进入，因此对民枪的处理要特别慎重，不能操之过急，免被敌人利用，造成群众武装与我们的对立。目前对这种人民自卫武装暂不收缴，民枪也听其暂时存在，但禁止枪支买卖，待人民政府成立后，再进行登记，将其有计划地转移到人民手中。六是国民党的残匪和惯匪。必须以军事打击与政治瓦解相结合，迅速将其剿灭。

广西战役结束后，剿匪作战随即开始。

在解放军的军事打击和我党宽大政策的感召下，至1950年1月中旬，国民党桂北军政区中将司令周祖晃、桂林市市长韦瑞霖、桂北纵队司令莫敌、桂东军政

---

① 莫文骅：《剿匪总结》，1950年4月20日；莫文骅：《在广西军区整风会议上关于八个月以来部队剿匪的总结报告》，1950年8月。

② 李天佑在广西省委会议上的发言，1950年3月6日。

区副司令杨俊昌、桂西军政区司令莫树杰、靖西专员赖慧鹏、滇桂黔边区司令张光玮等先后率部分武装投诚，白崇禧建立的各军政区被基本消灭。

之后，鉴于中南地区的大规模作战已经结束，从1950年1月中旬开始，第十三兵团所属的第三十八、第三十九军主力陆续离开广西，奉命北上。中南军区将第四十九军（辖第一四五、第一四六、第一四七师）、第三十八军第一五一师、第三十九军第一五二师以及第一五四师拨归广西军区，实行地方化。

根据中南军区的指示，在暂时保留各师番号的基础上，张云逸以这些部队为骨干，相继建立了10个军分区和4个警备司令部。与此同时，他还把粤桂边纵队等游击武装整编为独立团或独立营，把各县、区游击武装整编为县大队、区中队，划归各军分区领导。至2月初，全省共有7个独立团、2个独立营、1个独立大队、99个县大队。为了加强剿匪力量，中南军区后来又把第四十五军（辖第一三三、第一三四、第一三五师）也隶属广西军区指挥，把第三十九军第一一五师暂时归广西军区使用。

根据广西省委和军区的决定，由莫文骅主管剿匪等军事工作，从1950年1月15日开始对股匪展开围剿。经过半个月的作战，至1月底大批股匪被歼灭，但仍有不少股匪分散隐藏。[①] 据此，张云逸等根据中南军区的指示，1月下旬提出上半年肃清股匪，下半年肃清散匪的目标。[②]

与此同时，为解决吃饭和财政问题，各地开始征粮。但由于部分工作人员政策水平低，甚至有复仇现象，再加上所使用的部分旧有乡、保、甲人员，有意将征粮任务多摊派到农民群众身上，以致发生了乱征粮，甚至乱捕、乱打、乱杀人等违法乱纪行为，引起了群众一定程度的不满。

地主恶霸和潜伏下来的国民党土匪、特务，则趁机以"反对北方人统治""抗粮""抢公粮""发横财"等口号，煽动群众起来闹事。1950年1月25日，平乐专区恭城县发生了土匪武装暴乱，参加者达4000余人，抢去公粮万余担。以恭城为起点，至3月中旬各地暴乱不断发生。

恭城等地的暴乱，引起了省委的高度重视。2月11日，广西省委在剿匪指示中指出："恭城事件给我们的教训最主要的是在执行征粮剿匪政策上有偏差，为匪特利用欺骗群众，和政治上麻痹，对匪特恶霸分子阴谋暴动集合千余人及打县城事先竟未觉察，情况发生又未采取有效的紧急处置，致造成不应有的严重损失。"据此，省委指示各地委、各军分区，要求各级干部要面向农村，配合驻剿部队到农村发动群众，开展政治攻势；主力部队必须树立工作队的思想，用实际行动团结群众，依靠群众，清剿匪特；地方武装要严格执行政策纪律，防止滥捕、打罚和报复现象；对罪大恶极的首恶分子，经省委批准，应在群众中公审后处以极刑；对帮凶和惯匪要长期看押，或强迫劳动改造。

---

① 莫文骅：《剿匪初步总结》，1950年4月20日。
② 莫文骅：《在广西军区整风会议上关于八个月以来部队剿匪的总结报告》，1950年8月。

土匪暴乱发生时，张云逸正在武汉参加中南军政委员会会议，他密切关注广西匪情的发展并给以指示。3月初，他返回南宁后又立即指示："在匪特地主暴动的地方，要强调镇压，而且要迅速。"由于张云逸等采取了坚决果断的措施，3月中旬，各地的暴乱逐渐被平息。

与此同时，张云逸指示各地，要利用恭城暴乱等一系列事件，对我们本身的问题进行认真全面的反思，"目前干部执行政策上总有左或右的偏差"，要认真解决这些问题，以推动整个剿匪工作。

张云逸历来主张要把剿匪与发动群众和武装群众结合起来，反对单纯的军事观点。他说："剿匪为了发动群众，组织群众，建立政权。剿匪是手段，建立政权是目的。"此外，他也反对单纯依靠军事手段剿匪，主张在军事打击的同时，要对其进行政治瓦解，认为"对特工、伪人员、伪军官、恶霸、地主、惯匪要进行分析，我们要善于分化敌人"。

当时，广西全省虽然已经解放，但由于部队只能占领城市和大的乡、镇，大部分地区还无力控制。各军分区普遍感到地域广，土匪多，兵力不足。各军分区司令员、政治委员到南宁时，都来找张云逸要求增派兵力。有的因兵力分散时遭到土匪围攻感到窝火，也来找张云逸发牢骚。张云逸除诚恳地与他们交换意见，给以政策指导外，毫无批评责备之意。他还和夫人韩碧邀请部下到家中做客，给予鼓励。①

土匪暴乱虽然逐渐被平息，但股匪仍然存在。张云逸与莫文骅等统一认识后，在3月下旬广西省委高干会议上指出，剿匪的办法仍然应当是集中优势兵力重点进剿，将股匪消灭后，再分散驻剿，结合发动群众消灭散匪。

省委成员对集中兵力消灭股匪认识是一致的，但对如何处理民间枪支问题则意见不一。一种观点认为，地主手里的枪支对我危害太大，既然早晚都要收，那么晚收就不如早收；不能怕乱，暂时的乱是难以避免的。另一种观点认为，民间枪支散布面太大，我们现在还没有力量没有条件去收，因此不能马上提出一律收缴地主的枪支。

张云逸认为，对民间枪支的处理是一个极大的群众性问题，这与其他各省都不相同。当前，群众对我们党和政府还不了解，不信任，骤然提出收缴枪支容易引起群众的疑惑，也容易被土匪和反动势力所利用。如果处理不好，将会引起很大的动乱，以至不可收拾，会逼地主和一部分群众上山为匪，容易孤立自己。另外，在群众还没有发动起来的时候，也无法将收缴的枪支用来建立群众的自卫武装。应该在发动群众的基础上，再提出"枪换肩""枪不离乡"等群众能接受的口号，逐渐将民枪控制在可靠的群众手中。所以，当前主要还是没收土匪的枪支和通匪助匪之地主恶霸的枪支，其他暂时不收，待条件成熟时再解决。

张云逸在部署对土匪进行新围剿的同时，开始着手整顿地方干部、工作人员

---

① 中共文昌县委党史研究室编：《张云逸研究史料》，广西人民出版社1994年版，第643页。

和军队的组织与纪律，提高其政策水平。

张云逸与广西省委决定，停止县团级有杀人权与没收财产权，按照党中央统一规定，将权力收归省委省政府；要求各游击区党委服从主力部队党委的领导，各主力部队抽调专人负责轮训地方干部、整训部队，务求在短期内使地方党员干部与党领导下的游击队干部懂得党的政策。①

张云逸将华中局于1949年12月5日发布的《关于纠正乡村工作干部不良作风的决定》和中共中央的批示重新印发各分区和县级党委，并对各地违反政策纪律现象通报批评。他要求"必须提倡与实行讲理斗争方式，不允许打人和滥施肉刑"，"对于顽固对抗、罪恶在身的土匪恶霸及其他犯罪分子须送交人民法庭审判处理，而不应当自行处理"，不能给土匪欺骗群众以口实，在当前群众对共产党不了解的情况下，必须耐心地做群众工作。他指示要严肃查处存在的违反纪律行为，对违法人员给予处分，政府要公开进行自我批评，纠正错误。

将杀人权和没收财产权收归省委后，张云逸发现，由于各地交通不便，处理案件的往返时间太长，不利于剿匪。为此，经省委会议研究后，他向中南局提出：适当简化杀人报批手续，将批准处决一般犯人的权力交给地委一级军政组织，报省委备案，特别重要的案犯仍经省批准。中南局开始同意这个意见，但不久又指示张云逸，表示"一般杀人权与没收权都应通过省府省委，严禁下面擅自抓人杀人，没收等行为"②。6月，中南局才特别允许广西将审判杀人权授予包括地委、师级党委执行。③

根据3月高干会议的决定，4月初张云逸召开省委会议讨论重点剿匪部署，决定在全省划分2个剿匪区，组成2个剿匪指挥部：以第四十九军军部为主在桂林成立桂北剿匪指挥部，由钟伟任司令员、何伟任政治委员，指挥第四十九军3个师和第一一五、第一五八师，负责桂林、平乐、柳州、宜山4个军分区的剿匪，并以桂林、柳州、平乐3个军分区为重点；以第四十五军军部在贵县成立桂东南剿匪指挥部，由张天云任指挥、邱会作任政治委员，指挥第四十五军3个师，负责南宁、玉林、梧州3个军分区的剿匪。

土匪惧歼，或就地分散，插枪为民，或窜到山区或邻区。因此，4月的第一期进剿没有达到大量歼灭土匪的目的。此后，张云逸一面命令部队进行4月的第二期剿匪，一面在农村广泛开展减租退租的群众运动，组织农会和民兵。为了集中精力进行剿匪，张云逸等还决定，在土匪盘踞地区以剿匪为主，暂缓征粮，以免被土匪利用，鼓动群众起来参加叛乱。④与此同时，为了强化社会治安，张云逸在广西实行了户籍管理制度，清查匪特。

---

① 广西省委、军区在未与省工委会师前为统一党的政策党的行动给游击区党委的建议，1949年12月28日。
② 邓子恢关于减租退租问题给张云逸的信，1950年4月13日。
③ 中南局关于对敌斗争中应注意力戒脱离多数与坚决镇压通匪恶霸给桂省委的指示，1950年6月6日。
④ 莫文骅：《剿匪总结》，1950年4月20日。

这一时期，第十三兵团部与广西军区"分家"以及缩减兵员工作，给广西的剿匪带来一些影响。

当初，第十三兵团机关兼广西军区时，军委指示该兵团将来要担负战略机动任务，在广西只留半年时间。因此，1950年初广西匪患初步平息时，第十三兵团就考虑与广西军区分开。这在一定程度上影响到人心的稳定和对部队剿匪工作的具体领导。

不仅如此，3月下旬，中南军区向广西军区部署了缩减兵员的工作。根据中央军委压缩军队员额的安排，中南军区要求广西军区缩编为7万人。张云逸随即召开省委会议研究整编工作，也同时研究了军区机构的设置问题。张云逸提出：既然广西军区与第十三兵团早晚都要分开，为了避免长时间的动荡，晚分不如早分，干脆乘进行整编的机会，向第四野战军建议，将兵团与军区分开。

4月2日，广西军区接到第四野战军兼中南军区的电令，将第十三兵团部与广西军区机关正式分开。第十三兵团部遂于5月份北上郑州。5月4日，第四野战军兼中南军区发布命令，将第四十九军军部与广西军区合并，同时保留第四十九军的番号。5月11日，张云逸等人发布第四十九军军部与广西军区合并的具体方案。7月，第四十九军军部与广西军区正式合并。张云逸仍任新的广西军区司令员兼政治委员，李天佑任副司令员，莫文骅任副政治委员，钟伟任参谋长，刘随春任政治部主任。

5月间，广西的土匪乘我部队整编调防，再次伺机而动，一些地方暴乱、抢粮有再起之势。面对土匪与我争夺群众的情况，张云逸等除继续开展减租退租的群众运动外，调集兵力重点打击土匪活动严重地区的土匪。至6月，土匪的势头被打压下去。

经过半年剿匪，到1950年6月，共歼灭土匪8万人左右，使土匪数量由1949年12月的9万余人减少到5.1万人。①

四、开展减租退租运动

在新区，减租减息是土地改革的一项过渡措施，其目的是发动群众，减少阻力和社会震荡，有利于剿匪和社会稳定。在发动群众、剿灭土匪、各级政权建立和社会稳定后再进行土地改革。

为解决1950年的春荒问题并发动群众，张云逸在3月召开的广西省委高干会议上，对减租退租问题进行了部署：必须发动农民减租退租和退押金，整顿公仓、合作社、伪政府时代的贷粮贷牛，以地主、富农去年的收益低利或无利转借和救济贫苦农民。其中"应以减租退租为发动群众的主要内容"。据此，4月7日，张

---

① 广西军区司令部广西全省半年匪情总结，1950年7月。由于有新增加的土匪及被俘土匪被释放后重新为匪等情况，歼灭土匪的数字要超过土匪减少的数字。

云逸以广西省人民政府主席的名义发出布告:

> 由于李宗仁、白崇禧匪帮在广西长期搜刮民膏,破坏生产,造成了灾荒。现在进行春耕生产,广大贫苦农民急需口粮、种子渡过春荒,故普遍要求减租、退租、生产救灾,以保证民生。本府遵照中南军政委员会关于推广全面退租,加紧生产救灾工作指示原则,立即在全省范围除个别股匪盘踞地区外,一律进行减租、退租工作,并规定收1949年秋季租粮,依照二五减租规定实行减租,未减者立即退租。地主违抗者依法严办,政府人员徇私包庇或执行不力者,视情况分别惩处。为保证农业生产,禁止地主出卖土地、房屋、牲口、粮食,及宰杀、损坏耕牛等破坏生产之行为,如有在解放后地主出卖土地、房屋、耕牛者,一律宣布无效。各级人民政府须即按此规定,组织集中力量,开展减租退租的群众运动,这是目前的中心工作,务求贯彻。①

减租退租固然是发动群众、解决春荒的重要措施,但张云逸认为在广西可以退租的地方不多,因而还不能完全解决广西的灾荒问题。②为此,他在部署减租退租的同时,要求发动农民向地主、富农借粮。

借粮工作是根据群众的要求,并参照中南军政委员会减租条例进行的③。这一工作的开展,受到干部和群众的拥护。由于有政府撑腰,群众很快从地主富农手中借得一部分粮食,初步缓解了粮荒。但是,在借粮运动中也存在过火的问题。有的地方有粮必借,有仓必封,甚至严重侵犯了中农的利益。④

4月初,张云逸写信给中南局第三书记邓子恢,汇报了广西开展减租退租运动和借粮情况。邓子恢在回信中认为:借粮运动很容易乱,很容易侵犯中农利益,不管上面如何严禁不得侵犯中农,但由于下面干部弱且少,大部乡村政权还是旧有的,只要一准予借粮,下面就可以乱借;因此借粮必须依照双方自愿、有借有还、利息面议的几条原则,严禁强借,并且只能在万不得已的个别地方进行;目前应以减租退租作为农村全部工作的中心环节,作为解决农民春荒的基本办法,在开展减租退租运动中初步削弱地主,打击地主在农村中的政治优势,把农民组织起来,为土改作准备。⑤

接到邓子恢的信,张云逸与省委其他成员研究后,决心按照中南局的统一部署,抽调干部组成工作队下乡,发动组织农民,大力开展减租退租运动,同时停止借粮工作⑥。然而,不少干部心存抵触,认为借粮容易进行,而且来得快,减租

---

① 《广西日报》,1950年4月8日。
② 张云逸在高干会议上的讲话,1950年3月24日。
③ 张云逸给叶剑英、方方的信,1950年5月30日。
④ 陈漫远关于广西四、五、六月份工作综合报告,1950年6月29日。
⑤ 邓子恢给张云逸的信,1950年4月13日。
⑥ 陈漫远关于广西四、五、六月份工作综合报告,1950年6月29日。

退租来得慢,不能解决问题,应继续进行借粮工作。在张云逸等的三令五申之下,到4月下旬基本停止了借粮。

在开展减租退租运动的过程中,为指导全省的工作,张云逸等还向各地转发了三种形式的减租退租经验:

一是桂林地区的经验。其特点是以点带面,即工作队在区、乡农民代表会议代表的协助下,首先选择几个群众基础较好的村庄,集中力量迅速突破,取得经验,然后再全面铺开。在策略上采取"打蛇先打头"的办法,先将抗拒退租的恶霸地主斗倒,使其他地主顺利退租,并将所退稻谷当场分配。

二是南宁地区的经验。其特点是,以军事剿匪推动减租退租运动的开展。由于该地区土匪势力猖獗,受地主恶霸的威胁,群众大多不敢与工作队人员见面。针对这种情况,部队首先进行剿匪,之后再采取以点带面的办法,开展减租退租运动。

三是梧州地区的经验。其特点是,全面地、自上而下地召开各界代表会,结合农民的诉苦与说理说法斗争,动员开明绅士和开明地主带头减租退租。

张云逸在转发这些经验的同时,要求各地把这些经验与本地区的实际情况结合起来,灵活运用,或创造新的经验。

此外,张云逸还注意及时纠正减租退租运动中发生的各种偏向。

首先,在一些地方的农会中,除了作风不纯的问题外,还有组织不纯的问题。有的农会被地主、流氓所掌握,存在明减暗不减的现象。其次,没有坚决执行联合中农的政策。有的地方不允许中农加入农会,有的把中农与富农同等看待,而单独组织贫雇农去同地主进行斗争。再次,是不讲策略。不分开明地主、守法地主与不法地主,一律打击,不懂得利用矛盾,争取多数,孤立少数,各个击破,给自己的工作增加了困难。还有的不善于展开对地主说理说法的斗争,而用打骂来代替政策,或随便捉人捆人。最后,是不能合理地分配退租成果。有的不是按中南军政委员会规定的全部打乱、统一分配的原则,而是将地主所退的稻谷囤放在农会或村公所,迟迟不予分配,或者只分配一部分,影响了农会的团结和群众的积极性,也导致了一些贪污浪费现象的发生。

针对这些问题,张云逸指出:必须迅速纠正偏差,挽回不良的影响;凡侵犯中农利益的均应全部退回;如果开明地主与中小地主在退租中确有困难应加以照顾的,则给以必要的照顾,不可马虎了事;已经进行了减租退租的地区要进行复查,以解决明减暗不减的问题,并经过与地主的斗争,使农民与之订立新租约,以安人心,利于生产。通过采取以上措施,各种偏差逐步得到纠正。

然而,土匪、特务与恶霸地主是不甘心失败的,他们以围攻、暗杀、纵火、抢掠等办法,千方百计地破坏减租退租运动。为此,张云逸等又及时提出:(1)广泛宣传教育群众,提高群众的觉悟与警惕,通过揭破敌人的阴谋和追悼与抚恤死难者,激发群众起来同敌人作斗争。(2)实行各地联防,集中力量破案,捉杀肇事的匪首和恶霸。(3)要掌握政策,对不同的斗争对象要区别对待,禁止乱打、乱斗、乱没收等错误行为。(4)因干部力量不足而不能搞减租退租的县区,可以暂时不搞，能搞的地区必须坚决把运动进行到底。

在采取了以上措施后，减租退租运动逐渐走上正轨。到5月底，全省进行减租退租的已达22个县，退租1700多万斤。到6月底，全省近半数的县开展了减退租运动，退租达4000多万斤。

减租退租运动的开展，不仅帮助农民度过了春荒，调动了其生产、开荒和剿匪的积极性，使其认识到共产党和人民政府是真正帮助农民翻身的，因而更加亲密地靠近党和政府，而且成立了农会，组织了民兵，武装了农民，初步改造了乡、村政权，改变了农民与地主的关系。总之，经过减租退租运动，初步发动了群众，开始树立党和政府在农民中的威信，并为开展下一步工作打下了基础。

五、解决干部问题

赴广西前，尽管张云逸千方百计地调集干部，但到广西后干部队伍状况仍然使他感到十分棘手。

1950年2月，全省10个军分区勉强配齐了主要军事干部，[①]但还有15个县既没有部队，也没有干部。与越南接壤的7个县，没有一个干部，只有第一三四师驻防。4月，地、县两级干部配备比较齐全的仅有桂林、南宁2个地区；平乐地区的11个县，每县只有县委书记和县长等二三人，仅有3个县配备了组织部部长；百色地区的13个县，只有县委书记7人、副书记5人，还有4个县没有书记、2个县没有县长；省委各部都没有科长，统战部仅有1个秘书，工、农、妇、青等部门除工会比较健全外，其余都只有二三个干部。[②]

由于干部缺乏，各级公安机关迟迟未能建立与健全。全省除桂林、南宁、柳州3个专区以外，大部分县还没有建立公安机关。到5月，全省还缺4个公安处长、40个公安局局长，武鸣地区甚至还没有成立公安局。[③]所以，张云逸在武汉参加中南局会议时说："我们干部不足，而且多是新干部，对我们开展工作有相当困难。"[④]

干部的缺乏使工作受到很大损失。公安机关薄弱的状况，使反特工作处于被动地位，不能迅速破获其打入我内部的特务组织，进而打击其破坏活动。干部的缺乏，往往使工作计划难以有效地推行。尽管省委组织部多次向中南局和华南分局要求增派干部，但在各省都缺乏干部的情况下，张云逸不得不立足本省来解决干部问题。

为此，张云逸采取了以下措施：实行有重点地配备干部，即将有限的干部首先放在桂林、柳州、南宁、梧州、平乐、玉林地区，待这些地区的工作打下基础

[①] 黄永胜的报告，1950年2月15日。
[②] 广西省委组织部向中南局、华南分局组织部的报告，1950年4月15日。
[③] 广西省委会议记录，1950年5月29日。
[④] 张云逸工作笔记。

后，再将一部分干部调往其他地区；紧缩上层，充实下层[①]；吸收早期参加革命的广西地方干部和民主人士参加政府工作。至于县以下的区、乡、村，只好暂时留用旧有人员维持社会秩序，尽管他们有的还是社会不稳定的因素。

张云逸十分清楚，解决干部的根本出路在于培养广西本地干部。为实现在半年内培养出一大批广西本地干部的目标，张云逸等在桂林开办了中南军政大学广西分校，在南宁、宜山、平乐、龙州、武鸣、玉林6个军分区各成立一个中南军政大学广西分校大队，各招收300名学生。5月，广西省委党校宣告成立，张云逸亲任校长。不久，省委党校在各地开办分校，同时扩大军大分校和党校的招生名额，军大分校招生5000人，省委党校招生2000人，各地的各类学校招生2000人，以培养急需的军事、行政、党务、财经等干部。除此以外，省委、省政府各部门开办一定规模的训练班，省委工作团和工作队也招收一部分青年学生，以师傅带徒弟的办法加以培养。

张云逸重视培养妇女干部。他指示各级党委要利用各种代表会议，去广泛联系群众，从中发现与培养干部，尤其是妇女干部，并要求各地委在举办的干部训练班中要招收一定数目的妇女学员。

党校、军校培养干部需要时间，最快也要半年后才能使用，并且新干部还需要在实际工作中锻炼成长。而军队干部不仅政治可靠，而且有能力、有经验，可以拿来就用，是解决干部缺乏最便捷的办法。为此，张云逸等在开办军校、党校培养干部的同时，着力抓了部队地方化问题。

部队地方化有两个方面的内容：一是野战部队转变为地方部队；二是部队干部转业做地方工作。部队干部转业做地方工作，也称为部队干部地方化。

1950年3月，张云逸等开始着手部队地方化的思想发动和组织准备。他在广西省委第一次高干会议上就强调指出："要在主力部队中进行教育，说明在新的情况下，主力部队认真执行工作队的任务与彻底地方化是一个非常重要问题。"[②]然而，这一工作遇到了很大的阻力。

部队干部不愿转业做地方工作，一是由于他们长期在部队，对部队有特殊感情，甚至觉得脱下军装就低人一等；二是由于他们大多是北方人，对南方的气候不适应，生活不习惯，民情不熟，语言不通，再加上当时广西经济文化相对落后，因而不愿留在广西工作。

为了实行部队干部地方化，张云逸等进行了大量的思想动员和组织发动工作。在省委和军区的共同努力下，2000多名军队干部转业到地方工作。为了使部队干部尽快适应地方工作，尽快完成由部队干部到地方干部的思想和工作方法的转变，张云逸要求各级组织帮助他们进行思想补课，教育他们要克服经验主义的态度和工作方法。

[①] 广西省委组织部向中南局、华南分局组织部的报告，1950年4月15日。
[②] 军事科学院《张云逸军事文选》编辑组主编：《张云逸军事文选》，军事科学出版社2007年版，第798页。

部队干部转业后应该安排在什么地方？是张云逸接下来考虑的问题。为了加强全省的公安工作，同时使地方化的军队干部能比较快地适应地方工作，张云逸等决定将他们的大部分充实到各级公安部门，迅速建立公安组织。这样，经过抽调部队干部、本地干部和各类学校的毕业生，广西各级公安机关和保卫部门逐渐建立起来。

经过张云逸等的多方努力，到1950年下半年，全省各级干部达到4万多人。其中学生干部约1万人，本地游击队和地下党的干部1.8万—2万人，留用的国民党旧有人员近1万人，外来干部主要是军队地方化的干部约3000人。尽管这些干部数量还不够多，质量还有待于进一步提高，对留用的国民党各类人员还需要进一步改造，但毕竟为以后的工作打下了干部基础。

六、支援越南抗法斗争

中华人民共和国刚刚成立，越共中央和胡志明主席即派李班和阮德瑞到北京，请求中国援助越南的抗法斗争。中国共产党义无反顾地承担起支援这一斗争的责任。毛泽东指示：应准许越南独立同盟人员（包括武装部队）在需要时及困难时，通过边境到我方躲避，我方党政军必须尽可能给他们以便利和帮助，把他们看成自己的同志一样，其所需的炸药、炮弹、子弹、粮食等项，应尽力帮助。①

广西处在对越援助的第一线。根据中共中央和中南局的指示，张云逸在处理繁忙的广西军政事务的同时，还得抽调一定的精力办理援越事宜。

他刚到南宁，就与广西军区第一副司令员黄永胜于1950年1月7日致电中南局，请示如何对越方实施援助。9日，中南局第一书记林彪将他们的电报转报中共中央。11日，中共中央决定："军火武器只能赠送，其他物资则应由贸易交换或现款购买，如须向他们贷款则必须由中央决定。"②

越方迫切需要中国的援助。1950年1月中旬，胡志明一行秘密访问中国。他步行17天，穿越法军封锁线，才由越南高平省复和县进入中国广西龙州县水口关。为保证其安全，张云逸派一名保卫干部率领一个排一路护送。1月18日，胡志明一行到达南宁，下榻大金山酒店。也就在这一天，中国与越南正式建立外交关系，成为世界上第一个承认越南民主共和国的国家。双方交谈后，20日张云逸率广西省党政军主要领导干部，在大金山酒店设宴招待胡志明一行。第四兵团司令员兼政治委员陈赓因早年与胡志明在广州相识，也出席作陪。为了表达谢意，胡志明赠送中方每人一枚越南金币，作为留念。金币是1948年发行的，上面铸有胡志明的头像，相当于人民币5分硬币大小。③

随后，张云逸、莫文骅去汉口参加中南军政委员会会议，便偕同胡志明一行

---

① 《建国以来刘少奇文稿》第1册，中央文献出版社2005年版，第271页。
② 《建国以来刘少奇文稿》第1册，中央文献出版社2005年版，第315页。
③ 《莫文骅回忆录》，解放军出版社1996年版，第643页。

乘汽车到达柳州，然后转乘火车到达汉口。之后，胡志明一行从汉口乘火车去北京。2月6日，胡志明抵达莫斯科，与斯大林、毛泽东共商援越抗法大计。3月间，张云逸又安排胡志明经广西返回越南。

1950年3月，援越抗法正式提上了中越两国领导人的议事日程。越方提出请求中国派遣军事顾问和为其装备2万人部队等一揽子援助计划。中国则决定从广西和云南两个方向为越南独立同盟各提供1万支枪。据此，5月间越军新建的第三〇八师和第二〇九、第一七四团徒手进入中国，按中国人民解放军主力部队的标准进行装备。

随着对越援助的展开，双方人员的交往日渐增多。为做好援越抗法工作，张云逸采取了一系列措施：成立由李天佑、李楚离、雷经天、曾国华4人参加，以李天佑为主任的专管委员会；在南宁设立了两个特别招待所，专门接待越方人员；在靖西设立联络站，同时指定龙州地委负责接洽越共往来人员。

然而，由于广西刚刚解放，社会尚未稳定，经济财力有限，再加上越方个别人过多地依赖外援，随便开口要求帮助，①使张云逸在援越工作上面临着一些无法解决的难题。如：越方向张云逸提出，除运输武器、弹药、医药以及招待往来人员外，还请广西帮助训练包括政治理论、工业、铁道交通、中文、俄文等各方面的干部，为越方开办一所托儿所，帮助建立医院收容其伤病员，协调边界地区的情报侦探和谍报工作，以及在南宁建立领事馆等等，并且要求援助的规模也越来越大。对这些问题，张云逸有的可以解决，有的一时难以解决，大部分则超出了广西省委的职权范围。此外，由于李天佑忙于军事，李楚离等忙于广西的建党建政，曾国华、雷经天于6月上旬调离广西，援越工作面临着诸多困难。

据此，张云逸向中共中央和政务院建议："一、中央在广西建立一个组织，全权负责对越南关系，并派出一名外交方面的得力干部来领导此项工作；二、经济上由中央拨付一笔款项和汽油，作为援越一切开支，直接向中央报销；三、请中央明确对越南开展关系的各项问题，并给予全盘的指示，有关援越问题和外交问题，广西省委自应坚决执行中央指示，尽力给予支援，绝不推卸应负责任。"②当时，中共中央已派罗贵波任驻印度支那共产党中央联络代表，并且逐渐明确：越方提出的有关两国关系和援助事宜一般均经过罗贵波接洽，需要广西方面办理的由中央指示或经罗贵波转达。

各种关系理顺后，中国援越物资开始源源不断地进入越南。1950年春夏，法国侵略军为了阻止中国对越南的援助，在沿中越边境东起芒街、西至老街构筑了上百个据点，部署了7万余军队。为了打破法军的封锁，打通中越边界交通线，越方准备在高平地区发起边界战役，要求中国提供后勤保障，并派出军事顾问协助战役组织指挥。

---

① 《建国以来刘少奇文稿》第2册，中央文献出版社2005年版，第146页。
② 广西省委关于与越南关系的建议，1950年6月8日。

张云逸受领后勤保障任务后，成立了以李天佑为主任的支援指挥部（也称支援委员会）①，负责越南所需武器、弹药、军用装备以及粮食、药品、器械等物资的筹集和运送。为保障战役的胜利，张云逸还派李天佑等人赴越南会见其国防部长兼人民军总司令武元甲，了解越军参战实力及需要补充的弹药数量。根据越方要求，张云逸组织力量，将3000吨粮食和弹药物资分批南运。②

在援越的过程中，最困难的是交通问题。为此，张云逸部署抢修了公路，从广西军区抽调了一个汽车团，开辟从柳州经南宁到越南的运输线。为增加运力，他拨出军区汽车连与所抽调的汽车团赶修旧车，将能够出动的汽车由150台增加到231台。为解决司机不足的问题，他打破干部不准开车的规定，动员汽车部队会开车的干部参加运输。由柳州至越南边境村镇安莱有1300多里，当时又值雨季，汽车运输遇到很大的困难。为了按时完成运输任务，张云逸指示雇用地方车船，帮助运输。这样，部队在柳州、南宁两市共雇用了230多辆汽车和20艘电船、木船。出于保密和安全考虑，张云逸规定军车负责运送弹药、汽油及老街至安莱一线的物资运输，柳州至靖西段、南宁至龙州段的粮食运输几乎全部由雇用的地方车船担任。③在张云逸等人的周密组织领导下，各种作战物资均及时运抵目的地。

在边界战役准备期间，张云逸与广西军区还负责中国军事顾问团在广西期间的活动与安全保障。为取得边界战役的胜利，中共中央除派陈赓等人由云南进入越南帮助指挥外，还成立了以韦国清为团长、梅嘉生为参谋长、邓逸凡为政治部主任的中国军事顾问团。从1950年7月中旬开始，军事顾问团人员陆续到达南宁，集中学习。为了保守秘密，军事顾问团不对外公开，以"华南工作团"为代号。④越南首任驻华大使黄文欢专程由北京赶到南宁，向军事顾问团介绍越南和越南人民军的情况，并陪同顾问团入越。

8月9日，韦国清率领中国军事顾问团由南宁出发，张云逸驱车前来送行。在南宁以南约100里的一处僻静地方，张云逸对军事顾问团全体人员说："同志们，你们就要离开祖国到越南去了，本来，我应该召集南宁军民为你们举行隆重的欢送仪式，向你们致敬。但是，你们的使命是秘密的，不能公开欢送了。那么，就由我来代表广西的党政军民来为你们送行，祝一路顺利！同志们，你们正年轻，努力吧，你们是我们中国有史以来第一次往外国派出的军事顾问团，你们只能干好，不能搞坏……我相信你们，等你们胜利地回来的时候，我一定来欢迎你们。"张云逸讲话之后，韦国清命令全体立正，向张云逸敬礼告别。⑤

随着边界战役日益临近，对越援助的工作越来越多。为了便于广西省委集中

---

① 军事科学院《张云逸军事文选》编辑组主编：《张云逸军事文选》，军事科学出版社2007年版，第826页。
② 军事科学院《张云逸军事文选》编辑组主编：《张云逸军事文选》，军事科学出版社2007年版，第843页。
③ 军事科学院《张云逸军事文选》编辑组主编：《张云逸军事文选》，军事科学出版社2007年版，第843页。
④ 中国军事顾问团历史编写组：《中国军事顾问团援越抗法斗争史实》，解放军出版社1990年版，第4页。
⑤ 钱江：《在神秘的战争中》，河南人民出版社1992年版，第88页。

精力抓好省内的各项工作,张云逸提议中央派专人负责此事,广西方面将积极协助。8月6日,中央军委总后方勤务部决定在南宁设立办事处。① 随着边界战役胜利结束,对战役的后勤支援也告一段落。10月,总后方勤务部南宁办事处展开工作。10月18日,张云逸等致电中央军委、中南军区并转越南方面:"军委后勤驻南宁办事处已到南宁,并已展开工作。今后对援越物资接收转运移交的工作任务于本月20日起概由该办事处负责。盼以后有关此类运越方物资问题直接与军委驻南宁办事处主任黄曹龙同志接洽联系。"

南宁办事处设立后,虽然减少了张云逸等不少具体的工作,但由于广西地处援越的第一线,许多问题的解决仍然离不开广西省委和军区。为此,张云逸多次召开省委、省政府会议,研究在什么地点为越方建立党校、医院,如何修筑通往越南边境的公路、桥梁,如何进行双方的贸易,如何兑换双方的货币等一系列问题。

在中国人民的大力支援下,越南人民于1954年最后取得了抗法斗争的胜利,解放了北纬17度以北的越南北方全部领土。

七、省会之争

从1912年中华民国成立至1936年,南宁一直是广西的省会。之后,李宗仁、白崇禧把省会迁到了桂林。广西解放后,省会应设在哪里成为当时一个颇有争议的问题。

张云逸在北京时,由于其主要任务是抽调入桂干部和组织广西省委,还没有来得及与毛泽东等讨论广西省会设在什么地方的问题。后来,广西战役顺利进行,广西解放在即,毛泽东考虑广西省会应设在南宁,并将这一意见告诉了华南分局第一书记叶剑英。张云逸辗转来到广州后,叶剑英将毛泽东的决定告诉了他。他在给叶剑英的信中曾说:"关于省会问题,我在粤时得你面示后,我是坚决执行。"② 由此,张云逸进入广西后便直接来到南宁。

广西解放后,老百姓对新省会驻地也非常关心。张云逸刚到南宁,桂西南63个县的代表就联名给他写信,要求把省会设在南宁。张云逸即前去参加他们的会议,宣布毛主席已决定把省会定在南宁了。大家听到后热烈鼓掌,很是兴奋。

当时,刚刚解放的南宁是一座破败凋敝的小城,人口虽有11万,但全市只有一座设备简陋、不能正常发电的水电厂和一个火柴厂,故有"半截烟囱,一根火柴"之说③,并且只有公路,没有铁路。由于不通铁路,不仅交通不便,来往费时,物资的运费也随之大增。况且,南宁的经济水平和城市建设也比不上桂林、柳州。这样,随着张云逸在南宁召开的省委会议上宣布将省会定在南宁,不同的意见随

---

① 中国军事顾问团历史编写组:《中国军事顾问团援越抗法斗争史实》,解放军出版社1990年版,第14页。
② 张云逸给叶剑英的信,1950年4月15日。
③《莫文骅回忆录》,解放军出版社1996年版,第638页。

之产生。

党外人士首先提出不同意见。副省长李任仁和民政厅厅长杨东莼，从桂林致电张云逸等，主张省会应设在桂林，其次可以考虑柳州。李任仁在桂林与省委副书记何伟和第四十九军军长钟伟也谈了他们的主张，并说他们在北京时与中央领导也谈过，周恩来总理表示柳州也可以。①何伟向张云逸和省委反映了李任仁等的意见，钟伟则直接表示同意李任仁的意见，给张云逸等发来电报，要求省会搬迁。省会要设在南宁的消息传开后，桂北数十县代表向省委请愿，②要求将省会设在桂林或柳州。张云逸等研究后，认为省会地址不宜轻动，并以省委名义致电何伟，请他向李任仁解释。后来，张云逸又亲自与李任仁、杨东莼谈话，他们均表示接受组织的决定。

然而，省会之争并没有因此而停止。张云逸与莫文骅赴汉口参加中南军政委员会会议期间，接到陈漫远、黄永胜、李天佑、吴法宪、彭明治、雷经天、贺希明等在南宁联名发来的电报，表示因运费太贵，要求将省会迁回桂林或搬到柳州。张云逸与莫文骅商量后，认为还是不便于搬迁。

张云逸、莫文骅返回南宁后，陈漫远、贺希明等接着去汉口开会。他们就省会问题再次与中南局第三书记邓子恢、中南军区第三政治委员谭政以及叶剑英等人交换意见。邓子恢、谭政表示同意搬到柳州，叶剑英也没有反对。陈漫远、贺希明返回南宁时还带回邓子恢给张云逸等的一封信，希望他们考虑省会迁往柳州的问题。

柳州，地处柳江的上游、全省的中部，当时的湘桂、桂黔铁路在这里交会，公路四通八达，水陆交通便利，是广西中部的经济文化中心。柳州作为省会的便利是显而易见的。

事已至此，张云逸也颇为踌躇。为此，他与陈漫远、莫文骅等反复协商。莫文骅表示省会设在南宁的原议不能变。张云逸赞成莫文骅的意见，并分别给邓子恢和叶剑英写信，表示省会以在南宁为好，要改由上级改。他说：如果搬迁"不但对党外李、杨等表示我们前后矛盾，而恐有违背毛主席的指示。最近与越盟工作关系较多，在南宁较便。我认为目前省会设南宁为是。如未得毛主席新的指示前，不好提出移柳的意见。因为毛主席决定一个问题有考虑的，想又是远见的。我们在外边工作是不能改变他的决定。我所见如此"③。

为了安抚人心，表示坚决执行中央的决定，张云逸召开省委会议，决定拨出专款在南宁修建党政军机关和宿舍。张云逸原来考虑将紧张的资金用于他处，自己和省委其他人在南宁的住所可以缓建。在这种情况下，张云逸改变了原先的想法。

6月，张云逸赴北京参加政务院会议。6月27日，黄绍竑在会上提出将省会

---

① 张云逸给叶剑英的信，1950年4月15日；张云逸和莫文骅给叶剑英的信，1950年9月30日。
② 广西省委关于省会迁移问题的请示，1950年9月9日。
③ 张云逸给叶剑英的信，1950年4月15日。

设在柳州为好。周恩来总理当即表示省会可以设在柳州。^①后来,张云逸面见毛泽东,请示了省会地址问题。毛泽东说:现在暂时不搬,以后再考虑。

这一消息传开后,南宁党政军机关又开始酝酿搬家。热火朝天的建房工地开始有些冷清了。党外民主人士更加积极,已经提出了搬家的具体办法。这时,在桂林的李任仁又到处宣传省会不会搬到柳州,还是桂林适合,并准备在将要召开的省各界会议上提出省会的议案。一时间,人们莫衷一是,心神不定。

张云逸与莫文骅等看到这种情况,认为大家的理解并不符合中央的精神。一些人按自己的意愿理会中央的意图,偏重于"考虑搬迁",而忽视了"暂时不搬"的指示。当时,党政军机关动荡不定的状态对剿匪等工作的开展是非常不利的。张云逸通知修建房子的工程继续加紧进行,同时,召开省委会议,统一思想。

会上,张云逸与省委各领导人分析认为:按地理位置,柳州虽然比较适中,但从将来工商业发展前途看柳州不如南宁;从国防和国际关系方面看,南宁更有重要意义;就住房问题来说,虽然南宁房子不多,但现在各机关也都大体挤下了,而柳州的公房更缺,现在军分区机关在柳州的住房已感紧张,如果省委、省政府搬去,需要相当一笔建筑费与运费;从政治上看,省会离开南宁内迁,容易给匪特以造谣的借口,引起社会不安。总之,柳州唯一的优点是目前交通比较便利,但是直达南宁的铁路正在加紧施工,不久即将修通,在交通方面与南宁也相差无几了^②。经过研究,省委一致决定,省会仍设在南宁。

随后,省委分头向党内外做工作。9月6日,张云逸主持召开省委、省政府业务会议,宣布:"省会地址仍在南宁不动,并将此意见报告中央。"他请即将赴武汉参加中南局会议的陈漫远向中南局报告,如果中南局同意省委意见,即向政务院建议,明确宣布省会位置。^③与此同时,广西省委也向华南分局报告了关于省委决定省会地址在南宁不动的意见,均得到明确的支持。^④

至此,省会之争得以平息。

将南宁确定为广西省会,直接促成了将广东的钦廉地区划归广西。

广西原来是一个内陆省份,没有出海口。进出口贸易多经香港、广州,运费成本高。经由广东省钦廉地区进行外贸活动也要与广东方面结算,很不方便。广西省迫切需要一个自己的出海口。过去,从陆荣廷到李宗仁曾想把钦廉地区划归广西,但都没有做到。张云逸到广西后,与省委其他同志一起,积极筹划此事,并向叶剑英提出了这个建议。

钦廉地区,是指原来广东省的钦州、防城、合浦(廉州)、灵山四县。它东与雷州半岛接壤,西南与越南接壤,南面是北部湾,东、西、北三面与广西相邻。钦廉地区距离南宁只有几十公里。这里对广东来说是僻远之所,但对广西却是出

---

① 张云逸工作笔记。
② 广西省委关于省会迁移问题的请示,1950年9月9日。
③ 广西省委关于省会迁移问题的请示,1950年9月9日。
④ 刘继贤主编,中国人民解放军军事科学院编:《叶剑英年谱》,中央文献出版社2007年版,第649页。

海的咽喉要地。从经济上看，钦廉与广西联系更为密切，钦廉无广西，似人有口无胃；广西无钦廉，似人有胃无口。以食盐为例，钦廉地区海盐堆积如山，其主要销路就是广西。此外，无论从当时的剿匪还是从未来的国防安全考虑，钦廉地方划归广西更为有利。张云逸把钦廉与广西之间的利害关系与叶剑英等人做了交谈后，叶剑英也赞成将钦廉划归广西。

两省领导人就钦廉问题达成一致意见后，即由华南分局请示中南局批准，将钦廉地区全部工作交广西领导。[①]1950年10月，叶剑英代表华南分局在广东省地委书记和军分区司令员的联席会议上公布了这件事。[②]11月，叶剑英到广西时，特地电召钦廉地区的党政军领导到南宁参加广西省委召开的会议，要他们接受广西省委领导。[③]张云逸主持省委会议确定，从1951年1月起，将钦廉地区经费编入广西省的预算中开支。[④]由于当时钦廉地区群众的生活水平高于广西，为使问题能够顺利得到解决，会议决定目前钦廉只接受广西领导，不能公开说将钦廉地区划归广西，经过广西土改和经济发展，到钦廉地区群众觉悟提高到愿意与广西合并时，再由人民代表大会通过议案，并报请中央批准后再公开。在钦廉地区转隶广西省领导的同时，广西省将怀集县交由广东省领导。钦廉地区划归广西后，改为钦州地区。20世纪50年代中期，钦州地区又被重新划回广东，最终于60年代中期划入广西。钦州划归广西后，广西除增加2万多平方公里土地外，还拥有了出海口，海岸线长达1595公里，使广西由内陆省份变为沿海地区，对广西的经济发展产生了深远的影响。

1966年初，已由海外回归祖国的李宗仁回故乡广西参观，听说原钦廉地区已划归广西后十分高兴。他说："这可是一件了不起的事，我在广西当政时，要把钦州划过来，那说不定要出多大乱子，你们却不出一点事就办到了，我真佩服你们共产党的伟大！"[⑤]

八、修筑柳邕铁路

翻开中国地图，从湖南到友谊关的铁路被称为湘桂铁路。新中国成立前，湘桂铁路只通到柳州以南的来宾。而湘桂铁路来宾到友谊关段的修通，与张云逸有着直接的关系。

解放之初，广西仅有的3000公里公路和湘桂铁路北段，在国民党军的破坏下处于瘫痪状态。建设四通八达的交通网，是张云逸来广西前一直考虑的问题。因

[①] 叶剑英给毛主席中央并报中南局关于剿匪、托管钦廉、统筹两广、改善领导的综合报告，1950年12月20日。

[②] 何绍榜：《韦国清上将主政广西二十年》，中央文献出版社2000年版，第265页。

[③] 叶剑英给毛主席中央并报中南局关于剿匪、托管钦廉、统筹两广、改善领导的综合报告，1950年12月20日。

[④] 何绍榜：《韦国清上将主政广西二十年》，中央文献出版社2000年版，第266页。

[⑤] 何绍榜：《韦国清上将主政广西二十年》，中央文献出版社2000年版，第269页。

此，途经上海时，他特地邀请时任上海市电讯局局长的黄荣回广西，就是要他主持恢复发展广西的交通事业。

到广西后，张云逸马上组织力量恢复交通。至1950年5月底，共修复被破坏的路基、路面500多公里，修复永久性桥梁4座，半永久性和临时性桥梁190座，新建渡船、汽艇20艘，修复渡船、汽艇28艘，使水路、公路交通全面恢复。①

当时，湘桂铁路虽然通到来宾，但柳州至来宾段铁路破坏严重。从柳州到南宁只能靠公路运输。由于交通不便，桂南地区的农副产品运不出去，因而价格低，销量低。而外边运进桂南的商品，由于运费高，价格昂贵。张云逸曾和省委其他领导人一起计算过，如果援越抗法的各种物资以500辆汽车运输一年，其所需的费用就可以修筑一条柳州至南宁的铁路。铁路运输成为制约广西经济发展，影响援越抗法和国防建设的一个重要因素。所以，张云逸和广西省委决定，尽管广西百端待举、支出浩繁、财力十分紧张，但必须立即动工修建柳邕铁路。为此，张云逸召集省委一班人商议后，决定首先依靠自己的力量，抢修柳州至来宾段铁路。1950年7月1日，柳州至来宾段铁路恢复通车。

8月底，在铁道兵的帮助下，连贯湘桂黔三省交通的西南地区第一大桥——柳江大桥修复通车。②这座大桥国民党政府于抗战胜利后费时数年也未能修复，新中国成立后短短几个月就抢修通车了。在恢复铁路交通的同时，张云逸指示交通厅要全面提高运输效率，争取将火车的最高时速由30公里提高到40公里。

1950年6月，张云逸在北京参加中共七届三中全会期间，向毛泽东、刘少奇和周恩来建议尽快修建柳邕铁路，并提出将柳邕铁路延长至钦州。尽管柳邕铁路的修建不在中央1950年交通发展规划之内，但是毛泽东等中央领导人听了张云逸的汇报后，当即予以批准。③后来，为了有力支持越南人民的抗法斗争，中央决定首先将柳邕铁路延长至中越边境的镇南关（今友谊关）。

柳州经南宁至镇南关的铁路，在国民党统治时期就已计划修建，地图上也已经标出了这条铁路线，沿途比较容易做的路基工程已经做好。④这次，张云逸决心把广西人民多年来梦寐以求的希望变成现实。

返回广西后，张云逸一直关注着修筑柳邕铁路的进展。7月24日，他致电林彪、邓子恢、谭政并中共中央：

> 依目前援越任务繁重，估计今后形势发展更是加多，而广西交通不便，匪情严重，所需运输工具、运费、押运部队亦多。因此，前在京请示中央并蒙允准修建柳邕铁路（已修到来宾）一事，现请从速动工，如何请示覆。如须桂省出力之处亦请示之。

---

① 《广西日报》，1950年6月28日。
② 《广西日报》，1950年9月6日。
③ 张云逸给林彪、邓子恢、谭政并报中共中央的电报，1950年7月24日。
④ 《广西日报》，1950年10月10日。

1950年，参加七届三中全会的中央委员在中南海颐年堂。前排左起：周恩来、任弼时、董必武、林伯渠、徐特立、刘少奇、毛泽东、朱德、吴玉章、张云逸。右一为古大存。

7月30日，刘少奇将张云逸的电报批转中央财政经济委员会副主任薄一波，指示他与铁道部共同研究落实。据此，中财委和铁道部迅速制订工程计划，拟定工程预算。10月初，在广西军区组织兵力剿灭沿线土匪，并派出部队保护施工队伍的安全的情况下，柳邕铁路开始动工。

柳邕铁路来宾至镇南关段全长420公里，需要修建来宾大桥、邕江大桥及二等桥20座、三等桥50座和100多个涵洞。为了完成这一伟大的工程，广西省党政军机关及铁路局、省总工会、南宁市政府，共同组成以陈漫远为主任的筑路委员会。张云逸对筑路委员会的工作给予极大的关心与支持。

根据概算，这条铁路尚缺枕木80万根，电线木杆约5000根，需要就地取材。为此，张云逸召开省政府会议，决定采取征用地主的林地及公有林地以及发动群众的办法，解决枕木问题，[①]并将征集枕木与秋季征粮的任务结合起来，可以枕木代缴公粮。[②]

为解决筑路每天需要的3万多名民工，张云逸发出指示，要求铁路沿线各地委、县委的主要领导人负责民工动员、粮食供应、组织指挥、宣传教育，在筑路施工中提高群众的觉悟，发现积极分子，大批培养干部，使筑路工程变成巨大的

---

① 张云逸签发的广西省政府令，1950年11月28日。
②《广西日报》，1950年10月10日。

训练群众干部的政治学校,以便将来回到乡村后,成为农村基层干部和工作力量,为将来铁路沿线各县的土改准备条件。①

民工是筑路的主力军,能否充分调动他们工作积极性,是筑路成败的关键。为此,张云逸发出一系列指示,对民工的生活待遇、福利保障作出严格规定。

首先是防治传染病和各种疾病。民工过的是集体生活,一旦发生传染病,后果不堪设想。因此,张云逸多次指示,要求各级必须高度重视民工的卫生健康和安全工作,加强对民工的卫生教育,提高民工卫生常识;要求每2000名民工中至少要有1名医生、2名护士;规定民工患病须住院疗养时,各县市公立私立医院都要提供便利条件;对民工的饮食用水、器具卫生、洗晒衣被、工作与休息、生活卫生、洗澡等各方面都作出具体规定。②

其次是工资待遇问题。11月底,大批民工陆续进入工地,全面展开工作。为此,张云逸指示要禁止克扣民工工资;民工工资账目实行经济公开,定期结算,防止营私舞弊;要求"各级干部,须以阶级的同情心,关怀他们的福利,照顾他们的健康和安全,设身处地的为他们解决困难,使他们住宿、饮食、医病、工资都能得到及时的、适当的解决",防止对民工漠不关心和官僚主义作风。③

为防止承包商在承包工程的过程中压榨、剥削民工,保障民工利益,张云逸指示有关专署、市、县和路局工会,到民工中调查了解情况,检查承包商的工作,要求"必须注意到工人福利,对包商的剥削行为,必须加以限制,对某些个别包商遗弃重病工而致死亡的行为,绝不能容忍,各级政府可根据具体情况,给予该包商以法律处分,及赔偿死难民工的损失,政府对其家属可予抚恤"。"对遗弃的重病工,地方应迅为医治安置,不可等待。"④

在施工过程中,张云逸对发现的问题及时予以批评和纠正,对表现突出的单位和个人则给予奖励。1951年春节期间,他还以广西省政府名义对继续在工地上施工的民工和干部给予特别补助。⑤

经过5个月的艰苦奋战,至1951年3月5日,柳邕铁路来宾至南宁段建成通车。这是解放以来广西省委、省政府领导广西人民建设新广西的第一个巨大成就。3万多南宁市民怀着兴奋激动的心情参加了通车典礼。可是,为铁路建设付出大量心血的张云逸却因积劳成疾已经离开了广西,遗憾地没有与南宁人民共享这一快乐的时光。

柳邕铁路南宁至睦南关(原镇南关,今友谊关)段于1954年建成通车,1955年开始办理中越联运。

---

① 张云逸签发的指示,1950年10月26日。
② 张云逸签发的广西省人民政府令,1950年10月28日。
③ 张云逸签发的为修建来镇段铁路加强民工动员、组织财粮供应、管理教育及卫生工作的指示,1950年11月29日。
④ 张云逸签发的广西省人民政府关于办理民工土石方的几个具体问题的规定和指示,1951年1月29日。
⑤ 广西省人民政府发出的通知,1951年1月22日。

第二十三章 主政广西（下）

一、整党整风

1950年5月，中共中央向全党全军发出关于整党的指示。6月，广西省委召开会议，讨论部署了全省的整党整风问题。

经过半年发展，广西本地党员由解放时的300多人发展到2000多人，部队党员由解放时2000多人发展到2万人。根据党员干部少、匪情还比较严重的具体情况，张云逸等研究后认为，广西的整党不宜搞得时间太长，应采取自上而下的方法进行：（1）省委召开地委书记、县委书记和省级各部门负责人的三级联席会议，检讨工作，整顿作风；（2）机关的整风主要是组织干部学习文件，整顿思想；（3）基层的整风主要是开办一些训练班，专门进行整顿。整党整风的内容，主要是整顿官僚主义、强迫命令、不安心工作和个人主义；等等。

全省减租退租运动基本结束之后，省委的整风会议于7月13日开始，至8月1日结束。这次整风会议，亦称广西第二次高干会议。

会议开幕时，张云逸作动员讲话。他主要讲了两个问题：第一，为什么要进行整风？对此，张云逸指出，党在全国胜利的形势下，工作环境日益复杂，工作任务日益繁重，党的组织发展很快，还没有来得及有计划有系统地对党员进行教育。因此党内相当普遍地产生了各种各样的不良思想，许多新党员刚从旧社会来，带有极其不纯的思想作风，部分老党员干部也表现着骄傲自满、生活腐化、脱离群众、违反政策，以及官僚主义与命令主义。这样就必须进行整风运动，以克服党内各种不良思想作风，尤其是提高领导干部的思想作风。第二，如何进行整风？对此，张云逸说，对老党员干部应强调整思想作风，对新党员干部应强调阶级教育与组织教育。总的是着重评工作、评思想、评作风，遵照毛主席指示的"惩前毖后"与"治病救人"的方针，根据党的历史上两次整风的经验与当前情况，有领导有步骤地进行。方法是学习研究文件，检查工作与总结经验相结合，自上而下的自我批评与自下而上的检讨批评相结合，领导与群众相结合，在集中指导下，发扬民主，主要是启发教育，端正思想作风，当然也必须严肃政策法令，对个别严重危害人民利益与腐化堕落、不堪教育的分子应给予处分。

根据部署，省委各部门主要领导人及各地委书记分别在大会上作工作和检讨汇报，然后分组学习检讨，开展批评与自我批评。个别人还写出"反省书"，小组会对其作出结论，交大会鉴定。

7月24日，张云逸在大会上作总结检讨。他首先肯定了广西解放后半年来工作的成绩：接管了桂林、柳州、梧州、南宁4个城市和99个县，建立起10个地委、专署和军分区以及各县委、县政府和县大队；协助野战军解放了广西全省并为第四兵团进军云南提供后勤支援；所制定的剿匪政策基本是正确的，半年来消灭土匪约8万人；建立起各级财政机构，缩减支出25%，财政收支逐渐走上平衡，物价稳定，人民币占领了市场，征收公粮5亿斤，税收合计5000多万斤米；组织农会会员80万人，建立民兵队伍10万人；特别令人高兴的是，党政军民的关系越来越密切了。

之后，他检讨了省委领导的主要缺点：（1）对广西具体情况了解不够，预见性较差，因此不能及时提出工作方针并给下级以指导，而是逐渐明确。我个人在思想上是小手小脚，工作上缺乏大胆，是先派个侦察队打一下看的思想。（2）不善于动员与组织党内力量及社会各阶层力量，来贯彻执行我们的中心工作。（3）掌握和贯彻上级的方针政策不够有力。（4）一般领导与具体领导相结合不够，因此不善于从一个具体工作中先取得典型经验，然后再指导全面工作的开展。我们对这种领导方法的重要性认识也不够。

为什么会产生这些缺点？张云逸分析说：

主观方面有以下几点，一是在思想上是简单的、片面的、抽象的，不是从简单到复杂，从抽象到具体，从片面到全面，没有把握住分析综合的领导方法。以剿匪为例，到广西后，由于土匪对我威胁最大，因此提出以剿匪为中心，这是对的，但是对剿匪中发生的变化研究不足。这是由于对剿匪只有感性知识，缺乏理性知识。我们应该从具体的剿匪问题联系到许多复杂的具体问题来分析，要根据主客观的综合力量来决定方针、政策与具体办法。这一点我们掌握得不够。当时剿匪主要依靠军队，但是也要发动群众，而发动群众从哪儿开始，具体怎么做，提得不明确，未能把减租退租突出地提出来。这种粗枝大叶的工作作风，是脱离客观条件、脱离群众的，是相当严重的官僚主义表现。产生这些问题的原因，主要是经验主义的思想。二是工作经验不足，特别是财经、群众工作，大部分是军队干部，过去没有很好学习研究。三是掌握和实现党的政策不够熟练。四是对毛主席的领导艺术尚未完全学会。

客观方面原因，一是了解情况受到时间的限制，许多外来干部对当地情况不了解，许多广西干部长时间离开广西，情况不明。另外，情况也起了变化，当地干部对本地情况了解得也不太深刻。二是因战争破坏了交通，省委与各地干部还没有联系上，上下之间对中央许多政策与要做的事情在思想上未弄通。三是下级向上反映情况不够，下级对省委的各种建议也很少。四是广西干部少，而其中新干部又占了较大部分。

在分析了产生问题的主客观原因后，张云逸提出今后克服问题的办法。他说，（1）今后要多作研究调查工作，了解各地具体情况，力求做到适时提出方针任务，适时规定办法贯彻下去。（2）注意动员和发挥各级组织力量，依靠群众，利用社会各阶层力量来实现我们的工作任务。今后，接到任务要认真研究，决定之后开党内外干部会进行传达动员。工作经验和工作过程的偏差，要开干部会来总结、纠正，然后依靠干部向群众宣传。要注意开展统一战线工作，取得配合。（3）党的政策、中央的法令、中南局的指示，主要由省委讨论，召开高干会来讨论研究。（4）我们要特别注意领会中央有关领导方法的指示，学习马列主义的思想方法，分析问题，养成遇到问题有分析有综合的习惯，不要不加分析考虑，急急忙忙地说出去。（5）省委的决定如果有行不通之处，应即时反映上来，如有好的建议即当照办。今后，地委、县委研究贯彻落实省委决定的具体办法和对省委决定的意见，要及时报上来，形成个制度。（6）今后，省委决定工作方针后要制定出具体执行办法，规定哪些是可以做，哪些是不能做。下级执行中如果超过规定范围一定要请示，在得到批准后才能做。必须反对无政府无组织的现象，这样才有力量。

张云逸讲话之后，号召大家对省委提意见，帮助省委进行整风，同时检查本地、本部门的工作。为了引导大家正确地进行整风，张云逸专门讲解了毛泽东的思想方法和工作方法，传达中共七届三中全会决议。地委、县委书记都认为张云逸的讲话很深刻，受到很大启发，纷纷作了严肃的检讨发言。省委整风会议在坦诚的气氛中揭露问题。陈漫远、莫文骅、李楚离、何伟等也都作了检讨发言。

广西省委整风会议结束时，张云逸在总结报告中首先讲了团结问题。

他说：广西干部基本是团结的，但由于干部是三个方面凑在一起，时间又短，互相不熟悉，特别是过去各人所处的工作环境不同，受党的教育程度不同，对问题认识各有差别，作风也不一致，因此存在着一些问题，有的还相当严重，对党的事业造成不良影响与损失。不够团结的原因，很少是因为方针政策等原则问题，多数是由于生活上、事务上的事情产生争论。正像大家在整风中所分析的，是个人主义、主观主义作怪，是缺乏组织观念、群众观念、科学观念的表现。在工作中不要单单看见自己的作用，否则是主观片面的。每个党员应把"我"字放小一些，应当一切归功于党，反对骄傲自满，功臣自居。骄傲是团结的敌人，骄傲发展的结果是工作的失败，个人的损失。

怎样才能达到党的团结呢？张云逸提出四个方面的改进意见：

一是正确运用批评自我批评武器。要团结必须批评坏的思想作风，只有批评坏的思想作风才能达到真正的团结。这个团结是基于革命的最大多数人民的利益，不是根据少数人的利益。

二是遵守党的原则。凡是原则方针问题，错了一定要批评、斗争。如果把原则问题轻描淡写必是有害的。生活事务问题、小的问题应善于妥协让步。同志间不是互相计较高低大小，而是互相尊重。尊重就是不骄傲，不怕苦，不轻视别人。

三是处理好上下级关系。对上级强调集中，有事请示报告；对下级要强调民主，有事多征求他们意见，虚心采纳好的意见；对同级要强调互相商量，交换意见，尊重对方。总之，是对他人要多表扬少批评，对自己多强调缺点，少讲好处，这就是团结的原则。

四是加强党的集中统一性。要能将中央的方针政策认真研究讨论贯彻，使它落实。这是很重要的问题。同时，反对分散主义、孤立主义、个人主义的倾向。我党如今处于领导地位，今天强调党的统一性、集中性，比任何时候都有重大意义。全党同志在任何时候都要把中央的方针政策作为每个人的意志。但分散主义、孤立主义、个人主义的思想行为在党内存在，会造成党内外言行不一致，党内上下级不一致，党政军民各部门行动上的不一致，将使党在群众中变得无威信，使党变得无能力，将使中国革命遭受失败的危险。因此，我们必须坚决反对分散主义、孤立主义、个人主义。

张云逸强调指出："这次整风必须掌握以上这些原则，加强党内民主和团结，加强全省人民之间的密切联系。要想把工作搞好，党的团结更是重要。"

讲了团结问题之后，张云逸又讲了领导干部工作方法问题。

他说，今后领导上应注意以下几个方面的事情：

第一，遵照毛主席指示，领导要做两件事情，一是出主意，二是用干部。我们领导要善于制定方针政策，又善于实现方针政策；要善于团结、教育、使用干部。如果能把政策掌握好，把干部使用好，问题即可解决。

第二，要遵照从群众中来到群众中去的办法。我们决定方针政策时要按照以下做法，一是决定前，搜集从群众中来的意见与材料。二是集中群众意见加以分析研究，与党的方针、政策、指示，政府的政策法令和共同纲领等进行衡量，分析对与不对。三是估计我们的主客观力量能否去做。总之，就是把三个条件互相对照，主观可能，客观可能，还得看正确与否，要依据政策原则作为决定方针的根据，不要凭脑子想。

第三，方针政策如何去实现呢？要遵守一般号召与个别指导相结合的方法，从大处着眼小处着手。怎样使一般号召与个别指导相结合呢？（1）掌握一部分干部，在领导机关组织工作团下乡工作；（2）选择一个地区搞试点；（3）领导同志亲自指导；（4）总结具体经验，创造典型，找出运动发展规律；（5）把工作团经验与创造的典型拿来指导全局，推动全局工作；（6）及时研究各地情况，交流经验；（7）运用各时期、各地的不同经验来贯彻总方针与政策。

第四，要遵守领导骨干与群众相结合的方法。怎样才能使领导骨干与群众相结合呢？（1）领导干部要到群众中去，到运动中去；（2）要善于团结、培养、教育、使用当地干部，特别是作为群众领袖干部；（3）善于组织各级干部密切联系群众，领导群众；（4）善于适时解决群众的合理要求。

以上这些都属于"出主意"的事情。怎样使用干部呢？（1）要认识干部，了解干部优缺点；（2）团结干部；（3）教育干部；（4）依靠干部。总之，人与事，人与地要相宜。这些是属于用干部的事情。

广西省委整风结束后，张云逸又召开了省委及各地委负责干部会议，部署地委和县、区级干部的整风工作。会议决定，整风会议主要是在县级以上干部中召开，区、乡村干部采取训练班方式，着重搞教育。

张云逸要求各地委、县委的整风，要像省委整风会议一样，严格检查检讨自己的工作；整风会议不要脱离干部和群众，要开各种代表会、座谈会，听取群众的意见和批评。对发生的问题，要先承认自己的错误，对群众说实话，挽回影响。整风中要防止产生外来老干部整本地新干部的偏向，要用批评自我批评方法改进工作。张云逸说："对同志，有错误要批评、要整顿，对其好的方面要鼓励，发挥其积极性。下级出了错误上级要负责，主要是因为他不懂得如何工作，没有很好地学习。对群众也要进行教育解释。在方法上，讲别人时先谈人家好的方面，后讲不好方面；讲自己时先谈不好方面，后谈好的方面。"另外，整风要使当前任务与总结工作紧密结合起来，避免脱离实际工作，空洞地提整风，不能随意给干部扣上官僚主义、命令主义等帽子；整风运动的主要方法是检查与总结工作，目的是提高政策水平，改善领导与工作作风，加强全党团结，更好地执行当前任务。

鉴于整风运动如果把握不好容易变成整人运动的教训，张云逸特别指出，在整风中要注意以下几点：（1）整风中要热情对待干部，以"惩前毖后、治病救人"的态度，严禁"有错即撤"的办法，防止伤害干部的积极性、创造性；（2）分清是非，批评缺点错误与表扬成绩相结合，不要采取高压和突击的办法，要采取有准备有领导的稳步推进的办法；（3）不姑息任何错误的行为，要分清责任，凡是领导上应负责的，首先要作严肃的自我检讨，不可推诿；（4）整风的重点是县以上领导机关、领导干部，着重整顿政策思想，官僚主义、命令主义以及团结问题。当然，如发现来历不明、政治面目不清或有其他活动的嫌疑分子，对严重贪污腐化、违法乱纪等人员，即分别交组织部门、公安部门，或党的纪律检查委员会及人民监察委员会进行处理，不要在整风会议和整风学习中处理这些事，整风中也不得专门组织坦白运动。

根据省委部署，各地委与县委成员在整风中检查了自身存在的官僚主义、命令主义与不团结等问题，并写出自我鉴定。之后，各县委举办了短训班，对区、乡以下党员干部进行了整风教育。

与此同时，张云逸还领导了广西军区的整风。

随着酷暑天气的到来，部队不适宜进行大规模的进剿，同时，部队进入广西以来存在不安心的问题，以及各种思想作风问题一直没有机会解决，这些问题严重影响部队的剿匪行动，因此张云逸和广西省委决定部队于7月开始转入夏休整训，以小分队的积极活动进行剿匪，主力部队进行整风学习。

虽然张云逸和广西军区反复强调要坚决实行地方化，将大批主力部队改编为地方部队，抽调大批军队干部做地方工作，但一些指战员的思想一直在波动。他们有的因不习惯南方生活,不愿在南方工作,对山多、水多、土匪多、言语不通的广西感到厌烦;有的希望当国防军,不愿意做地方军;有的干部不愿转业到地方工作;有的对扎根广西的思想树立得不牢,具有临时观点,不想在广西长期待下去。这些问题不解决,势必影响剿匪和其他工作。

在张云逸的领导下,广西军区以解决不安心地方工作为立足点,同时解决剿匪工作遇到的各种问题,于7月中旬至9月进行了整风。经过整风,干部、党员普遍提高了对实行军队地方化重要意义的认识;增强了团结,解决了干部之间无原则的纠纷;检讨错误,增强了部队执行群众纪律的自觉性;提高了剿匪的信心和积极性,中高级干部纷纷投入剿匪第一线。

整风期间,广西军区召开了英模表彰大会,张云逸和莫文骅、李天佑等出席并讲话。大会颁布了军区党委制定的《剿匪立功暂行办法》,明确了立功标准,号召人人参与剿匪立功。之后,各军分区召开了干部代表会和功臣模范代表会。创模立功运动的开展,极大地调动了广大指战员的剿匪积极性,激发了他们大无畏的革命英雄主义精神。一些军分区和部队还制定出剿匪公约,并上书张云逸等军区首长,表示剿匪的信心和决心。在此基础上,张云逸决定出版《人民战士报》。

整风结束后,广西省委、军区先后发出《争取主动剿匪》《在重点剿匪区对于乡村地主富农枪支处理的暂行办法》《剿匪战术指示》等一系列指示,对扩大剿匪成绩起了巨大的推动作用。

■ 1950年8月,广西军区第一届英模大会现场。

在张云逸的领导下，经过整风，干部的思想作风、精神姿态都有了明显的变化，官僚主义、命令主义的现象得到克服，党的组织性、纪律性大大增强。正如张云逸所说："许多干部经过整风感觉到轻松，获益很多，许多政策与策略也明确起来了或较前明确了。"①

二、发动群众

为了配合重点剿匪，张云逸指示各级党委要统一行动，做发动群众的工作，首先在全省展开一个宣传运动，通过大量印制各种宣传品，召开各种会议，宣传形势和党的政策，揭露敌人的欺骗宣传，造成浓厚的剿匪空气。他认为，土匪、特务之所以猖狂，并不是因为他们有武力，只是由于我们还没有充分发动群众，人民缺乏组织与自卫力量。只有发动群众，才能彻底消灭匪特，也只有加紧剿匪，才能更进一步发动群众。张云逸说："要争取群众的大多数人站在我们方面。只要把群众发动起来，团结群众，一切问题即可迎刃而解。"

他利用一切机会接触百姓，了解民情。在南宁，他住在桃源路3号省委大院，经常身穿便服，信步走入闹市与百姓聊天，或坐在屋檐下与市民拉家常，从中了解情况并宣传党的政策。普通百姓只觉得眼前这位看上去像是教书先生的人有见识、水平高，却不知道他是广西最大的父母官。有时，张云逸还到群众中进行"家访"，身边只带着一个警卫员。有时他连警卫员都不带，晚饭后独自走进百姓家，害得警卫员抱怨说："首长经常'乱跑'，又不带我们去，真叫人担心。"张云逸除对警卫员表示歉意外，还耐心地说："他们都是我们的群众，不接近怎么行呀！"②

农民占广西人口的绝大多数，发动农民是张云逸发动群众工作的重点。为此，他要求各级干部离开城市到农村去，深入群众，与群众面对面地接触，结合减租退租运动，组织农民协会，把群众组织起来，为土改作准备。他也不放过任何一个和农民接近的机会，直接做发动农民的工作。

1950年4月，南宁市首届农民代表会议召开。他到会祝贺，并对100多位农民代表说："人民政府一定会以全力来支持我们农民的。当我离开北京时，毛主席、朱总司令特别交代要把广西的农民组织起来。过去我们劳动农民养活地主恶霸来压迫我们。我们种的白米，自己不得吃，这就是地主恶霸、反动派的剥削。现在我们要起来反抗他们，要镇压反动地主、特务、坏分子。代表们如知道他们的破坏活动，马上报告人民政府，政府就即刻派人去捉他们。我们人多，只要组织起来，就有力量，大家一条心，就不怕他们，他们便不能来欺负我们。目前的困难希望大家设法来解决。"

---

① 张云逸关于七八月份工作向中南局的报告，1950年8月31日。
② 中共文昌县委党史研究室编：《张云逸研究史料》，广西人民出版社1994年版，第654页。

1950年五一劳动节,广西劳动人民迎来解放后第一个自己的节日。张云逸来到南宁人民广播电台,面对话筒,向广西人民介绍了全国及广西的形势和发展前景,鼓励他们投入到大生产的热潮中,"咬紧牙关,稳步前进,把这段艰苦的日子撑过去。不需要更多长的时间,我们就可以在经济战线上取得完全的胜利,使全国与广西人民的生活大大的改善"。

1950年6月2日,广西省第一届农民代表会议在南宁市人民礼堂开幕。次日,张云逸代表广西省委发表重要讲话。他号召农民团结起来,组织起来,"首先普遍召开乡、区、县各级农民代表会,建立各级农民协会,成为各级农民运动的领导机构。各级农民协会领导农民起来,进行解放自己的斗争"。他说:"我们晓得,革命的目的就是为了夺取政权,过去农村中的旧保甲制度是敌人维持其反动统治的工具,我们必须把他彻底推翻,自己的事只有自己动手才能办得好,我们一定把'印把子'拿在手上,来统治地主恶霸以及一切敢同我们作对头的坏蛋。"这次会议,解决了如何成立广西省农民协会及各级农民协会的组织问题。

根据会议部署,各地先后召开了县、区、乡农民代表会议,组织起各级农民协会,建立起民兵武装。据57个县的统计,到1950年7月上旬已经在12341个村庄建立了农民协会,拥有会员85.5万余人,民兵发展到10.6万余人。其中玉林专区72%的村庄建立了农会,有会员19.3万余人,占全区农民12%;梧州专区1400多个村庄发展农协会员27万余人,武装了积极会员1.9万余人。农民协会带领农民及时春耕,协助部队剿匪防匪,开荒和兴修水利,逐渐在农村中有了地位,打击了地主阶级的威风,树立起威信。

在发动群众的过程中,张云逸非常重视妇女工作。他指出,妇女工作是整个革命工作的一部分,轻视妇女工作是各种落后思想的反映之一。妇女工作不能单靠妇女委员会或妇女联合会去做,各级党委要重视妇女工作。他要求将妇女工作列为党委领导日程之一,党委常委在分工中必须确定专人领导妇女工作,经常督促检查;党委会议要定期专门研究讨论妇女工作。各级妇女委员会书记,如果够条件,应参加同级党委会;如果条件不够可以列席同级党委会的一些工作委员会会议,使其多了解全面情况,掌握政策,便于领导妇女工作。各级党委对上级做的综合报告,要将妇女工作列为专门一项,以后检查各地工作成绩时,也要以妇女工作成绩作为评价尺度之一。①

在张云逸的领导下,妇女工作蓬勃开展起来。桂林、柳州、梧州、南宁4个省辖市和绝大部分地、县相继成立了妇女联合会,有10余万妇女参加,并涌现出了一批妇女干部。许多妇女还参加了农民协会,仅玉林地区就有妇女农民协会会员3万多人,平乐地区有2万多人。②事实证明,妇女发动起来后,在剿匪、减租退租、反霸、诉苦等运动中往往还起带头作用。她们与男同志一起共同斗争,互

---

① 中共广西省委关于目前妇女工作的指示,1950年7月。
② 《广西日报》,1950年9月1日。

相鼓舞，互相启发教育，增强了农民协会的斗争力量。

在动员各级发动群众的同时，张云逸还指示省委组建一个工作队进行工作试点，以便突破一点，取得经验，带动全局。省委工作队由从部队抽调的各级干部、南下工作团和省直机关的一些青年干部组成。4月，工作队奔赴南宁东北的邕宁县五塘一带。张云逸之所以把这里作为工作队的试点，是因为这一带是当时匪患严重的地区之一。

工作队进入五塘一带后，张云逸多次来这里检查指导工作。他说："大家若要搞好群众工作，真心真意的替人民做事，那么大家必须要多接近群众，解决群众的迫切要求。农民生活困难，就要发动减租退租，组织农会；土匪特务危害农民的生命财产，我们就要帮助他们组织民兵。使他们和我们更亲近，和农民们打好感情。农民们要招呼你做'先生'就不好，要叫你做'老王'、'老李'就不错了。古语说'黄连苦，贫穷更苦'。农民们给李、白匪帮统治得太穷了，我们随时都要把农民们的痛苦放在心上。"①

1950年7月初，张云逸和中南军区政治部主任陶铸一起，来到五塘附近的英广乡召开农民座谈会。当得知村里的农会主席被地主收买的坏人和土匪杀害后，张云逸非常气愤，明确指示：一定要全面贯彻执行党的宽严结合的剿匪政策，防止土匪钻我们宽大政策的空子；对顽固匪首，甚至是连长、排长也要镇压。他还派人慰问了被害农会主席的亲属子女。

8月的一个星期天，张云逸与省委副书记李楚离一同乘车前往五塘。途经四塘时，张云逸再三叮嘱驻这里的部队要注意发动群众，并说："你们可以留一班人在圩上就得了，其他的应该下乡帮忙农民才对！"

到达五塘后，他派人用自己的汽车把30多名农民代表接来，开座谈会。一个60多岁的老农民说："现在土匪还是不肯回来生产，我以为我们人民政府应派兵到那些有土匪的村子去驻扎，然后叫他们家里人动员他们回来！"一个老大娘说："我们村上有个地主不退租谷，跑到城里躲起来。"有的说："光靠政府剿匪不够，还要自己也想办法。"大家你一句我一句，把想到的问题都提出来了。

听了群众的意见后，张云逸告诉大家怎样防匪，怎样把农会组织起来。他告诉大家："听了谣言，要向工作队报告，一个追一个，大家负责把它追出来。"老乡们听了高兴地说："照这样做，包他坏人站不住脚，也不怕谣言生翅膀了。"

最后，张云逸对乡亲们说：大家好的意见政府一定要办，"过去的官是替地主办事，压迫农民的。但我张云逸是为你们办事的。谁要是损害了你们的利益，政府就要办他"。"今天，人民政府一定为农民们撑腰办事。"

与张云逸谈话后，这些农民代表心里装得满满的。他们说："和张主席谈话就像谈家常一样。""这么大的官还想着我们农民的事，真和国民党的官不一样。"一个农民在回家的路上喃喃地说着："对！他是为我们办事的，这才是我

---

① 《广西日报》，1950年8月28日。

们的主席！"①

省委工作队在五塘一带顺利开展了组织群众和清匪反霸等工作。张云逸用五塘和其他各地的经验，指导全面工作。

1951年初，五塘共和乡完成土改，成为广西省第一个完成土改的乡。张云逸从南宁来参加共和乡庆祝土改胜利大会，并代表广西省委、省政府赠旗祝贺。

处理好与民主党派和民主人士的关系，是张云逸做好群众工作的另一个重要方面。

民主人士，联系广，见识多，具有一定的社会影响。张云逸十分注意团结各民主党派和民主人士，充分发挥他们在建设广西中的作用。对其来信，他亲自阅读，之后或亲自执笔回信，或由他口授、由秘书代劳。对其来访，他更是热情接待，细心倾听他们的意见。身边的工作人员感到不理解，张云逸对他们说："这是我党的统一战线政策。在民主革命时期，共产党人出生入死、流血牺牲，各民主党派和无党派民主人士对革命也给予同情和支持，有的多次资助过革命，也有的冒着生命危险掩护我革命同志。现在建立了红色政权，我们怎能忘记他们啊！何况，还要团结他们一道建设新广西呢！"凡是由秘书代劳的复信，他都要求要语气谦和，态度诚恳，字体端正。②

宣传解释我党的方针政策，是张云逸做好民主人士工作的重点。1950年4月，中央人民政府为准备秋季以后在一些省区实行土地改革，公布了新的土改政策，改变了过去土改中对待富农的办法，决定在未来土改中不动富农的土地财产。广西的民主人士对这一政策表示欢迎，但又怀疑我党过去对富农的政策错了。

为解决这一问题，张云逸召开了一次民主人士座谈会，向他们解释说："现在和过去的情况不同了。过去是战争环境，需要发动广大群众支援战争，首先要解决占农村人口70%左右的贫雇农的困难，故用过去的政策以适当满足贫雇农的要求，以达到迅速恢复发展生产，以支援前线。今天战争得到胜利，我们更有力地动员了广大群众的拥护与参加今天全国范围的和平建设。因为既鼓励了中富农的生产，而贫雇农不够的生活与生产资料，可由政府发动互助与必须的贷款及帮助的办法解决之；第二是过去我们处在国民党的包围与严重的破坏下，对敌作战那些地区多是老区与半老区，农民要求加强生产又是非常迫切的，干部又比较老而且多。今天广大地区是新区，国民党的破坏没有过去老区农村的严重。所以用现在的规定是能够解决无地少地农民的一般要求的。再就是鉴于过去有些地方因干部少与经验不足，而动富农土地财产，容易发生侵犯中农利益。现在为了慎重起见，不动富农土地财产，则可完全避免侵犯中农利益的错误。本来富农多余的封建部分是应该拿出来分给贫苦农民的，这是正确的，没有错误的。但为了以上原因，现在不动富农的土地财产，是好多坏少。故改变规定又是对的与必须的。因

---

① 《广西日报》，1950年8月28日。
② 中共文昌县委党史研究室编：《张云逸研究史料》，广西人民出版社1994年版，第652页。

为时间、地点、条件不同，而采取新的措施，完全是马列主义的毛泽东思想的方法，是完全适合于今日的情况。故我党作此新的规定，是为着今后革命运动更好的开展与进行，和过去的规定并无矛盾，更不是否定过去的正确性。"① 听了张云逸的说明，大家打消了原来的怀疑与猜测。

为及时征求党外人士的意见，张云逸规定省委和省政府一般情况下每半个月召集一次民主人士座谈会，谈谈时事及本省的工作。每逢时局转变、谣言满天飞的时候，更要向民主人士做解释工作。他还批评那些不重视统一战线工作的干部说："搞统一战线就不能怕麻烦。"张云逸经常参加省里组织的民主人士座谈会，与他们沟通思想，争取他们为建设广西发挥积极作用。

按照张云逸的工作部署，在各市、县召开各界代表会议，区、乡召开农民代表会议的基础上，要召开一次全省范围的各界代表会议。为筹备这次会议，1950年9月14日张云逸主持省委会议专门进行了研究。他指出，这次会议的目的是在我党领导下团结各阶级合作。如何团结呢？（1）摆出成绩说服他们，说明我们党为实现共同纲领付出了多少代价；（2）分析各种情况，例如土匪问题，讲清土匪如何对付我军的政策，如何发展其势力；（3）要通过斗争达到团结。要在组织上、材料上有准备，有问题可以个别协商。

10月23日，广西省第一届各界人民代表会议在南宁召开。此时，张云逸与莫文骅正在武汉开会，因此没有赶上开幕式和前半程会议。陈漫远代表张云逸向大会致开幕词。应当说，会议的主流是好的，但有的代表替地富说话，认为征粮任务太重，农民协会不好，甚至认为土匪是被征粮重和农会干部不好逼出来的。其他代表则用事实驳斥了这些错误的观点，迫使他们承认错误，把意见收回。②

10月30日，张云逸与莫文骅回到南宁参加会议。当会议秘书长宣布今天大会执行主席是张主席时，台下立即响起雷鸣般的掌声。许多农民代表担心这次见不到张云逸主席了，天天询问张主席什么时候回来，现在看见张云逸走上主席台，心中都很激动。③ 当天晚上，张云逸代表省委、省政府和广西军区举行晚宴，招待各兄弟民族代表。许多人是这次会议中才第一次见到张云逸，过去只是听说过他的传奇经历，现在却与这位开国元勋面对面。大家十分兴奋，纷纷上前与张云逸握手、敬酒，对张云逸的敬佩之情，溢于言表。④

特邀代表中有原国民党立法委员会委员林虎、瞿含胜、莫承宣、芦亦农四人。张云逸等省委领导人亲自与他们谈话，做他们的工作。他们均表示拥护共产党的领导。在他们的带动下，与国民党军队或土匪曾有关系的代表都发表声明脱离关系。⑤

11月2日，广西省各界人民代表会议胜利闭幕，张云逸在闭幕式上作总结报

---

① 张云逸关于土改不动富农土地财产政策有关情况致中南局分局电，1950年5月7日。
② 广西省委关于省各代会进行情况的报告，1950年10月24日。
③《广西日报》，1950年10月24日。
④ 中共文昌县委党史研究室编：《张云逸研究史料》，广西人民出版社1994年版，第653页。
⑤ 广西省委关于省各代会进行情况的报告，1950年10月24日。

告。之后,各地、县又普遍召开各界代表会议或农民代表会议,宣传政策,动员剿匪,在全省范围内掀起了发动群众的热潮。

为提高农民群众的政治觉悟与文化水平,促进剿匪和土改工作,张云逸主持制定了《广西省一九五〇年冬学运动实施纲要》,决定在开始实行土改的农村,每村举办冬学一至两处,在没有实行土改的地区以及新安定的地区,争取每乡最少举办冬学五处,在少数民族和修铁路的民工中也要开办识字班,从而掀起了1950年全省的冬学运动。

冬学运动的教学内容,主要是学习文化和党的政策。在学习文化方面,主要是为了扫盲,按文盲、半文盲分班,有的还按男女分班教学。在学习党的政策方面,当地的教学内容则与其中心工作密切结合:在土改地区,主要是提高农民觉悟,加强贫雇农与中农的团结,同地主进行斗争;在尚未进行土改的地区,则以减租、退租和反霸斗争为主,使农民认识到"谁养活谁"的问题,从而提高农民与地主斗争的信心和勇气,为将来实行土改铺平道路;在新安定区,则主要以解释政策法令,激励农民生产的积极性,同时发动群众,组织民兵自卫队;在少数民族地区,则主要是针对各民族的特点,着重进行民族政策教育,以加强各民族间的团结。此外,各冬学点都进行生产教育,学习改良生产工具与生产方法,动员冬耕生产并准备春耕;教育群众了解城乡互助关系和工农联盟;讲解科学知识,反对封建迷信,开办合作社;等等。

事实上,张云逸把开展冬学运动作为发动群众、组织群众和教育群众的有效手段。不久,政务院向全国发出举办工农速成中学和工农干部文化补习学校的指示,教育部也发出了开展农民业余教育的指示,肯定了开展冬学的经验。

由于张云逸采取了以上各种发动群众的有效措施,不到一年时间就使广西面貌大为改观。1950年9月15日,陈赓从越南回到广西,在日记中这样写道:"离国两月余,今日又回到国境——广西边境之布局关。此地为右江之老根据地,人民政治水准颇高,情绪甚好,妇女小孩悉能唱许多革命歌曲,对解放军甚表欢迎,情绪好过越南地界多矣。"[①]11月5日,他到达南宁,认为"事别一年,南宁已焕然一新,秩序正常"。11月8日,他到达梧州,看到"市面繁荣,秩序良好,许多被破坏的建筑,均被修好,较之去年解放时,不啻有天渊之别"[②]。

三、贯彻重点剿匪方针

1950年6月25日,朝鲜内战爆发。美国随即出兵干涉,并派飞机侵略中国领空,炸死炸伤中国边民,使战争逐步逼近中国边境。在广西方向,法国侵越军队也屡派飞机在中国境内轰炸扫射。10月,在广西天保、靖西地区炸死炸伤中国边

[①]《陈赓日记》(续),解放军出版社1984年版,第25页。
[②]《陈赓日记》(续),解放军出版社1984年版,第40、41页。

民 20 余人。受国际形势的影响，潜伏在广西的匪特蠢蠢欲动。他们化零为整，集小股为大股，散布谣言，蛊惑人心，四处抢劫，袭击破坏。至 1950 年 9 月底，广西全省的土匪共 546 股 7.6 万余人，比 8 月份增加 6000 余人。①

10 月，中共中央在作出进行抗美援朝战争战略决策的同时，从最坏的可能出发，为防止美国将战争扩大到中国境内，要求各地早作战争准备。10 月 8 日，张云逸召集广西省委和军区主要负责人会议，传达了中央对战争形势判断的指示。

为对付美国可能把战争扩大到中国境内，就要迅速肃清中国境内的土匪，以稳定内部，全力对外。根据中共中央和中南局的指示精神，10 月 30 日张云逸召集省委高级干部会议，对剿匪提出进一步要求，规定各地要限期剿匪，匪患严重的地区可以暂时不收公粮，但土匪必须肃清；公粮等其他工作完不成不受批评，但剿匪完不成要受批评。

张云逸主政广西后，在把剿匪作为首要任务的同时，一直考虑如何把剿匪与广西的政治、经济发展结合起来。他强调，我们在广西的剿匪不仅是军事战，同时是政治战与经济战。我们要着重打好这三个战，取得胜利。

在全国胜利的形势下，他根据广西相对封闭落后、民族多和民枪多的特点，特别强调在剿匪过程中要防止急躁情绪，不能冒犯群众和伤害群众。这也是当时中共中央提醒全党必须注意和坚决克服的问题。张云逸明白"乱世用重典"的道理，但他认为多数匪众都是当地的百姓，由于不了解党的政策，受恶霸地主和国民党特务的欺骗和胁迫而被迫为匪，如果杀人过多，就会带来民族仇恨和民间对立等很多的后遗症，不利于广西的长治久安。因此，在部署剿匪的同时，他要求部队一定要分清民与匪，除罪大恶极的土匪必须坚决镇压外，对普通匪众一般不杀，而且不要关押，要通过教育使之重新做人。他认为，只有这样才能最大限度地争取群众，加强民族团结，共同建设新广西。

把剿匪与长治久安相结合，当然就需要更长的时间，付出更多的努力。然而，他的这一剿匪思想最初难以被部队所接受。长期以来，部队习惯于打大仗，因而感到受约束。为此，张云逸做了大量工作，说服部队在剿匪问题上要有耐心。然而，随着朝鲜战争的爆发，根据中共中央和中南局的指示，张云逸迅速调整了剿匪政策，提出了半年内即到 1951 年 4 月肃清全省股匪的目标。②

9 月 18 日，广西省委在关于冬季剿匪的指示中指出：全省目前仍基本处于以剿匪为主的军事时期，一切工作必须围绕剿匪这一中心任务进行，必须动员党、政、军、民的力量，合力剿匪；各级党委必须实行党委一元化领导，统一剿匪的领导与组织等，确立冬季重点进剿的方针。

在剿匪的过程中，关押被俘虏的土匪是困扰张云逸的一个难题。由于经费不足，各地无力对俘匪进行长期的管理和教育，往往只教育两三天就释放了，致使

---

① 广西军区司令部九月份广西剿匪综合报告，1950 年 11 月 23 日。
② 军事科学院《张云逸军事文选》编辑组主编：《张云逸军事文选》，军事科学出版社 2007 年版，第 863 页。

不少俘匪被释放后又继续充当土匪。群众将之传为政府"宽大无边"。

对这个问题，张云逸早有认识，6月27日他在政务院会议的发言中，就将其作为广西数月来剿匪的教训之一。为此，他向周恩来总理提议，由中央为广西解决部分看押俘匪的资金缺口；南返经过武汉时，他又找到邓子恢商议这个问题，邓同意由中南局为其解决一部分资金。随着经费问题的解决，以后对俘匪基本实行集中收押和管教。

按照计划，从10月15日开始，广西全省进入冬季重点剿匪阶段。10月17日，张云逸、李天佑、莫文骅、钟伟发布冬季剿匪计划，确定以冬季实行土改的17个县和铁路、水路、公路交通干线两侧及人多粮丰的地区，为全省和各军分区的重点剿匪区。为集中力量搞好这些地区的剿匪，决定将部队做必要的收缩，暂时放弃百色、宜山、柳州军分区的部分边缘县，集中军区的主力实行重点剿匪。其中，第四十五军第一三四师以邕宁为中心，在邕江沿岸之永淳（今横县峦城）、扶南（今扶绥县）、绥渌（今扶绥县旧城）、上思及钦州地区剿匪；第一三五师在兴业、玉林、博白、北流、容县地区剿匪；第一三三师在贵县、横县、宾阳、来宾、迁江地区剿匪。

11月初，省委连续召开会议，研究剿匪问题。张云逸指示：第一，要调查匪情。通过审问俘虏，弄清楚土匪有多少人、姓名、籍贯等。要挖匪根，弄清楚谁供给他们粮食、枪支，谁窝藏土匪，谁向土匪提供情报。第二，对土匪家属要讲清政策，必须与土匪划清界限，协助政府剿匪。第三，表现比较好的旧军官、乡长，可任命为副乡长，命令他带路剿匪，分化其与土匪的关系。第四，要杀一批土匪和反革命分子。这里包括主要的土匪头目，为群众所痛恨的小头目，土匪侦探，为群众所痛恨的旧军官、旧乡村长和地主，有通匪问题的土匪家属和旧人员中有反革命活动的。第五，群众不太痛恨的地主，先关押起来，土改以后再释放。第六，凡通匪的地主恶霸，一律没收财产，分给群众。第七，悬赏捉拿重要匪首。

为捉拿匪首林秀山，张云逸指示："发出通报，捉住林秀山的赏1000万元。"林秀山早年为匪，无恶不作，人称混世魔王，后经桂系招抚为官，桂系覆灭后率匪众逃往大瑶山，成为大瑶山地区最大的股匪之一。在这次瑶山重点剿匪中，这一恶贯满盈的匪首终于未能逃脱，于1951年初被活捉。[①]

为使地方与部队的剿匪行动相配合，张云逸还采取了一系列措施：第一，各地要组织防匪自卫委员会，团结更多的人剿匪。第二，抓紧建立县区武装，一定要在1950年底前完成组建工作。第三，整顿民兵队伍。第四，各县委要组织委员会，确定处决在押犯人名单，经地委批准后执行。第五，各政府部门要通力剿匪，制定出配合剿匪的措施。第六，省委和省政府对剿匪有功的部队要通报鼓励。

张云逸指出，采取以上措施，第一步使群众与土匪分家，第二步使农民与地

---

① 参考中共广西壮族自治区委员会党史研究室：《广西剿匪史》，中共党史出版社2008年版，第14、95页。

主分家。因此，部队剿匪要尽量带群众去，使之亲自参加剿匪斗争。只有这样，才可以使群众和敌人分开。他同时也说明"这样分开也是被迫的"。可见，张云逸在剿匪中用心之缜密。

根据张云逸的指示精神，广西省委发出了一系列关于剿匪的命令、电报和通知，各地加大了对匪特镇压的力度。7月省委整风开始前，全省经审判枪决的匪特为316人，到11月中旬则达到1100余人。对土匪严厉的镇压政策，沉重地打击了土匪的嚣张气焰。

为了解重点剿匪的进展情况，张云逸与省委和省军区领导人逐一听取剿匪部队的汇报。11月10日和12日，张云逸等分别听取了第一三四师政治委员和师长的汇报。该师在邕宁地区剿匪，仅11月1日至6日就歼灭土匪817人，其中包括匪营级至副师长以上匪首20多人。省委对其剿匪成绩感到十分满意。

张云逸说："一三四师的剿匪，成绩在广西的各部队中数第一。其次是一三三师和柳州分区。特别不是单纯军事观点的剿匪，而是党政军实行了集中统一的领导。坚持贯彻了重点剿匪的原则，师长、团长亲自下到连队了解情况，组织战斗。"之后，为指导各地的剿匪，他指示将第一三四师的经验通报全省。

针对如何掌握对匪首严惩的原则以及剿匪胜利后如何巩固等问题，张云逸说："镇压要与宽大相结合。土匪是封建统治的代理人，凡是群众痛恨的即可杀。毛主席说过，对敌人要狠。我们杀人是为了救人，杀少数人，挽救多数人。在剿匪中对反革命土匪狠狠地杀一批，在反霸斗争中再杀一批，随后的土改中就可能杀人很少。剿匪军事胜利后，为了使土匪不再起，主要的工作就是发动群众进行反霸斗争。了解群众的要求，解决群众的问题。在发动群众时，至少要先找一个好人，成为我们的耳目，利用他进行工作，培养成为干部。这样的人可以在民兵、贫雇农及少数中农中找，但一定要是有家的人。在发动群众中，改造旧政权。最好是工作队的小队长、组长当乡长，另从群众中选副乡长，或用旧人员当副乡长。对副乡长不是依靠他，而是利用他。旧政权中坏的人物可以逮捕，或杀掉。工作队要注意发展青年团员，经过斗争考验后，个别的发展为党员。"

汇报中，他听说部队鞋子不够穿，为节约用鞋，战士们只好赤脚行军，作战时再把鞋子穿上。时值冬天，在深山剿匪的部队还穿着夏天的单衣，晚上睡在木板上，有一个营已经冻病30多个战士。张云逸当即指示地方政府迅速给部队送稻草，并致电中南局催运鞋子和棉衣。

重点剿匪开始后，张云逸注意了解群众的思想情绪及对政府的意见。一天，他由南宁去柳州军分区检查剿匪情况。途中，他看到路边有两个农民在打柴，便叫司机停车，说自己要与他们聊一聊。警卫员看到这两个人手拿砍柴刀，急忙劝道："首长，不要停车了吧！"张云逸不听，下车后便与这两个农民亲热地打招呼，询问生产和生活等情况。说到高兴处，张云逸还拍拍他们的肩膀。警卫员担心张云逸在土匪出没的地方待久了不安全，一再催促："首长，还是快赶路吧。"张云逸说："你不懂，别管。"等张云逸告别老乡回到车上，警卫员说："这两人很可能是土匪。"张云逸说:"不对。他们是老乡。你不懂看人。"①

在柳州,张云逸发现,各地仍然存在单纯依靠军队剿匪而不积极动员群众参加剿匪的思想,没有将地方工作与剿匪工作紧密结合起来。为此,他回到南宁迅速指示各地,必须围绕剿匪这一中心任务进行布置和检查工作,并提出了九条措施:加强剿匪宣传,慰问剿匪部队;组织训练民兵;调运或组织随军粮站,为剿匪部队提供充足的粮食,保证部队打到哪里粮食就供应到哪里;组织随军工作团,配合部队发动群众,开展政治攻势,瓦解土匪并协助部队解决食宿、运输等问题。②这些措施保证了重点剿匪政策的贯彻落实。

在进行重点剿匪的同时,张云逸注意军事打击与政治瓦解相结合,充分利用国民党起义投诚的将领做瓦解土匪的工作。

桂西地区土匪猖獗,我军还无力对其展开全面进剿。为了给以后的军事进剿作准备,1950年10月初,张云逸派原国民党桂西军政区司令莫树杰到柳州、宜山地区争取土匪。莫树杰感念张云逸对他的关照与信任,不顾危险,慨然应允,深入黔桂交界的南丹六寨匪区做招降工作。在当地人民政府的支持下,他通过成立南丹改编分会,组织新政学习会,召开群众大会等方式,宣传党的政策,通过广发信函,劝导土匪。经过两个月的工作,莫树杰摸清了当地匪首的实力、背景、组织系统、补给方式及活动地区;帮助当地群众提高了认识,使一些因对政府政策有误解而出走的人陆续返回家乡;加深了土匪内部的动摇分化,瓦解了"黔桂边区人民反共救国会",使一些次要的匪首应召向政府登记自新。南丹一些区的土匪活动逐渐减少,该县的八圩、芒砀、六寨区人民政府相继成立,从而为以后全面进剿打下了一定基础。当然,他在匪区的活动也招致顽固匪首的威胁、诽谤与谩骂,他"经过种种波折,但并不介意,仍以地方为重,人民为重,忍辱负重,谆谆劝导的精神去做"③。

重点进剿取得显著成绩,张云逸对剿匪充满信心。在半个月的时间里,全省即歼灭土匪9000余人。④11月10日,他在给中南局的报告中总结了重点剿匪以来的经验:一是集中优势兵力于重点剿匪区,打击股匪与及时铺开搜剿散匪和潜伏之匪互相结合;二是对土匪的严厉镇压与宽大争取相结合;三是密切结合地方党政与民兵及一切社会力量,展开剿匪的总力战;四是对土匪进行分化打击,利用土匪捕获土匪。张云逸认为,如此集中优势兵力进剿,"则重点区之匪必遭歼灭",之后"留少数部队配合地武和群众搜捕,可将匪肃清"。"现正集中9个团兵力围剿瑶山之匪,在明〔年〕3月以前肃清该地区股匪,3月以后将主力转到黔桂边与西南军区部队会剿,又集中第四十五军全部向江南进剿六万大山与十万大山地区之匪,务求半年内肃清全省股匪,巩固治安和边防。"⑤

---

① 中共文昌县委党史研究室编:《张云逸研究史料》,广西人民出版社1994年版,第654页。
② 军事科学院《张云逸军事文选》编辑组主编:《张云逸军事文选》,军事科学出版社2007年版,第864页。
③ 莫树杰:《争取工作总结报告》,1950年12月18日。
④ 军事科学院《张云逸军事文选》编辑组主编:《张云逸军事文选》,军事科学出版社2007年版,第861页。
⑤ 张云逸的报告,1950年11月10日。

四、离开广西

1950年11月中旬，广西省委收到中南局关于广西工作的指示。其中，对剿匪问题，中南局要求广西在桂北由李天佑、何伟组成一个指挥所负责剿匪，桂东南委托第四十三军负责剿匪；第一步在桂南搞好邕宁县，东南部搞好灵山与钦州交界处，第二步于1951年2月转到灵山以东六万大山一带，第三步于3月转到十万大山；要求在1951年6月完成右江一带的剿匪任务。同时告知，中南军区政治部主任陶铸将要来广西帮助工作。

11月13日，张云逸召集省委、军区主要领导人开会，研究贯彻中南局的指示。

依照中南局指示，第一三三师就要离开贵县、来宾、迁江（原迁江县）一带，邕江以北的土匪暂时不能进剿。参加会议的领导人在分析广西形势和部队实际情况后，都主张部队不宜调动，继续按原计划进行剿匪。

最后，张云逸说："我们要按广西的具体情况来执行中南的指示。继续贯彻原来剿匪计划对今后剿匪有利无害。如果现在兵力调动，会影响群众对剿匪的信心，部队刚刚铺开又调动，使指战员往返劳顿，于部队作战积极性也不利；同时第一三三师需要保护战略上的交通线，如邕梧之间的河道交通；而且目前因为交通不便，集中兵力受到时间的限制，对剿匪不利。"

会议决定除剿匪计划不宜变动外，其他如组织剿匪指挥部、收缩一些地方、对干部重点配备等问题均按中南军区的指示执行。

然而，11月14日，毛泽东致电张云逸等："为对付台湾匪帮可能向广东进犯，有增强广东兵力之必要。为此必须提前肃清广西匪患，以便从广西抽出一个军增强广东。广西剿匪工作为全国各省剿匪工作中成绩最差者，其原因必是领导方法上有严重缺点，剑英前谈去广西帮助张莫陈李诸同志工作一时期，希望迅即前往，并在那里留住几个月，抓住工作重点限期肃清土匪，发动土改，端止政策，改善干部工作作风，确有成绩然后回来，否则不要回来。我们希望广西全省主要匪患六个月内能够肃清，明年五月一日以前调出一个军去广东。"[1]

同日，中南局发出电报。电报全文如下：

> 桂省委、军区：
> 十月份开始剿匪以来，由于你省党政军民的密切配合，正确的执行了宽大与镇压政策，获得了歼灭股匪九千三百余人，展开了大进剿之良好开端，至堪欣慰，望转告全军、全党、全体指战员、政治工作人员、后勤工作人员、地方工作人员，和全体人民加倍努力，为实现毛主席加速完成肃清土匪的指示而奋斗！[2]

---

[1]《建国以来毛泽东文稿》第1册，中央文献出版社1987年版，第659页。
[2]《广西日报》，1950年11月23日。

同日，中南军区也发出电报：

张司令员兼政委
李副司令员
莫副政委
并转全省各剿匪部队指战员同志们：

　　自你省由整风夏休转入重点剿匪以来，已歼匪九千三百余（此数系 11 月中旬以前统计，截至 11 月 19 日已歼灭股匪 1.55 万余人——编者按）。生擒重要匪首伪"桂中军政区副司令"钟铁坚、"五十五军参谋长"王以耽、"一八三师师长"刘琪、"参谋长"张振番、"二十二师师长"李树清、"参谋长"李岳、"四十七旅旅长"李洪叶等数十名，并由于你省之剿匪部队以积极灵敏出击的动作，在军事与政攻相结合的压力下，迫使匪"反共响应游击司令"杨福祥及"邕南区司令"杨冠堂等率匪众投诚自新。这次重点进剿中，予匪以歼灭性打击，成股全歼股匪，比过去亦为之较多。如：旅顺一支队之##团八日在邓村（横县属）历时十二小时战斗，全歼匪"别动四师独立团"全部，及镇龙山逃出之"反共救国军第十兵团七军二十二师"一部，俘"二十二师师长"李树清以下三百余人。又如柳州、平乐两分区之一部部队进剿象县大乐林秀山股匪时，除林匪秀山（已被击伤）化装带少数人员逃脱外大部就歼，计毙俘匪"副师长"邓琪等以下七百余人。旅顺二支队一部进剿八尺区之股匪作战中，以无一伤亡歼匪近六百人之战例。

　　由上述这些歼灭性之打击，对广西匪众气焰打击是很大的。在这些作战中，主要是由于你们发挥了剿匪积极性，许多剿匪部队在进剿搜剿与驻剿中，展开了群众性的、广泛的、民主性的想办法运动，因此而大大发挥了全体同志的智慧。另一方面是集中了力量，争取了主动，才收到以上成绩。为此特予作战有功部队以嘉勉，并望全军很快接受这些经验，认真贯彻既定之计划与方针，为争取早日肃清广西土匪，发动群众而斗争！

司令员　林　彪
政治委员　邓子恢
　　　　　谭　政
参谋长　赵尔陆
政治部主任　陶　铸
副参谋长　苏　静[①]

　　11 月 16 日，毛泽东再次致电广西省委和军区："广西解放在西南之前而剿匪

---

① 《广西日报》，1950 年 11 月 26 日。

成绩则落在西南之后，为什么这样，请你们加以检讨并以结果告诉我们。我提议广西军区从十二月份起仿照西南办法每月发一次剿匪通报，总结战绩，纠正缺点，务使全省匪患在几个月内基本解决。"①

收到毛泽东的电报后，张云逸承认自己初到广西时由于情况不熟，"对于当地的匪情和地方的民情以及部队和干部都不能很快摸熟其脾气，某些工作不能适时大力放手去搞"，失了一些时机。但这是1950年上半年存在的问题，"经过七八九月整风总结检讨工作及部队夏休整训后，广西剿匪工作有新的转变"②。尽管这些缺点在各地开展工作的初期是普遍存在的，而且缺点被及时认识并已经主动纠正了，但是面对毛泽东的批评，只有深刻检查自己的问题。所以，张云逸和省委其他领导人多次反复地检讨1950年上半年的错误。

11月22日，张云逸与陈漫远、莫文骅、李天佑联名向毛泽东作出检讨报告。检讨报告说，省委在领导上没有很好地针对广西的特点，采取明确的具体的更有效的急进办法，集中党政军民所有力量迅速去贯彻和完成剿匪任务。省委对于剿匪缺少深刻研究，没有更充分的深刻的思想动员。故有许多同志对剿匪工作不够重视，而不能积极行动，甚至不安心工作，没有更有效地开展反霸斗争来发动群众。对反革命分子则缺少严厉镇压，形成宽大无边。领导作风上是犯了官僚主义，只有一般布置和一般号召，缺乏具体领导与深入下层检查帮助的领导方法。军事上对敌人特点未熟悉，对剿匪重点认识不够，结果重点变成各地分散的小点，另外对军事重点未能与发动群众工作重点很好结合。

检讨报告中也客观反映了广西省委8月整风后的变化：经过夏休与整风会议后，"逐步克服上述缺点与错误。动员党政军民配合剿匪，强调重点，明确规定以准备土改区人口多、物资富、交通便利之地为剿匪重点区。地方工作亦以此为重点，并检讨过去部队不安心广西工作，不严肃政策纪律的毛病，纠正宽大无边，规定镇压反革命分子的具体办法，及在自己能力范围内解决部队实际困难"③。

检讨报告也陈述了没有完成剿匪任务的客观原因：广西封建势力强大，人民困苦，民性强悍；外来干部数量少，当地干部少而弱，转业干部不安心，言语也不通；地方武装数量受规定的限制，每个区只有12人；担负剿匪任务的国防军时常调动，如在宜山分区剿匪的开始时是第三十八军，继之是第三十九军，后是第四十九军，再后是第一五八师，现在是第一七四师，每支部队都是开进后个把月又被调走了，影响了剿匪的连续性；军区领导机关也不健全，开始是第十三兵团部兼，1950年1月就闹着要分家，延至5月才分开，7月军区才重新组织，较长时间内军区只有李天佑、莫文骅两人与几个参谋做实际工作。张云逸等人表示，尽管工作中遇到一些困难，但有信心与决心去克服困难，完成毛主席所要求的半

---

① 《建国以来毛泽东文稿》第1册，中央文献出版社1987年版，第665页。
② 张云逸给中南局转毛主席的报告，1951年1月16日。
③ 张陈莫李对广西剿匪工作的初步检讨，1950年11月20日。

年肃清股匪的任务。

当天,毛泽东给张云逸、陈漫远、莫文骅和李天佑回电中表示:同意"对广西工作的检讨及方针计划,望本此做法,取得成绩,以利主动地应付时局"[1]。

这期间,中央为了加快广西剿匪的进度,决定增调第二十一兵团进入广西执行剿匪任务。同时,根据中南军区的指示,广西军区扩大地方武装3.5万人。由于广西军区部队需要担负保护水陆交通线、守卫仓库、警戒重要目标等任务,只有40%的兵力可用于剿匪。[2]兵力之不足,是阻碍广西剿匪的主要原因。增兵以后,军区实施重点剿匪的兵力大大增强了。到12月,广西军区所属部队增加到15个正规师、20个独立团,人数近20万人。

11月18日,华南分局第一书记叶剑英到达南宁。中南军区政治部主任陶铸已先于叶剑英来到南宁。

18日,广西省委召开会议。张云逸首先作检讨,对毛泽东的批评表示完全接受。省委其他副书记和委员也都进行了批评与自我批评。

陶铸在发言中对广西工作表示肯定,对存在问题也进行了分析。他说:广西工作有很大成绩,剿匪成绩也很大,但是还不够大。当然,过去广西省委在工作中的意见也不是完全一致的。从中南局来说,过去对广西土匪严重性认识不足,中南军区从广西收兵收得早了些;给广西下达的各项任务也重,广西是新区,没有按照新区来分别对待。此外,在建设地方武装上也吃了些亏,没有及时加强地方武装。对过去的问题就不多追究了,主要是今后如何办。

叶剑英发言指出,广西的工作,在开始时注意稳定,这是对的。但现在时局变化了,要赶上时局发展,现在需要加快节奏。

11月下旬,张云逸主持召开了省委扩大会议,即广西省委第三次高干会议。这次会议的目的,是落实毛泽东的指示,在半年内完成肃清全省股匪的任务。

张云逸在会上作检讨发言。他严格地检查了在自己领导下的省委工作,认为广西省委工作的缺点概括起来说,是没有适时提出重点剿匪的方针,又没有充分动员和组织党、政、军、民、财一切力量贯彻剿匪的中心任务。他具体检讨了在执行宽大与镇压相结合的政策上,存在宽大无边和乱打乱杀的问题;在剿匪和减租退租运动中,没有尖锐提出开展反霸斗争,给恶霸以有力打击;在收枪问题上,强调谨慎小心,以致影响下面不敢大胆收枪;对培养地方武装重视不够。

张云逸表示,对这些问题自己应承担主要责任。当然,张云逸也客观地指出:"经过7、8月份的整风运动,这些缺点已逐渐克服,因此在最近一个半月中歼匪2万5千人,并获得许多经验教训,这都是我们逐步明确了重点剿匪的方针,并总结经验,规定了一些具体的办法,以及组织党政军民力量,为剿匪而斗争的结果。"

但是,他发言后情况急转直下,大会变成了揭发批判他的会议。

---

[1] 转引自《莫文骅回忆录》,解放军出版社1996年版,第629页。
[2] 叶剑英关于广西当前工作情况向毛主席的报告,1950年12月20日。

一些人指责他剿匪中不收民间枪支,不杀土匪头子,"七擒七纵""宽大无边",领导右倾。有的同志还联系国际共运史说:斯大林批评铁托的错误时讲过,南斯拉夫党的转变,要依靠南斯拉夫党内部的健康力量;今后广西党的转变,也是得依靠广西党的健康力量。

叶剑英很快意识到 11 月高干会对张云逸的批判有些过火了,后来他在给毛泽东的报告中说:"事实上,广西剿匪经过七、八、九三个月整风以后,批判了过去,也批判了领导。从十月中旬起已有了转变。"①

中南军区对广西下半年的剿匪工作也给予了充分肯定。1951 年 1 月 1 日,中南军区在给张云逸、李天佑、莫文骅和全体指战员发出的嘉奖电称:

"广西军区剿匪部队,经过夏休与整风总结了经验后,部队战斗力得到恢复,端正了思想政策,认识了股匪的活动规律,掌握了重点剿匪方针。同时又经各级党代会,英模会,干部代表会等动员,所以部队情绪饱满,剿匪积极性提高,表现了高度的吃苦耐劳精神,虽然在爬山越岭远距离奔袭的艰苦情况下,而能完成任务。并且各剿匪部队,由于获得歼灭战的胜利,加以开展政治攻势中争取很多匪首投降自新,这更加鼓舞了部队的情绪,纠正了过去扑空令人扫兴的情景,而使部队的剿匪的积极性和信心越来越高。"②

1 月 2 日,张云逸等广西军区领导人又收到毛泽东给他们发来的电报:"你们

■ 1950 年,张云逸(左)与叶剑英(右)、莫文骅在南宁。

---

① 叶剑英关于广西当前工作情况向毛主席的报告,1950 年 12 月 20 日。
② 中共文昌县委党史研究室编:《张云逸研究史料》,广西人民出版社 1994 年版,第 444 页。

过去几个月剿匪工作有很大成绩,甚慰。"① 这封电报实际上肯定了广西省委和军区自整风后开始重点剿匪以来的工作,是对一个半月前严厉批评的一种缓和。

但是,1950年11月高干会议给张云逸造成了巨大思想压力,加之年近60,长期超负荷的工作使他的身体再也无法坚持正常工作。本来,由于日夜操劳,就使张云逸患上了严重的失眠症,有时一连几夜都不能入睡,高干会议后他脸部开始出现浮肿。1951年1月初,医生认为他必须停止工作,休养一个时期才能恢复。② 经过反复考虑,1月16日张云逸致电毛泽东和中南局,在汇报工作之后提出请假休养,以便恢复身体,更好地工作。③

1951年1月24日,毛泽东致电张云逸并告邓子恢、叶剑英:"一月十六日电悉。广西工作大为开展,歼匪九万余,处决匪首恶霸三千余,土改亦已发动,匪焰大落,民气大伸,成绩甚大,我及中央同志都很高兴。云逸同志患病亟须休养直到病愈为止,到广州后请叶方妥为照料。"④

1月27日,张云逸离职休养。2月5日,经中央批准,在张云逸养病期间,由陶铸代理张云逸的广西省委第一书记职务。

张云逸就要离开他生活战斗了一年多的广西了。他来到邕江边,驻足江岸,望着东去的江水,任凭寒风吹拂,久久不肯离去。

2月中旬,张云逸怀着复杂的心情,在南宁乘船顺邕江而下,直奔广州,离开了他深深眷恋的广西。

---

① 中共文昌县委党史研究室编:《张云逸研究史料》,广西人民出版社1994年版,第445页。
② 张云逸给中南局并转毛主席广西重点剿匪情况,1951年1月16日。
③ 毛泽东给张云逸的信,1951年1月24日。转引自《建国以来毛泽东文稿》第2册,中央文献出版社1988年版,第63页。
④《建国以来毛泽东文稿》第2册,中央文献出版社1987年版,第63页。

第二十四章 人民的代表

一、带病指导工作

张云逸虽然离职休养,但他毕竟还是华南分局第二书记、广西省委书记、广西省政府主席和广西军区司令员兼政治委员。到广州后,他在休养的同时,仍然对广西的工作放心不下。有关广西的工作汇报或情况反映,他都仔细阅读,认真分析研究。他经常与广西省委领导同志保持通信联系,给予鼓励和指导。

1951年3月下旬,张云逸看到广西省委关于龙州地区反霸情况的报告,感到存在反霸扩大化的问题,一些中农、贫农也被当作恶霸斗争。于是,他给莫文骅写信指出:"虽然情况复杂,但估计有以下几种可能:一、干部不懂政策;二、个人报复;三、以发财观点出发;四、为坏人利用我们的刀杀我们的人。"他要求省委根据具体情况,研究一下,检查出原因来,"如属第四种原因,则不是什么偏差思想问题,而是严重的政治问题,必须认真追究惩办"①。

4月14日,张云逸给省委副书记何伟写信,提出工作方式上应注意的问题。他说:"清匪反霸减租退押工作,固是解决农民春耕生产困难最主要的办法,是发动群众划分敌我界线的办法,也就是奠定广西局面又一重大关键,必须切实贯彻下去。如果说我们过去更多靠军事方式来做发展工作,那么今后应更多靠群众工作方式来做巩固工作,因此我们要注意教育干部在工作方法上有所准备。"②

对广西剿匪问题,张云逸更为关注。他一方面为剿匪进展迅速感到高兴,同时也产生一些忧虑。

张云逸走后,广西一度实行"三人必有其首,首恶必办"等严厉镇压土匪的政策,并将处置人犯的权力下放,使杀人数量迅速多了起来。到1951年4月底,广西在剿匪、镇压反革命中已经处决人犯32591名,其中可杀可不杀的占到30%。另据华南分局社会部统计,在广西方面处决的3.2万余人及在押罪犯86441名中,

---

① 张云逸给莫文骅的信,1951年3月28日。
② 张云逸给何伟的信,1951年4月14日。

破案数只有907起。据此，张云逸分析，从侦破案件数目与处决和在押罪犯之间的关系来看，由于广西还有一大批案件尚未侦破，那么还有许多反革命分子仍然在潜伏中。那么，随着群众的发动和镇压反革命运动的深入，还有一批首恶分子需要镇压。这样，杀人数目还要上升。

张云逸认为如果剿匪不与发动群众相结合，过于偏重镇压就会失去群众，不利于以后的工作，因此杀人数目应该控制一下。经与邓子恢沟通并与叶剑英交换意见后，5月10日张云逸与叶剑英、方方给广西省委发出指示信。

该信在充分肯定剿匪成绩的同时，对广西省委的工作提出四个方面的建议：

1. 在镇压反革命运动中发动群众不够

发动群众的工作基本是在军事剿匪中进行，许多反革命分子的逮捕和处决，多是通过剿匪的作战行动去实现。这在匪势猖獗时是必要的。没有军事剿匪大杀一批，便不能伸张民气，使群众敢于靠近我们，造成发动群众的条件。但是，如果因此而只依赖军事行动，依赖行政力量，不在抓紧军事镇压的同时及军事镇压告一段落之后，深入发动群众，把镇压反革命视作发动群众的重要环节，就会犯错误。一般规律，在剿匪清匪中大杀一批之后，即需进入反霸控诉，大张旗鼓，通过协商会、人代会、农代会各种形式，分别发落，使政府的正义行为充分为群众所理解，并变为群众自己争取政治解放的具体行动。之后在土改中间和土改之后，再组织一次清理。依次逐渐深入，才能把反革命分子彻底肃清。没有群众运动的配合，或是不把镇压反革命当作群众运动的一个环节来做，就不能达到"准"和"稳"，因此也就不能彻底肃清反革命分子。

现在广西的群众运动还没有普遍展开，许多地区还没有进行土改，群众运动还有一个高潮。而你们所杀的已达1.63‰，距你们的控制数只差0.37‰。估计到群众运动深入之后，必然会再发现一批需要镇压的首恶，故现在应该很好控制杀人数目。

关于处决人犯。该杀的，罪有应得，杀后人人拍手称快，是不怕多的。可杀可不杀的也杀了，在剿匪时期难避免。但当重点剿匪结束，斗争转入清匪反霸和土改等阶段时，如果再把可杀可不杀的统统杀掉，就会失去群众的同情，对我们是不利的。根据中央5月7日指示，全国自6月1日起，除现行犯以外，逮捕批准权收归地委，死刑批准权收归省委。我们认为这一规定在广西是可行的，可以考虑实施。

另外，在押犯总数已超过各监狱的容量，随着夏季到来增加了监管的困难，需要迅速着手清理。请在省、专区、县各级组织一个专门清理积案的机构，清出一部分在押但没有材料或材料不足的案犯，经过各种必要的准备工作，然后通过县、区、乡三级农代会，采取群众审查、政府判处的办法，该杀的杀，该放的放，判罪后或交群众看管或继续监禁。

2. 剿匪工作基本完成后，应坚决转入土地改革

在积极发动群众中，来一个轰轰烈烈的农民运动，去完成未完成的清匪反霸工作，以摧毁敌人在农村的基础。具体分作三个阶段进行。第一阶段，进行清匪

反霸，减租退租，打倒地主阶级的政治优势；第二阶段，进行划分阶级，没收征收，分配土地，消灭地主阶级；第三阶段，结合发土地证，分配土地，进行复查和系统的翻身教育，转入新型的生产活动。

在新的工作部署中应注意目前形势。为了结合国防，工作重点应当放在南部滨海各县、湘桂铁路及其他主要交通沿线。干部应适当向这些地区转移，以加强这些地区的领导力量。

3. 要审查干部

在革命战争时期，广西党组织几次受到破坏，长期脱离上级领导，又被国民党桂系自首自新的欺骗政策所摧残；发展党与恢复党的过程也不够严肃；历史上完全没有经过系统的教育与整风。因此，根据广东省审干的经验，广西党组织的不纯程度不亚于广东。可否参照广东调整干部的办法，结合各种运动来一次对干部的审查。按级摸清主要负责干部的政治面目，分清内外，分清敌我。有反革命罪证的由党委批准，交公安机关逮捕处理。历史有重大不清，工作表现严重可疑，但又没有真凭实据的，可调训审查。至于存在思想作风问题的干部，目前不作为审查的主要对象，这类干部可在冬季整风期中及以后长期的群众斗争中逐渐改造、教育和提高。

4. 使干部群众明确今后的中心任务是土改

为使干部和群众明确了解广西今后的中心任务，是由剿灭土匪转到准备群众、进行土地改革的新阶段，要求全省保持饱满的斗争情绪，胜利地进入土地改革的伟大斗争。我们建议，应该在适当时期（如七一）举行一次庆功会，总结经验，表扬英雄模范，以鼓励和提高干部与军队情绪，继续胜利地前进。

广西省委对这封指示信十分重视，认真研究并贯彻执行。首先，省委结合退租退押运动，进行了声势浩大的发动群众工作，在广大农村打垮了地主的统治，为土地改革准备了条件；1951年9、10两月，省委开始部署全省大规模的土地改革工作；与此同时，各专区、县均组织了清理案犯委员会，集中清案工作干部2600多人，组成若干清案小组，在搜集案犯材料和征求群众意见的基础上提出处理意见，经农民代表会和各界代表会充分讨论，召开群众大会公审，然后分别发落。至8月底，对68%的在押案犯进行了清理，处决586名，判刑约2.4万名，释放4.5万余名。在清理案犯的过程中，由于充分贯彻了群众路线，因而获得了群众的拥护。

二、久病难愈

1951年2月中旬，张云逸来到广州后，被诊断为：（1）因缺乏维生素乙所导致的营养性水肿。（2）因疲劳过度和精神紧张所引起的焦虑状态。医生建议，应作数月的疗养，始能康复。①此前，张云逸认为自己患的是心脏病，不易治疗，诊断结果打消了他的疑虑。②

然而，经过3个月的治疗，张云逸的病情只是略为好转，需要继续休养。为此，他向中南局和中央提出卸去所任各职，以便广西的同志能够更好地开展工作。经中南局研究报经中央批准，决定由李天佑接任广西军区司令员，张云逸所担任的其他职务均予保留。

7月，广州气候炎热潮湿。医生建议以"易地疗养为宜"。经华南分局决定报经中南局同意，7月22日，张云逸来到杭州。刚到杭州，时任华东局书记的饶漱石就来信请他到上海请名医详细检查身体。28日，张云逸由杭赴沪。在华东医院，张云逸进行了历时24天的全面检查，被诊断为：（1）轻度血管硬化；（2）胆结石症；（3）脚部有轻度水肿；（4）有时失眠。医生建议，继续留医院观察治疗。

张云逸在上海治疗期间，中南局准备于9月召开广西党代会后陶铸回中南局工作，由张云逸回广西主持大局。8月25日，中南局致电张云逸："病情如何？是否可以于秋凉后返回广西？如大体痊可，则可在广西半工作半休养，这样对省委、省府工作上、精神上是一个重要支持。"同时提议以陈漫远任省委第二书记兼广西军区第二政委，担负日常工作，"这样，即可减轻云逸同志负担"。然而，由于年大体弱，张云逸身体恢复缓慢，病情时好时坏，并且又发现了新的疾病，无法坚持正常工作，需继续治疗。据此，中央批准：张云逸"应留沪观察二三个月，尔后再休养半年到二年"③。

之后，张云逸开始了长期休养。其间，1953年4月，华南分局提议免去张云逸华南分局委员、常委、第二书记职务；免去张云逸省委书记职务，提省委第二书记陈漫远为省委书记，李天佑为省委第二书记。④5月，中央批复："张云逸所任分局委员，广西省委书记、省府主席职务均保留，由陈漫远代理书记和主席。"直到1955年2月至1956年7月，张云逸才相继卸任广西省人民政府、广西军区和中共广西省委的领导职务。张云逸所担任的华南分局委员、常委、第二书记职务，到1955年5月华南分局撤销而自然结束。

休养期间，毛泽东、刘少奇、周恩来、邓小平、陈毅等中央和地方领导人，对张云逸的病情十分关心，多次过问并安排他的疗养事宜。

1952年6月，时任华东军区司令员的陈毅介绍张云逸到莫干山疗养。⑤莫干山环境清幽，遍山修篁，气候宜人，是著名的疗养胜地。7月，陈毅还专程上莫干山

---

① 张云逸给毛泽东的信，1951年3月14日。
② 张云逸给陶铸的信，1951年3月28日。
③ 中共中央给华东局转张云逸同志并告中南局及广西省委的电报，1951年9月6日。
④ 华南分局给中南局请示批准干部调整事，1953年4月26日。
⑤ 据6月9日陈毅给张云逸的信。其中提到"兄在杭休养日前已感太热，宜及时搬至莫干山皇后饭店。兄平日胸襟开阔，有大海容人之量。今则略有压积不快于心。弟望多从开阔处着想，有一二年休养还要替下十年工作打下基础，甚望善自珍摄，我主张兄读一些旧书，在休养间甚不吃力，且可怡情养性也。即祝乐康"。

来探望张云逸。此后，郭化若、江渭清、谭启龙、张爱萍等也都前来探视。在莫干山，张云逸还见到了一些在此休养的华东局旧友，心情更加愉快。

在莫干山，张云逸与身边的公务员一起参加植树劳动，并出资在上横山南端石崖下修建一座凉亭。后人命名"云逸亭"，并称石崖为"将军岩"，上书："新四军副军长张云逸将军生前曾来山休养，并于一九五二年出俸建亭于此，人念将军其人，因名亭曰云逸亭，名岩曰将军岩。"①

8月，毛泽东批准张云逸去苏联进一步治疗休养。刘少奇、周恩来亲自与苏共中央联系，很快取得苏方同意。10月14日，张云逸与夫人韩碧从北京乘火车出发。进入苏联境内后，由于换乘苏联的火车，乘务员都是苏联人，又没有翻译，生活自然感觉不便，幸亏遇到项英之子项学诚。他同车去苏联学习，又懂得俄语，在他的帮助下，经过十天九夜的长途旅行，23日下午张云逸夫妇到了莫斯科。中国驻苏大使张闻天和苏共中央联络部派人到车站迎接，安排他们住进莫斯科高尔基大街的一个招待所。虽然苏联医生的治疗并没有使病情有多少好转，但在莫斯科的经历却给张云逸留下难忘的印象。

张云逸参观了苏联的一些集体农庄和现代化工厂，还与一同来苏联疗养的刘晓于11月7日应邀参加了在莫斯科大剧院举行的苏联十月革命胜利35周年庆祝大会。他们坐在二楼苏联领导人的政府包厢对面，一眼就看到了苏共中央最高领导人斯大林。第二天，张云逸参加了在莫斯科红场举行的检阅活动，又见到了斯大林。

由于治疗没有产生明显的效果，再加上饮食不习惯，张云逸夫妇决定提前回国。这样，在1953年春节前夕，他们回到了亲人身边。

张云逸回国后，即长住青岛。经过一年的休养，病情没有多大转变，仍然时好时坏。张云逸的病在很大程度上是心病，广西省委第三次高干会议对他的批判，像一块巨石压在他的心头。尽管如此，张云逸仍以大局为重，将个人问题放在党的利益下解决。②直到1954年初，在刘少奇的帮助下，叶剑英与张云逸进行了一次面谈，消除了一些误会。张云逸才感到"思想上的包袱也愉快地放下了"③。此后，他向中共中央表明自己的心迹："我加入党的动机和政治上均是纯洁的，我为实现共产主义理想而奋斗的意志是坚定不移的。在二十八年来为党工作中纵有错误和缺点，但我对党和人民的事业，始终是抱忠实的态度尽力去做的。"④

自与叶剑英谈话后，张云逸的精神上愉快了许多。1954年4月，他计划到中南作一次长途旅行，目的有三："一则将过去工作中有必须交代的事回去交代一下，以免拖延日久忘记了；二则参观中南几年来工作的伟大成就，精神上得到鼓舞，不仅对休养有所帮助，而且对学习上更有益处；三则顺便回家看看，如有可能的

---

① 参考李晓光：《张云逸年谱》，中共党史出版社2005年版，第187页。
② 张云逸给刘少奇的信，1954年6月20日。
③ 张云逸给刘少奇的信，1954年2月12日。
④ 张云逸给刘少奇的信，1954年6月20日。

话，我此行是满怀着愉快的心情回去与我们各同志和干部叙谈，不准备做过去工作的检讨。"① 这是张云逸离开广西三年多来第一次作这样的打算。但他刚上海，就觉得身体支持不住，中南之行只好作罢。② 直到这年冬天，他才来到广州，与华南分局各负责同志进行了坦诚的交流。③

尽管久病的张云逸身体欠佳，但精神负担解除以后，他开始考虑继续为党工作。张云逸认为，"经久病之后，加上年逾六十，体力脑力都觉减弱"。"根据现在我的身体情况，难以担任繁重和紧张的工作，如再休养一个短时期后，身体情况继续巩固下去，对于轻的工作，还是可以做一些的。""在休养中，亦有同志相劝长期休养，但我再想既献身革命，只要自己有一点力量，那怕只能担任最轻微的工作，我也乐意去做，以尽到自己的责任。这不仅可以使自己精神上有所寄托，就对工作上亦可能有点滴作用。"④

1954年9月，第一届全国人民代表大会召开。张云逸当选为全国人民代表大会常务委员会委员。这次会议还决定设立中华人民共和国国防委员会，张云逸被任命为国防委员会委员。同时，张云逸任华侨事务委员会委员。⑤ 两年后，中国共产党第八次全国代表大会召开，张云逸继续当选为中央委员会委员。此后一直到逝世，张云逸担任了历届全国人民代表大会常务委员会委员和国防委员会委员、中国共产党历次全国代表大会中央委员。

1955年3月，张云逸一家人从青岛搬到北京，住进南池子18号院。

1955年上半年，张云逸的病情逐渐好转，身体基本恢复。8月，他给毛泽东写信，表示："我因病休养将有5年了。在这长期过程中，深赖主席及诸同志的关怀和照顾。现在，我的身体基本上已恢复了。"至于自己下一步的工作和生活，张云逸说："我久病之后，加上年龄的关系，体力脑力虽不如昔，但应将现有的力量，为党为人民的伟大事业奋斗到底，以遂初志，而尽己责。现据医生的意见及我的身体情况，可以一面休养，一面参加一定时间的劳动，较为适宜。因此，我每天做体力运动之外，还能学习党的文件（病了几年，许多党的文件没有看到，正在补读），有时亦参加党的会议和人民代表［大］会常务委员会的会议等。这样，我觉得对身体和精神上都有益处，对工作上亦可尽到一点责任。"⑥ 9月10日，毛泽东复信表示："我同意你的办法，即以休养为主，视身体情况许可，酌量看些文件，参加一些党和国家机关的会议。"⑦ 此后，张云逸主要以中央委员和全国人大常委会委员的身份参加党的国家机关的会议，处于半休养半工作的状态。

---

① 中共文昌县委党史研究室编：《张云逸研究史料》，广西人民出版社1994年版，第325—326页。
② 张云逸给刘少奇的信，1954年6月20日。
③ 张云逸给邓小平同志并转报中央的信，1954年12月31日。
④ 张云逸给刘少奇的信，1954年6月20日。
⑤ 张云逸简历，1956年。
⑥ 中共文昌县委党史研究室编：《张云逸研究史料》，广西人民出版社1994年版，第329—330页。
⑦ 毛泽东给张云逸的信，1955年9月10日。

1955年9月，人民解放军开始实行军衔制。

9月27日下午，张云逸出席了全国人民代表大会常务委员会在中南海怀仁堂举行的授衔、授勋典礼。2时30分，授予将官军衔典礼开始。国务院总理周恩来发布命令，授予粟裕、徐海东、黄克诚、陈赓、谭政、萧劲光、张云逸、罗瑞卿、王树声、许光达10人大将军衔。张云逸等走上主席台列队站定，依次从周恩来手中接过授衔命令状。下午5时，张云逸身着海蓝色的大将礼服，参加了毛泽东主席授予中国人民解放军军官以中华人民共和国元帅军衔暨授予中国人民解放军在中国人民革命战争时期有功人员勋章典礼。张云逸从毛泽东手中接过一级八一勋章、一级独立自由勋章、一级解放勋章。当晚7时，张云逸参加了周恩来在中南海怀仁堂为庆祝授衔授勋举行的酒会和文艺晚会。

张云逸被授予中华人民共和国大将军衔和一级八一勋章、一级独立自由勋章、一级解放勋章，这是对他在长期革命战争中历史功绩的充分肯定。

三、为广西人民办事

对于广西，张云逸始终怀着一种特殊的感情。这不仅因为他在这里参与领导了百色起义，创建了红七军，而且因为他作为中华人民共和国成立后广西的第一任党政军最高领导人，亲自领导了这里的各项基础建设，使他对广西割舍不下。他把广西当作自己的第二故乡，时刻关心广西的发展和人民的疾苦。因此，离职以后，他每隔一两年都要回广西看一看。尤其在广西发展遇到困难的时候，他更是想方设法献策出力。不知道的人都把他当成了广西人。[①]

直到"文化大革命"前，张云逸一直是广西壮族自治区[②]历次人民代表大会的主席团成员，并作为广西地区的代表参加全国人民代表大会和中国共产党的全国代表大会。从对广西的责任感出发，他经常说："我是广西人民代表，要为广西人民办几件实事。"[③]

1956年3月，广西壮族自治区在南宁召开第一届人民代表大会第二次会议。这次会议要选举自治区领导人，进行工作总结与部署，并遵照国务院的决定，将广西壮族自治区按照宪法改为自治州。大会邀请张云逸出席。由于接到通知比较晚，张云逸从北京赶到南宁时，会议已经结束。然而，即使如此，张云逸仍然抓紧时间进行调研，对如何发展广西提出合理化建议。

广西是一个多民族聚居地，交通不便，自然条件差，经济文化比较落后。张云逸历来认为，广西地区搞不好，建设新广西的主张就是一句空话。为此，他找来当地领导人谈话，了解广西的情况。之后，他又到广西的一些合作社实地调

[①] 参考中共文昌县委党史研究室编：《张云逸研究史料》，广西人民出版社1994年版，第492页。

[②] 壮族，当时称僮族。1965年10月，国务院根据广西僮族自治区人民委员会的请示，批准将"僮族"改为"壮族"，"广西僮族自治区"改为"广西壮族区自治区"。

[③] 中共文昌县委党史研究室编：《张云逸研究史料》，广西人民出版社1994年版，第603页。

研①，到社员家中走访，倾听他们要求提高文化水平、发展生产和消除疾病的意见。经过调研，4月10日，张云逸郑重地给全国人大常务委员会委员长刘少奇写出长篇报告，说明广西情况，反映人民的需要。②

报告认为，文化的落后是制约广西地区发展的关键。"……由于历史上的原因，少数民族地区文化比较落后，特别边沿县份，目前仍是教师少，学校缺，人民严重的受到文盲的威胁。各种传染病（血吸虫病、疟疾、痢疾、伤寒、白喉、麻疹、性病、肺结核病、甲状腺肿、勾虫病、麻风）的危害，亦苦于缺少医务人员治疗。这确实大大障碍到生产的发展，因此他们要求学习文化是很迫切的，希望自治州成立一所大学，在各县成立初、高级中学，据我了解，自治州内的学校和学生人数，确比汉族地区少得多。""因此，我的意见是，广西壮族自治州确实需要加紧增建一些学校。"

另外，张云逸还提出了一些"地方力量所不及，需要中央支持和研究解决的"问题。如：要求举办中等技术学校，培养中等农林、水利技术人员；增加新式农具、化肥等生产指标；勘察开采当地石膏、铜、铁、锑、锡等矿产资源；修建红水河铁桥；等等。

刘少奇将张云逸的信转送给国务院研究解决。1957年1月12日，中华人民共和国高等教育部回复：

现将我们对张云逸代表所提建议的处理意见函告如下：

"（一）关于在广西壮族自治州成立一所大学的问题，我们计划在第二个五年计划（1960年后）在广西南宁建立一所综合大学——广西大学。至于具体建校方案，尚须研究后才能确定。

"（二）关于建议在广西壮族自治州适当增设一些中等专业学校的问题。现广西南宁已设有南宁农、卫学校各一所，1956年又在百色新建一所农业学校，是否需要再增设新校，可由广西省人民委员会考虑决定。"

之后，广西大学的筹建工作紧锣密鼓地展开。在张云逸的建议下，在广西省委、省政府等各方面的积极帮助下，1958年10月广西大学宣告成立。

作为国防委员会委员，张云逸对广西的边防建设也十分关心。1956年3月，他在桂西各地调研时，顺便考察了边防建设情况。回到北京，他找到主持中央军委日常工作的国防部部长彭德怀，提出以下建议：

1. 关于边防部队

广西边防驻军少，一个团要守备700多里的边防线，兵力分散，交通不便，管理教育困难，部队生活制度不健全。张云逸建议：第一，要在边防一线有重点地配备兵力。第二，要加强干部领导，尤其是班、排、连、副营级干部要配齐配强。第三，要经常注意边防部队物质、文化、政治生活的改善。第四，要组织各

---

① 张云逸给杨尚昆的信，1956年4月23日。
② 张云逸给刘委员长写的信，1956年4月10日。

地区的边防治安委员会，由党政军三方面各派一人组成，在当地党委的统一领导下进行军民联合的治安工作。部队要积极做群众工作，帮助群众解决问题，密切与群众的联系，以便他们能够协助边防工作。第五，在边防部队建立轮流训练制度。

2．关于战场准备问题

张云逸说："我在广西看到边防情况，感到调整西南边防的重要性。特别从东南亚问题来看，它在战略上更显得重要，这是我们战略部署上不可少的一个方向。同时，西南又处在亚热带，种植经济作物的潜力很大。单就广西来说，据该省垦殖厅负责同志谈，他们计划种植800万亩亚热带经济作物，每年收入可达到49亿元，等于广西全年粮食收入的3倍。从经济方面来看也是重要的。"张云逸认为关于广西边防问题，应该与越南联系考虑，如果帝国主义的侵略战争在这里爆发，中国必须尽力支援越南，争取在越南多打击敌人，削弱敌人，同时必须准备在我国边防一线消灭敌人。他分析，敌人在广西方面可能进犯的方向有三个：一是从睦南关向南宁方向；二是从钦州湾向南宁方向；三是由湛江向郁林（今玉林市）、贵县方向。这几个方向沿路都是山地，特别睦南关到南宁沿路有许多石山，地形是险要的。张云逸说："为了准备战场，应该派视察组详细侦察这几个方向的地形，选择战场地点，构筑工事；同时也侦察和布置供给基地。广西有许多石山洞，可利用作仓库。"

3．关于兵役机构问题

针对当时各省都设有军区和兵役局的情况，张云逸认为在中央号召缩减编制的形势下，应该考虑各省的具体情况，不必都设军区和兵役局。有些省（如内地省份）可只设兵役机构，不设军区机关，治安工作可由公安厅负责；有些省可在军区、军分区机关内设一副司令兼管兵役局工作，增加若干工作人员，而不另设兵役机关；有些省（兵役工作繁重的省）可单独成立兵役机构。这样不但可以减少一些机构，而且可以抽出一些干部来。

另外，张云逸看到广西边防部队还没有军用的详细地图，建议必须派人迅速测绘，以便战时使用。①

彭德怀很重视张云逸的建议，安排有关部门讨论研究，使问题陆续得到解决。

改善广西人民的生活，是张云逸经常挂念的事。1956年，广西发生严重旱灾。张云逸给广西省委、省人民委员会主要领导人陈漫远、韦国清写信，提出了许多救灾意见和建议：一、迅速落实冬种的各样早熟农作物；二、重视进行副业生产的指导；三、各级党政领导干部认真调查灾情，早做来年度过灾荒的各项准备。为防止旱灾，张云逸提出在广西要普遍利用河流兴修水利，以利灌溉和发电。为解决群众的食油短缺问题，张云逸在提出多种茶油树的同时，还提出要鼓励群众养猪，并建议省人民委员会作以下规定："一、人民卖一头猪给国家有满百斤的，

① 张云逸工作笔记。

可留廿斤肉（每斤肥肉可炸油十二、三两①），一半猪油作为自己食油食肉之用；二、如卖两头猪（每头有百斤以上）给公家可自留五十斤肉，猪油也留一半自用；三、如卖三头可留一头自用，四头以上则留三分之一；四、合作社卖肉猪给国家也照上述办法执行。"张云逸还提出政府要解决猪饲料、猪肉定价、养猪贷款等问题。陈漫远、韦国清接信后，认为张云逸提出的建议"十分宝贵"，省委在扩大会议上印发了张云逸的信，并按照张云逸的意见研究布置了有关工作。②

鼓励群众养猪，是发展经济和改善广西人民生活的重要措施。然而，广西是猪瘟的多发区。如果猪瘟问题得不到解决，自然难以调动群众养猪的积极性。张云逸从《广西日报》上看到"三筒管能预防和治疗猪瘟"的报道后，便给广西省立医院副院长王赞舜写信："望你研究，如确有效果，省卫生厅要多多收购与制造这草菜，又要宣传鼓励群众培植这草菜。这不是一件小事，而是关系国计民生的问题，请予重视。"

1957年，张云逸又提出在广西试种葵花。他给陈漫远和韦国清写信说："去年我曾谈及多种茶油树解决人民吃油问题，想已定出计划实行了。但茶油树须七八年才能收获，我再建议试种葵花（易生长）。一年即收获，如试种成功立即推广多种（但不要占种粮的地），解决人民吃油较快些。"

张云逸虽身在北京，但无时无刻不在挂念广西，挂念广西人民的生活。他在北京或在外地视察时，凡是发现新的种植、养殖技术和经验，而适合在广西推广利用的，便立即写信给广西有关部门介绍，并寄去种子或图书资料，或推荐技术人员。一次，张云逸视察北京蓖麻种植园后，给百色地委领导同志写信："我在北京得到蓖麻籽用途的材料现寄你们向群众宣传。多种蓖麻对国家、人民都有利益，并且右江地区气候温和，到处均能种植，又易管理，至收获时颇费人力，可利用小学生及副劳动力采摘，每斤规定若干工分，他们也得一部分收入。北京市人民委员会，为了鼓励广大群众种植蓖麻，订出奖励办法如下：（一）售一等蓖麻籽每百斤给国家，奖售食油二十五斤，售二等蓖麻籽每百斤给国家，奖售食油二十三斤；（二）每百斤蓖麻籽返售油饼五十斤为肥料。广西应如何规定奖售办法请你们令商业部门调查研究决定，总之要使国家人民都有利为原则。"③

根据党的民族区域自治政策，自1956年9月中国共产党在八大上倡议建立广西壮族自治区后，广西省自上而下地开始讨论建立广西壮族自治区的问题。为办好全广西人民都关心的这件大事，广西省委进行了多次研究讨论，各地、市委也召开干部会议讨论，民主党派和各界人士也参加座谈会商。经过讨论，形成两个方案：第一方案是合的方案，即把广西全省改建为广西壮族自治区；第二方案是分的方案，即把广西省的东部和西部分别划成两个省级建制。多数人主张采用第

---

① 当时使用的度量衡，1斤等于16两。
② 张云逸工作笔记。
③ 百色地区革命老区建设促进会：《张云逸同志关心百色老区人民生活的两封信》，载《铁军风采》2002年第3期。

一方案，少数人顾虑第一方案不易搞好民族团结，主张采用第二方案。①

张云逸主张采用第一方案，并给这个方案投下了重要的一票。他认为合的方案是"符合我们各民族互相帮助、团结一致完成社会主义建设任务的"。他说："如果认为广西东部汉族居住区域产粮多些，人也多些，采用合的方案汉人将会吃亏，那也是不符合事实的。"他列举一系列统计数据说：就广西全境来说，汉人是多些，但耕种的土地较少，例如1954年广西的人口土地统计，桂林专区有耕地3949160亩，人口是1951269人，平均每人2亩（其中水田1.5亩，旱地0.5亩）；容县专区，有耕地8057800亩，有5209893人，平均每人1.5亩（其中水田1.2亩，旱地0.3亩）。而壮族地区每人平均有2.2亩以上。汉族人民如单依靠现有的耕地，是不能改善与提高生活水平的，至多只能解决吃饭的问题，对于穿、住、行、文化娱乐等都不能解决。汉族人民为了改善自己今后的生活，非向土地较多、矿产丰富的地区发展是不行的。据现在勘察，桂西地区矿产丰富，便于发展工业，亦利于发展亚热带经济作物。因此汉族人民更有责任去团结壮族和其他少数民族人民来建设新广西，发展经济、改善生活。

关于名称，有的主张叫"广西自治区"，有的主张叫"广西各族自治区"，实质都是不想要"壮族"二字。张云逸发言表示，从广西各民族情况来看，叫广西壮族自治区是适当的，因为这个名称与中央的民族自治政策和宪法规定是完全符合的。1958年3月5日，广西壮族自治区宣告成立。张云逸特意从北京赶到南宁参加成立庆典。

20世纪50年代末，广西壮族自治区党委决定在南宁以南的吴圩修建飞机场，但在征地、搬迁、用水等方面与地方群众发生了矛盾，一时难以解决。1960年初，张云逸到广西疗养时听说了这些事，遂亲自到邕宁县吴圩乡去做群众的思想工作。张云逸在自治区交通厅厅长韦纯束、副厅长周华彪陪同下到了吴圩乡。乡政府热情接待张云逸，在会议室摆上了水果和糖饼。张云逸见到后很不高兴地说："我心里感谢你们的热情接待，但不应浪费钱，我只希望你们用做好兴建机场的配合工作来迎接我，我就很高兴了。建设机场是大事。这个机场不是吴圩的，也不是邕宁县的，也不仅是广西的，而是中国的、全世界的。你们的局部利益要服从国家大局的利益。听说机场筹建的用地、用水等问题至今尚未解决。今天，我是专为此事而来的。希望大家双方协商解决好这些问题，使机场尽快建成！"②张云逸就地主持召开了有省、县、乡各级干部参加的讨论会，商议机场征地、用水等的具体方案。经过认真讨论，大家统一了思想，表示要按张云逸关于顾全大局的指示办，最终使问题得到解决。

1962年冬天，广西壮族自治区交通厅长韦纯束借到北京开会的机会拜访张云逸。张云逸除提出应当帮助百色、河池地区修公路外，还特别提出自治区党委、政府要注意解决少数民族地区的人畜饮水困难问题。张云逸说，我当年率红七军

---

① 李维汉关于建立广西壮族自治区的报告，1957年1月15日。
② 韦纯束：《常驻心间的怀念》，载《铁军风采》2002年第3期。

转战广西时听到的民谣是"象县武宣，挑水上天"，这说的是象县和武宣县的群众从山下挑水上山的困难情况。他郑重交代韦纯束："广西少数民族聚居在石山地区，也是革命战争年代的革命老区。他们的交通和人畜饮水很困难，到了冬季，更是缺水。你们要关心老区群众的疾苦。过去我们在左右江地区创建革命根据地和红军，靠的是壮、汉、瑶等族群众。现在，我们不应忘记他们，他们饮水这么困难，我们要设法帮助解决。"①他要求韦纯束把他的话原原本本地转告自治区主席韦国清。

韦国清非常赞同张云逸的意见，批示自治区民政厅、水利电力厅、计委等部门提出计划，具体落实。1963年1月，自治区党委发出《关于必须认真解决石山地区人畜饮水问题的通知》，要求各地加强组织领导，制定出今后几年内分期分批彻底解决人畜饮水问题的规划。2月，水电厅专门召开了石山地区饮水工作会议，讨论解决石山地区人畜饮水困难问题。此后，广西在石山地区采取各种措施，修建了永久性或半永久性的饮水工程，人畜饮水困难有了很大改善。②此外，张云逸还亲自过问广西的老虎岭水库、良凤江水库的修建，并不辞劳苦地到水库工地视察指导。③

南宁市邕江大桥的建设也倾注了张云逸的许多心血。邕江把南宁市分割成南北两半，长期以来两岸车辆和行人往来，全靠摆渡。张云逸主政广西时就曾提议修建一座公路桥，把南北两岸连接起来，但由于当时物力财力所限，只好暂时搁置。随着邕江南岸工业区的发展和城市人口的增加，两岸交通问题越来越突出。邕江公路大桥工程虽于1959年上马，1960年由于国家经济困难又被迫缓建。随着南宁吴圩机场的建成，1962年11月续建邕江大桥重新提上议事日程，所需的资金和钢材却没有着落。

张云逸对修建大桥的事一直很关心。1963年初，张云逸到广西视察工作时听说建桥还存在困难，遂提出通过募捐解决一部分。此外，他还给国务院副总理、国家计委主任李富春写信，建议国家计委给予支持。4月25日，国家计委正式答复：云逸同志和国清等同志给富春和陈毅同志的信均收到，同意将该大桥纳入1963年基本建设计划，继续施工。此后，大桥工程进展迅速。1963年的春节，张云逸是在南宁度过的。广西区委、区政府的领导前来向他拜年，感谢他对广西建设的关心和支持。张云逸笑着答道："广西就是我的家，我们都是一家人，我不是客人。为广西人民做一点事，这是我应该做的本分。"

1964年7月15日，这座长约400米、宽24米的七孔悬臂式钢筋混凝土结构的邕江大桥终于落成，两岸人民结束了靠摆渡过江的历史。

张云逸关心参加过百色起义和红七军的老战士，关心革命老区的经济建设。1961年清明节前，他专程来到巴马、东兰等地考察。在巴马县城，张云逸经过实

---

① 参考韦纯束：《常驻心间的怀念》，载《铁军风采》2002年第3期。
② 韦纯束：《常驻心间的怀念》，载《铁军风采》2002年第3期。
③ 中共文昌县委党史研究室编：《张云逸研究史料》，广西人民出版社1994年版，第492页。

地考察，最后组织人员画出一张巴马建设远景图。在东兰县，张云逸住了3天，与县领导一起研究如何把东兰建设好。

张云逸到东兰的一个目的，就是为韦拔群烈士扫墓。在巴马、田东等地考察时，他称赞韦拔群"对敌人斗争坚决、勇敢"，"度量大，没私心"，"对党对人民忠心耿耿，服从党的决定，从不讲价钱，要人给人，要枪给枪，再大的困难自己承担"，"是个很好的同志"，"是模范共产党员"。清明节当天，张云逸一行在韦拔群的墓前默哀并敬献花圈。张云逸含着热泪谈了他与韦拔群在河池分别的情景，由衷地说："像韦拔群这样的民族英雄、党的优秀儿女，我们不能忘记啊！"

在广西，张云逸每到一个地方，只要听说有红七军的老战士，就要去慰问。红七军的老战士只要知道老军长回来了，也一定去看望。1965年深秋，张云逸路过桂林，来到一个部队干休所。那时，桂林的天气已经比较凉了，尽管张云逸身体不好，但硬是一家一家去看望。当时，美国侵略越南，威胁中国的安全。张云逸勉励老干部们要把身体养好，如果国家遭受侵略，老同志还要顶上去。[①] 同时，他希望他们不要待在干休所"孤守城池"，脱离群众，应多到工厂农村看看；还吩咐大家多写革命回忆录，既能激励自己，还可以教育后代。他提醒大家要始终保持红军的本色。

1965年，由于援越抗美的需要，广西紧急修筑国防公路。自治区党委派黄荣到北京求援。张云逸给予大力支持。他给中央多个部门打电话，引起国家基本建设委员会主任谷牧的重视。国家有关部门拨给广西几十台机械设备，数十万元的款项，还调来两个工程团支援修路。

直至1973年，张云逸虽已病重卧床，但还对前来看望的广西同志说：希望广西工农业生产赶上全国先进水平！[②]

建设广西，发展广西，使之赶上全国的先进水平，这是张云逸多年未了的心愿。

四、人大代表山东行

1956年11月下旬，张云逸作为全国人大代表到山东省视察工作。

临行前，全国人大常委会把山东群众给全国人大的8封来信交给他，请他督促山东省政府尽快处理。这些群众来信，反映的都是农村和厂矿基层干部违法乱纪、胡作非为的事。张云逸认为，共产党打天下离不开人民群众的支持，坐江山更离不开人民群众的拥护；如果一个群众受冤，就会影响他身边的一群人对党的感情，而如果解决了一个人的冤案，就能恢复一群人对党的信任。从建立良好的党群、干群关系出发，他把处理这些信件当成大事来办。

[①] 中共文昌县委党史研究室编：《张云逸研究史料》，广西人民出版社1994年版，第640—647页。

[②] 中共文昌县委党史研究室编：《张云逸研究史料》，广西人民出版社1994年版，第488页。

1964年,张云逸(前排左四)在山东接见参加军事比武的民兵代表。

11月26日,张云逸写信给山东省省长赵健民和省人民委员会:"这些人民来信经时较久应予及早解决。因此,我建议请你们争取时间于十二月以前调查处理,并请将处理情况和结果详告。"次日,张云逸又给山东省委第一书记舒同写信,具报群众来信情况,并请他"督促省人民委员会抓紧处理"。

随后,张云逸在山东一面视察工作,一面等待对群众来信的处理结果。

赵健民对群众来信十分重视,亲自选派人员组成检查组,分头奔赴各地,调查处理。

在8封群众来信中,有一封信引起张云逸的特别关注。他决定亲自了解对该案的处理。

这是解放军某部青年军官于家秀的一封来信。据他反映,其老家文登县小屯村干部于1947年诬陷他父亲于同海和哥哥为特务,吊打污辱,把人折磨残废,还霸占了他的房屋,取消了军属光荣牌。1952年,他从朝鲜战场回家探亲,始知家人遭难,开始控告。5年内,他举报过80多次,上面虽有过处理,但始终没有使问题得到圆满解决。

1956年12月初,省人民委员会派出的检查组来到文登县,会同县检查组再次赴小屯村进行处理。12月上旬,张云逸也来到青岛,就近督办该案。他认真阅读过去的处理报告,听取文登县和莱阳专区领导的汇报,了解案情。

由于天气十分寒冷,张云逸在青岛病倒了,发烧10余天不退。为掌握案情的进展，他派秘书去莱阳专区代为了解，并督促抓紧处理。即使这样，张云逸仍不放心。他想，这个案件多年没有得到处理，其中必有复杂的情况。于是，病况刚刚好转，他就于12月25日赶到了文登县小屯村。

根据省、县检查组汇报，于同海是贫农，积极支持革命，其两个儿子在抗日战争中先后参加人民抗日武装，一个女儿也参加革命，大儿子后来复员回乡，土改中分得土地和五间住房；被控告的这名村干部早年也参加过八路军，后来回乡，因表现积极，当选为村长，后又任支部书记，但自从对富农清算土改以后，思想逐步变化，贪污公款公粮，历年账目不向群众公布。于同海不满其贪污行为，参加了1947年群众赴区公所要求他公布账目的请愿。这名村干部从此对他们怀恨在心，同年即以特务破坏支前、参军等罪名，对于同海一家和其他要求公布账目的三户贫农进行报复，把他们关押起来，严刑拷打，强行逼供。在其他三户贫农中，有三人被逼自杀，两户被迫搬出本村。这名村干部则给于同海和他的大儿子扣上了特务的罪名，收回住房，监视居住，摘掉了家门口的军属牌子，取消军属待遇，检查家庭来往信件，隔断于家秀与家中的联系。于家曾均被戴上坏蛋铃，出门时不管男女老少，见了男的要报告大爷，见了女的要报告大婆。这名村干部还经常指使民兵夜里来到于家，要一家老小起床排队，接受搜查或拷打。在被逼无奈之下，于同海一家一度被迫外出讨饭。①

1953年后，这名村干部因贪污等问题，被撤销了支部书记职务，受到留党察看两年的处分。但于同海等群众受迫害的问题始终没有得到解决。

这次，省检查组和县委查实案情后，迅速决定给于同海全家平反，恢复待遇，于家搬回原来的住房，同时开除这名村干部的党籍。

来到小屯村，张云逸走访群众，听取他们对这个问题的处理意见。群众都反映，村支书在1947年对于同海父子和其他要求公布账目的群众施行打击报复完全属实，因此一致拥护省、县检查组的处理决定。张云逸又与专区领导来到于同海家中慰问。

村民们对张云逸冒着严寒走访群众、为群众伸张正义的行动十分感激，纷纷表示感谢中央和上级领导的关心。张云逸离开小屯村时，全村群众自动前来送行。在村口，于同海老人感激得泪流不止，握着张云逸的手不肯松开。

从这个案件中，张云逸受到强烈的震撼。临离开文登县时，张云逸向县委负责人建议："（一）要正确认识这一案件的严重意义，处理中要真正分清是非，树立正气，藉以教育群众和干部；（二）在妥善处理后，可在区乡的人民代表大会上公布这件事；（三）应进一步研究群众提出的意见；（四）在处理后要注意去做团结工作。"

青年军官于家秀始终以冷静的态度对待这一严重打击迫害事件，依照法律，依靠组织，相信组织，遵守纪律，长期忍耐，最终使事件获得合理解决。张云逸

---

① 张云逸给彭德怀的信，1957年1月5日。

非常赞赏这名军官的修养,认为"这种精神是很好的,值得表扬的"。为此,他在山东给彭德怀写信,详述了事件经过,建议"军委总政治部给于家秀同志慰问与鼓励,以表我军对军人家属不幸的遭遇是很关怀的"①。

在完成了视察任务,并使群众来信一一得到妥善处理后,1957年2月中旬张云逸回到北京,向全国人大常委会复命。

文登县小屯村一案虽然得到圆满解决,但张云逸并没有因此放下。他从中思考了我党基层政权中存在的一些问题,认为这是个典型案例,可从中吸取教训,对开展全面工作有指导意义。为此,他分别与周恩来和邓小平谈了这件事,并阐述了自己的意见。

2月25日,张云逸又给山东省委第一书记舒同写信,谈了自己对一些案件的看法。

舒同同志并省委:

我去冬在你省视察工作。所看到的和听到的情况,现提出和你们共同研究。

一、从省人民委员会已经处理的文登县小屯村前村干部×××诬害军属和人民为特务进行打击报复违法乱纪的案件来研究,×××是参加革命的一个青年农民,曾做过有益于革命战争的工作,为什么当了几年村长和党支部书记之后,就逐渐变坏了呢?其原因何在?我认为除历史根源、战争环境以及农民思想上存有落后一面等原因外,对于基层干部的民主和法制的教育和学习不够普遍与深入,实现民主和法制的原则又缺少具体的有效办法,对执行民主和法制的检查亦不够严格这还是主要原因。

二、从莱西花园区武备乡党总支书记周云芳被诬告的案件来研究,这是人民向全国人民代表常务委员会控告村干部为反革命的问题,是一个严重的事件。如果所控告是事实,则反革命分子混入了我们党的政权的基层组织,危害是何等重大;如果不是事实,则我们干部被人诬告,也要保护我们干部。但是我们领导机关的干部接到这种案件之后,置若罔闻。这说明我们干部思想上存在着不关心党和政权的组织纯洁,也不关心人民的权利和干部的政治问题。因此,我们应该引起注意克服这种思想。

三、依照上述看法,为了防止和克服基层干部强迫命令违法乱纪的事件发生,我建议我们应研究以下问题:

1. 研究规定,实现民主和法制的具体的有效办法。

2. 研究建立基层干部轮训的制度,每个干部每年受训一次。这不但能提高干部的思想和政治水平,而且能及时克服干部不纯的思想意识和政治倾向。实行这种轮训制度,不但对于工作上有莫大的推动,而且对基层干部的

---

① 张云逸给彭德怀的信,1957年1月5日。

思想和政治情况亦有系统的了解，其具体办法是：

（1）各县委和人民委员会，要有计划有组织的抽调乡和合作社干部到县轮训；

（2）每期时间廿天到一个月；

（3）训练内容主要是检查和讨论当前某一具体工作，或讨论当前新发生的突出问题；

（4）教育方法是从讨论具体工作提升到理论原则，先由学员讨论，再教员（县的委员或相当政治水平的同志来充任）做结论（经过县委审查），把实际和理论结合起来，特别要联到民主思想、法制精神，这二者也是有联系的。

关于民主和法制的问题，还要向各人民代表及群众广泛深入的宣传教育（在每年冬季都应利用时间进行这一工作）。

3．研究建立严格的检查制度，在实施某种政策或重要工作中，须注意适时派人到乡里去检查各地执行的情况。这样不但推动工作，而且可以减免发生偏差。

四、关于文登县小屯村×××诬害军属与人民案件，我去年十二月廿五日亲到该村慰问军属于同海老人家，又倾听群众的意见，看到我们党在群众中的威信是很高的。尤其我们党和省人民委员会，这次对此案件的重视，处理认真，辨别是非，群众更加感动。他们更进一步认清我们党和政府是维护人民权利的。该村群众这样说："按×××滥用政权，违法乱纪，诬害军属和人民的罪恶，应送法院惩处。但念他过去也做了一些有益于革命战争的事情，现已时过境迁，他家里又有大小九口人，都要由他生产供养，只要他老老实实承认过去错误，说明是非，仍留他在家生产，痛改前非，亦不必再追究责任了。"这又证明群众是真正合情合理的贤明的裁判员。从这事件中，我体会到对于过去一些历史问题，只要我们善于掌握时机，说明真理所在，辨别是非，公正处理，人民大众是完全能够体谅的。这不会影响党在群众中的威信，也不会影响干部的信用，造成混乱妨碍工作。相反的，人民大众更加积极地拥护党的政策，维护干部的信誉，又能有力的开展工作。我个人感觉到的如此，不知你们以为如何？

张云逸还详细谈了视察中发现的农民粮食定额不足的情况、根据胶东地区特点搞多种经营的问题，以及安置复员转业军人问题。

最后，张云逸联系过去山东土改中出现的问题，写道：

我们过去在山东工作中，尤其土改和复查中，都有少数干部打错、杀错一些人。这件事情给人民影响较坏，不但受害者及其家属表示不安，就是在一般善良人民中亦影响不好。总之，害怕惹事，不敢说内心的真话，他们的积极性未能很好的尽量发挥和活跃起来，对工作是有损失的。为要把消极因素变为积极力量，应找适当时机慎重考虑，分别逐步处理这问题（即采取小民主办法解决），放下他们的包袱，使其轻松愉快的来参加社会主义建设是有利的。据我浅薄的了解，搞错的原因有三：

一、有些是我们干部主观片面推测，没有调查研究实际情况搞错的。

二、有些是品质不纯的干部，滥用职权，打击报复，诬害好人的。

三、有些是敌对分子陷害我们人民或干部的。

依据上述原因，我们必须有计划的首先了解清楚各乡被搞错是什么人，在适当时机（上级派员到该乡检查工作中才发现的，又是乡人民代表大会开会时候）把被搞错的人，在乡人民代表大会上宣布平反无罪。

对第一种原因的，要采取调解方式，但干部必须诚恳承认错误，不追究责任。对第二种原因的，轻者亦采取调解方式，干部必须老实认错，可不追究责任，严重者须追究部分或全部责任。对第三种原因的，必须追究惩办。

采取这样办法，既不致有大的波动，我们又主动的把历史上遗留下的惨痛问题解决了。

在同一时期，张云逸还针对1955、1956年广西省因灾荒饿死人的事致信陈漫远、韦国清："我以为最好我们主动地在今年人代大会第四次会议以前（约六月初开）妥为处理。否则在人代大会上如有人提出质问，使我们被动了，那时处理这问题更加困难。至于这问题的发生，虽然有自然灾害，工作缺点，干部作风等原因，而自然灾害是起很大作用的。但是我们从自我批评来说，应着重检查工作缺点、干部作风两方面，这可使全党干部注意认真克服自己工作和作风上的弱点，有力地转变今后工作。"[1] "这事给我们严重的教训，今后应切实注意民情，勿再为报喜不报忧的人所蒙蔽，至盼。"[2] 最后张云逸担心他的意见会引起省委领导的误会，特意又加上两句："我们是久共患难的战友，故直言己见。如有不妥处，即为原宥，耿耿此心。"

这些信，反映了张云逸力图通过推进社会主义民主与法制建设，来巩固党和人民之间的血肉联系。其以群众的利益为我党工作的根本出发点，反对报喜不报忧等思想，是符合中国共产党的建党宗旨和实事求是的思想路线的，也是难能可贵的。然而，在当时政治指导思想日益趋于"左"倾的环境下，其有些想法也是难以实现的。

五、情系海南

自加入中国共产党走上革命道路后，数十年间张云逸没有回过海南。中华人

---

[1] 张云逸给漫远、国清同志的信，1957年5月6日。
[2] 张云逸给漫远、国清同志的信，1957年3月22日。

民共和国成立后,他无时无刻不在挂念着家乡。

1956年下半年卸去广西的领导职务后,张云逸开始把对家乡的关注变成具体行动。1957年5月10日,他打听到家乡农业合作社社长、副社长的姓名,便给他们写信联络。张云逸在信的开头这样写道:"我是在上僚村生长的,但我和你们都没有熟识,亦没有工作上直接关系,突然谈起工作来,你们可能会感到奇怪。虽然这样,同志们总晓得我们都是中国人,都是为建设社会主义新中国而努力,目的是完全一致的,并且你们正在我们的故乡建设社会主义,你们的工作成就也是我的工作成就,所以写信和你们谈谈工作,也不足为奇的。"①

张云逸向他们介绍了全国其他地方的农业合作社工作的信息和经验,建议他们研究吸取,以便使家乡的农业社更巩固和团结。

5月12日,张云逸又给他们写信,介绍其从安徽省领导那儿得到的农业社执行的"三大纪律,十项注意"。三大纪律:(1)劳动生产听指挥;(2)共同财产要爱护;(3)大家决议要执行。十项注意:(1)遇事要商量,大家出主张;(2)账目要勤结,公布要经常;(3)计划要认真,大家要执行;(4)记工要合理,分配要公道;(5)学习要努力,技术要提高;(6)生产积极干,作活要比较;(7)不偷懒,不做假,勤劳生产好;(8)尊重老年人,爱护青年人;(9)男女都劳动,同工要同酬;(10)干群关系好,全社团结牢。②他认为这个文件简单明了,易懂好用,家乡的农业社可经过认真讨论、修改,形成适合本社实际情况的规定。他希望这个规定在全体社员中通过后,即在社、队的办公室和每个社员家中张贴。张云逸对家乡建设的关切之情溢于言表。

从此,他与家乡建立了密切的联系。双方通信频繁,张云逸尽己所能,采取一切办法帮助家乡发展。

张云逸给上僚小学校长写信,对学校的教育方针与方法提出自己的建议。他提出学校除日常教学工作外,要多研究农业生产各种问题,把教学与生产密切结合起来。"不仅给学生进行一般教育和劳动生产教育,而且还要积极帮助村中农业生产合作社发展农业副业的生产,尤其要注意研究种植热带的经济作物——椰子、龙眼、荔枝、香茅草、咖啡、桔子、柠檬、海岛棉、剑麻等。"他认为,这些适宜热带的经济作物价值高、收入多,能改善人民生活,因而鼓励学校研究并帮助村民推广种植。

他还根据考察过的北京和全国其他省市的办学经验,向学校提出了两条建议:

一是为了增加农业副业的部分生产,学校可仿照城市的中学和小学的二部制度进行教育。其办法是学生只上半天课,即上午一班上课,下午另一班上课,各班占4小时。采取这个教学制度即能多收一倍学生。能使学生有半天时间参加农业合作社生产,可增加收入改善生活;至少学生本人亦能自给,不须依靠父母供

---

① 张云逸给王社长、符副社长并社委会诸同志的信,1957年5月10日。
② 张云逸给王社长、符副社长并社委会诸同志的信,1957年5月12日。

给了。这是学习与生产结合，一举两得的好办法。

二是现在各村都有不少高小毕业生，请研究村中高小学校是否增加初中班。村学校办初中班，学生每年所需的学费较少，如赴县城进初中则学费较多，贫苦的高小毕业生则不能升入初中。初中班学生也是上半天课，以半天的时间参加农业合作社生产。这样做法，学习与生产都能兼顾，学生的生活亦不致有大的困难，将来农村青年都有可能普遍受到初中教育。初中毕业生一部分能升学的即继续升学，大部分不能升学的毕业生则成为有文化的新式农民，仍留在家乡参加生产。

后来，他写信详细解释以上两条建议的好处。

（一）小学校实行二部制教育，好处是：

1. 主要使学生学习与生产劳动结合，这不但对农村增加生产有利，而且能够养成学生的劳动习惯。

2. 因为小学生年纪尚小，如果全日上课教得过多，他们也接受不了，结果用力大，收效小。

3. 如半天参加生产劳动（或在家里照顾小弟妹，使母亲参加生产劳动）亦可解决家里增加部分收入问题。

4. 给学生参加生产劳动，能学到实际的农业生产知识，在学校中亦须有农业生产的课程，使书上的理论与生产实际密切结合起来。

（二）农村高小学校增设初中班（二部制）的好处是：

1. 在劳动力不足的家庭中的高小毕业生，也可能继续升入初中念书，因为实行二部制可以半工半读。

2. 在农村里办初中班，学生在家里吃、宿，可节省许多学费，使家庭不很富裕的高小毕业生亦能升学。这样做下去，读初中的青年就会增多了，对提高农村青年的文化是有很大作用的，对城市中学校亦减少拥挤。

3. 师资问题的解决，仍由原有的教师兼任，有初中毕业程度的就行，当然要平时研究教的课程。

张云逸的意见是根据当时全国的教育状况和教育方针而提出的。新中国成立初期，为改善人民文化教育水平低的状况，国家大力提倡普及文化教育，并根据各地学校少、学生多的情况和发展经济的需要，提出了教育必须同生产劳动相结合，为社会实践服务的教育方针。在这种形势下，张云逸提出的建议是积极可取的。

为了防止学校顾虑他本人的身份而勉强执行，张云逸特意要求学校将他的意见，"找乡人民委员会负责同志和党的支部各负责同志商量，如果取得一致意见即向县教育局请示作最后决定"[①]。与此同时，他还寄去了从北京购买的60多本研究

[①] 张云逸给符气云校长并全校同志的信，1957年4月25日；张云逸给符气云校长的信，1957年7月15日。

与教学的参考书。以后，他回家乡时，又亲自与当地领导协商从海口等地抽调师资问题。在张云逸的关心和大力帮助下，家乡的初中班终于建立起来。

1961年2月，张云逸终于回到了离别30多年的家乡。在文昌县委招待所，他见到阔别多年的亲朋故友，会见了县和公社的各级领导，详细询问家乡的生产和生活情况，畅谈文昌经济的发展，向他们介绍发展热带经济作物的经验，推广种植咖啡、胡椒等。此外，他还到驻当地部队看望官兵，询问边海防建设情况；到学校与教师和学生们座谈，考察学校教育状况；到田边地头与乡亲们谈心，了解他们的想法与需要。

张云逸对家乡的建设一直十分牵挂，力所能及地给予帮助。当他得知家乡灌溉缺少抽水机时，尽管抽水机在当时很紧俏，他还是托广西军区给家乡买了柴油机连同抽水设备一套送去。

故乡之行，使张云逸看到了家乡的经济发展还很落后，心中不是滋味。返回北京后，他总是思考着家乡建设问题。10月，他致信文昌县委书记、县长，认为发展经济总的指导思想是："文昌地处热带，又临南海，除大力争取粮食快些过关外，还必须注意有计划地发展热带作物和向海上取利，这是贯彻执行党的多种经营方针，也是实现因地制宜的原则。"

张云逸提出的具体意见有三条：

一、注意发展种植椰子和油棕作物（当然其他收利好的热带作物也要发展），并订好全县人民公社各生产队的种植计划（三或五年的计划）。在沿海及村庄周围附近的地区种植椰子生长较快，应先发展，再逐渐扩大到所有适宜种植椰子的地区。

二、人民公社各生产队，不仅作好发展集体所有的种植椰子、油棕计划，还要主动帮助社员个人作好计划，在村庄前后左右种植椰子、油棕、荔枝、龙眼等作物（这些作物有投资少、获利大、收益久，长大后也易管理的特点），这既能增加社员收入，又能绿化美化村庄的环境。但必须进行先集体后个人的教育。如每人有三、五株椰子，对食油和烧柴都解决了。又要利用农闲时期动员种植，以免同粮食作物争人力。

三、必须确定所有权，凡生产队种的全为生产队集体所有，社员个人种的，也全为社员个人所有，长期（至少三十年）不变动。

针对当时人们担心这样做是不是保护私有思想、走资本主义道路的顾虑，张云逸明确回答："我肯定地说：不，我们要消灭它。但由于旧社会遗下的自私思想是有习惯性的，我们克服它，必须经过长期的耐心教育，才能够达到目的。在这过渡的长时期里，我们利用它来积极发展和扩大生产，我想不会错的。"应当说，张云逸的这一思想是符合群众需要，也是很超前的，在当时形势下也是难能可贵的。

张云逸热爱海南，热爱家乡，关心家乡的点滴变化。在他的关心与支持下，文昌县多种热带经济作物在20世纪50年代后期和60年代前期有了迅速发展。由于具体政策指导等存在问题，文昌的农业经济也出现过挫折。张云逸看到家乡生产发展，人民生活提高的消息，就高兴不已；看到家乡人民遭受灾难，遇到挫折，就焦虑不安。他经常说："我就是一个海南农民的儿子！"[1] 直到临终前，他还询问海南生产的发展。

六、朴素家风

1955年以后，张云逸定居在北京南池子18号。这里西临护城河，与劳动人民文化宫隔河相望。院内的七八间普通平房，由于年久失修，屋顶漏雨；窄小的旧式门窗，有的已经坏了；室内墙壁上的油漆斑驳脱落；屋内地砖不平，再加上旧式木床，床腿不齐，一条床脚要垫上两层砖才能保持平稳；两只破旧的沙发，嘎吱作响，有几处布面磨破了，露出了里面的海绵。整个室内外的陈设都现出破旧景象。[2]

为此，工作人员经常向张云逸提议："房子太旧，该请营房部门来维修一下了。"每听到这样的话，张云逸总是说："破旧一点有什么关系？比工人、农民兄弟住的条件好多啦！为什么要花公家许多钱去维修呢？国家经济还比较困难嘛！"

工作人员又说："即使不维修，坏的门窗也该换一下，屋内粉刷一下油漆吧。"张云逸则说："门窗还可以用，沙发也可以用。俗话说，笑脏不笑破。窗帘、沙发套破了，我们自己买块布换一下就行了。"说完后，他还以责备的口吻反问："为什么你们总是不从国家利益去考虑问题呢？"[3]

后来，中央军委办公厅副主任王兴纲看到房子实在太破旧了，便主动向张云逸提出给他们整修一下。张云逸仍然没有同意。直到房子漏雨实在太严重了，张云逸才同意修补。但是，他又不同意大修，只允许做局部的查补。这样，整修后房子的漏雨问题仍然没有完全解决。[4] 张云逸的卧室就有四五处漏水。每逢下雨，全家人就要一齐出动，他指挥着把床移开，把脸盆、水桶摆开接水。如果雨下得时间长，还要不时把接满的水倒掉。一场大雨就能把大家忙得不亦乐乎。

房子虽然破旧，但家中气氛温馨感人。

妻子韩碧，早年因被国民党关押，并与张云逸多年分居、为其担惊受怕，加之痛失幼女等多方面因素，于1946年患上了精神分裂症。以后，在张云逸和家人照料下，她的病情一度好转。1953年，她病情复发，经常哭闹，弄得张云逸日夜不得安宁，也影响了他的工作和健康。不少同志善意地建议把韩碧送到精神病院。张云逸却说：韩碧同志跟了我几十年，没有过上几天安稳舒心的日子。眼下如果

---

[1] 据张远之、王婷：《从海南贫农的儿子到开国大将——张云逸》，载《海南档案》2009年第3期。
[2] 参考张广华：《张云逸的廉政风范》，载《炎黄春秋》1996年第2期。
[3] 参考张广华：《张云逸的廉政风范》，载《炎黄春秋》1996年第2期；采访卢秀玲记录，2009年7月。
[4] 采访卢秀玲记录，2009年7月。

送她去精神病院，离开我，离开儿子、孙子，离开这些熟悉的工作人员，她会失去亲人的温暖，失去更多的关心和体贴，不仅不能治好她的病，反而会加重她的病情。留在家里跟亲人在一起，再配合医生的治疗，这样会有利于她的康复。

当时，张云逸正在青岛休养中，他抽出大量的时间和精力来关心照顾妻子。不管韩碧怎么闹，张云逸总是好言相慰，从不发火。他每天陪伴在她身边，与她聊天，或去海边散步，陪她到风景优美的地方散心，带着小儿子或孙子们陪着她玩耍，使她心情愉快。

搬到北京后，为了配合治疗，1957年张云逸告诉孩子们："五月初九是你们母亲的生日。你们应该有所表示，让她高兴高兴。"张远之和王婷遂给母亲买了一套绣花丝绸衣服。韩碧非常喜欢，舍不得多穿，一直保留着这套衣服。从此，每逢韩碧的生日，张远之和张光东都精心挑选一件母亲最喜欢的东西送去，孙子们也都给祖母送生日礼物。在张云逸的关怀照顾下，经过多位著名中西医的治疗，韩碧的病情逐渐稳定下来，复发的次数越来越少。

张云逸不仅尽心尽责地照料妻子，还在20世纪50年代先后把在海南的一个姐姐、一个妹妹接到北京。他的两个姐妹，长年寡居，年老多病，无依无靠，过去因张云逸参加革命而受到国民党的追捕迫害。新中国成立后，张云逸按时给她们寄一些钱物。把她们接到北京后，张云逸便负责起她们全部的衣食费用，使她们得以颐养天年。

张云逸在个人生活上非常俭朴，对吃、穿、用从不讲究。平时，他在家中穿的多是缝补过的旧衣服，只是在外出参加公务活动时才穿上比较好的衣服。妻子韩碧和妹妹经常为他缝补衣服。[1]

张云逸每餐一般是两菜一汤，而且多是素菜。一个从其他单位调来的警卫战士看到这样的伙食惊奇地说："首长吃得怎么这样简单呀！"[2]

张云逸十分注意节约。他写回忆文章，打草稿时使用的是儿子张光东上学用过的练习本。他写信使用的信封，是将别人寄给他信的信封拆开，翻过面，用糨糊糊起来再用。新中国成立后，他一直使用的一个公文包，还是抗日战争时期的战利品。

张云逸总是自己洗内衣和袜子，饭后自己洗碗筷，做一些力所能及的事。别人劝他不必这样做，他却说："我是农民的儿子。现在生活条件好了，还是不能忘了劳动啊。"张云逸一生不改爱劳动的农民本色。他常对儿孙说："生活要节俭，不能铺张浪费。""钱能养人，钱也能害人。用的得当可为人民做好事，用的不当会使人成为腐化堕落分子。"他在厨房的墙上贴着"有时需作无时想，莫到无时想有时"。

三年困难时期，张云逸带头吃粗粮，并亲自写了"节约用电，节约用水"的

---

[1] 张从玢回忆，张玲整理的材料，2007年1月。
[2] 据张广华：《张云逸的廉政风范》，载《炎黄春秋》1996年第2期。

1961年，张云逸大将。

纸条，贴在每个房间里。为了节约用水，张云逸买来许多水桶和脸盆，将洗澡的水留下来洗衣服，然后再冲马桶；洗菜和洗米的水再用来浇花。① 这个习惯在张云逸去世后，他的后代还长期保持着。

20世纪60年代中期，国家经济生活好转，张云逸仍然不忘教育家人节约。1965年，他曾亲笔抄写了两张谚语送给家中的炊事员：

（一）

节约好比燕衔泥，浪费好比河决堤。
积累如同针挑土，浪费如同水推泥。
滴水汇成河，粒米凑成箩。
算了再用常有余，用了再算悔已迟。

（二）

饱备干粮晴备伞，丰年也要防欠年。
常将有日思无日，莫到无时思有时。
只有勤来没有俭，好比有针没有线。
有时省一口，缺时顶一斗，
省在囤尖，不要省在囤底。

他经常对儿孙和身边的工作人员说："过去一亩地才收几十斤粮食，不够吃啊。老百姓常年吃稀饭，一年只能吃上一回干饭。""老家的人平时走路都是打赤脚的。到别人家做客，路上提着拖鞋，到门口时才换上鞋子。""为什么过去老家的人都跑到马来西亚、新加坡去呢？就是因为穷啊！"②

张云逸对自己的生活能省则省，对帮助他人则很慷慨。逢年过节，他总要把身边工作人员请来聚餐。工作人员的家属有来北京的，他都要请到家里吃一顿饭，临走还送些钱物。有些工作人员或烈士子女家庭生活困难，张云逸经常接济，有时一次就寄上二三百元。③20世纪60年代初，张云逸的警卫员老家受灾，房屋倒塌，张云逸便拿出200元给他寄回老家去修房子。④

张云逸是开国大将，拿的却是元帅级别的工资。即使如此，他经常教育家人和身边工作人员要自强自立，始终保持艰苦朴素的作风，不能脱离群众，不能搞特殊化，避免养成干部子弟的优越感，要做一个正直、勤奋、全心全意为人民服务的人。

---

① 中共文昌县委党史研究室编：《张云逸研究史料》，广西人民出版社1994年版，第601页。
② 采访王婷、卢秀玲记录，2009年7月。
③ 张广华：《张云逸的廉政风范》，载《炎黄春秋》1996年第2期。
④ 中共文昌县委党史研究室编：《张云逸研究史料》，广西人民出版社1994年版，第601页。

1956年，大儿子张远之从上海交通大学毕业后被分配到第二机械工业部原子能研究所工作，住在距离北京较远的河北省房山县（今属北京市）的一座大山里。第二年，妻子王婷也来到这里。他们的孩子们则跟着爷爷、奶奶住在北京城里。由于路途遥远，交通不便，张远之夫妇只有周日休息时才能回北京与家人团聚。考虑到父母年高，孩子年幼，他们向张云逸提出，希望能调到北京城里上班，以便照顾父母和孩子。张云逸却劝他们说："别的人能在那里，你们也应该能在那里。""领导干部的子女要冲在最前头，到祖国最需要的地方去。"就这样，张远之夫妇在偏远的山沟里一干就是20多年。

张云逸对儿子找对象毫无世俗的门第观念。他的大儿媳出生在北京一个普通铁路职工家庭，其父母住在一个胡同里的破旧的大杂院。两家结为亲家后，每逢年节，张云逸或亲自或派人到大杂院看望儿媳的家人，有时送点布料，有时送点钱资助他们。亲家登门拜访，张云逸总是热情相迎，一起吃饭，使人感觉不到他有什么不同。

张云逸经常对亲戚们给予经济帮助，慷慨地出钱资助他们的后代上学读书，但从不答应为其调动工作。他的侄子张从玤，家住南宁，妻子在邕江以南的南宁化工厂上班。当时邕江大桥尚未建成，上下班需要乘船渡江，来回一趟至少3个小时。他们女儿年幼，喂奶很不方便。为此，张从玤向张云逸提出能否把他妻子调到离家比较近的南宁第二化工厂。张云逸坚决不同意因为私事向组织上提要求，告诉侄子说：不管在哪里都是干革命工作，有困难自己克服一下就行了。①

张云逸的小儿子张光东是在他54岁那年出生的。老来得子，他对小儿子非常疼爱。尽管如此，张云逸从不允许在制度之外给他更多的照顾。

张光东幼年顽皮，特别喜欢坐汽车。一天，他上保育院，叫司机开车送。回来后，张云逸问司机："你开车上哪儿去了？""送小光东。""这么近，不能走路去吗？"从那以后，司机再也不敢私下开车了。

解放初期，国家实行供给制，按规定张云逸享受小灶待遇，而妻子和儿子要吃大灶。张云逸与家人总是分餐而食。一次开饭时，小儿子正在身边玩耍。炊事员把饭菜端上桌，张云逸立即招呼韩碧把孩子带走。炊事员说："算了，首长，让他们一块吃吧！"张云逸认真地说："不！要按制度办事。"②

1955年，张云逸从青岛搬到北京后，别人都劝他让小儿子到条件好的八一小学读书。张云逸却不以为然。他说："那么多干部子女集在一起，有好处也有坏处；满清的八旗子弟，许多人只知吃喝玩乐，什么事也不能干。我们干部子女要自己去奋斗，可不能变成八旗子弟啊！"又说："附近就有一所北池子小学，为什么要舍近求远呢？让光东多交一些劳动人民子弟的朋友，增加和劳动人民的感情，这对他成长大有好处嘛！"

---

① 张从玤回忆，张玲整理的材料，2007年1月。
② 中共文昌县委党史研究室编：《张云逸研究史料》，广西人民出版社1994年版，第652页。

他还把张光东叫到身边交代说:"你到北池子小学读书填表时,只填你妈妈的名字,不要填我的名字了。"

光东问:"如果人家问我爸爸是谁,在哪里工作呢?"

"那好办嘛!你就说爸爸失踪了。"张云逸幽默地说。

1959年,张光东在北池子小学以优异成绩毕业,考取了北京第四中学。1965年,考上了哈尔滨军事工程学院。

从小学到高中,张光东在学校填表都是只填母亲的名字和职业,父亲一栏都是空白。直到上哈军工读书后,才开始在履历表上填写父亲的名字。

在家里,张云逸定下一个规矩:他回到家里不谈他工作上的事,家人也不能过问他工作上的事。每当有中央领导人到家中来找张云逸谈工作,他总是让家人回避。20世纪50年代初,刘少奇曾两次到家中造访,张云逸嘱咐家人:"你们都回到你们的房间里去。我们谈工作,你们不要在场,谈话期间不准出来。"家人只能在窗帘缝里偷偷地瞅上一眼。60年代中期,李宗仁从美国回到中国大陆后,到张云逸家做客。这虽属于礼节性拜望,但张云逸要求家人一律回避。就这样,子女们都没能见到这个国民党的风云人物。

张云逸经常教育儿孙要尊重他身边的秘书、警卫员、炊事员、司机和保姆。有一次,张云逸要外出,要他的孙子去告诉司机王宝禄叔叔准备出车。他的孙子走出门外,大声喊道:"王宝禄、王宝禄,我爷爷要出去,快准备出车!"张云逸听到喊声,大步跨出门外,抓住孙子的小手大声斥责说:"让你请王叔叔出车,你为什么大声喊叫王叔叔的名字,王叔叔同你爸爸妈妈是一代人呀。今天你要去向王叔叔道歉,赔不是。"当时,小孙子只有六七岁,被爷爷这样训斥一顿,吓得哭了起来。张云逸站在那里,直到看着孙子由工作人员领着到王宝禄跟前道了歉,

■ 1965年7月20日,张云逸(前右一)陪同周恩来(前右九)等到首都机场欢迎李宗仁(前右十)一行从海外归来。前右十一为彭真。

20世纪60年代前期,张云逸与孙儿辈的孩子们在一起。

才算罢休。①

张云逸要求家人要尊重服务员。他说:没有保姆帮你们带好孩子,你们就不能安心工作,要把阿姨看作是一家人。一位从上海一直跟随他们来到北京的刘阿姨发现患了晚期子宫癌。张云逸很是关心,他叫司机开车送她到医院检查治疗,又把她哥哥从上海接来,自己出钱让他们回上海继续治疗。最后刘阿姨的病被上海肿瘤医院治好了。②

卢秀玲从参加工作开始就被派到张云逸家做服务员。张云逸对她的工作十分体谅,从不为难她。每逢过年,张云逸还额外给她5块钱,放假3天,让她好好玩。当时5元钱是个不小的数字,够一个人半个月的生活费。卢秀玲的儿子小时候患肝炎和急性脑膜炎,都是传染病,张云逸毫不顾忌地派司机开自己的车送孩子去医院,并让秘书给医院打招呼,使孩子得到很好的救治。③时间长了,张云逸一家把卢秀玲看成自己家里的一名成员,韩碧还认卢秀玲做了干女儿。

儿孙们走上工作岗位后,张云逸教育他们要做一个关心集体、努力工作的普通劳动者,希望他们在工作中联系群众,与工人和农民交朋友,向他们学习。一有机会,张云逸就与儿孙们谈家常,或经常与他们通信,同志式地讨论问题。

张云逸的长孙张晓龙参军后,发现食堂和仓库里有不少老鼠糟蹋粮食,便写

---

① 张广华:《张云逸的廉政风范》,载《炎黄春秋》1996年第2期。
② 中共文昌县委党史研究室编:《张云逸研究史料》,广西人民出版社1994年版,第601页。
③ 采访卢秀玲记录,2009年7月。

1969年2月21日,张云逸与韩碧送长孙张晓龙参军。

信要家里帮忙买些老鼠夹。张云逸见信后非常高兴,马上买了许多老鼠夹寄去,并写信表扬晓龙关心集体,爱护国家财产。①

孙子张晓强,1969年初中毕业后被分配到黑龙江军垦农场。张云逸说:"我们家里又有了一个农民,很好。我也是农家子弟嘛!我的孙子当了农民,还是劳动人民嘛!"②后来张晓强入伍,到沈阳军区某连当战士。张云逸给孙子写信,勉励他"在连队里应好好地听各级干部的指示,要向各老战友学习,无论政治思想上、军事上、文化上,以及一切工作上,都要学习别人的长处,以补自己的不足,凡是自己不懂的事情,应该是虚心请教同志,务必达到懂的。如果你天天这样做,事事这样做,我相信你一定有新的进步"③。

张云逸给晚辈写信从不马虎,总要先打出草稿,再字斟句酌,圈圈画画地认真修改后,才用工整的小楷抄写寄出。

当他们在工作和生活中遇到困难时,张云逸总是耐心地开导他们,"在工作和学习的途中,总是要遇到各种各样的困难,如把老的困难克服下去,新的困难又会出来,这是一般的规律,不能避免的。只有用冷静的考虑,寻找解决它的办法,一定能够胜利地一个一个来克服它,就将继续不断的前进"④。他要求要正确处理个人与集体

---

① 中共文昌县委党史研究室编:《张云逸研究史料》,广西人民出版社1994年版,第601页。
② 张广华:《张云逸的廉政风范》,载《炎黄春秋》1996年第2期。
③ 张云逸工作笔记。
④ 张云逸给张从玮的信,1963年4月15日。

的关系:"首先以集体利益为重,把个人的问题放在次要地位。""不论解决个人的任何问题,必须依靠组织解决之,否则不但不能解决,反而会犯错误。"①他提出工作的基本原则,"我们解决什么问题,应该想想怎样做,六亿人民才有利,建设社会主义才有利,又要根据毛主席指示以六个原则②去解决。如是不好的事应该怎样使它转变为好的;如是做好事,又应该怎样使它发挥更多更大的好。总要多方面想想要做的事。切勿只凭自己一时冲动简单得去解决问题"③。要"采用一分为二的方法认真总结,这样,必将提高自己的认识,而利于今后的工作"④。

在北京,张云逸的住处周围,住着许多老百姓。他

1969年,张云逸夫妇送孙子张晓强去北大荒务农。

经常教育身边的工作人员和儿孙们不要随便干扰群众的正常生活,要尊重群众,平等待人。有一天,一个农民突然推开张云逸家的大门走了进来,看样子是走错了门。警卫战士看到后,一把将那个农民推了出去。警卫战士是履行职责,保卫首长的安全。当时,张云逸正在院中散步,看到这一幕,严肃地批评了那个战士,说:"你们不要忘记,你们也是从农村来的。他走错了,你们应该热情帮助,不能那样一下子猛推出去。这样做很不好嘛!""不要看我是个领导干部,我也是从农村来的。我们干革命为了什么?还不是为了人民,为了人民的解放和过上幸福的生活。"⑤

1958年夏的一天,警卫战士报告说,有一位客人来看望首长。张云逸问警卫战士,认识不认识客人?请人家进来没有?警卫战士说:还在大门外等着。张云

---

① 张云逸给张从玤的信,1964年4月2日。
② 指1957年2月17日,毛泽东在《关于正确处理人民内部矛盾的问题》一文提出的六条原则。
③ 张云逸给张从玤的信,1957年6月18日。
④ 张云逸给张从玤的信,1965年7月17日。
⑤ 张广华:《张云逸的廉政风范》,载《炎黄春秋》1996年第2期。

逸批评说："这样做不好，不管谁来，那是人家看得起我们，都应先请人家进大门里来，热情相待，把人家堵在门外多不礼貌。"

根据国家规定，张云逸外出时可乘公务车，就是在一列火车上单挂一节车厢，各种条件当然比较好。可是，张云逸外出时，从不要这种公务车。他说："就我们几个人，坐一节车厢太浪费了。"工作人员说："坐公务车是国家规定的，对首长来说也比较安全。"他一听，很不高兴地说："买一个软席包厢不是很好嘛，与群众在一起有什么不安全的啊！"[①]

新中国成立后，张云逸经常收到过去因战争、负伤等原因失散的红七军和新四军老战士的来信，请求他出具各种证明或解决困难。张云逸对这些来信非常重视，把它看作对人民负责而不能忽视的事情来做，一一回信慰问，同时给当地政府写信，详细说明每个人的情况，希望当地政府负责任地予以妥善解决。有的他还亲自寄去钱物。有些他不了解的，就将信转给了解情况的人。[②]当事人和他们的家属莫不感慨万分，有的激动得流下眼泪。

1957年夏，一位抗日战争时期的游击队长来看望张云逸。这支游击队多次配合张云逸的新四军第二师打击日伪军和国民党顽固派。后来，这位队长受伤致残回乡。张云逸热情地称这位游击队长为"老战友"。两位老人兴奋地回顾过去在淮南的战斗经历和革命情谊。张云逸留他在家中吃晚饭，又留他住在家里。张云逸认为，老战友从乡下来到北京不容易，他要这位为革命作出过贡献的老人好好看看新中国的首都。他派秘书陪客人到故宫、颐和园、北海和天坛等名胜古迹游览了三天。老战友回安徽时，张云逸又赠送给他许多食品、日用品，并给他150元钱。老战友依依惜别，热泪盈眶。[③]

对身边的工作人员，张云逸像父母一样关心他们的工作、学习、婚姻以及家庭中的困难。一次，一个警卫战士生病了，张云逸一夜去看望了两次。他身边的警卫战士、炊事员、公务员等，不少人没有上过学。张云逸鼓励他们要学习文化，给他们联系了在王府井大甜水井小学成立的劳动人员业余学校读书，并且自己出钱给他们买来纸、笔和课本，亲自给他们每人装订了一个练习本，布置学习任务，并经常检查他们的作业，督促他们学习。有的战士对文化学习感到为难，他劝告战士们说："解放了，我们要管好国家，没有文化怎么行！"他安排警卫员、司机、公务员每天留两人在家值班，其他人都去上学。就这样，战士们逐渐养成了学习习惯，几年后离开张云逸时，都能读书看报了，有的还达到了初中毕业水平。[④]正因为如此，在张云逸身边工作过的人，离开时都恋恋不舍。[⑤]

张云逸与夫人韩碧，以及秘书、警卫战士中的党员组成一个党支部，秘书是党

[①] 张广华：《张云逸的廉政风范》，载《炎黄春秋》1996年第2期。
[②] 张云逸工作笔记。
[③] 参考张广华：《张云逸的廉政风范》，载《炎黄春秋》1996年第2期。
[④] 采访卢秀玲记录，2009年8月。
[⑤] 中共文昌县委党史研究室编：《张云逸研究史料》，广西人民出版社1994年版，第652页。

支部书记。张云逸对自己要求很严,只要没有事,他都按时参加每周一次的组织生活会,有事则向支部书记请假。开始,大家仍然习惯地称张云逸为"首长",并且看到他很忙,有时不好意思叫他参加会议。他在会上严肃地批评了这件事:"我当军长时,参加支部会议同志们还喊我军长。我对他们说,今天'军长'没有带来,我跟大家一样,是普通党员,支部会议书记是'首长',他可以分配我工作。"他告诉大家,在党内是一律平等的,这是党的原则,不是客气,也是我党的优良传统,不要失传。此后,新老秘书交接时,都会特别交代别忘了喊张云逸参加党员生活会。[①]

张云逸虽然作为普通党员参加组织生活会,但他作为一名老党员对支部的作用显然不一般。在他的影响下,支部活动围绕一抓思想,二抓学习,党员之间批评与自我批评,搞得有声有色。由于有正常的支部组织生活,张云逸身边的各类工作人员都保持了积极的工作和生活态度。曾在张云逸身边工作过的老同志,对那一时期的组织生活记忆犹新。

张云逸很赞赏刘少奇在《论共产党员的修养》中说的:共产党员"……要有无产阶级的思想意识和道德品质的修养;要有坚持党内团结,进行批评和自我批评、遵守纪律的修养;要有艰苦奋斗的工作作风的修养;要有善于联系群众的修养,以及各种科学知识的修养等"。他不但以身作则,还以这些标准培养教育子孙后代,并把这段话抄录下来,送给身边的工作人员。[②]

张云逸在日常生活中这些表现,反映了他对人民群众的感情。他虽然是党的高级领导干部,但从来都把自己当成群众的一员,没有感到高人一等。事实上,他把自己当成群众的代表,要保护群众利益,要为群众做事,而不是高高在上,当官做老爷。人们称颂他为人宽厚,平易近人,待人热情诚恳,个人生活俭朴,是德高望重的革命长者。[③]陈毅与张云逸长期在一起工作,亲切地称他是"同志长兄",说他"有大海容人之量,高山仰止之德"。毛泽东也称之为"模范的共产党员"。

---

① 采访王益记录,2009 年 7 月。
② 中共文昌县委党史研究室编:《张云逸研究史料》,广西人民出版社 1994 年版,第 639 页。
③ 中共文昌县委党史研究室编:《张云逸研究史料》,广西人民出版社 1994 年版,第 471 页。

第二十五章 晚年

一、出任中央监委副书记

1962年9月，中共中央任命张云逸为中央监察委员会副书记。①

中央监察委员会成立于1955年，其前身是中央纪律检查委员会。1949年，中华人民共和国成立后，鉴于中国共产党已经成为全国的执政党，各级民主政府已经建立或即将建立，为了更好地执行党的路线、方针、政策，保守国家与党的机密，加强党的组织性与纪律性，密切联系群众，克服官僚主义，保证党的一切决议的正确实施，11月9日中共中央决定成立中央及各级党的纪律检查委员会。②1955年3月，根据形势的发展，尤其高岗、饶漱石事件发生后，中共中央认为，"党的各级纪律检查委员会的组织和职权已不能适应在阶级斗争的新时期加强党的纪律的任务"，因此决定成立党的中央和地方各级的监察委员会，代替各级的纪律检查委员会，目的是"加强党的纪律，加强反对党员中各种违法乱纪现象的斗争，特别是防止像高岗、饶漱石反党联盟这一类严重危害党的利益的事件重复发生"③。中央监察委员会由董必武任书记。

1962年9月，中共八届十中全会进一步决定加强中央和地方各级监察委员会，扩大各级监察委员会委员名额。全会对中央监察委员会作了调整。张云逸就是在这次会议上当选为中央监察委员会委员、常委的。11月11日，中共中央决定张云逸任中央监察委员会副书记，排在书记董必武之后，是排名第一位的副书记。与张云逸一起任副书记的还有萧华、王从吾、钱瑛、刘锡五；与张云逸一同进入中央监察委员会并担任常委的还有李运昌、马国瑞、袁任远。调整后的中央监察委

---

① 中共中央组织部、中共中央党史研究室、中央档案馆合编：《中国共产党组织史资料》第5卷，中共党史出版社2000年版，第50页。
② 中共中央组织部、中共中央党史研究室、中央档案馆合编：《中国共产党组织史资料》第9卷，中共党史出版社2000年版，第4页；《中国共产党组织史资料》第5卷，第48页。
③ 中共中央组织部、中共中央党史研究室、中央档案馆合编：《中国共产党组织史资料》第9卷，中共党史出版社2000年版，第285页。

员会共有委员、候补委员 60 名。①

张云逸进入中央监委后,为履行职责,认真学习研究中央文件和中央领导人的有关指示。1963 年 1 月,他在广西壮族自治区党的监察工作会议上,对为什么要在党内开展监察工作和怎样开展工作作了全面阐述。

关于为什么要在党内开展监察工作,他说,首先,党的监察工作是党的建设的重要组成部分。我们党是全国执政的党,又是处于和平建设的环境,党员在各方面都居于领导地位,这是很容易出毛病的。历史告诉我们,执政党搞得不好,可能亡党亡国。所以越是处于全国执政的党,越是要加强对党员和干部的监督。邓小平同志说,"鉴于执政党的地位,要有个对立面,要加强监察机关";刘少奇同志特别指出党要管党,党的监察机关是从对党员干部的监察角度来管党的,也是管党的部门。其次,从我们党的目前实际状况看,加强党的监察工作也是极为必要的。从我们监委部门反映的许多材料看来,我们党内的确有一些人蜕化变质了,甚至有个别组织也变质了,烂掉了。我们要看到这部分人的危害性,因为他们还打着我们党的旗号,还占据着大小不同的领导地位,影响是很大的。

至于如何搞好监察工作,张云逸说,一是要敢于坚持真理,坚持党的原则,坚决同坏人坏事作斗争。做监察工作的同志,要有勇敢反对坏人坏事、保护好人好事的品德。前怕狼、后怕虎是不能胜任的。有的同志怕做监察工作得罪人,怕伤和气,怕伤感情,怕打击报复,甚至不敢向党委反映情况,不敢向中央监委反映情况。这是从斤斤计较个人利害出发的,必须克服这种错误思想观念。同时,我们要认识到,监察工作不仅是处分人的工作,同时又是保护人教育人的工作。保护好人不受坏人所害,教育人不做坏事。二是做监察工作的同志要勇敢、严肃、谨慎和细致。一句话,就是胆要大、心要细,要有认真负责、实事求是的态度,要有调查研究的作风。深入群众,了解实际,对照事实,不能凭主观片面办事。②

张云逸主张,做监察工作的同志都要通过实际的调查研究,得出自己的观点,而不要盲目附和;被处理的同志也可以实事求是地提出申诉。他说,在开会的时候,某个同志有不同的意见是可以的,但要服从多数人的意见,按决定的意见去做。将来由实践作结论。"我们过去有时过于勉强拥护,这个办法不好。如果思想弄不通,还可以提出意见。要坚持真理,服从组织。"③

张云逸对党内的丑恶现象十分痛恨。他看到材料反映,有的人贪污浪费、投机倒把的数字相当大,甚至腐化堕落变质。他痛斥这些干部"不但没有新道德,连旧道德也没有;做共产党员不合格,做人也不合格"④。在中央监委会议上,张云

---

① 中共中央组织部、中共中央党史研究室、中央档案馆合编:《中国共产党组织史资料》第 5 卷,中共党史出版社 2000 年版,第 50 页。
② 张云逸在广西自治区党的监察工作会议上的讲话,1963 年 1 月 19 日。
③ 张云逸大将在接见出席城市民兵工作会议同志时的谈话,1963 年 4 月 27 日。
④ 张云逸大将在接见出席城市民兵工作会议同志时的谈话,1963 年 4 月 27 日。

逸力主对这样的干部严肃处理，依法惩办。

但是，张云逸也十分注意区别处理不同性质的问题。他进入中央监委时，正值党内重提阶级斗争，"左"倾政治指导思想日益发展；对人对事的处理越来越倾向于宁"左"勿右、拔高上线。张云逸在中央监委会议以及赴各地视察中，更多地强调要实事求是、按律办事。

张云逸刚到中央监委上任不久，就接到一个案件。1962年，广西壮族自治区监察委员会反映了一位高级干部的问题。具体事实是：数年前，这位干部的爱人将种在院子里的梨，私自请司机开车运到自由市场卖了一部分，得到180元钱，分给司机10元后，其余买了农具自己使用；另外，将自己养的猪卖给部队、学校和厂矿，价格是每斤2元7角，比国家牌价7角6分钱高2倍多。事情被揭露后，这位高级干部还以粗暴态度训斥、谩骂检举他的秘书。

张云逸到广西视察时与这位老干部谈话，首先对他的错误进行了严肃的批评，之后提出三条处理意见：一、向自治区党委作出深刻检讨；二、向秘书道歉；三、将不应得的钱归公。自治区党委落实了张云逸的指示。广西区党委和中南局还给这位干部以严重警告处分，既教育了本人，也教育了大家。至此，事情就算处理完毕。

几个月后，1963年2月，中共中央在北京举行工作会议决定在城市开展"五反"运动、严格管理大中城市集市贸易和坚决打击投机倒把。3月1日，中央发出《关于厉行增产节约和反对贪污盗窃、反对投机倒把、反对铺张浪费、反对分散主

20世纪60年代初，张云逸与妻子韩碧在广西西园宾馆10号楼。

义、反对官僚主义运动的指示》,指出:在一部分干部中,资产阶级思想作风有所滋长,如损大公、肥"小公"、本位主义,铺张浪费,假公济私,走"后门"等,尤其严重的是,贪污盗窃国家资财、投机倒把、长途贩运、私设地下工厂,谋取暴利等破坏社会主义计划经济的资本主义的活动猖狂起来。为此,中央决定开展"五反"运动,进行"一次大规模地打击和粉碎资本主义势力猖狂进攻的社会主义革命斗争"①。

"五反"运动开始后,中央监委和中组部有的人认为,对广西的那位高级干部处理轻了,其错误应当是"资产阶级个人主义思想在党内的反映","是投机倒把,属于敌我矛盾的性质",因而主张在"五反"运动中重新处理。在中央监委常委会议上,张云逸表示不同意这样的定性。他说,事件是思想作风问题,应属于人民内部矛盾的性质。我们对干部犯错误的处理是批判从严、处理从宽。根据这一原则,我们对该同志错误的处理还须注意以下三方面情况:(1)当时当地的客观情况;(2)本人对错误的认识如何;(3)本人过去革命斗争和工作中的表现如何。

事件的具体情况是什么样呢?张云逸说,当时广西的客观情况是灾荒严重,供给困难,干部和家属得浮肿病和肝炎的较多。在这种紧急情况下,自治区党委决定机关搞一部分生产,又允许干部个人和家属养猪养鸡,并规定凡干部和群众养猪养鸡的,每头猪每月公家卖给30斤糠,每只鸡每月卖给3斤糠,鼓励多养猪、鸡,以解决暂时的困难。在一年多的时间内,广西干部中养猪1.4万多头,对改善肉类供应,减轻市场压力,减少浮肿病、肝炎病有一定成绩。同时,干部私人养猪也带来一些问题,所以自治区党委在1962年7月经济生活有了好转后即决定不准干部私人养猪了。

张云逸接着说,当时广西肉猪、仔猪供不应求。国家农场牌价是1.8元至2.6元一斤,自由市场则卖七八元一斤,并且买不到。干部买饲料养猪成本是很高的。据估算成本至少在三四元一斤,多的合五六元一斤。这位干部卖了4头猪,每斤卖2.7元,比国家牌价是贵,但比较成本还是低,实际是亏本。

错误发生后,其本人的检讨还是好的。不但检讨了自己的思想病根子,还将卖猪多得的款和卖梨所得的款全部退还给国家,决心改正错误。历史上,这位干部在红军时期、抗战时期和解放战争时期都作战勇敢,负伤好几次,表现得很坚定,新中国成立后也没有犯过其他大的错误。

根据这些情况,张云逸认为:这位干部犯的错误不是一贯的,事件发生后对其处理也是适宜的。至于有的人提出要经过"五反"运动看看他还有没有其他问题,然后再处理,这样做是不恰当的。"因为我们处理案件原则是根据既有条件就事论事,作出判断,不能等待本人有新的错误才作处理。"②

---

① 中共中央文献研究室编:《建国以来重要文献选编》第16册,中央文献出版社1997年版,第171页;《中国共产党执政五十年》,中共党史出版社1999年版,第254页。

② 张云逸在中央监委常委会上的发言,1963年6月21日。

张云逸的发言，有理有据，没有因为搞运动而加重对这位干部的处理，从而保护了干部。

如何正确处理犯错误的干部，是中央监委的重要职责。对此，张云逸有许多思考。但他认为，处理干部的根本原则归结起来，还是毛泽东提出的"惩前毖后，治病救人"的方针。他说："我的理解，'惩前'和'治病'是手段，'毖后'和'救人'是目的。对干部的错误进行严肃的批判和适当的处理，是为了使他认识错误、改正错误，以后不再重犯错误，同时使别人也从中吸取教训。如果只重视'惩前'，不注意'毖后'，就容易产生惩办主义，产生'左'的错误；假使只强调'毖后'、不注意'惩前'，就容易出现姑息迁就，对干部的错误放任不管，就要产生右的错误。"①

由于做监察工作，接触的都是党的黑暗面，如果没有正确的看法，就容易陷于其中，看不到光明和主流。张云逸说，搞监察工作容易产生两种片面性，"一种是悲观失望，看不到大好形势。另一种是'左'的情绪，觉得问题这么严重，这么多坏事，应当狠狠打击"。这样，就会混淆敌我矛盾和人民内部矛盾两种性质的问题。

为此，张云逸提出，监察部门要集中抓大事，对一般性的错误和生活细节问题不要大张旗鼓地去搞，不要放在运动里追查。"比如男女关系问题，这是一个社会问题，应根据婚姻法原则去处理，不能用封建思想来对待这个问题。但这个问题的情况各不相同，需要具体分析。凡属于一般性的不正当的两性关系问题，影响不大，本人、家属也不愿上告的，主要是进行批评教育或给点处分，达到知错改错就行了……情节恶劣、影响极坏的，像'白毛女'电影里黄世仁那样的恶霸；强奸幼女的；搞军属的尤其是干部利用职权搞军属的；腐化堕落成性的流氓坏分子等均要严肃处理，有的还要给以刑事处罚。这些是我们要管的。"②

到了1965年，随着社会主义教育运动的开展，"左"倾思想已经蔓延到社会生活的各个领域。张云逸赞成党内要反对资产阶级思想侵蚀，防止修正主义，但他在关注党的监察工作的同时，强调抓生产，搞好人民的生活。针对已经出现的因为抓运动而妨碍生产的情况，他说："现在是建设时期，一切工作的最终目的是为生产建设，对生产建设发展有利的，就是正确的，违背的，就是错误的。希望大家牢记这个目的。"③

1966年5月，中央政治局扩大会议决定开展"文化大革命"运动。这时，张云逸正在山东烟台地区视察工作，他在对地委干部讲话中非常具体地讲了发展生产问题。他说："我到各地了解到的情况认为贯彻中央多种经营的方针很重要。以粮为主，以副养农，根据各地不同的情况，有计划有步骤全面地发展农业，林业，畜牧业，副业，渔业生产。这样，逐步增加人民收入，提高人民生活水平。各地、

---

① 张云逸在广东省第九次党的监察工作会议上的讲话，1965年2月19日。
② 张云逸在广东省第九次党的监察工作会议上的讲话，1965年2月19日。
③ 张云逸在广东省第九次党的监察工作会议上的讲话，1965年2月19日。

县、社、队都应该因地制宜、全面地制订远景和年度的规划，有重点、有步骤地兴修水利，搞好农田基本建设，解决水和肥的问题。"他强调："这个问题，不仅是我们这一辈子的大事，而且是我们子孙万代切身大事。"①

然而，这个时候，政治运动已经成为取代一切的"大事"。随着"文革"的开始，中央监委工作中断，直至被取消。

二、在"文化大革命"中

1966年5月中央发出"五一六通知"之后，中央监察委员会很快就受到"文革"运动的冲击，机构瘫痪，工作停顿。

中央监委的"文革"运动是由康生、曹轶欧（康生的妻子、康生办公室主任）直接领导进行的。1967年1月25日，中央监委被全面夺权，中央监委常务委员、处级领导干部被全部解除职务。随即成立的中央监委机关革命委员会，对一大批监委委员和处以上干部进行批斗，隔离审查。到1968年，中央监委委员、候补委员共60人，被"揭发出叛徒25人，特务3人，反革命修正主义分子10人，有严重问题性质未定的10人，叛党自杀的1人，共49人，占全体委员数的81.5%"。此外，情况不明的6人，被认为没有问题的只有5人。②1969年4月，中共九大通过的《中国共产党章程》没有再设党的监察机关，等于将原来的中央监委正式宣布取消。张云逸由于长期游离于政治中心之外，处于半工作、半休养状态，因而没有成为"文革"运动冲击的重点对象，但也受到诬陷，被秘密调查。

对"文革"，张云逸尽管开始时不甚理解，但出于对毛泽东的信任，从反修防修，解决党内存在的各种问题的愿望出发，仍然热情地支持这场运动。随着运动的发展，他发现问题越来越多，感到"文革"发生了严重的偏差，对运动也就越来越不以为然了。

在开展"破四旧、立四新"运动的同时，红卫兵掀起了改名字风潮。他们砸碎了"全聚德""荣宝斋"等老招牌，换上"革命化"的名字。海淀区的中关村改称"革命村"。红卫兵还倡议把长安街改名"东方红大道"③。张云逸居住的南池子也换了新名字，被改称为葵花向阳路。南池子18号改为葵花向阳路141号。张云逸看着新改换的名号，哭笑不得。

运动一开始，各单位到处张贴大字报。张云逸很关心大字报的内容。他想从中了解群众的呼声。张云逸时常来到中央监委大院，认真地阅读大字报。看着看着，他就皱起了眉头，不断地摇摇头。张云逸感到，许多大字报对他人的政治生命极不严肃，乱点名、乱扣帽子。特别是许多自己了解和熟悉的人，也被任意的

---

① 张云逸在中共烟台地委三级干部会议上的讲话，1966年5月25日。
② 参考中共中央组织部、中共中央党史研究室、中央档案馆合编：《中国共产党组织史资料》第6卷，中共党史出版社2000年版，第63页。
③ 金冲及主编，中共中央文献研究室编：《周恩来传》，中央文献出版社1998年版，第899—900页。

污蔑和攻击。看了几次以后,他再也不去看了。

出于了解运动发展的考虑,张云逸曾交代孩子们将贴在大街上的和其他单位的大字报,选择重要的内容抄来给他看。孩子们给他抄了几次,他看到内容同样不着边际。终于有一天,他忍不住了,看着看着,便把摘录大字报的本子往桌上一摔,怒气冲冲地说:"以后不要再抄了!尽是胡说八道。"①

然而,树欲静而风不止,大字报终于贴到了张云逸的头上。一天,在北京西单大街上贴出了大标语"揪出国民党分子、大军阀张云逸","打倒张云逸!"还有揭发他的大字报。张云逸让孩子们把批判自己的大字报一字不漏地抄来,认真地看,反复回忆,准备回答造反派的质问。1968年初,广西南宁市也贴出了对张云逸的大字报,列举了他的十条罪状。张云逸当时在广州,听说这件事后,请人将大字报的全部内容抄录给他,以便回忆核对。这时,有人劝道:造反派捕风捉影,不必那么当真。张云逸则说:"有则改之,无则加勉。总之对自己是有益处的。"②

在批判"刘邓资产阶级反动路线"时,中央监委的一些造反派组织,勒令张云逸交代与刘少奇、邓小平的"关系"。一次,几十个人组成的造反派队伍冲进张云逸住的院子,又喊口号,又贴大字报。面对造反派头头的胡言乱语,张云逸很

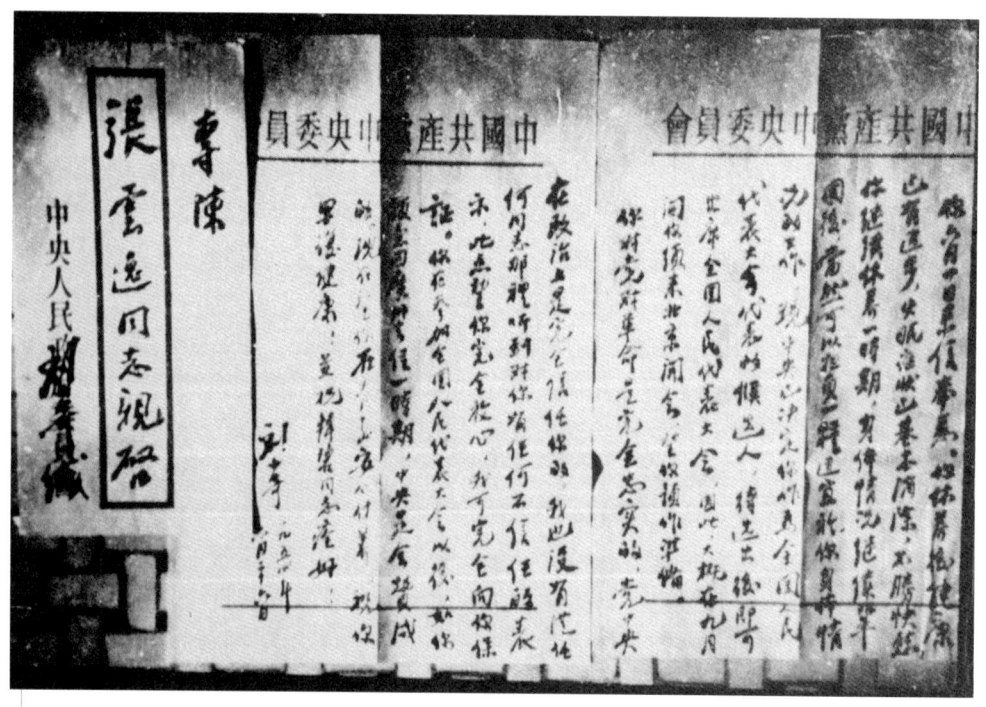

■ 1956年6月,刘少奇给张云逸的信。"文化大革命"中担心抄家,原件烧毁,拍照留存。

---

① 采访张远之、王婷记录,2003年6月23日。
② 张云逸给张从玠的信,1968年3月16日。

是气愤。他义正词严地讲了当年与邓小平共同领导百色起义，创建红七军，讲了和刘少奇在新四军一起创建淮南根据地的往事，最后掷地有声地说："这就是我与刘少奇、邓小平同志在历史上的关系，也就是我与他们无法划清的界限！"

造反派见从张云逸这里捞不到什么东西，喧闹一阵之后，扬长而去。张云逸愤慨地说："让我趁人之危，往少奇、小平身上泼脏水，真是走错了门，认错了人！"①

红卫兵还来到张云逸家中，质问他写回忆红七军、红八军的历史时为什么不提伟大领袖毛主席。张云逸说："那时我还不知道有个毛主席呐。"②

"文革"中，红卫兵以及各类专案组曾多次找到张云逸，调查其他人的历史问题。张云逸总是实事求是地、负责任地给以解释、说明。但各路人马的调查，经常是带有偏见的，并且无理地要求张云

■ "文革"初期，张云逸与妻子韩碧在北京南池子家中。

逸证实他们观点的正确。对此，张云逸虽然很不高兴，但又不能不应付。后来他想了一个办法，在桌子上摆了两块手抄的毛主席语录牌。一块写着："共产党员必须随时准备坚持真理，因为任何真理都是符合人民利益的。"另一块写着："对待思想上的毛病，决不能采取鲁莽的态度，必须采取治病救人的态度，才是有效的方法。"此后，凡有红卫兵或专案组来家里无理取闹，张云逸就先念语录，然后回答问题。对方见捞不到什么，只好灰溜溜地走了。张云逸对自己这个办法挺得意。他说："这叫以其人之道，还治其人之身。"

对运动的偏差，张云逸感到十分忧虑。然而，个人在运动大潮面前显得微不足道，他也不可能左右运动的走向，他所能做的，就是要求自己保持清醒头脑，同时提醒家人和身边工作人员，不要一时头脑发热，盲目跟风，做出不冷静的事。他常用一些古语教育大家说：害人之心不可有，防人之心不可无；风物长宜放眼

---

① 张广华：《张云逸的廉政风范》，载《炎黄春秋》1996 年第 2 期。
② 采访张远之、王婷记录，2009 年 6 月。

量,三思而后行。

当时,社会上的造反派成为时代的宠儿,有恃无恐,到处抄家、批斗,甚至打人。不少青年受到这种风潮的影响加入进去。张云逸告诫家人和身边工作人员:这种情况是不正常的、错误的,不要参加。家人遵从他的教导,都没有参加过各类造反、武斗组织。

"文革"开始时,南宁的一位亲戚正在北京跟新凤霞等学评剧,住在张云逸家。一天,她从外面回到家,手里拎着皮带,得意洋洋地说:"今天可解气了。我们打了新凤霞。"大家听了,都严厉批评她,并说:"你住在大将家里,不要闹出丢脸的事来。如果不愿意学,就回广西去。"[1] 张云逸当时不在场,后来听说此事也批评了这位亲戚。

张云逸不仅对家人的行为加以约束,还告诉海南和广西的亲属在混乱中要保持头脑清醒。他托人嘱咐自己的外甥说,要相信党,任何时候都要实事求是,不能参加打、砸、抢,不能群众斗群众。[2] 当时,他的外甥正对运动感到困惑,听了张云逸的劝告顿觉清醒了许多。

"文革"时期,人与人之间的相见也变得很不容易。高压的政治气氛,变幻不定的政治风向,起伏莫测的人生境遇,使人与人之间的关系变得十分紧张而敏感。在这种气氛中,张云逸对人际关系反而增加了几分坦然。只要他自己认为没有问题的,不管他人是不是受到运动的冲击,被打成什么分子,或给自己带来什么后果,从不避讳与故人相见。他心中挂念着下级与过去的部属,只想表示自己对他们的肯定。

这种看似平常的人之常情,在当时却是难能可贵的。它成为受冲击者生存下去的勇气和力量。

"文革"初期,长期担任中共广西壮族自治区党委第一书记的韦国清受到造反派的冲击,被多次批斗。1967年3月,周恩来安排韦国清经由广州到北京暂住。当时,张云逸正在广州休养,他很关心韦国清的情况。听说韦国清要来广州,张云逸不顾身体不适,拄着拐杖坚持到机场迎接。

韦国清一下飞机,看见老首长在空旷的机场上翘首以待,非常感动,快步走到张云逸面前。张云逸亲切地对韦国清说:"国清同志,你受苦了!"韦国清说:"张老,算不了什么!您老人家要保重身体啊!"张云逸特别嘱咐韦国清的警卫员:"小邓,你要好好保护他,他是有功之臣啊!当年是我们把他带出来的,现在我能见到他很高兴!"[3]

1969年,中央军委在北京举办了一期毛泽东思想学习班,广西的覃国翰、黄超也来参加学习班。他们到北京后,很想见一见老首长张云逸,便向组织请假。覃国翰因身上还背着"反革命"罪名,未被批准。黄超便一个人坐公共汽车来到张云逸家。

---

[1] 采访卢秀玲记录,2009年7月。
[2] 陈福兴:《亲切的关怀难忘的教诲》,载《铁军风采》2004年第1期。
[3] 何绍榜:《韦国清上将主政广西二十年》,中央文献出版社2000年版,第215页。

张云逸见到他高兴地说:"见到你们很不容易,还有什么人来?"黄超说还有覃国翰。张云逸问:"国翰不来看我?"黄超说明原委后张云逸沉默不语,看得出他为老部下的遭遇感到难过。一会儿,张云逸说:"你们回农村去吧!"他的意思是,"文革"的当权派整你们,不相信你们,你们不要等着挨整,避开算了。张云逸还一一询问了与黄超在一起的其他老干部的情况,关切之情溢于言表。①

在战争年代曾经在张云逸身边工作过的李晓光回忆,他在"文革"中与张云逸的相见令他终生难忘:"那时我已受到不应有的株连,但张云逸同志还是毫无犹豫地接见我,给了我许多安慰和勉励。我发现……他苍老多了,谈话时,头不由自主地在颤动。这一次他谈到了许多老同志,他深有感慨地说:'现在不知他们怎样了。'接着他陷入了深思,似乎在追寻往事的踪迹,表现出他的愤慨和伤感,这时,他头颤动得更加厉害了。"②

一天,张云逸想到住在附近的中央军委办公厅副主任王兴纲多日不来了,便问身边的工作人员:"王兴纲很长时间没有来,不知怎么回事?"工作人员说:"王副主任被打成叛徒,正在锅炉房劳动改造呢!"张云逸听后连连用手中的拐杖击地,痛心地说:"我了解王兴纲,早年在国民党商震部队做地下工作,后来在新四军任联络科长,专门做敌军工作的,为人正派坦率,工作积极负责,历史上没有问题,根本不存在什么叛徒问题嘛!"他联系到自己说:"大革命时期,我也做过地下工作,在张发奎部队当过参谋处长、师参谋长,那是党组织让我干的,难道我也是叛徒吗?"

张云逸想给患难中的王兴纲一些安慰,便要工作人员带他去看一看王兴纲。工作人员劝阻说:"组织上已经宣布他有历史问题,我们就不要再去了。去了有些事就更讲不清楚了。"在工作人员的反复劝说下,张云逸只好作罢。③

他的儿子张光东的岳父曹诚,是个老红军,与张云逸相熟,"文革"中遭到撤职批判。正当曹诚苦闷之时,张云逸亲自登门看望,对他说:"你不要把现在的事放在心上,要放开了看。"当时,大家还不能完全明白他的意思,事后证明,他当时看的是比较长远的。

那时候,张云逸经常听到某某人被批斗、被打倒的消息。初听这样的消息,他感到疑惑,听得多了,他渐渐感到造反派在胡作非为,心情越来越不能平静。当看到红卫兵揭发刘少奇是叛徒的小报时,他气愤地骂了一句:"什么叛徒!瞎扯。"他听说曾彦修、宫乃泉受到批斗时说:"他们怎么能反党呢?"看到谢扶民遭到揪斗的消息,他焦急地用手拍着大腿说:"他是个好人啊,不能斗他啊!"谢扶民早年参加百色起义,后一直在军队工作,新中国成立后长期在广西任职,曾任广西壮族自治区党委书记,"文革"前担任全国人大民族委员会主任委员。张云逸对他十分了解,却无力解救他。比张云逸年轻近20岁的谢扶民最终没有熬过

---

① 参考中共文昌县委党史研究室编:《张云逸研究史料》,广西人民出版社1994年版,第648页。
② 中共文昌县委党史研究室编:《张云逸研究史料》,广西人民出版社1994年版,第635页。
③ 张广华:《张云逸的廉政风范》,载《炎黄春秋》1996年第2期。

"文革",1974年7月在批林批孔运动中再度受冲击去世。

袁任远是张云逸的老部下,早年参加百色起义,1962年与张云逸一起进入中央监委任常委,这时被造反派抄了家,本人被抓走。袁任远的家人给张云逸写了一封求援信,偷偷地从门缝塞进来。张云逸看到后,心情沉重地说:"真不像话!袁任远我了解,他有什么问题,为什么要把他抓去?简直乱套了嘛!"张云逸马上给周恩来打电话,没有找到周恩来。他又与国务院办公厅联系,甚至给中央文革小组打电话,都没有结果。最后拨通了董必武的电话:"董副主席,袁任远被造反派抓去了,家人向我求援,我只好向你报告了。请你赶快向周总理说说,他现在说话还有用啊!"后来,张云逸也找到周恩来,直接向他诉说。在他的关心和大家的努力下,终于把袁任远从造反派手里要了回来。①

1969年,中共九大召开,张云逸作为中央委员出席这次会议。会议期间,一次他见到毛泽东,毛泽东拉着他的手问:老同志还剩下几个了。可是,张云逸耳背,没有听清,以为是一般的寒暄,便"啊啊"两声,算是回答了。②

这次会上,江青等一批"文革"新贵当选为中央委员,随后进入中央政治局。张云逸冷眼观望"文革"以来各色人等的兴衰沉浮,心中的郁闷无处倾诉,偶尔也向家人评说一两句。

江青被誉为"文革"的旗手,由默默无闻一下子进入党和国家的领导核心。一天,张云逸在家里一边看报纸,一边说:"把她抬得这么高,人家不服啊!"又说:"在延安整风的时候,大家认为她不怎么样。"对于康生,张云逸曾说:在八大选举时,"由于康生人缘不好,大家都不选他。可上面又要选,要我们做工作"。一次,张云逸谈到林彪,说:"这个人很聪明,会打仗。只是和他在一起时却不知道他想的是什么。"③从张云逸偶尔谈到的只言片语,可以领会一些他的态度,他的无奈。

张云逸对毛泽东始终怀着深厚的感情。但"文化大革命"以来,张云逸想见到毛泽东也越来越不容易。一个深夜,张云逸胆结石症发作,疼痛难忍,他捂着肚子在走廊里来回踱步,嘴里不停地喊着:"毛主席呀!毛主席……"喊声把家人从睡梦中惊醒了。他似乎感到自己身体不行了,有满腹的话急着想要向毛泽东诉说。

以前,张云逸常常和儿孙们谈为人处世之道,总是称誉毛泽东主席倡导的实事求是;朱德总司令的待人宽厚;刘少奇的党性修养;周恩来总理忘我工作、关心他人……④过去,党的领袖们团结协作,国家生机勃勃,而"文革"的混乱局面,令他痛心疾首。

---

① 据张广华:《张云逸的廉政风范》,载《炎黄春秋》1996年第2期。
② 张从玿回忆,张玲整理,2007年1月。
③ 采访张远之、王婷记录,2008年10月及2009年6月。
④ 中共文昌县委党史研究室编:《张云逸研究史料》,广西人民出版社1994年版,第601页。

三、最后的日子

1969年，珍宝岛事件后，中苏两国关系恶化。10月，为了防备苏联对中国的突然袭击，中共中央决定疏散在京的老同志。10月17日，由中央办公厅安排，张云逸出席观看了在首都体育馆举行的中国优秀运动员体育表演。表演结束后，张云逸与朱德、董必武、陈毅等老同志被请到休息室。周恩来向他们宣布了毛泽东和中央关于战备疏散的决定：主席根据当前形势，决定一些同志在20日之前或稍后从北京疏散到外地。接着，周恩来宣布了每个人的去处，并要求都偕夫人同去，各人在北京的住处均保留不动。张云逸的疏散地是广州，要求10月20日和朱德、董必武等人一同离京。

张云逸得到通知时，离启程时间不到3天了。此次离京，归期不定。由于时间紧迫，他与韩碧赶紧收拾随身携带用品，并对在北京的一摊子事作了安排。当时，最让张云逸放心不下的就是由他长期供养的两个孤寡姐妹。早在"文革"开始不久，张云逸就将大姐送回老家，每月给她寄去12—15元钱的生活费。张云逸嘱咐大儿子每月代他继续寄钱，并帮助解决其他生活问题；他的妹妹则留在北京的家中，由大儿子一家人按时回来照顾。①

10月20日下午，张云逸与朱德、董必武、李富春、滕代远、张鼎丞、陈奇涵几家，分乘两架伊尔-18飞机从北京西苑机场起飞。这次飞行是在非常保密的情况下进行的，除中央办公厅的几个人来机场安排飞行外，没有人送行。老同志们都表情严肃，没有往日外出休养时那样轻松愉快的气氛。

飞机在广州白云机场降落，广州军区和广东省革命委员会有关领导在机场迎接。只在机场休息片刻后，他们一行就被安排住进广州郊区的从化温泉。这里远离城区，环境优美，山清水秀，花草繁茂。张云逸与陈奇涵一同住在花溪宾馆2号楼。张云逸等人在这里的行动自由受到一定限制。一同住在从化温泉疗养院的人，都明白自己的处境，相互间有意减少交往，以免引起别人的猜疑。偶尔在散步时相遇了，就打个招呼，简单寒暄几句。但是，老同志之间感情还是很深的。张鼎丞来时没有带警卫员和秘书，生活无人照顾，张云逸看到后，便派自己的警卫员经常去张鼎丞那里帮着料理一下。②

尽管从化温泉是个休养的好地方，但不适合一年四季居住。这里的夏季，酷暑难耐，蚊虫成群，当时还没有现代化的降温设施，老人们感到很不适应。对张云逸来说，最大的问题还不是酷暑，而是受医疗条件的限制，自己的身体感到越来越差了。他想回北京检查一下身体。

1970年8月，张云逸由广州来到庐山参加中共九届二中全会。会议即将结束时，张云逸找到中央办公厅副主任王良恩说："我到广东快一年了。现在中苏之间

---

① 采访张远之、王婷记录，2009年6月。
② 采访孙希文、卢秀玲记录，2009年7月。

的斗争形势比去年有所缓和，看来战争一时不可能打起来。我现在身体不大好，胆结石病时常发作，血压也难稳定。我想回北京去检查一下。你看如何？"

王良恩说："张老，这事我做不了主，得向黄总长（黄永胜）说说，然后再报告你吧。"

过了两天，一直没有得到王良恩的回音。张云逸对秘书说："没有回答就是回答了。我们还是回广东去吧！"张云逸郁郁不快地从庐山返回从化。

1971年夏天，张云逸身体更差了，胆结石症频发。周恩来得知这个情况后，立即决定张云逸回北京治病，并为他安排了飞机。这不是周恩来第一次安排飞机接张云逸治病了。1957年时，张云逸在青岛休养，突犯胆囊炎，需要回北京详细检查诊治。周恩来派出飞机把张云逸接回北京，并安排住进北京医院。① 周恩来的关怀令张云逸十分感动。

这一次，临上飞机时，正赶上病症发作，张云逸痛得直不起腰。工作人员搀扶他上了飞机。飞机降落在北京西苑机场后，张云逸已经无法走下飞机，随行人员赶忙找来一副担架，把他抬下飞机后直接用救护车送到解放军三〇一医院。②

在三〇一医院，张云逸与陈毅病房相邻。当时，陈毅由于"二月逆流"经常受到批判，张云逸却当没有这回事，时常踱到陈毅的病房与他聊天。身体好些的时候，俩人还一起去颐和园散步。但是，去了一两次后，陈毅就不去了。他说是怕被认识的人看到骂他"你个老家伙还没有死呀！"③ 虽然陈毅说得轻松，是开玩笑的话，张云逸听后却感到一阵酸楚。

不久，发生了1971年的"九一三"事件。事件发生后，中央组织老同志座谈，揭发林彪的历史情况。10月15日，张云逸参加了一次座谈会并作了发言。

他说："我看到毛主席批准的中央九月十八日的通知，知道了林彪这个叛徒、卖国贼的事情，知道他叛党投敌，这是空前的［事件］。这样的副统帅叛党投敌这个事情，觉得奇怪。"张云逸回忆与林彪相识交往的历史：我认识林彪40年了，我记得同林彪见过五次面。第一次是我同红七军到临时中央时，1931年见过面。当时，我们不在一处工作，交谈很少，见面就是开会时打个招呼，也没有讲话。第二次是长征到了陕北瓦窑堡时，我在军委参谋部工作。我知道一件事，林彪到了陕北不久，就散布想脱离主力部队到南方打游击的谣言。这在军队里引起一些波动。我只感到他思想消极。他没有看到长征又是一个胜利。后来，毛主席说服他，他就不走了。这个事情一散布，部队就受到影响。有些人开小差，如周昆等为了一万块钱不是开了小差吗！第三次是1950年，我陪同越南胡志明主席到了汉口，参加中南局会议见过他。后来，又有两次见到他，没有更多的了解他的情况。这个人平时很少讲话，见到面只有三两句话。最后，张云逸表态拥护毛主席和党

---

① 崔义田、黄树则给杨尚昆的报告，1957年8月5日；张云逸给邓小平的信，1957年12月1日。
② 采访张远之、王婷记录，2009年6月。
③ 采访王婷、丛书芬记录，2009年7月。

1972年初夏,全家福,在景山后街2号暂住地。

中央处理林彪叛逃事件的各项具体措施。[①]

张云逸没有揭发出林彪的什么有价值的事,他所说的林彪想脱离部队打游击的事,也是尽人皆知的事。在座谈会上,张云逸还听人揭发他当年在广西工作时,林彪不支持他的工作,对他打击排挤的事。他这才知道,原来当年在广西突然对他进行揭发批判的背后还有林彪起了作用。不过事情已经过去20年,20年来政治运动接二连三,一次比一次惊心动魄,当年对他的批判,比较起来已经是相当温和了。当时参加会议的人,也都经历了运动的洗礼。如今物是人非,那时的委屈在他的心中早已波澜不惊。听到这件事后,他的脸上看不出任何表情,好像在听一件与己无关的事。

进入20世纪70年代,寿登耄耋的张云逸进入了人生暮年。他身体多病,精神不佳,行动不便,出入都要用轮椅代步,坐在轮椅上经常会不知不觉地睡着了。

1974年初,张云逸住进解放军三〇一医院。几个月后,病况有所稳定,便出院回家调养。但是,不久病情加重,又住进医院。这次住院后,张云逸再也没有回到南池子18号。

张云逸生病住院期间,许多老同志都来看望。刚刚落实政策的陈漫远,以及杨成武、余立金、傅崇碧等也都来慰问。莫文骅多次前来探问病情,直到张云逸

[①] 张云逸同志在老同志座谈会上的发言,1971年10月15日。

逝世一直陪伴在身边。①

1974年5月，莫文骅突患心肌梗死也住进三〇一医院。正在住院的张云逸听说莫文骅病危消息时，坐卧不安，一定要来看望。他拖着衰弱的身体，靠在轮椅上，在夫人韩碧的陪同下，来到莫文骅的病房。一对病友，曾经共患难的知己，相见没有更多的话，从两人默默对视的眼神中仿佛看到金戈铁马、风霜雪雨的漫漫岁月。

11月19日，张云逸的生命走到尽头。在他病重弥留之际，刚恢复工作不久的邓小平来到医院看望。邓小平紧握着他的手说："我们是老战友，相识45年啦。"张云逸已经说不出话了，但使劲抓着邓小平的手，努力地颔首示意。

20时58分，张云逸的心脏停止跳动，终年82岁。

11月25日，张云逸追悼会在八宝山革命公墓礼堂举行。叶剑英主持追悼会，邓小平代表党中央致悼词。悼词中说：张云逸同志"积极工作，艰苦朴素，密切联系群众，勤勤恳恳地为人民服务，为革命事业贡献了一生"，他的逝世，"是我党我军的一大损失"。②

张云逸虽然去世了，但是他崇高的革命精神和道德情操永远留在人们的心中。

1992年，张云逸纪念馆在海南省文昌县落成。著名雕塑家林毓豪先生创作了3.5米高的张云逸全身立式铜像，以寄托家乡人民对他的怀念。③8月10日，是张云逸诞辰100周年的日子。这一天，纪念馆在文昌县城落成。聂荣臻元帅生前为张

■ 张云逸追悼会会场

① 采访张远之、王婷记录，2009年7月。
②《人民日报》，1974年11月26日。
③《人民日报》，1992年8月7日。

云逸纪念馆题写了馆名，彭真为张云逸铜像题写了"张云逸大将"五个大字。①

张云逸同志是中国共产党的优秀党员，卓越的共产主义先锋战士，无产阶级革命家、军事家。入党时他已经34岁，有着较高的社会地位和优厚的待遇，但他为劳苦大众的解放事业毅然抛弃了这一切。他抱定共产主义理想信念坚持革命斗争，始终不渝，奋斗终生。

他的经历，跨越了旧民主主义革命、新民主主义革命和社会主义革命的各个历史时期，参加了中国现代革命战争的全过程。在中国共产党的领导下，参与了建党、建军、建政，领导武装起义，建立和扩大革命根据地；参与统率机关决策，指挥部队作战，建设后方；参加和指导统一战线工作等，涉及革命事业的方方面面，创造了不朽的业绩。

他一贯把党的事业和革命利益放在第一位，从不计较职位高低，进退得失。他把自己的一切交给了党，党叫干什么就干什么，自觉地服从组织的安排调动。他有坚强的党性和高度的组织观念，时刻重视维护党的领导核心，遵守集体领导原则。他一贯谦虚谨慎，从不突出个人。在领导集体中，当"主角"时，能集思广益，从善如流；做"配角"时，则主动配合，精诚合作。在政治上、思想上，他从不偏向极左或极右，总是实事求是地开展工作。服从组织，遵守纪律，团结同志，顾全大局等革命者的优秀品质，在他身上体现得十分突出。

他心胸开阔、光明磊落，为人公道正派、诚恳真挚，与人为善、和蔼可亲、关心爱护同志，同时又秉公严明、坚持原则、不徇私情。他待人以宽，律己甚严，把自己摆在一个普通党员的位置，数十年如一日，受到上上下下的交口称誉。他的部下评价他是"德高望重的革命长者"。陈毅称呼他为"同志长兄"，说他有"大海容人之量"。刘少奇说他是"有'党德'的同志"。毛泽东称赞他是"模范共产党员"。

---

① 据新华社通讯，1993年8月13日。

张云逸生平大事年表
（1892—1974）

1892 年 诞生
- 8 月 10 日（清光绪十八年农历闰六月十八日） 出生于广东省文昌县（今海南省文昌市）头苑镇上僚村一个贫苦农民家庭，乳名益友，学名运镒，字胜之。参加革命后，改名云逸。曾化名石赤峰（又名石迟峰）。

1898 年 6 岁
- 在本村张氏祖祠读私塾。

1904 年 12 岁
- 进入头苑明新高等小学读书。

1906 年 14 岁
- 赴广州，在赵士槐家做勤杂工。利用业余时间继续进行学习。

1908 年 16 岁
- 考入位于黄埔岛的广东陆军小学堂第四期步兵科，学制三年。

1909 年 17 岁
- 10 月 加入中国同盟会，开始参加反抗清王朝反动统治的斗争。

1910 年 18 岁
- 母亲邢氏因病去世。回家奔丧。

1911 年 19 岁
- 4 月 27 日 参加中国同盟会在广州发动的黄花岗起义。
- 10 月 武昌起义后，随中国同盟会南方支部领导的革命军向广州进发，并被任命为进攻两广总督府的炸弹队队长。
- 11 月下旬 随琼崖安抚使赵士槐赴琼崖收编琼军。接收失败后，回文昌老家看望父亲。

1912 年　20 岁
- 11 月　进入广东陆军速成学校步兵科第三期学习。

1913 年　21 岁
- 6 月　在广东都督陈炯明部实习。
- 年底　从广东陆军速成学校毕业，分配到海南岛龙（济光）军杨锦隆部任排长。
- 本年　与文昌县头苑镇赤塘村王碧珍结婚。

1914 年　22 岁
- 任杨锦隆部连长，驻军三亚。利用三合会组织进行反袁宣传，发展反袁力量。

1915 年　23 岁
- 在肇军讲武堂任教官。参加反袁（世凯）讨龙（济光）斗争。

1917 年　25 岁
- 参加孙中山领导的护法战争，任大元帅府参谋处参谋。

1919 年　27 岁
- 在护国军第五军任营长、师部中校参谋。

1921 年　29 岁
- 任香山护沙营营长。

1922 年　30 岁
- 率部在香山一带抵抗陈炯明叛军，随后以治病为由避入医院，拒不与叛军合作。父亲张景琚去世，张云逸和弟弟张运鉴一起为父亲立碑纪念。

1923 年　31 岁
- 任粤军第一军第三师参谋长。与文昌县昌洒镇昌述村韩碧珠（后改名韩碧）结婚。

1925 年　33 岁
- 9 月　被广东国民政府任命为揭阳县县长，但上任不久即陷入陈炯明叛军包围，遂挂印而去。

1926年　34岁

- 年初　任张发奎第十二师参谋处长。
- 6月　随国民革命军第十二师出征北伐，相继参加醴陵、长沙、平江、汀泗桥、贺胜桥、武昌等战役战斗。
- 11月　在王志仁、廖乾吾介绍下，在武汉加入中国共产党。
- 12月　任国民革命军第四军国民党特别党部委员，负责第二十五师党部工作。

1927年　35岁

- 5月　随国民革命军第四军参加二次北伐。
- 6月　回师武汉后，出任国民革命军第二十五师参谋长，说服张发奎同意中共党员卢德铭出任刚刚组建的武汉国民政府警卫团团长。
- 7月中下旬　积极协助和支持第二十五师参加南昌起义的各项准备工作。
- 9月中旬　随张发奎部队回到广东。
- 10月底　被张发奎任命为琼崖绥靖司令。中共南方局决定以张云逸等部为基础，在琼崖发动武装起义，并制订了《经营琼崖计划》。
- 11月　率领第四军和第五军各一个营八百余人，乘两艘轮船从广州开赴海南岛。部队被投靠桂系的叶肇部缴械，张云逸潜出海口，经越南到达香港。
- 12月10日晚　参加张太雷在广州旧仓巷召开的军事会议。
- 12月11日　参加广州起义。起义失败后，逃往香港。

1928年　36岁

- 初夏　接到中共中央到苏联学习的指示，遂赴上海，准备出国。
- 秋　中共中央决定，张云逸不去苏联，改去广西进行兵运工作。

1929年　37岁

- 5月　从上海赴香港，6月中旬由香港赴广州，经国民党广东海军总司令陈策介绍，7月经广西梧州到达南宁，被国民党广西省主席俞作柏任命为教导队（亦称教导总队）副主任（少将级），8月被任命为警备第四大队大队长。
- 10月中旬　俞作柏、李明瑞反蒋失败后，平定教导队风潮，指挥警备第四大队官兵和教导队学员，将大批军械物资搬上汽船，溯江而上，驶往百色，之后自己率部队从陆路由南宁出发前往百色。
- 10月下旬　以右江清乡督办公署督办名义开始办公，控制右江各县政府，稳定局势，取得各地税收，收缴枪支。
- 11月初　中共中央批准成立中共广西前敌委员会，由邓小平任书记，颁发广西红军番号为红七军，张云逸任军长。作为中共广西前敌委员会委员、常委，参加邓小平主持的前委第一次会议，决定在广州起义两周年纪念日，即12月11日举行起义。
- 12月11日　举行百色起义，宣布成立红七军，就任红七军军长。
- 12月25日　中共中央批准成立由陈豪人、张云逸、何世昌、李谦、韦拔群等组成的前敌委员会名单。

1930 年　38 岁

- 1 月 21 日　驻平马的红七军第一纵队第一营占领隆安县城,作为进攻南宁的前哨阵地。
- 2 月 1 日　龙州起义举行,成立红八军和左江革命委员会。
- 2 月 4 日　桂系军队向隆安进攻。6 日率红七军主力前往增援,7 日率部撤出战斗。进攻南宁计划受挫。
- 3 月 2 日　中共中央发出《给广东省委转七军前委指示信》,指定红七军前委名单:"红军第七军前敌委员会指定小平(邓小平)、昭礼(陈豪人)、云逸(张云逸)、龙光(李谦)、伯群(韦拔群)、云甫(雷经天)、世昌(何世昌)七人组成之。小平为书记,昭礼为政治部主任,云逸为第七军军长,小平、昭礼、云逸三人为常委。"
- 3 月初　红七军前委在凤山盘阳召开扩大会议,总结起义以来的经验教训,决定向外线游击作战。
- 4 月 30 日　与李明瑞等指挥红七军攻占贵州榕江城。
- 5 月上旬　率红七军主力回师广西河池。
- 10 月 4 日至 6 日　参加邓小平主持召开的中共红七军前委扩大会议,中央代表邓拔奇在会上传达中央指示,命令红七军进攻柳州、桂林,向广东的西江、北江地区发展。
- 10 月 3 日　在田州举行出征誓师大会后,率军直属队和第一、第二、第四纵队从平马等地出发向河池集中。途中,在凌云县讲肥村岗里屯接应了红八军第一纵队余部三百余人。
- 11 月 7 日　参加在河池县凤仪小学召开的红七军第一次党代表大会。随后,红七军整编。红七军共七千余人,整编为三个师,李明瑞任总指挥,张云逸任军长,邓小平任政治委员。9 日晚,送别韦拔群。
- 11 月 10 日　红七军主力从河池出发,开始向柳州、桂林前进。
- 12 月 25 日　与邓小平等指挥红七军强渡资水,进攻武岗县城受挫,被迫放弃攻城。
- 12 月 31 日　与邓小平等指挥部队从新宁县窑市进至广西资源县梅溪镇,抢渡梅溪河。

1931 年　39 岁

- 1 月 2 日　率部袭占广西全州。红七军前委召开会议,决定寻机联系朱毛红军。会后,中央代表邓拔奇、红七军政治部主任陈豪人离队,赴上海向中央汇报。
- 1 月 14 日　与邓小平率部经道县、江华到达广西贺县桂岭。将两个师缩编为两个团,干部降级使用,编余干部编入军事训练所。
- 1 月 30 日　与邓小平等指挥部队到达广东省乐昌县梅花村,并准备在此地建立根据地。
- 2月3日　指挥部队与前来围追堵截的粤军3个主力团和地方反动武装激战，付出重大伤亡后向杨溪口转移。
- 2月5日　部队在杨溪口东渡乐昌河（武水）。邓小平等率主力渡河后，因受敌截击，张云逸所率第五十八团一部及军部机关800多人未能渡河，遂后退15公里，再寻机渡河。从此，红七军分成两部分。
- 2月6日　将部队重新整编为第五十八团，并将部分机关人员编入战斗连队，决定仍然前去会合朱毛红军。
- 2月上旬　率部渡过乐昌河，进入湖南境内。随后转战湘东南，3月14日在酃县十都圩附近与王震率领的湘东南独立师（湘赣红军独立第一师）第三团会合。之后，两部取得将军山战斗的胜利。
- 4月初　率红七军第五十八团和湘东南独立师进入西路地区，与在此地坚持斗争的红二十军第一七五团会合，组成河西临时总指挥部，任总指挥。
- 4月4日　率部发起永阳战斗，占领永阳城。
- 4月上旬　率红七军第五十八团在永新县天河与红七军主力会师。这时，邓小平已到上海向党中央汇报红七军工作，红七军主力由李明瑞、许卓等带领。因病重，由李明瑞接任河西临时总指挥部总指挥。
- 4月底　参加在永新召开的红七军第二次党代表大会。继续担任红七军军长、红七军前敌委员会委员。
- 6月下旬　湘东南战役后，参加在赣江沙地举行的红七军前委会议，力主红七军东渡赣江、会合中央红军。
- 7月11日　与李明瑞等率红七军在良口东渡赣江，进入中央苏区的兴国县。
- 7月22日　率部在兴国县桥头镇与红三军团部队会师。
- 7月前后　红七军以李明瑞为军长，许卓为代理政治委员，张云逸为参谋长随军休养。
- 11月　被重新任命为红七军军长。在第一次中华苏维埃共和国工农兵代表大会上，当选为中华苏维埃共和国中央政府执行委员会委员。
- 12月　调任中革军委总参谋部副部长兼作战科长。

1932年　40岁

- 2月　总参谋部作战科改称军委作战局（亦称第一局），兼任局长。
- 6月中旬　中共临时中央和苏区中央局决定恢复红一方面军总部，被任命为红一方面军副参谋长兼第一局（作战局）局长。

1933年　41岁

- 2月　协助朱德、周恩来、刘伯承等组织黄陂战斗。
- 3月19日　参与组织草台岗战斗，拟定作战部署。
- 5月　在《红色战场》第9期发表《战斗指挥研究的事项》一文。
- 7月　以副总参谋长身份兼任粤赣军区司令员。

- 8月1日 被中革军委授予二等八一红星勋章。
- 9月 在《红色战场》发表《大战和小战以及游击战的动作怎样分别？》一文。
- 9月中旬 受中共中央委派，作为中华苏维埃临时中央政府代表，与福建人民政府和闽西善后处代表陈小航在汀州进行谈判，11月27日正式订立《闽西边界和交通条约》。
- 11月20日 李济深、陈铭枢、蒋光鼐、蔡廷锴等发动反日反蒋的福建事变。
- 12月下旬 受中共中央委派，担任中革军委驻福建人民政府军事联络员。

1934年 42岁

- 1月初 在福建人民政府展开工作。
- 1月13日 随十九路军南撤。随后在云应霖等的帮助下，乘小艇经厦门、广东返回中央苏区。
- 2月 继续担任中革军委副总参谋长兼第一局（作战局）局长。
- 5月 陪同李德到会昌前线视察。
- 7月 奉命在会昌率三百余人组成西征支队，渡过桃江（即信丰河），沿南岭山脉西行，准备乘隙向北进入湘赣苏区，就任湘赣军区司令员。但在大庾附近遭遇国民党粤军袭击，被迫进入粤赣交界的大庾岭地区。由于染上重感冒并发大叶性肺炎，不得不留在大庾岭养病。中共中央、中革军委获悉后，任命彭辉明为湘赣军区司令员。
- 8月至11月初 指导南雄地区红军游击队广泛开展游击战争，连续取得了百顺、游仙圩等战斗的胜利。
- 11月上旬 在红三军团第四师的接应下，率小分队22人突围后参加长征。后到红八军团帮助工作。
- 11月中下旬 协助组织红八军团强渡湘江。
- 12月上旬 根据军委纵队命令，仍任中革军委副总参谋长，负责侦察先遣工作。
- 12月中旬 任中革军委先遣队司令员。
- 12月31日 朱德发出《关于红军二师、工兵营等部队在江界河架桥受张云逸指挥问题致张云逸电》等电报，要求部队在张云逸等的指挥下，迅速渡河并架设浮桥，保证部队渡过乌江。

1935年 43岁

- 1月2日 拂晓，带军委工兵营来到乌江边，协助架桥。
- 1月12日 奉命率先遣队等部进入桐梓。
- 6月 负责全军收容队工作。
- 7月 负责军委纵队筹粮工作。
- 8月18日 在哈达铺，中共中央宣布红一方面军主力改编为中国工农红军陕甘支队，全支队7000余人。担任支队副参谋长。
- 10月19日 到达陕北吴起镇，结束长征。随后参加中央五人党务委员会，负责审查陕北肃反问题。

- 11月5日　西北革命军事委员会在瓦窑堡设立后方办事处，以副总参谋长身份兼任后方办事处参谋长。
- 11月26日　中共西北局专门就陕北肃反问题作出结论。

1936年　44岁

- 1月25日　与毛泽东、彭德怀、林彪等20名红军高级将领联名发表《为红军愿意同东北军联合抗日致东北军全体将士书》。
- 2月底　与林伯渠等接待前来联络国共合作事宜的董健吾。
- 4月11日　与曾希圣致电负责与张学良谈判的李克农，提出对东北军谈判的建议。
- 5月2日　根据中革军委决定，以张云逸、宋裕和、杨立三组成渡河指挥团，张云逸任团长，指挥东征的红军各军团渡河西返。
- 5月14日　参加红一方面军在陕北延长县大相寺召开的团以上干部会议。会议总结了东征作战的经验，并决定进行西征作战。
- 5月28日　参加中共中央召开的政治局扩大会议，讨论制定了与东北军、十七路军联合成立西北国防政府的方针。
- 9月25日　与参谋长叶剑英、军委三局局长王铮签署《关于重新划分无线电技术人员津贴的决定》。
- 9月30日　中革军委决定在高级干部中实行津贴制度，张云逸获一级津贴，每月5元。
- 10月26日　与毛泽东、朱德、张国焘、周恩来、彭德怀、林彪等46位红军将领联合发表致蒋介石及西北将领书。
- 12月1日　与毛泽东、朱德、张国焘、周恩来、彭德怀、任弼时、王稼祥、刘伯承等19位红军将领再次发表致蒋介石书，要求其改变"剿共"的反动政策，共同抗日。
- 12月7日　与毛泽东、朱德、周恩来、张国焘、彭德怀等23人一起被任命为中革军委委员。

1937年　45岁

- 2月16日　张闻天、毛泽东、博古签署《中共中央各机关缩编办法》。刘伯承被任命为援西军司令员后，张云逸担任中革军委缩编委员会代主席。之后，主持完成机关整编，共裁减人员770余人，减少了预算和开支。
- 4月初　在山西吉县附近宴请桂系代表刘仲容，并与之进行了广泛交谈。
- 4月25日　与周恩来等一起离开延安，准备从西安转香港，但在劳山遭遇土匪袭击。在警卫官兵的掩护下，与周恩来、孔石泉等突围返回延安。
- 4月底　再次从延安出发，从西安转香港，开始华南统战之旅。
- 5月中旬　抵达香港，并与设在九龙的中共中央北方局南方临时工作委员会接上组织关系，随即展开统战工作。

- 6月上旬　携秘书罗理实来到桂林，与李宗仁、白崇禧会谈。
- 6月26日　向毛泽东报告与国民党广西、四川地方实力派达成的合作抗日的纲领草案，征求中共中央的意见。27日，毛泽东复电同意。
- 7月初　代表中共方面与桂系及国民党四川省政府主席刘湘的代表张斯可签订了三方共同推动抗日的纲领及实施方案。
- 7月　经过与李宗仁、白崇禧等人的多次会谈，使桂系最终接受了中共方面提出的拥蒋抗日的方针。
- 8月上旬　由香港赶到广州，做广东国民党当局的统战工作。
- 10月　由香港来到福建，与福建国民党当局交涉"漳浦事件"，同时准备向在福建活动的红军游击队传达中共中央关于南方游击区工作的一系列指示，并就其改编为抗日武装等问题与福建国民党当局进行谈判。
- 10月　派云广英去江西向项英传达中共中央关于南方红军游击队改编的方针。
- 10月　派中共党员孙克骥携带中共中央的有关文件去闽东游击区寻找闽东红军游击队领导人叶飞。
- 11月　在闽西游击区召集中共闽粤赣边省委举行扩大会议，传达中共中央关于南方游击区工作的方针。
- 11月　在香港代表中共领导人毛泽东、朱德、周恩来拜访并宴请从欧洲归来的杨虎城将军。
- 11月　在香港以八路军代表名义欢迎和招待准备到中国内地采访的南洋新闻记者战地考察团，并向他们宣传中国共产党抗日民族统一战线的政策。
- 12月19日　由香港辗转来到武汉，参加新四军的组建工作。24日，在武汉向中共中央扼要地报告了其半年多来在南方开展工作的有关情况。
- 12月25日　新四军军部在汉口成立。根据中共中央的决定，张云逸任新四军参谋长兼第三支队司令员，后经国民政府军事委员会核准备案。

1938年　46岁

- 1月4日　与新四军副军长项英等率新四军军部机关人员乘船离开汉口。6日，抵达南昌。到南昌后，与项英等将新四军军部设在书院街高升巷原张勋公馆内。
- 2月2日　离开南昌新四军军部赴江西省铅山县，前去主持闽北红军游击队改编为新四军第三支队第五团的工作。
- 2月9日　在铅山县石塘镇的一所学校里，主持新四军第三支队第五团营以上干部就职仪式。
- 2月13日　抵达福州。14日，会见福建记者。在福州期间，与国民党福建省政府主席陈仪就设立新四军驻福州办事处一事达成协议，并解决了"漳浦事件"的善后事宜。
- 3月　在浙江省开化县华埠镇与新四军第三支队第五、第六团会合，并组建第三支队的司令部、政治部机关。后第三支队在张云逸的率领下，于3月

- 底、4月初相继抵达皖南歙县岩寺。
- 4月5日 新四军军部由南昌迁至岩寺。张云逸与军长叶挺、副军长项英等人会合。
- 5月5日 随新四军军部离开岩寺,于7日进驻太平县麻村。26日又随军部移驻南陵县土塘村。
- 6月2日 同项英赴休宁县屯溪镇面见第三战区司令长官顾祝同,与其就新四军挺进江南敌后的活动地区及主要任务进行协商。
- 6月下旬 新四军军部在南陵土塘召开全军第一次参谋工作会议。张云逸于22日在会上作了题为《参谋工作建设》的报告。
- 8月2日 随新四军军部移驻泾县云岭村。
- 11月10日 中共中央军委领导人毛泽东、王稼祥电询项英:"白崇禧已允新四军张云逸同志率一个营到长江以北安徽境内活动,已否派去?""现在安徽中部最便利我军活动,新四军可否派两个至三个营交张云逸同志率领过江。"
- 11月17日 率军部特务营(欠一个连)由铜陵渡江后,抵达长江北岸无为县胡陇镇。
- 11月下旬 到舒城县东、西港冲,会见新四军第四支队司令员高敬亭、政治部主任戴季英等人,敦促第四支队尽快挺进皖东敌后。
- 12月下旬 携戴季英等人到立煌(今金寨),做国民党安徽省政府主席、第二十一集团军总司令廖磊的统战工作。

1939年 47岁

- 2月 率军部特务营等部共两千余人由舒城挺进皖东。其后,即直接指挥第八团等部开辟皖东。
- 4月中旬 与中原局代理书记朱理治电商组建新四军江北指挥部的方案。
- 5月4日 到庐江,迎接由皖南过江而来的叶挺军长等人。6日,与叶挺等人来到东汤池。后在叶挺的主持下,于东汤池成立了新四军江北指挥部,张云逸兼任指挥,邓子恢任政治部主任,赖传珠任参谋长。新四军江北前敌委员会亦成立,张云逸任书记。
- 5月9日 陪同叶挺到舒城西港冲,敦促高敬亭率第四支队后方机关和教导大队、第九团迅速东进皖东。
- 6月14日 中共中央、中共中央军委决定,彭雪枫领导的新四军游击支队归叶挺、张云逸指挥。
- 7月1日 中共鄂豫皖区委书记郑位三致电叶挺、张云逸等人,请叶、张务必于百忙中赴立煌一行,与廖磊谈判解决安徽国民党当局与共产党、新四军的摩擦问题。据此,张云逸与叶挺等人于7月上旬来到立煌,与廖磊谈判。
- 7月下旬 与叶挺在江北指挥部接见新四军游击支队第二团政治委员谭友林,并为游击支队筹集了一些现款、药品及枪支、弹药。
- 8月3日 叶挺等人渡江南返。其后,江北指挥部的工作由张云逸主持。

- 9月11日　美国著名左翼女作家、新闻记者艾格尼丝·史沫特莱由皖南渡江后来到江北指挥部采访。张云逸给予热情接待，并多次向其介绍江北新四军的有关情况。
- 10月13日　为纪念新四军成立两周年而撰写的文章《纪念本军成立两周年——为完成建军任务而斗争》在《抗敌报》上发表。
- 10月22日　率江北指挥部离开庐江东汤池，东进皖东。
- 10月29日　与郑位三致电新四军军部和中原局，报告与中共苏皖省委、鄂豫皖区委领导人共同商定的在江北创建抗日根据地的计划。
- 10月　到全椒县古河镇，做国民党安徽省第五行政公署督察专员兼第五战区第十游击纵队司令李本一的统战工作。
- 11月18日　致电第一战区司令长官卫立煌，抗议国民党顽固派制造竹沟惨案的反动行径。
- 12月初　中原局书记刘少奇携江北指挥部副指挥徐海东等到达定远县山黄村江北指挥部驻地，与张云逸会合。后经刘少奇提议、中共中央批准，张云逸加入中原局。
- 12月中旬　在滁县瓦屋薛村参加了由刘少奇主持召开的第一次中原局会议。次年1、2月又参加了刘少奇主持召开的第二、第三次中原局会议。
- 12月中旬　日军从南京、明光、蚌埠等地抽调两千余人对皖东津浦路西地区进行"扫荡"。张云逸和刘少奇等研究、部署第四支队进行反"扫荡"作战，并派徐海东具体指挥。最终第四支队取得了周家岗反"扫荡"作战的胜利。

1940年　48岁

- 1月3日　与刘少奇、徐海东、邓子恢致电朱理治、李先念："所有在鄂中、鄂东活动皆党所领导的部队，统归你们指挥节制，部队番号改称挺进游击纵队。"据此，新四军成立了豫鄂挺进纵队，李先念任司令员，朱理治任政治委员。
- 2月23日　复信李本一，驳斥其对皖东新四军的各种无理指责，并阐明了江北指挥部对皖东新四军南调的立场。
- 3月上旬　国民党桂系军队及地方武装共6000余人，分三路向皖东津浦路西新四军第四支队及江北指挥部发动进攻。张云逸与刘少奇等人指挥新四军第四、第五支队及苏皖支队进行了定远自卫反击战，打退了来犯的国民党顽军，歼其2000余人。
- 3月20日　致电第五战区司令长官李宗仁、国民政府军事委员会副总参谋长白崇禧，抗议安徽省政府主席、第二十一集团军总司令李品仙入皖后安徽国民党当局制造的一系列反共摩擦事件，要求严惩破坏国共合作抗战的顽固分子。
- 3月22日　夫人韩碧、儿子张远之随20余名新四军指战员由皖南渡江后，在无为遭到国民党顽军无理扣押。后经多方营救，韩碧母子于同年9月获释。被扣的其他新四军指战员除一人逃出外，余皆被顽军杀害。

- 3月下旬　国民党江苏省政府主席、鲁苏战区副总司令韩德勤调集1万余人的兵力，进攻皖东津浦路东的新四军第五支队所部。张云逸与刘少奇等人指挥第四、第五支队，苏皖支队，在叶飞率领的新四军挺进纵队一部的配合下，打退了来犯的顽军，歼其1000余人。
- 5月4日　毛泽东在为中共中央起草的给东南局的指示中，肯定了张云逸对李品仙所进行的针锋相对的斗争，并指出，新四军第四、第五支队反击韩德勤、李品仙部向皖东进攻的自卫战争是绝对必要和正确的。
- 5月下旬　指挥新四军第五支队在淮南津浦路东进行反"扫荡"作战。
- 5月　将江北指挥部教导队扩建为军政干部学校，并兼任校长一职。
- 6月中旬　与刘少奇等人研究淮南津浦路西的反摩擦作战部署，并于17日由路东赶到路西，指挥新四军作战。
- 8月上旬　新四军第四、第五支队三个团根据刘少奇、张云逸等人的指示，北渡三河，执行开辟淮（安）宝（应）的任务。
- 8月17日　与邓子恢、赖传珠向中共中央军委报告江北指挥部所属各部的历史与现状。
- 8月22日　致电李品仙，呼吁消除摩擦，团结抗战。
- 9月上旬　与刘少奇等人指挥新四军在淮南津浦路东进行反"扫荡"作战。至17日，粉碎了一万余日伪军对抗日根据地的进犯。
- 9月　令新四军江北游击纵队派部南下巢（县）无（为）地区，配合第三支队挺进团在皖中活动。
- 10月21日　刘少奇率中原局机关离开皖东，东进苏北。张云逸、邓子恢等人留守淮南抗日根据地。
- 10月下旬　李品仙以七个团的兵力向淮南津浦路西抗日根据地发动进攻。张云逸坐镇路西，指挥新四军进行反摩擦作战。11月底，张云逸返回路东，由罗炳辉在路西指挥作战。
- 12月　与邓子恢研究召开淮南津浦路东各县联防办事处临时参议会有关事宜。

1941年　49岁

- 1月13日　淮南津浦路东各县联防办事处临时参议会开幕，至18日结束。张云逸出席会议并讲话。
- 1月14日　与陈毅、罗炳辉等人致电蒋介石，抗议国民党军包围袭击遵命北移的新四军军部及其直属部队的错误行径，要求蒋介石下令解除国民党军对皖南新四军的包围，并严惩祸首。17日，又与陈毅等人通电全国，对国民党顽固派蓄意制造皖南事变、屠杀皖南新四军的行径予以严正抗议和强烈谴责。
- 1月20日　中共中央军委发布重建新四军军部的命令，任命陈毅为新四军代理军长，张云逸为副军长，刘少奇为政治委员，赖传珠为参谋长，邓子恢为政治部主任。
- 2月21日　与邓子恢向中共中央书记处并新四军军部报告淮南津浦路东抗

日根据地的状况。3月2日，刘少奇复电张云逸等人："路东地方工作报告悉，根据地工作业已走上正轨。"
- 2月　主持新四军第二师的整编工作。张云逸以副军长职兼师长。后第二师组成了以张云逸为书记的军政委员会，以加强对部队的集中统一领导。
- 2月　参加新四军第二师参谋工作会议，并在会上作重要报告。
- 3月上旬　日伪军以五千余兵力对淮南津浦路西地区进行"扫荡"。张云逸与罗炳辉等人指挥新四军第二师粉碎了敌人的这次"扫荡"作战。
- 3月18日　新四军第二师召开政治工作会议，张云逸出席并在会上作重要讲话，号召将第二师建成铁的党军。
- 4月21日　新四军军部致电张云逸、邓子恢等人：原对外之江北游击纵队名义取消，活动在无为及江南的部队一律改称新四军第七师，部队暂归张云逸、邓子恢、罗炳辉、郑位三指挥。
- 4月27日　中原局改称华中局，书记刘少奇，委员有陈毅、曾山、饶漱石。
- 5月4日　抗大第八分校在天长县张公铺举行第一期开学典礼。校长张云逸出席开学典礼并作重要讲话。
- 5月22日　陈毅、刘少奇转发中共中央电令：任命刘少奇、陈毅、张云逸、邓子恢、赖传珠为中央革命军事委员会华中分会委员，以刘少奇为书记。
- 5月下旬　指挥新四军第二师进行反"扫荡"作战。至6月上旬，粉碎了四千余日伪军对淮南津浦路东抗日根据地的"扫荡"。
- 6月　令第五旅旅长成钧、政治委员赵启民率第十四、第十五团由淮宝地区西渡洪泽湖，进入皖东北活动。
- 7月　令第四旅率第十、第十一团渡过淮河，进入淮阴、泗阳地区活动。
- 8月10日　新四军第二师师部为张云逸50（虚岁）岁生日举行简朴而热烈的祝寿活动。
- 秋　通过内线关系搞来一本南京伪军代号为教导旅的电台呼号和密码，交给第二师师部电台使用。这不仅使第二师日后在获取日伪情报方面受益颇多，而且对第二师开展敌军工作也带来诸多的便利条件。
- 11月4日　致电新四军军部转毛泽东、朱德、彭德怀等人，报告桂系军队自10月以来进犯淮南津浦路西抗日根据地的情况，请求转电蒋介石予以制止。后为打退桂系军队对淮南津浦路西抗日根据地的进犯，张云逸等第二师领导人组织所部进行大桥战役，一举歼灭顽军两个营，迫使桂系军队退出路西根据地中心区。
- 11月18日　与新四军第四师师长彭雪枫陪同陈毅代军长到泗县新行圩第九旅视察工作。后又陪同陈毅到第二师视察工作。

1942年　50岁

- 1月15日　就华中各抗日根据地的扩军工作作出重要指示。
- 1月　主持制定新四军第二师精简方案，决定将第二师主力部队按五分之三、地方部队按五分之二的原则进行缩编，并报华中局批准。

- 1月　根据太平洋战争爆发后日伪之间发生的裂痕和矛盾，与郑位三等制定、颁布了《敌伪军及伪组织工作人员来归保护条例》。该条例的颁布实行，对推动淮南抗日军民开展敌军工作起到了积极的作用。
- 2月　刘少奇在华中局第一次扩大会议上作报告时对张云逸等领导的新四军第二师暨淮南抗日根据地的工作给予了充分的肯定，指出：新四军第二师经过整训已经成为"正规的党军"，主力军"在军事上、政治上、组织上，均获得了相当大的成绩（这是值得其他各师学习的）"；"皖东特别路东根据地的工作，与华中其他各根据地的工作比较，是最好的、最正规的"。
- 5月　华中局代书记、新四军代政治委员饶漱石到淮南检查第二师及根据地的工作。当时第二师及根据地地方党领导人之间对某些问题看法不一而产生争论。饶漱石在解决问题时对张云逸采取不正确的压制态度。张云逸组织观念强，回到军部工作以后，除在华中局、华中军分会会议上表示保留自己的意见外，从不私下与人议论此事。
- 6月10日　与饶漱石等致电新四军第一师师长粟裕，就新四军在江南的行动方针作出指示。
- 7月9日　陈毅致电张云逸、饶漱石，要"张于负责二师工作外，对军部工作亦宜留意，多提意见"，以便给其以帮助。
- 10月10日　与郑位三等致电新四军军部：为加强与统一淮南津浦路西根据地党政军领导，经饶漱石在此决定，路西建立以罗炳辉为书记的党政军委员会。
- 10月中旬　离开淮南新四军第二师师部驻地盱眙县黄花塘，准备回军部工作。途经淮北抗日根据地时，代表军部对新四军第四师及根据地的工作予以检查和指导。
- 11月9日　抵达阜宁县陈集乡停翅港新四军军部驻地。在到达军部之前，陈毅、饶漱石、赖传珠等新四军军部、华中局领导人亲自到阜宁县官路曹迎接。10日，新四军军部为张云逸举行欢迎晚会。
- 12月2日　华中局电告所属各区党委及新四军各师：副军长张云逸因不能经常在第二师一个地区工作，有时须代表华中局及新四军军部到各地视察工作，有时须返回军部，所以不宜参加区党委的工作。
- 12月25日　随新四军军部和华中局机关离开阜宁县停翅港，向淮南津浦路东转移。

1943年　51岁

- 1月4日　中共中央书记处决定，张云逸专任新四军副军长一职，免兼第二师师长。
- 1月10日　随华中局、新四军军部进驻淮南津浦路东抗日根据地盱眙县黄花塘村。为迎接军部和华中局机关的到来，第二师将师部迁至来安县大刘郢。
- 1月12日　与陈毅、饶漱石等致电浙东新四军领导人谭启龙、何克希，就浙东新四军今后工作的任务和行动方针作出指示。
- 1月　协助陈毅、饶漱石对新四军军部直属单位进行精简，并于19日与陈

- 毅、饶漱石等将精简情况向中共中央军委作了报告。
- 2月中旬　日伪军以两万余人的兵力对苏北抗日根据地发动大规模"扫荡"。张云逸协助陈毅指挥新四军第三、第四、第一师粉碎了日军的此次"扫荡"。
- 3月16日　与陈毅、饶漱石等致电新四军第一师、第十六旅等部，就如何进行反"清乡"斗争作出指示。
- 3月中旬　协助陈毅指挥山子头战役，一举歼灭国民党顽军韩德勤部的主力，从而彻底解决了苏北问题。
- 3月21日　与陈毅、饶漱石、赖传珠向中共中央军委报告新四军各部精简后师、旅级干部的配备情况。
- 春　与陈毅、饶漱石等研究新四军军部、华中局继续进行整风的方案。
- 春　主持召开新四军军部机关及直属队各单位干部大会，作生产动员报告。
- 4月4日　与饶漱石致电新四军第三师师长兼政治委员黄克诚，就第三师今后在苏北的斗争原则作出指示。
- 7月15日　与陈毅、饶漱石发出为坚持抗战、反对国民党进攻、援助陕甘宁边区告新四军全体将士书。
- 11月7日　毛泽东主持召开中共中央书记处会议。会议决定调陈毅到延安参加拟将召开的中共第七次全国代表大会。次日，毛泽东致电陈毅并告饶漱石：陈毅来延期间内职务由张云逸暂行代理。
- 11月25日　陈毅离开新四军军部和华中局，动身赴延安。张云逸在陈毅动身前已先行赶到淮北新四军第四师师部，布置护送陈毅北去的任务，并在此迎送陈毅。
- 12月22日　与饶漱石、赖传珠发出成立新四军浙东游击纵队的命令。

1944年　52岁

- 1月5日　与饶漱石、赖传珠致电新四军第七师，提出坚持巢县、无为地区的方针，并作出相关部署。
- 1月20日　在新四军直属队干部会议上作《实行拥政爱民的办法》的报告。
- 3月1日　在新四军第二师供给工作会议上作《克服浪费　厉行节约》的报告。该报告全文刊载在同年5月20日华中局宣传部出版的《真理》杂志第18期上。
- 3月13日　与饶漱石、曾山（华中局组织部部长）致电新四军各部，对营、连及县、区级干部的整风作出指示。
- 4月1日　在华中局和华中军分会扩大会议上作《关于王明博古路线问题的报告》。
- 4月14日　在华中整风会议上就军队应如何搞好整风作了发言。
- 5月13日　同饶漱石、曾山参加淮南区党委召开的整风会议，对新四军第二师暨淮南区党委的整风工作予以指导。
- 6月19日　华中局、新四军军部在驻地盱眙县黄花塘村召开整风思想交流会。饶漱石、张云逸、曾山、赖传珠及新四军各师（除第五师）主要负责人均与会。会议持续了一个多月的时间。根据会议日程安排，张云逸于7月4日在会上作了反省报告。

- 7月30日 与饶漱石、赖传珠致电新四军第二师，要求组织津浦路西自卫反顽战役，打退桂系军队及国民党地方武装对淮南津浦路西抗日根据地的进犯。
- 7月 根据中共中央的指示，与饶漱石、赖传珠、曾山等研究新四军发展河南敌后的计划，最终形成三种方案，并认为由新四军第四师派五个团西进，首先恢复原豫皖苏边根据地，继而与八路军活动的睢（县）杞（县）太（康）区打成一片的方案可行。后中共中央批准了张云逸等人的这一建议。
- 8月5日 在新四军军部、华中局召集的由各师主要领导人参加的会议上，作《中央关于整训部队指示及我们的意见》的报告，向与会者传达中共中央《关于整训军队的指示》的有关精神及新四军军部、华中局关于新四军整训的初步意见。
- 8月14日 与饶漱石、赖传珠致电新四军第一、第二、第三、第四、第七师，就执行战略机动时的指挥问题作出指示。
- 8月26日 与饶漱石、赖传珠致电新四军第十六旅、第一师，就向东南发展的任务和方针作出指示。
- 9月6日 接见并招待经苏北抗日根据地军民营救后被送至新四军军部的五名美军飞行员。
- 9月20日 新四军兵工生产会议开幕。10月6日，会议结束。张云逸在会上作了形势与任务的报告，要求新四军军工部门进一步总结经验，互相学习，共同提高，造出更多更好的武器弹药来支援前方多打胜仗。
- 9月27日 中共中央致电华中局，要求对苏浙皖地区的工作作出新的部署，以准备全面反攻，并造成配合盟军在中国东南沿海登陆作战的条件。10月9日，张云逸等人复电中央："我们完全拥护中央关于发展苏皖浙与浙江的方针。"当天，华中局就此工作作出部署，并令苏中区党委速将抽调第一师主力担任南进任务的有关部署报告华中局。
- 10月 在新四军直属队纪念新四军成立七周年的干部大会上作《练兵的办法》的报告。
- 11月20日 与饶漱石等作出新四军发展东南的初步部署并电告中共中央。26日，中共中央复电同意。

1945年 53岁

- 1月13日 与饶漱石、赖传珠转发中共中央军委关于成立苏浙军区的命令。
- 1月16日 与饶漱石、赖传珠致电新四军各师，就如何整训部队作出进一步指示。
- 2月3日 与饶漱石、赖传珠等以华中局名义向中共中央报告新四军发展东南的具体行动方案。5日，与饶漱石、赖传珠又向毛泽东、朱德、刘少奇报告了新四军发展东南和坚持原有阵地的全面部署。

- 2月5日　为纪念在1944年9月牺牲的新四军第四师师长彭雪枫而撰写的《悼彭雪枫师长》一文，在新四军第四师创办的《拂晓报》发表。
- 2月10日　与饶漱石、赖传珠致电毛泽东、刘少奇、陈毅，就发展东南提出补充意见，并向中共中央表达了在发展东南的问题上应持积极和审慎的态度。24日，中央在复电中肯定了张云逸等在发展东南工作中积极而审慎的态度，认为华中局"积极布置南进，同时又根据情况审慎考虑具体步骤，这种精神完全正确"。
- 4月　与饶漱石等人组织并指挥新四军第二、第七师主力，第三师第七旅及部分地方武装在淮南津浦路西进行自卫反顽作战。
- 5月14日　与饶漱石、赖传珠向新四军各师发出关于建立军事报道工作的指示。
- 6月9日　中共七大代表选举新一届中央委员。张云逸虽未出席中共七大，但仍当选为44名中央委员之一。
- 8月10日　与饶漱石等致电中共中央，就新四军是否派大部队进入南京、上海请示行动方针。
- 同日　与饶漱石等人研究、部署发动上海武装起义的工作。后根据中共中央的指示，华中局停止了这次武装起义的行动。
- 8月11日　与饶漱石、赖传珠致电新四军各师、军区（第五师除外），就华中地区对日伪军发动全面反攻作出部署。
- 同日　与饶漱石、赖传珠致电新四军各部，提出关于执行延安总部全面反攻命令时应注意的事项。
- 8月12日　与饶漱石、赖传珠致电新四军各军区：为使主力部队今后能顺利执行机动作战任务，各地凡有主力兼军区、军分区者应即行分开，另成立军区、军分区之组织。
- 8月17日　与饶漱石、曾山前往六合县竹镇，指导华中局代表与日军中国派遣军总司令官冈村宁次派来的代表进行谈判。
- 8月24日　与饶漱石、赖传珠向中共中央军委报告新四军第二阶段全面反攻的部署。
- 8月25日　与饶漱石电示华中各区党委，要求各地在目前一般不作争夺大城市与交通要道的打算，而集中全力收复一切较小县城、市镇与农村，同时准备集结主力对进犯的国民党顽军打几个漂亮的歼灭战以转变局势。
- 9月14日　与饶漱石、曾山、赖传珠致电粟裕、叶飞、金明：浙东部队应作挺进浙南、就地坚持、转移浙西等三种准备。
- 9月17日　张云逸等以华中局的名义致电中共中央："江南主力分散各地，似将害多利少"，建议将江南主力撤至江北。
- 9月19日　中共中央发出"向北发展，向南防御"的战略部署。
- 同日　随军部由江苏盱眙县千棵柳向淮阴搬迁，21日进入淮阴城。
- 9月22日　从本日开始，发出一系列关于调兵入鲁和江南主力北上的指示。
- 10月29日　与饶漱石、赖传珠致电中共中央并陈毅：江南及皖中部队共

- 七万余人到达江北及皖东地区。
- 10月间　在张云逸等的努力下，组成中共中央华中分局、华中军区和华中野战军。
- 11月13日　中共中央决定：饶漱石任华东局书记兼山东军区政治委员。
- 11月下旬　到达山东临沂。
- 12月11日　在津浦前线与陈毅、饶漱石、黎玉致电中共中央，就津浦路作战作出全面部署。次日，中央军委复电同意。
- 12月18日　中共中央决定：由陈毅、张云逸、黎玉、饶漱石、舒同五人"为华东局常委并即开始执行常委职务，以饶漱石为书记，陈毅、黎玉为副书记"。
- 12月21日　张云逸等以华东局的名义致电中共中央：报告华东局、新四军军部兼山东军区及山东野战军的干部配备。12月26日，中央军委复电同意。

1946年　54岁

- 1月7日　中共中央、中央军委致电各战略区：新四军军部与山东军区合并为新四军兼山东军区，任命陈毅为司令员，张云逸为副司令员，饶漱石为政治委员，黎玉为副政治委员，陈士榘为参谋长，舒同为政治部主任。
- 1月10日　国共双方签署《停战协定》，规定自1月13日24时起正式生效。
- 2月25日　国民党政府代表张治中、中国共产党代表周恩来、美国顾问马歇尔共同签署了《关于军队整编及统编中共军队为国军之基本方案》(简称《整军方案》)。
- 3月5日　与陈毅、黎玉等在临沂召开有关部队整编等问题的高级干部会议，会期10天，至14日结束。
- 3月6日　中共中央发出关于部队精简整编的指示。
- 3月30日　与陈毅致电刘少奇，建议罗炳辉任新四军兼山东军区第二副司令员。4月4日，中共中央复电同意。
- 4月3日　与黎玉、邓子恢等乘军调部提供的美军飞机赴北平，7日抵达延安。此后参加中共中央召开的全国土地会议和整军会议，与黎玉于5月间在整军会议上作《关于山东部队整编复员工作报告》。
- 4月12日　接受延安《解放日报》记者采访，谈华东国民党军违背停战协定、大肆进犯解放区的行径。访谈内容刊登于4月16日的《解放日报》。
- 5月4日　中共中央发出《关于土地问题的指示》(即《五四指示》)，把抗日战争时期的减租减息政策改变为"耕者有其田"的土地改革政策。
- 6月6日　由延安东返山东，并带回郭化若等一批赴山东工作的干部。
- 7月初　回到山东解放区首府临沂。
- 7月11日　与陈毅、黎玉致电张鼎丞、邓子恢、谭震林并报中共中央，刘伯承、邓小平：对桂顽进攻淮北应有反击准备，但鲁南大军仍不宜此时南下，以免暴露我军企图。13日，中央军委复电指出，"陈张黎真子电判断及部署均正确"，"待敌向我苏中、苏北展开进攻，我苏中、苏北各部先在内线打起来，最好先打几个胜仗，看出敌人弱点，然后我鲁南、豫北主力加入战斗，最为有利"。

- 7月26日　与黎玉、袁仲贤致电中共中央，陈毅、宋时轮，各军区：今后胶济路的作战方针，为争取长期与敌纠缠斗争，寻其弱点，集中主力，以大打小，歼灭其一部，积小胜成大胜。
- 8月26日　与黎玉、舒同、袁仲贤致电中央军委并陈毅、宋时轮：目前野战军在淮北如无好仗可打，应将主力北靠陇海线休整，准备歼灭东进的顽二十八军和七十四军，以使陇海东段打通。
- 9月19日晚　华中解放区首府淮阴失守。
- 10月16日　与黎玉、舒同、袁仲贤致电中央军委，谈对鲁南与华中战场关系的意见。
- 10月19日　与黎玉、舒同致电中共中央并陈毅，报告东江纵队的情况。
- 10月21日　参加华东局部务会议，讨论中共中央《三个月总结》党内指示。
- 10月27日　与黎玉致电中共中央：决心用一切可能的力量保卫临沂。
- 11月11日　黎玉等复电中共中央，建议集中主力先打鲁南再出击淮北。
- 11月5日　华东军政大学在山东省莒南县大店宣告成立，张云逸任校长。
- 11月14日　与黎玉、舒同致电中央军委并告张鼎丞、邓子恢等：建议先解决进攻鲁南之敌，再出击淮北。
- 12月15日　与黎玉、袁仲贤致电陈毅、陈士榘并中央军委：为保卫临沂，决将胶济线作战计划推迟，调九师加四师一个团及鲁中炮兵团，星夜乘汽车赶运回临沂作战。17日，中央军委复电同意。
- 同日　山东野战军与华中野战军联合举行宿北战役，至19日共歼灭敌整编第六十九师等部2.1万余人。
- 12月18日　与黎玉、袁仲贤致电中共中央："此次山野在苏北首获大捷，战局转变即将开始。今后基本方向应向淮北、徐州推进，但在步骤上应首先歼灭鲁南之敌"。

1947年　55岁

- 1月2日　山东野战军、华中野战军发起鲁南战役，至20日在峄县、枣庄地区歼灭敌整编第二十六、第五十一师及第一快速纵队等部共5个旅5.3万余人。
- 1月21日　与饶漱石、黎玉、张鼎丞、邓子恢等到达郯城以北的前海营，与陈毅、谭震林、陈士榘等一起，讨论研究野战军和军区合并等问题。新四军兼山东军区与华中军区合并组成华东军区，山东野战军与华中野战军合并组成华东野战军。华东军区司令员陈毅，政治委员饶漱石，副司令员张云逸，副政治委员黎玉，参谋长陈士榘，政治部主任舒同。
- 2月20日　华东野战军发起莱芜战役，至23日歼灭敌第七十三军、第六十四军等部5.6万余人。
- 3月18日　张云逸、邓子恢等参加华东野战军特种兵纵队大会。张云逸号召要好好学习技术，完成党与军队赋予的光荣任务。

- 5月13日　张云逸等以华东局的名义发出《调整部队机关生产工作的决定》。决定部队供给由地方政府保证，部队不得再经营贸易；各部队所经营的商店由各区党委和华东局财经部整理合并；此后部队生产以农业、手工业及运输（包运货物）为限。
- 同日　华东野战军发起孟良崮战役，至16日全歼蒋介石"五大主力之一"的整编第七十四师等部3.2万人。
- 5月22日　参加华东局扩大会议，讨论支前工作问题。
- 6月20日　张云逸等以华东局的名义发出《关于结束部队机关生产贸易自给任务的决定》。
- 6月30日　刘伯承、邓小平率晋冀鲁豫野战军主力南渡黄河，随即发起鲁西南战役。根据中央军委三路兵分的指示，华野由叶飞、陶勇率第一、第四纵队向鲁南挺进，由陈士榘、唐亮率第三、第八、第十纵队向鲁西挺进，以第二、第六、第七、第九纵队和特种兵纵队在沂水、悦庄公路两侧地区待机。
- 6月下旬至7月上旬　参加在山东诸城寿塔寺召开的华东局扩大会议。在饶漱石的主持下，会议错误地批判了华东局副书记黎玉在土改中所谓"富农路线错误"。
- 7月上旬　率华东局和华东军区机关转移至山东省掖县徐家。
- 8月上旬　华东局留在胶东，以张云逸、邓子恢、舒同等组成华东局工作委员会（简称华东工委），率华东局、华东军区大部机关，经虎头崖渡海到羊角沟登陆，进入渤海地区，负责供应华东野战军西线兵团、检查渤海土改、整理军直的工作。
- 8月21日至9月25日　与邓子恢主持渤海区高干会议，听取情况汇报，部署工作。
- 9月22日　中共中央、中央军委决定，陈粟西兵团改为晋冀鲁豫野战军，受晋冀鲁豫中央局领导；渤海区暂时划归晋冀鲁豫中央局领导；陈毅、粟裕、张云逸、邓子恢加入晋冀鲁豫中央局为委员；陈粟代表该局负责指导黄河以南、运河以西、平汉以东、淮河以北地区之党政军民工作，张邓代表该局指导渤海地区工作。
- 9月30日　与邓子恢、舒同致电中央工委，报告渤海地区财政工作的严重情况。
- 10月8日　为贯彻全国土地会议精神，在华东工委的领导下，渤海区党委在阳信县曹家集区李家庄（后移何家坊）召开土改整党会议。张云逸陆续参加了会议。该会议至1948年3月25日结束。
- 10月10日　中共中央决定渤海区应归还华东局领导。
- 同日　华东工委召开高干会议，至30日结束，历时21天。会议决定实行精简编制、降低供给标准、清理资材三大方案，以克服财政困难。张云逸、邓子恢、舒同参加并主持会议。张云逸在会上作了题为《坚决反对山头主义、本位主义与贪污浪费》的报告。

- 11月21日至24日　在河北省饶阳县南善仁村，向朱德总司令汇报部队编制、装备、作战及军事工业情况，并询问了石家庄战役中城市攻坚的战术等问题。之后，又到达河北省晋县北侯城村，同晋察冀军区副司令员萧克座谈华北部队的后勤保障和城市攻坚等问题。
- 12月14日　与康生、邓子恢致电华东局，提出将鲁中、鲁南合并，建立大鲁南区（鲁中南）党委，并请华东局转移渤海等意见。

1948年　56岁

- 1月24日　在渤海军区政工会议上作《目前建军中几个基本要求》的报告。
- 1月31日　与邓子恢致电中央工委：报告渤海区执行"三大方案"的情况。
- 3月11日　山东兵团发起胶济路西段战役，至21日攻克周村、张店、博山、淄川等地，歼敌3.8万余人。
- 4月2日　山东兵团发起胶济路中段战役，至5月8日先后解放潍县、安邱、昌乐等县城，歼敌4.6万余人。
- 5月9日　中央决定调陈毅、邓子恢赴中原工作。
- 5月27日　与邓子恢致电中工委转中央军委：表示同意粟裕关于暂不渡江南进，集中兵力在黄淮地区打大仗的建议。毛泽东看了该电后，在旁边批示："这是估计过高的。"
- 5月29日　山东兵团发起津浦路中段（兖州）战役，至7月15日共歼灭国民党军6.3万余人，使济南国民党守军陷于孤立。
- 6月7日　致信饶漱石并华东局同志，谈自己对山东境内的国民党军所应采取的作战方针以及建军、作战、军区后勤建设和干部队伍建设的意见。
- 6月17日　华东野战军主力在中原野战军的配合发起豫东战役，至7月6日共歼灭国民党军9.4万人。
- 7月27日　与陈毅、饶漱石、黎玉、舒同发布华东军区关于成立鲁中南军区的命令。
- 8月1日　与陈毅、饶漱石、黎玉发布《华东军区关于成立后勤司令部的命令》。
- 9月1日　与陈毅、饶漱石、黎玉、舒同发布《华东军区关于奉命成立华东后备兵团训练司令部的命令》。
- 9月16日　华东野战军发起济南战役，至24日全歼国民党守军10万余人。
- 9月29日　与康生、舒同致电中共中央，饶漱石、粟裕等：在寿光县已活捉王耀武。
- 11月6日　华东野战军与中原野战军联合发起淮海战役。
- 11月9日　张云逸等以华东局的名义致电粟裕、谭震林等：战局很可能向西向南发展，粮食供应如因后方一时跟不上，各部队应以团为单位就地征借，并责成团政委签署发给收据，保证战后由地方政府偿还。
- 11月15日　张云逸等以华东局的名义致电中央军委并告粟裕等：决集中一切力量运送弹药，支持前线。

- 11月18日　与饶漱石、舒同、袁仲贤致电渤海纵队、华野、中共中央：已令渤海纵队南下参战。
- 11月19日　张云逸等以华东局、华东财办的名义致电中共中央并华北财委会：请中央通知华北局转令冀鲁豫地区调一亿斤粮支援淮海战役。
- 11月21日　张云逸等以华东局的名义致电各区党委、军区，华中工委并粟裕等并中央军委：提出关于淮海战役的兵员补充计划。
- 11月26日　张云逸等以华东军区的名义致电中央军委并粟裕等：提出抽调医院、救治伤员的计划。
- 12月11日　张云逸等以华东局和华东军区政治部的名义下发关于加强俘管机构的决定。

1949年　57岁

- 1月10日　淮海战役胜利结束，共歼灭国民党军55.5万余人。
- 2月6日　张云逸等以华东局的名义致电中央军委：提出1949年华东地区的建军计划。
- 2月15日　刘伯承、陈毅、邓小平、饶漱石等致电中共中央、中央军委并告张云逸、舒同、郭子化，中原局、中原野战军："我们建议山东如果组织中央分局，则以康生、张云逸、傅秋涛、向明、郭子化、许世友、彭康等七同志组织山东分局为宜，并以康生任书记兼政委及主席，傅任第一副书记兼第一副政委，向任第二副书记兼第二副政委及组织部部长，张云逸任山东军区司令，许世友任第一副司令，袁也烈任第二副司令兼参谋长，王集成任政治部主任。"
- 3月3日　与陈毅、饶漱石、舒同发布《华东军区关于奉命成立山东军区的命令》。
- 3月5日至13日　在河北省平山县西柏坡参加中共七届二中全会。
- 3月下旬　山东军区在益都闵家庄正式成立，张云逸兼任司令员，康生兼政治委员，许世友任第一副司令员，袁也烈任第二副司令员兼参谋长，傅秋涛任第一副政治委员，向明任第二副政治委员，王集成任政治部主任。
- 5月11日　与康生、许世友、袁也烈致电华东军区并中央军委：准备对青岛之敌发动威胁性攻击。
- 6月2日　第三十二军等部收复青岛。
- 6月22日　与康生、许世友、袁也烈致电华东军区、中央军委，报告夺取长山列岛的作战方案。
- 7月19日　与康生、许世友、袁也烈、傅秋涛、向明、王集成发布《长山列岛战役政治动员令》。
- 8月1日　中共中央任命华南分局领导人，以叶剑英为第一书记，张云逸为第二书记，方方为第三书记。
- 8月7日　奉命由济南抵达北平。
- 9月22日　中共中央任命广西省委领导成员，张云逸为省委书记兼省政府主席、陈漫远为第一副书记兼省政府第一副主席、莫文骅为第二副书记、何伟为第三副书记、李楚离为第四副书记。

- 9月28日　中共中央批准由叶剑英、张云逸、方方等22人组成中共华南分局委员会。
- 10月19日　中央人民政府委员会第三次会议决定组成中国人民革命军事委员会。毛泽东任主席，朱德、刘少奇、周恩来、彭德怀、程潜为副主席，包括张云逸在内的22人为委员。
- 10月19日　毛泽东发布命令，任命张云逸为中央人民政府华侨事务委员会委员。
- 10月20日　在中南海颐年堂参加由毛泽东主持召开的中央军委成立后第一次会议。会后，张云逸离京南下。
- 10月25日　中央军委通知，解除张云逸山东军区司令员职务。12月7日，中央军委通知，免去张云逸所兼华东军区副司令职务。
- 11月20日　经中央军委批准，第四野战军兼华中军区命令，第十三兵团指挥机构兼广西军区机构。11月29日，中央军委任命张云逸为广西军区司令员兼政治委员。
- 12月2日　中央人民政府委员会第四次会议任命张云逸为广西省人民政府主席。
- 同日　中央人民政府委员会第四次会议任命张云逸为中南军政委员会委员。
- 12月7日　华南分局任命张云逸兼任广西军政大学校长及广西革命大学校长。
- 12月17日　向林彪、邓子恢报告广西省委工作安排：对剿匪、征粮、收税已经初步布置，"惟金融问题是一个困难问题，正研究中"；由于交通不便、土匪扰乱，省委决定负责同志暂分散一个短时期，何伟在桂林，李楚离至柳州，陈漫远去梧州，一面帮助当地工作，一面了解情况，张云逸与莫文骅到南宁主持全面工作。
- 12月26日　根据在梧州调查了解到的征粮问题向中南局写出报告，并提出广西征粮的意见。

1950年　58岁

- 1月4日　到达南宁，与在南宁的莫文骅、黄永胜等会合。
- 1月16日　陈漫远、何伟、李楚离等人先后来到南宁。张云逸主持召开了第一次省委会议，讨论1950年的工作。在南宁的省委成员均参加会议。
- 1月20日　赴武汉参加中南军政委员会第一次会议。3月初，返回南宁。
- 1月　中共中央批准，叶剑英、张云逸、黄克诚、李先念、方方、陈正人、曾生、林平、冯白驹、张玺十人增补为中共中南军区委员会委员。
- 1月　与广西军区副司令员黄永胜、李天佑、彭明治，副政治委员莫文骅，副政治委员兼政治部主任吴法宪发出广西军区司令部、政治部的军字第一号布告。宣布剿匪、反特、维持社会治安的政策，号召全省人民动员起来，协助剿匪。

- 2月8日　与广西省政府副主席陈漫远、李任仁、雷经天发布广西省人民政府成立布告。宣布张云逸等于本日"在南宁就职视事,启用印信;今后遵循人民政协共同纲领,团结广西全省人民,为建设人民的新广西而努力奋斗"。
- 3月24日　在广西省第一次高干会议上作总结报告《以全力发动群众剿匪反霸结合生产节约救灾双减为创造土改条件而斗争》。
- 3月　与陈漫远、李任仁、雷经天发布广西省人民政府通令,要求各地集中主力,发动群众,清剿散匪,制裁地方恶劣分子,保护交通。
- 4月7日　发布广西省人民政府关于减租退租生产救灾布告。号召立即在全省范围内除个别股匪盘踞地区外,一律进行减租、退租工作。
- 同日　南宁市首届农民代表会议开幕,张云逸与雷经天、莫文骅到会祝贺并发表讲话。
- 5月9日　广西省人民政府举行就职大会,同时举行广西省人民政府委员会第一次会议开幕仪式。会议至5月14日闭幕。张云逸主持会议并致开幕词和闭幕词。
- 5月11日　张云逸与李天佑、莫文骅、吴法宪、曾国华、钟伟、刘随春联合发布将第四十九军与广西军区合并的命令。4月初,第四野战军兼中南军区决定,将第十三兵团部与广西军区机关分开,调赴郑州。5月4日,中南军区指示,为了健全与加强广西军区领导,统一指挥,贯彻军队地方化,决定将第四十九军与广西军区合并,仍保留第四十九军番号。
- 6月3日　张云逸在广西省农民代表会上发表《目前形势和我们的任务》的讲话,宣传目前农村的六项工作:一是组织农民协会;二是开展减租退租生产救灾运动;三是成立民兵组织;四是改造旧的区乡政权建立人民政府;五是拥护人民政府合理负担的征收法令;六是准备进行土改改革。
- 6月10日　赴北京开会,7月返回南宁。
- 6月27日　参加政务院第三十八次政务会议并讲话。介绍广西匪情和数月来剿匪反特的成绩,指出广西剿匪的经验与教训,建议对失业旧军官采取适当集训,以便控制和教育,并请中央解决经费问题。
- 7月7日　在桂林第四十九军青年干部学校出席中共桂北区干部大会,发表长篇讲话。
- 7月13日　广西省委整风会议开幕,致开幕词,着重说明为什么要整风和如何进行整风。提出整风中,对老党员干部应强调整思想作风,对新党员干部应强调阶级教育与组织教育,总的是评工作评思想评作风。方法是学习研究文件检查工作与总结经验结合,自上而下的自我批评与自下而上的检讨批评相结合,领导与群众相结合,在集中指导下,发扬民主。主要是启发教育,端正思想作风,也必须严肃政策法令,对严重危害人民利益与腐化堕落不堪教育的分子给予处分。
- 7月　出席中南军政大学广西分校的毕业典礼,并讲话。
- 8月1日　在南宁市举行的全省军民纪念八一建军节23周年大会上发表演讲。

- 8月30日　出席广西军区召开的第一次英模代表大会，并讲话。
- 8月31日　在广西军区高干会上作报告，着重讲统一战线问题和重点剿匪问题，对宽大与镇压问题、民枪问题、团结问题等都提出了具体办法与政策。
- 9月19日　与李天佑、莫文骅、刘随春发出广西省人民政府、广西军区司令部政治部布告，决定"对重要的死心塌地的反革命分子实行坚决无情的镇压"，并颁布八条实施的具体办法。
- 10月17日　与李天佑、莫文骅、钟伟发出广西军区四个月剿匪计划。
- 10月30日　出席广西省第一届各界人民代表大会。
- 11月2日　广西省第一届各界人民代表会议协商委员会第一次会议在南宁召开。出席会议的委员85名。会议选举张云逸为主席，陈漫远、莫文骅、陈此生、莫乃群、张一气为副主席。
- 11月14日　中南军区司令员林彪、政治委员邓子恢、谭政等人给张云逸、李天佑、莫文骅及剿匪部队指战员发出嘉奖电。
- 11月18日　发布动员组织人民群众配合部队剿匪肃特的指示，提出九条措施。
- 11月22日　与陈漫远、莫文骅、李天佑发出给毛泽东的电报，对广西剿匪工作作初步检讨，决心发动群众、端正政策，争取半年内完成消灭股匪的任务。
- 11月28日　在广西省委第三次高干会议上作《为坚决执行毛主席的指示在半年内肃清全省股匪的任务而斗争》的报告。以剿匪为中心报告了广西省委成立以后的工作，检讨了剿匪任务没有完成的主要原因，主动承担了领导责任，同时提出下一步剿匪意见。
- 12月9日　与李天佑、莫文骅、卢绍武发布桂北区大小瑶山重点剿匪计划。
- 12月12日　与李天佑、莫文骅、卢绍武、刘随春、栗在山发布命令，决定成立广西军区军政干部学校。
- 12月15日　政务院总理周恩来发布通知，任命张云逸为广西省人民政府财政经济委员会主任。
- 12月28日　与李天佑、莫文骅、卢绍武向中南军区党委报告广西剿匪计划。
- 12月　在广西省城市工作会议上发表关于城市工作中怎样依靠工人阶级的讲话。
- 本年　因工作繁重，长期劳累，患严重失眠，身体出现浮肿。

1951年　59岁

- 1月1日　中南军区暨第四野战军林彪、罗荣桓、邓子恢、谭政、赵尔陆、苏静、陶铸给广西军区张云逸、李天佑、莫文骅并全体指战员发出嘉奖令。
- 1月2日　毛泽东给张云逸、李天佑、莫文骅、卢绍武发电报，肯定了张云逸等12月28日的剿匪计划，说："你们过去几个月剿匪工作有很大成绩，甚慰。"
- 1月22日　出席邕宁县五塘共和乡胜利完成土改庆祝大会。
- 2月中旬　离开南宁赴广州养病。7月去杭州休养，不久转上海。此后数年，辗转华东各地休养，并于1952年10月至1953年1月间赴苏联疗养。
- 4月29日　中央批复中南局并转华南分局，同意由叶剑英、张云逸、方方等人组成中共华南分局委员会。
- 5月10日　叶剑英、张云逸、方方给陶铸、陈漫远并广西省委的指示信。在肯定广西省委工作成绩的同时，提出四个方面建议：一、在镇压反革命中要注意发动群众，控制判处死刑犯的人数，着手清理在押人犯。二、剿匪工作基本完成后，工作部署应坚决转入土地改革。三、结合各种运动对干部进行审查，以加强党的建设。四、建议在适当时期举行一次庆功会，总结经验，表扬英雄模范，鼓励和提高干部与军队情绪。
- 11月　刘少奇赴杭州休养途经上海时，到张云逸住处探望并长谈。
- 12月14日　在上海给李天佑写信，对广西如何落实中央军委部署的整编复员工作提出意见。

1953年　61岁

- 1月21日　中南行政委员会成立，任副主席。

1954年　62岁

- 9月15日至28日　第一届全国人民代表大会第一次会议在北京举行。当选为全国人大常委会委员。
- 9月28日　第一届全国人民代表大会第一次会议决定组成中华人民共和国第一届国防委员会。当选为国防委员会委员。

1955年　63岁

- 3月　举家搬迁到北京，住南池子18号院。
- 5月　根据中共中央关于撤销大区一级党政机构的决定，华南分局撤销。张云逸华南分局第二书记职务随之停止。
- 9月23日　全国人大常委会第二十二次会议决定对包括张云逸在内的，在中国人民革命战争工农红军时期、抗日战争时期和解放战争时期有功人员分别授予一级八一勋章、一级独立自由勋章、一级解放勋章。
- 9月27日　出席全国人大常委会在中南海怀仁堂举行的授衔、授勋典礼。周恩来总理发布命令，授予张云逸大将军衔。授衔典礼后，参加毛泽东授予中国人民解放军军官以中华人民共和国元帅军衔暨授予中国人民解放军在中国人民革命战争时期有功人员勋章典礼。张云逸接受毛泽东颁发的一级八一勋章、一级独立自由勋章、一级解放勋章。

1956年　64岁

- 3月　视察广西边防部队，考察边防战备等问题。回京后向国防部部长彭德怀提出关于边防部队建设、兵役动员机构以及战备问题的建议。
- 7月　中共广西省第一届委员会第一次全体委员会议选出新一届省委，张云逸不再担任广西省委书记。
- 9月15日至27日　中共第八次全国代表大会在北京召开。任大会主席团委员。当选为中央委员。

- 11月下旬至1957年1月　以全国人大代表身份赴山东视察，并督办八件群众来信。

1958年　66岁
- 3月5日至13日　广西壮族自治区第一届人民代表大会第一次会议宣告广西壮族自治区成立。张云逸出席会议并致词。

1959年　67岁
- 4月18日至28日　第二届全国人民代表大会第一次会议在北京举行。当选为全国人民代表大会常务委员会委员。
- 4月28日　第二届全国人大第一次会议决定组成第二届国防委员会。张云逸任委员。

1960年　68岁
- 3月　撰写回忆录《漫谈广西革命斗争情况——红七军红八军对敌斗争的情况及经验教训》。
- 本年　撰写回忆录《淮南抗日根据地的开辟》。

1962年　70岁
- 7月8日　中共中央决定任命张云逸为中央军委人民武装委员会副主任。
- 9月27日　中共八届十中全会增选张云逸为中央监察委员会委员。10月5日，任中央监察委员会副书记。

1963年　71岁
- 1月19日　在广西壮族自治区党的监察工作会议上发表讲话。
- 4月27日　在北京接见出席城市民兵工作会议人员并发表讲话。

1964年　72岁
- 1月27日　与中央监委书记董必武一起到广州市监委检查工作。
- 11月　撰写回忆文章《百色起义与红七军的建立》。
- 12月5日　在广西壮族自治区党委、监委召开的各地委监察组长、各市委监委书记会议上发表讲话。
- 12月20日至1965年1月4日　第三届全国人民代表大会第一次会议在北京举行。当选为全国人民代表大会常务委员会委员。

1965年　73岁
- 1月4日　第三届全国人大第一次会议决定组成第三届国防委员会。任委员。
- 2月19日　出席广东省第九次党的监察工作会议，并发表讲话。
- 7月20日　随周恩来等人到首都机场迎接李宗仁一行。后在家中接待来访的李宗仁。

1966 年　74 岁
- 5 月 15 日　听取山东省委监委和济南市委监委负责人的汇报,并进行了座谈。
- 5 月 25 日　在中共烟台地委三级干部会议上发表讲话。

1969 年　77 岁
- 4 月　出席中国共产党第九次全国代表大会,当选为中共第九届中央委员会委员。
- 10 月 20 日　按照战备疏散命令,张云逸与朱德、董必武等人乘飞机离京至广州从化。直至 1971 年夏返回京。

1973 年　81 岁
- 8 月　中国共产党第十次全国代表大会在北京举行。张云逸当选为中共第十届中央委员会委员。

1974 年　82 岁
- 11 月 19 日　因病医治无效,在北京逝世。
- 11 月 25 日　张云逸追悼大会在八宝山革命公墓礼堂举行,叶剑英主持追悼会,邓小平致悼词。

后　记

《张云逸传》是中央军委批准的研究课题，从2005年开始列入军事科学院科研工作计划，由军事科学院军事历史研究所组成课题组具体承担编写工作。为保证任务的完成，军事科学院成立了《张云逸传》编撰领导小组，由原副院长葛东升任组长，姚有志、齐德学任副组长，王江琦、赵一平、温瑞茂任成员。此外，战争理论和战略研究部部长姚有志、寿晓松、赵丕和副部长齐德学、曲爱国，以及军事历史研究所所长赵一平、杨贵华、郭志刚，对课题的研究先后给予帮助和指导。

编写组人员在搜集资料的基础上拟制写作提纲并开始撰写个人稿。具体分工是：翟清华撰写第一至第八章；潘泽庆撰写第九至第十五章；温瑞茂撰写第十六至第二十一章（陈传刚撰写了其中的两章初稿后参加维和工作）；徐金洲撰写第二十二至第二十五章。个人稿完成后，编写组进行了集体讨论和修改，之后由温瑞茂对全书进行统稿，形成征求意见稿。在此基础上，由战争理论和战略研究部副部长曲爱国主持，邀请中共中央党史研究室李蓉、中共中央文献研究室庹平、中共中央党校李东朗、军事科学院黄迎旭和袁德金，组成评审委员会对书稿进行评审，同时分别征求了张云逸家人张远之和张光东的意见。根据评审和所征求的意见，编写组又对书稿进行了全面修改，全书由温瑞茂最后统稿，徐金洲负责整理张云逸的生平大事年表和照片。

本书在编写过程中，吸收了近年来有关的研究成果。中共中央组织部、中共中央档案馆、解放军档案馆、军事科学院图书资料馆、广西省档案馆、广东省档案馆、山东省档案馆、海南省张云逸纪念馆等单位为本书提供了大量资料；南京军区、济南军区、广州军区、广西省军区、海南省军区、安徽省军区、解放军总医院等单位为搜集资料提供了无私的帮助；张云逸原秘书李晓光、张广华提供了有关资料；张云逸在海南和广西的有关亲属也提供了资料；张云逸的儿子张远之、张光东非常关注书稿的写作，不仅提供了大量资料，还对书稿提出了具体的修改意见。张远之为本书提供了全部珍贵照片。此外，陈伙成、郭芳也帮助审看了书稿。在此，我们一并表示感谢。

由于资料和水平有限，书中难免有不当和错漏之处，欢迎有关当事人、专家和广大读者批评指正。

《张云逸传》编写组
2012年6月